Claudia Sticher

Die Rettung der Guten durch Gott
und die Selbstzerstörung der Bösen

*Danke für lange und
gute Jahre der
Freundschaft*

Claudia

29. Juli 2011

Bonner Biblische Beiträge

Herausgegeben von Frank-Lothar Hossfeld
und Helmut Merklein †
seit Beginn des Jahres 2002 von
Frank-Lothar Hossfeld und Rudolf Hoppe
Professoren der Katholisch-Theologischen Fakultät
der Universität Bonn

Band 137

In bestimmten Texten des Alten Testaments wird das Schicksal der »Guten« ausdrücklich auf ein rettendes Handeln Gottes zurückgeführt, während das Schicksal der »Schlechten« stets mit passiven oder unpersönlichen Wendungen beschrieben wird, also unabhängig von einem kausalen Handeln Gottes zur Sprache kommt. Die Untersuchung zeigt, daß es der differenzierten alttestamentlichen »Rede von und zu Gott« nicht gerecht wird, wenn diese »Leerstelle« in Bezug auf den Untergang der »Schlechten« von anderen Texten her aufgefüllt wird.

Claudia Sticher, geb. 1971; studierte Theologie und Philosophie an der Hochschule Sankt Georgen in Frankfurt am Main, Rom und Passau; Promotion 2001. Sie war von 1997-2000 wissenschaftliche Mitarbeiterin am Lehrstuhl für Alttestamentliche Exegese und Hebräische Sprache der Universität Passau und zugleich Lehrbeauftragte für Hebräisch.
Seit 2000 arbeitet sie als Studienleiterin an der Katholischen Akademie des Bistums Mainz (»Erbacher Hof«).

Claudia Sticher

Die Rettung der Guten durch Gott und die Selbstzerstörung der Bösen

Ein theologisches Denkmuster im Psalter

PHILO

Die Deutsche Bibliothek – CIP-Einheitsaufnahme
Ein Titeldatensatz für diese Publikation ist bei
Der Deutschen Bibliothek erhältlich. (http://www.ddb.de)

© 2002 Philo Verlagsgesellschaft mbH, Berlin Wien
Alle Rechte, insbesondere der Vervielfältigung und Verbreitung sowie
der Übersetzung, vorbehalten. Kein Teil des Werkes darf in irgendeiner
Form (durch Photokopie, Mikrofilm oder ein anderes Verfahren) ohne
schriftliche Genehmigung des Verlages reproduziert oder unter Verwendung elektronischer Systeme verarbeitet, vervielfältigt oder verbreitet werden.

Producing: IBA•INTERNATIONAL MEDIA & BOOK AGENCY, BERLIN
Satz und Layout: Barbara Schmitt-Honold, Karlsruhe
Druck: Druckplan GmbH MaXxprint, Leipzig
Bindung: Lüderitz & Bauer GmbH, Berlin
ISBN 3-8257-0289-8

VORWORT

Unter dem Titel »›Die Lampe der Frevler erlischt‹: Die Rettung der Guten durch Gott und die Selbstzerstörung der Bösen – ein theologisches Denkmuster im Psalter und im Buch der Sprichwörter« wurde vorliegende Arbeit im Sommersemester 2001 von der Katholisch-Theologischen Fakultät der Universität Passau als Dissertation angenommen. Für die Veröffentlichung wurde sie geringfügig überarbeitet.

Beim Zustandekommen der Arbeit haben mich viele Menschen in unterschiedlicher Weise unterstützt und begleitet. Ihnen allen zu danken, ist mir ein Anliegen:

Prof. Dr. Ludger Schwienhorst-Schönberger hat mir als Doktorvater mit Rat und Tat zur Seite gestanden und war stets kritischer Gesprächspartner, der mit seinen Fragen und Anregungen wesentlich zur Profilierung des Themas beigetragen hat. Zugleich hat er mich ermuntert, eigene Wege zu gehen und mir als seiner Assistentin den dafür nötigen Raum gewährt. Für all das gilt ihm mein aufrichtiger Dank.

Prof. Dr. Norbert Lohfink SJ hat in mir die Faszination für das Alte Testament geweckt und mit viel Engagement meine Diplomarbeit begleitet. Auf seine Anregung geht das Thema der Dissertation zurück. Dafür und für vielfältigen Rat über die Zeit seiner Emeritierung hinaus danke ich ihm von Herzen.

Ich danke Prof. Dr. Otto Schwankl für die Erstellung des Zweitgutachtens.

Prof. Dr. Frank-Lothar Hossfeld ermöglichte freundlicherweise die Aufnahme der Arbeit in die Reihe der Bonner Biblischen Beiträge.

Dem Bistum Passau und insbesondere meinem Heimatbistum Mainz bin ich für die großzügige Gewährung von Druckkostenzuschüssen zu Dank verpflichtet.

Nicht vergessen sei die Studienstiftung des deutschen Volkes, deren Förderung mir wertvoll gewesen ist.

Den Freundschaftsdienst des Korrekturlesens haben Christine Feld, Dr. Veronika Schlör und Ralf Stammberger auf sich genommen; allen verdanke ich auch inhaltlich wertvolle Anregungen. Barbara Schmitt-Honold hat mit großer Sorgfalt die reprofähige Vorlage erstellt.

Das letze Wort des Dankes geht an die, welche meinen Weg ganz von Anfang an begleitet haben: meine Eltern. Sie haben mir das Studium ermöglicht und mich auf vielfältige Weise unterstützt. Ihnen sei die Arbeit deshalb gewidmet.

Mainz, Ostern 2002
Claudia Sticher

un nit varnicht die schlechte ojf der erd,
soln sej varnichten sich alejn!
[15./16./.18. Januar 1944]

(Jizchak Katzenelson, Dos lied
vunem ojsgehargetn jidischn volk)

INHALTSVERZEICHNIS

I EINLEITUNG

1	Einführung in die Fragestellung	7
1.1	Zum Gegenstand der Untersuchung	7
1.2	Zur Auswahl der Texte	11
1.3	Einzelpsalm und Gesamtpsalter – kanonisch-intertextuelle Lektüre	14
2	Der Tun-Ergehen-Zusammenhang	18
2.1	Zur Forschungslage	18
2.2	Das Denkmuster Klaus Kochs: »Schicksalwirkende Tatsphäre«	20
2.3	Das Denkmuster Jan Assmanns: »Konnektive Gerechtigkeit«	26
2.4	Ein weiteres Denkmuster: »Salvifikative Gerechtigkeit«	30

II TEXTANALYSEN

1	Der Ausgangstext – Psalm 37: Die »Besänftigung des Messias«	33
1.1	Übersetzung	34
1.2	Gliederung	38
1.3	Strukturbeobachtungen	39
1.4	Einheitlichkeit	39
1.5	Gattung	40
1.6	Datierung	41
1.7	Zur These	42
1.7.1	*Aussagen über das Ergehen der »Guten« ohne ausdrückliche Nennung Gottes*	47
1.7.2	*Aussagen über das Eingreifen Gottes zugunsten der Guten*	48
1.7.3	*Aussagen über das Ende der Schlechten*	49
1.7.4	*Bezeichnungen für die Guten*	51
1.7.5	*Bezeichnungen für die Schlechten*	52

2	Psalm 1: »Der Weg der Frevler verliert sich« – Das Bild des Weges am Eingangstor des Psalters	59
2.1	Übersetzung	59
2.2	Gliederung	60
2.3	Einheitlichkeit	61
2.4	Gattung	61
2.5	Datierung	61
2.6	Zur These	61
	Exkurs אבד	63
	Exkurs: Zorn Gottes	71
3	Psalm 6: Die »Beschämung der Feinde« als Rettung des Beters	74
3.1	Übersetzung	74
3.2/3	Gliederung und Strukturbeobachtungen	76
3.4	Einheitlichkeit	77
3.5	Gattung	78
3.6	Datierung	79
3.7	Zur These	80
4	Psalm 14: Am Plan des Armen scheitern die Übeltäter	85
4.1	Übersetzung	85
4.2	Gliederung	87
4.3	Strukturbeobachtungen	88
4.4	Einheitlichkeit	89
4.5	Gattung	89
4.6	Datierung	89
4.7	Zur These	90
	Exkurs פחד	91
5	Psalm 20: Bitte um die Rettung des Königs	95
5.1	Übersetzung	95
5.2	Gliederung	96
5.3	Strukturbeobachtungen	96
5.4	Einheitlichkeit	97
5.5	Gattung	97

5.6	Datierung	98
5.7	Zur These	99

6	Psalm 25: »Beschämt werden, die grundlos abfallen« – Unterweisung der Sünder als Bundesgeschehen	103
6.1	Übersetzung	104
6.2	Gliederung	105
6.3	Strukturbeobachtungen	106
6.4	Einheitlichkeit	107
6.5	Gattung	108
6.6	Datierung	108
6.7	Zur These	109

7	Psalm 27: »Er birgt mich am Tage des Unheils«	113
7.1	Übersetzung	114
7.2	Gliederung	115
7.3	Strukturbeobachtungen	115
7.4	Einheitlichkeit	116
7.5	Gattung	117
7.6	Datierung	117
7.7	Zur These	118

8	Psalm 36: »Dort sind die Übeltäter gefallen«	123
8.1	Übersetzung	123
8.2	Gliederung	124
8.3	Strukturbeobachtungen	125
8.4	Einheitlichkeit	125
8.5	Gattung	126
8.6	Datierung	126
8.7	Zur These	128

9	Psalm 40: »Zuschanden werden, die Gefallen haben an meinem Unglück«	133
9.1	Übersetzung	134
9.2	Gliederung	136
9.3	Strukturbeobachtungen	136

9.4	Einheitlichkeit	138
9.5	Gattung	139
9.6	Datierung	140
9.7	Zur These	142

10 Psalm 70: »Gott, mich zu retten, JHWH, mir zu Hilfe eile!« 149

10.1	Übersetzung	149
10.2	Gliederung	151
10.3	Strukturbeobachtungen	151
10.4	Einheitlichkeit	151
10.5	Gattung	152
10.6	Datierung	152
10.7	Zur These	153

11 Psalm 49: »Gott wird meine Seele loskaufen« 157

11.1	Übersetzung	158
11.2	Gliederung	161
11.3	Strukturbeobachtungen	161
11.4	Einheitlichkeit	164
11.5	Gattung	165
11.6	Datierung	165
11.7	Zur These	166

12 Psalm 57: »Sie gruben vor mir eine Grube, sie fielen mitten in sie hinein« 177

12.1	Übersetzung	177
12.2	Gliederung	179
12.3	Strukturbeobachtungen	179
12.4	Einheitlichkeit	180
12.5	Gattung	181
12.6	Datierung	181
12.7	Zur These	182

13	Psalm 63: »Deine Rechte hält mich fest«	187
13.1	Übersetzung	187
13.2	Gliederung	189
13.3	Strukturbeobachtungen	189
13.4	Einheitlichkeit	191
13.5	Gattung	192
13.6	Datierung	192
13.7	Zur These	193

14	Psalm 71: »Jubeln soll mein Leben, das du erlöst hast – denn zuschanden sind, die mein Unglück suchen«	199
14.1	Übersetzung	200
14.2	Gliederung	202
14.3	Strukturbeobachtungen	202
14.4	Einheitlichkeit	203
14.5	Gattung	204
14.6	Datierung	204
14.7	Zur These	205

15	Psalm 91: »Fallen zehntausend an deiner Rechten, dir wird es sich nicht nähern« – Die göttliche Bewahrung des Verfolgten	210
15.1	Übersetzung	210
15.2/3	Gliederung und Strukturbeobachtungen	212
15.4	Einheitlichkeit	213
15.5	Gattung	214
15.6	Datierung	214
15.7	Zur These	216

16	Psalm 92: »Wenn die Frevler sprossen, so nur, damit sie vertilgt werden für immer«	225
16.1	Übersetzung	225
16.2/3	Gliederung und Strukturbeobachtungen	227
16.4	Einheitlichkeit	229
16.5	Gattung	229
16.6	Datierung	230
16.7	Zur These	231

17	Psalm 104: »Die Frevler möge es nicht mehr geben – lobe, meine Seele, JHWH«	240
17.1	Übersetzung	241
17.2	Gliederung	244
17.3	Strukturbeobachtungen	245
17.4	Einheitlichkeit	247
17.5	Gattung	247
17.6	Datierung	248
17.7	Zur These	249
18	Psalm 112: »Das Begehren der Frevler geht zugrunde«	252
18.1	Übersetzung	252
18.2	Gliederung	253
18.3	Strukturbeobachtungen	254
18.4	Einheitlichkeit	255
18.5	Gattung	255
18.6	Datierung	255
18.7	Zur These	257
19	Psalm 118: »Sie umringten mich wie Bienen – sie wurden gelöscht wie Dochtenden«	260
19.1	Übersetzung	261
19.2	Gliederung	264
19.3	Strukturbeobachtungen	264
19.4	Einheitlichkeit	265
19.5	Gattung	266
19.6	Datierung	268
19.7	Zur These	269
20	Psalm 141: »Die Frevler sollen in ihre eigenen Gruben fallen – während ich stets entkomme«	277
20.1	Übersetzung	277
20.2	Gliederung	279
20.3	Strukturbeobachtungen	279
20.4	Einheitlichkeit	280
20.5	Gattung	280
20.6	Datierung	282
20.7	Zur These	282

21	Belegstellen außerhalb des Psalters: Das Buch der Sprichwörter	285
21.1	Zusammenschau der Stellen	285
21.2	Sprichwörter 1-9	289
21.3	Sprichwörter 1-3	291
	Exkurs: Lachen und Spotten mit Gott als Subjekt	292
21.4	Datierung	299

III SCHLUSSÜBERLEGUNGEN – ZUM WELT- UND GOTTESBILD

1	Weltbild	304
1.1	Armentheologie	304
1.1.1	*Was bedeutet »Armentheologie«?*	304
1.1.2	*Forschungsüberblick »Armentheologie im Psalter«*	307
1.1.3	*Armentheologie als Deutungshintergrund der behandelten Psalmen?*	311
	Tabellarische Zusammenschau: Bezeichnungen für die »Guten«	312
1.2	Unheilssituation	315
1.2.1	*Unheil in Gestalt von Feinden*	315
	Tabellarische Zusammenschau: Bezeichnungen für die »Schlechten«	315
1.2.2	*Unheil in Gestalt von unpersönlichen Nöten und bösen Mächten*	323
1.2.3	*Was bedeutet biblisch »Erbsündenlehre«?*	324

2	Gottesbild	333
2.1	Tabellarische Zusammenschau der behandelten Verben	333
2.2	Soziolekt einer Trägergruppe?	340
2.3	Salvifikative Gerechtigkeit	341

Literaturverzeichnis	345

I Einleitung

נֵר רְשָׁעִים יִדְעָךְ

»Die Lampe der Frevler erlischt«

1 Einführung in die Fragestellung
1.1 Zum Gegenstand der Untersuchung

Das Bild der erlöschenden Lampe, das als metaphorische Aussage mehrfach in den weisheitlichen Schriften des Alten Testaments Verwendung findet, illustriert genau das Phänomen, dessen eingehender Untersuchung sich diese Arbeit verschrieben hat: Es gibt Texte in den Schriften des Alten Testaments, in denen das Schicksal von Guten und Schlechten einander gegenübergestellt wird. In einer bestimmten Gruppe solcher Texte wird dabei auffällig (oder gar: sorgfältig?) vermieden, das Ende der schlechten Menschen mit einem Eingreifen JHWHs, das dieses Ende kausal herbeiführen würde, in Verbindung zu bringen. Hingegen wird in den unterschiedlichsten Formulierungen und Bildern explizit darüber gesprochen, daß JHWH helfend und rettend zugunsten der guten Menschen aktiv wird.

Die Alternative hinsichtlich eines Vergeltungsdenkens lautet also nicht: Entweder Gott greift lohnend und strafend ein oder die Vorgänge werden rein innerweltlich aufgefaßt. Es gibt eine dritte Möglichkeit, nämlich die, Gottes Handeln nur mit einem der beiden Aspekte Lohn bzw. Strafe in Verbindung zu bringen. Die hier untersuchten Texte tun dies ausdrücklich im Hinblick auf das helfende und rettende Eingreifen Gottes. Sie vermeiden jedes derartige Reden aber im Hinblick auf das Schicksal, das Ende, das die Schlechten ereilt. Nirgends finden sich, betrachtet man die jeweiligen Verbformen genau, Aussagen, die ein solches Ende kausal durch Gott herbeigeführt verstehen. Schnell – oft zu schnell – wird diese Deutung dann aber von den verschiedenen Auslegern in den Text hineingetragen, nicht immer berechtigt, wie diese Untersuchung zeigen möchte.

Die Frage lautet: Ist es wirklich einfach so, daß für die Schreiber und Beter dieser Texte stets und immer klar war, daß Gott und nur Gott dieses Unheil aktiv wirkt?[1] Warum aber gibt es so auffällige Formulierungsvermeidungen?

---

[1] So jedenfalls verschiedenste Autoren, etwa von Rad: »für Israel und seinen Glauben an die Allkausalität Jahwes war es unmöglich, ein so elementares Geschehen [sc. den Zusammenhang zwischen einer Tat und dem durch sie ausgelösten Unheil] ohne Beziehung auf das Walten Jahwes zu verstehen. Tatsächlich hat man dieses von einer Tat ausgelöste Unheils- oder Heilsgeschehen höchst unmittelbar auf Jahwe selbst zu-

I Einleitung

Die These dieser Untersuchung lautet: *In bestimmten Texten des Alten Testaments wird das Schicksal der Guten ausdrücklich auf ein rettendes Handeln Gottes zurückgeführt, während das Schicksal der Schlechten stets mit passiven oder unpersönlichen Wendungen beschrieben wird, ohne daß sich diese Verteilung der genera verbi (hier: Verbstämme) bzw. unpersönlichen Formulierungen als Stilmittel erklären ließe.*

Es soll festgehalten werden: Die Alternative a) Gott greift handelnd ein oder b) Er tut es nicht, ist (aufgrund der aufgezeigten dritten Möglichkeit) nicht erschöpfend.[2]

Eventuell könnte man an das Erklärungsmodell des »*Passivum divinum*« für die doch recht auffälligen Passivformulierungen denken. Es wird gebraucht, um die Nennung Gottes als Subjekt möglichst zu vermeiden. Die bei Chr. Macholz gesammelten Belege zeigen, daß überwiegend späte Schichten des AT dieses Stilmittel verwenden. Weiterhin zeigt er, daß das »Passivum divinum« nicht im Bereich religiöser Sprache wurzelt, sondern aus dem »Hofstil« stammt.[3] Er faßt es selbst zusammen: »Das ›Passivum divinum‹ ist ursprünglich ein ›Passivum regium‹.«[4]

Dennoch kann dieses Erklärungsmuster bereits hier zurückgewiesen werden. Es bietet keine befriedigende Lösung für unser Problem, sondern verschiebt es lediglich. Die Frage müßte dann ja lauten: Warum wird das »Passivum divinum« nur im Hinblick auf ansonsten notwendig negative Aussagen über Gottes Handeln verwendet (was aber dem Befund von Macholz keineswegs entspricht) und nicht gleichermaßen auch im Hinblick auf positive Aussagen? Denn die auffällige Spaltung in zwei Klassen von Aussagen über Gottes Handeln bliebe ja dann immer noch ungeklärt.

Als Argument nie ganz auszuschließen ist der Grundsatz »variatio delectat«;

---

rückgeführt.« (Von Rad, Theol. des AT I (⁸1982), 398); vgl. auch Otzen, Art. אבד, ThWAT I (1973), 22: »... für die at.liche Auffassung ist unter allen Umständen JHWH der Lenker der geschichtlichen Ereignisse, er steht also dahinter ... wenn die Heiden als JHWHs Werkzeug Israel zerstören ...«.

[2] Rein theoretisch ließe sich noch eine vierte Möglichkeit denken: Gottes Handeln wird nur mit einem strafenden, nicht aber mit einem helfenden Tun in Verbindung gebracht. Auch wenn manche (wie etwa Hannah Arendt) gerade diesen Zug für typisch alttestamentlich halten, legt sich die Annahme in dieser Ausschließlichkeit nicht nahe, tatsächlich habe ich keine derartigen Texte gefunden.

[3] Vgl. Macholz, Passivum divinum (1990), 251.

[4] Ebd., 253. Reiser, Gerichtspredigt Jesu (1990) zeichnet in seinem Exkurs »Das sog. ›Passivum divinum‹ oder ›Passivum theologicum‹ und die eschatologischen Passiva« die Entstehungsgeschichte des erstmals von J. Jeremias gebrauchten Begriffs »Passivum divinum« nach und lehnt ihn als Erklärungskategorie (zumindest für den apokalyptischen und den neutestamentlichen Bereich) ab, indem er darauf verweist, daß die Funktion eines Passivs genau darin besteht, »ein Geschehen ausdrücklich als nicht agensbezogen oder agensunabhängig« zu charakterisieren (257, vgl. 256-261).

dennoch ist immer auch nach der Intention der Variation zu fragen: Ist sie ein rein stilistisches Mittel oder soll sie eine bestimmte inhaltliche Aussage transportieren?[5] Um klären zu können, ob sich die Aussagen der Psalmen, die ich im Rahmen dieser Arbeit unter eine These zusammenfasse, als eher willkürliche stilistische Variation deuten lassen, habe ich die Fragestellung, sozusagen im Sinne einer »Gegenprobe«, umgekehrt. Die Frage dieser Gegenprobe lautet dann: Finden sich im Alten Testament Texte, bei denen die unpersönliche Aussage sich stets und ausschließlich auf die »Guten« bezieht, welche gleichzeitig aber die Aussage über das Scheitern der »Schlechten« mit einem (Straf-)Handeln Gottes in Verbindung bringen? (Dabei sollen unter »Texte« nur in sich geschlossene Texteinheiten, nicht aber Einzelverse[6] gerechnet werden.) Und diese Frage ist zu verneinen!
Etwas formalisiert könnte man es so darstellen:

These	jahwekausal	unpersönlich/passivisch
Rettung der Guten	×	
und zugleich		
Zugrundegehen der Schlechten		×
Ergebnis: positiv (Texte der These)		

Gegenprobe	jahwekausal	unpersönlich/passivisch
Rettung der Guten		×
und zugleich		
Zugrundegehen der Schlechten	×	
Ergebnis: negativ (Fehlanzeige)		

---

[5] Wir stoßen hier auf die wichtige Unterscheidung zwischen einer produktionsästhetischen und einer rezeptionsästhetischen Auslegung. Während erstere nach der »Autorintention« fragt (»soll sie eine inhaltliche Aussage transportieren?«), steht bei letzterer der Rezipient des Textes im Mittelpunkt des Interesses. So gesehen transportiert auch eine stilistische Variante auf jeden Fall einen Inhalt mit, völlig unabhängig davon, ob das vom Autor intendiert war.

[6] So enthalten etwa die Verse Jes 1,28-31 nur passive bzw. unpersönliche Wendungen für das Schicksal, das die »Abtrünnigen und Sünder« ereilt, sie könnten also zur These gehören. Doch stehen sie unter dem Vorzeichen des göttlichen »Wehe« von 1,24, mit dem Gott seine Rache ankündigt. Für die »Gegenprobe« ließ sich ein einziger Vers ausfindig machen: Ps 18,4: מְהֻלָּל אֶקְרָא יְהוָה וּמִן־אֹיְבַי אִוָּשֵׁעַ; ישע im Nifal: »und vor meinen Feinden werde ich errettet«, also eine unpersönlich gehaltene Aussage über eine Rettung. Die anderen Verse des Psalms reden aber ganz klar von der Errettung des Beters durch JHWH (z.B. V.18 יַצִּילֵנִי מֵאֹיְבִי עָז וּמִשֹּׂנְאַי כִּי־אָמְצוּ מִמֶּנִּי).

I Einleitung

Durch dieses überraschend eindeutige Ergebnis läßt sich plausibel machen, daß sich hinter den Texten der These eine bestimmte Aussageabsicht verbirgt bzw. – wenn man das Konstrukt der »Autorintention« nicht bemühen möchte – daß die Texte eine solche transportieren, die sich nicht einfach als zufälliges Zusammentreffen stilistischer Variationsmöglichkeiten innerhalb des hebräischen Parallelismus membrorum erklären läßt. Das Null-Ergebnis der Gegenprobe berechtigt m.E. zu dieser Auswertung.

Da im Hintergrund der Thematik Vorstellungen wie »Vergeltungsdenken« oder »Tun-Ergehen-Zusammenhang« bzw. »konnektive Gerechtigkeit« stehen, widmet sich das *Zweite Kapitel (I.2)* dieser Diskussion im Sinne einer Einordnung in die Forschungslage.

Im *Zweiten Hauptteil (II.1)* wird an Psalm 37 in exemplarischer Weise das hier untersuchte Sprachmuster vorgestellt. Psalm 37 eignet sich aufgrund seiner Länge besonders dazu, als Beispieltext zu dienen, da er in seinen 40 Versen in stets neuen Bildern und Vergleichen das Geschick der Gerechten auf JHWHs Hilfe zurückführt, den Untergang der Frevler aber ohne jedes göttliche Eingreifen notwendig gegeben sieht.[7] Gerade die Häufung derarti-

---

[7] Die Tatsache als solche ist schon Gunkel aufgefallen: »Der Grundgedanke des Psalms ebenso wie der späteren Weisheitsliteratur ist der Glaube an die Vergeltung ...: die Frommen bleiben im Land wohnen ..., aber die Gottlosen werden ausgerottet ... . *Dabei ist bezeichnend, daß zwar das schöne Geschick der Gerechten von Jahves Hilfe erhofft wird, daß aber der Untergang der Frevler nicht sowohl von einem besonderen göttlichen Eingreifen erwartet wird, sondern vielmehr nach dem Glauben des Verfassers durch die Natur der Sache selber gegeben ist: Frevel kann keinen Bestand haben* ...« (Gunkel, Psalmen (⁴1926), 156; Hervorhebung C.S.). Allerdings gibt er dafür nur die Begründung, daß »diese Art, das Unglück der Gottlosen zu begründen, ... auch sonst in der ›Weisheit‹ die gewöhnliche [ist], während die ›Klagepsalmen‹ den Gott selber wider die Missetäter aufrufen ...« (ebd.). Daß diese Begründung vielleicht nicht differenziert genug ist, da es auch in der Weisheit Stellen gibt, die das Unglück durch ein Handeln Gottes herbeigeführt sehen, wie umgekehrt auch nicht in allen Klagepsalmen Gott wider die Missetäter aufgerufen wird, kann durch den weiteren Gang unserer Überlegungen deutlich werden. Erstaunlich ist, daß die Beobachtung Gunkels weder von ihm selbst noch von anderen Kommentatoren aufgegriffen worden ist. Weder in Bezug auf Psalm 37 (Ausnahme: Irsigler, Adamssohn (1996), 79f.: »Eine explizit aktive Rolle spielt Jahwe nur in der Darstellung des guten Geschicks der Gerechten ... Das böse Geschick hingegen ist nicht eigens verhängte Strafe, sondern stets innerlich notwendige Auswirkung des bösen Tuns.«) noch in der Diskussion um andere weisheitliche Texte habe ich diese Unterscheidung berücksichtigt gefunden. Norbert Lohfink SJ ist in seiner Vorlesung zu Psalm 37 (WS 1994/95 und SS 1995 an der Hochschule Sankt Georgen, Frankfurt am Main) auf dieses Phänomen gestoßen (er selbst erwähnt seine Beobachtung nun in »Die Besänftigung des Messias: Gedanken zu Psalm 37« (1997), 87) und hat mir die Beschäftigung damit im Rahmen meiner Diplomarbeit vorgeschlagen. Zugleich hat er dadurch auch den entscheidenden Anstoß zu dieser Arbeit gegeben.

ger Aussagen in ein und demselben Text berechtigt eher zu Schlußfolgerungen als das Vorkommen eines einzelnen solchen Verses, selbst wenn es sich um einen so herausgehobenen Text wie den ersten Psalm handelt.

Im Anschluß (*II.2-21*) werden dann alle anderen durch Konkordanzsuche ausfindig gemachten Texte untersucht. Um keine Wertung (im Sinne von: deutlicher – weniger deutlicher Beleg) vorzunehmen, wird dabei an der numerischen Reihenfolge des Psalters als objektivem Kriterium festgehalten. Durch Einzelexegese[8] der jeweiligen Stellen konnte Klarheit darüber gewonnen werden, ob diese – und wenn ja, inwiefern sie – Gemeinsamkeiten aufweisen. Es kristallisierte sich heraus, daß wahrscheinlich alle, zumindest aber der überwiegende Teil der Texte sicher erst in ziemlich später, also meist nachexilischer Zeit entstanden sind. Wenn auch alle Aussagen über die Datierung weisheitlicher Texte unter einem gewissen Vorbehalt stehen, so ist die sich abzeichnende Tendenz doch so deutlich, daß vorsichtige Schlußfolgerungen möglich sind. Weiterhin fiel auf, daß die »Armenpsalmen« überproportional vertreten sind. Ebenso war die Zusammenstellung aller Bezeichnungen für die »Guten« und die »Schlechten« sowie derjenigen Verben, mit denen das Ende der Schlechten beschrieben wird, aufschlußreich.

Wenn im *letzten Teil (III Schlußüberlegungen)* versucht wird, aus den Ergebnissen der Einzelexegesen eine mögliche theologiegeschichtliche Einordnung vorzunehmen sowie systematische Schlußfolgerungen hinsichtlich des Welt- und des Gottesbildes zu ziehen, so geschieht dies mit aller gebotenen Vorsicht, entzieht sich die Bibel ja gerade durch ihre Vielstimmigkeit jeder Einengung, die mit einer Systematisierung zwangsläufig einhergeht.

Die Überlegungen des letzten Kapitels wollen als Versuche, als Denkmöglichkeiten verstanden werden, im Alten Testament Vorformen dessen zu finden, was systematische Theologie später unter bestimmte Begriffe gefaßt hat.

1.2 Zur Auswahl der Texte

Zunächst wurden Belegstellen gesucht und zusammengestellt, an denen das oben beschriebene Phänomen – außer am exemplarischen Text Psalm 37 – ebenfalls zu beobachten ist. Hierzu wurden der gesamte hebräische Kanon sowie die darin nicht enthaltenen Bücher des Septuaginta-Kanons (diese weitgehend in Übersetzung) untersucht. Letzteres erschien vor allem deshalb geraten, damit auch die späten Weisheitsschriften Jesus Sirach und Sapientia Salomonis miteinbezogen werden konnten. Tatsächlich aber fanden sich

---

[8] Dabei soll und kann es keinesfalls um eine erschöpfende Exegese der jeweiligen Psalmen bzw. Verse aus dem Buch der Sprichwörter gehen, auch eine ausführliche Darstellung der Forschungslage ist nicht intendiert. Die Untersuchung dient stets der Auswertung im Hinblick auf die These.

ausschließlich im Psalter und in den Proverbia entsprechende Belege – ein erstes Ergebnis, das überraschte. Nicht durch die Tatsache, daß es sich ausschließlich um den weisheitlichen Bereich handelt, was vorher durchaus schon zu vermuten gewesen war, sondern deshalb, weil weder das Buch Ijob noch die eben erwähnten späten Weisheitsbücher wenigstens teilweise eine solche Aussagestruktur erkennen lassen.

Das Ausfindigmachen der Texte gestaltete sich »zweispurig«: Einerseits durch die kontinuierliche Lektüre der Schrift in Übersetzung, wobei zunächst für jedes Buch des Kanons eine Zusammenstellung von Versen des Inhalts nach dem Schema

a) Rettung/Hilfe für die Guten von Gott
b) Passivisch oder unpersönlich beschriebenes Ergehen der Guten
c) Passivisch oder unpersönlich beschriebenes Ergehen der Schlechten und
d) Ergehen der Schlechten, das durch Gott verursacht beschrieben wird

erfolgte. Aus dieser Übersicht wurden dann die relevanten Stellen abgelesen, die eine gründliche Untersuchung im Urtext angeraten sein ließen.

Andererseits wurde, da ein komplettes Durcharbeiten des Urtextes der ganzen Schrift zeitlich und auch durch die Ergebnisse obiger Vorauswahl nicht angeraten erschien, mit Konkordanzbefund[9] gearbeitet. Dazu wurden sämtliche bei Othmar Keel aufgelisteten Bezeichnungen für »Feinde und Gottesleugner«[10] gesichtet. Da hier ja deren Schicksal interessiert, sollte durch den Konkordanzbefund eine gewisse Vollständigkeit erreicht sein. Ergänzend wurden einige charakteristische Verben mittels Konkordanz auf ihre Verwendung hin untersucht.[11]

Damit wurde das Textkorpus der Einzeluntersuchung abgegrenzt: Die im folgenden aufgelisteten 20 Psalmen und Proverbia 1-9. Es seien hier nur diejenigen Übersichten geboten, die tatsächlich Ergebnisse erbrachten.

Grundsätzlich sind im Hinblick auf die Fragestellung dieser Arbeit drei Klassen von Psalmen denkbar:

1. Solche, bei denen sich die herausgearbeitete Redestruktur durchgängig findet: Gott greift lohnend bzw. rettend zugunsten der »Guten« ein, es gibt gleichzeitig aber keinerlei Aussagen über ein »Strafhandeln« Gottes an den »Schlechten«, obwohl von deren Untergang gesprochen wird.

---

9 Lisowsky, Konkordanz (1958) sowie das Computerprogramm Bible Works for Windows, Version 1995.
10 Keel, Feinde und Gottesleugner: Studien zum Image der Widersacher in den Feindpsalmen (1969), Listen 94-99.
11 Vgl. die Tabellen mit den entsprechenden Verben sowie den Lexemen für die »Guten« und die »Schlechten« im Schlußkapitel.

2. Solche, die direkt und einheitlich von einem strafenden Eingreifen Gottes handeln.[12]
3. Solche, in denen beide Weisen (unpersönliche Beschreibungen vom Ende der Schlechten und Strafhandeln Gottes) vorkommen. Entweder handelt es sich in diesen Fällen um kein bestimmtes theologisches Programm und die Ausdrucksweisen werden einfach nur (aus stilistischen Gründen) variiert, oder aber sie stehen derart nebeneinander, daß an redaktionelle Schichten gedacht werden muß.[13]

Während die zweite Klasse hier nicht eigens untersucht werden soll (ihr Vorhandensein ist allzu klar im Bewußtsein[14]) gilt der ersten das Augenmerk; inwieweit die dritte Klasse einbezogen werden sollte, läßt sich nur von Fall zu Fall anhand der jeweiligen Texte und ihrer Strukturen bzw. Schichten, nicht aber generell bestimmen. Für die Untersuchung im Rahmen dieser Arbeit, in der jeweils der Endtext zugrundegelegt werden soll, kommt die dritte Klasse aus eben diesem »kanonischen« Grund nicht in Betracht: Wenn die Schichten derart nebeneinander stehen, dann ergibt sich auf der Endtextebene für den jeweiligen Leser doch durchgehend die Aussage, daß es so etwas wie strafendes Handeln Gottes gibt. In diesen Fällen könnten zudem rein poetologische Variationen vorliegen, da der Kontext dann als eindeutig gesehen wird. Auf die entsprechenden Psalmen wird nur in Auswahl (so etwa auf Ps 2) und en passant eingegangen; es geht nicht um eine vollständige Zusammenstellung.

Zur ersten Klasse ist zu bemerken, daß in der ganzen Arbeit nicht zwischen Wünschen und Aussagen unterschieden werden soll, da die Modi sich nicht immer eindeutig bestimmen lassen.[15] Wichtiger noch erscheint mir aber auch der inhaltliche Grund, daß hinter einem derartigen Wunsch im-

---

[12] Exemplarisch sei nur der (numerisch) erste in Frage kommende Psalm 3 genannt.
[13] Ein Beispiel hierfür ist etwa Ps 97; die Erweiterung in den Vv. 10-12 redet von der Rettung Gottes, der »das Leben seiner Frommen bewahrt und sie aus der Hand der Gottlosen rettet«; der ältere Teil dagegen spricht vom Feuer, das »vor JHWH hergeht und seine Feinde ringsum vernichtet« (V. 3).
[14] Verwiesen sei hier nur auf die einschlägigen Untersuchungen wie z.B. aus jüngerer Zeit Zenger, Ein Gott der Rache?: Feindpsalmen verstehen (1994).
[15] Die zweifelsfreie Bestimmung eines Verbs als Iussiv ist nur bei den Kurzformen möglich. Beim Grundstamm des starken Verbs jedoch läßt sich zwischen Indikativ und Iussiv nicht unterscheiden. Das hebräische »Imperfekt« kann dementsprechend futurisch, iterativ oder modal übersetzt werden. Zugleich ist dies m.E. eine der unumgänglichen Schwierigkeiten der ganzen These. Für deutsches Sprachempfinden sind es nämlich zwei sehr verschiedene Aussagen ob – modal – von den Feinden »sie mögen zugrunde gehen« oder futurisch »sie werden zugrunde gehen« ausgesagt wird. Aufgrund der Fülle der Verben in den ausgewählten Psalmen kann das Problem nicht jedes Mal reflektiert werden; meine Meinung spiegelt sich jeweils in der gewählten Übersetzung wider.

mer ein Gottesbild steht, das mit der Möglichkeit eines Eingreifens Gottes zugunsten des Beters rechnet. Analoges gilt auch für Wünsche, die der Beter gegen seine Feinde ausspricht und in denen er Gott zu einem Strafhandeln aufruft: Diese Psalmen bleiben entsprechend unberücksichtigt.

Die Ergebnisse der oben beschriebenen Suche seien hier zunächst tabellarisch dargeboten; den Einzeluntersuchungen werden sich die folgenden Abschnitte widmen. Die Tabelle zeigt die Ergebnisse der »ersten Klasse«, also Texte, in denen sich die untersuchte Redestruktur durchgängig findet:

Erstes Psalmenbuch	Ps 1	Drittes Psalmenbuch	–
	Ps 6		
	Ps 14	Viertes Psalmenbuch	Ps 91
	Ps 20		Ps 92
	Ps 25		Ps 104
	Ps 27		
	Ps 36	Fünftes Psalmenbuch	Ps 112
	Ps 37		Ps 118
	Ps 40		Ps 141
Zweites Psalmenbuch	Ps 49	Proverbia	1-9
	Ps 57		
	Ps 63		
	Ps 70		
	Ps 71		

1.3 Einzelpsalm und Gesamtpsalter – kanonisch-intertextuelle Lektüre

In den vergangenen Jahr(zehnt)en hat sich in der Forschung verstärkt Konsens darüber herausgebildet, daß die Psalmen als Teil eines Ganzen, des Psalters, zu verstehen sind. Deshalb muß am Anfang jeder Arbeit zu Einzelpsalmen eine methodische Reflexion über die Legitimität des Vorgehens stehen. Ganz grundsätzlich bleibt bereits an dieser Stelle festzuhalten, daß trotz der starken – und sehr sinnvollen – Betonung des Buchganzen in der jüngeren Exegese die Texte zumindest *auch* als Einzeltexte, die in sich stehen, gesehen werden können und müssen. Daß und inwieweit durch die Einbindung in den Gesamtpsalter bzw. den Kanon überhaupt Sinnlinien hinzukommen, die der Einzeltext so nicht oder noch nicht enthält, ist erst ein zweiter Schritt.

»Auch bei ›kanonischer‹ Auslegung muß jeder Text zunächst von seiner eigenen Sprache und der in ihr implizierten Weltsicht aus interpretiert werden.

Erst auf einer höheren Ebene könnten Synthesen zwischen verschiedenen Sprachwelten und Sprachspielen versucht werden.«[16]

Durch die Komposition gewinnen die Einzeltexte eine zusätzliche Bedeutung, die sie in sich nicht haben. Auch für den Psalter gilt: Das Ganze ist mehr als die Summe seiner Teile. »Es geht also um eine *zusätzliche* Sinn- und Bedeutungsdimension, die ein Einzelpsalm als Teil des größeren Zusammenhangs, in dem er nun steht, erhält.«[17] Dennoch kann und muß der erste Schritt zunächst das Wahr- und Ernstnehmen des Einzeltextes sein.

> »Um es vorweg und pointiert zu sagen: Es geht bei diesem Ansatz [der kontextuellen Psalmenexegese, C.S.] *nicht* darum, das Profil und die Bedeutung des Einzelpsalms zu nivellieren. ... Die neuen Perspektiven, die sich ergeben, wenn man den Einzelpsalm im literarischen Kontext eines Teil- bzw. des Gesamtpsalters analysiert und interpretiert, gehen von der Individualität des Einzeltextes aus, bleiben aber nicht bei ihr stehen – weil ja schon die Überlieferung selbst nicht dabei stehenblieb, sondern die Einzelpsalmen planvoll nebeneinanderstellte oder gar kompositionell/redaktionell zusammenordnete.«[18]

Daß die Psalmen keine »Loseblattsammlung« darstellen, die irgend jemand zusammengebunden hat, läßt sich anhand folgender Fakten plausibel machen: Erstens ordnen die (nachträglichen) Überschriften sie zu Gruppen zusammen; zweitens wollen Teile des Psalters aufgrund der sog. Davidisierung als Zusammenhang gelesen werden; drittens stehen einige der Königspsalmen an makrostrukturell entscheidenden Stellen; viertens gibt es feste Kombinationen (JHWH-Königspsalmen, Wallfahrtspsalmen), die als Gruppen zusammengestellt wurden; fünftens sind einige benachbarte Psalmen so offensichtlich durch Bezüge verknüpft, daß diese nicht zufällig sein können. Somit ist die Alternative Einzellieder bzw. Einzelgebete *oder* Buchzusammenhang eine falsche Alternative, die vom Text der Psalmen her nicht gerechtfertigt ist, denn jeder Psalm hat ein Doppelprofil: Er ist sowohl Einzeltext als auch Teiltext eines literarischen Kontextes.[19]

> »Auch bei einer konsequent synchronen Lektüre muß das Eigenprofil der jeweiligen Einzelpsalmen zuallererst herausgearbeitet werden; gerade die Redaktion

---

[16] Lohfink, Ps 6 (1988), 37.
[17] Zenger, Psalmen im Psalter (1999), 444 (Hervorhebung im Original); vgl. auch seine vier Thesen zur kanonischen Psalmenauslegung: Zenger, Was wird anders bei kanonischer Psalmenauslegung? (1991), 399-407.
[18] Zenger, Psalmen im Psalter (1999), 443 (Hervorhebung im Original).
[19] Vgl. ebd., 444.454; vgl. auch Barbiero, Das erste Psalmenbuch als Einheit (1999).

hat durch die Überschriften diese Eigenheit des Psalmenbuches noch einmal unterstrichen.«[20]

Die Vielstimmigkeit der Einzeltexte (-psalmen) will als »kontrastiver Sinnzusammenhang« gehört werden.[21] H. Spieckermann formuliert es folgendermaßen:

> »Primäre Orientierung der Auslegung an der Textebene bedeutet: Orientierung der Auslegung am einzelnen Psalm und am Psalter als Buch. Literarischer Mikrokosmos und Makrokosmos müssen in einem balancierten Verhältnis wahrgenommen werden. ... der Psalter [ist] die endgültige Manifestation der einem jeden Psalm innewohnenden Intention, über seine Ursprungssituation hinauszuwachsen und in einem Ensemble von Stimmen dem Gotteslob in seiner ganzen Spannweite und Tiefe Stimme zu geben. ... Es gibt keine inhaltlichen Gruppen und Generalschlüssel für die Psalmen, sondern nur Verstehensangebote, die einander nicht ausschließen, vielmehr einander verstärken wollen ...«[22]

Daraus ergibt sich aber, daß die Komposition jedes einzelnen Psalms zunächst genau verstanden sein muß, bevor er daraufhin befragt werden kann, was er zur »Symphonie« des Ganzen beiträgt. Und genau hier sehe ich den Ort dieser Arbeit: Eine bestimmte Sinnlinie, die einige Psalmen durchzieht, an eben diesen Einzelpsalmen genau zu beschreiben, um dann danach zu fragen, welche Bedeutung sich daraus für die Lektüre des Psalters im Zusammenhang ergeben könnte.

Damit ist zugleich gesagt, daß die Intertextualisierung, die in dieser Arbeit vorgenommen wird, sich vor allem auf den Psalter als den primären Kontext und nur ganz selten auf den ganzen Kanon bezieht.[23] Im biblischen Kanon liegt eine »konturierte Intertextualität«[24] vor, die besonders klar wird an Stellung und Funktion der Tora für alle folgenden Texte. Analoges liegt im Psalter derart vor, daß Ps 1 (bzw. Ps 1 und 2 als zweiteiliges Proömium) einen Verständnisschlüssel für das ganze Psalmenbuch bietet (darauf wird die Aus-

---

20 Zenger, Psalmen im Psalter (1999), 454.
21 Vgl. ebd., 454.
22 Spieckermann, Psalmen und Psalter (1998), 145f.
23 Zum Programm einer kanonisch-intertextuellen Lektüre vgl. Steins, Bindung Isaaks (1999). »Eine kanonisch-intertextuelle Lektüre, die das Dialogpotential des Kanons für die Interpretation des Einzeltextes zur Geltung bringen will, nimmt ihren Ausgang nicht beim Großkontext der zwei-einen Bibel oder beim Zusammenspiel einzelner Kanonteile; sie setzt zweckmäßigerweise bei einzelnen Kanonteilen an, um in einem überschaubaren literarischen Zusammenhang ... den Text in seinem Nahkontext wahrzunehmen ...« (ebd., 43).
24 Lohfink, Eine Bibel (1995), 79. Ausführliche Begründung in ders., Moses Tod (1996).

legung zu Ps 1 zurückkommen). Von daher gewinnt alles, was im ersten Psalm steht, eine größere Bedeutung als Aussagen in Psalmen, die an nicht-exponierter Stelle stehen.[25]

Für die vorangegangenen Überlegungen ist eine weitere begriffliche Differenzierung hilfreich: Zenger unterscheidet klar die Frage einer kontextuellen Psalmenkommentierung als Aufgabenstellung der historisch-kritischen Forschung von der einer synchronen bzw. kanonischen Psalmenauslegung.[26] In diesem Sinne werden die Begriffe hier gebraucht.

Ich gehe in der ganzen Arbeit davon aus, daß der Psalter seine Endgestalt im Milieu jener Weisheitsschule erhalten hat, die in gewisser Distanz zur Tempelaristokratie und deren hellenisierenden Tendenzen stand und »die mit ihrer Verbindung von Tora-Weisheit, prophetischer Eschatologie und ›Armenfrömmigkeit‹ den Psalter als ein ›Volksbuch‹ ausgestaltete und verbreitete, das als eine Art Kurzfassung von ›Gesetz und Propheten‹ ... gelesen, gelernt und gelebt werden konnte«[27]. In den Psalmen 1-2 und 146-150 artikuliert sich die Trägergruppe der Abschlußredaktion. Sie bezeichnet sich in Ps 149 selbst als »Gemeinde der Frommen« (קהל חסידים) und entfaltet in Ps 1 und Ps 146 ihr Gruppen- und Individualprofil.[28]

---

[25] So ordnet Sheppard die Voranstellung des ersten Psalms einer bestimmten »kanonbewußten« Redaktion zu: »Im Psalter lassen sich ... mehrere ›canon-conscious-redactions‹ feststellen, zum einen der Bezug auf die Tora in Psalm 1, ferner die Verbindung mit den Davidüberlieferungen durch historisierende Überschriften.« (Vgl. Sheppard, Canonization (1982), 23; zitiert nach Steins, Bindung Isaaks (1999), 24).
[26] Vgl. Zenger, Psalmen im Psalter (1999), 444.
[27] Ebd., 446.
[28] Vgl. ebd., 446. Für unsere These ist aufschlußreich, daß sowohl Ps 1 als auch derjenige Teil des Ps 2, der auf die Abschlußredaktion zurückgeht, nämlich Vv. 10-12, mit dem Bild des sich verlierenden (אבד) Weges spielen, aber kein Zugrunderichten der Frevler – oder ihres Weges – durch Gott beschreiben (s.u. zu Ps 1). Dagegen ist es in Ps 146,9 Gott, der den Weg der Frevler (wie in Ps 1 und 2) krümmt, ausgedrückt mit dem Verb עות im Piel, Imperf. 3. Pers. m. Sg., Subjekt JHWH.

2 Der Tun-Ergehen-Zusammenhang

Einen unverzichtbaren Hintergrund für die Behandlung unserer Fragestellung bildet die Diskussion um den sogenannten »Tun-Ergehen-Zusammenhang«. Hauptsächlich werden im folgenden die Thesen Klaus Kochs sowie die durch ihn ausgelöste Diskussion dargestellt.[29] Danach soll aber seine Sicht durch die Aussagen über die sogenannte »konnektive Gerechtigkeit« in der Folge Jan Assmanns[30] ergänzt und insofern auch angefragt werden.[31] In einem letzten Schritt wird dann das Charakteristische der hier untersuchten Texte abgehoben.

2.1 Zur Forschungslage

Ausgangspunkt bilden letztlich die seit Markion immer wieder erhobenen Vorwürfe, der gnadenlose Richtergott des Alten Testaments sei ein anderer als der barmherzige Vater Jesu Christi. Da hier keinesfalls ein kursorischer Abriß dieser Debatte erfolgen kann, wird derjenige Anfangspunkt gewählt, auf den Koch selbst sich bei der Entwicklung seiner Thesen bezog: Friedrich Schleiermacher hatte in seinen Reden über die Religion die Vergeltung als das beherrschende Prinzip der jüdischen Religion herausgestellt und sie so in scharfen Kontrast zum Christentum gebracht. Diese Aussagen entfalteten eine bis heute andauernde Wirkung. Daß die Meinung, das Alte Testament lehre unter anderem den Gott der Rache, während das Neue Testament vom Gott der Liebe bestimmt sei, heute noch weitverbreitete Auffassung ist, ließe sich an unzähligen Beispielen nachweisen.[32]

Mit der literarkritischen Schule um Julius Wellhausen änderten sich die exegetischen Voraussetzungen: Die alttestamentlichen Gesetzeskorpora wurden als relativ junge Texte erkannt, die erst in der Folge der Schriftprophetie verfaßt worden waren. »Der Gedanke der Vergeltung ist in die Religion erst mit dem Exil, im 6. Jahrhundert v. Chr. eingedrungen.«[33] Bernhard Stade faßte es folgendermaßen zusammen:

---

29 Vgl. Koch, Um das Prinzip der Vergeltung in Religion und Recht des Alten Testaments (1972).
30 Vgl. Assmann, Ma'at: Gerechtigkeit und Unsterblichkeit im Alten Ägypten (1990).
31 Einen knappen Forschungsüberblick gibt Schwienhorst-Schönberger, Art. Vergeltung. II. Biblisch-theologisch, in: LThK 10 (³2001), 654-656.
32 Vgl. dazu u.a. Zenger, Ein Gott der Rache?: Feindpsalmen verstehen (1994). Daß die Verteilung »Gott der Gewalt« (AT, Judentum) und »Gott der Gewaltlosigkeit« (NT, Christentum) »weder dem biblischen Textbefund noch der Geschichte entspricht, liegt so auf der Hand, daß man sich nur wundern kann, daß diese dümmlichen Klischees immer noch vertreten werden« (ebd., 155).
33 Koch, Vergeltung (1972), IX.

»Der individualistische Vergeltungsglaube ist eine der Wirkungen der prophetischen Predigt. Er postuliert, dass die irdischen Schicksale des Individuums Jahves Lohn oder Strafe für seine Lebensführung vorstellen und dass zwischen beiden eine genaue Kongruenz und das Verhältnis von Wirkung und Ursache besteht.«[34]

Diese Sichtweise wurde durch Gunkels Artikel über die »Vergeltung im Alten Testament« etwas revidiert.[35] Er betont, daß die israelitische Religion den Vergeltungsglauben von Anfang an besessen habe und zwar sowohl bezogen auf die Völker als auch auf das Leben der einzelnen Menschen. JHWH sei der Richter unter den Menschen, der gute Taten belohne und böse bestrafe. Der Gedanke sei aber in seiner Wirksamkeit beschränkt worden durch die Vorstellung, daß JHWH seinem Volk ein gnädiger Gott sei. Doch auch im Leben des einzelnen werde das Prinzip dadurch durchbrochen, daß JHWH sich (ohne ersichtlichen Grund) auf die Seite seines Lieblings stellt, also den einen begünstigt und den anderen verstößt.

Wir können festhalten, daß bis in Gunkels Tage zwar die Entstehungszeit des Vergeltungsprinzips, nicht aber die Tatsache als solche umstritten war.[36]

In Skandinavien hatten in der Zwischenzeit Versuche eingesetzt, ein von den modernen europäischen Sprachen verschiedenes hebräisches Denken zu ermitteln. Hinter diesem stehe ein Weltbild, das jede menschliche Tat als Manifestation von Seeleninhalten begreife, die sich von ihrem Grund nie völlig löse (Johannes Pedersen). »Von Vergeltung im herkömmlichen Sinne kann damit nicht mehr die Rede sein.«[37] Pedersens Thesen wurden über Mowinckel schließlich durch Fahlgren unter Verzicht auf die Seelentheorie weitergeführt. Er entdeckte, daß die hebräischen Wörter für sittlich gutes oder böses Tun in der Regel auch gutes oder böses Ergehen ausdrücken. Daraus schloß er auf eine »synthetische Lebensauffassung«, welche besagt, daß aus der menschlichen Tat mit Notwendigkeit für den Täter das entsprechende Ergehen entspringt – und zwar ohne Vermittlung durch eine göttliche Vergeltung![38]

Auf diesem Hintergrund ist nun die Theorie Kochs zu sehen: Er will aufräumen mit der »gedankenlosen Selbstverständlichkeit«[39], mit der dem Alten Testament ein Vergeltungsdenken unterstellt wird.

---

[34] Stade, Biblische Theologie des AT I (1905), 285; vgl. Koch, Vergeltung (1972), IX.
[35] Für die genauere Untersuchung sei auf den Artikel verwiesen: Gunkel, Art. »Vergeltung im Alten Testament« in: RGG V (²1931), 1529-1533; abgedruckt in Koch, Vergeltung (1972), 1-7.
[36] Vgl. Koch, Vergeltung (1972), X.
[37] Ebd.
[38] Vgl. ebd.
[39] Ebd., XI.

2.2 Das Denkmuster Klaus Kochs: »Schicksalwirkende Tatsphäre«

Ausgangspunkt für Koch stellt seine Beobachtung dar, daß man in der alttestamentlichen Wissenschaft nach wie vor fest davon ausgehe, daß die Beziehung zwischen Tat und Ergehen durch die Vergeltung JHWHs bestimmt sei. Nach Auflistung einiger scheinbar eindeutiger Sprüche aus dem Buch Proverbia (in der das Dogma von der göttlichen Vergeltung sich am deutlichsten zu finden scheint) hält Koch aber fest: Die Texte (aus Spr 25-29) »betonen alle, daß auf eine gemeinschaftstreue Tat Heil, auf eine sittlich böse Tat aber Verderben für den Täter folgt, – daß jedoch Jahwe dieses Verderben hervorruft, sagen sie nicht«[40]! Die alles entscheidende Frage ist, ob dieser Gedanke so ohne weiteres hineingelesen werden darf.

Nach Koch erwecken die Verse »zunächst den Eindruck, daß eine *böse Tat – der Notwendigkeit eines Naturgesetzes vergleichbar – unheilvolles Ergehen zwangsläufig zur Folge hat*«[41]. Nach Sprüche 29,6: »In der Sünde eines bösen Mannes liegt eine Falle, / aber der Gemeinschaftstreue jauchzt und ist fröhlich« liegt die Falle nun aber gerade in der Sünde selbst, wie auch das heilvolle Ergehen aus der sittlich guten Tat direkt entspringt; dabei läßt sich die Tat des Menschen mit einer Saat vergleichen, das daraus entspringende Los mit der Ernte.

> »Dabei von ›Vergeltungsglauben‹ zu sprechen, ist allzu mißverständlich; denn zum Gedanken der *Vergeltung* gehört, daß eine *richterliche Instanz* dem Täter, dessen persönliche Freiheit und wirtschaftliche Stellung durch seine Tat keineswegs verändert ist, solche ›Veränderung‹ seines Besitzes, seiner Freiheit, oder gar seines Lebens auferlegt als ›Lohn‹ oder ›Strafe‹. *Strafe wie Lohn sind dabei sowohl dem Wesen des Täters wie dem Akt seiner Tat fremd*, werden ihm von einer übergeordneten Größe zugemessen und gleichsam von außen an ihn herangetragen. ... In den angeführten Aussagen war dagegen nachdrücklich ... betont, daß Tat und Ergehen innerlich zusammenhängen und nicht erst nachträglich aufeinander bezogen werden müssen.«[42]

---

[40] Koch, Vergeltung (1972), 132.
[41] Ebd., 133 (Hervorhebung im Original).
[42] Ebd. (Hervorhebungen im Original). Bei der Rede von Saat und Ernte denkt Koch wohl schon an den Zeitfaktor, d.h. an das Faktum, daß die zu erwartende Konsequenz auf sich warten lassen kann. Seine Formulierungen betonen aber vordergründig die Zwangsläufigkeit des Eintretens (vgl. Janowski, Die Tat kehrt zum Täter zurück (1994), 262). Betrachtet man den Zeitfaktor, ergibt sich noch ein ganz anderer Aspekt: »Wenn Ergehen und Verhalten erst über eine größere Zeitdifferenz hinweg aufeinander bezogen werden, ist ein Zusammenhang zwischen beiden allerdings nicht mehr für jeden unmittelbar evident und einsichtig. Der Tun-Ergehen-Zusammenhang kann dann nur noch im Nachhinein durch Interpretation hergestellt wer-

Darüber hinaus sei nirgends eine irgendwie geartete vorgegebene Norm erkennbar, nach der gestraft werde. Um welches Vergehen es sich auch immer handeln mag, die Folge werde als Untergang des Täters geschildert, Abstufungen zwischen Wohlergehen und Verderben gibt es nicht.[43]

An einigen Stellen (in Spr 25-29) sieht Koch die Voraussetzung im Falle einer Guttat allerdings dahingehend ergänzt, daß JHWH unter Umständen diesen Zusammenhang erst vollendet.[44] Wenig später faßt er aber dann zusammen: JHWHs Handeln entspricht dabei einem »*In-Kraft-Setzen und Vollenden des Sünde-Unheil-Zusammenhangs bzw. des Guttat-Heil-Zusammenhangs*«[45]. Zwar findet sich diese Aussage nach den Beispielen aus Kap. 11 des Sprüchebuches, also einem jüngeren Teil, doch hatte Koch kurz vorher bemerkt, daß sich die Ergebnisse dieses Teils nicht von denen des ältesten unterscheiden.

Hier zeigt sich deutlich: Koch geht in seinen Ausführungen prinzipiell doch von einer Parallelität des Handelns gegen die Guten bzw. die Bösen von seiten Gottes aus, obwohl er kurz zuvor die »Hebammendienste« Gottes, um den guten Zusammenhang in Kraft zu setzen, unterstrichen hatte.

In den folgenden Kapiteln möchte diese Arbeit zeigen, daß es zumindest einen Strang biblischer Aussagen gibt, der eine irgendwie geartete Unterscheidung in Gottes Handeln auszusagen versucht, indem die biblischen Autoren im Zusammenhang mit dem »Guttat-Heil-Zusammmenhang«, wenn diese Rede beibehalten werden soll, sehr wohl ein helfendes Eingreifen Gottes voraussetzen, aber eben gerade nicht parallel für den »Sünde-Unheil-Zusammenhang«.

Koch hingegen nimmt eine derartige Differenzierung nicht vor: »die Folge der Tat und das ihr antwortende Handeln Jahwes sind also eins ... Jahwe setzt in Kraft, was der Mensch angelegt hat. Jahwe wendet dem Menschen zurück, was seiner Tat entspricht.«[46]

---

den, indem durch Reflexion früheres Verhalten und jetziges Ergehen eine Zuordnung erfahren.« (Hausmann, Menschenbild (1995), 235).

[43] In *Teil II (Textanalysen)* dieser Untersuchung wird entsprechend nur auf solche Psalmen eingegangen, in denen der Untergang der »Schlechten« ausgesagt wird, also kein zeitlich begrenztes Übel oder Mißgeschick.

[44] Vgl. Koch, Vergeltung (1972), 135. Für entsprechende Stellen siehe dort.

[45] Ebd., 137f. (Hervorhebung im Original).

[46] Ebd., 139. Das heißt zunächst einmal, daß dieser Vorstellung etwas Mechanisches anhaftet, sie als Automatismus, »mit der Notwendigkeit eines Naturgesetzes« zu denken ist. An dieser Stelle muß die Anfrage erlaubt sein: Wie ist Vergebung, Barmherzigkeit Gottes zu denken, wenn er selbst mehr oder weniger durch diesen Zusammenhang »gezwungen« ist? Man denke etwa an Gen 18,20ff. Keineswegs sieht Gott sich verpflichtet, das einmal in Gang gesetzte Unheil zu »vollenden«. Um der Gerechten willen ist er bereit, der ganzen Stadt zu vergeben. S. auch die entspre-

Im Buch der Sprichwörter findet sich Koch zufolge kein einziger stichhaltiger Beweis für einen Vergeltungsglauben, sondern stets die Auffassung der schicksalswirkenden menschlichen Tat. »Dazu gehört die Überzeugung, daß Jahwe über dem Zusammenhang von Tat und Schicksal wacht und ihn, wenn nötig, in Kraft setzt, beschleunigt und ›vollendet‹.«[47] (Also muß er ihn in den Texten unserer These immer für die Guttat ausdrücklich vollenden, über die schlechte Tat wacht er dann unausgesprochen.)

Das, was Koch selbst »schicksalwirkende Tatsphäre« nennt, läßt sich folgendermaßen beschreiben: Das Schicksal des Menschen liegt in dessen Tat begründet. Der Mensch schafft durch sein Tun eine Sphäre, die ihn umgibt;

> »die Tat bildet eine unsichtbare Sphäre um den Täter, durch die eines Tages das entsprechende Geschick bewirkt wird; die Gottheit wacht über diese innermenschliche Ordnung und setzt sie ständig dort in Kraft, wo sie sich abzuschwächen droht.«[48]

Zur Auffassung von schicksalwirkender Tat gehört notwendig hinzu, daß die menschliche Tat »einem machthaltigen Ding ähnelt«[49]. Der Täter befindet sich *in* seiner Tat, eine Vorstellung also, die der unseren entgegengesetzt läuft: »Die Tat wird ... zur machthaltigen Sphäre, die der Täter geschaffen hat und in der er nun gefangen ist.«[50] Da der Mensch nie nur Individuum ist, sondern innerhalb der Gemeinschaft steht, wirkt die Tatsphäre auch ansteckend in die Gemeinschaft hinein.

JHWH könne in einem solchen Zusammenhang derart eingreifen, daß die Tat ans Licht kommt (Ps 37,6). Als zusammenfassenden Begriff für das Verhalten Gottes gegenüber Guten und Bösen schlägt Koch das Verb שלם vor; er übersetzt es mit »vollenden«.[51]

---

chenden Beiträge in Scoralick, Das Drama der Barmherzigkeit Gottes (1999), insbes. Janowski, Der barmherzige Richter (1999).

47 Koch, Vergeltung (1972), 140. Koch betont, daß der Begriff »Schicksal« die Unabänderlichkeit einschließt – und genau darum gehe es ihm hier. Unserem Denken sei zwar die Auffassung, daß das Schicksal der eigenen Tat entspringt, fremd, doch das zeige nur unsere historische Distanz. Vgl. die Anfrage in der vorigen Anmerkung.

48 Koch, Vergeltung (1972), XI. Hier bietet sich eventuell sogar ein Ansatzpunkt, seine Sicht mit der Jan Assmanns zu vermitteln, insofern Koch beachtet, daß es sich um eine *innermenschliche* Ordnung handelt.

49 Ebd., 150.

50 Ebd., 152.

51 Vgl. ebd., 153. Illman, Art. שלם, ThWAT VIII (1995), 93-101: Als Grundbedeutung der gemeinsemitischen Wurzel שלם wird »Frieden«, aber auch »Ganzheit« angenommen (93). Im Piel kann es die Bedeutung »Ersatz leisten«, »vergelten«, »wiederherstellen« und »vollenden« haben (95). »Der sog. ›Vergeltungsgedanke‹ beruht auf der Entsprechung von Tun und Ergehen. Koch meint, daß es einen solchen im

Nachdem er den Befund für das Sprüchebuch als eindeutig im Sinne der Auffassung von »schicksalwirkender Tatsphäre« erklärt hat, wendet Koch sich dem Psalter zu: »Nirgends im Alten Testament ist die Auffassung von schicksalwirkender Tat so eindeutig vorausgesetzt und in den verschiedensten Richtungen entfaltet wie im *Psalter*, besonders in den individuellen Klage- und Dankliedern.«[52]

Die absolute Rede vom »Weg« ist bezeichnend: Im Grunde gibt es nur einen Lebensweg für den Menschen, der Frevler hat gar keinen Weg. Der des Guten hingegen ist nicht individuell beschränkt, sondern schließt auch noch die Nachkommen in die Gemeinschaftstreue mit ein.[53]

Koch stellt schließlich fest, daß die Stellen von der »Guttat-Heil-Verhaftung« in der Minderzahl sind gegenüber denen, die ein Sünde-Unheil-Verhältnis herausstellen:

> »Die Auffassung von schicksalwirkender Tat wird also nicht in der gleichen Weise nach der positiven wie nach der negativen Seite hin entfaltet; sie wird *hinsichtlich der Guttat viel öfter mit dem Handeln Jahwes verkoppelt* als hinsichtlich der Übeltat, bezeichnend dafür ist Ps 1,6: Jahwe kümmert sich um den Weg der Gemeinschaftstreuen, / aber der Weg der Frevler vergeht.«[54]

Koch hat hier eine Beobachtung gemacht, die sich mit der These dieser Arbeit deckt: Es handelt sich eben nicht um parallele bzw. analoge Aussagen über das Ende der Frevler und das Ende der Guten. Dennoch würde ich nicht von einem quantitativen »viel öfter« reden, sondern davon ausgehen, daß es sich um eine eigene Art der Aussage handelt.

AT gar nicht gibt. Es handele sich beim Verb *šillem* vielmehr darum, daß eine Tat ›vollendet‹ oder ›zu Ende geführt‹ wird ...« (96).

[52] Koch, Vergeltung (1972), 148. Als Beispiel führt er dabei auch Ps 37, insbes. die Vv. 2 und 15, an. Bereits hier soll eine Gegenstimme aus jüngerer Zeit zu Wort kommen: »Angesichts der von K. Koch angenommenen universellen Bedeutung des Tat-Tatfolge-Zusammenhangs sind es auffällig wenige [Feindschädigungsmaterialien der Psalmen, an denen ein deutlicher Bezug zum Tat-Tatfolge-Zusammenhang beschrieben werden kann].« (Van der Velden, Ps 109 (1997), 81.) »Die Mehrzahl der Feindschädigungsaussagen in den Psalmen erwähnen keine Schuld des Feindes als Ursache der Vergeltung und keine Abwägung des Strafmaßes. Für alle diese Belege einen impliziten Ausdruck des Tat-Tatfolge-Zusammenhangs voraussetzen zu wollen, ist spekulativ.« (Ebd.) Abschließend kommt van der Velden zu folgendem Urteil: »Es ist daher auszuschließen, daß ein Bezug auf den Tat-Tatfolge-Zusammenhang das Vorhandensein auch nur eines größeren Teils der Feindschädigungsmaterialien des Psalters erklärt.« (Ebd., 83).

[53] Vgl. Koch, Vergeltung (1972), 149.

[54] Ebd., 150 (Hervorhebung im Original). Vgl. entsprechend die Auslegung zu Ps 1 in *II.2*.

I Einleitung

Im Unterschied zur Weisheit wird Koch zufolge in den Psalmen hervorgehoben, daß die Entsprechung von Tat und Ergehen nicht an sich besteht, sondern ohne JHWHs Eingreifen hinfällig werden kann.[55]

Wenn Gott um sein »Gedenken« angefleht wird, so ist dies laut Koch soviel wie eine Bitte, den Tun-Ergehen-Zusammenhang in Kraft zu setzen. Dahinter stehe die Auffassung, daß die menschliche Tat nicht als solche für den Täter wirksam ist, wie es die Weisheitsliteratur lehrte. Für die Psalmisten bedarf es dagegen des Eingreifens Gottes, damit die Tat in das entsprechende Schicksal umschlägt: »Die Korrespondenz von Tun und Ergehen ist ... Wirkung göttlicher Treue«[56]. JHWH wird nicht als Katalysator vorgestellt, der den Prozeß beschleunigt, sondern er ist derart involviert, daß ohne seine Mitwirkung der ganze Prozeß überhaupt nicht zustande käme. Hierhin gehört auch die Rede von der Vergebung Gottes: »Die innerweltliche, dingähnliche Tatsphäre wird durch Jahwes ›vergebendes‹ Eingreifen vernichtet.«[57] JHWHs Richtertätigkeit besteht dann genau darin, daß er darüber wacht, daß eine vom Menschen angelegte Geschichte zu ihrer Entfaltung kommt.

So faßt Koch zusammen: Die Sünde-Unheil-Verhaftung oder Guttat-Heil-Verhaftung wird mit dem Handeln JHWHs in Verbindung gebracht; er setzt diese Zusammenhänge in Kraft. »Dabei ist Jahwes Mitwirkung beim Guttat-Heil-Zusammenhang sehr viel ausschlaggebender als bei dessen Gegenteil.«[58] Daß Koch das vorher nicht immer konsequent so formuliert hatte, ergibt sich aus den obigen Zitaten, bei denen es durchaus den Anschein hat, das Handeln Gottes werde analog in Bezug auf beide Zusammenhänge verstanden: eingreifend im Sinne von vollendend.

Für die Sprüche nimmt Koch eine immanente Kausalität an, während im Psalter eher das »Gedenken Gottes« betont werde, der durch sein Richten (שפט) die Schicksalswirkung der menschlichen Tat durchsetzt.[59] Daß sich auch im Buch der Sprichwörter Stellen finden lassen, die nicht mit rein immanenter Kausalität zu beschreiben sind, wird in *II.21* gezeigt werden; ebenso sollen in *II Textanalysen* Beispiele aus dem Psalter mit rein »immanenter Kausalität« – zumindest was den Sünde-Unheil-Zusammenhang betrifft – aufgezeigt werden (*II.1-20*).

Auch Kochs Aussage, die Auffassung von der schicksalwirkenden Tatsphäre liege im Widerstreit zur Erfahrung, was aber den Israeliten nicht zum Bewußtsein gekommen sei,[60] halte ich für problematisch. Für ihn ist der Tun-

---

55 Vgl. Koch, Vergeltung (1972), 156.
56 Ebd., 154.
57 Ebd., 155.
58 Ebd., 167. Hier differenziert er nicht zwischen Psalmen und Sprüchen, s.u.
59 Vgl. Koch, Vergeltung (1972), 167.
60 Vgl. ebd., 168.

Ergehen-Zusammenhang eine uralte Vorstellung, zu durchgreifenden Zweifeln sei es erst in der Skepsis (Kohelet) gekommen. Gerade am Anfang des Sprüchebuches wird allerdings so eindringlich vor dem Weg der Frevler gewarnt, zugleich aber deren Weg durchaus als – vermeintlich – verlockend beschrieben, daß sich darin schon zeigt, wie sehr man wußte: Freveltat ist nicht immer und sofort gleichbedeutend mit Unheil.

> Auch Ijob »durchbricht die Auffassung schicksalentscheidender Tatsphäre nicht grundsätzlich, stößt aber zu dem Glauben durch, daß Jahwes Tun in gewissen Fällen jenseits dessen stehen kann, was Menschen als Vollendung des Tun-Ergehen-Zusammenhangs postulieren, Gottes Handeln setzt sich über alle Dogmen und jegliches Seinsverständnis u.U. hinweg. Damit wird es nicht zur Willkür, aber dem Menschen mangelt die Weisheit, diese Ausnahmen zu begründen oder auch nur zu begreifen.«[61]

Erst die Septuaginta habe die Auffassung von schicksalwirkender Tatsphäre unkenntlich gemacht. Erstmals tauche ein Wort für Strafe auf. Das Verhalten Gottes zum Menschen werde juristisch verstanden. Erst hier, in der Septuaginta, werde die Religion in Rechtsbegriffe gefaßt, nicht schon im Alten Testament.[62]

Gerhard von Rad nahm die Neuorientierung durch seinen Schüler Klaus Koch auf:

> »hier wird das engstmögliche Korrespondenzverhältnis von Tat und Ergehen vorausgesetzt; es handelt sich um einen Prozeß, der kraft einer allem Bösen ebenso wie allem Guten eigenen Mächtigkeit bis zu einem guten oder bösen Ende abläuft. Das hat Israel für eine Grundordnung seines ganzen Daseins gehalten, die Jahwe in Kraft gesetzt hatte und über deren Funktionieren er wachte.«[63]

Für diese Zusammenhänge zwischen der Tat und dem durch sie ausgelösten Unheil kennt das Alte Testament die verschiedensten Ausdrucksweisen;

> »immer sind sie sehr drastisch und sperren sich gegen eine einseitig spirituelle Ausdeutung. An alledem war nun Jahwe selbst unmittelbar beteiligt. Man kann allerdings nicht sagen, Israel habe die Kenntnis von diesen Zusammenhängen sonderlich von Jahwe hergeleitet; dafür war sie viel zu selbstverständlich. Sie war ja ein Grundelement des gesamten Lebensverständnisses und als

---

[61] Ebd., 173.
[62] Vgl. ebd., 175f. (Da auch die LXX Altes Testament ist, wäre hier eine Bezeichnung im Sinne von »Hebräische Schriften des Alten Testaments« oder »Hebräischer Kanon« sachgemäßer.)
[63] Von Rad, Theol. des AT I (⁸1982), 278.

solches mehr ein Stück altorientalischer Weltanschauung, an der auch Israel teilhatte. Aber für Israel und seinen Glauben an die Allkausalität Jahwes war es unmöglich, ein so elementares Geschehen ohne Beziehung auf das Walten Jahwes zu verstehen. Tatsächlich hat man dieses von einer Tat ausgelöste Unheils- oder Heilsgeschehen höchst unmittelbar auf Jahwe selbst zurückgeführt. Letztlich war doch er es, der dieses Geschehen zu seinem Ziel hin trug; er setzte diesen Zusammenhang in Kraft, und deshalb konnte sich der Schuldige auch nur an ihn wenden, um ihn zu veranlassen, diesen Zusammenhang zu unterbrechen und das schon in Lauf gekommene Unheil von dem Täter abzuwenden. ... In den Sentenzen der Weisheit ... ist nun aber der Zusammenhang zwischen Tat und [V]Ergehen viel objektiver und fast schon im Sinne einer immanenten Gesetzlichkeit dargestellt. ... Wenn hier der Hinweis auf Gott als den Verursacher dieses Unheils zurücktritt, so hängt das mit der besonderen Fragestellung der Weisheit zusammen, die sich des Phänomens auf empirischem Wege, also von außen her, bemächtigt. So oder so kommen wir zu dem Ergebnis, daß es angesichts des Existentialzusammenhangs von Tat und Folge unangebracht ist, von einem ›Vergeltungsdogma‹ zu reden ...«[64].

In der Folgezeit mehrten sich allerdings Stimmen, die das Thema Vergeltung nicht völlig aus dem alttestamentlichen Denken verdrängt wissen wollten. Frühe Schichten ließen sehr wohl so etwas wie eine »schicksalwirkende Tatsphäre« erkennen, doch habe Israel bereits früh seine Religion in Rechtsbegriffe gefaßt und insofern sei der Gedanke einer gerechten Vergeltung in bestimmten Texten durchaus anzutreffen.[65]

Muß Vergeltung aber zwangsläufig etwas mit Gott zu tun haben? Daß es zumindest eine sehr plausible Erklärung für das Phänomen Vergeltung auch im innermenschlichen Bereich gibt, zeigt Jan Assmann mit seinen Thesen zur »konnektiven Gerechtigkeit«.

2.3 Das Denkmuster Jan Assmanns: »Konnektive Gerechtigkeit«

Als Ägyptologe analysiert Assmann ägyptisches Denken. Dennoch sind diese Texte für unseren Zusammenhang interessant, spiegelt sich doch in ihnen altorientalisches Erbe, an dem auch Israel teilhat. Assmann selbst verbindet

---

[64] Von Rad, Theol. des AT (⁸1982), 397f. [offensichtlicher Druckfehler: Vergehen statt Ergehen]. Auch von Rad differenziert nicht grundsätzlich zwischen dem (göttlichen) Inkraftsetzen des »Guttat-Heil-Zusammenhangs« und dem der »Sünde-Unheil-Verhaftung«.

[65] Vgl. Koch, Vergeltung (1972), XI. Koch verweist u.a. auf Horst, Scharbert, Gese und Reventlow.

seine Überlegungen mit solchen, die im Hinblick auf biblische Texte angestellt wurden und nimmt explizit zu Kochs Thesen Stellung.

Zentralbegriff ist das Wort Ma'at, die von Gott gegebene Ordnung der Welt.[66] Auch in Ägypten ist die Vorstellung verbreitet, daß die Ma'at verletzlich ist, eine solche Verletzung aber nicht ungestraft bleibt. Rechnen die älteren Lehren mit einem gewissen Automatismus der Sanktionen, so stellen sich die jüngeren explizit dem Problem, daß dieses Vergeltungsschema so nicht stimmt.[67]

> Es gibt kein Gestern für den Trägen,
> es gibt keinen Freund für den, der für die Ma'at taub ist,
> es gibt kein Fest für den Habgierigen.[68]

Aus den Gegenbildern dieser Sünden gegen die Ma'at läßt sich e contrario ihr Wesen ablesen. Während die Ausführungen zu Taubheit und Geiz für unseren Zusammenhang nicht so entscheidend sind, lohnt es sich, dem, was unter Trägheit gebrandmarkt wird, ein wenig nachzugehen.[69]

Alles Handeln ist kommunikativ verzahnt, ist Antwort oder erfordert solche. Wer dabei untätig bleibt, »unterbricht die Kontinuität der Wirklichkeit, die auf der ›Verfugung des Handelns‹ beruht. ... [Diese kommunikative Verfugung erfordert Gedächtnis:] die Präsenthaltung der Vergangenheit, des ›Gestern‹«[70].

Der Träge nun hat kein Gestern, d.h. er ist unfähig zu solcher Präsenthaltung. Er vergißt das Gestern und die Forderungen, mit denen es das Heute an sich knüpft. Seine Vergeßlichkeit löst dieses Band. Er lebt verantwortungslos im fortwährenden Heute und verstößt auf diese Weise gegen die Ma'at.

»Sich nicht an das Gestern erinnern« ist zunächst einfach eine Beschreibung für die (Alters-)Vergeßlichkeit. Doch in unserem Kontext ist nicht die individuelle, sondern die soziale Vergeßlichkeit gemeint, der Zerfall des »Füreinander-Handelns«.

---

[66] Ma'at ist die Tochter des Sonnen- und Rechtsgottes Re, mit der Schöpfung ist sie auf die Erde gestiegen. Die Ma'at umfaßt: Naturordnung, Sozialordnung, Tempelkult, Beamtenhierarchie, Steuerregelung, Tischsitten. Von daher treffen Übersetzungen mit Ordnung, Wahrheit, Recht, Gesittung immer nur einen Teilaspekt. Sie ist kein Naturgesetz, da man sie übertreten kann, sie ist keine Offenbarung, sondern muß am Lauf der Welt abgelesen werden. (Vgl. Brunner, Altägyptische Weisheit (1988), 13f.). Interessant für unseren Zusammenhang ist, daß es eine Beschreibung der Ma'at gibt, die die soziale Dimension ausdrücklich nennt: »Der Lohn eines Handelnden liegt darin, daß für ihn gehandelt wird. Das hält Gott für Ma'at.« (Stele des Königs Neferhotep, zitiert nach Assmann, Ma'at (1990), 65).
[67] Vgl. Brunner, Altägyptische Weisheit (1988), 15.
[68] Vgl. Assmann, Ma'at (1990), 60.
[69] Vgl. ebd. Der zugrundeliegende Text ist die »Klage des Oasenmannes«.
[70] Assmann, Ma'at (1990), 61.

»Wenn das soziale Gedächtnis zerfällt, ... zerfällt auch das Netz der Solidarität, und die Welt wird zum Kampfplatz eines Kampfes aller gegen alle. ... Solidarisches Handeln setzt soziales Gedächtnis voraus, d.h. einen Motivationshorizont, der sich nicht immer neu von Tag zu Tag nach der jeweiligen Interessenlage konstituiert, sondern in die Vergangenheit zurückreicht, gestern und heute umgreift, das Heute an das Gestern rückbindet. Das heißt verantwortungsvolles Handeln im Sinne der Ma'at.«[71]

Die Ägypter entwickelten den Begriff des verantwortlichen Handelns aus der Dankbarkeit bzw. der Beantwortung vorangegangenen Handelns.

»Verantwortliches Handeln heißt ägyptisch ›Handeln für den, der handelt‹, also ›Füreinander-Handeln‹. ... Handeln heißt sich erinnern. Nichthandeln vergessen. Der Untätige verliert das Gestern aus dem Auge und den Anspruch, den es an das Heute stellt. ... Im Begriff der Ma'at wird die Idee der Gegenseitigkeit auf einer sehr hohen Abstraktionsstufe gefaßt. Wer Ma'at tut, dem wird Ma'at zuteil, wer Isfet tut, dem wird Isfet gegeben.«[72]

Die Ma'at, die jemandem gegeben wird, besteht genau darin, daß für ihn gehandelt wird; dies schließt die Vergeltung erlittenen Unrechts mit ein. Es ist solidarisches Handeln, das an empfangene Wohltaten denkt und sich der kommunikativen Verklammerung allen Handelns in der Zeitdimension bewußt ist. »*In einer Welt, in der die Ma'at herrscht, kehrt die Tat zum Täter zurück.*«[73] Ma'at verkörpert das Prinzip der Solidarität, der Gegenseitigkeit und auch das der Vergeltung.

»Vergeltung ist ... demzufolge weder Sache eines bestrafenden und belohnenden Gottes noch einer Privatinitiative der jeweils Betroffenen. Vergeltung ist aber auch nicht einer unpersönlichen Weltordnung anheimgestellt, sondern einer eminent zivilisatorischen Sozialordnung, einer Ordnung des Aneinander-Denkens und Füreinander-Handelns. Dieser Ordnung hat sich der Einzelne einzufügen, im sozialen Raum und vor allem in der Zeit. Er darf sich nicht vom Gestern abkoppeln, sonst zerreißt in diesem Fall der Tun-Ergehen-Zusammenhang, der eben *nicht* kosmisch garantiert ist. Es gibt im Ägyptischen auch keinen Automatismus der Tat-Folge-Sequenz, wie dies etwa K. Koch unter dem Begriff der ›schicksalswirkenden Tatsphäre‹ für die Vorstellungswelt Israels behauptet hat. Zwar ist die Vorstellung, daß die böse Tat auf den Täter zurückfällt, in ägyptischen Texten sehr verbreitet ... [es] wird in der Tat

---

[71] Ebd., 62.
[72] Ebd., 64.
[73] Assmann, Ma'at (1990), 64 (Hervorhebung C.S.).

ein Tun-Ergehen-Zusammenhang behauptet; aber es wird nicht gesagt, daß er sich *von selbst*, sondern nur, daß er sich mit Sicherheit einstellt.«[74]

Wo jedoch die gesellschaftliche Solidarität zerbricht, da zerfällt auch der Tun-Ergehen-Zusammenhang.

»Es gibt keine Kausalität. Ein Übeltäter kann straffrei ausgehen. Keine ›schicksalswirkende Tatsphäre‹ vermag ihn einzuholen – wenn die Ordnung erst einmal aus den Fugen gerät. Nur die Solidarität der Gruppe vermag den Nexus von Tun und Ergehen zu garantieren. Dieses Prinzip möchte ich die ›konnektive Gerechtigkeit‹ nennen. Gerechtigkeit steht hier weder in ihrem ›distributiven‹ noch in ihrem korrektiven oder kommutativen Aspekt im Blick, sondern unter dem Gesichtspunkt der Frage nach dem *Nexus* von Tun und Ergehen, also dem *Sinn* allen Handelns und Erlebens. Dieser Sinn ist nur in einer Welt gegeben, in der *Gerechtigkeit* herrscht.«[75]

Ma'at ist also eine den Tag übergreifende Konsistenz des Handelns, eine Form aktiver Erinnerung, die Vertrauen in die Welt und Gelingen des Handelns ermöglicht.

Der kategorische Imperativ für den Ägypter würde heißen: Handle stets so, daß du das Netz des Füreinander-Handelns nicht zerreißt, kürzer: Handle solidarisch![76]

Aus der Gegenüberstellung von »schicksalwirkender Tatsphäre« (selbstwirksames Regulativ) in der Folge Klaus Kochs und dem, was Jan Assmann »konnektive Gerechtigkeit« (reziproke Solidarität) nennt, zeigt sich, daß Assmann ein wichtiges Korrektiv zum (eher mechanischen) Verständnis Kochs liefert und die Bedeutung der sozialen Interaktion in den Blick bekommt. Wird ein Täter (nicht) bestraft, so hängt das immer auch mit der Gesellschaft oder Gemeinschaft zusammen, in der er lebt. Diese Außenseite menschlichen Handelns und damit die soziale Dimension ist zu betonen. Bei Koch hingegen wird alles in den Binnenraum des Subjekts verlegt, das sich sein eigenes Geschick schafft, insofern die Tat des Täters »in sein Schicksal umschlägt«. Die Opposition immanente Kausalität des menschlichen Handelns versus externes Handeln Gottes als Richter erwecken den Eindruck, als sei der Zusammenhang zwischen Tun und Ergehen ein »naturgesetzlicher Automatis-

---

[74] Ebd., 66 (Hervorhebungen im Original).
[75] Ebd., 67 (Hervorhebungen im Original). Auf Unterschiede in den verschiedenen Reichen bzw. Epochen Ägyptens gehe ich nicht ein; näheres vgl. Assmann, Ma'at (1990), Kapitel VI.
[76] Vgl. ebd., 77.

mus«, bei dem das göttliche Handeln zu einer zweitrangigen Bestimmung herabsinke.[77]

»Gerechtigkeit stellt sich nicht von selbst ein .... Sie beruht auf dem Prinzip der Gegenseitigkeit und ist nicht die ›natürliche Folge‹ der guten Tat, sondern eine Funktion gesellschaftlichen Handelns.«[78]

Der Zusammenhang ist also keineswegs selbstwirksam, sondern nur interaktionell angemessen zu interpretieren. »Vergeltung« muß als Handlungsstruktur verstanden werden und ist damit eine Kategorie der sozialen Interaktion.[79]

Insgesamt ist Vorsicht geboten bei einer rein eindimensionalen Sicht des Tun-Ergehen-Zusammenhangs; verschiedene Ansichten können auch einfach nebeneinander bestehen.[80]

2.4 Ein weiteres Denkmuster: »Salvifikative Gerechtigkeit«

Zur Abhebung von den vorgestellten Konzepten – Vergeltung, Tun-Ergehen-Zusammenhang bzw. schicksalwirkende Tatsphäre und konnektive Gerechtigkeit – möchte ich bereits hier für die in den folgenden Kapiteln vorgestellte Konzeption einen neuen Begriff vorschlagen: den der *»salvifikativen Gerechtigkeit«*[81].

---

[77] Zu diesem Abschnitt vgl. Janowski, Tat (1994), 256f.
[78] Janowski, Tat (1994), 261.
[79] Vgl. ebd., 265.271.
[80] Krüger spricht von einer »Pluri-Funktionalität des Tat-Ergehen-Zusammenhangs, seiner relativen Flexibilität in Bezug auf konkrete Erfahrungen und seines Eingebundenseins in eine umgreifende Ordnungsvorstellung« (zitiert nach Hausmann, Menschenbild (1995), 246; Krüger, Geschichtskonzepte im Ezechielbuch (1989), 87-96). Vgl. auch den Artikel שלם in ThWAT VIII (1995) von Illman, der die verschiedenen Sichten nebeneinander bestehen läßt.
[81] Der Begriff der »rettenden Gerechtigkeit«, wie er insbesondere von Janowski gebraucht wird, kann in unserem Zusammenhang nicht herangezogen werden, da in ihm einerseits nicht alle hier entscheidenden Aspekte mitschwingen und andererseits der Aspekt eines Strafhandelns Gottes nicht ausgeschlossen wird. Von daher scheint die Einführung eines neuen Begriffs sinnvoll. Janowski entfaltet die Idee der »rettenden Gerechtigkeit« auf dem Hintergrund der Spannung von Gerechtigkeit und Barmherzigkeit und kommt zu einer Typologie, die auch Aspekte des göttlichen Strafhandelns umfaßt, etwa »Rücknahme des Gerichts durch Barmherzigkeit (Gott erbarmt sich, *nachdem* er gerichtet hat)«. (Für die komplette Auflistung s. Janowski, Der barmherzige Richter (1999), 36f.). Unter den Aspekt »Gott rettet, indem er richtet« subsumiert er auch zwei der im folgenden beschriebenen Psalmen, Ps 6 und Ps 14; diese Konzeption der rettenden Gerechtigkeit sei in den Hymnen und Gebeten des Alten Orients und des Alten Testaments breit belegt (ebd., 36.43).
Der Begriff der »rettenden Gerechtigkeit« sei hier als der weitere, der Oberbegriff verstanden, unter den dann auch das Konzept der »salvifikativen Gerechtigkeit« gefaßt werden kann.

Auf der Seite der Störung der Gerechtigkeitsordnung herrscht so etwas wie Autodestruktivität im Sinne des Tun-Ergehen-Zusammenhangs. Dagegen stellt Gott (in den einschlägigen Texten) dann die Gerechtigkeit wieder her, indem er aus dieser an sich selbst untergehenden Welt diejenigen herausrettet, die sich von ihm retten lassen wollen. (Insofern sind die »Guten« nicht zwangsläufig solche, die die Rettung von sich aus »verdient« haben, weshalb hier nicht notwendig vergeltende Gerechtigkeit im positiven Sinne vorliegen muß.) In deren Rettungsbereich kann dann wieder echte konnektive Gerechtigkeit erhofft werden. Die »vergeltende Gerechtigkeit« kommt dagegen im ganzen Zusammenhang dieser Texte nicht notwendig vor – und wenn, dann nur auf der positiven Seite, weil Gott nur dort aktiv wird.

II Textanalysen

1 Der Ausgangstext – Psalm 37: Die »Besänftigung des Messias«

לְדָוִ֨ד 1[82]
אַל־תִּתְחַ֥ר בַּמְּרֵעִ֑ים אַל־תְּ֝קַנֵּ֗א בְּעֹשֵׂ֥י עַוְלָֽה׃
כִּ֣י כֶ֭חָצִיר מְהֵרָ֣ה יִמָּ֑לוּ וּכְיֶ֥רֶק דֶּ֝֗שֶׁא יִבּוֹלֽוּן׃ 2
בְּטַ֣ח בַּֽ֭יהוָה וַעֲשֵׂה־ט֑וֹב שְׁכָן־אֶ֝֗רֶץ וּרְעֵ֥ה אֱמוּנָֽה׃ 3
וְהִתְעַנַּ֥ג עַל־יְהוָ֑ה וְיִֽתֶּן־לְ֝ךָ֗ מִשְׁאֲלֹ֥ת לִבֶּֽךָ׃ 4
גּ֣וֹל עַל־יְהוָ֣ה דַּרְכֶּ֑ךָ וּבְטַ֥ח עָ֝לָ֗יו וְה֣וּא יַעֲשֶֽׂה׃ 5
וְהוֹצִ֣יא כָא֣וֹר צִדְקֶ֑ךָ וּ֝מִשְׁפָּטֶ֗ךָ כַּֽצָּהֳרָֽיִם׃ 6
דּ֤וֹם ׀ לַיהוָה֮ וְהִתְח֪וֹלֵ֫ל ל֥וֹ 7
אַל־תִּ֭תְחַר בְּמַצְלִ֣יחַ דַּרְכּ֑וֹ בְּ֝אִ֗ישׁ עֹשֶׂ֥ה מְזִמּֽוֹת׃
הֶ֣רֶף מֵ֭אַף וַעֲזֹ֣ב חֵמָ֑ה אַל־תִּ֝תְחַ֗ר אַךְ־לְהָרֵֽעַ׃ 8
כִּֽי־מְ֭רֵעִים יִכָּרֵת֑וּן וְקֹוֵ֥י יְ֝הוָ֗ה הֵ֣מָּה יִֽירְשׁוּ־אָֽרֶץ׃ 9
וְע֣וֹד מְ֭עַט וְאֵ֣ין רָשָׁ֑ע וְהִתְבּוֹנַ֖נְתָּ עַל־מְקוֹמ֣וֹ וְאֵינֶֽנּוּ׃ 10
וַעֲנָוִ֥ים יִֽירְשׁוּ־אָ֑רֶץ וְ֝הִתְעַנְּג֗וּ עַל־רֹ֥ב שָׁלֽוֹם׃ 11

זֹמֵ֣ם רָ֭שָׁע לַצַּדִּ֑יק וְחֹרֵ֖ק עָלָ֣יו שִׁנָּֽיו׃ 12
אֲדֹנָ֥י יִשְׂחַק־ל֑וֹ כִּֽי־רָ֝אָ֗ה כִּֽי־יָבֹ֥א יוֹמֽוֹ׃ 13
חֶ֤רֶב ׀ פָּֽתְח֣וּ רְשָׁעִים֮ וְדָרְכ֪וּ קַ֫שְׁתָּ֥ם 14
לְ֭הַפִּיל עָנִ֣י וְאֶבְי֑וֹן לִ֝טְב֗וֹחַ יִשְׁרֵי־דָֽרֶךְ׃
חַ֭רְבָּם תָּב֣וֹא בְלִבָּ֑ם וְ֝קַשְּׁתוֹתָ֗ם תִּשָּׁבַֽרְנָה׃ 15
טוֹב־מְ֭עַט לַצַּדִּ֑יק מֵ֝הֲמ֗וֹן רְשָׁעִ֥ים רַבִּֽים׃ 16
כִּ֤י זְרוֹע֣וֹת רְ֭שָׁעִים תִּשָּׁבַ֑רְנָה וְסוֹמֵ֖ךְ צַדִּיקִ֣ים יְהוָֽה׃ 17
יוֹדֵ֣עַ יְ֭הוָה יְמֵ֣י תְמִימִ֑ם וְ֝נַחֲלָתָ֗ם לְעוֹלָ֥ם תִּהְיֶֽה׃ 18
לֹֽא־יֵ֭בֹשׁוּ בְּעֵ֣ת רָעָ֑ה וּבִימֵ֖י רְעָב֣וֹן יִשְׂבָּֽעוּ׃ 19
כִּ֤י רְשָׁעִ֨ים ׀ יֹאבֵ֗דוּ וְאֹיְבֵ֣י יְהוָ֗ה 20
כִּיקַ֣ר כָּרִ֑ים כָּל֖וּ בֶעָשָׁ֣ן כָּֽלוּ׃
לֹוֶ֣ה רָ֭שָׁע וְלֹ֣א יְשַׁלֵּ֑ם וְ֝צַדִּ֗יק חוֹנֵ֥ן וְנוֹתֵֽן׃ 21
כִּ֣י מְ֭בֹרָכָיו יִ֣ירְשׁוּ אָ֑רֶץ וּ֝מְקֻלָּלָ֗יו יִכָּרֵֽתוּ׃ 22
מֵ֭יְהוָה מִֽצְעֲדֵי־גֶ֥בֶר כּוֹנָ֗נוּ וְדַרְכּ֥וֹ יֶחְפָּֽץ׃ 23
כִּֽי־יִפֹּ֥ל לֹֽא־יוּטָ֑ל כִּֽי־יְ֝הוָ֗ה סוֹמֵ֥ךְ יָדֽוֹ׃ 24
נַ֤עַר ׀ הָיִ֗יתִי גַּם־זָ֫קַ֥נְתִּי וְֽלֹא־רָ֭אִיתִי צַדִּ֣יק נֶעֱזָ֑ב וְ֝זַרְע֗וֹ מְבַקֶּשׁ־לָֽחֶם׃ 25
כָּל־הַ֭יּוֹם חוֹנֵ֣ן וּמַלְוֶ֑ה וְ֝זַרְע֗וֹ לִבְרָכָֽה׃ 26

---

[82] Aus Gründen der Lesefreundlichkeit ist hier wie bei allen folgenden Psalmen der hebräische Text mitabgedruckt. Für den Apparat sei auf die BHS verwiesen.

II Textanalysen

27 סוּר מֵרָע וַעֲשֵׂה־טוֹב וּשְׁכֹן לְעוֹלָם׃
28 כִּי יְהוָה אֹהֵב מִשְׁפָּט וְלֹא־יַעֲזֹב אֶת־חֲסִידָיו לְעוֹלָם נִשְׁמָרוּ וְזֶרַע רְשָׁעִים נִכְרָת׃
29 צַדִּיקִים יִירְשׁוּ־אָרֶץ וְיִשְׁכְּנוּ לָעַד עָלֶיהָ׃
30 פִּי־צַדִּיק יֶהְגֶּה חָכְמָה וּלְשׁוֹנוֹ תְּדַבֵּר מִשְׁפָּט׃
31 תּוֹרַת אֱלֹהָיו בְּלִבּוֹ לֹא תִמְעַד אֲשֻׁרָיו׃
32 צוֹפֶה רָשָׁע לַצַּדִּיק וּמְבַקֵּשׁ לַהֲמִיתוֹ׃
33 יְהוָה לֹא־יַעַזְבֶנּוּ בְיָדוֹ וְלֹא יַרְשִׁיעֶנּוּ בְּהִשָּׁפְטוֹ׃
34 קַוֵּה אֶל־יְהוָה וּשְׁמֹר דַּרְכּוֹ וִירוֹמִמְךָ לָרֶשֶׁת אָרֶץ בְּהִכָּרֵת רְשָׁעִים תִּרְאֶה׃
35 רָאִיתִי רָשָׁע עָרִיץ וּמִתְעָרֶה כְּאֶזְרָח רַעֲנָן׃
36 וַיַּעֲבֹר וְהִנֵּה אֵינֶנּוּ וָאֲבַקְשֵׁהוּ וְלֹא נִמְצָא׃
37 שְׁמָר־תָּם וּרְאֵה יָשָׁר כִּי־אַחֲרִית לְאִישׁ שָׁלוֹם׃
38 וּפֹשְׁעִים נִשְׁמְדוּ יַחְדָּו אַחֲרִית רְשָׁעִים נִכְרָתָה׃
39 וּתְשׁוּעַת צַדִּיקִים מֵיְהוָה מָעוּזָּם בְּעֵת צָרָה׃
40 וַיַּעְזְרֵם יְהוָה וַיְפַלְּטֵם יְפַלְּטֵם מֵרְשָׁעִים וְיוֹשִׁיעֵם כִּי־חָסוּ בוֹ׃

1.1 Übersetzung[83]

1 Von / für David.

א Erhitze dich nicht über die Bösartigen,
ereifere dich nicht über die, die niederträchtig handeln!

2 Denn wie Gras werden sie schnell verwelken,
und wie grünes Kraut verdorren.

ב 3 Vertrau auf JHWH und handle gut!
Dann bewohne das Land und beweide es in Sicherheit,

4 sei an JHWH entzückt,
so daß er dir gibt, was immer dein Herz begehrt.

ג 5 Leg in JHWHs Hände, wie dein Weg verläuft,[84]
und vertraue auf ihn – er wird handeln:

---

[83] Die Übersetzung lehnt sich im wesentlichen an die von Norbert Lohfink im Vorlesungsskript zu Ps 37 (WS 1994/95 und SS 1995, Hochschule Sankt Georgen, Frankfurt am Main) gebotene an. Für alle Anmerkungen zu Textkritik und Übersetzung verweise ich daher ebenfalls auf genanntes Vorlesungsskript.

[84] Wörtl.: »Wälze auf JHWH deinen Weg«. Hier wird das Bild gewechselt und etwas freier übersetzt. In einer eventuellen sprichwörtlichen Wendung könnte das Objekt des Wälzens (Stein bzw. Last) schon durch Ellipse ausgefallen sein, etwa »(den Stein) auf Gottes Schulter wälzen bezüglich des eigenen Wegs«.

6 Wie das Licht wird er deine Gerechtigkeit heraustreten lassen,
und dein Recht wie den Mittag.

ד 7 Bleib unbewegt vor JHWH und harre auf ihn!
Erhitze dich nicht über einen, dem sein Weg gelingt,
(obwohl er) ein Mann (ist), der hinterhältig handelt.

ה 8 Steh ab vom Zorn und laß die Wut;
erhitze dich nicht, so daß (auch) du (dann) bösartig handelst.
9 Denn die Bösartigen werden gefällt werden;
doch die auf JHWH hoffen – die werden das Land in Besitz nehmen.

ו 10 (Nur) ein wenig noch, und der Schlechte ist nicht mehr da;
du spürst seiner Wohnstätte nach – auch sie ist nicht mehr da;
11 doch die Armen (– so siehst du –)[85] werden das Land in Besitz nehmen
und entzückt sein von der Fülle des Friedens[86].

ז 12 Wenn ein Schlechter dem Gerechten einen Hinterhalt ersinnt
und gegen ihn mit den Zähnen knirscht,
13 wird der Allherr über ihn lachen,
denn er hat (längst) gesehn, daß sein Tag eintreten wird.

ח 14 Haben Schlechte (gar[87]) das Schwert gezückt
und ihren Bogen gespannt,
um zu Boden zu schießen den Armen und Elenden,
denen die Kehle zu durchschneiden, die den geraden Weg gehen –
15 dann wird ihr Schwert ihnen (selbst) ins Herz eintreten,
und ihre Bogen werden zerbrochen werden.

ט 16 Besser das Wenige, worüber der Gerechte verfügt,
als Reichtum und Truppen[88] von vielen Schlechten.

---

[85] Erläuternder Zusatz: Der Adressat des Psalms ist hier imaginärer Beobachter, nicht einfach unter die Armen zu zählen. Diese werden pluralisch als Gesamtgruppe ins Auge gefaßt. Die Klammer soll den Abstand des Adressaten verdeutlichen.

[86] Da es hier um Armut geht, wäre von der Bedeutungsbreite des Wortes שָׁלוֹם her an eine Übersetzung mit »Wohlstand« zu denken, damit ginge jedoch der Bezug zu V. 37 »Fülle des Friedens« verloren.

[87] Annahme einer Steigerung aufgrund der Erststellung von חרב.

[88] המון kann Reichtum oder Heeresmacht bedeuten. Beide Vorstellungen haben Anhaltspunkte im vorauslaufenden Text: Der Kampf mit Waffen ist ein Kampf der Reichen gegen die Armen. Daher wurde in der Übersetzung auf eine Entscheidung

II Textanalysen

17 Denn die Arme der Schlechten werden zerbrochen werden,
und JHWH wird stützen die (Arme der) Gerechten.

י 18 JHWH kennt die Tage der Vollkommenen:
Ihr Erbbesitz wird in Ewigkeit bestehen.
19 Sie werden nicht beschämt sein in böser Stunde,
sondern in den Tagen des Hungers werden sie satt werden.

כ 20 Denn die Schlechten werden (in den Tagen des Hungers) zugrundegehen,
die Feinde JHWHs (werden zugrundegehen) wie die Pracht der Auen,
sie werden (schließlich) geschwunden sein, als Rauch geschwunden.

ל 21 Der Schlechte leiht dann (immer wieder), wird aber nicht zurückzahlen können,
während der Gerechte mitfühlend sein wird und (immer von neuem) gibt.
22 Denn die von Ihm Gesegneten werden das Land in Besitz nehmen,
die von Ihm Verfluchten werden gefällt werden.

מ 23 Wenn ein Mann seine Tritte von JHWH her gesetzt hat,[89]
wird sein Weg (ihm) gefallen.
24 Auch wenn er zu Boden bricht, wird er nicht hingestreckt werden,
denn JHWH stützt stets seine Hand.

נ 25 »Einst war ich jung, nun bin ich alt,
nie habe ich einen Gerechten verlassen gesehen,
noch seinen Samen betteln um Brot.
26 Jeden Tag ist er mitfühlend und leiht aus,
sodaß sein Same im Segensspruch zitiert wird.«

ס 27 Bieg ab vorm Bösen und handle gut,
und wohne dann für ewig.
28 Denn, da JHWH das Recht liebt,
wird er die Ihm Treuen nicht verlassen.

ע <Die Niederträchtigen> werden für ewig <entwurzelt> sein,[90]
(auch) der Same der Schlechten wird dann gefällt worden sein.

---

zugunsten eines Bereiches verzichtet und המון durch beide Bedeutungsmöglichkeiten wiedergegeben.

[89] Wörtl. passiv: »(Wenn) von JHWH die Schritte eines Mannes gesetzt worden sind«.
[90] Für 28bα soll von folgendem Text ausgegangen werden: [עולים לעולם נשמ]ד[ו]
(vgl. Lohfink, Ps 37 (1994/95), 15ff.).

29 Die Gerechten werden das Land in Besitz nehmen
   und werden darin wohnen für immer.

פ 30 Der Mund des Gerechten wird Weisheit rezitieren,
   und seine Zunge wird Recht verkünden.
   31 Die Tora seines Gottes wird in seinem Herzen sein,
   niemals werden seine Schritte wanken.

צ 32 Wenn ein Schlechter den Gerechten belauert
   und ihn zu töten sucht,
   33 wird JHWH ihn nicht verlassen(, wenn er) in dessen Hand (ist),
   und wird nicht dulden, daß man ihn (als schlecht) verurteilt
      in seinem Rechtsstreit.

ק 34 Hoffe auf JHWH und beobachte seinen Weg,
   damit er dich erhöht, indem du das Land in Besitz nimmst –
   wie die Schlechten gefällt worden sind, wirst du dann sehen:

ר 35 »Ich sah einen Schlechten, einen Gewalttäter,
   der Wurzeln spreizte wie ein saftgrüner einheimischer Baum[91].
   36 (Später) ging man vorüber, und siehe, er war nicht mehr da;
   ich suchte ihn, doch er war nicht zu finden.«

ש 37 »Beobachte einen Vollkommenen und sieh an einen Geraden,
   daß ein Mann des Friedens Nachkommenschaft hat –
   38 doch als die Rebellen entwurzelt wurden,
   wurde sofort mit ihnen (auch) der Schlechten Nachkommenschaft gefällt.«

ת 39 Die Rettung der Gerechten – von JHWH her (wird sie kommen),
   ihrer Festung in der Stunde der Not.
   40 Wie JHWH ihnen (einst) geholfen hat und sie entkommen ließ,
   so wird er sie (dann wieder) entkommen lassen aus den Schlechten und sie retten,
   weil sie zu ihm sich geflüchtet hatten.

---

[91] אזרח meint Landeskind. Das seltene Verb ערה (hitp.) kann »sich ergießen« bedeuten, was auf die sich ausbreitenden Wurzeln eines Baumes übertragen worden zu sein scheint. Die Deutung des Satzes auf einen Baum ist aber nicht ganz sicher; in diesem Sinne jedenfalls die Lesart als Zeder (ארז). Gemeint dürfte sein: (kraftstrotzender) einheimischer Baum bzw. Baum, der nie vom Ort, an dem er aufging, verpflanzt wurde.

1.2 Gliederung

1-11	Warn- und Mahnsprüche mit Motivation »Beruhigung des Erregten«	6 Doppelsprüche (3 + 3)
12-26	Objektive Aussagen ohne Anrede mit Ich-Aussage des Lehrers; Figur des Gerechten; Gestalt des Schlechten	8 Doppelsprüche (4 + 4)
27-40	Mahnsprüche mit längerer Begründung; stärkster Bezug zu JHWH; Geschick der Guten im Vordergrund; Perspektivenausweitung auf die Nachkommenschaft	8 Doppelsprüche (4 + 4)

Der Psalm besteht aus am Alphabet orientierten Doppelsprüchen, wobei benachbarte Sprüche meist durch gemeinsame Stichwörter miteinander verbunden sind.[92] Die Abweichungen in der Kolometrie sind als Struktursignale lesbar und zwar so, daß jeweils der erste Buchstabe der zweiten Hälfte eines Psalmteils (ד, כ, ק) nur drei statt vier Kola hat. Die Endbuchstaben von zwei zweiten Hälften hingegen haben fünf (statt vier) Kola (נ, ת). Allerdings wären dann auch beim ו fünf Kola zu erwarten, was jedoch trotzdem den formalen Rahmen nicht verläßt, da der erste Teil nur zweimal drei Strophen hat.[93]

Der MT gliedert den Psalm in 3 x 7, also 21 Buchstaben-Strophen. Dabei nimmt er für jeden Teil eine Zentralaussage an, umrahmt von Dreiergruppen (bzw. 27-33 ס-צ einer Vierergruppe): 1-6.**7**.8-13; 14-19.**20**.21-26; 27-33.**34**.35-40. Damit wären in den Versen 7.20.34 auf struktureller Ebene die Trikola erklärt, die kolometrisch in dem sonst eher regelmäßigen Psalm aus dem Rahmen fallen.[94]

Die hier von Lohfink übernommene Gliederung geht auf ein rekonstruiertes Vorstadium mit 22 Buchstabenstrophen zurück und orientiert sich an dem zweifachen deutlichen Sprechaktwechsel, der den Psalm in drei Teile

---

[92] Vgl. Lohfink, Ps 37 (1994/95), 47. Zenger, NEB 29 (1993), 230 stellt dies für *alle* Sprüche fest, was zwischen ל und מ (21-24) und מ und נ (23-26) nicht stimmt (so Lohfink ebd.). Abweichungen von der Normalzahl der 4 Kola finden sich: ד V. 7 nur 3 Kola; ח Vv. 14-15 6 Kola; כ V. 20 nur 3 Kola; נ Vv. 25-26 5 Kola; ק V. 34 nur 3 Kola; ת Vv. 39-40 5 Kola. (Ebd.)

[93] Vgl. Lohfink, Ps 37 (1994/95), 57f.: I (1) 4 4 4
                                              (2) 3 4 4
                                          II (1) 4 6 4 4
                                              (2) 3 4 4 **5**
                                         III (1) 4 4 4 4
                                              (2) 3 4 4 **5**

[94] Vgl. ebd., 50.

gliedert, die in sich jeweils noch einmal zweigeteilt sind.⁹⁵ Sie dürfte hinter dem Text der Septuaginta stehen.

1.3 Strukturbeobachtungen

Die oben beschriebene Dreiteilung läßt sich durch Struktursignale bestätigen: In jedem der drei Teile steht JHWH 5mal: 3.4.5.7.9 – 16.18.20.23.24 – 27.33.34.39.40. Hinzu kommen an Gottesbezeichnung אדני in V. 13, womit eine Anspielung auf Ps 2,4 vorliegt (neben der Gottesbezeichnung ist auch die Verbform יִשְׂחָק identisch) und אלהיו in V. 31.

Die Wendung ירש ארץ verteilt sich symmetrisch über die drei Teile: zweimal (9.11), einmal (22), zweimal (29.34). Zum Ende jedes Teils findet sich ein Hinweis für eine Faktenbeobachtung in der Wirklichkeit: 10f. »du wirst nachspüren«; 25f. »nie sah ich«; 35-38 »ich sah – (du) beobachte«.⁹⁶ Jeder Teil für sich ist durch bestimmte Gestaltungssignale gerahmt, was die Gesamtgliederung unterstreicht. Besonders herausgehoben ist der כ-Abschnitt, auf den sowohl die א- als auch die ת-Strophe (also die erste und die letzte) verweisen. Zwischen כ und ל liegt die Mitte des Alphabets, V. 20 beendet also die erste Hälfte des Psalms, bildet somit die Mitte und enthält eine Zentralaussage.⁹⁷

Auch inhaltlich wird bestätigt, daß der Psalm völlig durchkomponiert ist: Die Konfrontationen der Geschicke beider Gruppen verteilen sich symmetrisch über den Psalm, je zwei in den Außenteilen, vier im Innenteil.⁹⁸

Zusammenfassend läßt sich festhalten, daß der Psalm »ein wie eine Fuge durchkomponiertes Sprachkunstwerk«⁹⁹ ist.

1.4 Einheitlichkeit

Sekundäre Erweiterungen sieht Zenger (wohl aus Gründen der Kolometrie) in den Vv. 14-15, dort seien die dritte und vierte Zeile nachträgliche Kommentierung; in 25-26 sei die dritte Zeile kaum ursprünglich; V. 40 könnte durch den Schlußsatz verstärkt sein.¹⁰⁰ »Alle diese [in Anm. 92 genannten] Fälle außer dem Fall ה [14-15] lassen sich ... als Struktursignale für die nicht am Alphabet hängende Großstruktur des Psalms erklären. Der Fall ה klärt sich bei der Berechnung der quantitativen Mitte des Psalms.«¹⁰¹

---

[95] Für die entsprechenden Einzelbeobachtungen siehe ebd., 53ff.
[96] Vgl. ebd., 51. Dort weitere Beobachtungen auch zur Struktur der Einzelteile.
[97] Vgl. ebd., 48.
[98] Vgl. ebd., 57.
[99] Lohfink, Besänftigung des Messias (1997), 79.
[100] Vgl. Zenger, NEB 29 (1993), 230.
[101] Lohfink, Ps 37 (1994/95), 47.

Da durch die genannten Verse die These selbst in keiner Weise betroffen ist, kann hier auf jede weitere Diskussion der Einheitlichkeit verzichtet werden.

1.5 Gattung

Ps 37 ist ein Text der von Christoph Levin so bezeichneten »tora- und weisheitsorientierten Redaktion des Psalters«. Jürgen van Oorschot beschreibt diese Kreise als protochasidische Gruppen eschatologisch orientierter Torafrommer.[102]

Ob im Psalm eine gedanklich-logische Systematik vorherrscht oder es sich »nur um eine Art Sentenzensammlung mit Variationen zu ein und demselben Thema« handelt, ist für Zenger fraglich.[103]

Meist wird der Psalm vor allem als weisheitlicher Text gesehen, als »eine in Spruchform gebündelte weisheitliche Lebenslehre«[104]. Dies läßt sich schon rein äußerlich durch die Form des alphabetischen Akrostichons begründen. Auch ist der Psalm rein formal gesehen eher eine Lehre als ein Gebet. Der Sprecher spricht gewissermaßen über Geschichtsgesetze und Gesetze des gerechten Ablaufs auch der Einzelbiographie. Dabei beruft er sich auf die eigene Erfahrung. Er teilt die Welt deutlich in Gute und Böse und setzt das ein, was man die Lehre vom Tun-Ergehen-Zusammenhang nennen könnte.[105]

Doch gibt es darüber hinaus einen anderen Zug, der den Psalm wieder von der nüchternen Tonart der eigentlichen Weisheitstexte abhebt. »Die innige Lebensgemeinschaft des guten Menschen mit Gott ist ein Thema, das den Psalm durchzieht ... . Dieser Zug ist typisch für ägyptische Texte aus dem 1. Jt. v. Chr.«[106] Noch einmal andere Züge scheinen dort durch, wo der Psalm auf die deuteronomistische Landtheologie anspielt: »The Psalm redefines and recontextualizes land, and that intimate linkage is the central question in reading the Psalm.«[107] Brueggemann weist dadurch am entscheidenden Punkt die Sprengung der weisheitlichen Perspektive und Sprachwelt nach. Damit ist nicht ausgeschlossen, daß er aus der Weisheit erwachsen ist: »Aber er ist in Israeldimensionen und in prophetische Zukunftsdimensionen hineingewachsen.«[108] Keineswegs will der Psalm in weisheitlich-zeitloser Allge-

---

[102] Levin, Gebetbuch der Gerechten (1993), 355-381; vgl. van Oorschot, Der Gerechte und die Frevler im Buch der Sprüche (1998), 235.
[103] Zenger, NEB 29 (1993), 230.
[104] Ebd., 229.
[105] Vgl. Lohfink, Ps 37 (1994/95), 6.
[106] Ebd.
[107] Brueggemann, Psalm 37: Conflict of Interpretation (1993), 233f.
[108] Lohfink, Ps 37 (1994/95), 93.

meinheit verstanden werden, sondern als Ausblick in zukünftige Geschichte, der sofort auch eschatologische Färbungen hat.[109]

Das entspricht genau dem ältesten Verständnis des Psalms, das in einem Qumranpescher überliefert ist: »Der Pescher deutet den Psalm als eine Art Detailprophetie, und zwar auf das Geschick der Qumrangemeinschaft.«[110]

Ein Kennzeichen für Spätliteraturen ist, daß sie gern mit dem Mittel der Verfremdung klassischer Formen (hier: der Weisheitsliteratur) arbeiten. Sprachlich führt das Ende des Psalms ihn nämlich deutlich aus der Welt der Weisheit hinaus. »Man kann ihn keineswegs einfach als Weisheitspsalm definieren. Er hat auch andere Intertextualitäten.«[111]

Ps 37 kann als die Beruhigung eines empörten Menschen charakterisiert werden, der angesichts des Unrechts, das den Armen zugefügt wird, selbst kurz davor steht, zornig dreinzuschlagen. In dieser hochgespannten Situation redet ihm ein anderer in einem regelrecht apokalyptischen Ausblick in die zukünftige Geschichte zu – und diese »Besänftigung des Messias«[112] ist uns als Psalm überliefert.

Die Kontur des Angeredeten als königliche Gestalt ergibt sich aus einigen – vor allem intertextuellen – Hinweisen im Text. Zunächst durch die allgemeine Beobachtung, daß weisheitliche Texte oft als Königsbelehrung stilisiert sind, vor allem in Ägypten. Weiterhin dadurch, daß die Warnung vor dem Zorn, die gleich die ersten Verse beherrscht, ein letztlich politisches Wortfeld anklingen läßt, nämlich das des königlichen Zornes, mit dem ein solcher legitimerweise Recht durchsetzt. Insbesondere aber bietet die intertextuelle Referenz zwischen Ps 37,4 und Ps 20,5f. Anhaltspunkte, im Angeredeten eine Königsgestalt zu sehen. Synchron auf Psalterebene ist auf alle Fälle mit einer komprimierten Wiederaufnahme der Aussagen von Ps 20 in Ps 37 zu rechnen. Aber auch unabhängig von strikt synchroner Auslegung verdient die Tatsache Beachtung, daß das Wort משאלה nur an eben diesen beiden Stellen in der gesamten hebräischen Bibel vorkommt. Dieses seltene Wort wird Ps 37 aus Ps 20 entnommen haben, um gezielt einen Bezug zu diesem Königspsalm zu schaffen.[113]

1.6 Datierung

Eine frühestens nachexilische Datierung steht für Ps 37 außer Frage. Bezüglich einer konkreteren Verortung gibt es in der Forschung aber gewisse Kontrover-

---

[109] Vgl. Lohfink, Besänftigung des Messias (1997), 78.
[110] Lohfink, Ps 37 (1994/95), 7; vgl. ders., Lobgesänge (1990), 32f.
[111] Lohfink, Ps 37 (1994/95), 93.
[112] Lohfink, Besänftigung des Messias (1997), 75-87.
[113] Vgl. Lohfink, Ps 37 (1994/95), 75f.; Besänftigung des Messias (1997), 84f.

sen. Zenger geht von der Beobachtung aus, daß sich in Ps 37 drei theologische Strömungen überlagern. Ausgangspunkt bilde erstens die Überzeugung vom Tun-Ergehen-Zusammenhang, zweitens sei der Psalm geprägt von einer »persönlichen Frömmigkeit« und drittens durchziehe das Thema des Landes als Heilsgabe den Psalm. »Schon die Verschmelzung der drei genannten Strömungen ist Hinweis darauf, daß der Psalm erst aus der jüngeren Weisheit stammt. ... Das spricht für eine Datierung des Psalms ins 5. Jh.«[114] Die nachexilische »Armenredaktion« habe den Psalm in die Teilgruppe der Pss 35-41 integriert. Im Vergleich mit den anderen akrostichischen Psalmen (25; 34), den verwandten Psalmen 49 und 73 und den sog. »Torapsalmen« kommt er zum Ergebnis, Ps 37 theologiegeschichtlich als älter einzustufen.[115] Ebenfalls gegen Ende des 5. Jh.s oder zu Beginn des 4. Jh.s datiert Irsigler den Psalm unter Hinweis auf die dominante Landfrage und weil er nicht zu weit vom Wirken Nehemias abgerückt werden solle.[116] R. Albertz sieht in ihm aufgrund der beschriebenen sozialen Verhältnisse (Rechtsbruch auf Kosten der Armen etc.) ebenfalls ein Zeugnis der fortgeschrittenen persischen Zeit.[117]

Doch gibt es gute Gründe, den Psalm noch deutlich später anzusetzen. Als ein weiterer Datierungsanhalt kann die Tatsache dienen, daß Ps 37 schon den ganzen Pentateuch als intertextuelle Bezugsgröße hat, was sich aus der Verbindung der Ausdrücke ירש ארץ (deuteronomische Sprachwelt) und כרת nif. (priesterschriftliche Sprache) ergibt.[118]

Levin ordnet den Psalm jener Psalterredaktion zu, die den Kontrast zwischen Gerechten und Frevlern einträgt, von daher gehöre der Psalm in die Endphase der Psalterentstehung.[119] Ebenso in die allerletzte Phase der Psalterentstehung datiert ihn Lohfink: »Psalm 37 [gehört] sicher zu den spätesten Texten im Psalter«[120].

1.7 Zur These

Ps 37 kann charakterisiert werden als die Beruhigung eines empörten Menschen, der sehen muß, wie die Schlechten sich (im Land) durchsetzen, indem sie den Armen Gewalt antun bzw. das Land wegnehmen. Somit spiegelt

---

[114] Zenger, NEB 29 (1993), 229.
[115] Vgl. ebd., 230f.
[116] Vgl. Irsigler, Suche nach Gerechtigkeit in den Psalmen 37, 49 und 73 (1997), 78 (Anm. 11; dort weitere Autorenmeinungen zur Datierung).
[117] Vgl. Albertz, Religionsgeschichte Israels (1992), 540.
[118] Vgl. Lohfink, Ps 37 (1994/95), 31.
[119] Vgl. Levin, Gebetbuch der Gerechten (1993), 370.
[120] Lohfink, Besänftigung des Messias (1997), 77. Damit kommen wir in hellenistische Zeit, nicht in die tolerantere Perserepoche, in die wohl die meisten der hier besprochenen Psalmen zu datieren sind.

auch Ps 37 sicher innerisraelitische Auseinandersetzungen; es geht um keine abstrakten Feinde von »draußen«.

Die Situation, in die hinein der Text gesprochen wird, ist eine hochgespannte. Denn dieser Mensch steht nun in der Gefahr, selbst zornig dreinzuschlagen, um mit Gewalt die Gerechtigkeit wiederherzustellen.

»Die Welt funktioniert nicht, wie sie sollte. Man kann durch Existenz, Tun, Erfolg der bösartigen Menschen irritiert werden und in Rage geraten.«[121] Anlaß dieses verbotenen Zorns ist das Nichteintreffen der erwartbaren Korrespondenz zwischen Tun und Ergehen.[122]

Ein anderer Mensch muß ihm zureden. Dieser andere tritt mit Autorität auf, spricht in Imperativen, die er dann begründet.

> »Die Begründung geschieht durch Umlenkung der auf die Gegenwart fixierten Erregung in die Zukunft hinein und durch die Eröffnung eines Handlungshorizontes, der weiter ist als der bisher wahrgenommene. In ihm kommt JHWH vor. Leitend ist zwar das alte Prinzip des Tun-Ergehens-Zusammenhangs. Doch seine Auswirkung wird in die Zukunft verlegt. Die Verläßlichkeit dieser Zukunft wird von Gott her gesichert.«[123]

In der Welt, wie sie sich dem Erregten darstellt, gibt es böse Menschen, und deren Verhalten kann bei andern Zorn hervorrufen. Nicht nur bei den Armen oder den Opfern selbst, sondern durchaus auch bei Reicheren bzw. Nicht-Opfern, die mit offenen Augen durch die Welt gehen und sich vom Schicksal anderer betreffen lassen. Unser Angesprochener ist ein solcher Mensch.[124] Der Psalm vermeidet es aber offensichtlich sorgfältig, ihn in die Gruppe der »Gerechten« einzuordnen. Um die Seele des Angeredeten muß bis zuletzt gerungen werden. Er steht noch in oder kurz vor der Entscheidungssituation; noch hat er sich nicht endgültig beruhigt, noch ist er nicht entschieden, einfachhin auf JHWH zu vertrauen und es dessen Sache sein zu lassen, endgültig die Welt in Ordnung zu bringen. Die Versuchung, selbst mit Gewalt einzuschreiten, ist noch nicht ausgestanden. Doch sein Handeln soll »gut« sein, nicht mehr und nicht weniger. Dies deshalb, weil die Gefahr darin besteht, daß der Zorn ihn, der Gutes will, den Bösen angleicht. Ausgleich schaffend muß er nämlich

---

[121] Lohfink, Ps 37 (1994/95), 67f.
[122] Vgl. ebd., 94. Inhaltlich geht es um zwei verschiedene Problemkreise, in denen der Tun-Ergehen-Zusammenhang diskutiert wird: bei der Unterdrückung der Guten durch die Schlechten und beim Schicksal der beiden Gruppen in schicksalhaften Notzeiten (vgl. ebd., 60).
[123] Lohfink, Ps 37 (1994/95), 68.
[124] Zur Frage, ob er ein Angeklagter ist, vgl. ebd., Exkurs 70ff., der sich mit der Deutung von V. 6 beschäftigt. Das Fazit ist, daß aus Ps 37,6 kaum ableitbar ist, daß der Angeredete als jemand vorgestellt wird, der selbst von den Bösartigen forensisch bedrängt wird (ebd., 75; Besänftigung des Messias (1997), 83).

selbst gewalttätig werden. Damit droht ihm das gleiche Ende wie den »Bösartigen« (V. 9). »Im ganzen geht es keineswegs um Rückzug aus der menschlich-gesellschaftlichen Wirklichkeit, wohl aber bei hohem Weltengagement zugleich um vollkommenen Verzicht auf Reaktion auf das Böse.«[125] Die Figur des Angeredeten kann noch etwas näher bestimmt werden: Als Armen dürfen wir ihn uns nicht vorstellen, dazu ist die Nicht-Identifikation mit dieser Gruppe zu auffällig. »Der Angeredete ist gerade *nicht selbst ein Armer und Unterdrückter*.«[126] Der Angeredete gehört zu denen, »die sich mit der Frage nach dem Sinn des Lebens und der Welt beschäftigen können, von ihrem Faktum und von dem hinter ihm sich zeigenden Bösen in den Menschen zutiefst betroffen ist und darauf zusteuert, ein harter Klassenkämpfer zu werden.«[127] Er ist ein durch das Unglück der Armen in Erregung versetzter Mensch der gesellschaftlichen Elite. Als Gegenhaltung gegen den gerechten Zorn auf das Glück der Bösen wird ihm empfohlen, sich selbst ohne jeden Seitenblick auf den andern ethisch und gläubig richtig zu verhalten.[128]

Für unsere Überlegung ist wichtig: Gleich von V. 1 an wird betont, daß es für die Bösartigen, die niederträchtig Handelnden keine Zukunft gibt und daß der Angeredete ihnen gegenübergestellt wird. Für ihn kann es also offensichtlich eine Zukunft geben. Und genau diese Zusicherung folgt direkt in V. 2. Doch steht die Aussage nicht einfach in sich, sondern als Folge des Vertrauens auf JHWH. Die Zukunft des Angeredeten wird darin bestehen, daß er das Land bewohnen bzw. im Land bleiben kann und es in Sicherheit beweiden wird.

> »Landbesitz ist *das* Heilsgut Israels, die Unterwiesenen werden also als Glieder des wahren Israel angeredet, das zwar jetzt noch nicht das Land besitzt, dem dies aber verheißen ist. In der Gegenwart ist dieses wahre Israel noch eine verborgene Größe – noch triumphieren die Feinde.«[129]

Wiederum als Folge der Beziehung zu Gott verdeutlicht, wird dann versichert, daß JHWH dem Angeredeten geben wird, was sein Herz begehrt (V. 4).[130] Doch das hat eine Bedingung: eben die, daß er selbst sich nicht im Zorn hinreißen läßt und sich dadurch mit den Bösartigen gemein macht. »Der Angeredete selbst kann, indem er sich erhitzt, in den Kreislauf des bösen Handelns mithineingezogen werden.«[131] Und die Bösartigen werden gefällt werden! Doch die auf JHWH

---

125 Lohfink, Ps 37 (1994/95), 81.
126 Ebd., 75; vgl. Besänftigung des Messias (1997), 83.
127 Lohfink, Ps 37 (1994/95), 75.
128 Vgl. ebd., 75.80.
129 Stolz, Psalmen im nachkultischen Raum (1983), 63f.
130 Der schon erwähnte Bezug zu Ps 20 zeigt, daß es sich hier nicht um beliebige Bitten, sondern um das königliche Heischerecht handeln könnte.
131 Lohfink, Ps 37 (1994/95), 30.

hoffen, werden das Land in Besitz nehmen (V. 9). Deutlich genug ist aus dem vorher Gesagten geworden, daß die auf JHWH Hoffenden zugleich auf jedes eigenmächtige Eingreifen verzichten, sich also nicht in die Spirale der Gewalt hineinreißen lassen (sollen), ausdrücklich macht dies besonders V. 5.

Für die Weltsicht des Psalms ist aufschlußreich, daß sich die Aussage »werden gefällt werden« (כרת: 9.22.28.34.38) in genau gleicher Zahl (5mal) wie »werden das Land in Besitz nehmen« (ירש ארץ: 9.11.22.29.34) findet; gutes und schlechtes Ende der entsprechenden Gruppen werden einander gegenübergestellt. Vier der Belege sind direkt als Gegensätze formuliert, jeweils einmal kommt eins der beiden Verben ohne das andere vor. Sonst kommen beide Wörter in der hebräischen Bibel zusammen praktisch nicht vor.[132] »In all five uses of *krt, the verb is passive, thus refusing to identify an active agent of ›cutting off‹.*«[133]

Der Adressat des Psalms wird als schon im Land wohnend vorausgesetzt, daher meint ירש ארץ nicht eine eigentliche neue Landeroberung: »Aber auf eine durchaus materielle Weise muß dennoch das Land, in dem auch die Gerechten und Armen schon sind, den Schlechten weggenommen werden und in die Hände der Gerechten kommen.«[134] Wenn das geschehen sein wird, werden die Schlechten nicht mehr sein (erstmals V. 9). Und zwar nicht nur sie selbst, sondern auch ihr Ort (V. 10). Im ganzen steigern sich die Vernichtungsaussagen im Verlauf des Psalms: Sie werden wie Gras verdorren (V. 2), sie werden gefällt werden (V. 9); auch seine Wohnstätte ist nicht mehr (völliges Austilgen auch der Erinnerung, V. 10); sie werden zugrundegehen wie die Pracht der Auen, als Rauch geschwunden sein (V. 20); auch ihr Same wird geschwunden sein (Ausweitung in die Zukunft, V. 28).

Eine ähnliche Steigerung läßt sich in Bezug auf die Gerechten wahrnehmen: Auch hier erfolgt schließlich eine Ausweitung auf ihre Nachkommenschaft (Vv. 18.25f.37).

Teil I (Vv. 1-11) setzt also voraus, daß es in der gegebenen Situation den Schlechten gut und den Guten schlecht geht (V. 7b); das gilt mindestens insofern, als die Guten dabei als die Armen auftreten (Vv. 11.14). Die endgültige Wahrheit aber sieht anders aus, sie zeigt sich im fiktiven Zitat in den Vv. 25-26: In der zukünftigen Wirklichkeit wird allein der Gerechte übriggeblieben sein. Dieses Los fällt ihm aber nur im unbedingten Festhalten an Gott und seiner Tora zu, im bedingungslosen Vertrauen darauf, daß ER es richten wird – und kein Mensch.

Treibt man diese Aussage weiter, so kommt man schließlich zu der – überraschenden – Aussage, daß der Psalm zu völligem Verzicht auf Gewalt-

---

[132] Genauer vgl. Brueggemann, Psalm 37: Conflict of Interpretation (1993), 233f.
[133] Ebd., 233 (Hervorhebung C.S.); siehe auch insges. 231-238.
[134] Lohfink, Ps 37 (1994/95), 31. Die noch ausstehende volle Inbesitznahme des Landes wird ihm nicht befohlen, sondern verheißen (ebd., 27).

anwendung aufruft – und sei es die legitime Gewalt, mit der ein Staat (oder der König für den Staat) Recht durchsetzt!

Bei genauem Studium des Psalms fällt auf, daß in ihm eine sehr wichtige Entscheidung in Bezug auf das Handeln Gottes getroffen wird. Dem Gerechten gibt er, was sein Herz begehrt (V. 4), stützt die Arme der Gerechten (V. 17) und verhilft ihnen schließlich zum endgültigen Landbesitz, zum Wohnen in Sicherheit (Vv. 3 und 9 als Folge des Hoffens/Vertrauens auf JHWH, V. 22 (s.u.) in Verbindung mit dem göttlichen Segen, V. 34). Die Palette der Aussagen über das Handeln JHWHs für diese Gruppe ist also recht breit.[135]

Ganz anders dagegen verhält es sich mit den Aussagen über das Zugrundegehen der Schlechten: Nirgends wird da von einem irgendwie gearteten Handeln Gottes gesprochen. Keiner der diesbezüglichen Verse sagt, daß Gott selbst die Schlechten vernichten werde. Er wird nicht aktiv, braucht es wohl (dem Bilde nach) gar nicht: »Denn für die Bösen gibt es keine Zukunft, / die Lampe der Frevler erlischt« (Spr 24,20).[136] Unser Psalm sagt das in einem der fiktiven zukünftigen Zitate so aus: »... und siehe, er war nicht mehr da; ich suchte ihn, doch er war nicht zu finden« (V. 36), ja nicht einmal der Ort, wo er stand, ist noch aufspürbar (V. 10).[137] Es bleibt nichts, keine Erinnerung, das Verschwinden ist buchstäblich spurlos.

Da Vergleiche aus der Pflanzenwelt (neben militärischen) gewählt werden, könnte man im Deutschen das Bild aufgreifen: Die »Schlechten« werden mit Stumpf und Stiel ausgerottet. Daneben stehen aber auch gewalttätigere Bilder aus dem Bereich des Krieges, zugespitzt in der Aussage: Ihr Schwert wird ihnen ins eigene Herz eintreten (V. 15).

Alle Ausdrücke, die das Ende der »Schlechten« betreffen, sind passivisch oder unpersönlich gehalten.[138] Da dieses Phänomen sich im ganzen Psalm

---

135 Siehe die Tabelle am Ende der Ausführung (II.1.7.2).
136 Zwischen Spr 24 und Ps 37 besteht eine deutliche Abhängigkeit, vgl. Spr 24,1.19f. mit Ps 37,1. Ps 37,1 enthält gegenüber der Parallele (oder sogar Vorlage) in Spr 24,19f. aber eine inhaltliche Zuspitzung: Im Psalm geht es um ein Abstehen vom Zorn, das durch *anderen* zugefügtes Unrecht verursacht wird; in den einzigen Parallelen (Spr 20,22 und Spr 24,19f.) aber jeweils um Abstehen vom Zorn bei selbst erlittenem Unrecht. (Für detaillierte Information vgl. Lohfink, Ps 37 (1994/95), 95 und Besänftigung des Messias (1997), 81).
137 Vgl. dagegen Ps 103,15f.: »Des Menschen Tage sind wie Gras, er blüht wie die Blume des Feldes. Fährt der Wind darüber, ist sie dahin; der Ort, wo sie stand, weiß von ihr nichts mehr.« Dort wird selbstverständlich davon ausgegangen, daß der Ort durchaus noch auffindbar ist. איננו und מקומו sind in beiden Versen gleich, die Verben nicht; eine direkte Abhängigkeit ist wegen der doch sehr unterschiedlichen Aussagen nicht einfach zu unterstellen. Allerdings: מקום kommt im Psalter 7x vor, אין 56x, beide zusammen nur an den genannten Stellen.
138 Vor allem 5x כרת (nif.). Im Psalter kommt die Wurzel 14x vor (4x qal, 5x nif., 5x hif.), d.h. alle Belege für כרת (nif.) finden sich in Ps 37. Das Nifal ist meist intensiv

durchhält, könnte dahinter eine Absicht stehen – nämlich genau die, alle diese Verben gerade nicht mit Gott als handelndem Subjekt in Verbindung zu bringen. Anhand der entsprechenden Verse möchte ich zeigen, daß es dem Psalm nicht gerecht wird, wenn das Handeln Gottes für beide Menschengruppen parallelisiert wird, dieses Verschwinden der Schlechten also insgeheim doch mit einem Vernichtungsschlag Gottes gleichgesetzt würde.

1.7.1 Aussagen über das Ergehen der »Guten«[139] ohne ausdrückliche Nennung Gottes

3b	שְׁכָן־אֶרֶץ	bewohne das Land
	וּרְעֵה אֱמוּנָה	und beweide es in Sicherheit
9b	קֹוֵי יְהוָה הֵמָּה יִירְשׁוּ־אָרֶץ	die auf JHWH hoffen – die werden das Land in Besitz nehmen
11	וַעֲנָוִים יִירְשׁוּ־אָרֶץ	doch die Armen werden das Land in Besitz nehmen
	וְהִתְעַנְּגוּ עַל־רֹב שָׁלוֹם	und entzückt sein von der Fülle des Friedens
19	לֹא־יֵבֹשׁוּ בְּעֵת רָעָה	sie werden nicht beschämt sein in böser Stunde,
	וּבִימֵי רְעָבוֹן יִשְׂבָּעוּ	sondern in den Tagen des Hungers werden sie satt
22a	כִּי מְבֹרָכָיו יִירְשׁוּ אָרֶץ	denn die von Ihm Gesegneten werden das Land in Besitz nehmen
27b	שְׁכֹן לְעוֹלָם	wohne dann für ewig
29	צַדִּיקִים יִירְשׁוּ־אָרֶץ	die Gerechten werden das Land in Besitz nehmen
	וְיִשְׁכְּנוּ לָעַד עָלֶיהָ	und werden darin wohnen für immer
31	תּוֹרַת אֱלֹהָיו בְּלִבּוֹ	die Tora seines Gottes wird in seinem Herzen sein,
	לֹא תִמְעַד אֲשֻׁרָיו	niemals werden seine Schritte wanken
37b	כִּי־אַחֲרִית לְאִישׁ שָׁלוֹם	daß ein Mann des Friedens Nachkommenschaft hat

---

im Sinne von »ausrotten« gebraucht. (Vgl. Lisowsky, Konkordanz (1958), 701-703 und Hasel, Art. כרת, ThWAT IV (1984), 358).

[139] Die Zusprüche an den Angeredeten sind mit aufgenommen, obwohl er ja noch nicht ausdrücklich zur Gruppe der Gerechten gezählt wird. Dennoch zielen alle Aufforderungen genau darauf ab: Wenn er sich an die Unterweisung hält, wird er selbst ein Gerechter sein.

1.7.2 Aussagen über das Eingreifen Gottes zugunsten der Guten

4	וְהִתְעַנַּג עַל־יְהוָה	sei an JHWH entzückt,
	וְיִתֶּן־לְךָ מִשְׁאֲלֹת לִבֶּךָ	so daß er dir gibt, was immer dein Herz begehrt
5	גּוֹל עַל־יְהוָה דַּרְכֶּךָ	leg in JHWHs Hände, wie dein Weg verläuft,
	וּבְטַח עָלָיו וְהוּא יַעֲשֶׂה	und vertraue auf ihn – er wird handeln
6	וְהוֹצִיא כָאוֹר צִדְקֶךָ	wie das Licht wird er deine Gerechtigkeit heraustreten lassen,
	וּמִשְׁפָּטֶךָ כַּצָּהֳרָיִם	und dein Recht wie den Mittag
17b	סוֹמֵךְ צַדִּיקִים יְהוָה	JHWH wird stützen die (Arme der) Gerechten
18	יוֹדֵעַ יְהוָה יְמֵי תְמִימִם	JHWH kennt[140] die Tage der Vollkommenen
	וְנַחֲלָתָם לְעוֹלָם תִּהְיֶה	ihr Erbbesitz wird in Ewigkeit bestehen
24b	כִּי־יְהוָה סוֹמֵךְ יָדוֹ	denn JHWH stützt stets seine Hand
28a.b	כִּי יְהוָה אֹהֵב מִשְׁפָּט	denn da JHWH das Recht liebt,
	וְלֹא־יַעֲזֹב אֶת־חֲסִידָיו	wird er die ihm Treuen nicht verlassen
33	יְהוָה לֹא־יַעַזְבֶנּוּ בְיָדוֹ	JHWH wird ihn nicht verlassen (, wenn er) in dessen Hand (ist),
	וְלֹא יַרְשִׁיעֶנּוּ בְּהִשָּׁפְטוֹ	und wird nicht dulden, daß man ihn verurteilt in seinem Rechtsstreit
34a.b	קַוֵּה אֶל־יְהוָה וּשְׁמֹר דַּרְכּוֹ	hoffe auf JHWH und beobachte seinen Weg,
	וִירוֹמִמְךָ לָרֶשֶׁת אָרֶץ	damit er dich erhöht, indem du das Land in Besitz nimmst
39	וּתְשׁוּעַת צַדִּיקִים מֵיהוָה	die Rettung der Gerechten – von JHWH her,
	מָעוּזָּם בְּעֵת צָרָה	ihrer Festung in der Stunde der Not
40	וַיַּעְזְרֵם יְהוָה וַיְפַלְּטֵם	wie JHWH ihnen geholfen hat und sie entkommen ließ,
	יְפַלְּטֵם מֵרְשָׁעִים וְיוֹשִׁיעֵם כִּי־חָסוּ בוֹ	so wird er sie entkommen lassen aus den Schlechten und sie retten, weil sie zu ihm sich geflüchtet hatten

---

[140] Der Vers ist wegen der Bedeutungsbreite des Verbs ידע hier in die Liste aufgenommen, vgl. die Ausführungen zu Ps 1,6. LXX harmonisiert sogar mit Ps 1,6, indem sie »Wege« liest.

Aus dieser Aufzählung läßt sich deutlich ersehen, daß der Psalm ganz selbstverständlich davon ausgeht, daß Gott selbst etwas mit dem Los seiner Getreuen zu tun hat. Alles gipfelt in der Aussage: »Die Rettung der Gerechten wird von JHWH kommen!« (V. 39). Alles »Gut-Handeln« der Gerechten führt letzten Endes ihre Rettung nicht herbei, sondern allein das Eingreifen Gottes. Er wird ihnen diese Welt, die sich in einer scheinbar verfahrenen Situation befindet, zu eigen geben und die ihm Getreuen retten.[141] Doch die analoge Erwartung, daß dem ein »Abrechnen« mit den Schlechten entspricht, wird nicht bestätigt, wie folgende Liste zeigt:

1.7.3 AUSSAGEN ÜBER DAS ENDE DER SCHLECHTEN

2	כְּחָצִיר מְהֵרָה יִמָּלוּ	wie Gras werden sie schnell verwelken
	וּכְיֶרֶק דֶּשֶׁא יִבּוֹלוּן	und wie grünes Kraut verdorren
9a	כִּי־מְרֵעִים יִכָּרֵתוּן	denn die Bösartigen werden gefällt werden
10	וְעוֹד מְעַט וְאֵין רָשָׁע	ein wenig noch, und der Schlechte ist nicht mehr da
	וְהִתְבּוֹנַנְתָּ עַל־מְקוֹמוֹ וְאֵינֶנּוּ	du spürst seiner Wohnstätte nach – auch sie ist nicht mehr da
13bβ	כִּי־יָבֹא יוֹמוֹ	daß sein Tag eintreten wird
15	חַרְבָּם תָּבוֹא בְלִבָּם	ihr Schwert wird ihnen (selbst) ins Herz eintreten,
	וְקַשְּׁתוֹתָם תִּשָּׁבַרְנָה	und ihre Bogen werden zerbrochen werden
17a	כִּי זְרוֹעוֹת רְשָׁעִים תִּשָּׁבַרְנָה	denn die Arme der Schlechten werden zerbrochen werden
20	כִּי רְשָׁעִים יֹאבֵדוּ	denn die Schlechten werden zugrundegehen
	וְאֹיְבֵי יְהוָה כִּיקַר כָּרִים	und die Feinde JHWHs wie die Pracht der Auen,
	כָּלוּ בֶעָשָׁן כָּלוּ	sie werden geschwunden sein, als Rauch geschwunden
22	וּמְקֻלָּלָיו יִכָּרֵתוּ	die von Ihm Verfluchten werden gefällt werden (s.u.)
28c.d	לְעוֹלָם נִשְׁמָדוּ	sie werden für ewig <entwurzelt> sein,
	וְזֶרַע רְשָׁעִים נִכְרָת	der Same der Schlechten wird gefällt worden sein
34c	בְּהִכָּרֵת רְשָׁעִים תִּרְאֶה	wie die Schlechten gefällt worden sind, wirst du dann sehen

---

[141] Zwar finden sich vier der fünf Belege von ירש ארץ in der Tabelle »Aussagen über das Ergehen der ›Guten‹ ohne ausdrückliche Nennung Gottes«, was eine Parallelität zu denen von כרת als unpersönliche Aussage vermuten läßt, doch kann wohl V. 34 als Verständnisschlüssel für die Landverheißungen gesehen werden – *Gott* gibt das Land.

36	וַיַּעֲבֹר וְהִנֵּה אֵינֶנּוּ	man ging vorüber, und siehe, er war nicht mehr da
	וָאֲבַקְשֵׁהוּ וְלֹא נִמְצָא	ich suchte ihn, doch er war nicht zu finden
38	וּפֹשְׁעִים נִשְׁמְדוּ יַחְדָּו	als die Rebellen entwurzelt wurden,
	אַחֲרִית רְשָׁעִים נִכְרָתָה	wurde mit ihnen der Schlechten Nachkommenschaft gefällt

Die Bilder oder Aussagen, die für das Vergehen der Schlechten gewählt sind, entstammen ganz unterschiedlichen Bereichen. Zuerst wird man an die Pflanzenwelt erinnert: Sie werden wie Gras verwelken, wie Kraut verdorren (V. 2), sie werden gefällt werden (V. 9). Es folgen Aussagen, hinter denen kein konkreter Bezug zu einem bestimmten Bildbereich steht: Der Schlechte ist nicht mehr, auch seine Wohnstätte nicht (V. 10); sein Tag ist gekommen (V. 13).[142] Dann wird es wieder anschaulicher, die Bilder wechseln in den militärischen Bereich: Ihr Schwert dringt ihnen ins Herz, ihre Bogen werden zerbrochen (V. 15), ja nicht nur ihre Waffen: ihre eigenen Arme (V. 17). Wiederum wird ein Bereich verlassen, es folgt die Beschreibung des Betroffenwerdens durch eine allgemeine (Hungers-)Not: In den Tagen des Hungers werden sie zugrundegehen, verschwinden wie die Pracht der Auen (V. 20).[143] Bereits hier wird langsam wieder der Bereich der Pflanzenwelt erreicht, obwohl das »wie Rauch geschwunden« aus V. 20 nicht nur in diese Richtung deutbar ist. Ab V. 22 beherrschen die Vergleiche aus der Pflanzenwelt das Feld, vor allem das

---

[142] Das Wort »Tag«, יוֹם, kommt in Ps 37,13.18.19.26 vor. In V. 13 meint der »Tag« den zeitlichen Punkt, in dem für den Schlechten die Katastrophe eintritt. »Ein ›Tag JHWHs‹ im Sinn der Propheten oder der Apokalyptik, in dem Gott in einem großen Akt am Ende der bisherigen Geschichte richtend Ordnung in seine Welt bringt, scheint in der ›Welt‹ dieses Psalms nicht vorgesehen zu sein.« (Lohfink, Ps 37 (1994/95), 34). Anders beispielsweise Duhm (zu V. 9): »Die Ausrottung der Bösen erfolgt natürlich in dem grossen Endgericht.« (Duhm, Psalmen (1899), 106). In V. 18 meint »Tag« die gesamte individuelle Lebenszeit, mehr noch, die Lebenszeit der Sippe. (Vgl. Lohfink, Ps 37 (1994/95), 38). Schließlich steht »Tag« auch noch für die Zeit der allgemeinen Not, die durch den Gang der Natur und der Dinge über den Menschen kommen kann, sei er gerecht, sei er schlecht. Die im folgenden genannte Hungersnot steht stellvertretend für alle lebensmindernden Nöte, die nicht durch Mitmenschen heraufgeführt werden, sondern umfassendere Ursachen haben.

Unabhängig vom Wort »Tag« fällt auf, wie viele Zeitangaben sich im Psalm finden: עוֹד מְעַט ein wenig noch (10), לְעוֹלָם in Ewigkeit (18), בְּעֵת רָעָה böse Stunde (19), סוֹמֵךְ stets (24), לְעוֹלָם für ewig (27, 2x), לָעַד für immer (29), לֹא תִמְעַד niemals (31), אַחֲרִית Nachkommenschaft (37.38), בְּעֵת צָרָה Stunde der Not (39). Besonders häufen sich Ewigkeitsaussagen wie »für ewig« oder »niemals«, wodurch die Gültigkeit der Aussagen unterstrichen wird.

[143] Den Gerechten dagegen kann der Hunger nichts anhaben, obwohl die Not natürlich auch über sie hereinbricht: In den Tagen des Hungers werden sie satt werden (V. 19b).

»Gefällt-werden«. Ergänzt und verstärkt wird es durch die Ausweitung auf den »Samen«. Der Begriff »entwurzeln« taucht in diesem Bereich neu auf (V. 28 – falls der rekonstruierte Text vorausgesetzt wird – und V. 38).

Zusammenfassend ist festzuhalten: *In keinem der Verse kommt im entsprechenden Kolon ein Gottesname vor. Alle Aussagen zielen auf die Zukunft ab, entweder explizit in den Verbformen oder wenigstens durch Zeitangaben (V. 10).*

Um der Weltsicht des Psalms näherzukommen, ist ein Blick auf die Bezeichnungen, die für die einander gegenübergestellten Menschengruppen gebraucht werden, interessant:

1.7.4 BEZEICHNUNGEN FÜR DIE GUTEN

V.	Hebräisch	Übersetzung
V. 9	קוֵֹי יהוה	die auf JHWH Hoffenden
V. 11	עֲנָוִים	die Armen
V. 12	צַדִּיק	der Gerechte
V. 14	עָנִי	der Arme
V. 14	אֶבְיוֹן	der Elende
V. 14	יִשְׁרֵי־דָרֶךְ	die des geraden Wegs
V. 16	צַדִּיק	der Gerechte
V. 17	צַדִּיקִים	die Gerechten
V. 18	תְּמִימִם	die Vollkommenen
V. 21	צַדִּיק	der Gerechte
V. 22	מְבֹרָכָיו	die von Ihm Gesegneten
V. 25	צַדִּיק	der[144] Gerechte
V. 28	חֲסִידָיו	die Ihm Treuen
V. 29	צַדִּיקִים	die Gerechten
V. 30.32	צַדִּיק	der Gerechte
V. 37	תָּם	der Vollkommene
V. 37	יָשָׁר	der Gerade
V. 37	אִישׁ שָׁלוֹם	der Mann des Friedens
V. 39	צַדִּיקִים	die Gerechten

Insgesamt finden sich zwölf verschiedene Bezeichnungen, von denen »Gerechter« (Sg. und Pl.) mit 9x die häufigste ist. Daß die Bezeichnungen »Arme« und »Elende« ihren Platz in dieser Liste haben, zeigt, daß Ps 37 ein deutliches Zeugnis der Armenspiritualität ist; daß er so empfunden wurde, zeigt die Aufnahme in den Seligpreisungen bei Matthäus.[145]

---

[144] Alle Bezeichnungen sind in dieser und der folgenden Tabelle der Einheitlichkeit wegen mit bestimmtem Artikel wiedergegeben, auch wenn in der Übersetzung zum Teil der unbestimmte gewählt wurde.

[145] Die Inbesitznahme des Landes wird durch »erhöhen« רום bezeichnet, eine Umsturzaussage der Armentheologie. (Vgl. Lohfink, Ps 37 (1994/95), 45). Ps 37,11 wird

1.7.5 BEZEICHNUNGEN FÜR DIE SCHLECHTEN

V. 1	מְרֵעִים	die Bösartigen
V. 1	עֹשֵׂי עַוְלָה	die niederträchtig Handelnden
V. 7	אִישׁ עֹשֶׂה מְזִמּוֹת	der Mann, der hinterhältig handelt
V. 9	מְרֵעִים	die Bösartigen
V. 10.12	רָשָׁע	der Schlechte
V. 14.16.17.20	רְשָׁעִים	die Schlechten
V. 20	אֹיְבֵי יְהוָה	die Feinde JHWHs
V. 21	רָשָׁע	der Schlechte
V. 22	מְקֻלָּלָיו	die von Ihm Verfluchten
(V. 28	עוֹלִים	die Niederträchtigen)
V. 28	זֶרַע רְשָׁעִים	der Same der Schlechten
V. 32	רָשָׁע	der Schlechte
V. 34	רְשָׁעִים	die Schlechten
V. 35	רָשָׁע	der Schlechte
V. 38	פֹּשְׁעִים	die Rebellen
V. 38	אַחֲרִית רְשָׁעִים	die Nachkommenschaft der Schlechten
V. 40	רְשָׁעִים	die Schlechten

Hier bietet sich uns ein Spektrum von acht verschiedenen Bezeichnungen, mit 13 Belegen sind die »Schlechten« (Singular und Plural), also das genaue Gegenteil zu den »Gerechten«, die häufigste Bezeichnung.

Im Gegensatz zu anderen Psalmen (vgl. etwa Ps 1) bilden hier die »Gerechten« die Gruppe, sozusagen die wahre Realität, während die »Schlechten«, auch wenn sie natürlich im Endeffekt gleichermaßen eine Gruppe bilden, doch stets die sind, die sich als einzelne dissoziieren und als einzelne herausgeschnitten werden müssen.[146] Allerdings hängt die Formulierung in V. 11 auch mit der speziellen Sprechsituation des Psalms zusammen: Um den Angeredeten nicht als »den Armen« identifizieren zu müssen, braucht es hier die Pluralformulierung, nur so behält der Angeredete seine Rolle als Beobachter. Dort allerdings, wo eine Gerichtssituation durchschimmert, ist immer ein einzelner Gerechter im Blick.[147]

Mit Ps 37 ist damit die Vermutung widerlegt, daß es sich bei dieser Art von späten Psalmen immer um solche handelt, welche die Vereinzelung der Ge-

---

in Mt 5,5 aufgenommen (»Selig, die keine Gewalt anwenden, denn sie werden das Land erben«). Die hier favorisierte Interpretation liegt also ganz auf der Linie des neutestamentlichen Verständnisses des Psalms.

[146] Vgl. auch Lohfink, Ps 37 (1994/95), 32.
[147] Vgl. ebd., 36.

rechten angesichts der überwältigenden Masse von Ungerechten thematisieren. Ps 37 geht genau von der umgekehrten Vorstellung aus.

Eine besondere Beachtung verdient V. 22 (der insgesamt gewissermaßen eine Kurzzusammenfassung des Segen-Fluch-Kapitels Dtn 28 bietet) im Hinblick auf die negative Aussage: וּמְקֻלָּלָיו יִכָּרֵתוּ (die von Ihm Verfluchten werden gefällt werden). Muß man davon ausgehen, daß hier Gott derart im Spiel ist, daß er durch seinen Fluch letzten Endes doch die Vernichtung der Schlechten bewirkt? Bereits an dieser Stelle ist festzuhalten, daß – wenn überhaupt – nur der Fluch von Gott stammt und es nicht um »die von Ihm Ausgerotteten« geht. Ein direkter Kausalzusammenhang zwischen Verfluchung und Ausrottung ist sprachlich nicht ersichtlich. Von Interesse ist vor allem das Partizip Pu'al Plural mit Suffix der 3. Person Singular: מְקֻלָּלָיו »die von Ihm Verfluchten«, das Prädikat des Satzes ist nicht außergewöhnlich und taucht ja mehrfach auf. Die Wurzel קלל qal hat die Grundbedeutung »klein, leicht, gering sein«. Dementsprechend bedeutet das Pi'el »klein machen, jemandem seine Würde nehmen, verächtlich machen«, von dort leitet sich die Bedeutung »verfluchen« ab. Dem Pi'el entspricht das Pu'al, es kommt nur 3x vor: Ps 37,22 (Partizip[148]), Ijob 24,18 und Jes 65,20. קלל kann neben ארר und in Opposition zu ברך stehen, z.B. in Gen 12,3.[149] Auffallend für unseren Zusammenhang ist aber, daß in Gen 12,3 für die menschliche Aktivität קלל gewählt ist, für die Aktivität Gottes dagegen ארר: אָאֹר וּמְקַלֶּלְךָ. Scharbert gibt in den Artikeln קלל und ארר im ThWAT an, daß ארר immer ein Verfluchen mittels fester Formen meint, wohingegen קלל eher ein formloses, beleidigendes Verwünschen bezeichnet. Zu קלל faßt er an anderer Stelle zusammen, daß dies der inhaltlich weiteste Begriff unter den Verben, die mit »fluchen« übersetzt werden können, ist.[150] Dort bemerkt er auch, daß das Verbum auffallend selten mit Gott als Subjekt vorkommt; nur Gen 8,21 (Objekt ist aber die Erde, nicht der Mensch) und Ps 37,22, vielleicht noch Ijob 24,18 (wiederum ist das Objekt nicht der Mensch).[151] ארר bezeichnet kein privates Verfluchen, sondern eines, das bestimmten Personen obliegt. Gen 12,3 zeigt, daß auch Gott die Macht zu einem derartigen Verfluchen hat.[152] Neben den erwähnten Artikeln von Scharbert bringt der Blick in die Konkordanz Klarheit: Wir haben es an dieser Stelle mit einem außergewöhnlichen Gebrauch des Verbs קלל zu tun. קלל mit Gott als (logischem) Subjekt und dem Menschen als Objekt gibt es nur hier, Ps 37,22.

Daraus kann man schließen, daß durch die – singuläre – Verwendung des Verbums קלל keine von Gott initiierte Vernichtung beschrieben werden soll. Unterstützt wird

---

[148] HAL zur entsprechenden Form: »mit einem Fluchwort belegt werden, als verflucht bezeichnet, behandelt, hingestellt werden« (1032).
[149] Vgl. Scharbert, Art. ברך, ThWAT I (1973), 807ff.
[150] Vgl. Scharbert, Fluchen und Segnen im Alten Testament (1958), 16.
[151] Ebd., 10.
[152] Ebd., 6.

dieser Befund weiterhin dadurch, daß die Übersetzung des Suffixes durchaus auch im Sinne von »die in Bezug auf Ihn Verfluchten« erfolgen kann, zumindest dafür offen ist; in diesem Sinne wird etwa die LXX-Fassung zu Dtn 21,23 ausgelegt (ebenfalls קלל, s.u.).

Die LXX bezeugt zwar keine andere konsonantische Vorlage, hat aber anders vokalisiert oder eine entsprechend andere Tradition vorgefunden. Die Suffixe hat sie als Akkusativsuffixe verstanden. »In 4QpPs^a hatte die erste Hand ומכלליו, und erst eine zweite Hand machte es zu der dem MT entsprechenden Form ומקלליו. Nach Strugnell, RdQ 7, 215, bezeugt die erste Hand noch eine aktive Form, also eine Entsprechung zur LXX. Doch ist das Argument nicht überzeugend, da vorher die erste Hand durchaus מבורכ[יו geschrieben hatte und der ältere orthographische Zustand, den der Konsonantentext des MT ja noch bewahrt, kein ו hatte, sich also einfach in die erste Hand durchgehalten haben konnte, falls diese nicht einfach eine kleine Unaufmerksamkeit bezeugt.«[153]

Die Suffixe müssen sich in beiden Kola auf JHWH beziehen, »das ›große logische Subjekt religiöser Texte‹ (so König 566). Die Lesart der Septuaginta (›die ihn, d.h. den Gerechten segnen/verfluchen‹) macht den Gedankengang komplizierter und verwischt den Bezug auf Deuteronomium 28. ... Zu Gott als Subjekt von קלל vgl. Gen 8,21 und vor allem Dtn 21,23.«[154] Zur Deuteronomiumstelle ist zu bemerken, daß dort nicht klar ist, ob es sich um genitivus subjectivus oder objectivus handelt, jedenfalls gibt es in der jüdischen Tradition Auslegungen in beide Richtungen.[155]

Allein durch das Suffix, das sich zwar sicherlich auf JHWH bezieht, wird hier keine Jahwekausalität in den ganzen Psalm eingetragen.

Aus der Untersuchung zu Psalm 37 ergibt sich, daß in keinem einzigen Vers das Ende der Schlechten in einen ausdrücklichen Kausalzusammenhang mit göttlichem Handeln gebracht wird.

Man kann Ps 37 als einen Versuch der biblischen Autoren werten, eine Unterscheidung über Gottes Handeln auszusagen: Da ist einerseits das Böse, das sich selbst zugrunde richtet, wobei Gott nur zusieht. Auf der anderen Seite greift er aber für die Armen, Gerechten usw. durchaus aktiv – helfend und rettend – ein.

Dieses Schema ließe sich vergleichen mit dem, was später unter dem Terminus der »Zulassung« gefaßt wurde: Gott will das Böse nicht, doch um der menschlichen Freiheit willen muß er es zulassen. So kann die Existenz von bösen Taten in der geschaffenen Welt mit der Güte und der Allmacht

---

[153] Lohfink, Ps 37 (1994/95), 14f.
[154] Ebd., 40.
[155] So faßt beispielsweise der Targum Neofiti I die Wendung aus Dtn 21,23 als genitivus subjectivus auf, während die rabbinische Überlieferung sie als genitivus objectivus versteht, so etwa Sanh 6,5 u.a.

des Schöpfers in einen verständlichen Zusammenhang gebracht werden: Gott achtet die Eigenbewegung der Geschöpfe, ihre freien Entscheidungen. Verursacht also die Natur Übel oder tut der Mensch Böses, so verhindert Gott dies nicht, sondern läßt es zu (permissio), obwohl er letztendlich das Gegenteil, Gutes und Heil, will.

Beide Mißstände finden sich auch im Psalm angesprochen: Einerseits durch die Natur verursachtes Übel wie eine Hungersnot, andererseits das speziell auf menschlichem Entschluß beruhende böse Handeln.

Vernachlässigen muß eine solche (philosophische) Redeweise, wie sie oben angerissen wurde, dann aber den Aspekt der Allwirksamkeit Gottes. Er wirkt alles und sieht nicht bei einem Teil der Handlungen nur »unbeteiligt« zu.[156]

Das Anliegen der Autoren ist klar genug, sie wollen das Theodizeeproblem umgehen und schaffen es auch, Gott nicht mit dem Bösen in Verbindung bringen zu müssen – doch der Preis ist hoch, ein entscheidender Aspekt des Gottesbildes muß völlig unter den Tisch fallen, seine Allwirksamkeit. Dem wird der Psalm dann nicht mehr gerecht. Daher können wir diesen Versuch als sehr verständlich bezeichnen, doch ist er nicht bis in die letzten Konsequenzen durchdacht.

Das könnte bereits der Schlußsatz dieser Ausführungen sein, könnte, wenn man auf diese Art das ganze Problem klassifizieren und abtun wollte.

Ich möchte zumindest eine Richtung andeuten, wie die Weltsicht des Psalmes auch verstanden werden kann (und wahrscheinlich verstanden werden muß), in der sie nichts Naives mehr hat. Die These lautet: Wir befinden uns gar nicht im Feld metaphysischer Reflexionen über das Wirken Gottes in der Welt, sondern im Bereich eschatologischer Aussagen sowie in dem der Gnaden- und Erbsündenlehre.

Die Weltsicht des Psalms setzt voraus, daß das Böse längst in der Welt mächtig ist, daß Unterdrückung und Gewalttat zum Alltag gehören.

Die Bösartigen und solche, die niederträchtig handeln (V. 1), sind bedrohliche Realität. Und mehr noch: Ihnen gelingt ihr Weg (V. 7). Die Schlechten ersinnen Hinterhalte (V. 12) und scheuen auch vor Waffengewalt nicht zurück (V. 14), ja sie belauern die Gerechten, um sie zu töten (V. 32). Auch mit Rechtsbeugung muß gerechnet werden (V. 33). Die Welt, die mit diesen Be-

---

[156] Obwohl sogar diese Rede vom »Wegsehen« textliche Anhaltspunkte hat: Fern ist der Herr den Frevlern, / doch das Gebet der Gerechten hört er (Spr 15,29). In unserem Psalm klingt das folgendermaßen: Wenn ein Schlechter dem Gerechten einen Hinterhalt ersinnt / und gegen ihn mit den Zähnen knirscht, wird der Allherr über ihn lachen, denn er hat (längst) gesehn, daß sein Tag eintreten wird (Ps 37,12f.). Damit ist gesagt, daß Gott die wirkliche Zukunft durchschaut, es wird sozusagen seine Allwissenheit betont (siehe auch den EXKURS zum »Spott Gottes« bei den Ausführungen zu Spr 1-9 unter II.21.3).

schreibungen gezeichnet wird, ist bedrohlich, ist beherrscht von Gewalttat, das Böse hat die Oberhand gewonnen, die Gewalttäter haben offensichtlich mit ihrem Tun Erfolg.

In einer solchen Welt gehören die, die sich der Gewalt entgegenstemmen, zwangsläufig zu den Angefeindeten und Bedrohten. Gerecht sein ist gefährlich in dieser Welt. Schlimmer noch: Auch der gute Wille einzelner vermag nichts mehr auszurichten, sie mögen es noch so gut meinen, sie müssen sich selbst in die Mechanismen der Gewalt hineinbegeben, um vermeintlich die Welt in Ordnung zu bringen.[157] Doch sie werden die Lage nur verschlimmern, Menschen können nichts mehr ausrichten. Anachronistisch ließe sich diese Weltbeschreibung als eine solche charakterisieren, die spätere Theologie unter dem Terminus »Erbsündenlehre« abhandelt.[158] Die Sünde als Macht und als Tat ist in der Welt wirksam, die ganze Welt befindet sich im Zustand der Sündenverfallenheit und zwar auch vorgängig zu der konkreten einzelnen Tat.

Wenn der Angeredete, wie oben ausgeführt, wirklich eine königliche Gestalt ist, so wird er durch die Warnung, aktiv gegen Ungerechtigkeiten vorzugehen, von seiner vornehmsten Aufgabe zurückgehalten.[159] Auch die legitime staatliche Gewalt kann keine Rettung mehr bringen. Diese pessimistische Grundstimmung beherrscht den ganzen Psalm. Eigentlich müßte eine derartige Beschreibung in reiner Verzweiflung enden, denn eine solche Welt kann sich über kurz oder lang nur noch selbst vernichten, sie wird in den Abgrund rasen – wenn es dabei auf Menschen ankäme.

Und doch kennt der Psalm noch Hoffnung und Zuversicht, sonst erübrigte sich ja seine ganze Aussageabsicht der Beruhigung des Erregten. Zusammengebündelt findet sie sich im triumphalen Schlußakkord: Die Rettung der Gerechten – von JHWH her wird sie kommen (V. 39). In diese Welt wird Gott selbst noch einmal in besonderer Weise eingreifen, um einige (die Gerechten) herauszuretten aus dem allgemeinen Untergang.

Das wird näher entfaltet. Zunächst sind da die Versicherungen, daß die Bösartigen gefällt werden, die Gerechten aber das Land in Besitz nehmen werden; sie durchziehen in verschiedenen Formulierungen als Ostinato oder Leitmotiv den ganzen Psalm.

Doch wann wird das sein? Sehr lange kann es nicht mehr dauern, wird dem Angeredeten versichert: Nur ein wenig noch (V. 10), der Tag der Schlech-

---

[157] Die Situation des Menschen, in der er sich vorfindet, ist keine neutrale, sondern Gerechtigkeit hat immer schon etwas mit der Überwindung von Ungerechtigkeit zu tun.

[158] Hier wird der Gedanke nur kurz skizziert, im Schlußkapitel (III.1.2.3) soll er etwas entfaltet werden.

[159] Es ist das Bild eines völlig gewaltlosen Messias, das hier gezeichnet wird. Man denke andererseits aber auch an die Dialektik von »gewaltloser Gewaltanwendung« beim Messias in Jes 11,4.

ten wird eintreten (V. 13), das steht längst fest, der Allherr hat es (längst) gesehen.

Und wie soll das gehen? Ihr Schwert wird ihnen ins eigene Herz dringen (V. 15), ihre Arme werden zerbrochen (V. 17). Das läßt sicher den Schluß zu, daß die Schlechten bei gewalttätigen Auseinandersetzungen gewalttätig umkommen werden. Aber nicht alle. Dazu braucht es eine allgemeine Not, eine böse Stunde (V. 19), etwa eine Hungersnot (Vv. 19.20). Irgendwann werden sie dann wirklich nicht mehr sein (V. 10) und es wird Frieden herrschen. Die Situation wird radikal verändert sein, die Armen bzw. die Gerechten können das Land wieder endgültig und für immer in Besitz nehmen (Vv. 3.9.11.18.22.27.29.34).

Diese Vorgänge tragen fast apokalyptische Züge. Die Welt ist am Ende, Katastrophen brechen über sie herein. Die Welt befindet sich in ihren letzten Tagen.

Jedoch spricht unser Psalm nicht von einer »neuen Erde«, die kommen wird, sondern es wird die »alte« sein, doch ihr Angesicht wird sich nach dem Verschwinden der Schlechten grundlegend geändert haben. Frieden wird herrschen (V. 11). In den Nöten, die über die Erde hereinbrechen werden, wird JHWH die Gerechten bewahren, sie werden nicht vernichtet werden, denn sie stehen unter seinem ausdrücklichen Schutz (Vv. 24.28.33.40), er ist ihre Festung in der Stunde der Not (V. 39).

Diese Rettung durch Gott ist als ein Herausretten aus dem allgemeinen Untergang zu verstehen. Damit ist zugleich folgendes gesagt: Gottes Wirksamkeit in dieser Welt ist vorausgesetzt, doch ist die Sünde oder allgemeiner formuliert ein Unheilszusammenhang auf der Erde mächtig, so daß Gottes »normales« mitgehendes Handeln nicht ausreicht. Die Frage rührt an das spannungsvolle Wechselspiel zwischen göttlicher Allmacht und geschaffener Freiheit: Die Allmacht Gottes zeigt sich gerade darin, Freiheit außer sich zu schaffen – und das mit allen Konsequenzen auch um den Preis der Selbstvernichtung der Geschöpfe.

Mit dieser endzeitlichen Sicht stimmt auch die älteste uns erhaltene Auslegung des Psalms überein, der Qumran-Pescher 4QpPs[a]. Er rechnet »mit der eschatologischen Aufhebung der Armut und ihrer Verwandlung in Fülle und Reichtum.... Die jetzige Zeit ist gegenüber dieser zukünftigen Geschichtsphase die Zeit der eschatologischen Not und Bedrängnis«[160].

So sind wir vielleicht bei Psalm 37 zunächst blindlings in die Falle unserer Auffassung von »Weisheit« gelaufen, indem wir erst einmal unhinterfragt voraussetzten, daß sie Philosophie, d.h. zeitlose Metaphysik ist. In Wirklich-

---

[160] Lohfink, Lobgesänge der Armen (1990), 33f.

keit ist sie hier aber sprachliches Mittel, um einen Geschichtsentwurf aus einer konkreten Situation heraus zu formulieren.

Wenn der Psalm also vor allem eine derartige eschatologische Sichtweise bietet, die die endgültige Rettung der Gerechten durch ein Herausretten Gottes kennzeichnet, erklären sich die passivischen und unpersönlichen Wendungen, die für das Geschick der Schlechten gewählt sind.

2 Psalm 1: »Der Weg der Frevler verliert sich« – Das Bild des Weges am Eingangstor des Psalters

אַשְׁרֵי־הָאִישׁ אֲשֶׁר לֹא הָלַךְ בַּעֲצַת רְשָׁעִים 1
וּבְדֶרֶךְ חַטָּאִים לֹא עָמָד וּבְמוֹשַׁב לֵצִים לֹא יָשָׁב
כִּי אִם בְּתוֹרַת יְהוָה חֶפְצוֹ וּבְתוֹרָתוֹ יֶהְגֶּה יוֹמָם וָלָיְלָה: 2
וְהָיָה כְּעֵץ שָׁתוּל עַל־פַּלְגֵי מָיִם 3
אֲשֶׁר פִּרְיוֹ יִתֵּן בְּעִתּוֹ וְעָלֵהוּ לֹא־יִבּוֹל
וְכֹל אֲשֶׁר־יַעֲשֶׂה יַצְלִיחַ:
לֹא־כֵן הָרְשָׁעִים 4
כִּי אִם־כַּמֹּץ אֲשֶׁר־תִּדְּפֶנּוּ רוּחַ:
עַל־כֵּן לֹא־יָקֻמוּ רְשָׁעִים בַּמִּשְׁפָּט וְחַטָּאִים בַּעֲדַת צַדִּיקִים: 5
כִּי־יוֹדֵעַ יְהוָה דֶּרֶךְ צַדִּיקִים וְדֶרֶךְ רְשָׁעִים תֹּאבֵד: 6

2.1 Übersetzung

1 Selig der Mensch[161], der nicht gegangen ist[162] nach dem Rat der Frevler,
auf den Weg der Sünder sich nicht gestellt hat,
auf der Bank der Spötter nicht gesessen hat.

2 Sondern an der Tora JHWHs seine Freude [hat];
und dessen Tora murmelt er Tag und Nacht.

3 Er wird sein wie ein Baum,
gepflanzt an Wasserbäche,
der seine Frucht bringt zu seiner Zeit,
und dessen Laub nicht welkt:
Alles, was er tut, wird gelingen.

---

[161] Die Übersetzung »Selig der Mensch« wird hier der mit »selig der Mann« als angemessener vorgezogen. Wo das Hebräische keinen Wert auf die Unterscheidung der Geschlechter legt, sondern eine allgemein-menschliche Aussage treffen will, wählt es die männliche Form. Ähnliches gilt auch für moderne Sprachen, beispielsweise das Englische »man« (im Zuge feministischer Kritik nun oft durch »human being« ersetzt) oder das französische »l'homme«. Der Sache nach wollen diese Texte vom Menschen reden, nicht vom Mann. Im Fortgang der Gedanken des Psalms 1, wo es dann um die Ratsversammlung etc. geht, ist der Mann gemeint, da dies keine Orte waren, an denen Frauen auftraten. Das Argument, das Hebräische kenne den sachlichen Unterschied, da es auch die Formulierung אַשְׁרֵי אֱנוֹשׁ z.B. Ijob 5,17 oder אַשְׁרֵי אָדָם Ps 32,1 gebe, ist – geht man strikt von der intendierten Bedeutung aus – kein Gegenargument für die vorgeschlagene Übersetzung.

[162] Übersetzung – vor allem hinsichtlich der Zeitstufen – in Anlehnung an Lohfink, Einsamkeit (1999), 164-170.

4 Nicht so die Frevler:
   Sondern [sie werden sein] wie Spreu, die der Wind verweht.
5 Darum bestehen Frevler nicht im Gericht
   noch die Sünder bei der Versammlung der Gerechten.
6 Denn JHWH kennt den Weg der Gerechten,
   doch der Weg der Frevler verliert sich.

Für Psalm 1 gibt es eine Fülle von Bezeichnungen, die auf seine notenschlüsselartige Funktion für das Gesamt des Psalters hinweisen: Er ist die Ouvertüre, das Motto, die »praefatio Spiritus sancti« (Hieronymus), der erste Teil des zweigliedrigen Proömiums des Psalters, das Tor zum Psalter. Nur wenn dieses Tor als einladend empfunden wird, wird der Betende es durchschreiten. Die Stimmung der Eingangsverse werden die Meditation des Gesamtpsalters begleiten. So faßt Ravasi zusammen: »Con la sua semplicità didattica e un po' incolore, essa vuole quasi fungere da ›musica-tappeto‹, da sottofondo, che accompagna la magnifica collezione di preghiere del salterio.«[163] Für alle weiteren Hinweise in Bezug auf seine Eingangsfunktion wird auf die Kommentare und Monographien zu diesem Psalm verwiesen; hier soll es um die Aussagen des Psalms unter der Rücksicht unserer Fragestellung gehen.

Der Psalm trägt keine Überschrift und gehört keiner der Teilsammlungen an; mit großer Wahrscheinlichkeit ist er dem Psalter nachträglich vorangestellt worden.

2.2 Gliederung

1-3 Der Lebensweg des Gerechten
4-5 Der Lebensweg der Frevler
6   Das Schicksal der beiden Lebenswege

Die – klassische – Gliederung des Psalms in drei Teile überwiegt bei den Kommentatoren,[164] das Strukturmerkmal liefert das betonte »nicht so«, לא־כן in V. 4.

---

[163] Ravasi, Salmi (1986), 71.
[164] Vgl. aus neuerer Zeit u.a. Zenger, NEB 29 (1993), 46-48. Anders aber Seybold (HAT I/15 (1996), 28f.), der nur zwei Teile ausmacht: 1-3 Glückwunsch, 4-6 Lehre, so auch Ravasi, Salmi (1986), 79.83: Il primo ritratto: il giusto e la sua »via« (1-3), il secondo ritratto: l'empio e la sua »via« (4-6); noch einmal anders Lohfink, Einsamkeit (1999), 163: 1-2 Nebeneinander von Gut und Böse in der Welt, 3-4 Entfaltung des Wesens beider Existenzweisen (sprossender Baum – verwehte Spreu), 5-6 Blick in die Zukunft und auf das Ende (zwei Wege).

2.3 Einheitlichkeit

Da hier davon ausgegangen werden soll, daß Ps 1 wahrscheinlich erst im Zuge der Endredaktion des Psalters entstanden ist, vermutlich sogar eigens zu diesem Zwecke geschaffen wurde, ist die Annahme verschiedener Schichten nicht sinnvoll. Tatsächlich liefert der Psalm ja auch keinerlei Anhaltspunkte für vorzunehmende literarkritische Operationen.

2.4 Gattung

Bei Ps 1 handelt es sich um einen weisheitlich geprägten Makarismus, dessen Inhalt die Bestimmung als Torapsalm nahelegt. Von der Form her klingt die Idee eines Akrostichons an: Der Psalm selbst versteht sich als umfassend, beginnt er doch im ersten Wort mit א (sogar mit dreifacher א-Alliteration, wird der Artikel nicht beachtet; die beiden Kola von V. 1b beginnen dann – das Waw außer acht gelassen – jeweils mit ב) und endet im letzten Wort auf ת.

2.5 Datierung

Die Ansetzung von Ps 1 fällt zusammen mit der Endredaktion des Gesamtpsalters; von daher gehört Ps 1 zu den spätesten Psalmen überhaupt. Wir kommen damit in die Zeit des 2. Jahrhunderts v. Chr.

Wahrscheinlich ist Ps 1 derselben tora- und weisheitsorientierten Redaktion des Psalters, die insbesondere auch mit der Antithetik von Gerechten und Frevlern arbeitet, zuzuschreiben wie Ps 37. Mit der Schaffung des ersten Psalms stellt sie den ganzen Psalter in den Horizont ihrer Theologie und Frömmigkeit.[165]

2.6 Zur These

Ein Mensch wird seliggepriesen (1a) wegen seines Verhaltens, das in einem ausführlichen Relativsatz (1b.c.d) und einem Nebensatz (2a.b) charakterisiert wird. Alle inhaltlichen Bestimmungen seines Verhaltens aber sind überraschenderweise negativ, wir erfahren zunächst nur, was der Seliggepriesene *nicht* tut. Mit den drei Verben »gehen, stehen, sitzen« wird unterstrichen, daß er in keiner Weise irgendeine Beziehung hat zu der im folgenden Teil charakterisierten Gruppe. Diese Abgrenzung scheint wichtiger als die positi-

---

[165] Levin, Gebetbuch der Gerechten (1993), 355-381; vgl. van Oorschot, Der Gerechte (1998), 234f., der sie als »protochasidische Gruppen eschatologisch orientierter Torafrommer« beschreibt, deren Wirken er allerdings etwas früher, Mitte des 4. bis Ende des 3. Jahrhunderts v. Chr., ansetzt.

ve Eigenschaft, die Lust an der Tora, die erst an zweiter Stelle genannt wird.¹⁶⁶

Die Bezeichnung für ihn ist sehr neutral (איש). Ihm gegenübergestellt wird die Gruppe derer, von denen er sich in jeder Beziehung fernhält. Sie sind von Anfang an negativ bezeichnet: רשעים, חטאים, לצים. Die inhaltliche Bestimmung ihres Verhaltens fällt noch magerer aus als beim Gerechten: »nicht so«! »Die Frevler handeln nicht so wie die Gerechten, und ihr Geschick ist nicht so wie das der Gerechten. Da auch die Gerechten im wesentlichen negativ definiert sind, heben die beiden Definitionen sich auf. Es bleibt der bloße Gegensatz.«¹⁶⁷

Auffällig ist, daß dieser Glücklichgepriesene – ein einzelner Mensch, ein Individuum also – stets mit der Gruppe der »Schlechten« im Plural – also einem Kollektiv – kontrastiert wird.

– Dieses Phänomen wird uns im Zusammenhang mit anderen hier untersuchten Psalmen noch öfter begegnen, so bei Ps 6; 27; 57; 63; 71; 91; 92; 141. Es erklärt sich nur zum Teil aus der Gattung des (Klage-)liedes des einzelnen, bei der der Beter seine eigene Not und sein Schicksal im Blick hat. Denn es gibt unter ihnen auch solche, in denen der Beter sich als Mitglied der Gruppe der »Gerechten« identifiziert oder allgemein von Gottes Handeln zugunsten dieser Gruppe spricht, so etwa in Ps 25,8ff. Die Betonung der Vereinzelung ist nicht allein ein gattungstypisches Merkmal, sondern eine ernstzunehmende inhaltliche Aussage.¹⁶⁸ –

Der nächste Vers (3) stellt das Ergebnis eines solchen Lebenswandels vor Augen: Alles, was er tut / tun wird, wird gelingen / gelingt.¹⁶⁹

---

¹⁶⁶ Vgl. auch Levin, Gebetbuch der Gerechten (1993), 361.
¹⁶⁷ Ebd.
¹⁶⁸ Ausführlich dazu vgl. Lohfink, Einsamkeit (1999), 166f: »Diese Menschen, für die der Psalter gedacht ist, finden sich aber offenbar stets als Einzelne und Einsame vor. Insofern ist es erstaunlich, daß sie die Kraft dazu haben, nicht mitzumachen bei dem, was alle anderen tun. Diese Kraft kommt ihnen von innen. Sie haben eine innere Lust, die sie treibt. Das ist die Lust an Gottes Torah.«
Jürgen van Oorschot hat für die Proverbien herausgearbeitet, daß es drei Gruppen von Gegensatzsprüchen gibt: 1. Gerechter und Frevler beide im Singular, 2. Singular/Singular- und Plural/Pluralsprüche, 3. Sprüche mit numerischer Inkongruenz; in den älteren steht einer Vielzahl von Gerechten ein einzelner Frevler gegenüber (die Lebenswelt wird als stabil erfahren); dies ändert sich in der Singular/Pluralformulierung, mit der dem einzelnen Gerechten eine Vielzahl von Frevlern gegenübergestellt wird. Diese Konstellation geht von einer einseitigen Bedrohungssituation aus. Van Oorschot verweist hier als Parallele auf Ps 37,16.19 (wobei in Ps 37 aber auch die Gruppe der Gerechten im Plural vorkommt, s.o. die Auslegung zum Psalm). Vgl. van Oorschot, Der Gerechte (1998) 225-238.
¹⁶⁹ Wir stoßen hier auf ein großes Problem der angemessenen Übersetzung – nicht nur der Psalmen. Wie soll das sog. »Imperfekt« übersetzt werden, futurisch, modal, als

Damit ist zum ersten Mal auch ein zukünftiger Aspekt in den Blick genommen; die weiteren Verse sind dann ganz zukunftsorientiert.

Im scharfen Kontrast dazu – eingeleitet durch das »Nicht so«, die Verneinung des eben Gesagten – folgt dann die Beschreibung dessen, was den »Schlechten« widerfährt (V. 4).

Während der Gerechte einem fruchtbringenden Baum[170] verglichen wird, ist das Bild für die Frevler das der Spreu und damit das krasse Gegenbild, bezeichnet Spreu ja gerade das völlig Unbrauchbare einer Pflanze. Frevler bringen keine Frucht. Und genau aus diesem Grunde gibt es für sie keine Zukunft. Ihr Weg wird sich schließlich als Nicht-Weg herausstellen, der sich verliert (6b).

EXKURS אבד

Diese nord-west-semitische Wurzel bedeutet »zugrunde gehen«, vereinzelt auch »umherirren, weglaufen«. Die Grundbedeutung »weglaufen« könnte sich zu »zugrunde gehen« entwickelt haben; ein Tier, das von der Herde wegläuft, geht – zumal unter

---

überzeitliches Präsens? Von der Grammatik her ist das alles möglich. Für das deutsche Sprachempfinden ändert sich allerdings der Inhalt ganz entscheidend, wenn statt einer futurischen eine modale Verbform verwendet wird. Wahrscheinlich tragen wir, geprägt durch das Tempussystem unserer Sprache, hier Unterscheidungen ein, die dem semitischen Denken fremd waren; dort schwangen diese Aspekte einfach gleichzeitig mit. Unsere Aufgabe kann es also nur sein, diese Offenheit nicht aus dem Blick zu verlieren, wenn wir mit Übersetzungen arbeiten, die (um der Lesbarkeit willen) nicht immer alle möglichen Varianten gleichzeitig bieten.

[170] Eine Parallele hat das hier verwendete Bild des am Wasser gepflanzten Baumes in Jer 17,8. »Er ist wie ein Baum, der am Wasser gepflanzt ist und am Bach seine Wurzeln ausstreckt: Er hat nichts zu fürchten, wenn Hitze kommt; seine Blätter bleiben grün; auch in einem trockenen Jahr ist er ohne Sorge, unablässig bringt er seine Frucht.« (Jer 17,8, EÜ). Nach Levin liegt die Abhängigkeit bei Ps 1,3: »Der Vergleich ist aus dem Lot gebracht, weil der Verfasser [von Ps 1] die Frevler eines ausgeführten Bildes nicht für wert hält: Sie sind Spreu, die der Wind verweht. Der Baum aber gibt nicht Frucht, weil er grün bleibt, sondern bleibt grün, weil er Frucht bringt: Der Lohngedanke hat Ursache und Wirkung auf den Kopf gestellt.« (Levin, Gebetbuch der Gerechten, 360.) Eine andere Herkunft des Bildes in 1,3 sieht Creach: Die klarste Quelle für den Schreiber des Psalms sei Ez 47,12, woher er die Beschreibung des gerechten Menschen als fruchtbringenden Baum nehme. Ebenso gelte dies für den Begriff פלגי מים, der wohl deshalb ausgewählt wurde, weil er an verschiedenen Stellen steht, die die Wasser des heiligen Berges und seines Tempels beschreiben. »Hence, Ps 1:3 perhaps should be read with other psalms (Pss 52:10; 92:13-15) in which the righteous person is depicted with the image of a tree planted in the holy place. In Ps 1:3, however, tôrâ is implicitly compared to the Temple and is perhaps seen as the Temple's replacement.« (Creach, Like a Tree (1999), 46). M.E. schließen sich die beiden Möglichkeiten aber nicht aus, sondern es können als Hintergrund dieses Verses durchaus verschiedene Bezüge sichtbar werden.

damaligen Bedingungen – zugrunde. Vom Akkadischen her sieht das Problem komplizierter aus: Wahrscheinlich gibt es zwei Wurzeln ᵓbt: I. vernichten (pass. vernichtet werden, zerfallen) und II. fliehen, weglaufen (nur von Menschen, z.B. Sklaven und Kriegern); verlassen. Von daher stellt sich die Frage, ob nicht auch in den anderen semitischen Sprachen zwei ursprünglich selbständige, homonyme Wurzeln zusammengelaufen sind. Zur Statistik: Belege im AT: qal mehr als 100; pi. 40; hif. 25. Dazu kommen die Nomina ᵓᵃbēdāh, ᵓabdān, ᵓŏbdān und ᵓᵃbaddōn. Eine Wurzel אבד II »dauern« und das davon abgeleitete Nomen ᵓōbēd »Dauer« ist אבד I gegenüber selbständig. Nur im Qal kommen beide Hauptbedeutungen im AT »zugrunde gehen« und »umherirren« vor. Häufiger ist die Bedeutung »zugrunde gehen« (qal) und »umkommen lassen, vernichten, ausrotten« (pi. und hif.). Bei den 65 Belegen für die transitiven Formen pi. und hif. tritt JHWH an beinahe der Hälfte der Stellen als Subjekt auf. In der Weisheitsliteratur und in den damit verwandten Psalmen klingt der sakralrechtliche Gebrauch von אבד im Qal an: Wer in der Gemeinde gottlos handelt, soll zugrunde gehen (Ps 1,6; 37,20; 73,27 ... – überwiegend ist das Subjekt der Gottlose (רשׁע); vgl. auch die Anspielungen auf 4QpPs 37 III 4.8).[171]

Formelhaft geprägter Gebrauch ist wenig zu erkennen, das Wort hat sich nicht zu einem theologischen Terminus verfestigt.[172] Als Bereiche, zu denen das Wort vorzugsweise gehört, nennt Jenni unter anderem auch die Aussagen über den Tun-Ergehen-Zusammenhang in der Weisheitsliteratur; »ausgesprochen oder unausgesprochen sorgt hier immer Jahwe dafür, daß der Frevler, sein Name, seine Hoffnung usw. untergeht«[173]. Als Belege hierfür führt Jenni aus dem Psalter an: Ps 1,6; 37,20; 49,11; 73,27; 112,10. Doch sehe ich einzig im Beleg aus Ps 73 seine Aussage, daß hier JHWH für das Zugrundegehn sorgt (vereindeutigt insbesondere durch die zweite Hälfte des Parallelismus) als berechtigt an. Die anderen vier Stellen nennen Gott nicht, und ich halte es für eine Eintragung, dies dann als »Jahwe sorgt unausgesprochen dafür« zu bezeichnen.

Im Verlauf der Arbeit wird noch mehrfach darauf hingewiesen werden, daß die gemachten Beobachtungen dazu beitragen könnten, einen undifferenzierten (und daher zum Teil unangemessenen) exegetischen Sprachgebrauch etwas zu revidieren. Außerdem wird auch hier wieder deutlich, daß sich die Frage nach der Rede von der Allwirksamkeit Gottes stellt; im letzten Kapitel wird das Thema ausführlicher aufgegriffen werden.

Interessant ist für unsere Belange noch die Feststellung Jennis, daß אבד im AT noch nicht für ein jenseitiges und ewiges Verderben verwandt wird.[174] Einige der Psalmen, die das Verbum verwenden, sind aber m.E. auf dieses Verständnis hin offen und

---

171 Otzen, Art. אבד, ThWAT I (1973), 20-24; vgl. auch Jenni, Faktitiv und Kausativ von אבד (1967), 143-157.
172 Vgl. Jenni, Art. אבד, THAT I (1971), 19.
173 Ebd.
174 Ebd., 20.

wurden auch sehr früh in diesem Sinne aufgefaßt, so etwa gerade Ps 1 in der LXX-Fassung oder Ps 37 im Qumran-Pescher.

In der Zukunft, die V. 5 anvisiert, wird es dann eine »Versammlung der Gerechten« geben; damit ist die Einsamkeit (und die Namenlosigkeit) des Gerechten aufgehoben.[175]

Eine Konfrontation »Gerechte« – »Schlechte« findet in diesem Psalm nicht statt, er betont ja gerade, daß die Wege des »Gerechten« die der »Schlechten« nicht kreuzen; die beiden »Wege« werden unabhängig voneinander beschrieben. Daher ist auch die Rettung des »Gerechten« vor den Frevlern (sonst – insbesondere in der abschließenden Bitte der Bittpsalmen – ein wichtiges Thema) nicht im Blick.

V. 6 faßt die jeweiligen »Ergebnisse« der unterschiedlichen Lebensweisen zusammen. Erst hier im letzten Vers wird JHWH genannt (abgesehen von 2a, wo von der Tora JHWHs die Rede ist) – und zwar im Zusammenhang mit dem Weg der Gerechten. Im zweiten Kolon, wo es um den Weg der Frevler geht, kommt er nicht vor. Es wird deutlich gesagt, daß der Weg der Gerechten etwas mit JHWH zu tun hat, wohingegen der Weg der Frevler sich – ohne irgend jemandes Zutun – als nichtig erweist. Dabei ist der Aspekt, daß Gott dem »Gerechten« helfend und rettend beisteht, nicht großartig entfaltet, wird im Gegenteil ganz intim ausgedrückt: JHWH kennt den Weg. In der Tora JHWHs (V. 2) ist alles gesagt, an ihr hat der Mensch sein Gefallen; dies paßt zur weisheitlichen Gattung insgesamt. Erst dieser letzte Vers nennt zusammenfassend den tiefsten Grund der Seligpreisung, die der ganze erste Psalm ist: »Wer den im Psalm empfohlenen Lebensweg wählt, ist deshalb seligzupreisen, weil das der von JHWH begleitete und gesegnete, ja geliebte (das Verbum ›kennen‹ in V. 6 meint all dies!) Lebensweg ist«[176].

Unsere Interpretation der Nicht-Aktivität Gottes beim Ende der Frevler hängt von V. 5 ab; für diesen bieten sich zwei alternative Übersetzungen, die beide gleichermaßen möglich sind:[177]

---

[175] Vgl. Lohfink, Einsamkeit (1999), 169.
[176] Zenger, Mauern (1987), 43. Zum Verbum יָדַע: »Das Verb ›erkennen‹ (jdʿ) meint im Hebräischen weit mehr als kognitives Verstehen; es umschreibt unter Menschen intimste Gemeinschaft bis ins Geschlechtliche hinein (Gen 4,1 u.ö.) und bezeichnet für Hosea die ideale Gottesgemeinschaft Israels (vgl. Hos 2,22; 4,1 ...). Wenn Gott Subjekt ist, wie in Am 3,2 und Dtn 9,24, sind die von ihm ausgehende singuläre Zuwendung und seine Zuwendung für es gemeint. Stärker als der term. techn. ›erwählen‹ (bhr) zielt jdʿ auf Gottes intime persönliche Zuneigung, wie insbesondere daran deutlich wird, daß es häufiger für Gottes Erwählung von Einzelpersonen gebraucht wird ...« (Jeremias, Der Prophet Amos (1995), 33).
[177] Beide Übersetzungsvarianten bei Lohfink, Einsamkeit (1999), 169.

> Kein Wunder, daß keine Frevler mehr stehn im Gericht (am Stadttor),
> keine Sünder mehr in der (Rats-)Versammlung der Gerechten.
>
> *Oder: Kein Wunder, daß Frevler nicht bestehen im Gericht (= Endgericht),*
> *die Sünder nicht bei der Versammlung der Gerechten.*

Wenn es sich um Gottes Gericht handelt, dann hat er doch mit ihrem Nicht-Bestehen zu tun; so ausdrücklich, wie Gunkel[178] (und alle in diesem Sinne Auslegenden) es interpretiert, wird das aber nicht gesagt. Jedenfalls wird zumindest keine Verurteilung von seiten Gottes beschrieben. Daß V. 5 auf eine Interpretation im Sinne Gunkels hin offen ist, soll damit nicht bestritten werden, es geht nur darum zu unterstreichen, daß hier eventuell zu schnell etwas eingetragen wird.

Wählt man hingegen die (innerweltlich deutende) Übersetzung »keine Frevler stehn (treten auf) in den Gerichtssitzungen«, wodurch sich ein (strenger) Parallelismus zwischen משפט und עדת צדיקים ergibt, dann würde wirklich schon ein zukünftiger Zustand beschrieben, bei dem die Sünder im Gemeinwesen nicht mehr vorhanden sind.

Wenden wir uns noch einmal Gunkels Auslegung zu:

> »Der Schlußsatz faßt beide Gedanken des Gedichtes zusammen. Manchmal mag es ja so aussehen, als ob Gott gegen Gut und Böse gleichgültig sei, wenn der Fromme in Nöten und Ängsten verkommt, der Gottlose aber gedeiht. Aber glaubt das ja nicht! Gott kümmert sich um das Ergehen der Gerechten, aber das vermessene Selbstvertrauen der Frevler scheitert.«[179]

Mit dieser Zusammenfassung ist genau das treffend eingefangen, was hier betont werden soll: Gott kümmert sich nach der Sicht des Psalms eben nur um den Gerechten, wobei offen bleibt, inwieweit er mit dem Scheitern, dem Zugrundegehen der Frevler etwas zu tun hat. »Zum Nichts, in das hinein der Weg der Frevler versinkt, trägt Gott – zumindest in diesem Psalm – nichts bei. Die eigene Logik dieser ›Welt‹ führt in die Selbstauflösung.«[180]

Daß diese Sichtweise sich im ersten Psalm, der »programmatischen Einleitung des Psalters«[181] (s.o.) findet, hebt ihre Bedeutung besonders hervor: »Ps 1

---

178 »Darum aber, weil die Frevler keinen Bestand haben, bleiben sie auch nicht in der ›Gemeinde der Gerechten‹; vielmehr hält Gott Gericht und scheidet Gute und Böse, indem er diese dahingehen läßt.« (Gunkel, Psalmen (⁴1926), 2). Zu beachten ist allerdings, daß Gunkel eine vom alltagssprachlichen Verständnis abweichende Auffassung von Gericht zugrunde legt, denn es bedeutet ihm zufolge in Ps 1 »das ständige gerechte Walten Gottes« (ebd., 3).
179 Ebd., 3.
180 Lohfink, Einsamkeit (1999), 170.
181 Vgl. Lohfink, Psalm 36 (1990), 331; ebenso Zenger, Wegweiser (1993).

ist nicht lediglich ein Etikett, einem Buch angeheftet, das im übrigen von ganz anderer Art wäre. Wer den Psalter kennt, weiß, daß der Gegensatz zwischen Gerechten und Frevlern an vielen Stellen angesprochen wird.«[182]
Für das Verhältnis zum übrigen Psalter gibt es nur zwei Möglichkeiten:

»Entweder faßt der Prolog zusammen, was in der seinerzeit vorliegenden Sammlung zu lesen war; oder das Thema vom Gegensatz zwischen Gerechten und Frevlern ist dem Psalter erst zugewachsen, und der Prolog ist das redaktionelle Signal dafür.«[183]

Levin zufolge findet sich das Thema des Gegensatzes von Gerechten und Frevlern, das nach Ps 1 das leitende Thema des Psalters bildet, in 42 der 150 Psalmen, also etwas mehr als einem Viertel des kanonischen Bestandes.[184] Das Akrostichon Ps 37 sei für den Gegensatz zwischen Gerechten und Gottlosen der einschlägige Text des Psalters. Ps 112 lese sich wie eine alphabetische Fassung von Ps 1.

Durch die herausgehobene Stellung »des Gerechten« im Gesamtpsalter wird für uns etwas vom Selbstverständnis des Verfasserkreises bzw. der Redaktoren des Psalmenbuches greifbar: »Der Verfasser zeichnet mit dem Gerechten das Bild, das er von sich selbst hat. Durch Psalm 1 als Proömium hat er den Psalter zu dem Gebetbuch der Gerechten erklärt.«[185] Das »Selig« des ersten Verses bezieht sich auf einen einzelnen Menschen, der sich offenbar längst für ein Leben nach der Tora entschieden hat. Entgegen den meisten Bibelübersetzungen betont daher Lohfink, daß V. 1 vergangenheitlich zu übersetzen sei.[186]

Auch Levin unterstreicht, daß Ps 1 nicht im paränetischen Sinne zu deuten sei, da der Anspruch des Psalms, die Gesetzesfrömmigkeit, nicht Ideal,

---

[182] Levin, Gebetbuch der Gerechten (1993), 361.
[183] Ebd., 362; vgl. auch Reindl, Weisheitliche Bearbeitung von Psalmen (1981), 333-356.
[184] Levin, Gebetbuch der Gerechten (1993), 370. Das Thema sei dabei in der Regel vorhandenen Psalmen nachträglich aufgesetzt. Ausnahmen seien neben Ps 1 die acht Akrosticha 9-10; 25; 34; 37; 111; 112; 119; 145. Ohne zu seinen (spätdatierenden) literar- und redaktionskritischen Thesen Stellung zu nehmen, sei hier nur bemerkt, daß damit vier Psalmen der These erfaßt sind: Pss 1; 25; 37; 112.
[185] Levin, Gebetbuch der Gerechten (1993), 361.
[186] Lohfink, Einsamkeit (1999), 164: »Die Vergangenheitsformen für die Grundentscheidung dieses Menschen fallen umso mehr auf, als dann in Vers 2 bei der Beschreibung seines positiven Verhaltens zunächst ein zeitenthobener Nominalsatz und dann eine auch in die Zukunft reichende Aussage über ein kontinuierliches Tun folgen.« Daß die Differenzierung zwischen den Zeitstufen relevant sei, werde durch den Vergleich mit Jer 17,5.7 ersichtlich, wo in überzeitlicher Gegenwart oder futurisch gesprochen wird. Damit bestehe kein Zweifel mehr, daß in Ps 1 ein vorgegebenes, überzeitliches Schema weisheitlicher Aussage bewußt abgewandelt ist.

sondern Wirklichkeit sei. »Auf dem Spiel steht nicht der Gehorsam, sondern der *Lohn* des Gehorsams.«[187] Daher am Ende die Beteuerung, daß JHWH den Weg der Gerechten kennt, während der Weg der Frevler vergeht: Am Horizont stehe das eschatologische Gottesgericht.

ESCHATOLOGISCHE PERSPEKTIVE

Im Verlauf der Untersuchung wird noch öfter durchscheinen, daß die ausgewählten Psalmen auf so etwas wie Eschatologie hin offen und von einer apokalyptischen Grundstimmung geprägt sind. Unterstützt wird dieser Aspekt durch den Vergleich mit den jeweiligen LXX-Fassungen, in denen diese Aussagen oft noch deutlich verstärkt sind.[188]

Für Ps 1 lassen sich hinsichtlich einer eschatologischen Lesung durch die LXX mehrere Beobachtungen ausmachen: Sie hat in V. 4c den Zusatz »weg vom Angesicht der Erde« und deutet V. 5 dann eschatologisch.[189] Die LXX bietet zudem eine interessante Interpretation des יקמו: διὰ τοῦτο οὐκ ἀναστήσονται ἀσεβεῖς ἐν κρίσει οὐδὲ ἁμαρτωλοὶ ἐν βουλῇ δικαίων.

Wiedergegeben sei hier die Übersetzung Schapers: »Therefore unbelievers will not rise [from death] in judgement nor will sinners [rise] in the counsel of righteous men.«[190]

> »The idea behind the Hebrew is quite obvious and can be understood without any reference to eschatological ideas: God seperates the good and the evil, and the wicked will perish like chaff driven away by the wind. The judgement which the Hebrew psalm alludes to is an inner-wordly action of God; it brings about the seperation of the righteous and the sinners. This does not refer to the last judgement announced by the prophets, a concept which did not influence wisdom literature. Ps 1 is just that: a wisdom psalm painting the splendours of a righteous life in accordance with God's law. The Greek, on the other hand, has altered the psalm's nature as a whole by reinterpreting a single word. The usage of ἀνίστημι as an intransitive verb refering to the future state of a group of individuals clearly confers the idea of ›rising from the dead‹, ›be resurrected‹. This usage is documented from the very beginnings of Greek literature onwards, e.g. in the *Iliade*.«[191]

In diese Richtung der LXX, die einem jeden in der Paideia Erzogenen das Jen-

---

187 Levin, Gebetbuch der Gerechten (1993), 361.
188 Vgl. allgemein dazu Schaper, Eschatology in the Greek Psalter (1995). Näheres bei den jeweiligen Einzelauslegungen.
189 Seybold, HAT I/15 (1996), 27.
190 Schaper, Eschatology in the Greek Psalter (1995), 47.
191 Ebd.

seits vor Augen führte, geht auch der Targum, der מִשְׁפָּט als יוֹמָא רַבָּא interpretiert und damit explizit auf den Tag des Gerichts anspielt.[192]

Im zweiten Jahrhundert, zu der Zeit also, als der LXX-Psalter entstand, etablierte sich im Judentum die Idee eines persönlichen Weiterlebens nach dem Tod. Ps 1,5 gehört zur Lehre von der Auferstehung nur der Gerechten.[193]

Mit der Septuaginta haben wir einen sehr frühen Beleg dafür, daß der Psalm (in V. 5) zumindest auf eine eschatologische Deutung hin offen ist, die allerdings so im hebräischen Text noch nicht enthalten ist.

Zwischen den beiden Übersetzungs- und damit auch Deutungsmöglichkeiten, die sich für V. 5 im Deutschen ergeben – Gericht im Stadttor, also innergeschichtlich, oder Endgericht – soll vielleicht gar nicht gewählt werden.

> »Wie praktisch der ganze Psalter, so bleibt auch Psalm 1 in seiner endgeschichtlichen Ankündigung eigentümlich offen. Man kann das, was gesagt wird, fast im ganzen Psalter sowohl auf eine innergeschichtliche als auch auf eine weltjenseitige Zukunft beziehen. Diese Offenheit ist zweifellos gewollt. Die Psaltermeditierenden sollen keinen Zukunftsfahrplan bekommen. Sie sollen nur eines wissen: Wir haben eine maßlos große Hoffnung, auf sie gehen wir zu. Wie sie aussieht und wann und wo sie eintrifft, wissen wir nicht. Wir greifen das, was wir erhoffen, stets nur in Bildern.«[194]

Um die einzelnen Psalmen hinsichtlich der verwendeten Bezeichnungen für gute und schlechte Menschen sowie derjenigen Verben, die für die Beschreibung des Endes der Schlechten gewählt werden, vergleichen bzw. auswerten zu können, seien – recht schematisch – am Ende jeder Auslegung eines Psalms die entsprechenden Begriffe tabellarisch zusammengestellt.

Dabei werden nur ausdrückliche Bezeichnungen aufgenommen, die in den Verben enthaltenen Personenangaben (insbesondere das »Ich« des Beters) werden nicht berücksichtigt. Der besseren Lesbarkeit wegen sind die deutschen Übersetzungen stets mit Artikel angegeben.

BEZEICHNUNGEN FÜR DIE GUTEN

V.1	הָאִישׁ + Relativsatz	der Mensch, der ...
V.5	צַדִּיקִים	(die Versammlung) der Gerechten
V.6	צַדִּיקִים	die Gerechten

Die erste Bezeichnung besteht praktisch aus dem kompletten Relativsatz des

---

[192] Vgl. ebd.
[193] Vgl. ebd., 155
[194] Lohfink, Einsamkeit (1999), 169f. Dezidiert gegen eine eschatologische Lesung spricht sich Craigie aus (WBC (1983), 58.61).

ersten Verses und dem davon abhängigen V. 2, mit dem der Mensch, dem die Seligpreisung gilt, charakterisiert wird. Mit dem zweimaligen »die Gerechten« ist eine der allgemeinsten Bezeichnungen für die guten Menschen (am Psalmende jetzt im Plural) gewählt.

BEZEICHNUNGEN FÜR DIE SCHLECHTEN

V.1	רְשָׁעִים	die Frevler
	חַטָּאִים	die Sünder
	לֵצִים	die Spötter
V.4	הָרְשָׁעִים	die Frevler
V.5	רְשָׁעִים	– " –
	חַטָּאִים	die Sünder
V.6	רְשָׁעִים	die Frevler

Alle sieben (!) Bezeichnungen sind Pluralformen, wobei das viermalig verwendete Wort »Frevler« genau den Gegenbegriff zu den »Gerechten« bildet. Auch mit dem Wort »Sünder« ist eine sehr allgemeine Bezeichnung gewählt.

AUSSAGEN ÜBER DAS ENDE DER SCHLECHTEN

V.6   דֶּרֶךְ רְשָׁעִים תֹּאבֵד   der Weg der Frevler verliert sich

Der Abschluß des ersten Psalms macht genau genommen keine Aussage über das Ende der Frevler selbst, »deren Weg verliert sich« ... Doch ist mit dem »Weg« eines Menschen ja dessen ganzer Lebenswandel und Lebensweg gemeint, weshalb auf diese Weise klar das Ende der Frevler bezeichnet ist.[195]

Jedoch erhebt sich ein möglicher Einwand gegen die These überhaupt: Erfährt unsere Interpretation eine Einschränkung dadurch, daß die beiden Psalmen 1 und 2 als redaktionelle Einheit zu sehen sind?[196] Beide Psalmen sind durch deutliche Stichwortbezüge aufeinander bezogen:

Ps 1,1	אשרי	2,12	אשרי
Ps 1,2	תורה	2,7	חוק
Ps 1,2	יהגה	2,1	יהגו
Ps 1,6	דרך...תאבד	2,12	תאבדו דרך

---

[195] Zur metaphorischen Verwendung des »Wegs« im AT vgl. ausführlich Zehnder, Wegmetaphorik (1999).
[196] Vgl. etwa Zenger, Wegweiser (1993), 40-47.

Zenger zufolge sind die Vv. 2,10-12 auf eben der Stufe der Redaktion anzusiedeln, die auch Ps 1 geschaffen hat. Dann aber interpretieren sich beide Texte gegenseitig. Ps 2,10-12 kennt offensichtlich nicht den Wunsch, Aussagen über ein negatives (im Sinne von strafendes) Eingreifen Gottes zu vermeiden. Dort wird explizit von Gottes Zorn gesprochen – dennoch nicht eindeutig dergestalt, daß dieser Zorn das Unheil direkt bewirken würde.

Auffallend ist dagegen in V. 12, daß wiederum das aus Ps 1 bekannte Verb אבד im Zusammenhang mit dem Weg דרך verwendet ist und eben keine Aussage, die das Zürnen (3. Pers. Sg.) weiterführen würde.

Die redaktionelle Erweiterung der ursprünglichen Vv. 1-9 ändert zudem auch grundlegend das Bild des Königs: Aus einem, der mit eiserner Keule sein Weltregiment durchsetzt, »wird nun ein König, der zu den Wegen der Tora ... auffordert, um die Könige und ihre Völker vor dem Untergang zu retten«[197]. Der Psalm in seiner Endgestalt hat gegenüber dem Grundpsalm die »eschatologische Zielperspektive der universalen Königsherrschaft JHWHs in den Vordergrund«[198] gerückt.

Ps 2 gehört zu den in der Einleitung als »Klasse 3« beschriebenen Psalmen (solche, in denen beide Weisen, Handeln und Nicht-Handeln Gottes, vorkommen und derart nebeneinander stehen, daß an redaktionelle Schichten gedacht werden muß); in ihm läßt sich das hier untersuchte Ausdrucksmuster der unpersönlichen Aussage für das Ende der Frevler vor allem an der spätesten redaktionellen Schicht festmachen, die dadurch ein vorgefundenes, deutlich gewalttätigeres Gottesbild relativiert.

EXKURS: ZORN GOTTES

Zieht der Zorn Gottes in der Regel ein strafendes Handeln nach sich?
Das Wortfeld »Zorn« ist im Hebräischen durch mehrere Wurzeln verschiedenen Ursprungs vertreten. Hier in Ps 2 (wie auch in Ps 6 s.u.) interessiert uns nur das Verb אנף und das dazugehörige Nomen אף. אנף ist 14mal belegt, immer mit Gott als Subjekt (Ausnahme, so Johnson, sei Ps 2,12, wo der König als Sohn Gottes das Subjekt sei, s.u.). Die Nomina hingegen bezeichnen sowohl menschlichen (40mal) als auch göttlichen Zorn (170mal).[199] Frage man nach dem Motiv für Gottes Handeln, so treffe man auf Fälle, wo Gottes Handeln völlig unerklärlich scheine, ohne sichtbaren Anlaß sei. In den meisten Fällen aber werde der göttliche Zorn durch das

---

[197] Zenger, NEB 29 (1993), 50.
[198] Ebd., 51.
[199] Vgl. Johnson, Art. אנף, ThWAT I (1973), 382.

menschliche Handeln veranlaßt.[200] Der göttliche Zorn werde allerdings nicht nur negativ bewertet; er könne Zeichen der Größe und Souveränität Gottes sein.[201]

Für Ps 2 ergibt sich hier eine Übersetzungs-Unklarheit: M.E. ist das Subjekt zu »sein Zorn« JHWH und nicht der König, wie Johnson anzunehmen scheint. (Auf dieser Linie liegen aber auch Seybold[202] und die Übersetzung der Elberfelder-Bibel: »*Küßt den Sohn, daß er nicht zürne und ihr umkommt auf dem Weg; denn leicht entbrennt sein Zorn. Glücklich alle, die sich bei ihm bergen.*« Die Geister scheiden sich demnach an der Übersetzung des Wortes בַר. »Küsst den Sohn« ist Zenger zufolge eine Glosse, die den fehlenden Messiasbezug in den Teil 10-12 eintragen will[203].) Dann ist damit hier ein zürnendes Handeln JHWHs gemeint, das seinen Grund in den Übertretungen der Menschen hat.

Anders sieht die Sache für Ps 6 aus: Dort wird (bewußt?) offengelassen, ob und falls ja inwieweit das Zürnen eine Reaktion Gottes auf »ungehorsames« Verhalten des Beters war. Eher im Blick dürfte der Aspekt sein, daß das Erziehungshandeln Gottes vom Beter als Zorn erfahren werden kann (s.u.). Auch in Ps 27 (s.u.) findet sich in V. 9 die Rede vom Zorn Gottes, dort mit der Bedeutung, daß JHWH sich von einem Menschen abwendet, ihn verläßt und verstößt.

Insgesamt kommt das Motiv des göttlichen Zornes in sieben Psalmen vor: 6; 27; 30; 38; 77; 88; 102. Die Verwendung ist dabei charakteristisch, denn einzig in Ps 38 wird der Zorn Gottes *und* die Sünde des Beters, den dieser Zorn getroffen hat, genannt. Die übrigen sechs Psalmen »sprechen auffälligerweise nicht von Sünde, sie enthalten weder Sündenbekenntnis noch Bitte um Sündenvergebung noch Unschuldsbeteuerungen, und dieser Begründungszusammenhang darf auch nicht stillschweigend in sie eingetragen werden«[204].

Diese Psalmen einzelner konstatieren das Faktum, daß es den Zorn Gottes gibt – »und irgendwann – dem Betroffenen undurchschaubar – versehrt er den einzelnen YHWH-Verehrer. YHWH ist zwar nicht schlechterdings zornig, es gibt immer auch noch einen YHWH jenseits seines Zorns ...«[205].

Diese Belege aus dem Psalter zeigen, daß die Rede vom »Zorn Gottes« nicht automatisch in den Bereich des »Strafhandelns« gehört, sondern daß der Zorn unabhängig von diesem Zusammenhang vorkommen kann. Somit sind Texte, die Wörter aus dem Feld »Zorn Gottes« enthalten, nicht von vornherein für die These auszuschließen.

In der Einleitung (*I.1.3*) wurde bereits das Wechselspiel zwischen Einzelpsalm- und Gesamtpsalterexegese thematisiert. Dabei konnte grundsätzlich

---

[200] Vgl. ebd., 384f.
[201] Vgl. ebd., 388.
[202] Vgl. Seybold, HAT I/15 (1996), 30.
[203] Zenger, NEB 29 (1993), 52.
[204] Groß, Zorn Gottes (1999), 68.
[205] Ebd.

festgehalten werden, daß trotz der – sinnvollen – Betonung des Buchganzen in der jüngeren Exegese die Texte zumindest auch als Einzeltexte gesehen werden können und sollen, die aus sich heraus zu verstehen sind. Das Wahrnehmen der Sinnuancen, die durch die Einbindung in den Gesamtpsalter hinzukommen, ist demnach erst ein zweiter Schritt.

Die an Ps 2 gemachten Beobachtungen zwingen also nicht dazu, die Aussagen des ersten Psalms einfach als relativiert anzusehen.

3 Psalm 6: Die »Beschämung der Feinde« als Rettung des Beters

1 לַמְנַצֵּחַ בִּנְגִינוֹת עַל־הַשְּׁמִינִית מִזְמוֹר לְדָוִד׃

2 יְהוָה אַל־בְּאַפְּךָ תוֹכִיחֵנִי וְאַל־בַּחֲמָתְךָ תְיַסְּרֵנִי׃

3 חָנֵּנִי יְהוָה כִּי אֻמְלַל אָנִי רְפָאֵנִי יְהוָה כִּי נִבְהֲלוּ עֲצָמָי׃

4 וְנַפְשִׁי נִבְהֲלָה מְאֹד וְאַתְּ יְהוָה עַד־מָתָי׃

5 שׁוּבָה יְהוָה חַלְּצָה נַפְשִׁי הוֹשִׁיעֵנִי לְמַעַן חַסְדֶּךָ׃

6 כִּי אֵין בַּמָּוֶת זִכְרֶךָ בִּשְׁאוֹל מִי יוֹדֶה־לָּךְ׃

7 יָגַעְתִּי בְּאַנְחָתִי

אַשְׂחֶה בְכָל־לַיְלָה מִטָּתִי בְּדִמְעָתִי עַרְשִׂי אַמְסֶה׃

8 עָשְׁשָׁה מִכַּעַס עֵינִי עָתְקָה בְּכָל־צוֹרְרָי׃

9 סוּרוּ מִמֶּנִּי כָּל־פֹּעֲלֵי אָוֶן כִּי־שָׁמַע יְהוָה קוֹל בִּכְיִי׃

10 שָׁמַע יְהוָה תְּחִנָּתִי יְהוָה תְּפִלָּתִי יִקָּח׃

11 יֵבֹשׁוּ וְיִבָּהֲלוּ מְאֹד כָּל־אֹיְבָי יָשֻׁבוּ יֵבֹשׁוּ רָגַע׃

3.1 Übersetzung

1 Dem Chormeister: Mit Saitenspiel auf der Achten. Psalm Davids.

2 JHWH, nicht in deinem Zorn strafe / ermahne mich
und nicht in deinem Grimm / deiner Glut züchtige mich / weise mich zurecht![206]

3 Sei mir gnädig, JHWH, denn welk bin ich,
heile mich, JHWH, denn schreckensstarr sind meine Gebeine!

4 (Und) Meine Seele ist zutiefst verschreckt,
während du, JHWH – bis wann?

5 Dreh dich um, JHWH, befreie meine Seele,
rette mich um deiner Treue willen!

6 Denn nicht gibt es im Tode Gedenken an dich,
in der Unterwelt – wer lobsingt dir dort?

---

[206] Die Verbformen kommen in genau diesen Bildungen so nur noch einmal in Ps 38,2 vor; auch dort stehen sie als Parallelismus. Da beide Verse fast gleich lauten, könnte entweder eine Abhängigkeit bestehen oder aber es handelt sich um eine gängige literarische Wendung.

7 Ich habe mich müde geseufzt,

 in jeder Nacht benetze ich mein Lager,
 mit meinen Tränen begieße ich mein Bett.
8 Geschwollen vom Kummer ist mein Auge,
 gequollen[207] angesichts all meiner Bedränger.
9 Weicht von mir, alle Übeltäter!
 Denn gehört hat JHWH mein lautes[208] Weinen.
10 Gehört hat JHWH mein Flehen –
 JHWH wird mein Gebet annehmen.
11 Beschämt und zutiefst verschreckt seien alle meine Feinde;
 sie sollen sich umdrehen, beschämt im Nu.

Auf den ersten Blick scheint der Psalm hier fehl am Platze zu sein, zu deutlich sind die Hinweise auf den Zorn Gottes in V. 2. Doch ist aus zweierlei Gründen (die eigentlich in einen zusammenfallen) Vorsicht angebracht: Erstens ist nirgends die Rede davon, daß es sich beim Beter um einen Sünder handelt, der eben wegen seiner Sünden durch Gottes Zornesglut gestraft werden soll, und zweitens ist dabei nicht im Blick, daß Gottes Zorn hier ein Erziehungshandeln darstellt, das sich eben gerade nicht einem Sünder zuwendet, sondern einem, der an ihm hängt.[209] »Im Hintergrund von V. 2 steht nicht JHWH als Richter, sondern als Lehrer und Erzieher.«[210]

Wie bei Ps 1 (EXKURS »Zorn Gottes«) angemerkt, begegnet das Motiv des göttlichen Zorns insgesamt nur in den sieben Psalmen: 6; 27; 30; 38; 77; 88; 102. *Einzig* Ps 38 erwähnt neben dem Zorn Gottes zugleich auch die Sünde des Beters. Dort (und nur dort) werden Sünde und Zorn so parallelisiert, daß die Sünde als Auslöser des Zorns und die Krankheit als Folge erscheint.[211]

Ps 38 ist also vom Schuld-Strafe-Zusammenhang geprägt; der Psalm ist zugleich eine Parallele zu Ps 6 (Ps 6,2 = Ps 38,2), was bei kanonischer Lesart sicher mitbedacht werden muß, doch soll es hier zunächst nur um Ps 6 in seiner genuinen Aussage als Einzeltext gehen, nicht um das Zusammenspiel mit anderen Texten des Kanons.

Wenn Gottes Zorn als eine bestimmte Art der »Zuwendung« verstanden werden kann, dann entfällt das Argument, das den Vers (und damit Ps 6) als auf den ersten Blick nicht zum Thema gehörig klassifizieren würde. Und wenn

---

[207] Wörtl. »gealtert«.
[208] Wörtl. »die Stimme meines Weinens«.
[209] Vgl. Lohfink, Ps 6 (1988), 37.
[210] Zenger, NEB 29 (1993), 69 (die von NEB verwendeten Hochzahlen zur Versangabe werden einheitlich durch solche mit vorangestelltem V. ersetzt).
[211] Vgl. Groß, Zorn Gottes (1999), 224.

sich die Aussage derart erklären läßt, dann stellt der Psalm durchaus einen weiteren Beleg für die hier untersuchte Aussagestruktur dar. In V. 11 nämlich fehlt dann eine Aussage wie die über den Zorn Gottes; JHWH ist im Zusammenhang mit den Feinden nicht präsent, zu ihren Ungunsten greift er nicht ein, ihnen gilt kein Handeln Gottes, sie sollen beschämt erschrecken.

Diese Interpretation ist allerdings nicht unumstritten. Die Auslegung von Lohfink kommt zum Schluß, daß der Umschwung in den Vv. 9-11 zeigt, daß die Situation des Beters kein Problem des Gotteshandelns, sondern durch die Verfolgung durch Menschen ausgelöst war.[212] Genau entgegengesetzt aber interpretiert Seybold diesen Teil, wenn er von der »unglückliche[n] Entwicklung der Gottesstrafe zur Menschenbedrängnis«[213] spricht.

3.2/3 Gliederung und Strukturbeobachtungen[214]

Im Psalm lasen sich zwei einander überlagernde Strukturen ausmachen. Angesichts der Kolometrie ergibt sich eine erste Gliederung:

1	Überschrift	
2-6	Bitte um Verschonung und Heilung	(5 Parallelismen, 10 Stichoi)
7a	Tiefpunkt	(1 Einzelstichos als Scharnier)
7b-11	Weinen und Erhörung des Weinens	(5 Parallelismen, 10 Stichoi)

Über diesem statischen Grundmuster liegt eine dynamische, vorwärtsdrängende Hauptstruktur; deren Umbruchstelle, die eigentliche des Psalms, liegt allerdings erst in V. 9: Bis dorthin sind es Bitten, von da ab herrscht Erhörungsgewißheit. Zugleich wendet sich der Blick von der eigenen Not hin zu den Gegnern. Auch die Sprechrichtung ändert sich: War bis dahin JHWH der Adressat, so sind es ab V. 9 die Übeltäter. Das letzte Wort des V. 8 führt das Thema der Feinde, das ansonsten überraschend kommt, ein.

Die Vv. 2.3a geben das Muster für den nachfolgenden Teil ab: In chiastischer Anordnung folgen Anrede – Bitte / Bitte – Anrede. Während das Zornmotiv nicht aufgegriffen wird, entfaltet sich das Motiv von 3a »Bitte – Anrede – Denn-Aussage« in exponentieller Textlängung:

---

212 Vgl. Lohfink, Ps 6 (1988), 41: »gewissermaßen eine Flucht vor Gott zu Gott«. Dagegen Groß: »verschiedene, aneinandergereihte Gotteserfahrungen lassen sich kaum in dieser Weise gegeneinander ausspielen, zumal die Volksklagelieder mit aller wünschenswerten Deutlichkeit zeigen, daß Leiden durch göttlichen Zorn und Leiden durch menschliche Feinde für den alttestamentlichen Beter zwei gleichermaßen authentische Seiten derselben Medaille sind« (Groß, Zorn Gottes (1999), 225, Anm. 67).
213 Seybold, HAT I/15 (1996), 44.
214 Nach Lohfink, Ps 6 (1988), 33f.

2	Erziehungs-/Zornmotiv		
3a	1. Bitte	1 Stichos	1 Stichos
3b-4	2. Bitte	1 × 3 Stichoi	3 Stichoi
5-8	3. Bitte	1 × 3 × 3 Stichoi	9 Stichoi
9-11	Aufforderung an die Gegner	(3 Parallelismen, 6 Stichoi)	
		(chiastische Repetition der Elemente des Bittgebets)	

Anders gliedert Zenger, der die Elemente eines Klagepsalms in drei Strophen entfaltet sieht:[215]

1. Strophe	2-4	(Anrede JHWHs)	Klage
2. Strophe	5-8	(Anrede JHWHs)	Bitte um Ende der Not
3. Strophe	9-11	(Rede über JHWH)	Vertrauensbekenntnis

In diesem Sinne auch Seybold: 1 Überschrift, 2-4 Erste Anrufung, 5-8 Zweite Anrufung, 9-11 Schelt- und Bekenntnisworte;[216] ähnlich Gunkel, der aber 5-8 noch feiner untergliedert: 2-4 Bitte um Ermäßigung der Strafe, 5-6 Beweggrund göttlichen Einschreitens, 7-8 erneute Klage, 9-11 Erhörungsgewißheit.[217]

Von diesem weitgehenden Konsens weicht Kraus noch einmal ab, der die erste Abgrenzung abweichend vornimmt: 2 Anrufung JHWHs, 3-6 Bitten des Gebets, 7-8 Schilderung der Notsituation, 9-11 Bezeugung der Erhörung.[218] Eine entsprechende erste Unterteilung nimmt in diesem Sinne auch Ravasi vor: 2 Antifona d'apertura, 3-8 La grande supplica (3-4 la sofferenze psico-fisica, 5-6 implorazione, 7-8 la sofferenze psico-fisica), 9-11 Il grido di vittoria-imprecazione.[219]

3.4 Einheitlichkeit

Über die von Lohfink herausgearbeiteten Strukturen hinausgehend ergibt sich noch eine Beobachtung: Nimmt man die Überschrift zur Zählung hinzu, so ergeben sich genau 22 (!) Halbverse, aus denen die kanonische Form des Psalms besteht. Auf Endtextebene ist er also derart durchgestaltet, daß jeder Eingriff, der mit Hilfe literarkritischer Hypothesen einzelne Halbverse ausscheiden würde, diese Struktur zerstören muß. Allerdings: Eine solche endredaktionelle gelungene Struktur ist noch lange kein wirkliches und unhin-

---

[215] Vgl. Zenger, NEB 29 (1993), 67f.
[216] Seybold, HAT I/15 (1996), 43f.
[217] Vgl. Gunkel, Psalmen (⁴1926), 21f.
[218] Vgl. Kraus, BK XV/1 (⁶1989), 183.
[219] Ravasi, Salmi (1986), 153.

tergehbares Gegenargument gegen die Annahme verschiedener Wachstumsstufen.²²⁰ Immerhin darf man auch den Redaktoren der Psalmen (bzw. aller Endtexte des Kanons) soviel literarisches Geschick zutrauen, daß sie nicht wie »Flickschuster« zu Werke gegangen sind, die nicht in der Lage waren, die entsprechenden Nahtstellen zu glätten.

Da der für die These wichtige V. 11 von eventuellen literarkritischen Überlegungen nicht berührt wird, kann hier auf die weitere Diskussion verzichtet werden; vielmehr kann von der Einheit des Psalms ausgegangen werden.

3.5 Gattung

Bei der Bestimmung der Gattung des Psalms wird immer wieder darauf hingewiesen, es handele sich um einen Krankenpsalm.²²¹ Auf dieser Linie liegt dann auch die Interpretation, die besagt, daß Gott den Kranken, da er krank ist, straft.²²² Doch ist der Psalm semantisch so offen gehalten, daß nur zwei Dinge mit Sicherheit gesagt werden können: »daß die Not den Beter wahrlich mit seinem Tod konfrontiert und daß die Not sprachlich erst im zweiten Teil, also da, wo sie überwunden ist, explizit als Feindesnot zur Sprache kommt«²²³. Angesichts der semantischen Offenheit der Notbeschreibung stellt sich die Frage, ob auch die Feinde für jede denkbare Not stehen, gerade weil unterschiedliche Bezeichnungen für sie gebraucht werden.

»Doch bei einer solchen Annahme würde man dem Duktus des Ganzen nicht gerecht. Das Fehlen der Feinde bis zum Ende von 6,8 und ihre überraschende

---

²²⁰ Vgl. etwa Zenger, NEB 29 (1993), 68, der genau den »Scharniervers« 7a als auf die exilische Redaktion zurückgehend einstuft. Mit diesem Vers sei die Bezugnahme auf Jer 45,1-5 gegeben (Ps 6,7a ist wortgleich mit Jer 45,3: יָגַעְתִּי בְּאַנְחָתִי), wo JHWH Baruch dahingehend tadelt *und* tröstet, sein eigenes Leiden in Solidarität mit dem an seinem Volk leidenden Gott anzunehmen (ebd. 70). Seybold, HAT I/15 (1996), 43f. geht nach 6 und in 7 von Textverderbnis aus. Loretz möchte einige der Wurzeln des Psalms bis ins Kanaanäische hinein zurückverfolgen; der Psalm habe eine »lange und lebhafte Gebrauchs- und Interpretationsgeschichte« durchlaufen (Loretz, Adaption ugaritisch-kanaanäischer Literatur in Psalm 6 (1990), 217).
²²¹ So u.a. Zenger, NEB 29 (1993), 67; Kraus, BK XV/1 (⁶1989), 184. Besonders ausführlich begründet durch Seybold, Das Gebet des Kranken im Alten Testament (1973), insbes. 153ff.
²²² So Seybold, HAT I/15 (1996), 43: »Als Kranker weiß er sich von Gott gestraft und gezüchtigt.« Diese Aussage schränkt er aber wenig später folgendermaßen ein: Der Beter setzt voraus, »daß Begnadigung und Heilung allein in Gottes Willen ihren Grund haben können, wie er andererseits nicht Gott für seine desolate Lage verantwortlich macht, obwohl er nahe daran rührt, indem er im Blick auf seine Person den Zorn Gottes für unangemessen hält.« (Ebd., 44).
²²³ Lohfink, Ps 6 (1988), 35.

Alleinpräsenz in 6,9-10 hat Aussagerelevanz. ... alles muß sich im Sinnbereich ›Feindschaft‹ bewegen.«[224]

Ebenso fraglich wie die Bestimmung des Beters als Kranken ist seine Bestimmung als Sünder. Diese Interpretation macht sich an V. 2 fest, wo der Zorn als Bestrafung von Sünde verstanden wird. Dabei wird das Bild von Gottes richterlicher Strafgerechtigkeit vorausgesetzt, das sich in anderen Texten des Alten Testaments auch finden läßt, für Ps 6 – obwohl methodisch gefordert – aber nicht mehr problematisiert wird. In Ps 6 wird nicht aus einer Schuldsituation heraus gebetet: »die Sünden-Nullaussage in Ps 6 [ist] ernstzunehmen«[225].

Im Sinne einer weisheitlichen Sichtweise Gottes als Lehrer und Erzieher (יכח hif. und יסר/מוסר weisen eher auf pädagogisches als richterliches Handeln) erfährt der Beter diese Erziehung als eine im Zorn. Die übliche Interpretation ginge dann von der Abfolge Sünde – Zorn – Strafe aus, der Zorn Gottes wäre also der Affekt, der das richterliche Handeln, die Bestrafung auslöste. Da aber, wo von Sünde gar keine Rede ist, ist eine andere Sichtweise möglich: Der Zorn ist das vom Beter erfahrene Handeln Gottes. Die Abfolge muß dann lauten: Gottes Erziehungshandeln – Zorn als dessen Mittel – Erfahrung des Zorns durch den Beter. Gotteszorn ist eine vorkommende menschliche Erfahrung; er muß deshalb nicht automatisch als eine Reaktion auf menschliche Sünde rationalisiert werden. Der rationale Erklärungszusammenhang in Ps 6 lautet ja auch nicht: Bestrafung von Sünde, sondern Erziehungshandeln Gottes. Statt des Zornes sucht unser Beter Erbarmen und Güte als Sphäre des Erzogenwerdens.[226]

Aufgrund der semantischen Offenheit des Psalms soll er hier ohne konkrete Situationsangabe nur als Klagelied eines einzelnen (angesichts von Gotteszorn und von Feinden) bestimmt werden.

3.6 Datierung

Da der Psalm zu denjenigen zehn Psalmen zählt, die am stärksten aus formelhaften Wendungen (kultischer Sprachtradition) gebildet sind,[227] ist eine konkrete Datierung besonders schwierig, wenn nicht gar – so schon Gunkel – »unmöglich«[228].

---

[224] Ebd., 35f.
[225] Ebd., 37.
[226] Vgl. ebd., 38f.
[227] Vgl. ebd., 38; Zenger, NEB 29 (1993), 68: zu über 60 Prozent.
[228] Gunkel, Psalmen (⁴1926), 22.

Je nach der Situierung des Psalms in unterschiedlichen Kontexten kommt es dann doch zu entsprechenden Datierungsvorschlägen. So äußert Kraus bezüglich der Datierung zurückhaltend, daß eine solche schwerlich möglich sei, doch lasse die Zugehörigkeit des Psalms als Gebetsformular zum Tempelkult Jerusalems eine vorexilische Abfassung als nicht unmöglich erscheinen.[229] Seybold, der ihn als Krankenpsalm liest, geht davon aus, daß der Psalm nicht näher zu datieren sei,[230] Zenger spricht die Einbindung des (im Grundbestand noch älteren) Psalms einer exilischen Redaktion zu.[231] Es ergibt sich also eine gewisse Tendenz, ihn nicht sonderlich spät anzusetzen, was ihn vom Großteil der hier untersuchten Psalmen unterscheidet.[232]

3.7 Zur These

Durch V. 8 vorbereitet, erscheinen ab V. 9 bis zum Ende des Psalms die Übeltäter auf der Bildfläche. Sie werden von Anfang an in ihrer Beziehung auf den Beter charakterisiert, da die Bezeichnungen in Vv. 8.11 jeweils ein Suffix der ersten Person tragen.

Mit dem selben Verb, mit dem der Beter in V. 5 JHWH anfleht, sich umzudrehen (שוב), wird in V. 11b das Los der Feinde beschrieben: Sie sollen sich umdrehen (שוב). Und eine weitere augenfällige Entsprechung wird bemüht: So wie der Beter zu Beginn des Gebetes »schreckensstarr«, »zutiefst verschreckt« war, so seien es jetzt alle seine Feinde: Ps 6,3.4 und 6,11 haben jeweils das selbe Verb »entsetzt, von Sinnen sein« בהל.[233]

---

[229] Vgl. Kraus, BK XV/1 (⁶1989), 184.
[230] Vgl. Seybold, Das Gebet des Kranken im Alten Testament, 153; ders., HAT I/15 (1996), 43.
[231] Zenger, NEB 29 (1993), 68.
[232] Wenn hier und öfters unter DATIERUNG verschiedene Positionen dargelegt werden, so soll das meist recht verwirrende Bild auch zeigen, wie wenig wir letztlich bezüglich der zeitlichen Verortung wissen.
[233] Diese Wurzel kann »erschrecken« bedeuten und meint meist den Schrecken, der einen Menschen befällt, der sich dem Numinosen gegenübergestellt weiß. Otzen sieht einen Zusammenhang zwischen dem Erschrecken des Beters in Ps 6,3 und den dämonischen krankheitswirkenden Kräften der Feinde (vgl. Otzen, Art. בהל ThWAT I (1973), 522). Diese Deutung, die Mowinckel 1921 geliefert hatte, ist nicht mehr zu halten. Außerdem sind in diesem Teil des Psalms die Feinde noch gar nicht im Blick. Wenn es sich hier also um ein Erschrecken in der Sphäre des Numinosen handelt, dann eben gerade um ein Erschrecken vor dem als strafend erfahrenen Gott. Die häufigste Verwendung des Wortes findet sich – Otzen zufolge – in Zusammenhängen, wo vom strafenden JHWH die Rede ist. Nur an wenigen Stellen gehe es um die individuelle Strafe (hier nennt er Ps 6,11) oder um die Strafe Israels, häufiger sei von der göttlichen Strafe der Feinde Israels die Rede (vgl. ebd.). Eine Stelle, an der das

Die abschließende Bitte gegen die Feinde versteht Seybold so, daß diese beim Anblick des – schon verloren geglaubten – Genesenden in Angst und Schrecken versetzt werden. Doch wird ihr Geschick nicht weiter verfolgt.[234]

Zweifelhaft ist deshalb, ob in V.11b wirklich das Ende der Feinde im Blick ist. Zunächst sollen sie ablassen vom Beter, sich umdrehen. »Aber es ist nicht auszuschließen, daß auch die Hinkehr zur Wahrheit JHWHs mitschwingt, um die es im Psalm insgesamt geht ...«.[235] Dann wäre mit dem Schlußvers nicht das Zugrundegehen der Frevler angezeigt, höchstens insofern, als bekehrte Übeltäter eben keine solchen mehr sind. Von daher ist fraglich, ob der Psalm zur These gehört.

Anders sah es Gunkel, der davon ausgeht, daß der Schrecken, der den Beter jetzt entsetzt, dann auf die Übeltäter fällt: »in dem grausigen Gottesschrecken, der über sie kommen soll (נבהל), kann alles Schlimme und selbst das furchtbare Ende beschlossen sein«[236]. Hier ist dann kein Schrecken gemeint, den Gott selbst auslöst, um so – kausal – das »furchtbare Ende« herbeizuführen, sondern eine Reaktion, die im (unrecht handelnden) Menschen, der in die Sphäre des Numinosen gerät, ausgelöst wird.

Der Blickpunkt des Psalms bleibt hier aber ganz auf dem Beter selbst: Am Schicksal seiner Feinde wird er seiner eigenen Begnadigung gewahr.[237]

In diesem Psalm wie auch in anderen (etwa Ps 40) tauchen Begriffe aus dem Wortfeld der »Scham« bzw. Beschämung auf, mit denen das Ergehen der Übeltäter charakterisiert wird. Für modernes mitteleuropäisches Sprachgefühl hat dieser Begriff nichts mit einem »Zugrundegehen« zu tun. Dennoch seien diese Aussagen unter die Liste der Begriffe, die vom »Ende« der Schlechten reden, gefaßt – und zwar aus zwei Gründen. Erstens werden in archaischen Gesellschaften die Sphären des Lebens und des Todes anders aufgefaßt: Es gibt biologisch Lebende, die aber sozial tot sind.[238] Als Person wird jemand genau dann angesehen, wenn mit ihm sozial interagiert wird. Leben im Vollsinn ist nur in Gemeinschaft möglich; der Abbruch personalen Verkehrs bedeutet einen Eintritt in den »Tod«. Von der Gemeinschaft sondert sich die-

---

Verb Verwendung findet, wurde bereits gestreift, Ps 2,5 (EXKURS ZORN GOTTES), es wird uns noch einmal in Ps 104,29 begegnen.
[234] Vgl. Seybold, HAT I/15 (1996), 44. Nicht zustimmen kann ich der Auffassung von Kraus, der es für möglich hält, daß die Übeltäter das Leiden verstärkt haben, indem sie den Gotteszorn durch ein wirkmächtiges Fluchurteil ergänzt haben (vgl. Kraus, BK XV/1 (⁶1989), 187).
[235] Zenger, NEB 29 (1993), 71; vgl. Lohfink, Ps 6 (1988), 42.
[236] Gunkel, Psalmen (⁴1926), 22.
[237] So auch im vorhergehenden Psalm (5,11), dort aber als Vernichtungswunsch formuliert, den JHWH ausführen soll.
[238] Vgl. dazu Hasenfratz, Zum sozialen Tod in archaischen Gesellschaften (1983), 126-137.

ser Vorstellung zufolge auch derjenige ab, der dem Normenkanon nicht entspricht; der Tod ist ein »sozio-lokales Phänomen«[239]. So gesehen ist die Beschämung dann genau das Offenbarwerden des regelwidrigen Verhaltens, wodurch der so Handelnde aus der Gemeinschaft ausgeschlossen wird bzw. sich ja selbst bereits ausgeschlossen hat, womit er den sozialen Tod erleidet. Diese Phänomene einer »Schamkultur« lassen sich in etwa noch im heutigen China beobachten, man denke an das Wort des »Gesichtsverlustes«.

Zweitens kann aber mit diesem sozialen Phänomen der leibliche Tod einhergehen: Läßt man einen Kulturvergleich auch außerhalb des orientalischen Raumes zu, so trifft man auf eine erstaunliche Beobachtung, die die Berechtigung der Aufnahme dieses Wortfeldes eindrücklich unterstreicht. Bei den Aborigines gibt es das (in den Psalmen gemeinte) Phänomen der Beschämung. Wird dort jemand beschämt und aus der Gemeinschaft ausgeschlossen, so stirbt er tatsächlich innerhalb kürzerer Zeit, obwohl er alles physisch Notwendige zum Leben nach wie vor zur Verfügung hat. Für dieses Phänomen gibt es keine einheitliche Nomenklatur, zum Teil findet sich der Begriff »Todsingen«.[240]

H.-J. Kraus verbindet dieses Phänomen der Beschämung mit der Restitutionspraxis:

> »die Beschämung der Feinde [wird] dadurch offenkundig, daß der Geheilte an dem Gottesdienst der Gemeinde teilnehmen und im kleineren Kreis die communio mit Gliedern des Gottesvolkes und mit Jahwe selbst erfahren darf ... Den Feinden wird damit demonstrativ vor Augen gestellt, daß der von ihnen Beschuldigte und Ausgestoßene angenommen ist.«[241]

Dies entspricht genau der von Hasenfratz unterstrichenen Bedeutung der Teilhabe am gemeinschaftlichen Leben.

In Ps 6 kommt noch etwas hinzu: Auch Krankheit, die Störung des normalen Lebensflusses, kann als Tod erlebt werden. Sollte mit der Not, aus der heraus der Beter den Psalm spricht, wirklich eine Krankheit gemeint sein, dann gilt zu Beginn des Psalms für ihn, daß er in die Sphäre des Todes geraten ist. Am Ende aber sind es dann die Feinde, die durch die Beschämung vom Leben im Vollsinn ausgeschlossen sind.[242]

---

[239] Vgl. ebd., 130.
[240] Für diesen Hinweis danke ich Dr. med. Walter Bruchhausen, Medizinhistorisches Institut Bonn.
[241] Kraus, BK XV/1 (⁶1989), 188.
[242] Im Vergleich zu Ps 83,16-18, der den Zusammenhang von Zorn Gottes, Schreckensstarre und Tod mit der »Beschämung« illustriert, ergibt sich ein interessanter Aspekt: »Bedecke mit Schmach ihr Gesicht, damit sie, Herr, nach deinem Namen

ESCHATOLOGISCHE PERSPEKTIVE / MESSIANISCHE HOFFNUNG

Eine eschatologische Perspektive oder messianische Hoffnung läßt sich im Psalm nicht ausmachen.

BEZEICHNUNGEN FÜR DIE GUTEN

Außer dem »Ich« des Beters enthält der Psalm keine weiteren Bezeichnungen für die Guten.

BEZEICHNUNGEN FÜR DIE SCHLECHTEN

V.8	כָּל־צוֹרְרָי	alle meine Bedränger
V.9	כָּל־פֹּעֲלֵי אָוֶן	alle Übeltäter
V.11	כָּל־אֹיְבָי	alle meine Feinde

Alle drei Bezeichnungen sind durch vorangestelltes כל näher bestimmt, zwei charakterisieren darüber hinaus durch ein Suffix der ersten Person Singular die Feinde als persönliche Feinde des Beters.

AUSSAGEN ÜBER DAS ENDE DER SCHLECHTEN

V.1	יֵבֹשׁוּ	sie seien beschämt
V.11	יִבָּהֲלוּ מְאֹד	sie seien zutiefst verschreckt
V.11	יֵבֹשׁוּ רָגַע	sie seien im Nu beschämt

Um die These, daß es sich bei den unpersönlichen Wendungen um bewußte Wortwahl handelt, zu erhärten, seien im folgenden die entsprechenden Verben daraufhin untersucht, ob sie im Hifil vorkommen. Sollte es sich um Verben handeln, die keinen Kausativstamm bilden, dann kommt den jeweiligen Ausdrücken kein Gewicht zu, da dem Autor keine andere Möglichkeit zur Verfügung steht. Ist der Stamm allerdings belegt, so handelt es sich bei den hier untersuchten Aussagen um keine rein sprachliche Notwendigkeit, eine kausale Aussage zu vermeiden. In einem zweiten Schritt wird dann überprüft, ob es unter den Hifil-Belegen solche mit Gott als Subjekt bzw. logischem Subjekt gibt.[243]

---

fragen.« (V. 17, EÜ). Letzen Endes wird hier das Ende der Frevler angestrebt, *indem* sie sich bekehren. Diese Möglichkeit könnte in Ps 6 ebenfalls intendiert sein.

[243] Für alle derartigen Konkordanzuntersuchungen ist stets Lisowsky, Konkordanz (1958) verwendet worden. Eine methodische Bemerkung: Falls bereits der Befund des Psalters eindeutig ist, so sind nur die entsprechenden Stellen angegeben. Ein

II Textanalysen

בוש kommt im Psalter im Hifil 5x vor, davon 3x mit Gott als Subjekt: Ps 44,8; 119,31.116.

בהל ist im Piel (Ps 2,5; 83,16) und im Hifil (Ijob 23,16) mit Gott als Subjekt belegt.

Da beide Verben ein Hifil mit Gott als Subjekt bilden können, sind die unpersönlichen Formulierungen des V. 11 also nicht auf eine rein grammatikalisch bedingte Besonderheit zurückzuführen.

Verb wird jeweils bei demjenigen Psalm besprochen, in dem es zum ersten Mal vorkommt, für alle weiteren Belege sei auf die Tabelle im Schlußkapitel (III.2.1) verwiesen, in der sämtliche Ergebnisse zusammengestellt sind.

4 Psalm 14: Am Plan des Armen scheitern die Übeltäter

1 לַמְנַצֵּחַ לְדָוִד

אָמַר נָבָל בְּלִבּוֹ אֵין אֱלֹהִים
הִשְׁחִיתוּ הִתְעִיבוּ עֲלִילָה אֵין עֹשֵׂה־טוֹב:
2 יְהוָה מִשָּׁמַיִם הִשְׁקִיף עַל־בְּנֵי־אָדָם
לִרְאוֹת הֲיֵשׁ מַשְׂכִּיל דֹּרֵשׁ אֶת־אֱלֹהִים:
3 הַכֹּל סָר יַחְדָּו נֶאֱלָחוּ
אֵין עֹשֵׂה־טוֹב אֵין גַּם־אֶחָד:
4 הֲלֹא יָדְעוּ כָּל־פֹּעֲלֵי אָוֶן אֹכְלֵי עַמִּי אָכְלוּ לֶחֶם יְהוָה לֹא קָרָאוּ:
5 שָׁם פָּחֲדוּ פָחַד כִּי־אֱלֹהִים בְּדוֹר צַדִּיק:
6 עֲצַת־עָנִי תָבִישׁוּ כִּי יְהוָה מַחְסֵהוּ:

7 מִי יִתֵּן מִצִּיּוֹן יְשׁוּעַת יִשְׂרָאֵל
בְּשׁוּב יְהוָה שְׁבוּת עַמּוֹ יָגֵל יַעֲקֹב יִשְׂמַח יִשְׂרָאֵל:

4.1 Übersetzung

1 Dem Chormeister: Von / für David.

Es spricht der Tor[244] in seinem Herzen:
»Es gibt keinen Gott.«[245]
Sie handeln verderblich, sie handeln abscheulich[246]

---

[244] Keel stellt die Übersetzung von נבל mit »Tor« in Frage, da »Tor« ein zu harmloses Wort sei. נבל gehöre nicht zu den traditionellen weisheitlichen Begriffen; er erscheine im AT als geiziger und gieriger, seine Macht mißbrauchender Reicher. Ein plötzlicher und elender Tod gehöre zum Image dieses Tyrannen, der unter der ständigen Voraussetzung »da ist kein Gott« lebt (vgl. Keel, Feinde (1969), 175). Ein weiteres Symptom der »törichten« Geisteshaltung sei neben dem Bewußtsein der eigenen Sicherheit und seiner Gewalttätigkeit eine gewisse primitive Gottesvorstellung: אין אלהים (Ps 14=53), was im Munde eines antiken Menschen höchst befremdlich sei: »Dieses notorische Übersehen und Unterschätzen Jahwes mag ihnen auch den Vorwurf der Torheit eingetragen haben. Ein נבל ist zwar ... nicht primär ein Dummkopf, aber insofern er eine höchst inadäquate Vorstellung vom Handeln und Wirken Gottes hat, schwingt diese Bedeutung doch auch mit (Ps 14,1 = 53,2; ... בער und כסיל: 92,7 ...).« (Ebd., 184).
[245] Eine kanonisch-intertextuelle Beobachtung: Das Schweigen Gottes, der sein Angesicht versteckt (Ps 13,2), führt den Stolzen zur Verneinung seiner Existenz (vgl. Barbiero, Das erste Psalmenbuch als Einheit (1999), 132).

– nicht einer, der gut handelt.
2 JHWH schaut vom Himmel her
 auf die Menschen,
 um zu sehen, ob da ein Weiser ist,
 einer, der Gott sucht.
3 »Sie alle sind abgefallen,
 zusammen sind sie verdorben,
 nicht einer, der gut handelt,
 es ist auch nicht ein einziger da.
4 Wissen alle Übeltäter etwa nicht,
 die, mein Volk essend, Brot essen,
 JHWH aber rufen sie nicht an?«
5 Da schrecken sie zusammen im Schrecken,
 denn Gott [ist] inmitten des Geschlechts des Gerechten.

6 [Durch] Den Plan des Demütigen werdet ihr beschämt / wollt ihr zwar beschämen,
 denn [doch] JHWH ist seine Zuflucht.

7 Wer gibt von Zion Hilfe für Israel?
 Wenn JHWH das Geschick seines Volkes wendet,
 jubelt Jakob, freut sich Israel.

Der Text bietet zahlreiche Probleme, die sich sogar in besonders großem Ausmaß in den Vv. 4-6 finden, somit also genau den hier interessierenden Abschnitt betreffen. In der Parallelüberlieferung des Ps 53 (Ps 14 und Ps 53 bieten einen bis auf kleinere Abweichungen identischen Text) taucht im entsprechenden V. 6 (שָׁם פָּחֲדוּ־פַחַד לֹא־הָיָה פָחַד כִּי־אֱלֹהִים פִּזַּר עַצְמוֹת חֹנָךְ הֱבִשֹׁתָה כִּי־אֱלֹהִים מְאָסָם׃) ganz eindeutig Gott als der Vergeltende auf. Zenger faßt die Autorenmeinungen dahingehend zusammen, daß es sich bei Ps 53 um eine gezielte Veränderung von Ps 14 handelt.[247] Das liegt nicht auf der Linie der vorgestellten These, wonach die Nicht-Nennung Gottes bei negativen bzw. Vernichtungsaussagen gegen die Frevler ein spätes Phänomen ist. Hier wäre dann im – jüngeren – Psalm Gott bewußt wieder eingetragen, obwohl die

---

[246] שחת hif. »verderben, vernichten«; bei Zefanja (vgl. 3,7) zusammenfassende Bezeichnung für die Verbrechen der reichen, mächtigen Oberschicht von Jerusalem gegen die Armen (vgl. Zenger, HThKAT (2000), 82); תעב hif. »Greuelhaftes tun«, mit der Konnotation des Abfalls von JHWH.
[247] Vgl. Zenger, NEB 29 (1993), 99 und ders., HThKAT (2000), 75-79, wo er die Unterschiede zusammenstellt und die Differenzen redaktionsgeschichtlich erklärt. Zusammenstellung der Unterschiede s. auch Rösel, Messianische Redaktion (1999), 57.

Vorlage mit einer unpersönlichen Aussage formuliert worden war. Ps 53 gehört nämlich aufgrund seiner Vergeltungsaussagen in V. 6 nicht zur These.

Die stärksten Abweichungen beider Versionen voneinander liegen in 53,6 bzw. 14,5-6 vor, wodurch die beiden Psalmen eine unterschiedliche Pragmatik erhalten:

> »Während Ps 14 die Verheißung nahebringen will, daß Gott auf der Seite der Armen steht und daß, wo immer Menschen unterdrückt werden, ›sein Ort‹ ist ..., betont Ps 53 stärker das Gericht Gottes an den Unterdrückern, wenngleich auch hier die Hoffnungsperspektive für die Unterdrückten nicht fehlt.«[248]

Ps 14 hat die Armen als Gruppe im Blick, während Ps 53 den einzelnen Menschen als Opfer der Übeltäter betrachtet und ihm Mut zum Widerstand geben will.[249]

Auch das ist gegenüber der bereits mehrfach beobachteten Tendenz, daß in »unseren« Psalmen ein einzelner Angefochtener im Mittelpunkt des Interesses steht, auffällig, paßt jedoch zur Beobachtung, daß in Ps 53 der jüngere Text zu sehen ist.

4.2 Gliederung

1a	Überschrift
1b-5	Prophetische Vision
1	Klage über das verbrecherische Treiben der Toren
2-3	richterliche Untersuchung durch JHWH
4	Vorwurf JHWHs in direkter Rede
5	Folge für die Übeltäter
6	Der Gott der Armen
7	Schlußbitte (Israelbitte) mit hoffnungsvollem Ausblick[250]

---

[248] Zenger, HThKAT (2000), 76.
[249] Vgl. ebd., 79.
[250] Vgl. Zenger, NEB 29 (1993), 100-103 (er kennzeichnet allerdings V. 4 als Vorwurf und *Urteil JHWHs* in direkter JHWH-Rede, V. 5 als Folge des JHWH-Urteils für die Übeltäter; hier in Ps 14 ist m.E. von einem *Urteil JHWHs* nicht die Rede); vgl. auch analog ders., HThKAT (2000), 81 (zur Auslegung von Ps 53). Eine feinere Untergliederung, die sich vor allem auch am Wechsel zwischen Prosa und Poesie orientiert, wählt Seybold: 1aα Überschrift, 1a* Erste These und Sentenz im poetischen Stil, 1b.2 Diskussionsbeiträge in Prosa, 3 Zweite These und Sentenz, 4-6 Ergänzende Thesen in Prosa, 7 Nachtrag (vgl. Seybold, HAT I/15 (1996), 66f.), doch ist der Psalm wohl als »Sentenzensammlung« nicht zutreffend charakterisiert. Anders grenzt Ravasi ab: 1-4 Il lamento sull'ateismo e sull'ingiustizia, 5-6 L'oracolo giudiziario divino, 7 Antifona finale aggiunta (Salmi (1983), 264), was vor allem daran liegt, daß er in V. 4 keine Gottesrede sieht (s.u.). Bennett unterteilt folgendermaßen:

4.3 Strukturbeobachtungen

Häufigstes Wort des Psalms – außer den Gottesbezeichnungen – ist אין, das viermal vorkommt: 1b.1c.3b (2x).

Auffällig ist die Abwechslung in den Gottesbezeichnungen: 3x Elohim (1.2.5), 4x JHWH (2.4.6.7), insgesamt also 7x.

Zenger zufolge deutet der Wechsel von Gattungsbegriff und Eigenname ein theologisches Programm an: »Das Eingreifen JHWHs soll die gottlosen Toren dazu zwingen, ihre Einstellung zur Gottesfrage grundsätzlich zu revidieren.«[251] Doch scheint das nicht ganz schlüssig angesichts der Tatsache, daß die Gottesbezeichnung auch im Hinblick auf die Gerechten (Elohim, V. 5) bzw. den Demütigen (JHWH, V. 6) wechseln. Ebenso unklar ist, wieso im Zusammenhang des Weisen, der Gott (Elohim, V. 2) sucht, nicht wie bei der Anrufung (JHWH, V. 4) der Eigenname gebraucht wird, was aber daran liegen könnte, daß von einer allgemeinen Gottesbeziehung gesprochen werden soll.[252]

Nicht völlig klar ist auch die Sprechrichtung von V. 4. Entweder spricht hier schon JHWH (so die oben angenommene Gliederung), dann setzt bereits mit 4 die Antwort JHWHs auf das Treiben der Feinde ein, oder aber in 4 erreicht die Klage ihren Höhepunkt, wonach dann in 5 die Reaktion JHWHs berichtet würde.[253] Die Bezeichnung עמי, die fast immer in Gottesrede Verwendung findet, macht es aber wahrscheinlich, hier Gott als Sprecher anzunehmen.

Die vier Abschnitte der »prophetischen Vision« bilden einerseits einen linearen Geschehensablauf, andererseits läßt sich zugleich eine chiastische Anordnung feststellen, insofern die äußeren beiden Abschnitte von den Toren handeln, die inneren beiden die Reaktion JHWHs beschreiben.[254]

Strukturell ist eine Berührung mit Ps 36 (s.u.) festzuhalten, auch dort beginnt der Psalm mit einem Zitat über das Treiben der Toren und endet mit der Feststellung ihres Endes.

1-3 condemnation of the »fool« and of universal corruption in the meditative tone and proverbial style of wisdom, 4-6 prophetic-like description of an oppressive situation and God's intervention for vindication, 7 hymnic-like petition for deliverance and vow to rejoice as a note of assurance (Bennett, Wisdom motifs (1975), 15).

251 Zenger, NEB 29 (1993), 100.
252 In Ps 53, der sich im elohistischen Psalter befindet, stehen in der jeweiligen Parallele zu 14,2 und 14,4 Elohim statt JHWH, in Ps 53 kommt das Tetragramm überhaupt nicht vor. Im Zitat der Toren erklärt sich das Elohim, weil es dort regelmäßig so steht.
253 Vgl. Zenger, NEB 29 (1993), 99.
254 Vgl. ebd., 100.

4.4 Einheitlichkeit

Neben den Stimmen, die von der Einheit des Gesamtpsalms (bzw. wenigstens der ersten sechs Verse) ausgehen,[255] stehen die, die bestimmte Überarbeitungen annehmen: Die Vv. 1-5 (noch ohne die Überschrift) dürften den Grundbestand des Psalms ausmachen.[256] V. 6 gehe auf diejenige Redaktion zurück, welche die Teilkomposition der Pss 3-14 geschaffen hat.[257] V. 7 trägt die Israel-Zion-Perspektive (die im Psalm bereits implizit vorhanden ist) ein und ist sicher nachträglich hinzugekommen. Zugleich schlägt dieser Vers den Bogen zurück zu Ps 3,5.9, dem Anfangspsalm der kleinen Teilkomposition.

4.5 Gattung

Der Psalm ist im strikten Sinne kein Gebet, da er keine Anrede Gottes enthält. Vielmehr handelt es sich um eine Erzählung von Gottes Retterhandeln an den Demütigen, das zugleich sein »Richterhandeln über die Bösen in der Welt und insbesondere über die, die ›sein Volk‹ vernichten«[258], darstellt. Der Psalm nimmt in eine stilisierte prophetische Gerichtsankündigung (von einem eigentlichen »Gericht« ist ja im Unterschied zu Ps 53 nicht die Rede) bzw. prophetische Klageliturgie[259] weisheitliche Theologie auf.

In diesem Bereich des Psalters läßt sich von Ps 10 an ein alternierender Wechsel zwischen kollektiver und individueller Perspektive beobachten; hier in Ps 14 ist es daher »folgerichtig« ein kollektives Anliegen (das der Armen), das den Psalm prägt.[260]

4.6 Datierung

Die Aufnahme eines prophetischen Themas (die Klage über das Verschwinden der Jahwetreuen), das in der spätesten Königs- und in nachexilischer Zeit größte Verbreitung erfahren hat, in einen Psalm, also in eine dem Thema eigentlich fremde Gattung, deutet für die Entstehung dieses Psalms auf

---

[255] Bennett, Wisdom Motifs (1975), 19f. und in dessen Folge Barbiero, Das erste Psalmenbuch als Einheit (1999), 133 unterstreichen, daß die beiden Begriffe נבל und עצה strukturell und semantisch zusammengehören, also nicht zwei redaktionellen Schichten zugewiesen werden können.
[256] Vgl. Zenger, NEB 29 (1993), 99f.
[257] Vgl. Zenger, HThKAT (2000), 78.
[258] Ebd., 79.
[259] Jeremias, der insbesondere den prophetischen Charakter der Sprache des Psalms betont, kommt zur Bestimmung als »kultprophetische Klageliturgie« (ders., Kultprophetie (1970), 114-117).
[260] Vgl. Barbiero, Das erste Psalmenbuch als Einheit (1999), 131f.

nachexilische Zeit.²⁶¹ Gegen eine zu einseitige Herleitung aus kultprophetischen Kreisen spricht die im Psalm ebenfalls rezipierte Weisheitstheologie.²⁶²

Die Primärfassung des Psalms (Vv. 1-5) dürfte wegen der Nähe zu prophetischen Stellen und anderer Parallelen (V. 1 vgl. Hos 4,1f.; Zef 3,7, V. 4 vgl. Mi 3,3; Hab 3,14 und Spr 30,14) in spätvorexilischer Zeit entstanden sein.²⁶³

Bei den angeprangerten Mißständen wird es sich konkret wohl um die Ruinierung der breiten Masse der Kleinbauern in der spätvorexilischen Zeit handeln (die in Mi 3,3 ebenfalls mit »Auffressen meines Volkes« charakterisiert wird).²⁶⁴

4.7 Zur These

Die Zugehörigkeit des Psalms zur These dieser Untersuchung entscheidet sich an der Interpretation von V. 5. Zunächst einmal ist festzuhalten, daß dort nichts von Gott als Subjekt des Handelns steht, sondern unpersönlich ausgesagt wird, daß alle Übeltäter »im Schrecken erschrecken«. Wiederum finden sich solche Interpretationen, die davon ausgehen, daß Gott diesen Schrecken schickt: »JHWH beendet diesen Vernichtungskrieg durch den ›Gottesschrecken‹, der die feindlichen Angreifer verwirrt und lähmt«²⁶⁵. Diese Aussage verwundert im Zusammenhang mit dem Resümee, das Zenger hinsichtlich des V. 6 zieht:

> »Weil und wenn JHWH sich als uneinnehmbare und ›seine‹ Armen schützende Zufluchtsburg erweist ..., werden die Gottlosen scheitern – und zwar gerade ›am Plan des Armen‹, der sein Leben voll auf JHWH gründet. Von dieser Gerichtsbotschaft her fällt kräftige Ironie zurück auf die in V. 1 zitierte Meinung der Toren: für sie ist Gott wirklich nicht als rettender JHWH da! Die Unterdrücker müssen und werden deshalb scheitern, weil JHWH selbst einen Plan mit seinem Volk hat.«²⁶⁶

---

261 Vgl. Keel, Feinde (1969), 128.
262 Vgl. Zenger, HThKAT (2000), 80. Der Vergleich mit dem Vorgängerpsalm zeigt ein »weiteres semantisches Spiel«: Durch die Akzentverschiebung von »mein Feind« (איבי) in 13,5 zu »der Tor« (נבל) in 14,1 werde ein individueller Kontrast zu einer weisheitlichen Kategorie (vgl. Barbiero, Das erste Psalmenbuch als Einheit (1999), 133).
263 Vgl. Zenger, NEB 29 (1993), 99; ders., HThKAT (2000), 81.
264 Vgl. Zenger, HThKAT (2000), 84.
265 Zenger, NEB 29 (1993), 102.
266 Ebd., 103.

EXKURS פחד

Von der Grundbedeutung her bezeichnet das Verb פחד »Schrecken empfinden« sowie die somatische Äußerung dessen, »zittern, beben«; das Nomen bezeichnet den Vorgang des Erschreckens bzw. das dadurch ausgelöste »Zittern« oder »Beben«, aber auch das, was den Schrecken auslöst, den Gegenstand des Schreckens.[267] »In der fig. etym. phd pahad ... kann pahad den Vorgang des Erschreckens ... oder das Schreckliche ... meinen.«[268] Zu unserer Stelle bemerkt Müller folgendes: »Für die Retributionsdoktrin ist Schrecken, weil Gott für Vergeltung sorgt, auf der Seite der Frevler (Ps 14,5 = 53,6)«.[269] Daß auf der Seite der Frevler Schrecken ist, ist beiden Psalmen gemeinsam. Die Aussage aber, daß Gott für die Vergeltung sorgt, findet sich tatsächlich nur in Ps 53, nicht auch in Ps 14. Wenn man von einer getrennten Textgeschichte der beiden – ja doch unterschiedlichen – Psalmen ausgeht, ist diese Gleichsetzung hier unzulässig. Auch hinter dem »Schrecken« der Frevler in Ps 14 mag das Numinose stehen, immerhin bezeichnet das Wort öfters den Gottesschrecken, das mysterium tremendum, Gott wird hier aber nicht explizit genannt.

Im Gegensatz zum Erschrecken der Übeltäter in V. 5, das kausal nur indirekt begründet wird (angesichts dessen, daß Gott inmitten des Geschlechtes des Gerechten steht, kommt der Schrecken über sie), findet sich im Hinblick auf den Demütigen die Aussage, daß JHWH seine Zuflucht ist (V. 6, vgl. u.a. Ps 91) bzw. eben daß er beim Geschlecht des Gerechten ist (V. 5). Mit deren Geschick hat JHWH also direkt zu tun, zu ihnen gibt es eine Beziehung. Er ist es (nach dem sekundären V. 7), der das Geschick seines Volkes wendet. Der Gott, der im Himmel thront (V. 2), erweist sein Gottsein auf der Erde – im Beistand der Schwachen (V. 5).

Hier wie an allen vergleichbaren Stellen wird das Handeln Gottes an den Gerechten ganz in den Blick gerückt. Das ist sein eigentliches Handeln. Was genau dadurch mit den Übeltätern geschieht, daran sind die Beter, die sich gläubig ihres Gottes versichern, nicht interessiert. Der Aspekt einer expliziten Strafaktion Gottes an den Feinden oder Übeltätern gehört offensichtlich nicht zum Erklärungsrepertoire der Gruppen, die hinter diesen Texten stehen. Kann sich darin so etwas wie eine elitäre Selbstgenügsamkeit ausdrükken, insofern man denen »draußen« nicht zuviel Aufmerksamkeit zukommen lassen will?

Die Toren sind hier diejenigen, die in ihren Taten die Gottlosigkeit ihres Weltbildes zum Ausdruck bringen, insofern sie sich von jedem »Gut«-Handeln verabschiedet haben. Sie haben keine – religiös fundierte – Güter-

---

[267] Vgl. Müller, Art. פחד, ThWAT VI (1989), 553f.
[268] Ebd., 554.
[269] Ebd., 555.

lehre, keine Ethik, kurz: keine Moral. Dabei besteht die Torheit des Toren aus zwei Aspekten: Er hat eine irrige Sicht der Welt, weil er die ihr eingestiftete Gerechtigkeitsordnung verkennt, und er hat eine irriges Gottesverständnis »es gibt keinen Gott / Gott ist nicht da«. Genau an dieser Gottesverleugnung scheitert er. Insofern ist seine Haltung mit dem gern bemühten Wort vom »praktischen Atheismus« nicht zur Gänze eingefangen: Ein solches Gottesdenken wird vor allem wegen seiner fatalen Folgen für das mitmenschliche Zusammenleben verurteilt, gehört also in den Kontext der konnektiven Gerechtigkeit.

Indem der Psalm betont, daß wirklich alle ausnahmslos abgewichen sind (die Gesellschaftsanalyse könnte nicht schärfer ausfallen), wird die Ausweglosigkeit der Situation unterstrichen, obwohl sie sich faktisch ja doch anders darstellt, wenn nur wenig später vom Geschlecht des Gerechten und dem Demütigen geredet wird. Es ist die Binnenperspektive eben dieses »Geschlechts der Gerechten«, aus der heraus die Situationsbeschreibung erfolgt. Deshalb wird man hier zugleich sicher so etwas wie einen Klassenkonflikt erblicken können: Die »Toren« sind zugleich die materiell Reichen – und das auf Kosten der Demütigen; denn so wird man den schwierigen Ausdruck »die mein Volk essen« interpretieren dürfen: Sie sind reich auf Kosten der Armen,[270] die doch das Volk JHWHs sind – und sich als das wahre Israel verstehen. Der Psalm spiegelt also klar (V. 4) einen innerisraelitischen Konflikt zwischen den Armen und den führenden (priesterlichen?[271]) Kreisen des Volkes JHWHs.

Im Grundbestand des Psalms bereits angedeutet, wird diese Armenperspektive durch gezielte Erweiterungen vereindeutigt. In seiner Endgestalt rechnet der Psalm zu den Texten der Armenfrömmigkeit.

ARMENPERSPEKTIVE

Mit V. 6 beginnt deutlich ein neuer Abschnitt, markiert durch die Anrede der 2. Person Plural (ihr). Erst in diesem Vers kommt die Armenperspektive (עֲצַת־עָנִי) in den Blick, die Zenger zufolge von der exilischen Armenredaktion stammt.[272] Die Schlußbitte in V. 7 gehe hingegen erst auf die nach-

---

270 H. W. Wolff prägte hierzu den Begriff des »Wohlstandskannibalismus« (zitiert nach Zenger, NEB 29 (1993), 102).
271 Vgl. Barbiero, Das erste Psalmenbuch als Einheit (1999), 139.
272 Vgl. Zenger, NEB 29 (1993), 100. Hossfeld/Zenger lesen tobīšū: »Am Plan des Armen (der voll auf JHWH setzt!) seid ihr zuschanden geworden.« Diese Armenperspektive, die den Psalm mit 12,6 zusammenbindet, fehle in 14,1-5. Die Lesart des MT »Den Plan des Armen macht ihr zuschanden, doch JHWH ...« sei inhaltlich (nach der Konstatierung des eingetretenen Gottesschreckens) wie syntaktisch-

exilische Armenredaktion (siehe ARMENTHEOLOGIE im Schlußkapitel) zurück, durch sie erhalte der Psalm die Funktion einer Volksklage.

Einen leisen Anhaltspunkt für wenn nicht »Armentheologie«, so doch eine Theologie, die der des ersten Psalms entspricht, sehe ich bereits im Ausdruck בְּדוֹר צַדִּיק in V. 5. Auffällig ist hier nämlich der Singular für den Gerechten. Daran schließt sich dann folgerichtig die Ergänzung im Sinne der Armenaussage an, die vom Demütigen im Singular spricht. Grundgelegt wäre damit die Sicht vom einzelnen Gerechten, der jeweils einer ganzen Gruppe von Übeltätern gegenübersteht, schon im Grundbestand des Psalms.[273]

Die Pss 10-14 bilden eine zusammengehörige Gruppe von Armenpsalmen, »die die strukturelle Gewalt gegenüber den Armen in der Gesellschaft bzw. in der Welt überhaupt beklagt«[274], darauf gibt Ps 14 als der Schlußpsalm dieser Teilkomposition die hoffnungstiftende Antwort.

ESCHATOLOGISCHE PERSPEKTIVE

Die Schlußbitte des V. 7 gebraucht die figura etymologica שׁוב שבות (wörtl.: die Wende wenden), eine Wendung, die in der exilischen und nachexilischen Zeit breit belegt ist und ganz klar eschatologische Implikationen trägt: Die erflehte Wende wird als eschatologische Heilswende erhofft, mit der Israel zu seinen Ursprüngen zurückkehren kann und ohne Feinde von innen und außen als geschwisterliche Solidargemeinschaft, die Gottes besonderes Eigentum ist, leben kann. Weil – so die Vision – Not und Leid zu Ende sind, herrscht wieder Jubel in Jakob und freut sich Israel.[275]

Ps 14 und Ps 53, die beiden fast identischen Texte, haben einen ganz entscheidenden unterschiedlichen Akzent: die Sicht JHWHs beim Untergang der Feinde. Vielleicht haben die Redaktoren genau diesen Punkt erkannt und deshalb beide Texte im Psalmenbuch belassen. Sonst ist es nur schwer erklärlich, wieso gerade diese Psalmen eine derartige Bedeutung hatten, daß die Doppelüberlieferung beibehalten wurde; ein Phänomen, das wir sonst nur noch von so prominenten Texten wie dem Dekalog und der Friedensvision Jes 2,1-5 / Mi 4,1-5 kennen.[276]

---

poetologisch (Wechsel in die direkte Anrede) schwierig (vgl. Hossfeld/Zenger, Selig, wer auf die Armen achtet (1992), 36).
[273] Die meisten Übersetzungen glätten hier, indem sie das Geschlecht der Gerechten (Pl.) wiedergeben oder – sinngemäß natürlich richtig – mit »Gott ist auf der Seite der Gerechten« (EÜ) übersetzen.
[274] Zenger, HThKAT (2000), 78.
[275] Vgl. Zenger, NEB 29 (1993), 103; dort auch Parallelstellen.
[276] Vgl. aber auch Ps 70 = 40,14-18; Teile von Ps 57 und Ps 60 bilden Ps 108.

II Textanalysen

Wiederum sollen am Ende dieser Einzelauslegung die Bezeichnungen für Gute und Schlechte sowie die entsprechenden Verben gesammelt werden, um sie im Schlußkapitel zusammenfassend auswerten zu können.

Die Bezeichnungen, die hier für die kontrastierten Menschengruppen gewählt sind, lassen die weisheitliche Färbung des Psalms deutlich erkennen. Zu den üblichen Benennungen (Übeltäter) treten der Weise einerseits und der Tor andererseits.

BEZEICHNUNGEN FÜR DIE GUTEN

(V. 1	עֹשֵׂה־טוֹב	der gut Handelnde[277])
V. 2	מַשְׂכִּיל	der Weise
V. 2	דֹּרֵשׁ אֶת־אֱלֹהִים	der Gott Suchende
V. 3	עֹשֵׂה־טוֹב	der gut Handelnde
V. 5	דּוֹר צַדִּיק	das Geschlecht des Gerechten
V. 6	עָנִי	der Demütige

BEZEICHNUNGEN FÜR DIE SCHLECHTEN

V. 1	נָבָל	der Tor
V. 4	כָּל־פֹּעֲלֵי אָוֶן	alle Übeltäter
V. 4	אֹכְלֵי עַמִּי	die mein Volk Essenden

Hier geht es nicht um die Beschreibung privater Feinde, sondern um die Betonung, daß es sich gerade um eine bzw. *die* mächtige Gruppe handelt, die Übles tut.

AUSSAGEN ÜBER DAS ENDE DER SCHLECHTEN

V. 5	פָּחֲדוּ פָחַד	sie schrecken zusammen im Schrecken
V. 6	תָבִישׁוּ	ihr werdet beschämt

Das Verbum פחד, hier in der figura etymologica »einen Schrecken erschrecken«, ist in keinem Stamm mit Gott als Subjekt belegt. Allerdings gibt es einige Wendungen mit dem Substantiv פחד und verschiedenen Verben, z.B. נתן (Dtn 11,25; 1 Chr 14,17), bei denen Gott Subjekt ist.

---

[277] Da in V. 1 die negative Aussage (nicht einer, der gut handelt) verwendet wird, ist fraglich, ob sie unter die Bezeichnungen für die Guten gerechnet werden sollte, weil ja eben »kein« Mensch beschrieben wird.

5 Psalm 20: Bitte um die Rettung des Königs

1 לַמְנַצֵּחַ מִזְמוֹר לְדָוִד׃
2 יַעַנְךָ יְהוָה בְּיוֹם צָרָה יְשַׂגֶּבְךָ שֵׁם אֱלֹהֵי יַעֲקֹב׃
3 יִשְׁלַח־עֶזְרְךָ מִקֹּדֶשׁ וּמִצִּיּוֹן יִסְעָדֶךָּ׃
4 יִזְכֹּר כָּל־מִנְחֹתֶךָ וְעוֹלָתְךָ יְדַשְּׁנֶה סֶלָה׃
5 יִתֶּן־לְךָ כִלְבָבֶךָ וְכָל־עֲצָתְךָ יְמַלֵּא׃
6 נְרַנְּנָה בִּישׁוּעָתֶךָ וּבְשֵׁם־אֱלֹהֵינוּ נִדְגֹּל יְמַלֵּא יְהוָה כָּל־מִשְׁאֲלוֹתֶיךָ׃
7 עַתָּה יָדַעְתִּי כִּי הוֹשִׁיעַ יְהוָה מְשִׁיחוֹ יַעֲנֵהוּ מִשְּׁמֵי קָדְשׁוֹ בִּגְבֻרוֹת יֵשַׁע יְמִינוֹ׃
8 אֵלֶּה בָרֶכֶב וְאֵלֶּה בַסּוּסִים וַאֲנַחְנוּ בְּשֵׁם־יְהוָה אֱלֹהֵינוּ נַזְכִּיר׃
9 הֵמָּה כָּרְעוּ וְנָפָלוּ וַאֲנַחְנוּ קַּמְנוּ וַנִּתְעוֹדָד׃
10 יְהוָה הוֹשִׁיעָה הַמֶּלֶךְ יַעֲנֵנוּ בְיוֹם־קָרְאֵנוּ׃

5.1 Übersetzung

1   Dem Chormeister: Ein Davidspsalm.

2   Es antworte dir JHWH am Tag der Bedrängnis,
    es schütze dich der Name des Gottes Jakobs.

3   Er sende deine Hilfe vom Heiligtum,
    und von Zion stütze er dich.

4   Er gedenke all deiner Speiseopfer,
    und dein Brandopfer erachte er für fett. Sela.

5   Er gebe dir nach deinem Herzen,
    und all deine Pläne erfülle er.

6   Wir wollen jubeln über deine Rettung[278]
    und im Namen unseres Gottes das Banner erheben;
    es erfülle JHWH all deine Wünsche.

7   Jetzt habe ich erkannt,
    daß JHWH seinem Gesalbten hilft (ישע);
    er antwortet ihm von den Himmeln seines Heiligtums,
    mit heilvollen (ישע) Machttaten seiner Rechten.[279]

---

[278] ישועה meint Hilfe, Rettung oder sogar Sieg. Hier wird das Wort »Rettung« bevorzugt, um es von »Hilfe« in V. 2 zu unterscheiden; dieselbe Wurzel in V. 7 (2x) und V. 10.

8   Die einen durch Wagen, die anderen durch Pferde,
    wir aber – den Namen JHWHs, unseres Gottes wollen wir anrufen.
9   Jene sind gestürzt und gefallen,
    wir aber blieben stehen und aufrecht.
10 JHWH, hilf (ישע) dem König!
    Erhöre uns am Tag, da wir rufen.

5.2 Gliederung

1   Überschrift
2-6   Bitte für den König / Segenswünsche
7   Erklärung des Königs
8-10   Bekenntnis mit abschließender Bitte[280]

5.3 Strukturbeobachtungen

Der Psalm insgesamt erhält eine Rahmung durch die beiden Wörter עָנָה und בְּיוֹם. Der Psalm ist also eingeklammert durch die Vorstellung des Rufens, am Tag der Bedrängnis (V. 2), das entspricht dem »unseres Rufens« (V. 10), das erschallt, wenn die Bedrängnis da ist.

Nicht identisch ist die Sprechrichtung, woraus sich die Untergliederung des Psalms ergibt: Die Vv. 2-5 sind an ein »Du« (den König?) gerichtet, V. 6 enthält eine Selbstaufforderung 1. Plural, mündet aber im dritten Kolon wieder in eine Zusage bzw. einen Wunsch für die bereits angesprochene Einzelperson. In V. 7 tritt ein »Ich« (der König selbst?) in den Vordergrund (עַתָּה יָדַעְתִּי); in Kolon drei und vier wird dann aber eine Person in 3. Sg. angesprochen. Ab V. 8 bis zum Ende des Psalms verschafft sich wieder eine Gruppe, das »Wir« Gehör, das sich in den Vv. 8 und 9 von anderen Gruppen bewußt abgrenzt. V. 10, die abschließende Bitte, spricht Wünsche für beide aus: den König einerseits, das »Wir« andererseits – oder besteht der Wunsch der »Wir-Gruppe« genau darin, daß seine Bitte für den König erhört werde? Dann läge nur eine einzige Bitte vor.

---

[279] Statt des überzeitlichen Präsens ist auch eine Übersetzung unter genauer Berücksichtigung der Zeitaspekte denkbar, die das zukünftige Handeln durch das vergangene begründet: »wie JHWH seinen Gesalbten (früher) gerettet hat, (so) wird er (wieder) antworten ...«.

[280] Vgl. Zenger, NEB 29 (1993), 137-139. (Druckfehler, da der letzte Teil von 8-11 reichen soll.) Anders Seybold und Kraus, die 7-9 zusammenfassen (Bekenntnisse bzw. Gewißheit der Erhörung); beide sehen V. 10 dann noch einmal als eigenen Teil: »Gebetsbitte der hörenden Gemeinde« bzw. Wiederholung der Fürbitte, vgl. Seybold, HAT I/15 (1996), 89ff., Kraus, BK XV/1 (⁶1989), 308.

Fraglich ist, ob das in V. 7 zutage tretende »Ich« der angeredete König selbst ist oder ob es sich doch um zwei verschiedene Personen handelt, da der Anschluß in 7c.d nicht ganz logisch ist: Er (= JHWH) antwortet ihm (= dem König), also nicht »mir«,[281] doch ist ein solcher Wechsel der Anrede auch nicht ausgeschlossen.

5.4 Einheitlichkeit

Im Psalm lassen sich einige Kohärenzstörungen ausmachen: V. 7 steht in einer gewissen Spannung zu V. 3: JHWH hört nicht vom Heiligtum auf dem Zion, sondern von den Himmeln seines Heiligtums; er schickt auch nicht Hilfe von dort, sondern antwortet mit Machttaten seiner Rechten. Im Vergleich zu V. 10 (einfaches הַמֶּלֶךְ) wird durch das Suffix (מְשִׁיחוֹ) eine engere Beziehung zwischen JHWH und seinem Gesalbten ausgedrückt.[282] V. 7 verläßt die Parallelismusstruktur, die den Psalm ansonsten (durchgehend) prägt. Eben diese Struktur durchbricht auch V. 6c. Sowohl inhaltlich wie strukturell schießt das Kolon über, »stört« den Gedankenablauf.

»Diese Besonderheiten von V. 6c und V. 7 lassen sich gut erklären, wenn man sie als Erweiterungen deutet, die das vorexilische Bittgebet mit den Nachbarpsalmen 18 und 21 in Beziehung setzen wollen.«[283]

5.5 Gattung

Bei Ps 20 handelt es sich um einen Königspsalm, genauer ein Gebet für den König. Hinweise dafür sind das מֶלֶךְ in V. 10 und das מְשִׁיחוֹ des V. 7. Beide Wörter zusammen kommen im Psalter nur noch in Ps 2 vor. Barbiero stellt für die Gestalt des Königs in Ps 20 kollektive Züge (er spricht von einer kollektiven Relektüre der Königsideologie) und für die Darstellung des Kampfes eschatologische Züge fest.[284]

Damit ergibt sich, daß zwar die Form des Königspsalms gewählt ist, die Funktion sich aber gewandelt hat. Die alte Form galt allein dem (jeweils regierenden) König, im König des Psalms 20 erkennt sich das Volk als ganzes. Auf der Ebene der Endgestalt des Psalters ist der König der eschatologische Messias. Die beiden Königspsalmen 20 und 21 interpretieren die Königsideologie des Königspsalms 18 in einem kollektiven und eschatologischen Sinn.[285]

---

[281] Anders Zenger, NEB 29 (1993), 135: »Das Ich von V. 7 ist dann der Gesalbte JHWHs selbst ...«.
[282] Vgl. ebd.
[283] Ebd.
[284] Vgl. Barbiero, Das erste Psalmenbuch als Einheit (1999), 230.237.240.
[285] Vgl. ebd., 252.

5.6 Datierung

Im Hinblick auf einen Datierungsversuch bringt Kraus das Problem auf den Punkt: »Bei der zeitlichen Ansetzung des Ps 20 schwanken die Meinungen zwischen der Davidszeit (Weiser) und der Ära des hasmonäischen Königtums (Duhm).«[286] Kraus selbst schließt sich den Erkenntnissen Gunkels an und denkt an spätvorexilische Zeit. Seybold sieht in Ps 20 einen Königspsalm aus vorexilischer Zeit, dessen letzter Vers ihn dann in die nachexilische Gemeinde »adoptiert«.[287] Auch Zenger nennt zwei Möglichkeiten: Entweder der Psalm ist mit der Institution des Jerusalemer Königtums zu verbinden und daher vorexilisch, oder er ist kollektiv als nachexilisches »Bittgebet der königlichen Gemeinde« zu lesen, wie es die nachbiblische jüdische Tradition getan hat. Er selbst löst die Datierungsfrage durch literarkritische Überlegungen und kommt zu einem vorexilischen Bittgebet, das während der spätexilischen Komposition der betreffenden Psalmengruppe überarbeitet wurde.[288]

Einen Anhaltspunkt für die Datierung bietet die stark profilierte שם-Theologie,[289] die deuteronomischen Einschlag vermuten läßt.

Unbedingt zu beachten sind auch die Berührungen (wenigstens der Grundfassung von Ps 20) mit dem Bittgebet des Papyrus Amherst, der selbst aber wiederum sehr unterschiedlich datiert wird.[290] Allerdings: Sollte es sich wirklich nur um eine Grundfassung gehandelt haben, auf der die Bezüge basieren, ist damit für die Datierung der kanonisch gewordenen Form des Ps 20 nicht viel gewonnen, können dann ja entscheidende theologische Aspekte später hinzugefügt worden sein.

Kottsieper gewinnt aus dem Vergleich des aramäischen Textes des Papyrus Amherst mit Ps 20 das Ergebnis, daß in Ps 20 der Text durch »Aufgabe

---

286 Kraus, BK XV/1 (⁶1989), 310.
287 Vgl. Seybold, HAT I/15 (1996), 89.91.
288 Vgl. Zenger, NEB 29 (1993), 135.
289 JHWH selbst thront im Himmel, auf Erden ist nur sein Name zugegen; nicht jedoch im Sinne einer magischen Kraft, sondern als schützende, auf Erden wirkende Macht, mit der JHWH seine Gegenwart erweisen kann (vgl. Kraus, BK XV/1 (⁶1989), 310f.). Speziell zur »Namenstheologie« s. Keller, Untersuchungen zur deuteronomisch-deuteronomistischen Namenstheologie (1996). Er nennt als Belege, bei denen eine Hypostasierung des *schem* JHWHs angenommen wird, u.a. folgende Stellen aus dem Psalter: 8,2.10; *20,2.6.8;* 44,6; 54,3.8f.; 75,2 (unsicherer Text); 76,2; 89,25; 111,9; 118,10-12; 124,8; 135,3.13; 148,13 (ebd., 132). Einen allgemeinen Überblick zum Thema Name bietet Schwienhorst-Schönberger, Art. Name, Namengebung II. Biblisch-theologisch: AT, in: LThK 7 (³1998), 624-626.
290 Zenger, NEB 29 (1993), 136; Seybold, HAT I/15 (1996), 89.

der litaneiartigen Wiederholungen gestrafft«[291] wurde, die nicht durch den aramäischen Text belegten Teile seien spätere Einfügungen. V. 7 sei Prosa und allein von daher kaum ursprünglich. V. 9 sei interpretierende Glosse des V. 8, V. 4 sprenge den inhaltlichen Zusammenhang auf und trage den Opfergedanken ein. Ein weiterer entscheidender Unterschied bestehe darin, daß im Gebet des Papyrus der Text durchgängig von einer Gruppe gesprochen werde, Ps 20 hingegen bitte einerseits für den König, andererseits gebe es eine Gruppe, die für sich selbst um Erhörung bittet. »Auch hier liegt es näher, daß der Ps eine Vorlage, die den König noch nicht hatte, auf eine neue Situation auslegt ...«[292] Darüber hinaus sei Ps 20 viel allgemeiner gehalten als die Vorlage. Bei der Verwendung des Gottesamens halte sich der Psalm auffallend zurück.

> »Diese Vorgehensweise ist am ehesten in der nachexilischen Zeit verständlich, da die vorexilische Zeit nicht die Skrupel bei der Verwendung des Namens YHWH und anderer Götternamen hatte. [Anm.: Auch die mehrfache Verwendung des šm als Hypostase gehört eher in eine spätere Zeit.] Da aber der Text in der vorliegenden Form sowohl den Opferkult als auch einen König voraussetzt, so ergibt sich, daß er in die hasmonäische Zeit gehört.«[293]

Die verschiedenen Positionen sollen und können hier nicht wirklich miteinander vermittelt werden. Wenn trotzdem in gewisser Ausführlichkeit registriert wird, wie argumentiert und was alles vertreten wird, so letztlich, um zu zeigen, wie vage unser Wissen über die genaue zeitliche Verortung der Psalmen ist.

5.7 Zur These

Die Vv. 2-7 sprechen – in Wünschen bzw. als Ausdruck der Gewißheit – von der Hilfe Gottes für den Angeredeten (den in V. 7 als »seinen Gesalbten« Bezeichneten). In V. 8 erfolgt ein gewisser Umschlag: Nun ist es ein »Wir«, das sich stark fühlt im Namen Gottes (8c) bzw. als Kollektiv für den Gesalbten betet (V. 10).

In V. 9 werden zwei Gruppen einander gegenübergestellt: einerseits dieses »Wir«, andererseits »Jene«, die anderen. Von diesen wird ausgesagt, daß sie gestürzt und gefallen sind.[294] Auch ihre durch Wagen und Rosse unter-

---

[291] Kottsieper, Pap. Amherst 63: I: 12,11-19 – eine aramäische Version von Ps 20 (1988), 242.
[292] Ebd., 243.
[293] Ebd., 244.
[294] Zenger geht davon aus, daß die Vergangenheitsaussagen dieses Verses (9) zur Zeit der Entstehung des Psalms auf den Zusammenbruch des assyrischen Weltreichs blicken (Zenger, NEB 29 (1993), 139).

stützte Kraft konnte das nicht verhindern. »Wir« dagegen stehen, bleiben aufrecht stehen.

Beide Halbverse sind unpersönlich formuliert, d.h. in keinem der beiden tritt Gott in irgendeiner Weise in Erscheinung. Dennoch scheint durch die Verbindung mit dem gesamten Psalminhalt einerseits, andererseits insbesondere mit V. 10 als Nachbarvers klar, daß die sich als »Wir« bezeichnende Gruppe – hier als die »Guten« erscheinend, da zu Gott gehörig – von Gott gestützt und erhört versteht und seinen Beistand erfährt.

Die anderen (durch die Wagen und Rosse kann eine Anspielung auf Ägypten vorliegen, es kann aber auch ein Bild für das paradigmatisch Fremde sein) sind genau die, die nicht zu Gott gehören, die daher keine Hilfe erfahren und letztlich scheitern müssen, selbst wenn sie technisch überlegen sind.

Beide Gruppen bleiben recht unbestimmt. Für keine werden irgendwelche charakterisierenden Bezeichnungen verwendet. Die einen sind »Wir« mit dem genauer benannten Vertreter von »Seinem Gesalbten«, die anderen sind einfach »Jene«.

Für unsere Überlegungen ist festzuhalten: Das Scheitern »Jener« ist ganz klar unpersönlich ausgedrückt. Es ist zudem eine bereits gewonnene Erfahrung. Allerdings fällt zugleich auf, daß im betreffenden Vers (9) auch für die zu Gott Gehörigen unpersönliche Formulierungen gewählt sind. Erst durch den Kontext wird ersichtlich, daß ihr Ergehen etwas mit der Hilfe Gottes zu tun hat. Das allerdings ist in fast allen anderen Versen mehr als deutlich ausgesprochen.

Wenn es sich herausstellt, daß der Psalm in seiner Grundfassung (also ohne 6c und 7) ein vorexilisches Bittgebet ist, dann haben wir hier zum ersten Mal einen klaren Beleg dafür, daß die in dieser Arbeit untersuchte Aussagestruktur nicht erst nachexilisch anzutreffen ist. Damit ist allerdings noch nicht ausgeschlossen, daß ihr charakteristisches Eigengewicht sich erst in der nachexilischen Zeit ausgebildet hat. Stimmt man aber der Deutung Kottsiepers zu, demzufolge V. 9 eine interpretierende Glosse des V. 8 ist, so gehört genau der betreffende V. 9 nicht zum Grundbestand und das uns interessierende Aussagemuster (הֵמָּה כָּרְעוּ וְנָפָלוּ) ist erst durch die – späteren – Zufügungen eingetragen worden.

Interessant ist die These Barbieros, der Ps 20 zu den Psalmen der Armenfrömmigkeit rechnet,[295] was sonst (soweit ich sehe) in keiner anderen Auslegung dieses Psalms zu finden ist. Intertextuelle Bezüge einer rein synchron angelegten Psalterexegese lassen ihn zu diesem Schluß kommen. Die einschlägigen Termini der Armenfrömmigkeit finden sich nicht im Psalm, Barbiero kommt aufgrund einer Gesamtbeobachtung zu diesem Schluß.

---

295 Vgl. Barbiero, Das erste Psalmenbuch als Einheit (1999), 248 u.ö.

ESCHATOLOGISCHE PERSPEKTIVE – MESSIANISCHE HOFFNUNG

Unter GATTUNG wurde bereits die Bedeutung des kanonischen Kontextes festgestellt, wodurch Ps 20 zu einem die Königsideologie eschatologisch und kollektiv interpretierenden Text wird. Den eigentlichen Ansatzpunkt, die »messianische Brücke«[296] wird man in V. 7 zu suchen haben, eben jenem Vers, der in literarkritischer Hinsicht deutlich auffällig ist.

Zudem stimmt Ps 20,7f. in drei tragenden Lexemen mit der Ankündigung des waffenlosen Sieges des Messias in Sach 9,9f. überein: סוס, רכב, ישע, evtl. kann man noch משיחו (Ps 20,7) und מלכך (Sach 9,9) hinzunehmen. Als kanonisch-intertextuelle Beobachtung kann dies zwar nicht unmittelbar die Auslegung des Psalms als Einzeltext bestimmen, jedoch Hinweise darauf geben, wie bestimmte im Psalm angelegte Linien weiter ausgezogen werden können.

Wiederum ist – angestoßen durch Ergebnisse einer synchronen Psalterexegese – der Einwand zu erheben, daß Ps 21, der mit seinem Vorgänger eng verknüpft ist, ein strafendes Eingreifen Gottes kennt und sich von daher die Frage erhebt, ob die Formulierungen des Ps 20 dadurch in ihrer Bedeutsamkeit relativiert werden.

An eine ursprüngliche Einheit der Psalmen – so der Konsens der Forschung – ist allerdings kaum zu denken. »Ps 20 + 21 dürften wegen der thematischen Ähnlichkeit und ihrer kollektiven Interpretation zusammengestellt worden sein. Weder ein ursprünglicher kultischer oder historischer Zusammenhang verbindet diese Lieder miteinander«[297]. Westermann, der die messianische Dimension der beiden Psalmen unterstreicht, denkt an eine späte Komposition beider Psalmen.[298] Lohfink zufolge ist Ps 20 allerdings jünger als Ps 21, er ist eine nachträgliche Interpretation des folgenden, »älteren und zweifellos martialischen Psalm 21«[299] womit wir erneut auf das Phänomen der »vorauslaufenden Interpretation«[300] gestoßen sind: Bestimmte Inhalte eines an sich nicht mehr veränderbaren Textes werden stehengelassen, aber durch bestimmte Leseanweisungen, die gezielt vorangestellt werden, in ihrer Aussage relativiert bzw. anders akzentuiert.

---

[296] Vgl. Hossfeld/Zenger, HThKAT (2000), 33.
[297] Loretz, Königspsalmen (1988), 94. In diesem Sinne auch Hossfeld/Zenger, NEB 29 (1993), 140.
[298] Westermann, Sammlung (1964), 284; vgl. Barbiero, Das erste Psalmenbuch als Einheit (1999), 233.
[299] Lohfink, Die Armen II (1994), 58.
[300] S.o. die Ausführungen zu Ps 1 als »Leseschlüssel« des Psalters. Zum Programm, durch Voranstellung eines hermeneutischen Schlüssels bestimmte Texte in ein neues (»pazifistisches«) Licht zu rücken, vgl. die Ausführungen zur Friedensvision Jes 2,2-4 / Mi 4,1-3 von Schwienhorst-Schönberger, Zion – Ort der Tora (1993), 113.124f.

Die Bezeichnungen für die beiden kontrastierten Menschengruppen bleiben sehr vage und allgemein: da sind »Wir«, eine Gruppe, die zugleich für »Seinen Gesalbten« bzw. den König betet und auf der anderen Seite »Diese, Jene«.

BEZEICHNUNGEN FÜR DIE GUTEN

V. 7 מְשִׁיחוֹ   sein Gesalbter
V. 8 אֲנַחְנוּ   wir
V. 10 הַמֶּלֶךְ   der König

BEZEICHNUNGEN FÜR DIE SCHLECHTEN

V. 8 אֵלֶּה (2x)   die einen – die anderen
V. 9 הֵמָּה   jene

AUSSAGEN ÜBER DAS ENDE DER SCHLECHTEN

V. 9 כָּרְעוּ   sie sind gestürzt
V. 9 נָפָלוּ   sie sind gefallen

כרע ist insgesamt 4x im Hifil mit Gott als Subjekt belegt, davon an folgenden drei Stellen im Psalter: Ps 17,13; 18,40 und 78,31.

נפל kommt sowohl im Nifal als auch im Hifil mit Gott als Subjekt vor. Nifal: Ps 73,18 (außerhalb des Psalters: 2 Kön 19,7; Jes 37,7; Jer 19,7 u.a.); ein Hifil mit Gott als Subjekt ist insgesamt 16x belegt, davon allerdings nur 9x im Sinne von »fällen«. Drei dieser Belege finden sich im Psalter: Ps 73,18; 78,28; 140,11, hinzu kommen die beiden Infinitive Hifil in Ps 106,26.27, deren logisches Subjekt Gott ist.

6 Psalm 25: »Beschämt werden, die grundlos abfallen« – Unterweisung der Sünder als Bundesgeschehen

1 לְדָוִד

1 אֵלֶיךָ יְהוָה נַפְשִׁי אֶשָּׂא: 2 אֱלֹהַי
 בְּךָ בָטַחְתִּי אַל־אֵבוֹשָׁה אַל־יַעַלְצוּ אֹיְבַי לִי:
3 גַּם כָּל־קֹוֶיךָ לֹא יֵבֹשׁוּ יֵבֹשׁוּ הַבּוֹגְדִים רֵיקָם:
4 דְּרָכֶיךָ יְהוָה הוֹדִיעֵנִי אֹרְחוֹתֶיךָ לַמְּדֵנִי:
5 הַדְרִיכֵנִי בַאֲמִתֶּךָ וְלַמְּדֵנִי כִּי־אַתָּה אֱלֹהֵי יִשְׁעִי
 אוֹתְךָ קִוִּיתִי כָּל־הַיּוֹם:
6 זְכֹר־רַחֲמֶיךָ יְהוָה וַחֲסָדֶיךָ כִּי מֵעוֹלָם הֵמָּה:
7 חַטֹּאות נְעוּרַי וּפְשָׁעַי אַל־תִּזְכֹּר כְּחַסְדְּךָ זְכָר־לִי־אַתָּה
 לְמַעַן טוּבְךָ יְהוָה:

8 טוֹב־וְיָשָׁר יְהוָה עַל־כֵּן יוֹרֶה חַטָּאִים בַּדָּרֶךְ:
9 יַדְרֵךְ עֲנָוִים בַּמִּשְׁפָּט וִילַמֵּד עֲנָוִים דַּרְכּוֹ:
10 כָּל־אָרְחוֹת יְהוָה חֶסֶד וֶאֱמֶת לְנֹצְרֵי בְרִיתוֹ וְעֵדֹתָיו:
11 לְמַעַן־שִׁמְךָ יְהוָה וְסָלַחְתָּ לַעֲוֺנִי כִּי רַב־הוּא:
12 מִי־זֶה הָאִישׁ יְרֵא יְהוָה יוֹרֶנּוּ בְּדֶרֶךְ יִבְחָר:
13 נַפְשׁוֹ בְּטוֹב תָּלִין וְזַרְעוֹ יִירַשׁ אָרֶץ:
14 סוֹד יְהוָה לִירֵאָיו וּבְרִיתוֹ לְהוֹדִיעָם:
15 עֵינַי תָּמִיד אֶל־יְהוָה כִּי הוּא־יוֹצִיא מֵרֶשֶׁת רַגְלָי:

16 פְּנֵה־אֵלַי וְחָנֵּנִי כִּי־יָחִיד וְעָנִי אָנִי:
17 צָרוֹת לְבָבִי הִרְחִיבוּ מִמְּצוּקוֹתַי הוֹצִיאֵנִי:
18 רְאֵה עָנְיִי וַעֲמָלִי וְשָׂא לְכָל־חַטֹּאותָי:
19 רְאֵה־אוֹיְבַי כִּי־רָבּוּ וְשִׂנְאַת חָמָס שְׂנֵאוּנִי:
20 שָׁמְרָה נַפְשִׁי וְהַצִּילֵנִי אַל־אֵבוֹשׁ כִּי־חָסִיתִי בָךְ:
21 תֹּם־וָיֹשֶׁר יִצְּרוּנִי כִּי קִוִּיתִיךָ:
22 פְּדֵה אֱלֹהִים אֶת־יִשְׂרָאֵל מִכֹּל צָרוֹתָיו:

6.1 Übersetzung

1 Von / für David.

א		Zu dir, JHWH, erhebe ich meine Seele. 2 Mein Gott,[301]
ב		auf dich vertraue ich, nicht möge ich beschämt werden, nicht sollen triumphieren meine Feinde über mich.
ג	3	Auch alle auf dich Harrenden sollen nicht beschämt werden, beschämt werden sollen die grundlos Abfallenden.
ד	4	Deine Wege, JHWH, tue mir kund, deine Pfade lehre mich!
ה	5	Laß mich wandeln in deiner Treue und lehre mich, denn du, du bist der Gott meiner Rettung,
ו		auf dich hoffe ich den ganzen Tag.
ז	6	Gedenke deines Erbarmens, JHWH, und deiner Gnaden(gaben), denn seit ewig / von Ewigkeit her sind sie.
ח	7	Der Sünden meiner Jugend und meiner Abtrünnigkeiten gedenke nicht! Nach deiner Gnade gedenke du meiner, um deiner Güte willen, JHWH!
ט	8	Gut und gerade / aufrecht ist JHWH, daher weist er Sündern auf den Weg.
י	9	Er läßt Arme ins Recht / Gericht eintreten, und er lehrt Arme seinen Weg.
כ	10	Alle Pfade JHWHs sind Huld und Treue, denen, die seinen Bund und seine Zeugnisse bewahren.
ל	11	Um deines Namens willen, JHWH, mögest du vergeben / vergibst du[302] meine Schuld, denn groß ist sie.
מ	12	Wer ist (denn) der Mann, der JHWH fürchtet? Er weist ihm auf den Weg, den er erwählt / erwählen soll. (Ihn wird er ...)
נ	13	Seine Seele wird im Guten weilen, und sein Same wird das Land in Besitz nehmen.
ס	14	Vertrauten Umgang [pflegt] JHWH mit denen, die Ihn fürchten und seinen Bund [gibt Er], sie zu unterweisen.

---

301 Um des Akrostichons willen wird אלהי meist noch zum Parallelismus des ersten Verses gerechnet. Anders Lohfink, Gott Israels (1994), 66f., der ein kunstvolles Spiel mit sieben א-Anfängen beobachtet.

302 Es kann eine Bitte oder eine Vertrauensaussage gelesen werden. Für letzteres spricht, daß die eigentliche Vergebungsbitte in 18b steht und dort durch Imperativ ausgedrückt wird; hier also eher konstatierend (vgl. Lohfink, Gott Israels (1994), 67).

ע 15   Meine Augen [schauen] beständig auf JHWH,
            denn er, er befreit meine Füße aus dem Netz.

פ 16   Wende dich mir zu und sei mir gnädig,
            denn ich, ich bin einsam und elend.

צ 17   Die Engen meines Herzens sind weit gemacht worden / weite,[303]
            und aus meinen Bedrängnissen führe mich heraus.

(ק) 18   Sieh mein Elend und meine Mühsal,
            und nimm weg alle meine Sünden.

ר 19   Sieh meine Feinde, denn sie sind viele,
            mit gewalttätigem Haß hassen sie mich.

ש 20   Bewahre meine Seele / mein Leben und rette mich!
            nicht möge ich beschämt werden, denn ich habe mich zu dir geflüchtet.

ת 21   Unschuld und Aufrichtigkeit mögen mich behüten,
            denn ich hoffe auf dich / habe auf dich gehofft.

    22   Erlöse, o Gott, Israel
            aus allen seinen Nöten!

6.2 Gliederung

Anhand der verschiedenen Sprechrichtungen ergibt sich eine Dreiteilung des Psalms:

1*	Überschrift
1*-7	Sieben Gebetsverse (Bitten)
8-15	Acht reflektierende Bekenntnisverse (hymnusartig)
16-22	Sieben Gebetsverse (Bitten)

Eine Variante ergibt sich, wenn die Gliederung die Zentralstellung des Verses 11 berücksichtigen soll; dabei wird die Grenze des zweiten Teils (15 / 16) um einen Vers nach vorne verlegt:

---

[303] Alternative bei Beibehaltung von MT: »Die Bedrängnisse meines Herzens machen sie (die Feinde) groß.« Für eine Konjektur, die nur ein Waw vom Ende eines Wortes an den Anfang des nächsten verschiebt, spricht sich Lohfink aus: הַרְחִיב וּמִמְּצוּקוֹתַי, woraus sich folgende Übersetzung ergibt: »Die Beengungen meines Herzens weite« (Lohfink, Gott Israels (1994), 66.68). Damit ist das angeredete Subjekt konstant JHWH.

1*	Überschrift		
1*	Anrufung		
2-7	Sieben Gebetsverse		
8-14	Sieben (hymnusartige) Bekenntnisverse	8-10	Gotteslehre
		11	zentrale Gebetsbitte
		12-14	Lehre über den Menschen
15-21	Sieben Gebetsverse		
22	Prosaischer Nachsatz / liturgischer Zusatz für Israel[304]		

6.3 Strukturbeobachtungen

»Psalm 25 ist ein ebenmäßig gebautes, akrostichisches Gebet und Gedicht mit Neigung zum Allitieren, das trotz der vorgegebenen Formzwänge eine übergreifende Struktur und einheitliche Aussage bietet.«[305]

Die Verteilung der 22 Buchstaben des hebräischen Alphabets auf die ebenfalls 22 Verse ist nicht ganz regelmäßig, sondern weist drei Unregelmäßigkeiten auf: Erstens finden sich in V. 5 zwei Buchstaben, ה und ו, dementsprechend endet das Alphabet bereits in V. 21 mit dem ת. V. 22 ist kein eigener Buchstabe mehr zugeordnet, strukturell betrachtet »schießt er über«. Inhaltlich entspricht dem die Beobachtung, daß es sich wohl um eine sekundäre Zufügung handelt, durch die der Psalm auf Israel hin kollektiv gedeutet wird.

Zweitens läßt sich in der ו-Zeile die kleine Unregelmäßigkeit beobachten, daß es sich beim ו erst um den zweiten Buchstaben des betreffenden Stichos handelt;[306] doch wird dieser »Mangel« bzw. uneindeutige Zeilenbeginn ganz subtil ausbalanciert: Der Buchstabe kommt als Wortbeginn 12x vor, insgesamt enthält Ps 25 (ohne die – außerhalb des Akrostichons stehende – Überschrift) genau 77! Waws.

Durch das alphabetische Akrostichon bedingt, unterstellt drittens die Erwartung für V. 18 einen Beginn mit ק, doch fehlt ein solcher. Tatsächlich

---

[304] Vgl. Seybold, HAT I/15 (1996), 108ff.; vgl. für den Teil 8-14 Hossfeld, der ihn so unterteilt, daß die dort angelegte konzentrische Struktur Beachtung findet (Hossfeld, NEB 29 (1993), 165f.). Eine den ganzen Psalm durchziehende palindromische Struktur beobachtet Ruppert, allerdings nach Erweiterung von V. 1 und Streichung von V. 22: A (1-3), B (4-7), C (8-10), Zentrum (11), C' (12-14), B' (15-18), A' (19-21), vgl. Ruppert, Ps 25 (1972), 578f.; ebenfalls palindromisch auch Möller, s. STRUKTURBEOBACHTUNGEN. Zählt man Kola statt der Verse, befindet sich V. 11 auch ohne Abtrennung von V. 22 genau im Zentrum.

[305] Seybold, HAT I/15 (1996), 108.

[306] Der textkritische Apparat verweist darauf, daß in einigen wenigen Manuskripten die Zeile mit ו beginnt.

findet sich der Buchstabe ק im ganzen Vers nicht, was für die Struktur des Akrostichons auffällig bzw. ungewöhnlich ist.[307]

Das Tetragramm findet sich 10x (1.4.6.7.8.10.11.12.14.15), allerdings fällt das Fehlen in den Vv. 16-22 auf, die Verteilung erstreckt sich nicht gleichmäßig über den ganzen Psalm. An Gottesbezeichnungen kommen אֱלֹהַי in V. 2 und אֱלֹהֵי יִשְׁעִי in V. 5 sowie אֱלֹהִים in V. 22 hinzu.

Immerhin 6x kommt die Wurzel דרך vor (4.5.8.9[2x].12); das spielerische Wechseln zwischen dem Substantiv Weg und dem Verb (jemanden einen Weg gehen lassen) läßt sich in der Übersetzung nicht ins Deutsche hinüberretten.

Eine gewisse Rahmung durch drei Elemente läßt sich beobachten: Die Verben קוה (3.21); בוש (2.3[2x].20) und die Bezeichnung »meine Feinde« (אֹיְבַי 2.19) finden sich an den jeweiligen äußeren Rändern des Psalms.[308]

Die Vv. 8-14 sind konzentrisch angeordnet, um die zentrale Gebetsbitte des V. 11 gruppieren sich die Gotteslehre (8-10) und die Lehre über den Menschen (12-14). Das Tetragramm wird in diesem Abschnitt wie folgt verwendet: zweimal (8-10), einmal (11), zweimal (12-14). Außerdem spielt das Wortfeld des Weges eine relativ große Rolle.

Daß eine konzentrische Struktur die dreiteilige Hauptgliederung unterlegt, ist eine im Text selbst angelegte Spannung, die nicht aufgehoben werden soll.

6.4 Einheitlichkeit

Bis auf die Überschrift und V. 22, die beide außerhalb des Alphabetes stehen, zwingen keine Beobachtungen, an spätere Überarbeitungen zu denken; auch die Kunstform des Akrostichons legt es nahe, daß der Psalm »aus einem Guß« ist.

Die Überschrift לְדָוִד dürfte im Zuge der sogenannten »Davidisierung des Psalters« (Füglister) dem Psalm nachträglich vorangestellt worden sein.

Der prosaische Nachsatz in V. 22 dient wohl einem liturgischen Zweck und erweitert den Blick vom betenden Ich und seinen Problemen auf die

---

[307] Die Textkritik vermutet daher, daß ein mit ק beginnendes Wort ausgefallen ist; die einfachste Konjektur bestünde, abweichend vom Apparat der BHS, in קְרָאֵה (Imp. von קרא II »begegnen, entgegentreten«), vgl. Lohfink, Gott Israels (1994), 68.
[308] Möller, Strophenbau (1932), 254, kommt durch Analyse des Strophenbaus zum Schluß, daß sich die Verse 2-3 und 20-21 entsprechen (womit die Feinde in 2.19 nicht integriert wären). Er gliedert in regelmäßige Strophen: a (1), b (2-3), c (4-7), d (8-11), d' (12-15), c' (16-19), b' (20-21), a' 22 (ebd., 252). Bei allen Strophen der ersten Psalmhälfte (1-11) liege dabei das Hauptaugenmerk auf Gottes Wesen und Handlungsweise, in der zweiten Hälfte (12-22) aber auf dem Ergehen der Gottesfürchtigen (ebd., 255).

ganze Gemeinschaft der Glaubenden (Israel), er bittet um Befreiung Israels von allen seinen Feinden.[309]

Auffällig innerhalb des Akrostichons sind zwei Trikola, V. 5 und V. 7, letzterer wirkt zudem insgesamt überlang. Anhand dieser Beobachtungen werden verschiedene Umstellungen vorgeschlagen, die hier aber unberücksichtigt bleiben können, da sie die Gesamtaussage und -theologie des Psalms, um die es hier vorrangig gehen soll, nicht verändern.

Die Situationsdarstellung ist ebenfalls einheitlich: Das betende Ich befindet sich in äußerer und innerer Not (Feinde 2.19; Zwänge 15.17; Schuldgefühle 7.11.18), bittet um Befreiung und Vergebung und hofft auf die Freundschaft (14) seines Gottes, auf den es sein Vertrauen setzt.

6.5 Gattung

Ps 25 entzieht sich einer Gattungsbestimmung im üblichen Sinne, da er Wortmaterial in sich versammelt, das ganz unterschiedlichen Bereichen entstammt. So wird der Rahmen des Klage- und Dankliedes durch die Wortfelder eines weisheitlich geprägten Armenpsalms gesprengt. (Das eindeutigste Signal für die Charakterisierung als Armenpsalm sind die Selbstbezeichnungen des Beters in V. 16b: כִּי־יָחִיד וְעָנִי אָנִי »denn ich bin einsam und elend«, ein schönes Wortspiel, das in diesem Zusammenhang häufiger vorkommt.) Zur Gattungsbestimmung können weiterhin alle die Merkmale herangezogen werden, die seine Datierung in eine relativ späte Zeit unterstützen (s.u.). Die Wortgruppen »Weg und Erkenntnis«, »Gesetz« und »Sünde und Vergebung« kommen in dieser Zusammenstellung nur noch in Ps 119 vor. Als einzigartig kann schließlich die Verwendung des Wortes »Bund« (ברית) bezeichnet werden.[310]

6.6 Datierung

Ps 25 ist wahrscheinlich der nachexilischen Armenredaktion zuzuordnen; er ist geprägt von Termini der Armentheologie. Die Kunstform des (weisheitli-

---

[309] Da in V. 22 das Exodusmotiv wiederkehrt, sieht Lohfink hier eine Bitte um Befreiung aus Sündennot, nicht aus Feindesnot; es werde auf das Zentrum des Psalms ausdrücklich Bezug genommen (vgl. Lohfink, Gott Israels (1994), 72f.). Er möchte bewußt offenlassen, ob der Vers nicht schon ursprünglich zum Psalm gehörte, da man in ihm folgende »Pointe« sehen könne: Der in die Erfahrung Israels eingetretene Beter aus den Völkern spricht ein Gebet um die Erlösung Israels, die – wie seine – eine Erlösung aus den Beengungen durch eigene Sünde ist (vgl. ebd., 79).

[310] Vgl. Lohfink, Gott Israels (1994), 74. Er liest den Psalm als Gebet eines Menschen aus den Völkern, wenn nicht gar als Gebet der zum Zion kommenden Völker überhaupt (ebd.). So werde u.a. auch die für den Psalter überraschende Dichte, in der das Thema des Weges zur Sprache kommt, verständlich.

chen) alphabetischen Akrostichons spricht gegen ein hohes Alter. Für späte Entstehung sprechen des weiteren folgende Aspekte: 1. die Feinde erhalten relativ blasse Konturen, 2. die Bezeichnung der Armen ist hauptsächlich religiöse, nicht (mehr) soziale Charakterisierung, 3. das Thema der eigenen Sünde wird zentral, 4. die Bitte um göttliche Unterweisung tritt in den Vordergrund bzw. läßt sich – allgemeiner ausgedrückt – eine starke Bezugnahme zur späten Torafrömmigkeit beobachten.[311]

Deuteronomisch-deuteronomistische Einflüsse lassen sich in den Begriffen Bund und Zeugnis (בְּרִיתוֹ וְעֵדֹתָיו V. 10) und im Begriff יָרַשׁ אֶרֶץ[312] (V. 13) erkennen (der als Leitmotiv den ganzen Ps 37 durchzieht, s.o.). Überhaupt gibt es speziell zu diesem Psalm einige Stichwortverbindungen (was sich zum Teil dadurch erklären läßt, daß auch Ps 37 zu den Texten der Armentheologie gerechnet wird[313]). Dennoch gibt es auch charakteristische Unterschiede zu Ps 37: Bestimmt in Ps 37 noch die Antithese Gerechte – Frevler das Profil, so sind die Feinde in Ps 25 zum Nebenthema geworden; die eigene Sünde rückt ins Zentrum, der Appell an JHWHs Gnade und Barmherzigkeit tritt in den Vordergrund.[314]

Wie in Ps 20, so läßt sich auch hier eine – im wahrsten Sinne des Wortes – zentrale Rolle der Namens-Theologie (die ein Anzeichen für späte Entstehung ist, vgl. Ps 20) beobachten: Sie findet sich in der zentralen Bitte des V. 11 und steht somit genau in der Mitte des Psalms.[315]

6.7 Zur These

Die Auseinandersetzung, die Ps 25 spiegelt, geht durch Israel selbst. Es handelt sich also nicht mehr um die alte Gegenüberstellung Israel gegen äußere Feinde, sondern der Riß geht mitten durchs auserwählte Volk

---

[311] Vgl. Hossfeld, NEB 29 (1993), 161ff.
[312] יָרַשׁ אֶרֶץ findet sich selten im Psalter: 25,13; 37,9.11.22.29.34; 44,4; 105,44.
[313] Durch Untersuchung der mit Ps 25 verwandten Lexeme und Lexemgruppen kommt Lohfink zu dem Ergebnis, daß die – öfters bemerkte – Abhängigkeit des Ps 25 von Ps 37 doch nicht so groß sei. »Wir scheinen uns bei dem mit Ps 37 geteilten Rahmenvokabular von Ps 25 ... in einer Sprachwelt zu befinden, die vermutlich den Verfassern alphabetischer Psalmen allgemein zur Verfügung stand.« Lohfink, Ps 25 (1991), 275. Insbesondere widerlegt er damit die Thesen Rupperts (Psalm 25 und die Grenze kultorientierter Psalmenexegese (1972), 576-582).
[314] Vgl. Hossfeld, NEB 29 (1993), 162.
[315] Vgl. auch Seybold, HAT I/15 (1996), 109: »11 ist ein Gebetsvers inmitten hymnisch thetischer Aussagen. Er bildet die Mitte der sieben Bekenntniszeilen und trägt wie ein Brückenpfeiler die Bögen zwischen den großen Gebettextblöcken 2-8 und 15-21. Bemerkenswert ist, daß die Theologie des Namens in die Mitte des Psalms gestellt ist.«

II Textanalysen

selbst.³¹⁶ Das nennt V. 3 beim Namen: Beschämt werden sollen die, die grundlos (vom JHWH-Glauben und damit von JHWH selbst) abgefallen sind. In der Spätzeit grenzen sich die, die sich als das wahre Israel verstehen, von der Masse der Lauen bzw. der Masse derer, die den Glauben der Väter ganz aufgegeben haben, ab. Sie wählen als Selbstbezeichnung für sich »die Armen, Gebeugten, Elenden«.³¹⁷ Ihr Vertrauen auf Gottes Handeln für sie umfaßt die verschiedensten Bereiche des Lebens, unter anderem auch den Bereich des Rechts: V. 9 könnte eine Anspielung auf die Gottesgerichtsverfahren am Heiligtum sein.³¹⁸

Gleich nach dem Eingangs-Vertrauensbekenntnis und der ersten Bitte des Beters an Gott, ihn nicht scheitern zu lassen, folgt in V. 3 die allgemeine Aussage, daß die, die Gott die Treue brechen, scheitern. Hier haben wir es erstmals (ausdrücklich) nicht mit einer irgendwie gearteten Gruppe von fremden Feinden zu tun, sondern mit abgefallenen JHWH-Gläubigen. Der antithetische Parallelismus des dritten Verses drückt – als geprägter weisheitlicher Lehrsatz? – die jeweiligen Schicksale der auf JHWH Hoffenden und der Treulosen aus. Da ist einerseits die Gewißheit, daß keiner, der auf den Herrn hofft, scheitert, andererseits die ebenfalls sichere (Hoffnungs-)Aussage, daß alle, die dem Herrn den Rücken kehren, ihr Leben verfehlen, weil sie auf diesem Weg kein Ziel haben.

Interessanterweise fehlt jede Aussage über das Ergehen der Feinde aus V. 19. Deren weiteres Schicksal ist nicht im Blick. Inwieweit sie mit den in 3b Genannten zu identifizieren sind, kann hier offen bleiben, es dürfte von der Gesamtaussage des Psalms her aber gemeint sein.

Der Beter selbst bekennt von sich, Sünder zu sein.³¹⁹ Doch dies ist es noch

---

316 Erst in der Psalmenkomposition (vor allem durch Ps 24) kommt Ps 25 die Sinnnuance zu, die ihn im Zusammenhang des Themenkreises der Völkerwallfahrt situiert.

317 Daß diese Bezeichnungen zu Ehrennamen für die Frommen werden, ist schon mehrfach begegnet, vgl. insbesondere auch *III.1.1* zur ARMENTHEOLOGIE.

318 So Seybold, HAT I/15 (1996), 109. Die Spitzensätze der theologischen Einsichten sind ihm zufolge in 5a.8a.13a.14a.17a zu finden (vgl. ebd., 108). Dies scheint mir aber eine etwas willkürliche Setzung seinerseits zu sein. Mir leuchtet es keineswegs ein, warum z.B. 5b: »du bist der Gott meines Heils« nicht dazugehören, also warum nicht der ganze V. 5 eine theologische Spitzenaussage enthalten soll. Noch problematischer finde ich es, 13a und b auseinanderzureißen, da Parallelen (insbesondere zu Ps 37) belegen, daß das eigene Glück nicht unabhängig vom Wohlergehen der Nachkommenschaft gesehen werden kann. Seybold benennt zwar inhaltlich wichtige Aussagen, wieso er allerdings immer nur eine Vershälfte heranzieht, bleibt fragwürdig.

319 Er gebraucht mit חַטָּאִים (V. 8) ein Wort, das sich üblicherweise immer auf der »Gegenseite«, also der Seite der »Schlechten« findet; vgl. die Tabelle im Schlußkapitel (*III.1.2.1*). Unser Vers hält fest: Gerade die Sünder unterweist JHWH. »Sünder« ist deshalb nicht so absolut wie in anderen Texten zu verstehen, sondern es sind Sünder, die sich selbst als solche bekennen und damit den ersten Schritt der Umkehr schon vollzogen haben.

nicht, was die Verbindung mit JHWH zerstört, sondern erst das ganz bewußte Verlassen seines Weges. Unser Beter aber hofft auf Ihn, hofft auf Unterweisung und Führung und – zentral – auf Vergebung der Sünden, wobei die Aspekte verschmelzen (V. 8). Für ihn, der sich selbst keineswegs als »Guten« oder »Gerechten« im Sinne von Schuldlosen darstellt, hat Gott schon gehandelt und soll wieder handeln. Er selbst steht dabei als Repräsentant der Gruppe der auf JHWH Hoffenden. Wie diese Menschengruppe aussieht, verdeutlichen insbesondere die Aussagen der Vv. 12-14, die man mit »das Wesen des glaubenden Menschen« überschreiben könnte. »Die höchste Auszeichnung – sonst vor allem den Propheten zugeschrieben ... – ist, daß der Glaubende nach 14a in Gottes geheimen Ratschluß (סוד) einbezogen wird, bzw. daß er seinen Ratschluß denen, die ihm anhängen, mitteilt.«[320]

In Ps 25 läßt sich eindeutig das Aussagemuster festmachen, durch das die Texte der hier vorgestellten These charakterisiert sind: Auf der einen Seite sind die »Guten«, zu deren Gunsten Gott handelt (in vielfältigen Aussagen variiert und fast in allen Versen anzutreffen, zusammengefaßt in der Spitzenaussage des V. 14), auf der anderen Seite die »Schlechten«, die aufgrund ihres Tuns beschämt werden sollen (3b). Ein Kausalzusammenhang der Beschämung mit einem Handeln Gottes läßt sich nicht ausmachen. Allerdings wird die Wurzel בוש genau parallel auch für den Beter verwendet – ebenfalls ohne daß Gott hervortritt.[321]

In diesem Psalm, stärker noch als in den bisher behandelten, fällt auf, wie wenig Aufmerksamkeit den »Schlechten« gewidmet wird; sie kommen nur sehr kurz in den Blick. Einzig der Halbvers 3b und V. 19 handeln von ihnen; die Botschaft ist klar: Im Mittelpunkt des Interesses steht das gelungene Leben derer, die sich an Gott halten, die anderen verdienen – wegen ihres Selbstausschlusses – keine zu große Beachtung mehr.

Armenperspektive

Die Armenperspektive ist im Psalm sehr deutlich erkennbar, während eine ESCHATOLOGISCHE PERSPEKTIVE, hier: die endzeitliche Verbindung von Völkern und Bund,[322] erst und vor allem durch den Kontext der Nachbarpsalmen ersichtlich wird.

---

[320] Seybold, HAT I/15 (1996), 110.
[321] Sowohl in V. 3a als auch in V. 20. Je nachdem, wie man diese Beobachtung gewichtet, kann die Streichung von Ps 25 erwogen werden. Er wird hier trotzdem vorgestellt, da in den anderen Versen Gott als zugunsten der Guten aktiv beschrieben wird. In die ganze Abhandlung sind bewußt auch Zweifelsfälle aufgenommen worden, um eine möglichst breite Textbasis zu sichten.
[322] Vgl. Lohfink, Gott Israels (1994), 83.

II Textanalysen

BEZEICHNUNGEN FÜR DIE GUTEN

V. 3	כָּל־קֹוֶיךָ	alle auf Dich Harrenden
V. 9	עֲנָוִים (2x)	die Armen
V. 10	נֹצְרֵי בְרִיתוֹ וְעֵדֹתָיו	seinen Bund und seine Zeugnisse Bewahrende
V. 12	הָאִישׁ יְרֵא יְהוָה	der Mann, der JHWH fürchtet
V. 14	יְרֵאָיו	Ihn Fürchtende
V. 16	יָחִיד וְעָנִי	einsam und elend[323]

Eher dazwischen anzusiedeln ist
| V. 8 | חַטָּאִים | Sünder (als Selbstbezeichnung des Beters) |

BEZEICHNUNGEN FÜR DIE SCHLECHTEN

V. 2	אֹיְבַי	meine Feinde
V. 3	הַבּוֹגְדִים רֵיקָם	die grundlos Abfallenden
V. 19	אוֹיְבַי	meine Feinde

AUSSAGEN ÜBER DAS ENDE DER SCHLECHTEN

| V. 3 | יֵבֹשׁוּ | sie werden beschämt |

---

323 In die jeweiligen Aufzählungen sind im Normalfall keine Adjektive oder Verbalaussagen, die Bezeichnungen über die »Guten« enthalten, aufgenommen. Hier wird das Schema einmalig durchbrochen, um diese beiden Armentermini mitzuerfassen. Die anderen Aussagen der Vv. 15-20, die aufschlußreich für die Selbstcharakterisierung des Beters sind (vgl. etwa V. 15 עֵינַי תָּמִיד אֶל־יְהוָה; V. 20 חָסִיתִי בָךְ), finden keine Aufnahme.

7 Psalm 27: »Er birgt mich am Tage des Unheils«

1 לְדָוִד

יְהוָה אוֹרִי וְיִשְׁעִי מִמִּי אִירָא
יְהוָה מָעוֹז־חַיַּי מִמִּי אֶפְחָד׃

2 בִּקְרֹב עָלַי מְרֵעִים לֶאֱכֹל אֶת־בְּשָׂרִי
צָרַי וְאֹיְבַי לִי הֵמָּה כָּשְׁלוּ וְנָפָלוּ׃

3 אִם־תַּחֲנֶה עָלַי מַחֲנֶה לֹא־יִירָא לִבִּי
אִם־תָּקוּם עָלַי מִלְחָמָה בְּזֹאת אֲנִי בוֹטֵחַ׃

4 אַחַת שָׁאַלְתִּי מֵאֵת־יְהוָה אוֹתָהּ אֲבַקֵּשׁ
שִׁבְתִּי בְּבֵית־יְהוָה כָּל־יְמֵי חַיַּי
לַחֲזוֹת בְּנֹעַם־יְהוָה וּלְבַקֵּר בְּהֵיכָלוֹ׃

5 כִּי יִצְפְּנֵנִי בְּסֻכֹּה בְּיוֹם רָעָה
יַסְתִּרֵנִי בְּסֵתֶר אָהֳלוֹ בְּצוּר יְרוֹמְמֵנִי׃

6 וְעַתָּה יָרוּם רֹאשִׁי עַל אֹיְבַי סְבִיבוֹתַי
וְאֶזְבְּחָה בְאָהֳלוֹ זִבְחֵי תְרוּעָה
אָשִׁירָה וַאֲזַמְּרָה לַיהוָה׃

7 שְׁמַע־יְהוָה קוֹלִי אֶקְרָא וְחָנֵּנִי וַעֲנֵנִי׃

8 לְךָ אָמַר לִבִּי בַּקְּשׁוּ פָנָי
אֶת־פָּנֶיךָ יְהוָה אֲבַקֵּשׁ׃ 9 אַל־תַּסְתֵּר פָּנֶיךָ מִמֶּנִּי
אַל־תַּט־בְּאַף עַבְדֶּךָ עֶזְרָתִי הָיִיתָ
אַל־תִּטְּשֵׁנִי וְאַל־תַּעַזְבֵנִי אֱלֹהֵי יִשְׁעִי׃

10 כִּי־אָבִי וְאִמִּי עֲזָבוּנִי וַיהוָה יַאַסְפֵנִי׃

11 הוֹרֵנִי יְהוָה דַּרְכֶּךָ
וּנְחֵנִי בְּאֹרַח מִישׁוֹר לְמַעַן שׁוֹרְרָי׃

12 אַל־תִּתְּנֵנִי בְּנֶפֶשׁ צָרָי
כִּי קָמוּ־בִי עֵדֵי־שֶׁקֶר וִיפֵחַ חָמָס׃

13 לוּלֵא הֶאֱמַנְתִּי לִרְאוֹת בְּטוּב־יְהוָה בְּאֶרֶץ חַיִּים׃

14 קַוֵּה אֶל־יְהוָה חֲזַק וְיַאֲמֵץ לִבֶּךָ וְקַוֵּה אֶל־יְהוָה׃

7.1 Übersetzung

1 Von / für David.

1 JHWH [ist] mein Licht und meine Rettung:
  Vor wem sollte ich mich fürchten?
  JHWH [ist] die Zuflucht / Burg meines Lebens:
  Vor wem sollte ich erschrecken?
2 Wenn sich mir Übeltäter näherten,
  um mein Fleisch zu essen,
  meine Widersacher und meine Feinde (die mir feind sind[324]) jene,
  sie sind gestrauchelt und gefallen.
3 Wenn ein Kriegsheer sich gegen mich lagern wird,
  wird sich mein Herz nicht fürchten,
  Wenn ein Kampf gegen mich aufsteht,
  bin ich trotzdem vertrauend.

4 Eines habe ich von JHWH erbeten,
  dieses suche ich:
  Mein Wohnen im Hause JHWHs
  alle Tage meines Lebens;
  zu schauen die Schönheit JHWHs
  und nachzusinnen in seinem Tempel.
5 Denn er birgt mich in einer Hütte
  am Tag des Unheils,
  er verhüllt mich mit der Hülle seines Zeltes,
  auf Fels erhebt er mich.
6 Und nun erhebt sich mein Haupt
  über meine Feinde um mich herum
  und ich will opfern in seinem Zelt
  Opfer des Jubels.
  Ich will singen und ich will spielen für JHWH.

7 Höre, JHWH, meine Stimme, ich rufe,
  und / ja, erbarme dich meiner und antworte mir.
8 Dir hat mein Herz gesagt (an dich denkt mein Herz):
  Sucht mein Angesicht,[325]

---

[324] לִי dient der Verstärkung des Suffixes אֹיְבַי »meine« Feinde; anders Michel, Tempora (1960), 147, der zur Übersetzung »meine Widersacher und meine Feinde sind sie für mich« kommt.

dein Angesicht, JHWH, suche ich.
9 Verbirg nicht dein Angesicht vor mir,
weise deinen Knecht nicht im Zorn ab,
meine Hilfe bist du geworden,
verstoße mich nicht und verlasse mich nicht,
Gott meines Heils.
10 Denn mein Vater und meine Mutter haben mich verlassen,
aber JHWH wird mich aufnehmen.
11 Zeige mir, JHWH, deinen Weg
und führe mich auf dem Pfad der Geradheit,
um meiner Feinde willen.
12 Nicht gib mich
in die Gier meiner Bedränger,
denn gegen mich sind Lügenzeugen aufgestanden
und ein Zeuge der Gewalt.[326]
13 Wenn ich nicht fest geglaubt hätte,
die Güte JHWHs zu sehen
im Lande der Lebenden ...

14 Hoffe auf JHWH!
Stark und fest sei dein Herz
und hoffe auf JHWH!

7.2 Gliederung

1*   Überschrift
1*-3   Vertrauensbekenntnis
4-6   Wunsch nach Gottesnähe im Tempel
7-13   Bittgebet eines Gerechten unter Todesanklage
14   Schlußmahnung[327]

7.3 Strukturbeobachtungen

Die Verse des Psalms sind durch einige Stichwortaufnahmen miteinander verknüpft (zahlreiche Wörter kommen zweimal vor); es gibt allerdings keine signifikante Häufung bestimmter Wörter. Das Tetragramm kommt 13mal vor,

---

[325] Zum möglichen bewußten Wiederaufnehmen von Ps 24,6, was die ungewöhnliche Formulierung und den Plural von »sucht mein Angesicht« erklären würde, vgl. Barbiero, Das erste Psalmenbuch als Einheit (1999), 372.
[326] Von יפה »zeugen«, nicht פוח »schnauben« (Gewalttat-Schnaubender).
[327] Vgl. Hossfeld, NEB 29 (1993), 174f.

einmal wird Gott zudem als אֱלֹהֵי יִשְׁעִי angeredet (V. 8). Auf der Ebene der Kolometrie betrachtet, wirken die Verse uneinheitlich, was verschiedene Kommentatoren zu Streichungen oder Umstellungen veranlaßt, die hier aber nicht weiter diskutiert werden sollen, da die These als solche nicht betroffen ist.

Zählt man die Überschrift und den (später angefügten) V. 14 nicht mit, so ergibt sich für das Lobgelübde in V. 6 eine zentrale Stellung, davor und danach stehen je 11 Zeilen.[328]

Allerdings ergibt sich rein aus der Struktur (Wortverteilungen etc.) keine schlüssige Gliederung. Alles, was sich sagen läßt, ist, daß der Psalm aus zwei etwa gleich langen (zwei mal sieben Verse, womit sich durch die Zahl 14 der Zahlwert des Namens דוד ergibt) Teilen besteht, die durch das abschließende Lobgelübde in V. 6 und die deutlich einen Neuanfang markierende Gebetsanrede שְׁמַע־יְהוָה קוֹלִי in V. 7 relativ klar voneinander abgegrenzt sind.

7.4 Einheitlichkeit

Im Hinblick auf die Frage nach der Einheitlichkeit des Psalms fällt vor allem der Bruch zwischen den Versen 6 und 7 auf. Die Vv. 1-6 sind ein Bekenntnis (eines Königs?) im Stile eines Dank- oder Vertrauenspsalms; über Gott wird in der 3. Person gesprochen. Es herrscht in den ersten Versen die Bildwelt des Krieges vor (Kriegsmetaphern bestimmen insbesondere V. 3). Ausführlich und differenziert kommt daneben im zweiten Teil (4-6) der Tempel zur Sprache. Aus den Versen spricht festes Gottvertrauen.

Mit V. 7 wechselt die Sprechrichtung, Gott wird (von einem zu Unrecht Angeklagten? vgl. V. 12) in direkter Anrede als Du angesprochen; das Vertrauen in Gott ist brüchiger als das des vorhergehenden Teils. Die Vv. 7-13 bewegen sich einerseits in einer juristischen (10.12.13),[329] andererseits in der Bildwelt der Tempeltheologie (8-9.13). V. 14 wird man noch einmal eigens

---

[328] Zu einer (thematischen) Gliederung, die der zentralen Stellung von V. 6 Gewicht beimißt, kommt Barbiero, Das erste Psalmenbuch als Einheit (1999), 363:

a	Zwei Grundmotive (Vertrauen und Angst; verursacht durch die zwei Subjekte JHWH und die Feinde)	1
b	Darstellung der Feinde	2-3
c	Zuflucht in JHWHs Nähe im Tempel	4-5
d	Zentrum: Sieg des Beters über seine Feinde	6
c'	Appell an die Nähe JHWHs (Angesicht statt Tempel)	7-10
b'	Gefährlichkeit der Feinde	11-12
a'	Vertrauen angesichts der Angst	13-14.

[329] V. 10: Vater und Mutter fallen als Rechtsbeistand aus; V. 13: Hossfeld kommt durch formenkritischen Strukturvergleich zum Ergebnis, hier das »Morgenmotiv« zu sehen (vgl. NEB 29 (1993), 175).

absetzen dürfen, da er außerhalb des ursprünglich wohl selbständigen Bittgebetes (7-13) steht.³³⁰

7.5 Gattung

Im Gebet der Vv. 1-6 kann man das Vertrauenslied eines einzelnen, das Elemente der Klage durchscheinen läßt, erblicken. Die Vv. 7-13 hingegen sind durchgehend ein Bittgebet (eines Gerechten) mit integrierter Klage an JHWH. Die Gattung des Gesamtpsalms bestimmt Hossfeld entsprechend mit »Bittgebete eines siegessicheren Verfolgten und angeklagten Gerechten«³³¹. Dadurch sind die Teile sicherlich zutreffend charakterisiert, m.E. kommt aber zu kurz, daß der Psalm nun – kanonisch – als Einheit vorliegt und demzufolge eine Gattungsbestimmung für den Endpsalm erfolgen sollte. Es handelt sich dabei um einen Vertrauenspsalm.³³²

7.6 Datierung

Offen bleiben muß die Frage nach der zeitlichen Ansetzung des Psalms, die ja immer Bestandteil unserer Untersuchung ist. Bezüglich des ersten Teils wird man nicht sagen können, ob es sich tatsächlich um das Bittgebet eines Königs handelt oder ob die entsprechende Redeweise rein metaphorisch gebraucht wurde und damit natürlich auch deutlich später anzusetzen sein könnte. Die meisten Ausleger äußern sich hinsichtlich der Datierung eher vage; wiederum ergibt sich überdies ein disparater Befund:

»Zur zeitlichen Ansetzung fehlen die konkreten Anhaltspunkte. Doch wäre es gut möglich, den Ps 27 in vorexilische Zeit anzusetzen.«³³³ »Nachexilische Entstehung in Jerusalem ist ... wahrscheinlich«³³⁴ (weil persönliche Vertrauensaussagen dominieren). Keinerlei Angaben zum Alter machen Gunkel, Ravasi und Mays.

Hossfeld zufolge hat eine exilische Redaktion die zwei ursprünglich selbständigen Gebete 1-6.7-13 zusammengefügt, aus ihrer Hand stamme auch V. 14. Für das Vertrauenslied 1-6 spreche nichts gegen eine vorexilische Abfassung, da die Jerusalemer Tempeltradition breite Aufnahme gefunden ha-

---

³³⁰ Vgl. auch Hossfeld, NEB 29 (1993), 171.
³³¹ Ebd.
³³² So u.a. Barbiero, Das erste Psalmenbuch als Einheit (1999), 374, der Ps 27 von seinem Inhalt her als Vertrauenspsalm klassifiziert. Typisch dafür sei, daß er von der Hoffnung auf eine Zukunft voll Güte geprägt ist (V. 13). Ebenso Dahood, The Anchor Bible (1966), 166; vgl. auch Keel, Feinde (1969), 191.
³³³ Kraus, BK XV/1 (⁶1989), 365f.
³³⁴ Seybold, HAT I/15 (1996), 115.

be; das Bittgebet des Gerechten könne aus vorexilischer oder exilischer Zeit stammen.³³⁵

7.7 Zur These

Die hier interessierende Aussagestruktur findet sich allein im ersten Teil, dem Bittgebet des Verfolgten. Der in diesen Versen nicht näher bezeichnete Beter (erst in V. 9 findet sich die Selbstbezeichnung »dein Knecht«) sieht sich von Übeltätern bedrängt und umringt. Er variiert die Bezeichnungen für diese seine Feinde: מְרֵעִים, צָרַי וְאֹיְבַי לִי (V. 2), אֹיְבַי (V. 6). Zunächst wählt er ein ganz allgemeines Wort, danach sieht er die entsprechenden Menschen aber insbesondere durch ihre Beziehung zu sich selbst charakterisiert; daher tragen die folgenden Bezeichnungen alle das Suffix der ersten Person Singular. Es sind keine abstrakten Übeltäter, sondern eben »meine« Feinde. Während die Widersacher in Ps 26 als eine Gruppe dargestellt werden, von denen der Beter Abstand nimmt, zeichnet Ps 27 sie als eine Gruppe, die den Beter attackiert.³³⁶ Dabei ist der temporale Aspekt der verwendeten Verben aufschlußreich: Es war so – und es wird wieder so sein: »wenn sich mir Übeltäter *näherten*« (V. 2, die Zeitstufe des Infinitivs bestimmt sich vom Hauptsatz her) – »wenn ein Kriegsheer sich gegen mich *lagern wird*« (V. 3). Trotz dieser die Vergangenheit und die Zukunft umspannenden Bedrohungen hält der Beter an seinem Vertrauen fest. Die Überzeitlichkeit dieses Vertrauens wird durch das Partizip betont.

Wie in anderen hier untersuchten Psalmen ist es ein einzelner (gerechter bzw. unschuldiger) Mensch, der sich einer ganzen Gruppe, ja einem ganzen Heer (V. 3) ihm übel Gesonnener gegenübersieht.³³⁷ Diese Perspektive hält sich im ganzen Psalm durch, wird im zweiten Teil sogar eher noch verstärkt: »Vater und Mutter haben mich verlassen« (V. 10), ein solches Ich ist buchstäblich »mutterseelenallein«.³³⁸ Ein Ausblick auf gemeinschaftliches Erleben und damit die Beendigung der Einsamkeit findet sich in der Ankündigung der »Opfer des Jubels« (V. 6), die in (kultischer) Gemeinschaft und nicht

---

335 Vgl. Hossfeld, NEB 29 (1993), 171. In Hossfeld/Zenger, HThKAT (2000), 294f. liefert er noch einige zusätzliche Argumente für die relative Datierung (zumindest eines Verses), wenn er in Ps 27,8 die – frühe – Vorlage für Ps 105,4 sieht, die dann in Ps 71,3 aufgegriffen werde.
336 Vgl. Barbiero, Das erste Psalmenbuch als Einheit (1999), 365.
337 Vgl. Pss 1; 6; 57; 63; 71; 91; 92; 141.
338 Vgl. Jes 49,15, der besagt, daß selbst engste Bande unter Menschen zerbrechen können, doch die Treue Gottes niemals zerbricht: הֲתִשְׁכַּח אִשָּׁה עוּלָהּ מֵרַחֵם בֶּן־בִּטְנָהּ גַּם־אֵלֶּה תִשְׁכַּחְנָה וְאָנֹכִי לֹא אֶשְׁכָּחֵךְ׃

allein vollzogen werden.³³⁹ Im Gottesdienst erkennt der Beter, daß es für ihn nur ein furchtbares Unheil geben kann: daß Gott ihn verläßt (V. 9).

Für seine Feinde konstatiert der Beter ein – bereits eingetretenes – Ende: Sie selbst sind gestrauchelt und gefallen (V. 2, beide Verbformen im Perfekt). Er gibt keine nähere Erklärung über Wie und Warum, sondern stellt die Tatsache als solche fest. Ihm selbst aber droht nicht einmal am Tage des Unheils Übel, da JHWH ihn birgt, ihn verhüllt und auf einen schützenden Felsen emporhebt (5f.).³⁴⁰ Dieses Emporheben (רום) Gottes bewirkt im Beter seinerseits ein Erheben (רום): Er kann nun über seine Feinde sein Haupt erheben (V. 6).

Für unseren Beter ist es also klar, daß er seine Rettung – kausal – Gottes bewahrendem und rettendem Wirken verdankt, während er die Ursache des Strauchelns seiner Feinde offen läßt.

Wie in anderen Psalmen taucht das Motiv des »Tags des Unheils«³⁴¹ auf. An diesem droht allen Menschen Gefahr und sie sind auf das Bewahrt-Werden durch Gott angewiesen. Den JHWH-Gläubigen wird dies zuteil, während die Feinde durch das Unheil untergehen.

Im Hintergrund derartiger Aussagen muß so etwas wie die Überzeugung von einem universalen Unheilszusammenhang stehen, durch den alle Menschen und auch die ganze nichtmenschliche Schöpfung betroffen sind. Diese

---

³³⁹ Da nicht näher ausgeführt wird, in welchem Rahmen die Opfer vollzogen werden, bleibt auch die Gruppe der Mitfeiernden unbestimmt; dennoch ergibt sich im Hinblick auf die Feinde eine Denkmöglichkeit, diese nicht als völlig Fremde, sondern als Volksgenossen zu sehen: »Wie für Ps 23, so ist auch für 27 denkbar, daß die Feinde zur Zeit des Opfers dabei sind סביבותי. Es wären also innerisraelitische Auseinandersetzungen (zwischen verfeindeten Parteien?).« (Barbiero, Das erste Psalmenbuch als Einheit (1999), 375).

³⁴⁰ V. 5 spielt wohl auf das Asylrecht im Tempel an, das den Verfolgten der Rache seiner Feinde entzieht. (Keel sieht in Ps 27 den einzigen wirklichen Asylpsalm; vgl. Feinde (1969), 28.) Eventuell ist der Schutz des Tempels Gottes hier nicht (mehr) nur im Wortsinn zu verstehen, sondern wurde vom Gebäude selbst weg auf ein allgemeines Verständnis übertragen. Dagegen spricht allerdings der vorhergehende Vers, der direkt von der Schauung JHWHs im Tempel und dem Nachsinnen dort spricht. Der Wunsch des Beters erschöpft sich ja gerade nicht im unbehelligten Verweilen-Dürfen, sondern er will den Blick ganz auf Gott richten. Auch das »Sucht mein Angesicht« des V. 8 kann beides meinen: ein wirkliches Pilgern zum Tempel oder das ständige Suchen des Angesichtes unabhängig vom Aufenthaltsort (falls mit dem »mein« des Angesichts das Gottes gemeint ist, vgl. die entsprechende Anm. zur Übersetzung des Verses).

³⁴¹ Weitere Stellen im Psalter [Suchbegriff יום]: *20,2; (37,13?.19);* 41,2; 50,15; *91,5.15;* 94,13?; 110,5?; 140,8. (Nicht dazu, da jeweils mit Suffix der 1. Person Singular, also keine allgemeine Not: Ps 18,19; 56,4; 59,17; 77,3; 86,7; 102,3). In den Proverbia: 11,4; 16,4; 24,10; 25,19. [Suchbegriff עת]: Ps 9,10; 10,1; 32,6; 37,19.39.

Dynamik ist etwas »außerhalb« des bewahrenden Handelns Gottes, sie vollzieht sich auch gerade nicht als von Gott intendiertes Strafgericht, sondern als Eigenbewegung der Welt. Darin drückt sich der Selbstausschluß vor Gott aus, den dieser, da er die Schöpfung als freie wollte, zuläßt. Das Unbegreifliche der Schöpfung (des Menschen) ist ja genau dies, daß Gottes Allmacht darin besteht, Freiheit außer sich zu schaffen; wobei dieser Begriff der Allmacht nicht biblisch ist.³⁴²

Eingreifen kann Gott »nur«, indem er die rettet, die an ihm festhalten, die anderen sind seiner Hand entzogen, genauer: haben sich selbst seiner Hand entzogen. Wahres Menschsein ist für den biblischen Menschen (und nicht nur den) ohnehin nur solches, das einen Gottesbezug hat. Leben unabhängig von jeder Beziehung zu Gott ist kein gelingendes menschliches Leben, sondern verfehlt sich.

Zugleich drückt der Psalm sehr drastisch aus, daß Gewalt eine fest etablierte Größe in der Welt, die der Beter erlebt, ist. Sein Vertrauen auf Gott spricht er inmitten einer ganz beachtlichen Menge von Bedrohungen aus: kriegerische bzw. allgemeiner formuliert gewalttätige Auseinandersetzungen und die Gefahr der Rechtsbeugung durch falsche Zeugen (Vv. 2.12).

Der Psalm ist also geprägt von einer negativen Sicht der Welt, deren Beschreibung endzeitlich anmutende Züge annimmt, insbesondere trägt der Ausdruck »am Tag des Unheils« בְּיוֹם רָעָה (V. 5) diese Konnotation. Der auf JHWH vertrauende Beter ist nicht Herr der Situation, er selbst kann sie nicht (mehr) beeinflussen oder gar abwenden.

> »Gegen den Beter erheben sich militärisch gerüstete Feinde, gegen die der Beter nur seine einzige Waffe, sein Vertrauen auf JHWH, setzen kann … . Die Gewaltlosigkeit kommt folgerichtig aus dem Vertrauen, und dies ist die positive Seite der ›Armut‹, wie sie in den Psalmen verstanden wird.«³⁴³

ARMENPERSPEKTIVE

Barbiero weist darauf hin, daß – obwohl das Wort »Armut« fehlt – Vokabular der Armenfrömmigkeit verwendet wird, insbesondere das »Suchen seines Angesichts« und die Aussage, von Vater und Mutter verlassen zu sein. Auf dem Hintergrund weiterer Vertrauenspsalmen werde deutlich, daß die in V. 13 erhoffte Güte zur gegenwärtigen Lage in Kontrast steht. In Ps 27 handelt es sich wohl um »Arme« (V. 10), deren einziger Reichtum JHWH ist. Die Hoff-

---

342 Offensichtlich rechnet der Psalm genau mit der geheimnisvollen Freiheit des Menschen, der sich Gott eigenwillig versagen kann, daher fügt der Beter in V. 11 die Bitte an: »Zeige mir deinen Weg!«.
343 Barbiero, Das erste Psalmenbuch als Einheit (1999), 382.

nung auf ewiges Leben vor JHWHs Angesicht (V. 13) verbindet diesen Psalm mit Ps 23 und Ps 16.[344]

Eschatologische Perspektive – Messianische Hoffnung

Neben dieser Hoffnung, »JHWHs Güte zu sehen im Lande der Lebenden«, ist die »königliche Färbung« von Ps 27 öfters beobachtet worden.[345] Wenn auch Barbiero zufolge die Psalmen 27 und 28 auf der Endgestalt des Psalters kaum als »Königspsalmen« betrachtet werden können, so lasse sich aber wohl ein messianischer Akzent ausmachen.

Anhand dieser inhaltlichen Elemente kann noch einmal die Frage nach der geschichtlichen Verortung des Psalms aufgegriffen werden. Er scheint in das gesellschaftliche Klima zu gehören, in dem die JHWH-Gläubigen sich als isoliert in einer ihnen feindlich gesonnenen Umwelt vorfinden. Die Welt insgesamt wird als bedrohlich erlebt, die einzige unerschütterliche Gewißheit ist die des Vertrauens auf Gott, der in der Vergangenheit immer wieder Heilserweise gegeben hat und durch »seinen Weg« dem Beter den einzigen »Weg« zeigt, im kommenden Unheil zu bestehen. In V. 13 deutet sich ganz leise so etwas wie eschatologische Hoffnung an, zumindest ist der Vers für eine derartige Auslegung offen.

Damit scheinen mir genügend inhaltliche Gründe vorzuliegen, den Psalm nicht früh zu datieren, sondern in ihm das Zeugnis einer späteren Zeit zu sehen, in der die JHWH-Gläubigen längst in die Minderzahl gekommen sind und diese Welt als auf ihr Ende zusteuernd erleben.

Bezeichnungen für die Guten

V. 9   עַבְדֶּךָ   dein Knecht

Einzig mit der Selbstbezeichnung »dein Knecht« wird das »Ich« des Beters greifbar.

Bezeichnungen für die Schlechten

V. 2	מְרֵעִים	Übeltäter
V. 2	צָרַי	meine Widersacher
V. 2	אֹיְבַי לִי	meine Feinde
V. 6	אֹיְבַי	meine Feinde
V. 11	שׁוֹרְרָי	meine Feinde / Gegner

---

[344] Vgl. Barbiero, Das erste Psalmenbuch als Einheit (1999), 370.375.
[345] Für Belege vgl. ebd., 380f.

V. 12 צָרָי	meine Bedränger
V. 12 עֵדֵי־שֶׁקֶר	Lügenzeugen
V. 12 יָפֵחַ חָמָס	Zeuge der Gewalt

Fünf der acht Bezeichnungen für die Schlechten thematisieren durch ein Suffix der ersten Person Singular die Beziehung auf eben diesen Beter, es sind seine persönlichen Feinde.

Aussagen über das Ende der Schlechten

| V. 2 כָּשְׁלוּ | sie sind gestrauchelt |
| V. 2 נָפָלוּ | sie sind gefallen |

Beide der hier verwendeten Verben, mit denen das Ergehen der Schlechten beschrieben wird, können ein Hifil bilden, bei beiden kann zudem Gott Subjekt einer solchen Aussage sein. כשל hif. mit Gott als »auslösendem« Subjekt: 2 Chr 25,8; נפל s.o. zu Ps 20.

8 Psalm 36: »Dort sind die Übeltäter gefallen«

1 לַמְנַצֵּחַ לְעֶבֶד־יְהוָה לְדָוִד׃

2 נְאֻם־פֶּשַׁע לָרָשָׁע בְּקֶרֶב לִבִּי
אֵין־פַּחַד אֱלֹהִים לְנֶגֶד עֵינָיו׃

3 כִּי־הֶחֱלִיק אֵלָיו בְּעֵינָיו לִמְצֹא עֲוֹנוֹ לִשְׂנֹא׃

4 דִּבְרֵי־פִיו אָוֶן וּמִרְמָה חָדַל לְהַשְׂכִּיל לְהֵיטִיב׃

5 אָוֶן יַחְשֹׁב עַל־מִשְׁכָּבוֹ יִתְיַצֵּב עַל־דֶּרֶךְ לֹא־טוֹב רָע לֹא יִמְאָס׃

6 יְהוָה בְּהַשָּׁמַיִם חַסְדֶּךָ אֱמוּנָתְךָ עַד־שְׁחָקִים׃

7 צִדְקָתְךָ כְּהַרְרֵי־אֵל מִשְׁפָּטֶךָ תְּהוֹם רַבָּה
אָדָם־וּבְהֵמָה תוֹשִׁיעַ יְהוָה׃ 8 מַה־יָּקָר חַסְדְּךָ
אֱלֹהִים וּבְנֵי אָדָם בְּצֵל כְּנָפֶיךָ יֶחֱסָיוּן׃

9 יִרְוְיֻן מִדֶּשֶׁן בֵּיתֶךָ וְנַחַל עֲדָנֶיךָ תַשְׁקֵם׃

10 כִּי־עִמְּךָ מְקוֹר חַיִּים בְּאוֹרְךָ נִרְאֶה־אוֹר׃

11 מְשֹׁךְ חַסְדְּךָ לְיֹדְעֶיךָ וְצִדְקָתְךָ לְיִשְׁרֵי־לֵב׃

12 אַל־תְּבוֹאֵנִי רֶגֶל גַּאֲוָה וְיַד־רְשָׁעִים אַל־תְּנִדֵנִי׃

13 שָׁם נָפְלוּ פֹּעֲלֵי אָוֶן דֹּחוּ וְלֹא־יָכְלוּ קוּם׃

8.1 Übersetzung

1 Dem Chormeister: Vom / für den Knecht JHWHs, von / für David.

2 Spruch des Frevels zum Gottlosen
inmitten meines Herzens:
Es gibt keinen Gottesschrecken
vor seinen Augen.

3 Ja, so hat er sich in seinen Augen geschmeichelt,[346]
um zu erreichen seine Sünde / Schuld, um zu hassen.

4 Die Worte seines Mundes [sind] Unheil und Trug,
er hat aufgehört, klug zu handeln, Gutes zu tun.

5 Unheil wird er auf seinem Lager ersinnen,
wird sich auf einen Weg stellen, der nicht gut [ist],
das Böse wird er nicht verabscheuen.

---

[346] »Er glättet es sich selbst vor sich« – das sieht Kraus als ein Sich-Durchsetzen mit List und Intrigen (BK XV/1 (⁶1989), 433).

6 JHWH, in den Himmel [reicht] deine Huld,
  deine Treue bis zu [den] Wolken.
7 Deine Gerechtigkeit [ist] wie die Gottesberge,
  dein Recht[347] [wie] die große Urflut,
  Mensch und Vieh rettest du, JHWH.
8 Wie kostbar [ist] deine Huld, Gott[348],
  Menschenkinder bergen sich im Schatten deiner Flügel.
9 Sie laben sich am Fett deines Hauses
  und [am] Bach deiner Wonnen tränkst (?) du sie. (du läßt sie aus ihm trinken)
10 Denn bei dir [ist] die Quelle des Lebens,
   in deinem Licht sehen wir Licht.

11 Erhalte deine Huld denen, die dich kennen,
   und deine Gerechtigkeit denen aufrechten Herzens.
12 Nicht möge mich lenken / nicht trete mich der Fuß des Hochmuts,
   und die Hand der Frevler möge / soll mich nicht vertreiben (?).[349]
13 Dort sind die Übeltäter gefallen,
   sie wurden niedergestoßen und können nicht wieder aufstehen.

8.2 Gliederung

1   Überschrift
2-5   Das Verhalten des Sünders / Porträt des Gottlosen
6-10   Hymnus auf Gottes weltweite Güte / Preis der Gnade
11-13   Bitten[350]

---

[347] Gerechtigkeit und Recht: »Die Singular-Plural-Mischform wird vornehmlich in nachexilischen Psalmen und Texten der Weisheitsliteratur eingesetzt« (Hossfeld, NEB 29 (1993), 227).

[348] אלהים wird hier als Anrede verstanden und nicht zum folgenden Vers (Götter und Menschenkinder, so MT) gezogen aus folgenden Gründen: aus dem (schwachen) Argument der Kolometrie des V. 8, da so beide Hälften etwas ausgewogener sind und nicht die zweite Hälfte überlang; aufgrund der Verwendung der Gottesbezeichnungen im übrigen Psalm, wo es sich immer um eine Anrede handelt und sich folgendes Bild ergibt: Elohim, JHWH, JHWH, Elohim (vgl. Anm. zur GLIEDERUNG); und durch die Beobachtung, daß ein syndetischer Anschluß der zweiten Vershälfte grammatikalisch möglich ist.

[349] Aus dem Bereich des Heiligtums?, so Kraus, BK XV/1 (⁶1989), 435.

[350] Vgl. Hossfeld, NEB 29 (1993), 226ff. So gliedert auch Seybold bei abweichenden Bezeichnungen der Teile. (HAT I/15 (1996), 150ff.). Lohfink arbeitet anhand der Beobachtung, daß die Vv. 6-7 das Zentrum des Hauptpsalms bilden, ein zweites Gliederungsraster heraus: »Hieraus ergibt sich als andere, der Dynamik der ersten gewissermaßen schon wie ein festes Formraster untergelegte statische Struktur des Psalms das folgende Schema:

8.3 Strukturbeobachtungen

Die Gliederung läßt sich sowohl inhaltlich als auch durch Struktursignale klar begründen:

Die Vv. 2-5 beschreiben den Sünder, liefern in prägnanter Kürze ein dennoch umfassendes Charakterbild. V. 6 wechselt die Sprechrichtung und redet JHWH direkt an. Der Stil des Gebetes wird bis V. 12 beibehalten. Bis zu V. 10 einschließlich werden keine Wörter aus dem ersten Teil (1-5) wiederaufgenommen. Das Tetragramm kommt dreimal vor, einmal davon in der – wohl sekundären – Überschrift. Zweimal erscheint אֱלֹהִים, einmal in der geprägten Wendung פַּחַד אֱלֹהִים.

Beachtenswert ist noch der Übergang von der 3. Person Plural in den Vv. 8-9 zur 1. Person Plural in V. 10. »Dieser Übergang stellt den Bekenntnischarakter von 10 heraus.«[351] Lohfink interpretiert es so, daß in diesem Vers das Subjekt (»ich«) des Anfangs wieder auftaucht, aber nicht mehr in der durch die Sünde verursachten Vereinzelung, sondern als Mitglied der Gemeinschaft im Haus Gottes (»wir«).[352] Bei der Bitte um Bewahrung vor einem neuerlichen Einbruch der Sündenwelt in V. 12 erlebt der Beter sich dann wieder vereinzelt. »Als einzelnen können die dem Bösen Verfallenen ihn von außen aus dem ›Wir‹ der Gott Kennenden herausbrechen. Daß dies nicht geschehe, darum bittet er.«[353]

8.4 Einheitlichkeit

Es gibt keine zwingenden Gründe, den Psalm als nicht einheitlich zu klassifizieren. Wahrscheinlich ist allerdings, daß die Überschrift sekundär ist.

Für V. 13 läßt sich nicht genau sagen, ob der Vers später angefügt wurde, um als Kommentar zu Ps 35 zu dienen, oder ob der ganze Psalm eigens zu diesem Zweck verfaßt wurde. Das »dort« hat nämlich keinen rechten Bezugspunkt im Vorhergehenden. »Ist das Herz des Beters gemeint (2)? Ist der Tempel Gottes gemeint, zu dem die Menschen sich flüchten (8-9)? Oder ist Vers 10 längst beim ewigen Leben angekommen, und die kommende Welt ist gemeint? Das ›dort‹ dieses Verses bleibt offen, und der ganze Vers bleibt

---

2-5	I Der gottferne Sünder	1x Elohim
6-7	II Jahwe, den Kosmos füllend	2x Jahwe
8-12	III Die Menschen bei Gott	1x Elohim« (Lohfink, Ps 36 (1990) 334f.)

[351] Kraus, BK XV/1 (⁶1989), 435.
[352] Vgl. Lohfink, Ps 36 (1990), 339.
[353] Ebd., 340.

es.«³⁵⁴ Er bildet Lohfink zufolge ein Gegenüber zum ganzen Psalm, wofür es zwei Erklärungsmöglichkeiten gibt: Bei der ursprünglich kultischen Verwendung könnte der Psalm von einem einzelnen Sänger vorgetragen worden sein, V. 13 von einer Gruppe »als eine Art sieghafter Gegentext«. Oder der Psalm ist in seiner jetzigen Gestalt erst für den jetzigen Zusammenhang im Psalter geschaffen worden, wobei die Überschrift und V. 13 ihn literarisch an seinen Vorgängerpsalm anbinden.³⁵⁵

8.5 Gattung

Es handelt sich um ein weisheitlich geprägtes Gebetslied eines einzelnen, das eine gewisse Nähe zu den Lehrdichtungen aufweist.³⁵⁶

8.6 Datierung

Als relative Datierung ergibt sich, daß Ps 36 jünger ist als sein direkter Vorgänger, Ps 35, den er kommentiert. Doch ist damit für die Bestimmung noch nicht viel gewonnen, da Ps 35 insgesamt alt sein dürfte.

In der schildernden Darstellungsweise des ersten Teiles sieht Kraus, daß hier die reflektierende Weisheitsdichtung einen starken Einfluß auf das Gebetslied gewonnen hat.³⁵⁷

»Es ist schwer zu erkennen, in welcher Zeit der Psalm anzusetzen ist. Man ist geneigt, eine Spätdatierung anzunehmen. Daß ältere Traditionen in das einer Lehrdichtung nahestehende Gebetslied eingeflossen sind, wird nicht bezweifelt werden können.«³⁵⁸

Zu einer konträren Datierung gelangt Hossfeld unter folgender Begründung: »Die Tempeltheologie in Verschmelzung mit weisheitlicher Sprache und Motivik, die Bezüge zur Prophetie sowie das reiche Nachleben von 36,6

---

354 Ebd., 331. Seybold vermutet, daß V. 13 auf den Ort der Exekution weisen könnte. »Dort – man weiß nicht wo – fielen nur Übeltäter.« (Vgl. Seybold, HAT I/15 (1996), 152). Allerdings sehe ich keinen Grund, die Bitte in V. 13 gegen einen »Ankläger« gerichtet zu sehen: »Der Angeklagte bittet zum Schluß, der Ankläger möge zu denen gerechnet werden, die in die Tiefe gestoßen werden ...« (Ebd.).
355 Vgl. Lohfink, Ps 36 (1990), 331.
356 Vgl. Kraus, BK XV/1 (⁶1989), 432. Ganz anders aber Seybold, der im Text das Psalmgebet eines Angeklagten sieht, der in die Offensive ging (2-5) und ein JHWH-Urteil gegen seine Bedränger anrief (6-13). Er nimmt an, daß Textschäden zu Retuschen führten, wodurch das Gebet seiner Ursprungssituation entfremdet wurde. »Ohne situative Referenz wurde es zum Zeugnis der Erfahrung einer ›geistlichen Trunkenheit‹ ...« (Seybold, HAT I/15 (1996), 150).
357 Vgl. Kraus, BK XV/1 (⁶1989), 433.
358 Ebd.

im Psalter votieren für ein relativ hohes Alter dieses Psalms in vorexilisch-exilischer Zeit.«[359] Er sieht den Psalm von der exilischen Psalmenredaktion aus Gründen des Zusammenhangs mit den Vorgängerpsalmen an seinen jetzigen Ort eingefügt. Mittels der Überschrift habe die nachexilische Redaktion die Verbindung zu Ps 35 noch einmal verstärkt. »Aufgrund dieser Beziehungen liest sich Ps 36 wie die Erfüllung der Bitten von Ps 35.«[360] Dazu ist kritisch anzumerken, daß das Vokabular der Tempeltheologie durchaus unabhängig davon gebraucht werden kann, ob der Tempel noch steht oder nicht; gerade nach der Zerstörung des Tempels können die Bilder weiter tradiert werden. Zum »reichen Nachleben« von V. 6 ist allgemein zu bemerken, daß dort geprägter Sprachgebrauch vorliegen könnte, der keineswegs erstmalig formuliert sein muß, dazu ist auch der Inhalt zu allgemein.

Der Konkordanzbefund bestätigt dies für die konkrete Formulierung: Nur in Ps 57,4 und 108,5 kommen alle vier entscheidenden Wörter (שחקים, אמונה, חסד, שמים) noch einmal gemeinsam vor. Immerhin drei der Wörter stehen zusammen in Ps 89,3. Mit wenigstens einem der anderen Wörter läßt »Himmel« sich im Psalter noch an folgenden Stellen belegen: 57,4 (jedoch nicht im selben Halbvers, außer חסד hier אמת statt אמונה), 89,6 (anderer Aussageinhalt), 103,11; 136,5.26 sind wohl beide auszuscheiden, da das Wort »Huld« refrainartig nach jedem Vers wiederholt wird; 146,6 (אמת). Hinzu kommen verschiedene ähnliche Formulierungen wie etwa »die Herrlichkeit des Herrn erhebt sich über die Himmel (Bsp. Ps 113,4) oder »das Wort steht fest wie der Himmel« (Ps 119,89), die hier außer acht bleiben, da die Verbindung zu bzw. Beeinflussung durch Psalm 36,6 zu weit gefaßt wäre.

Das »reiche Nachleben« bezieht sich insgesamt also auf drei (bzw. vier) Stellen: Ps 57,4; 108,5; 89,3; (103,11). Es braucht hier nicht eigens untersucht zu werden, in welcher Richtung die Beziehungen dieser Psalmen untereinander laufen, da es nur darum geht, Hossfelds Argument für unbedingte Frühdatierung ein wenig zu entkräften. Auch die reflektierte Innenschau spricht m.E. eher für späte Entstehung.

Seybold enthält sich jedes Datierungsversuches, geht jedoch davon aus, daß das Gebet in der jetzigen Form seiner Ursprungssituation entfremdet wurde (s.o.).

Falls in den Bildern der Vv. 8-10 das Sonnenkönigmotiv eingespielt oder aufgenommen sein sollte (s.u.), so böte dies einen Datierungsanhalt, denn es gehört in die Zeit Assurbanipals und wird später nicht mehr verwendet.[361]

---

[359] Hossfeld, NEB 29 (1993), 223. Auch in Hossfeld/Zenger, HThKAT (2000), 81.300 hält er an der (spät)vorexilischen Datierung fest.
[360] Hossfeld, NEB 29 (1993), 224.
[361] So Otto, Deuteronomium (1999), 356ff.

Allerdings ist bei diesem negativen Argumentationsgang Vorsicht geboten: Das Motiv kann in diesem Psalm vorhanden sein, obwohl er trotzdem spät ist – dann wäre mit dieser Stelle belegt, daß es später doch noch (vereinzelt) Verwendung finden konnte.

Hier wird davon ausgegangen, daß der Abschlußvers (13), der Ps 36 mit seinem Vorgänger verklammert, am wahrscheinlichsten erst auf die Ebene der Endredaktion gehört. Nur dieser Vers enthält die entsprechenden Aussagen über das Ende der Übeltäter. Von daher bestätigt sich, daß die betreffenden Formulierungen ein spätes Phänomen darstellen – seien sie ursprünglicher Bestandteil insgesamt junger Texte oder nachträgliche Eintragungen in ältere Vorlagen.

8.7 Zur These

Im eigenen Herzen des Menschen meldet sich die Versuchung zur Sünde, Gottes Gegenwart dagegen füllt die Weite der Welt.[362] So haben wir hier zu Beginn des Psalms noch keine »klaren Fronten«: Der in sein Inneres lauschende Beter muß erkennen, daß die Gestalt des Sünders seine eigene Möglichkeit ist. Der Sünder wird charakterisiert als »eine in sich selbst verfangene Welt«, incurvatus in seipsum; er ist so in seine Sündergestalt verstrickt, daß er nicht mehr hinaus kann, seine Zukunft ist vorhersagbar geworden (V. 5). Dennoch schließt die Aussage in V. 5b die Gegenaussage mit ein: Man muß das Böse auch verwerfen können. Für die Zukunft des Sünders fehlt jedoch die Hoffnung auf Veränderung. Den Worten der Sünde (Schuld עון, Böses רע, Unheil und Trug און ומרמה) stehen die Wörter für JHWHs Welthandeln gegenüber (Treue חסד, Zuverlässigkeit אמונה, Gerechtigkeit צדקה und Rechtsdurchsetzung משפט).[363]

In der Welt kann man Gott derart begegnen, daß er rettet: »Gottes Gegenwart ist nicht friedlich-selbstverständlich. Seine Geschöpfe sind gefährdet. Die Bewohner des Weltenraumes müssen beständig vor dem in der Sünde andringenden Chaos ›gerettet‹ werden. *Gott ist ihnen nah, insofern er sie rettet.*«[364] Damit ist zugleich etwas Entscheidendes über Gott gesagt: »Er ist König. Denn Retten ist das Tun der Herrscher. ... Das Bewußtsein der stets herrschenden Not und Gefährdung der gesellschaftlichen Wirklichkeit war in der Antike so stark, daß man gute Herrscher vor allem zum ›Retten‹ brauchte.«[365]

---

362 Vgl. Lohfink, Ps 36 (1990), 327.
363 Vgl. ebd., 329.334f.
364 Ebd., 336 (Hervorhebung C.S.).
365 Ebd.

Für das Ende der Schlechten interessieren uns hier besonders die Vv. 11-13. Dieser Schlußteil spiegelt einen Gruppenkonflikt. Die abschließenden Bitten »führen nun die Welt des Sünders und die Welt Gottes, die im Tempelgottesdienst anfanghaft erahnt wird, zusammen«[366]. Durch die Bitten kommt nichts Neues oder Größeres hinzu, es wird erbeten, im Raum des göttlichen Waltens bleiben zu dürfen – und zwar nicht allein, sondern mit allen, die diese Rettung erfahren haben.[367]

Die erste Bitte (V. 11) verwendet als Selbstbezeichnung der Gemeinde »die dich Kennenden«: ידעיך und »die aufrichtigen Herzens«: ישרי-לב.[368] Erst hier redet der Psalm von einem guten Menschen, vorher war dem Beter bewußt, daß die Gestalt des Sünders seine eigene Möglichkeit ist; anders als der Adressat des Psalms 37 sieht sich hier der Psalmsänger selbst zu dieser Gruppe gehörig. Damit ist die Gruppe mit typisch weisheitlichen Termini charakterisiert und dem רשע (»Schlechten«, hier im Singular), der sich gleich im ersten Vers als solcher zu erkennen gibt, gegenübergestellt. Insofern der Psalmist sich zu denen zählt, die JHWH kennen und aufrechten Herzens sind, ergeben sich hier Plural-Plural-Formulierungen; als einzelner versteht sich der Beter aber im Zusammenhang der Sünde, dort sieht er sich allein der Übermacht der Frevler gegenüber. Interessanterweise kommt ja auch der Frevler einmal im Singular vor, in V. 2, bei der Innenschau ins eigene Herz.

Die zweite Bitte (V. 12) konzentriert sich auf die Hilfe JHWHs für den Beter und damit gegen den Sünder. Es geht also sowohl um Hilfe gegen den äußeren als auch um Beistand gegen den inneren Feind. Fuß und Hand stehen in diesem Zusammenhang für äußere Gewaltanwendung. Der Beter erbittet für sich Trennung von den Sündern, Hilfe gegen ihre Übermacht und zugleich den Erhalt seines Platzes im Heiligtum wie in der Gemeinde.[369]

Durch den Mittelteil (Vv. 8-10) hat dies zugleich eine kultische Dimension gewonnen. Das Bild der geflügelten Sonne hat sich zur bergenden Vogelhenne gewandelt, damit wird – für den antiken Beter sofort klar – auf die Kerubenflügel des Allerheiligsten angespielt. »Zur Innenschau ins Herz und zur Außenschau in den Kosmos tritt die Erfahrung kultischen Raums, die irgendwo dazwischen schwebt.«[370] Der Blickwinkel ist allerdings deutlich weiter als Israel, denn Menschenkinder (בְּנֵי אָדָם) flüchten sich in den Schatten seiner Flügel.

---

[366] Hossfeld, NEB 29 (1993), 228.
[367] Vgl. Lohfink, Ps 36 (1990), 339.
[368] Vgl. zu ידע die Anm. zu Ps 1,6. Die »aufrechten« Herzens sind das Gegenbild des in sich verkrümmten Sünders.
[369] Vgl. Hossfeld, NEB 29 (1993), 228.
[370] Lohfink, Ps 36 (1990), 337.

V. 13, der Abschluß des Psalms, spricht von der Not durch das Böse in der Welt überhaupt (konkrete Bedrohungen sind nicht im Blick) und der Rettung derer, die sich zu Gott flüchten, er holt sie in die Sphäre des Lichts und des Lebens überhaupt.[371] Mit dieser sieghaften Feststellung, der »Gewißheit der Erhörung«, endet der Psalm. Der letzte Vers verkündet den vollzogenen Sieg über Sünde und Sünder am heiligen Ort.[372]

»Der Vers erfaßt den Sturz der Sünder: sie sind gefallen ..., sind umgestoßen ... und können nicht mehr aufstehen ... Ihre Niederlage, d.h. ihr Tod, ist endgültig.«[373]

Dieser Schlußteil impliziert ein Gottesbild, das fest damit rechnet, daß Gott zugunsten derer, die ihn kennen, helfend und rettend in die Welt eingreift (Vv. 11-12). In diesem Zusammenhang werden dann auch die Übeltäter erwähnt, doch eben nicht als Objekte einer göttlichen Sanktion, sondern zunächst einfach als die, vor denen der Beter bewahrt werden soll bzw. bewahrt werden will. Ohne daß eine kausale Verbindung geknüpft wird, berichtet der folgende Vers dann vom Sturz der Übeltäter. Vom Text her besteht kein Anlaß, in diese unpersönliche Wendung ein Vergeltungshandeln Gottes einzutragen.

ESCHATOLOGISCHE PERSPEKTIVE

Wiederum steht im Hintergrund so etwas wie das Wissen um einen allgemeinen Unheilszusammenhang, aus dem der Mensch herausgerettet werden muß. Und auch in diesem Psalm trägt dieses Wissen eschatologische Züge. Wenn in V. 7 JHWHs Gericht (משפט) mit der großen Urflut (תהום רבה) gleichgesetzt wird, »mußte das kosmische Gericht über die Frevler in Urzeit und Endzeit gemeint sein. Der Lobpreis der Huld erhält vor diesem Hintergrund einen neuen Klang. V. 11 bittet nunmehr, Jahwe möge den Gerechten im kommenden Gericht seine Huld bewahren«[374]. Auch V. 10 ist offen auf eine mögliche »endzeitliche« oder sogar jenseitige Lesung (s.o.). Sollte es sich wirklich um das kommende Gericht handeln, dann ist beachtenswert,

---

371 Vgl. ebd., 332. »Licht sehen« (V. 10) heißt leben, vgl. etwa Kohelet.
372 Vgl. Hossfeld, NEB 29 (1993), 223.
373 Ebd., 228. Vgl. auch Lohfink, Ps 36 (1990), 329. »Das ›Fallen‹ wird im Parallelismus aufgeschlüsselt in ›umgestoßen-werden‹ und ›nicht-mehr-aufstehen-können‹.« (332). Kraus bemerkt zwar, daß 13 »den Ton der Erhörungs- und Heilsgewißheit« trägt, doch beachtet er nicht konsequent die »Perfekta der Gewißheit«, wenn er sagt, die Feinde »werden fallen und nicht mehr sich erheben« (so BK XV/1 (⁶1989) 435, wenig später ebd. dann aber als Perfekte qualifiziert).
374 Levin, Gebetbuch der Gerechten (1993), 370.

daß nicht von Gottes – strafendem – Richten gegenüber den Frevlern gesprochen wird. Es wird konstatiert, daß diese »dort« endgültig gefallen sind.

Das Fragliche an einer eventuellen eschatologischen Lesung stellen die Perfecta des Verses 13 dar: Sind sie als futurum exactum aufzufassen? Aufschluß kann vielleicht das rätselhafte שָׁם »dort« geben. Vermag es die »kommende Welt« zu bezeichnen?

Eine ähnliche Frage ergibt sich für den Abschnitt Koh 3,16-22, in dem mehrfach das Wort שָׁם bzw. שָׁמָּה gebraucht wird. Es ist strittig, ob es dabei um das göttliche (End-)Gericht[375] oder um weltliche Gerichtsbarkeit geht. Zumindest *kann*, soviel Aufschluß bietet der Vergleich mit dem Abschnitt aus Kohelet, ein »dort« bzw. »dorthin« den Gedanken an das Endgericht einspielen. Als sachliche Parallelen kommen aus dem Psalter folgende Verse mit שָׁם in Betracht: Ps 14,5 – 53,6; 48,7. שָׁם als Bezeichnung des Jenseits liegt sicher in Ijob 1,21; 3,17.19 vor.[376]

Bezeichnungen für die Guten

(V.1	עֶבֶד־יְהוָה	der Knecht JHWHs)
V.11	יֹדְעֶיךָ	die Dich Kennenden
V.11	יִשְׁרֵי־לֵב	die (Menschen) aufrechten Herzens

In der Überschrift wird David als Knecht JHWHs bezeichnet, was aufgrund des deutlich sekundären Charakters der Überschrift nicht im strikten Sinne zu den hier zusammengestellten Ausdrücken für die »Guten« gehört.

Bezeichnungen für die Schlechten

V. 2	רָשָׁע	der Frevler
V.12	רְשָׁעִים	die Frevler
V.13	פֹּעֲלֵי אָוֶן	die Übeltäter

---

[375] Dafür plädiert Schwienhorst-Schönberger, Nicht im Menschen gründet das Glück (1994), 115ff.: »שָׁם am Ende von 3,17 wäre dann unter Rückgriff auf 3,16 (שָׁמָּה) eine Umschreibung des Endgerichts.« (Ebd. 117). Kritisch dazu Krüger, Kohelet (2000), 181. Auch Michel, Untersuchungen (1989), 248-251 versteht V. 16 als Aussage über ein zukünftiges Gericht Gottes im Jenseits. Lohfink, Kohelet (1980), 34f. hält ein Verständnis des »dort« als Ort des Gerichts für unmöglich.

[376] Vgl. Schwienhorst-Schönberger, Nicht im Menschen gründet das Glück (1994), 117, der sich dabei auf R. Gordis, Koheleth (³1968), 235 stützt.

AUSSAGEN ÜBER DAS ENDE DER SCHLECHTEN

V.13 נָפְלוּ   sie sind gefallen
V.13 דֹּחוּ וְלֹא־יָכְלוּ קוּם   sie wurden niedergestoßen und können nicht (wieder) aufstehen

Das Verbum דחה ist mit Gott als Subjekt nicht belegt. Für die Wendung לֹא־יָכְלוּ קוּם ist allein aufgrund der grammatischen Form ein Beleg mit Gott als Subjekt nicht denkbar;[377] beide Verben jeweils für sich bilden Formen mit Gott als Subjekt, das Verb יכל ist nur im Qal belegt; קום bildet an folgenden Stellen im Psalter ein Hifil mit Gott als Subjekt: Ps 40,3; 41,11; 78,5; 89,44; 107,29; 113,7; 119,38.

Erwähnenswert ist, daß der Nachbarpsalm Ps 37 die gleiche Sichtweise vom Ende der Übeltäter bietet. (Die beiden Psalmen sind durch einige Motive miteinander verknüpft.) Im vorausgehenden Ps 35 (V. 5) findet sich sogar genau das Verbum דחה; dort heißt es: Der Engel JHWHs stoße die Bösen nieder. Also finden sich auch Stichwortverknüpfungen mit dem vorhergehenden Psalm. Es läßt sich ein »schleichender Rückzug« Gottes aus der Vernichtung der Übeltäter beobachten. Er selbst tut es – sein Engel tut es für ihn (Gott ist also nicht mehr direkt Handelnder) – die Aussagen werden unpersönlich formuliert. In Ps 35 hält sich die Redeweise allerdings nicht konstant durch, noch scheint sie sich dabei immer den jüngeren Teilen des Psalms zuordnen zu lassen.

---

[377] Es gibt eine Parallele im Psalter (18,39): אֶמְחָצֵם וְלֹא־יָכְלוּ קוּם יִפְּלוּ תַּחַת רַגְלָי »Ich will sie zerschmettern, daß sie nicht mehr aufstehen können; sie müssen unter meine Füße fallen«, bei der der Psalmist das »Nicht-mehr-aufstehen-Können« auslöst.

9 Psalm 40: »Zuschanden werden, die Gefallen haben an meinem Unglück«

1 לַמְנַצֵּחַ לְדָוִד מִזְמוֹר׃

2 קַוֺּה קִוִּיתִי יְהוָה וַיֵּט אֵלַי וַיִּשְׁמַע שַׁוְעָתִי׃

3 וַיַּעֲלֵנִי מִבּוֹר שָׁאוֹן מִטִּיט הַיָּוֵן
וַיָּקֶם עַל־סֶלַע רַגְלַי כּוֹנֵן אֲשֻׁרָי׃

4 וַיִּתֵּן בְּפִי שִׁיר חָדָשׁ תְּהִלָּה לֵאלֹהֵינוּ
יִרְאוּ רַבִּים וְיִירָאוּ וְיִבְטְחוּ בַּיהוָה׃

5 אַשְׁרֵי הַגֶּבֶר אֲשֶׁר־שָׂם יְהֹוָה מִבְטַחוֹ
וְלֹא־פָנָה אֶל־רְהָבִים וְשָׂטֵי כָזָב׃

6 רַבּוֹת עָשִׂיתָ אַתָּה יְהוָה אֱלֹהַי נִפְלְאֹתֶיךָ
וּמַחְשְׁבֹתֶיךָ אֵלֵינוּ אֵין עֲרֹךְ אֵלֶיךָ
אַגִּידָה וַאֲדַבֵּרָה עָצְמוּ מִסַּפֵּר׃

7 זֶבַח וּמִנְחָה לֹא־חָפַצְתָּ אָזְנַיִם כָּרִיתָ לִּי עוֹלָה וַחֲטָאָה לֹא שָׁאָלְתָּ׃

8 אָז אָמַרְתִּי הִנֵּה־בָאתִי
בִּמְגִלַּת־סֵפֶר כָּתוּב עָלָי׃

9 לַעֲשׂוֹת־רְצוֹנְךָ אֱלֹהַי חָפָצְתִּי וְתוֹרָתְךָ בְּתוֹךְ מֵעָי׃

10 בִּשַּׂרְתִּי צֶדֶק בְּקָהָל רָב
הִנֵּה שְׂפָתַי לֹא אֶכְלָא יְהוָה אַתָּה יָדָעְתָּ׃

11 צִדְקָתְךָ לֹא־כִסִּיתִי בְּתוֹךְ לִבִּי
אֱמוּנָתְךָ וּתְשׁוּעָתְךָ אָמָרְתִּי לֹא־כִחַדְתִּי חַסְדְּךָ וַאֲמִתְּךָ לְקָהָל רָב׃

12 אַתָּה יְהוָה לֹא־תִכְלָא רַחֲמֶיךָ מִמֶּנִּי
חַסְדְּךָ וַאֲמִתְּךָ תָּמִיד יִצְּרוּנִי׃

13 כִּי אָפְפוּ־עָלַי רָעוֹת עַד־אֵין מִסְפָּר
הִשִּׂיגוּנִי עֲוֺנֹתַי וְלֹא־יָכֹלְתִּי לִרְאוֹת
עָצְמוּ מִשַּׂעֲרוֹת רֹאשִׁי וְלִבִּי עֲזָבָנִי׃

14 רְצֵה יְהוָה לְהַצִּילֵנִי יְהוָה לְעֶזְרָתִי חוּשָׁה׃

15 יֵבֹשׁוּ וְיַחְפְּרוּ יַחַד מְבַקְשֵׁי נַפְשִׁי לִסְפּוֹתָהּ
יִסֹּגוּ אָחוֹר וְיִכָּלְמוּ חֲפֵצֵי רָעָתִי׃

16 יָשֹׁמּוּ עַל־עֵקֶב בָּשְׁתָּם הָאֹמְרִים לִי הֶאָח הֶאָח׃

17 יָשִׂישׂוּ וְיִשְׂמְחוּ בְּךָ כָּל־מְבַקְשֶׁיךָ
יֹאמְרוּ תָמִיד יִגְדַּל יְהוָה אֹהֲבֵי תְּשׁוּעָתֶךָ׃

18 וַאֲנִי עָנִי וְאֶבְיוֹן אֲדֹנָי יַחֲשָׁב לִי
עֶזְרָתִי וּמְפַלְטִי אַתָּה אֱלֹהַי אַל־תְּאַחַר׃

9.1 Übersetzung

1 Dem Chormeister. Von / für David: ein Psalm.

2 Ich hoffte, ja ich hoffte auf JHWH,
und er neigte sich mir zu,
und er hörte mein Geschrei [um Hilfe].

3 Und er zog mich aus der Grube der Vernichtung,
aus Kot und Schlamm.
Und er stellte auf Felsen meine Füße,
machte fest meine Schritte.

4 Und er gab in meinen Mund ein neues Lied,
einen Lobgesang für unseren Gott.
Sehen sollen das viele und sich fürchten,
und sie sollen auf JHWH vertrauen.

5 Glücklich[378] der Mann, der gesetzt hat
JHWH als sein Vertrauen,[379]
und sich nicht wandte zu Götzen(dienern)
und Abtrünnigen.

6 Zahlreich hast du gemacht
JHWH, mein Gott, deine Wundertaten
und deine Pläne für uns;
niemand[380] [ist] gleich dir!
Wollte ich [von ihnen] künden und wollte ich reden,
sie sind [jedoch] zu zahlreich, um sie aufzuzählen.

7 (Schlacht-)Opfer und Speiseopfer gefallen dir nicht,
[doch] Ohren hast du mir gegraben,
Brandopfer und Sündopfer verlangst du nicht.

8 Da sagte ich:
Siehe, ich komme,
mit einer Schriftrolle
geschrieben für mich.[381]

---

[378] Wohl dem, selig.
[379] Etwas freier: JHWH gemacht hat zum Grund seines Vertrauens.
[380] Den Hintergrund dieser Unvergleichlichkeitsaussage bildet Deuterojesaja; »niemand« vertieft die bzw. gehört in den Kontext der Götterpolemik des vorhergehenden Verses, die Übersetzung mit »nichts« wäre dagegen eine allgemeine (schöpfungstheologische?) Aussage über die Unvergleichlichkeit Gottes (vgl. Braulik, Gottesknecht (1975), 122f.; in diesem Sinne auch Zenger, NEB 29 (1993), 254).
[381] In der Schriftrolle steht, was für mich vorgeschrieben ist.

9 Deinen Willen zu erfüllen, mein Gott, gefällt mir,
   fürwahr³⁸², deine Weisung [ist] inmitten meines Inneren.
10 Ich verkündigte Gerechtigkeit³⁸³
   in großer Gemeinde,
   siehe, meine Lippen will ich nicht verschließen,
   JHWH, du weißt [es].
11 Deine Gerechtigkeit verbarg ich nicht
   inmitten meines Herzens,
   [von] deiner Treue³⁸⁴ und deiner Rettung habe ich geredet,
   nicht verhehlte ich
   deine Huld und deine Treue
   vor großer Gemeinde.
12 Du [aber], JHWH, nicht verschließe
   dein Erbarmen vor mir,
   deine Huld und deine Treue
   sollen mich immer behüten.

13 Denn / Ja Leiden³⁸⁵ umgeben mich
   [ganz] ohne Zahl,
   eingeholt haben mich meine Sünden,
   und ich vermag nicht [mehr] (auf)zusehen;
   sie sind zahlreicher als die Haare meines Hauptes,
   und mein Herz (Mut) hat mich verlassen.
14 Habe Gefallen, JHWH, mich zu retten,
   JHWH, eile mir zu helfen!
15 Beschämt und enttäuscht (sollen) werden [alle] zusammen,
   die mein Leben suchen, es wegzuraffen.
   Zurückweichen und zuschanden (sollen) werden,
   die Gefallen haben an meinem Unglück.
16 Erstarren sollen wegen ihrer Schande,
   die zu mir sagen: Ha, ha.
17 Es sollen jubeln und sich freuen an dir
   alle, die dich suchen.

---

³⁸² Kein »und«, sondern wahrscheinlich ein emphatisches וְ, »fürwahr«, da in den Vv. 7-12 ein eher aphoristischer Stil ohne verbindendes »und« vorherrscht und sich 9b inhaltlich nicht auf 9a, sondern auf 8 zurückbezieht (vgl. Braulik, Gottesknecht (1975), 67).

³⁸³ Hier צדק, in V. 11 צדקה. Laut Braulik meint ersteres heilsgeschichtliche (Welt-) Ordnung JHWHs, letzteres Heilstaten, vgl. Gottesknecht (1975), 169.

³⁸⁴ Hier אמונה; im zweiten Halbvers אמת.

³⁸⁵ Allgemeiner: böse Dinge, Übel.

Ständig sollen sagen: »Groß ist JHWH!«,
die deine Rettung lieben.
18 Ich aber [bin] arm und elend,
mein Herr, er denke an mich,
meine Hilfe und meine Bergungsstätte [bist?] du,
mein Gott, zögere nicht!

9.2 Gliederung

1   Überschrift

Danklied

2-5	Bericht einer Rettung (aus tödlicher Bedrohung)	(Rede über JHWH in 3. Person)
6-12	Bekenntnis zu einem Leben nach der Tora[386]	(Gebetsanrede an JHWH »Du«)

Klage[387]

13-18	Klage des Armen	(Gebetsanrede an JHWH »Du«)

9.3 Strukturbeobachtungen

Eindeutig läßt sich der erste Teil abgrenzen, weil nach V. 5 die Sprechrichtung wechselt.[388] Erst wurde über JHWH in 3. Person berichtet (ich – er), nun (ab V. 6) wird er direkt als Du angesprochen – und das ohne Ausnahme bis zum Ende des Psalms (du – ich).

Die eher berichtende Sprache der Vv. 2-5 leitet das eigentliche Danklied ein, ein Hinweis darauf findet sich in V. 4, wo vom »Loblied für unseren Gott«, das dem Beter in den Mund gegeben wird, die Rede ist.[389]

---

[386] Vgl. Zenger, NEB 29 (1993), 252-257; s. auch Seybold, HAT I/15 (1996), 167-169.
[387] Strukturschema von 40,14-18 nach Braulik, Gottesknecht (1975), 200f.:

13	Klammervers	
14	Einleitung	*Bitte* um eilige Errettung durch JHWH
15-16	Hauptteil I	<u>Wünsche</u> gegen die Feinde
17	Hauptteil II	<u>Wünsche</u> für die Gesinnungsgenossen
18a		Selbstprädikationen und Zuversichtsbeteuerung des »Armen«
18b	Schluß	Gottesprädikationen als Vertrauensbekenntnis und Motivation zur Hilfe; negative *Bitte* um rasches Eingreifen Gottes

[388] Anders allerdings Braulik, der 2-6 und 7-12 zusammennimmt (vgl. Gottesknecht (1975), 39ff.), obwohl er den Neueinsatz durch Subjektwechsel, Änderung des Tempusaspekts und das Fehlen einer Satzverbindung in V. 6 konstatiert (ebd., 50).
[389] So Seybold, HAT I/15 (1996), 167.

Umstritten ist die Abgrenzung zwischen 12 und 13, da einige Kommentatoren den dritten Teil bereits nach V. 11 beginnen lassen.[390] V. 12 enthält Stichwortbezüge sowohl zum Vorhergehenden (כלא, חסדך ואמתך), in beide Richtungen (אתה, יהוה) als auch nach unten (תמיד). Im jetzigen redaktionellen Kontext (s.u. EINHEITLICHKEIT), also nach der Anfügung von V. 13 und 14-18, erhält V. 12, der das ursprüngliche Danklied 2-12 abschloß, eine neue Funktion:

> »Er fungiert nun als einleitende Anrufung Jahwes, gefolgt von der motivierenden Klage des V. 13. ... Mit anderen Worten: *V. 12 wurde von einer ursprünglichen Vertrauensäußerung durch die redaktionelle Komposition zu einer Bitte umfunktioniert.* ... Ferner hängt damit auch das Schwanken in der Abgrenzung der beiden verarbeiteten Texte zusammen. Nach dem Verständnis des Redaktors beginnt das Klagelied bereits mit der Anrufung Jahwes in V. 12.«[391]

Damit sind die verschiedenen Gründe für die Abgrenzung des ersten Hauptteils genannt und beide auf ihre Art als plausibel erklärt. Aufgrund der textgenetischen Erklärung, die durch die Doppelüberlieferung in Ps 70 bestätigt wird, soll hier die Abgrenzung nach V. 12 gezogen werden. Zudem sehe ich den zweiten Teil durch die Gebetsanrede אתה יהוה in V. 6 und 12 gerahmt, außerdem treffen beide Verse zugleich sehr allgemeine Aussagen über Wesen und Wirken JHWHs. Mit V. 13 beginnt dann ein neues Thema (die umgebenden Feinde), das mit einem כי (כי-recitativum) eingeführt wird. Auch der dritte Teil endet mit einer Gebetsanrede, was m.E. ein weiteres Argument für die Abgrenzung des zweiten Teils nach V. 12 ist. V. 13 kann mit Braulik und schon Gunkel als redaktionelles Bindeglied bestimmt werden, es ist dann aber kein Grund ersichtlich, wieso dem eigenständigen Teil 14-18 zwei Verse unterschiedlichen Inhalts vorausgehen sollten.[392]

Unterstützt wird die Einteilung in diese drei Teile (2-5; 6-12; 13-18) durch die Beobachtung der Verteilung des Tetragramms: Es kommt 9x (2.4.5 – 6.10.12 – 14.14.17) vor und verteilt sich gleichmäßig (3 x 3) auf die drei Teile.[393]

---

[390] Etwa Zenger, NEB 29 (1993), 252-257 und Barbiero, Das erste Psalmenbuch als Einheit (1999), 607.
[391] Braulik, Gottesknecht (1975), 230.
[392] Anders Zenger, HThKAT (2000), 284.
[393] Hinzu kommt an Gottesbezeichnungen אדני in 40,18 und אלהי in 40,6.9.18, davon einmal (6) in der Verbindung יהוה אלהי und einmal אלהינו (4).

Ernst Haag kommt zu einer Gliederung, die der Literarkritik Zurückhaltung anempfiehlt, da er die »beeindruckende Geschlossenheit« des Gesamtaufbaus feststellt, die er mikrostrukturell bestätigt findet.

Erster Hauptteil:	Fünf Strophen zu je zehn Stichen	2-4
	(konzentrisch symmetrisch)	5-6
		7-9
		10-11
		12-13
Zweiter Hauptteil:	Rahmende Bitte	14
	Zwei Abschnitte der Vertrauens-	15-16
	äußerung zu je sechs Stichen	17-18a
	Rahmende Bitte	18b

Die beiden Teile umfassen Haag zufolge die Vergangenheit (»Die Retterhilfe Gottes als erfüllte Hoffnung«) und die Zukunft (»Die Retterhilfe Gottes als zu erfüllende Hoffnung«). Die Hauptaussage des ersten Teils beziehe sich auf das Zentrum 7-9, wo es um die Zurückweisung von Opfern zugunsten der »Buchrolle« geht. Das jeweils mittlere Bikolon einer Strophe des ersten Teils enthalte das Thema der ganzen Strophe und setze so die konzentrische Struktur des Hauptteils auch im kleinen fort. Der zweite Teil sei insgesamt chiastisch aufgebaut; umrahmt von zwei Bitten erscheinen zwei Abschnitte, die Vertrauensäußerungen enthalten.[394]

Gegen eine ursprüngliche Einheit sprechen m.E. die lexikalisch doch sehr unterschiedlichen Teile wie auch die allgemeine Beobachtung, daß eine – endredaktionell – gelungene Struktur keine allzu große Beweiskraft hinsichtlich einer ursprünglichen Einheit hat (vgl. etwa Ps 49).

9.4 Einheitlichkeit

Es gibt – wie bereits erwähnt – Auslegungen, die den Psalm als von Anfang an einheitlich bestimmen.[395]

Die meisten der Auslegungen kommen hingegen darin überein, daß es sich um drei[396] bzw. wenigstens zwei Teile handelt, die so disparat sind, daß

---

[394] Vgl. Haag, Ps 40 (1995), 58f. Klar entgegengesetzt sind die Ausführungen Brauliks, der die Unterschiedlichkeit der beiden Teile herausarbeitet, vgl. Braulik, Gottesknecht (1975), 228 u.ö.

[395] Haag, Ridderbos, Craigie, Weiser, Alonso Schökel, Gerstenberger, Crüsemann, Beyerlin, Auffret, Millard, Mays (Stellenangaben bei Barbiero, Das erste Psalmenbuch als Einheit (1999), 608, Anm. 232).

[396] Zenger rechnet mit einem ursprünglichen vorexilischen Kern (2-3.4c-5), einer exilischen (6-11) und einer nachexilisch/hellenistischen Ergänzung (12-18) (vgl. Hossfeld/Zenger, Selig, wer auf die Armen achtet (1992), 29-33 und Zenger, NEB 29 (1993), 52).

an unabhängige Entstehung und anschließende Zusammenfügung gedacht werden muß.[397] Untermauert wird diese Ansicht durch die Doppelung im selbständigen Ps 70. Die Verse Ps 40,14-18 tauchen dort – von geringfügigen Abweichungen abgesehen (s.u.) – noch einmal auf. Das spricht dafür, daß es sich um einen relativ eigenständigen Teil handelt. Braulik trennt daher einen Ps 40A (2-12) von einem Ps 40B (14-18) ab und bestimmt V. 13 als redaktionelles Bindeglied.

> »Die weite inhaltliche, gattungsmäßige, aber zum Teil auch stilistische Kluft zwischen 40A und Ps 70 bedurfte zu ihrer Überbrückung einer massiv angelegten und mehrfach verspannten Brücke. Diese Aufgabe leistet – neben seiner wohl situationsbedingten Aussage – V. 13.«[398] »Ps 70 bildet ... die Vorform der Verse 40,14-18, die selbst niemals losgelöst von Ps 40 existiert haben.«[399]

Von dieser These, derzufolge Ps 40 die Vorlage Ps 70 gezielt benutzt und abgewandelt hat, und der Psalm daher als aus zwei Teilen bestehend anzusehen ist, soll im folgenden ausgegangen werden.

9.5 Gattung

Bei der Gattungsbestimmung müssen ebenfalls die zwei unterschiedlichen Teile berücksichtigt werden, obwohl es im Endeffekt natürlich um eine Gattungsbestimmung des Endpsalms geht.

Ps 40 ist ein Danklied mit anschließender Klage; strukturell auf Psalterebene fungiert er als Danklied für die Erhörung der Klage aus Ps 39.[400] Von

---

[397] Schon klassisch ist die Charakterisierung von Delitzsch zu nennen: »Mit v. 13 kommt in den bis dahin einheitlichen Charakter des Ps. eine schwer begreifliche Dissonanz, das *Magnificat* stürzt zum kläglichsten *de profundis* ab.« (Vgl. Delitzsch, Die Psalmen (⁵1894), 307).
[398] Braulik, Gottesknecht (1975), 228.
[399] Ebd., 221.
[400] Vgl. Barbiero, Das erste Psalmenbuch als Einheit (1999), 600f. Dort genaue Hinweise über die Stichwortbezüge der beiden Psalmen. Den Anlaß des Dankpsalms bestimmt Seybold als eine Befreiungserfahrung, wohl die Befreiung aus schwerer Krankheit, die der Beter Gott verdankt. Wie in Ps 41 oder 35 scheine es sich beim Beter um einen Kranken zu handeln, der »der Grube nahe« noch Hilfe fand, obwohl – oder gerade weil – er nicht auf falsche Instanzen seine Hoffnung gesetzt hat. Diese seien wohl als ausländische (ägyptische) Kapazitäten zu bestimmen oder allgemeiner als abzulehnende Heilpraktiken zu sehen, deren sich ein JHWH-Gläubiger nicht bedienen sollte (vgl. Seybold, HAT I/15 (1996), 167). Eindeutig zu konkretisieren ist die Bedrängnis des Beters allerdings nicht, dazu ist die Sprache zu formelhaft und allgemein gehalten; so sieht Braulik hier – allgemeiner formuliert – einen »Aufschrei aus Todesnot« (vgl. Braulik, Gottesknecht (1975) 204). Haag, der sogar von einer formgeschichtlich eigenständigen Gattung ausgehen möchte, macht auf

der Gebetsdynamik her kann man sich vorstellen, daß ein Beter sich auf eine bereits erfahrene Hilfe rückbesinnt, um sich in einer neuerlichen Notlage diesem Gott wieder zuzuwenden, wobei die schon gemachte Glaubenserfahrung das Fundament für das Vertrauen bzw. die Bitte in der aktuellen Bedrängnis bildet.[401]

9.6 Datierung

Braulik sieht im Psalmisten einen Zeitgenossen »Deuterojesajas, jedenfalls aber Tritojesajas«[402], dessen Auftreten bereits vorauszusetzen sei. Der anthologische Ps 40, der sich selbst als prophetisches Bekenntnis verstehe, bilde ein markantes Bindeglied zwischen dem immer mehr zurücktretenden Prophetismus und dem es immer stärker ersetzenden Schriftgelehrtentum.

> »Am besten bestimmt man den *Zeitpunkt der Wiederaufnahme der Opferliturgie im neuerrichteten Tempel* als terminus post quem non für die Entstehung von 40A. Der Psalm bildet ... somit einen Beitrag zur Bewältigung der opferlosen frühnachexilischen Periode und reflektiert eine ihrer geistigen Strömungen. Zugleich begegnen wir in ihm einem Zeugnis des gleitenden Übergangs vom Prophetismus zum Schriftgelehrtentum, das ideell und literarisch bewußt an die großen Autoritäten der Vergangenheit anschloß.«[403]

Damit deckt sich, trotz unterschiedlicher Akzentsetzung in der Begründung, die Datierung, die Ernst Haag vorschlägt: Die Situation, die sich für die Ent-

---

die Analogie zur Gerichtsklage eines leidenden Gerechten aufmerksam. Er klassifiziert Ps 40 als »Vertrauensbekenntnis eines leidenden Gerechten«. Bei dieser Gattung gehe es »nicht mehr primär um die Darstellung der individuellen Not eines Beters, sondern um die Not des Gottesvolkes selbst, das der Beter mit seinem Vertrauensbekenntnis repräsentiert« (Haag, Ps 40 (1995), 60f.).

[401] So auch Braulik: »Die Kontinuität des erlösenden Handelns Jahwes bildet somit die innere Einheit dieses Psalms« (Gottesknecht (1975), IX). Mit רצה in V. 14 (die Wurzel steht schon in V. 8) erscheint hier ein Terminus priesterlicher Anrechnungstheologie, mit dem der Redaktor eine regelrecht »berechnende« Nuance in den Psalm einträgt: Weil der Beter einst den Gott gebührenden Lobpreis nicht zurückgehalten hat (V. 10), kann er ihn jetzt auffordern, seine Hilfe in der gegenwärtigen Not nicht zurückzuhalten (V. 12); mit anderen Worten geht er davon aus, daß er durch die ordnungsgemäße Erfüllung der Dankespflicht einen regelrechten Anspruch auf neuerliche Hilfe erworben hat (vgl. ebd., 244).

[402] Ebd., 186. Auch wenn die Figur des »Tritojesaja« in der Forschung immer fragwürdiger wird, bleibt doch die Zeit der Neukonstituierung Israels und Judas nach 520 bis zur Mitte des 5. Jhs. als historische Situation dieser Texte unumstritten. Im Einleitungsteil seiner Monographie gibt Braulik einen ausführlichen forschungsgeschichtlichen Überblick über die bevorzugten Datierungen des Psalms (vgl. ebd., 6ff.).

[403] Ebd., 256.

stehung des Psalms nahelege, sei die Zeit der Rückkehr aus dem Exil, somit also die Zeit der Neukonstituierung der Zionsgemeinde, wahrscheinlich noch vor Einweihung des zweiten Tempels.[404] Die Frage der Bedeutung der Opfer stehe im Raume, was auf die Zeit vor der Wiederaufnahme des Opferkultes im zweiten Tempel hindeuten könnte. Wir kommen also in frühnachexilische Zeit. Haag sieht im Psalmbeter einen Repräsentanten des (nach dem Exil) neukonstituierten Gottesvolkes, der die »vom Deuteronomium geforderte (Dtn 6,6) Verinnerlichung der Weisung Jahwes als die zentrale Forderung jener heilsgeschichtlichen Stunde begriffen«[405] habe. Der Psalm spiegelt in V. 7f. die exilisch-nachexilische Rezeption der alten prophetischen Opferkritik.[406]

Auch inhaltlich-formale Gründe sprechen klar gegen eine Frühdatierung: »Die Lösung der Bitte von der Klage verweist diesen Psalm in die Spätzeit Israels, jedenfalls in die nachexilische Periode.«[407] Die Verwendung beider Typen von Feindbezeichnungen (איב und רשע) machen laut Keel eine Abfassung in frühnachexilischer Zeit wahrscheinlich.[408]

Für die relative Datierung ist weiterhin zu beachten, daß Ps 40 im Vergleich zu Ps 70 jünger ist, da er diesen voraussetzt und gezielt abwandelt. Ps 40

---

[404] Vgl. Haag, Ps 40 (1995), 61. In diesem Sinne auch Braulik: »Im übrigen ließe sich auch das Verhältnis von Ps 40 zum Kult gerade während der tempellosen Zeit besonders gut verstehen.« (Gottesknecht (1975), 269).
[405] Haag, Ps 40 (1995), 57.
[406] Vgl. ebd., 66.
Die Konzentration auf die Theologie des Deuteronomiums ergibt sich aus der umstrittenen Deutung der »Schriftrolle« aus V. 8. Seybold sieht dort eine Votivgabe beschrieben, die der Beter zum Tempel brachte, Inhalt der Rolle seien die Vv. 13-18 (vgl. Seybold, HAT I/15 (1996), 169). Er habe durch göttliche Eingebung die Idee eines (Dank-)Opfers als nicht angemessen verworfen. Daher kommt er »zu der (für ihn) neuen Lösung..., das schriftlich niedergelegte Gebet aus der Zeit der Not der Gemeinde zu dezidieren und als ein von Gott gehörtes und erhörtes Gebet als Votivgabe abzugeben, um damit ein Stück erfahrenes Heil zu dokumentieren« (Seybold, HAT I/15 (1996), 169). Zenger versteht die Wendung als Realmetapher für von Gott eingegebene Worte und als Anspielung auf das Buch des Bundes, also die im Menschenherzen aufgezeichnete Tora (vgl. Zenger, NEB 29 (1993), 256). Zur Problematik dieser Auslegung vgl. Ego, Zur Rezeption von Jer 31,33 in der Torafrömmigkeit der Psalmen (1997), 284, Anm. 39. Braulik hingegen zieht nach Untersuchung der sprachlichen Parallele zu 2 Kön 22,13 den Schluß, daß der Beter sich hier auf das Deuteronomium bezieht; der Beter erklärt das Ausbleiben des Dankopfers mit dem Hinweis, daß dieses nicht nach den Vorschriften des Deuteronomiums vollzogen werden könne (vgl. Braulik, Gottesknecht (1975), 149-153; so auch schon Delitzsch, Die Psalmen, Leipzig (⁵1894), 310).
[407] Braulik, Gottesknecht (1975), 204.
[408] Vgl. Keel, Feinde (1969), 120, Anm. 77.

dürfte weiterhin Ps 35 beeinflußt haben. 40,1 wird in einer Qumran-Psalmenrolle bezeugt.[409]

Zenger sieht die letzte Phase des »Fortschreibungsprozesses« des Psalms durch die nachexilische Armenredaktion vorgenommen, die ihn gezielt in die Teilgruppe Pss 35-41 einfügte.[410]

> »Daß Ps 40 von dieser nachexilischen ›Armenredaktion‹, die auch Ps 35,7-10.26-28 und 41,2-4 geschaffen hat ..., als gezielte Weiterführung von Ps 38 und Ps 39 gedacht ist, legt sich auch von dem in 38,14[;] 39,10 beklagten Zustand des Verstummens her nahe: Mit dem ›neuen Lied‹ V.4 hat JHWH selbst diesen Zustand überwunden ... .«[411]

Selbst wenn sich bezüglich der Gewichtung einzelner Argumente gewisse Differenzen ergeben könnten, so wird man insgesamt doch nicht umhin können, Ps 40 nachexilisch zu datieren.

9.7 Zur These

Uns interessiert hier insbesondere Teil B, also die Verse, die parallel in Ps 70 überliefert sind. Zwar war von der Hilfe Gottes für den Beter – oder allgemeiner für die, die ihr Vertrauen auf JHWH setzen – vorher schon deutlich die Rede (Vv. 2.3.4(?).6. 11.12), doch erst jetzt geht es auch um das Schicksal, das die Feinde des Beters ereilen wird bzw. soll.

Nach V. 14, der ausdrücklich von rettender Hilfe JHWHs zugunsten des Beters spricht, folgen in den Vv. 15-16 mehrere unpersönliche Formulierungen, die das Los der Feinde beschreiben: Sie sollen beschämt, enttäuscht, zuschanden werden und erstarren (שמם, כלם, סוג, חפר, בוש).

Zahlenmäßig überwiegen die (fünf) Wünsche gegen die Gegner die (drei) Wünsche für die Gruppe der Jahwegläubigen. Entscheidend für unsere These ist die Beobachtung: JHWH selbst wird im Feindeabschnitt nicht erwähnt.[412] Der Psalmist geht zuversichtlich von der Gewißheit aus, daß JHWH sein Schicksal günstig fügen wird; indem er eben dies ausspricht, will er ein rasches Eingreifen JHWHs motivieren. Genau diese Funktion hat auch die Selbstprädikation als »arm und elend«. Der Beter, der sich selbst so bezeich-

---

[409] Vgl. Seybold, HAT I/15 (1996), 167.
[410] Vgl. Zenger, NEB 29 (1993), 252. Auch Braulik sieht den Verfasser zu den Anawim gehörig (vgl. Gottesknecht (1975), 174).
[411] Zenger, NEB 29 (1993), 253.
[412] So schon Braulik, Gottesknecht (1975), 202. Auch in V. 17 wird JHWH selbst nicht als Agierender erwähnt, jedoch bieten die Wünsche der Vv. 14 und 18 deutlich die Vorstellung eines zugunsten des bedrängten Beters handelnden Gottes.

net, appelliert an JHWH als den Schützer und Retter eben der Armen.[413] Da das »Ich« des Psalms sicher auch kollektiv auf den heiligen Rest Israels gelesen werden soll, zeichnet die Selbstprädikation ebenso ein Bild dieser Gemeinschaft: einerseits ein materielles Armsein durch Ausbeutung im Land, andererseits eine spirituelle Disposition angesichts der als Heilsoffenbarung erlebten Rückkehr zum Zion.[414]

Die Übel bzw. Leiden, die ihn ereilen, empfindet der Beter wie eine Übermacht von Todfeinden. »Es sind ›Übel‹, anonyme Mächte, keine Personen ... .«[415] Diese Leiden werden (nachträglich?) als Folge von Verschuldungen gedeutet; im Bewußtsein der berechtigten Strafe neigt der Beter den Blick.[416] Der Beter kann sein Gebeugtsein in Armut als Folge vergangener Sündenschuld erlitten begreifen und es trotzdem mit JHWHs Heil in Verbindung bringen, und er sieht das Wohlergehen seiner Feinde als ein vorübergehendes, schon dem Unheil preisgegebenes an.[417]

Seine Leiden umschließen ihn wie die Chaoswasser der Unterwelt und versetzen ihn – wie zuvor das Strafgericht JHWHs (V. 13) – in Bedrängnis.[418] Ab V. 15 stehen feindlich gesinnte Menschen, (die am Krankenlager auftauchen?), im Blick, also keine anonymen Leiden mehr. Das Ende des Beters käme ihnen – aus Eigennutz und Schadenfreude – gelegen, das spürt er am hämischen Gekicher.

Mit V. 17 kommen dann die mitleidenden Gläubigen in den Blick, die Freude an der Genesung bzw. allgemein ausgedrückt an der Wiederherstellung des Armen und Elenden, der auf das Privileg des königlichen Rechtsschutzes seines Gottes pocht, hätten.[419]

Das Bild der einander kontrastierten Menschengruppen läßt sich noch etwas deutlicher zeichnen: In den antithetische Wünschen gegen die Feinde und für die Gottesfreunde der Vv. 15-17 wird die Polarisierung der nachexilischen Gemeinschaft deutlich. Während es für die Feinde typisch ist, daß sie es auf das Leben der JHWH-Frommen abgesehen haben, werden die Frommen durch ihre Gottsuche charakterisiert. Beide Gruppen werden durch fikti-

---

[413] Vgl. den verwandten Ps 35: Mit Leib und Seele will ich sagen: Herr, wer ist wie du? Du entreißt den Schwachen dem, der stärker ist, den Schwachen und Armen dem, der ihn ausraubt (V. 10). Zur Klassifikation als »Armenpsalm« vgl. die Abschnitte GATTUNG und DATIERUNG.
[414] Vgl. Haag, Ps 40 (1995), 71.
[415] Seybold, HAT I/15 (1996), 169.
[416] Zum Bild des Zu-Boden-Blickens vgl. Gen 4,5-7.
[417] Vgl. Haag, Ps 40 (1995), 73.
[418] Vgl. ebd., 69.
[419] Vgl. Seybold, HAT I/15 (1996), 170.

ve Zitate gekennzeichnet: Die Feinde stoßen ein ironisches Haha (oder ein schadenfrohes Hähä) aus, die Frommen ein hymnisches Bekenntnis.[420]

Diese Charakterisierungen decken sich mit denen des ersten Teils: Der Beter bezeichnet im ersten Teil die ihm feindlich gegenüberstehenden Menschen mit einem Sprachgebrauch, der auf heidnische Großmächte, insbesondere Ägypten zielt. Die Wendung »die in Täuschung Verstrickten« wird für Angehörige Israels verwendet, »die während des Exils der Faszination Babels, Ägyptens oder anderer Großreiche erlegen und vom Jahweglauben abgefallen sind«[421]. Es handelt sich also um eine ganz aktuelle Versuchung, nämlich die, nicht – wie der Beter – sein Vertrauen allein auf JHWH zu setzen, sondern sich der heidnischen Umwelt anzupassen. Die abschließende Seligpreisung gilt allen, die dieser Versuchung widerstehen. Wieder haben wir es mit einer Situationsbeschreibung zu tun, in der das Festhalten am JHWH-Glauben längst keine Selbstverständlichkeit mehr ist, sondern eine eigene Entscheidung – und zwar gegen den Trend – verlangt.

Dazu will die Vorstellung, daß der Beter sein Zeugnis vor »großer Gemeinde« ablegt, nicht so recht passen, haben doch Krieg, Verbannung und der oben erwähnte Glaubensabfall die Angehörigen Israels stark dezimiert. Es ist sozusagen ein »Relikt« des ursprünglichen Relikts eines Dankpsalms.

> »Wahrscheinlich handelt es sich ... bei der ›großen Gemeinde‹ um einen Begriff, der sich wie derjenige der ›Vielen‹ (vgl. V.4) an der dem Erzvater Abraham zuteil gewordenen Mehrungsverheißung orientiert: einer Verheißung, deren beginnende Verwirklichung man in der als Wunder erfahrenen Wiederherstellung Israels nach dem Exil erkannte.«[422]

Anders deutet Braulik, der die »Zahlreichen« durch Rekurs auf die Verkündigung Deuterojesajas erklärt und die Botschaft des Psalms auch an die Gojim adressiert sieht.[423]

Ps 40 wird als zutiefst in der Tradition des Deuteronomiums, insbeson-

---

[420] Vgl. Zenger, NEB 29 (1993), 257; s. auch Ps 27,8. Diese gut weisheitliche Tradition, die einen klaren Trennungsstrich zieht zwischen den beiden kontrastierten Menschengruppen, findet sich auch in den Vv. 2-5. Dort ist eher an kultisch-religiöse Abgrenzung von »lebenzerstörerischen Mächten und Lügengötzendienern« zu denken als an eine allgemein anthropologische Deutung. Mit seinem Psalm will der Beter also von falschen Götzen weg- und zum Vertrauen auf den wahren Gott hinführen (vgl. Zenger, NEB 29 (1993), 255).
[421] Haag, Ps 40 (1995), 64.
[422] Ebd., 69.
[423] Braulik verweist auf die Beziehung von 40,4 auf Deuterojesaja, weshalb die »vielen« mit den Heidenvölkern identisch seien, sodaß die Intention des Psalmisten darin bestehe, daß alle Menschen zum Vertrauen auf JHWH geführt werden sollen (vgl. Gottesknecht (1975), 119.187).

re seiner Umkehrtheologie verwurzelt gesehen. Neben der ausdrücklichen Bezugnahme auf die »Schriftrolle« lassen sich drei Schwerpunkte der deuteronomischen Theologie erkennen:

> »einmal die auf die Heilsoffenbarung Jahwes gegründete Aneignung der göttlichen Weisung, sodann die Freude des Jahwe und seine Wundertaten preisenden Gottesvolkes und schließlich die Wirksamkeit von Fluch und Segen bei der Gewährung der Retterhilfe Jahwes«[424].

Im Hinblick auf die hier angestellten Überlegungen ist zum letzten Punkt kritisch anzumerken: Es kommen keine Ausdrücke für Fluch und Segen vor und zweitens, m.E. wichtiger, werden gutes und schlechtes Ergehen gerade nicht parallel ausgedrückt. Mit dem Wohlergehen der JHWH-Gläubigen hat die rettende Hilfe Gottes etwas zu tun, es gibt aber analog dazu keine ausdrücklichen Sanktionen gegen die Übeltäter. In den entsprechenden Deuteronomiumstellen (man denke vor allem an die Moserede in Dtn 30,1-10) aber wird von Segen und von Fluch gleichermaßen gesprochen.

ESCHATOLOGISCHE PERSPEKTIVE

Die abschließende Bitte setzt JHWH unter beinahe schon apokalyptischen Zeitdruck. Sie spielt auf die (eschatologische) Verheißung Jes 46,13 an. Auf eine derart endgültige Wende seines Schicksals ist die Erwartung des Beters ausgerichtet, weit über den Horizont seiner gegenwärtigen Not hinaus.

Somit bestätigt Ps 40 unsere These: Die hier untersuchten Texte zeigen eine deutlich eschatologisch geprägte Färbung; die Beter erwarten ihre Rettung und Hilfe von Gott in einer grundlegend und qualitativ veränderten Situation – wie auch immer diese dann noch einmal vorgestellt und ausgemalt wird. Sie wird vor allem durch das Nicht-mehr-Sein der Feinde gekennzeichnet sein; gleichzeitig werden gewalttätige Schilderungen ihres Endes, erst recht eines durch JHWH herbeigeführten Endes, vermieden.[425] Das Augenmerk liegt allein auf der Rettung der Frommen.

---

[424] Haag, Ps 40 (1995), 71f.
[425] Daher kann ich Haag nicht zustimmen, der schreibt, daß die zwei Abschnitte, die nach dem deuteromischen Segen-Fluch-Schema gestaltet seien, »inhaltlich beide von den Auswirkungen des erhofften Eingreifens Gottes handeln« (Haag, Ps 40 (1995), 70) – das kann ich nicht sehen, kommt JHWH doch in den Vv. 15 und 16 gar nicht vor! Treffender zeichnet er den Befund, wenn er wenig später feststellt, der Beter erwarte, »daß kraft der Retterhilfe Jahwes alle seine Feinde in der von ihnen selbst gewählten Sphäre des Unheils endgültig scheitern und zugrunde gehen« (ebd.). Mir scheint der Abschnitt 15f. von Haag zu einseitig auf den Beter hin gelesen zu sein, um den es in diesen zwei Versen aber nicht unmittelbar geht. Subjekt sind ausschließlich die Feinde, der Beter ist nur insoweit involviert, als er das Ziel der An-

II Textanalysen

Da Ps 40 ein relativ breites Spektrum von Aussagen bietet, die das Ergehen der kontrastierten Menschengruppen zum Inhalt haben, seien sie hier komplett aufgelistet.

AUSSAGEN ÜBER DAS ERGEHEN DER »GUTEN« OHNE AUSDRÜCKLICHE NENNUNG GOTTES

5a	אַשְׁרֵי הַגֶּבֶר אֲשֶׁר־שָׂם יְהוָה מִבְטַחוֹ	glücklich der Mann, der gesetzt hat JHWH als sein Vertrauen
17a	יָשִׂישׂוּ וְיִשְׂמְחוּ בְּךָ כָּל־מְבַקְשֶׁיךָ	es sollen jubeln und sich freuen an dir alle, die dich suchen

AUSSAGEN ÜBER DAS EINGREIFEN GOTTES ZUGUNSTEN DER GUTEN

2	וַיֵּט אֵלַי	er neigte sich mir zu
	וַיִּשְׁמַע שַׁוְעָתִי	und er hörte mein Geschrei
3	וַיַּעֲלֵנִי מִבּוֹר שָׁאוֹן	er zog mich aus der Grube der Vernichtung
	וַיָּקֶם עַל־סֶלַע רַגְלַי	er stellte auf Felsen meine Füße,
	כּוֹנֵן אֲשֻׁרָי	machte fest meine Schritte
6a.bα	רַבּוֹת עָשִׂיתָ ...	zahlreich hast du gemacht ...
	נִפְלְאֹתֶיךָ וּמַחְשְׁבֹתֶיךָ אֵלֵינוּ	deine Pläne und deine Wundertaten für uns
12	לֹא־תִכְלָא רַחֲמֶיךָ מִמֶּנִּי	nicht verschließe dein Erbarmen vor mir
	חַסְדְּךָ וַאֲמִתְּךָ תָּמִיד יִצְּרוּנִי	deine Huld und deine Treue sollen mich immer behüten
14	רְצֵה יְהוָה לְהַצִּילֵנִי	habe Gefallen, JHWH, mich zu retten
	יְהוָה לְעֶזְרָתִי חוּשָׁה	JHWH, eile mir zu helfen
18aβ.b	אֲדֹנָי יַחֲשָׁב לִי	mein Herr, er denke an mich
	עֶזְרָתִי וּמְפַלְטִי אַתָּה	meine Hilfe und meine Bergungsstätte, [bist] du, mein Gott, zögere nicht
	אֱלֹהַי אַל־תְּאַחַר	

---

griffe ist, die von den Feinden ausgehen (jeweils durch ein Suffix der 1. Pers. Sg. ausgedrückt). Haag sieht das anders: »Im ersten Abschnitt erfleht der Beter die Retterhilfe Jahwes zur Abwehr seiner Feinde, von denen er sagt, daß sie sich durch seine Bedrängnis in ihrem Haß gegen die Frommen bestätigt sehen (V.15f).« (Ebd.).

Aussagen über das Ende der Schlechten

15	יֵבֹשׁוּ וְיַחְפְּרוּ יַחַד	beschämt und enttäuscht sollen sie werden zusammen,
	יִסֹּגוּ אָחוֹר	sie sollen zurückweichen
	וְיִכָּלְמוּ	und sie sollen zuschanden werden
16	יָשֹׁמּוּ עַל־עֵקֶב בָּשְׁתָּם	erstarren sollen sie wegen ihrer Schande

Um die These zu erhärten, daß es sich bei den unpersönlichen Wendungen der »Aussagen über das Ende der Schlechten« um bewußte Wortwahl zu handeln scheint, seien im folgenden wiederum die entsprechenden Verben daraufhin untersucht, ob sie im Hifil (und mit Gott als Subjekt) vorkommen:

בוש kommt im Psalter im Hifil 3x mit Gott als Subjekt vor (s.o. zu Ps 6).

חפר kommt im Psalter nur im Qal (9x) vor; kann allerdings ein Hifil bilden (Jes 33,9; 54,4; Spr 13,5; 19,26, nie Gott als Subjekt).

סוג kommt im Psalter 8x vor, davon 1x Qal, 7x Nifal, alle Formen unpersönlich, nirgends Gott als Subjekt; das Verb kommt im hebräischen AT 6x im Hifil, 1x im Hofal vor, nie Gott als Subjekt.

כלם kommt im Psalter 6x vor, 5x im Nifal, 1x im Hifil, dort ist Gott Subjekt (Ps 44,10).

שמם kommt im Psalter 4x vor, je 1x Qal, Nifal, Hitpael, Hifil; nirgends mit Gott als Subjekt; außerhalb des Psalters aber häufig: Lev 26,31.32; Ez 20,26; 30,12.14; Mi 6,13; Hos 2,14; 1 Sam 5,6; Ijob 16,7 (Hifil und Gott als Subjekt).

Daraus ergibt sich, daß drei dieser fünf Verben ein Hifil mit Gott als Subjekt bilden können, die unpersönlichen Formulierungen im Psalm also nicht auf eine rein grammatikalisch bedingte Besonderheit zurückzuführen sind.

Bezeichnungen für die Guten

V.4	רַבִּים	viele
V.5	הַגֶּבֶר אֲשֶׁר־שָׂם יְהוָֹה מִבְטַחוֹ	der Mann, der gesetzt hat JHWH als sein Vertrauen
V.17	כָּל־מְבַקְשֶׁיךָ	alle Dich Suchenden
V.17	אֹהֲבֵי תְּשׁוּעָתֶךָ	Deine Rettung Liebende
V.18	אֲנִי עָנִי וְאֶבְיוֹן	ich [bin] arm und elend

BEZEICHNUNGEN FÜR DIE SCHLECHTEN

V. 5	רְהָבִים	Götzen(diener)
V. 5	שָׂטֵי כָזָב	Abtrünnige
V. 15	מְבַקְשֵׁי נַפְשִׁי	mein Leben Suchende
V. 15	חֲפֵצֵי רָעָתִי	Gefallen Habende an meinem Unglück
V. 16[426]	הָאֹמְרִים לִי הֶאָח הֶאָח	die zu mir Sagenden »Haha«

Beachtenswert ist, daß der Großteil all dieser Bezeichnungen der Gegner wie der Gottesfreunde Partizipialformen sind. Die Menschen bleiben als Subjekte undeutlich im Hintergrund und werden vor allem als dynamisch Wirkende und aktuell Tätige anvisiert.[427]

Ebenso auffällig ist, daß alle drei Bezeichnungen für die Schlechten sich auf eine Tätigkeit derselben in Richtung Beter beziehen: Die Gottlosen haben es nicht auf irgendetwas, sondern auf sein Leben abgesehen (V. 15).

ZUR DOPPELÜBERLIEFERUNG

Abweichend vom üblichen Fortgang dieser Arbeit soll es nun um Ps 70 gehen, da beide Psalmen sich so eng berühren, daß eine Zusammenbehandlung nicht nur sinnvoll, sondern sogar nötig erscheint.

---

[426] Das Partizip deutet auf wiederholte Schmährede hin.
[427] Vgl. auch Braulik, Gottesknecht (1975), 218.

10 Psalm 70: »Gott, mich zu retten, JHWH, mir zu Hilfe eile!«

לַמְנַצֵּחַ לְדָוִד לְהַזְכִּיר: 1
אֱלֹהִים לְהַצִּילֵנִי יְהוָה לְעֶזְרָתִי חוּשָׁה: 2
יֵבֹשׁוּ וְיַחְפְּרוּ מְבַקְשֵׁי נַפְשִׁי 3
יִסֹּגוּ אָחוֹר וְיִכָּלְמוּ חֲפֵצֵי רָעָתִי:
יָשׁוּבוּ עַל־עֵקֶב בָּשְׁתָּם הָאֹמְרִים הֶאָח הֶאָח: 4
יָשִׂישׂוּ וְיִשְׂמְחוּ בְּךָ כָּל־מְבַקְשֶׁיךָ 5
וְיֹאמְרוּ תָמִיד יִגְדַּל אֱלֹהִים אֹהֲבֵי יְשׁוּעָתֶךָ:
וַאֲנִי עָנִי וְאֶבְיוֹן אֱלֹהִים חוּשָׁה־לִּי 6
עֶזְרִי וּמְפַלְטִי אַתָּה יְהוָה אַל־תְּאַחַר:

10.1 Übersetzung

1 Dem Chormeister. Von / für David. Zum Gedenken.
2 Gott, mich zu retten,
   JHWH, mir zu Hilfe eile!
3 Beschämt und enttäuscht (sollen) werden,
   die mir nach dem Leben trachten;
   zurückweichen und zuschanden (sollen) werden
   die Gefallen haben an meinem Unglück.
4 Sich umwenden[428] sollen wegen ihrer Schande
   die sagen: »Ha, ha«.
5 Es sollen jubeln und sich freuen an dir
   alle, die dich suchen.
   Und beständig sollen sagen: »Groß [ist] Gott!«[429]
   die deine Rettung lieben.
6 Ich aber [bin] arm und elend,
   Gott, eile zu mir,
   mein Helfer und meine Bergungsstätte [bist?], du,
   JHWH, zögere nicht!

---

[428] Sich umwenden (zur Flucht) wird hier statt »umkehren« als etwas neutralere Formulierung bevorzugt.
[429] »Alle Stellen, an denen *gdl* (Qal) mit JHWH als Subjekt belegt ist, weisen einen ereignishaften, nicht grundsätzlichen und allgemeinen, sondern aus konkretem Anlaß redenden Charakter auf.« (Mosis, Art. Gadal, 949, zitiert nach Braulik, Gottesknecht (1975), 220).

II Textanalysen

Es lassen sich innerhalb der Doppelüberlieferung 10 Varianten feststellen:[430]

1) 40,14a	רְצֵה יְהוָה לְהַצִּילֵנִי	1) 70,2a	אֱלֹהִים לְהַצִּילֵנִי
2) 40,15a	יַחְפְּרוּ יַחַד מְבַקְשֵׁי נַפְשִׁי לִסְפּוֹתָהּ	2) 70,3a	יַחְפְּרוּ מְבַקְשֵׁי נַפְשִׁי
3) 40,16a	יָשֹׁמּוּ	3) 70,4a	יָשׁוּבוּ
4) 40,16b	הָאֹמְרִים לִי	4) 70,4b	הָאֹמְרִים
5) 40,17b	יֹאמְרוּ	5) 70,5b	וְיֹאמְרוּ
6) 40,17b	יִגְדַּל יְהוָה	6) 70,5b	יִגְדַּל אֱלֹהִים
7) 40,17b	תְּשׁוּעָתֶךָ	7) 70,5b	יְשׁוּעָתֶךָ
8) 40,18a	אֲדֹנָי יַחֲשָׁב לִי	8) 70,6a	אֱלֹהִים חוּשָׁה־לִּי
9) 40,18b	עֶזְרָתִי	9) 70,6b	עֶזְרִי
10) 40,18b	אֱלֹהָי	10) 70,6b	יְהוָה

1) + 2) + 4)	Ps 40 bietet jeweils eine Texterweiterung.
1) + 6) + 8)	die unterschiedlichen Gottesnamen gehen auf die elohistische Redaktion zurück.
10)	allerdings deutet auf eine nach-elohistische Bearbeitung von Ps 70.
3)	die Konsonanten sind ähnlich, welche der Fassungen ursprünglicher ist, bleibt offen.
5)	das ו gehört wahrscheinlich ursprünglich in den Text, findet sich zudem in der Parallele Ps 35,27; das אמר wird damit in eine Reihe gestellt mit den Verben des Anfangs. In Ps 40,17 steht die Verbform parallel zum Partizip in V. 16; Ps 70 erscheint sinnvoller.
7) + 9)	die Varianten verändern die Textbedeutung nicht, תְּשׁוּעָתֶךָ könnte durch die selbe Form in Ps 40,11 beinflußt sein. Somit wäre in Ps 70 die ältere Form erhalten geblieben.
8)	auffällig ist die Verwendung von אדני, wie sie erklärt werden könnte, muß offen bleiben. Hinsichtlich der beiden unterschiedlichen Verben hat Ps 70 den ursprünglichen Text bewahrt, was die Entsprechung zu V. 2 belegt. Ps 40,18 ergibt keinen rechten Sinn und geht wahrscheinlich auf einen Schreiberfehler zurück.

---

[430] Zusammenstellung und Schlußfolgerungen nach Rösel, Messianische Redaktion (1999), 63f.

»Die Textunterschiede, die 40,14-18 gegenüber Ps 70 zeigt, haben keine metrischen Unregelmäßigkeiten zur Folge, sondern beseitigen vielmehr solche von Ps 70.«[431]

Die wesentliche Differenz liegt in der Gestaltung und Funktion der Rahmenverse. Nach Untersuchung sämtlicher Unterschiede stellt Braulik folgende Hypothese über das Verhältnis von 40,14-18 zu Ps 70 auf: Die »Weiterführungen der Aussage und Präzisierungen des Stils sprechen für eine Bestimmung von *Ps 70 als älterer Vorlage und 40,14-18 als davon abhängiger redigierter Textform*«[432].

10.2 Gliederung[433]

Überschrift	1		
Einleitung	2	(2)	*Bitte* um eilige Errettung durch JHWH
Hauptteil I	3-4	(6)	<u>Wünsche</u> gegen die Feinde
Hauptteil II	5	(4)	<u>Wünsche</u> für die Gesinnungsgenossen
	6a	(2)	Selbstprädikationen und Zuversichtsbeteuerung des »Armen«
Schluß	6b	(2)	Gottesprädikationen als Vertrauensbekenntnis und Motivation zur Hilfe; *Bitte* um rasches Eingreifen Gottes

10.3 Strukturbeobachtungen

In Ps 70 dienen alle Wortparallelen als Struktursignale; im davon abhängigen Ps 40B erfüllen nur wenige diese Funktion.[434]

Der Gottestitel wird zu Inklusionszwecken gebraucht, diese Technik erscheint im abhängigen Ps 40 sogar noch differenzierter und weiter verfeinert.[435]

10.4 Einheitlichkeit

Die klare, alle Verse durchgestaltende Struktur dieses zudem relativ kurzen Bittgebets ist deutlicher Hinweis darauf, daß unser Psalm – abgesehen von der sekundären Überschrift – einheitlich ist.

---

[431] Braulik, Gottesknecht (1975), 196.
[432] Ebd., 200 (Hervorhebung im Original).
[433] Strukturschema analog dem zu Ps 40,14-18 nach Braulik, Gottesknecht (1975), 200f. (Hervorhebungen im Original).
[434] Vgl. ebd., 223.
[435] Vgl. ebd., 238.

10.5 Gattung

Wie schon für Ps 40,14-18 festgestellt, werden die Verse des Ps 70 im allgemeinen als Klagelied eines einzelnen bestimmt, obwohl sich keine ausdrückliche Klage mit der für sie typischen Elementen findet: Es fehlt eine direkte Anklage Gottes (höchstens indirekt zu greifen in der negativen Bitte »säume nicht«), die einzige direkte Elendsschilderung liegt in der Selbstbezeichnung als »arm und elend«, es gibt keine Anklage der Feinde; deren Handeln und Reden ergibt sich allein aus ihren Bezeichnungen. Wie die Klage, so fehlt ebenfalls das ausdrückliche Lobgelübde. Nur der Wunsch, daß die Frommen auch zukünftig Gott preisen mögen und so die Rettung des Beters bejubeln, könnte anstelle dieses Elementes angesehen werden. (Den Platz des Gattungselementes Klage nimmt in Ps 40 V. 13 ein.)

Da in diesem individuellen Klagelied sowohl die Klage als auch ihr Gegenpol, das Lobgelübde fehlen, schlägt Braulik vor, statt von einem Klage- von einem *Bittpsalm* zu sprechen.[436]

Die Kürze und Prägnanz des Psalms wie auch das Fehlen einer konkreten Situationsangabe machen es wahrscheinlich, daß der Psalm von Anfang an (auch) als Gebetsvorlage verfaßt wurde, obwohl er seine Entstehung natürlich einer konkreten Notsituation seines Verfassers verdanken kann.

10.6 Datierung

Ps 70 ist relativ zu Ps 40 der ältere, in 40 werden dann theologische Verfeinerungen eingetragen und »Unregelmäßigkeiten« im Metrum geglättet.

Die meisten derjenigen Exegeten, die Ps 70 nicht als später abgetrenntes Stück von Ps 40 ansehen und überhaupt einen Datierungsversuch wagen, reihen ihn mit unterschiedlichen Argumenten in verschiedene Perioden der nachexilischen Geschichte Israels ein.[437]

Für eine Datierung in die (eher frühe) nachexilische Zeit nennt Braulik die folgenden Beobachtungen, die er als »Bündelargument« aufgefaßt haben will: 1) Eine Abhängigkeit des Ps 70 von Ps 35 vorausgesetzt, könnte der anthologische Charakter von Ps 70 ein Zeichen späterer Abfassungszeit sein. 2) Daß diesem Klagegebet das Gattungselement »Klage« fehlt bzw. höchstens spurenhaft vorhanden ist, zeigt gattungsgeschichtlich ein relativ spätes Entwicklungsstadium und weist auf die nachexilische Periode hin. 3) Liegt in

---

[436] Vgl. ebd., 203f.; 233; er spezifiziert zunächst noch als »Klagepsalm mit Bußnuance« (243). Der Bestimmung als Bittgebet schließt sich auch Zenger an (vgl. HThKAT (2000), 285).

[437] Vgl. Braulik, Gottesknecht (1975), 265; dort Aufzählung von Autorenmeinungen mit Begründung.

der Feindbezeichnung des Ps 70 der רָשָׁע-אִיב-Typ vor, würde dies auf frühnachexilische Abfassung deuten. 4) Die Wendung אַל־תְּאַחַר bietet einen weiteren Anhaltspunkt für die zeitliche Einordnung; das Verb mit JHWH als Subjekt kommt im AT sonst nur noch in Dtn 7,10 und Dan 9,19 vor; zu beiden Stellen nennt Braulik inhaltliche und formale Bezüge. Da die Sammlung des Psalters vor der Entstehung des Bußgebetes in Dan 7 liegt, kann der Psalm nicht von demselben abhängig sein. Wenn in Ps 70,6 eine literarische Anspielung auf Dtn 7,10 vorliegt, kommt frühestens die spätexilische Ära in Frage.[438]

10.7 Zur These

Der Psalm beginnt mit dem dringenden Wunsch um Rettung: JHWH soll den Beter (ein »Ich«) retten und ihm zu Hilfe eilen (V. 2). Ohne große Überleitung handelt der nächste Vers dann vom Los derer, die dem Beter nach dem Leben trachten: Sie sollen beschämt und enttäuscht werden, zurückweichen und zuschanden werden, sich umwenden (שׁוב, כלם, סוג, חפר, בוש). Dabei handelt es sich sämtlich um unpersönliche Ausdrücke.

Wie in der Auslegung zu Ps 40 bemerkt, stehen den fünf Wünschen gegen die Gegner drei für die Gruppe der Jahwegläubigen gegenüber.

Entscheidend ist auch hier die an Ps 40 gemachte Beobachtung: JHWH selbst wird im Feindeabschnitt nicht erwähnt.[439] Entgegengesetzt akzentuiert Zenger:

> »Der Abschnitt sagt es nicht ausdrücklich, aber von der Eröffnung des Psalms her ist es klar: Der Beter erhofft, daß JHWH selbst es ist, der diese brutalen Angreifer entmachtet und zurücktreibt – als der Gott der Gerechtigkeit, der auf der Seite der Notleidenden steht und die rettet, die ihr Leben an ihm ausrichten wollen.«[440]

Der Text des Feindeabschnittes für sich genommen ist offen. Zenger füllt diese Leerstelle von V. 2 her, was sicher eine Möglichkeit ist. In den Bitten des V. 2 wird JHWHs Retterhilfe genannt. Und diese Retterhilfe wird *in anderen Texten des Kanons* auch als ein Entmachten der Angreifer durch Gott beschrieben. Insbesondere das Verbum נצל, das den Exoduskontext einspielt, berechtigt zu dieser Lesung. Gerade eine »kanonisch-intertextuelle« Exegese wird auf die einem Text durch den kanonischen Kontext zukommenden

---

[438] Vgl. ebd., 265-267.
[439] So schon Braulik, Gottesknecht (1975), 202.
[440] Zenger, HThKAT (2000), 288. Die intendierte Pragmatik des Psalms zu untersuchen, ist ein sinnvoller Schritt jeder Auslegung; hier soll es aber zunächst um den sprachlichen Aspekt, die verwendeten Ausdrücke und Formulierungen gehen.

Sinnlinien aufmerksam machen und das Zusammenspiel der Texte betonen.⁴⁴¹

Die in dieser Arbeit vertretene These plädiert jedoch dafür, das Nicht-Gesagte als eine eigene Art der Aussage zu verstehen – die dann nicht zu füllen ist. Und auch hier soll der kanonische Kontext keinesfalls ausgeblendet werden, ist es doch eine nicht unbeträchtliche Zahl von Psalmen, die die Retterhilfe JHWHs am Beter betonen, ohne sie aber zugleich mit göttlichen Sanktionen an den Übeltätern zu verknüpfen. Die gehen diesen Texten zufolge am Selbstzerstörerischen ihres Tuns zugrunde.

Der Vielstimmigkeit des biblischen Gottesbildes ist insofern gerecht zu werden, als sie auszuhalten und nicht zu nivellieren ist. Es scheint zum Repertoire der biblischen Schriften zu gehören, Gottes rettendes Handeln zu erflehen oder zu preisen, ohne es mit einem göttlichen Strafhandeln in Zusammenhang bringen zu müssen.

AUSSAGEN ÜBER DAS EINGREIFEN GOTTES ZUGUNSTEN DER GUTEN

2	אֱלֹהִים לְהַצִּילֵנִי	Gott, mich zu retten,
	יְהוָה לְעֶזְרָתִי חוּשָׁה	JHWH, mir zu Hilfe eile
6	אֱלֹהִים חוּשָׁה־לִּי	Gott, eile zu mir
	עֶזְרִי וּמְפַלְטִי אַתָּה יְהוָה אַל־תְּאַחַר	mein Helfer und meine Bergungsstätte [bist] du, JHWH, zögere nicht

AUSSAGEN ÜBER DAS ENDE DER SCHLECHTEN

3	יֵבֹשׁוּ וְיַחְפְּרוּ מְבַקְשֵׁי נַפְשִׁי	beschämt und enttäuscht werden die mir nach dem Leben trachten
	יִסֹּגוּ אָחוֹר וְיִכָּלְמוּ חֲפֵצֵי רָעָתִי	zurückweichen und zuschanden werden, die Gefallen haben an meinem Unglück
4	יָשׁוּבוּ עַל־עֵקֶב בָּשְׁתָּם	sich umwenden sollen wegen ihrer
	הָאֹמְרִים הֶאָח הֶאָח	Schande die »Haha«-Sagenden

Zu den bei Ps 40 besprochenen Verben kommt statt des שמם hier שוב hinzu: Das Verbum שוב im Unterschied zu שמם (Ps 40,16) bringt inhaltlich eine gewisse andere Bedeutungsnuance: Im שוב schwingt die Möglichkeit der Umkehr mit, für das שמם des Ps 40 gilt dies nicht mehr. So ist Ps 70 hin-

---

441 Vgl. insges. Steins, Bindung Isaaks (1999) und ders., Amos und Mose (2001), 23: »Intertextualität meint ... nicht jede Art von Beziehungen zwischen Texten ..., sondern solche, bei denen der auszulegende Text durch die Anwesenheit des fremden Textes ... einen Bedeutungszuwachs, eine Sinnanreicherung erfährt.«

sichtlich der Feinde mehr vom Aspekt der – sehr ausdrücklichen – Beschämung bestimmt, die aber die Umkehr nicht ausschließt; in Ps 40 tritt diese Perspektive in den Hintergrund.

שוב kommt im Psalter häufig (in der Bedeutung vergelten, zurückwenden etc.) vor, daher seien hier nur die Stellen im Hifil und mit Gott als (logischem) Subjekt aufgeführt: 18,21.25; 28,4; 35,17; 44,11; (54,7 oder שיב); 51,14; 68,23; 74,11; 78,38; 79,12; 80,4.8.20; 81,15; 85,4; 89,44; 90,3; 94,2.23.

Somit ergibt sich auch hier der Befund, daß drei der fünf verwendeten Verben ein Hifil mit Gott als Subjekt bilden können, die unpersönliche Formulierung im Psalm also nicht auf eine rein grammatikalisch bedingte Besonderheit zurückzuführen ist.

BEZEICHNUNGEN FÜR DIE GUTEN

V.5	כָּל־מְבַקְשֶׁיךָ	alle Dich Suchenden
V.5	אֹהֲבֵי יְשׁוּעָתֶךָ	Deine Rettung Liebende
V.6	אֲנִי עָנִי וְאֶבְיוֹן	ich [bin] arm und elend

BEZEICHNUNGEN FÜR DIE SCHLECHTEN

V.3	מְבַקְשֵׁי נַפְשִׁי	mein Leben Suchende
V.3	חֲפֵצֵי רָעָתִי	Gefallen Habende an meinem Unglück
V.4	הָאֹמְרִים הֶאָח הֶאָח	»Haha«-Sagende

Die zu Ps 40 gemachten Beobachtungen gelten auch hier: Es ist beachtenswert, daß alle Bezeichnungen der Gegner und der Gottesfreunde Partizipialformen sind. Ebenso auffällig ist, daß alle drei Bezeichnungen für die Schlechten sich auf eine Tätigkeit derselben beziehen, die den Beter zum Gegenstand, besser: Zielpunkt haben: Die Gottlosen haben es nicht auf irgendetwas, sondern auf sein Leben abgesehen (V. 15). Verwunderlich ist dabei die Tatsache, daß durch diese Bezeichnungen nichts über ihr Gottesverhältnis oder ihre Beziehung zur Gemeinschaft ausgesagt wird. Demgegenüber sind die »Guten« durch ihre enge Bindung an JHWH charakterisiert, wobei ihr Verhältnis zum Bedrängten offen bleibt.[442] Die (logischen) Verbindungen läßt der Verfasser in seiner Darstellung also unausgesprochen, wobei sie klar zu erschließen sind, so z.B. in der Selbstbezeichnung als »arm und elend«, die sowohl für den Bedrängten als auch für die Gottsucher insgesamt gilt.

»Die starke Betonung der Jahwezugehörigkeit des Beters und seiner Gesinnungs-

---

[442] Vgl. auch Braulik, Gottesknecht (1975), 215.

genossen aber verleiht den Widersachern auch eine gottfeindliche Nuance, versucht jedenfalls durch eine derartige Wertung Jahwe zum Handeln zugunsten eines der Seinen zu motivieren.«[443]

Die Feinde treten durch ihr Handeln in einen Gegensatz zu JHWH, gerade weil der »Arme« sein Anliegen ganz seinem Gott übertragen hat.

Beide Gruppen sind sowohl durch ihre Suche bzw. ihr Trachten gekennzeichnet – die einen suchen Dich (5), die anderen suchen »meine Seele« (3) – wie auch durch das, was sie lieben oder woran sie Gefallen haben – an Deinem Heil (5) oder an »meinem«, des Beters, Unglück.

Lautmalerisch wird die Äußerung der Feinde wiedergegeben: Das »heach« ist Ausdruck triumphierenden Hohns. Dieser Haltung begegnet der Beter mit dem Wunsch einer *Beschämung* der Feinde. »Die Bitte um das Zuschandenwerden der Feinde ... bedeutet, daß diese erfahren sollen, sich geirrt und getäuscht zu haben; es soll offenbar werden, daß sie sich auf dem falschen Weg befinden ...«[444] Den Gegensatz dazu bildet die Freude derer, die auf JHWH vertrauen.

---

[443] Ebd., 216.
[444] Keel, Feinde (1969), 163.

11 Psalm 49: »Gott wird meine Seele loskaufen«

1 לַמְנַצֵּחַ לִבְנֵי־קֹרַח מִזְמוֹר׃

2 שִׁמְעוּ־זֹאת כָּל־הָעַמִּים הַאֲזִינוּ כָּל־יֹשְׁבֵי חָלֶד׃
3 גַּם־בְּנֵי אָדָם גַּם־בְּנֵי־אִישׁ יַחַד עָשִׁיר וְאֶבְיוֹן׃
4 פִּי יְדַבֵּר חָכְמוֹת וְהָגוּת לִבִּי תְבוּנוֹת׃
5 אַטֶּה לְמָשָׁל אָזְנִי אֶפְתַּח בְּכִנּוֹר חִידָתִי׃

6 לָמָּה אִירָא בִּימֵי רָע עֲוֺן עֲקֵבַי יְסוּבֵּנִי׃
7 הַבֹּטְחִים עַל־חֵילָם וּבְרֹב עָשְׁרָם יִתְהַלָּלוּ׃
8 אָח לֹא־פָדֹה יִפְדֶּה אִישׁ לֹא־יִתֵּן לֵאלֹהִים כָּפְרוֹ׃
9 וְיֵקַר פִּדְיוֹן נַפְשָׁם וְחָדַל לְעוֹלָם׃
10 וִיחִי־עוֹד לָנֶצַח לֹא יִרְאֶה הַשָּׁחַת׃
11 כִּי יִרְאֶה חֲכָמִים יָמוּתוּ יַחַד כְּסִיל וָבַעַר יֹאבֵדוּ וְעָזְבוּ לַאֲחֵרִים חֵילָם׃
12 קִרְבָּם בָּתֵּימוֹ לְעוֹלָם מִשְׁכְּנֹתָם לְדֹר וָדֹר קָרְאוּ בִשְׁמוֹתָם עֲלֵי אֲדָמוֹת׃
13 וְאָדָם בִּיקָר בַּל־יָלִין נִמְשַׁל כַּבְּהֵמוֹת נִדְמוּ׃

14 זֶה דַרְכָּם כֵּסֶל לָמוֹ וְאַחֲרֵיהֶם בְּפִיהֶם יִרְצוּ סֶלָה׃
15 כַּצֹּאן לִשְׁאוֹל שַׁתּוּ מָוֶת יִרְעֵם וַיִּרְדּוּ בָם יְשָׁרִים לַבֹּקֶר וְצִירָם לְבַלּוֹת שְׁאוֹל מִזְּבֻל לוֹ׃
16 אַךְ־אֱלֹהִים יִפְדֶּה נַפְשִׁי מִיַּד־שְׁאוֹל כִּי יִקָּחֵנִי סֶלָה׃
17 אַל־תִּירָא כִּי־יַעֲשִׁר אִישׁ כִּי־יִרְבֶּה כְּבוֹד בֵּיתוֹ׃
18 כִּי לֹא בְמוֹתוֹ יִקַּח הַכֹּל לֹא־יֵרֵד אַחֲרָיו כְּבוֹדוֹ׃
19 כִּי־נַפְשׁוֹ בְּחַיָּיו יְבָרֵךְ וְיוֹדֻךָ כִּי־תֵיטִיב לָךְ׃
20 תָּבוֹא עַד־דּוֹר אֲבוֹתָיו עַד־נֵצַח לֹא יִרְאוּ־אוֹר׃
21 אָדָם בִּיקָר וְלֹא יָבִין נִמְשַׁל כַּבְּהֵמוֹת נִדְמוּ׃

Bei der Bearbeitung von Ps 49 steht man vor dem Problem, sich über dessen »Dunkelheit« klarwerden zu müssen, leisten doch einige Verse bei der Übersetzung hartnäckigen Widerstand. Man steht vor der Alternative: Textverderbnis oder ursprüngliche Dunkelheit. Doch »scheint die Wahl zwischen akzidenteller und prinzipieller Dunkelheit letztlich eine Frage des Geschmackes zu sein«[445].

Die sprachliche Härte des Psalms ergibt sich einerseits zwar auch aus dem

---

[445] Casetti, Leben vor dem Tod (1982), 18f.

Vorliegen von hapax legomena (הגות V. 4), sehr seltenen Wörtern (חלד V. 2), von ungewohnten Formen sonst üblicher Wörter, bestimmten Einzelausdrücken, Sätzen und Vorstellungen, doch sei insbesondere – so Pierre Casetti – die ganze seltsame Syntax innerhalb der Sätze und vor allem zwischen den einzelnen Sätzen verwirrend. »Diese Syntax taucht den ganzen Psalm in ein verschwommenes Halbdunkel, in dem man zwar wenig sieht, aber doch allerhand ahnen kann.«[446] So sei unter diesen Vorbehalten eine Arbeitsübersetzung geboten:

11.1 Übersetzung

1 Dem Chormeister, von den Söhnen Korachs, ein Psalm.
2 Hört dies, alle Völker,
   horcht auf, alle Bewohner der Welt[447]!
3 Auch Menschensöhne, auch Herrensöhne[448],
   zusammen reich und arm!
4 Mein Mund rede Weisheit(en)[449],
   und das Nachsinnen meines Herzens [sei(en)] Einsicht(en).
5 Ich neige einem Weisheitsspruch mein Ohr,
   ich löse zur Leier mein Rätsel.

6 Warum sollte ich mich fürchten in Tagen des Übels,
   (wenn) die Schuld meiner Fußspuren mich umgibt?[450]

---

[446] Casetti, Leben vor dem Tod (1982), 21.
[447] Wörtl. »alle Bewohner des Festen«; durch das seltene Wort חלד wird schon hier der Gegensatz zu der später dargelegten Vergänglichkeit der Bewohner unterstrichen (vgl. Hossfeld, NEB (1993), 303).
[448] Entweder ist mit den zwei Ausdrücken ein (sozialer) Merismus beabsichtigt: das (gemeine) Volk und der (besitzende) Adel oder es handelt sich um einen synonymen Parallelismus für die universale Zuhörerschaft »die Menschen und die Leute«. Ersteres läuft 3b parallel, das zweite mögliche Veständnis wird gestützt durch den indefiniten Gebrauch von אִישׁ in 8.17 und אָדָם im Refrain; das stimmt mit der anthropologischen Tendenz des Grundpsalms überein (vgl. Hossfeld, NEB 29 (1993), 302f.).
[449] Laut Casetti, Leben vor dem Tod (1982), 266f. sind חָכְמוֹת und תְבוּנוֹת ph. Endg. fem. sing; HAL dazu: »doch ist das sehr unwahrscheinlich und mit der üblichen Endung ā im He. nicht zu vereinbaren« (HAL IV, 1548), vielmehr handele es sich um einen sog. Plural der Steigerung.
[450] EÜ punktiert עֹקְבַי (in Anlehnung an die dem Origenes vorliegende hebräische Version), leitet also nicht von עָקֵב Ferse, Fußspur, sondern von עקב betrügen ab: Warum sollte ich mich fürchten in bösen Tagen, wenn die Sünde meiner Nachsteller mich umringt? Beim Verständnis der EÜ handelte es sich um eine rhetorische Frage des Psalmsängers, der sich so selbst Trost und Mut zuspricht; beim Verständnis des MT

7 Die sich verlassen auf ihr Vermögen
  und sich der Größe ihres Reichtums rühmen.
8 Den Bruder[451] kann ein Mensch nicht loskaufen,[452]
  noch Gott sein Sühnegeld geben.
9 (Denn zu) Kostbar ist das Lösegeld (für) ihre[453] Seele,
  er muß (davon) ablassen[454] auf ewig.
10 Wird er weiterleben für alle Zeit
   und die Grube nicht sehen?[455]
11 Denn er[456] sieht: Weise sterben,
   zusammen[457] mit Tor und Dummkopf gehen sie zugrunde
   und sie hinterlassen den anderen ihr Vermögen.

---

    muß es sich um die Rede der Leute aus V. 7 handeln, die sich vor der »Schuld ihrer Fußspuren« nicht fürchten, da sie sich auf ihren Reichtum verlassen. V. 7 könnte erläuternd beginnen [so reden die].

[451] Im Sinne von: »einen anderen«.

[452] Textkrit. Entscheidung in Anlehnung an Hebrew Old Testament Text Project [= HOTTP] zur Stelle (245).

[453] LXX liest »seine« Seele, dann wäre durchgehend singularisch formuliert und bezöge sich immer noch auf den Bruder; das Pluralsuffix des MT ist auf die Leute aus V. 7 zu beziehen.

[454] Enger Sinn von חדל »ablassen« (von der Lösegeldzahlung); evtl. aber absolut zu verstehen, dann ist das Ende der ganzen eigenen Existenz gemeint (»für immer aufhören«). »Der Kontext des Psalms sowie die Parallele Ijob 14,7.10 votieren für die zweite Möglichkeit.« (Hossfeld, NEB (1993), 305).

[455] Der Vers bzw. wenigstens der zweite Halbvers muß als Frage verstanden werden (so u.a. Seybold, HAT I/15 (1996), 199 und Casetti, Leben vor dem Tod (1982), 46). Casetti hängt darüber hinaus unter Versetzung des Silluq das כי יראה des V. 11 an, da dieses den Parallelismus des V. 11 störe, aber gut als Antwort auf die Frage des V. 10 zu verstehen sei, zudem hätte ראה dann beide Male strikt dieselbe Bedeutung, was er aufgrund des geringen Abstandes (von nur zwei Wörtern) für nötig erachtet (ebd., 47). Im übrigen sei diese Akzentverschiebung keine »Textverderbnis«, sondern »nichts anderes als ein frühes Zeugnis jener verwässernden Auslegung von v. 11« (ebd. 49).

[456] Zweite Möglichkeit: unpersönliches »denn man sieht«; nach HOTTP zur Stelle (245) ist aber »er« vorzuziehen. Das absolute »sehen« ist – wie bei Koh – als prüfendes Beobachten zu verstehen.

[457] Nach MT liegt ein trennender Akzent vor יחד, woraus sich die Übersetzung ergibt »Weise sterben, zusammen gehen Tor und Dummkopf zugrunde«. Casetti weist darauf hin, welche »immensen theologischen Vorteile die im MT vorliegende Akzentuierung bietet ...: Einerseits lässt die Trennung von יָמוּתוּ und יַחַד die Weisen sanft und friedlich entschlummern (יָמוּתוּ), dieweil die Toren und Narren allein jäh (יַחַד) untergehen und ihr Vermögen verlieren, was ganz ins klassisch-weisheitliche Bild paßt ... In der masoretischen Akzentuierung ist der subversive v.11 absolut narrensicher: er sagt genau dasselbe, wie andere Bibelverse auch und ist jedem frommen Leser ohne weiteres zumutbar ...« (Casetti, Leben vor dem Tod (1982), 59, Anm. 66).

12 Ihre Gräber[458] [sind] ihre Häuser[459] auf ewig,
ihre Wohnung von Geschlecht zu Geschlecht;
nannten sie auch nach ihrem Namen Länder(eien).[460]
13 Doch der Mensch in seinem Ansehen bleibt nicht,
er gleicht dem Vieh, das verstummt.

14 Dies (ist) ihr Weg, (der Weg) derer, denen Torheit zu eigen [ist]
(und derer,) die hinter ihnen an ihrem Mund Gefallen haben.[461]   Sela.
15 Wie Schafe sind sie für die Scheol bestimmt,
der Tod weidet sie,
und es herrschen die Aufrechten über / treten auf sie am Morgen,
ihre Gestalt zerfällt,
die Scheol [wird / ist] ihre Wohnstatt.[462]
16 Ja, Gott wird meine Seele loskaufen,
aus der Hand der Scheol, denn er nimmt mich auf. Sela.

---

[458] »Ihr Innerstes« (MT) oder »ihre Gräber«? Die Mehrzahl der Ausleger votiert mit den alten Versionen für die – sehr früh erfolgte – Metathesis der Konsonanten ב und ר. Problematisch bleibt dann allerdings immer noch die Vokalisierung: das Schluß-Mem sieht nach Pronominalsuffix aus, so legen es auch die alten Versionen nahe; aber der Satz »ihr Grab ist ihre Häuser« ist syntaktisch wie logisch nicht eben ein Meisterwerk« (Casetti, Leben vor dem Tod (1982), 66). Deshalb haben die Versionen auch alle den Plural »ihre Häuser«; damit kommen wir zu einer defektiven Schreibung des maskulinen Plurals, wie er auch nach dem Exil noch durchaus denkbar sei (ebd.; zur ausführlichen Diskussion der Textkritik des Verses vgl. ebd. 63-66). HOTTP sieht zwar קברם als die ursprüngliche Lesart an, die durch einen Schreiberfehler verändert wurde, votiert aber dennoch ebenfalls für die Übersetzung »ihre Gräber« (zur Stelle, 245; ich danke Norbert Lohfink SJ für mündliche Hintergundinformationen zu diesem Vers aus den bisher unveröffentlichten Kommentarbänden des HOTTP).
[459] Der Wendung »ewiges Haus« wird ihre euphemistische Verharmlosung durch das betont vorangestellte »Grab« genommen.
[460] Die (ungebräuchliche) Form wird meist als Plural verstanden, im Sinne von Ländereien; doch spreche das singuläre Vorkommen (Ps 49,12 ist tatsächlich der einzige Beleg) dieses doch häufigen Wortes gegen diese Deutung. (Casetti, 76f.; er sieht hier – mit Dahood, 299 – die phönizische feminin singular Endung -ôt; wie ja auch in V. 4 und 13/21). Allerdings bestimmen sowohl HAL (»Ländereien«) als auch [18]Gesenius (»Länder benannten sie«) als Plural. Anders Hossfeld, NEB 29 (1993), 303: Man nannte (sie) mit ihrem Namen auf Erden (im Sinne von: man sprach ihren Namen respektvoll aus).
[461] So MT, dafür auch HOTTP, 248, es nennt zwei mögliche Interpretationen: »and the future of those who are pleased with their words« bzw. »and after them, they are (or: one is) pleased with their words«; andere Lesart: אחריתם »ihr Ende« (so auch HAL, 35): »und das Ende derer, die Gefallen finden an ihren Worten.«
[462] »In jedem Fall haben sich in 15 am Übergang von Grundpsalm zur gewichtigen Aussage von 16 sekundäre Vorstellungen zum Weiterleben im und nach dem Tode angelagert.« (Hossfeld, NEB 29 (1993), 303).

17 Fürchte nicht, wenn ein Mann reich wird,
   wenn der Glanz seines Hauses sich vermehrt.
18 Denn in seinem Tod nimmt er das alles nicht mit,
   sein Glanz steigt nicht hinter ihm hinab.
19 Wenn er seine Seele (auch) in seinem Leben (zu Lebzeiten) segnet
   »man preist dich, weil du es dir gutgehen läßt«.
20 Sie geht ein zum Geschlecht seiner Väter,
   auf ewig sehen sie kein Licht.
21 Der Mensch in seinem Ansehen sieht es nicht ein,
   er gleicht dem Vieh, das verstummt.

11.2 Gliederung

1	Überschrift		
2-5	Eröffnung bzw. Einleitung[463]		
6-12	1. Strophe: Todesverfallenheit	6-10	Reiche
		11-12	Weise
13	Kehrvers		
14-20	2. Strophe: Hoffnung der Aufrechten	14-15	Toren
		16	Rettungsgewißheit
		17-19	Reiche
21	Kehrvers		

11.3 Strukturbeobachtungen

Man wird kaum auf Widerspruch stoßen mit der Feststellung, daß der Psalm sich in eine Einleitung (Vv. 2-5) und ein Hauptstück gliedert. Soweit herrscht jedenfalls auch in den Kommentaren Einigkeit. Über die weitere Aufteilung des Hauptstückes gehen die Meinungen dann allerdings weit auseinander.

Ansatzpunkt für eine mögliche Gliederung ist die – augenfällige – Beobachtung, daß die Aussage von V. 13 sich in 21 wiederholt, also eine gliedernde Funktion haben könnte. So gehe ich (mit der Mehrzahl der Ausleger) davon aus, daß in V. 13 und 21 so etwas wie ein Kehrvers zu sehen ist, woraus sich dann Strophen ableiten lassen.

Zum Kehrvers: Zunächst stellt sich die Frage der kleinen Abweichungen: Sind diese

---

[463] Die Einleitung bzw. Eröffnung, die typisch für die Form der weisheitlichen Lehrrede ist (vgl. Proverbia, insbesondere die ersten neun Kapitel), läßt sich noch einmal untergliedern in den Höraufruf (2-3) und die Ankündigung von Inhalt und Form des Lehrvortrags (4-5).

graphischer oder bedeutungsmäßiger Art? Nicht immer kehrt im AT ein Kehrvers wortwörtlich gleich wieder. In unserem Fall liegt ein wechselseitiger Austausch zweier Buchstaben vor: בַּל יָלִין
לֹא יָבִין
Somit ist der Kehrverscharakter von 13 und 21 gesichert. Diesen beiden Zeilen kommt im Gesamttext ein besonderes Gewicht zu: »Es wird sich zeigen, dass der Kehrvers die ihm jeweils vorangehende Strophe zusammenfasst, und dies gerade dank der variierten Wörter יָלִין und besonders יָבִין.«[464] Durch diese Beobachtung wird zugleich die Zugehörigkeit des Kehrverses zum Grundpsalm erhärtet. Im Deutschen läßt sich die klangliche Ähnlichkeit mit dem Wortpaar »besteht – versteht« nachahmen.

Andere halten diese Einteilung mittels des Kehrverses für unangemessen und kommen zu einer feineren Untergliederung, die sich an der Einleitung und Vv. 17-20 orientiert, womit sich – eher mechanisch – Strophen ergeben. Wieder andere Gliederungsvorschläge stützen sich auf inhaltliche Erwägungen (Fragestellung in Vv. 6-7; Antwort in dreizeiligen Strophen).[465] Aufgrund seiner Annahme einer Selbstaufforderung in V. 6 und dann auch in 17 kommt Irsigler zu einer noch einmal abweichenden Einteilung: 2-5; 6-16; 17-21.[466]

Da eine Gliederung allein aufgrund inhaltlicher Überlegungen immer mit einer relativ großen Unsicherheit belastet ist (eventuell trifft das anfängliche »inhaltliche« Verständnis ja gar nicht die Aussageabsicht), gehe ich hier zunächst von den rein formalen Gegebenheiten des überlieferten Textes aus. Ausgangspunkt ist die Beobachtung, daß im Hauptteil (6-21) nicht alle Verse gleich lang sind: Nur 6-10 und 16-20 sind Distichen, die restlichen (überwiegend) Tristichen; 13 und 21 als mögliche Kehrverse bleiben zunächst außer Betracht.[467]

Auf diese Beobachtung stützt sich auch die Gliederung des Psalms in Casettis Monographie. Im Vergleich der zwei distichischen Strophen weist er eine bis ins Detail gehende Verwandtschaft nach: Jeweils in der 1. Zeile die einzigen Formen 1. Person sg.; die Verbformen stehen überdies an exponierter Stelle am Versende. In den jeweiligen Zeilen 2 findet ein plötzlicher Umschlag in eine andere Person statt (V. 7 in die 3. Person pl., V. 17 in die 2. Person sg.). Die dritten Zeilen entsprechen sich im analogen Gebrauch der

---

[464] Casetti, Leben vor dem Tod (1982), 85.
[465] Vgl. ebd., 24f.
[466] Irsigler, Quest for Justice (1999), 272.
[467] Vgl. Casetti, Leben vor dem Tod (1982), 25f. Er kommt aufgrund anderer Versgrenzen in 11-12; 14-15 jeweils zu Tristichen; ohne die von ihm vorgeschlagenen Grenzverschiebungen ist das Metrum der »B-Strophen«, das er jeweils mit Trikola angibt, allerdings nicht so klar.

Verneinung der Verben. Die vierten Zeilen gebrauchen beide das Wort נפשׁ. Die jeweiligen Zeilen fünf enthalten (das einzige Mal im Psalm) das Wort נצח und das Verbum ראה.[468]

Casetti stellt einen stilistischen Unterschied zwischen den von ihm A-Strophen (zweigliedriger Parallelismus, Distichen) und B-Strophen (dreigliedriger Parallelismus, Tristichen) genannten Teilen des Psalms fest: Die A-Strophen unterliegen einem strengen Konstruktionsprinzip, sind im Frequenzstil gehalten, es dominiert ein Verbalstil; den B-Strophen fehlt ein Konstruktionsprinzip, sie sind im Vokabularstil gehalten, es läßt sich ein Nominalstil feststellen. Zwischen beiden Teilen des Psalms besteht also so etwas wie ein echter Stilbruch. Damit sieht Casetti die literarische Einheitlichkeit des Psalms infrage gestellt, da sich keinerlei Gründe finden lassen, den Stilbruch als bewußtes literarisches Mittel zu interpretieren. Der »dunkle Text [wird] auf einmal leidlich durchsichtig, wenn man ihn den stilistischen Rissen entlang in literarkritische Schichten aufschneidet«[469]. Die durch die formale Analyse gewonnene literarkritische Aufteilung in zwei Schichten wird durch inhaltliche Beobachtungen verstärkt:

> »Im Zentrum der A-Strophe stehen wohlhabende Leute (von denen übrigens vorwiegend in der 3. Person singular gesprochen wird). An deren Reichtum ist der Text zunächst interessiert, von ihm redet er andauernd ... Ganz anders in den B-Strophen: Dort geht es gar nicht um wohlhabende Leute, sondern um ›Weise und Toren‹ (V. 11), die übrigens ausschliesslich in der 3. Person plural genannt werden. Deren Besitz wird nur beiläufig erwähnt ..., denn diese Strophen sind an etwas anderem interessiert: am Tod dieser Menschen ...«[470].

---

[468] Vgl. Casetti, Leben vor dem Tod (1982), 26f.
[469] Ebd., 31.
[470] Ebd., 31f. Schematisch ergibt sich dadurch folgende Gliederung:
  1   Überschrift
  2-5   Einleitung
  6-12 Hauptstrophe 1
              6-10   A-Strophe: Reiche   (Bikola)
              11-12 B-Strophe: Weise   (Trikola)
  13   Kehrvers
  14-20 Hauptstrophe 2
              14-15 B-Strophe: Toren   (?)
              16-20 A-Strophe: Reiche   (Bikola)
  21   Kehrvers
Die Struktur deckt sich mehr oder weniger mit der oben vorgeschlagenen Gliederung, nur daß Casetti offensichtlich nicht bemerkt, daß V. 16 noch gar nicht vom Reichen handelt.

11.4 Einheitlichkeit

Damit ist zugleich bereits die Frage nach der Einheitlichkeit des Psalms beantwortet: Casetti schlußfolgert, daß wenigstens zwei Autoren an dem Psalm gearbeitet haben, da er ihre je verschiedenen Sprachen, Kompositionsweisen und Interessen festgestellt habe. Beide Teile seien so aufeinander abgestimmt, daß direkte Widersprüche nicht festzustellen sind, weshalb das »grobe Geschütz der klassischen Literarkritik« nicht eingesetzt werden könne, andererseits sei der Text aber doch so uneinheitlich, daß er sich nicht ohne weiteres als nahtlose Einheit lesen läßt. Es handelt sich um eine »widerspruchsfreie Uneinheitlichkeit«.[471]

Auch Hossfeld nimmt ein Wachstum in zwei Stufen an, nämlich einen Grundpsalm mit einer gewichtigen Neuinterpretation durch eine Redaktion, wobei ihn (im Unterschied zu Casetti) nicht metrisch-kolometrische Gründe noch die Unterscheidung der Satztypen leiten. Er stützt sich auf die thematische Akzentverscheibung:

> »Die Versgruppen 11f.14f einschließlich der Kehrverse 13.21 konfrontieren den reichen Weisen sowie den reichen Toren mit dem unausweichlichen Tod, der den materiellen Besitz, das geistige Eigentum ... und die Einsicht ... des Menschen in Frage stellt. Dagegen setzt sich in 6-10.16-20 der weise Sprecher des Psalms dem Reichen gegenüber und betrachtet dessen Schicksal. Hinter dem Sprecher und Vortragenden steht die Gruppe der Armen 3.17, die sich zu Gottes Treue über den Tod hinaus bekennt 16 und darin gerade ihre Zukunft vom Todeslos der Reichen unterscheidet. Wahrscheinlich hat in 15 eine weitere Redaktion auf dieser Linie weitergedacht und ihre Vorstellungen zum Weiterleben nach dem Tod eingebracht ... In der umfassenden Bearbeitung von 2-10.16-20 deutet sich eine sogenannte Armentheologie an.«[472]

Aufgrund der Berücksichtigung der thematischen Verschiebungen kommt er zu folgendem Gliederungsschema:

1 Überschrift
2-5 Einleitung
6-10 Armentheologie
11-12 Grundpsalm
13 Refrain
14-15 Grundpsalm (15: weitere Redaktion)

---

[471] Casetti, Leben vor dem Tod (1982), 32f. Irsigler, der sich ausdrücklich gegen Casetti, Hossfeld u.a. wendet, versteht den Psalm – vor allem aufgrund seiner Struktur – als einheitlich, einzig in V. 9 und sicher in 15 könne man Überarbeitungen feststellen (vgl. Irsigler, Quest for Justice (1999), 272).
[472] Hossfeld, NEB 29 (1993), 300.

16-20   Armentheologie
21   Refrain

Es zeigt sich, daß Casetti und Hossfeld – trotz unterschiedlicher Argumente (hier überwiegend formal, dort überwiegend inhaltlich) – zu einer identischen Abgrenzung der Teile kommen.

11.5   Gattung

Ps 49 greift Themen und Aussagen der klassischen Weisheit auf, weshalb er traditionell zu den sog. »Weisheitspsalmen« gezählt wird; er gilt dabei sogar als einer der wenigen ganz »unbestrittenen« Vertreter. Genauer wird man sagen können, daß es sich um eine weisheitliche Lebenslehre bzw. ein Lehrgedicht mit universalem Anspruch handelt, das innerhalb einer sich selbst als arm verstehenden Gruppe zu Gehör gebracht wird (vgl. V. 17).

»The Psalm is a model specimen of an appellative sapiential instructive speech, still more distinctly than Psalm 37.«[473]

11.6   Datierung

In Ps 49 werden Aussagen der klassischen Weisheit aufgegriffen und massiv in Frage gestellt. Allein durch dieses Hauptthema haben wir einen klaren Hinweis auf späte Entstehung. Zwar gab es namhafte Vertreter, die meinten, der Charakter der Sprache von Ps 49 deute auf hohes Alter hin; Delitzsch war sogar davon überzeugt, Ps 49 weise sich »durch seine antike kühne Form«[474] als davidisch aus. Jedoch werden auch unsere Überlegungen ergeben: »Ein hohes Alter ist zwar für Ps 49 kaum anzunehmen, doch kann man durchaus erwägen, ob im Text nicht eine bewusst antiquierende Sprache gebraucht wird«[475]. Hossfeld zieht zur Datierung folgende Fakten heran:

> »Der Grundpsalm partizipiert an der Krise der Weisheit, verrät aber noch nichts Spezifisches vom hellenistischen Einfluß. Insofern kommt für ihn das 5. und 4. Jh. v. Chr. in Frage, vor der Zeit des Buches Kohelet im 3. Jh. v. Chr. Die Bearbeitung 2,10.16-20 gehört zur nachexilischen Armenredaktion. Die Überschrift ordnet den Psalm der Gruppe der Korachiter zu, deren Psalmen ungefähr um die Mitte des 4. Jhs. v. Chr. abgeschlossen vorlagen.«[476]

---

[473] Irsigler, Quest for Justice (1999), 272.
[474] Delitzsch, Die Psalmen (⁵1894), 356.
[475] Casetti, Leben vor dem Tod (1982), 22.
[476] Hossfeld, NEB 29 (1993), 300.

Die von Casetti mit A-Strophen bezeichneten Teile entsprechen denen, die Hossfeld der Armenredaktion zuordnet. Die zwei B-Strophen und der Kehrvers zusammen bilden – analog den Ergebnissen Hossfelds – die älteste Schicht von Ps 49, den Grundpsalm. Die Erweiterungen und die A-Strophen stammen dann wohl aus derselben Hand (Casetti).

Die historisch-politische Konstellation erinnert an die von Ps 37 (und Ps 73): Als Problem wird nicht der Reichtum als solcher empfunden, sondern die Gruppe der Reichen und Mächtigen, die sich um »die Schuld ihrer Fußspuren« nicht kümmern. Neu (und unerwartet) in Ps 49 ist, daß die Reichen und Mächtigen auf einer Ebene mit den Weisen und den Toren stehen.[477]

Bei aller unterschiedlichen Gewichtung der Argumente bzw. Einordnung der Redaktionen kann man auf keinen Fall umhin, die Endgestalt des Psalms – um die es hier ja gehen soll – in der Spätzeit der Psalmendichtung anzusiedeln.

11.7 Zur These

Der Psalm beginnt mit einem (für die weisheitliche Lehrrede gattungstypischen) Höraufruf, der aber nicht an den zu erwartenden »mein Sohn«, sondern an alle Völker der Erde gerichtet ist, womit ein universaler Anspruch gleich zu Beginn erhoben ist.

Die Hörerschaft wird als eine in arm und reich geschichtete Gesellschaft vorausgesetzt, wobei der Psalm beiden Gruppen etwas sagen will. Deutlich ist dabei aber, daß der Autor solidarisch auf der Seite der Armen steht; es handelt sich um einen Text der Armentheologie. Das Motiv des Reichtums wird im Fortgang des Psalms noch mehrfach aufgegriffen.

Der Dichter präsentiert die Einsichten seines eigenen Nachdenkens, versteht sich also nicht nur als Tradent der Überlieferung. Dieser individualistische Zug stützt die späte Ansetzung des Psalms. Zugleich versteht sich der Psalmsänger aber auch als Hörer, nicht nur Sänger der folgenden Lehre (V. 5). Er hat sie selbst empfangen, nur deshalb hat er sie sich angeeignet und kann sie weitergeben. Der Vergleich mit Ijob 4,12-17 zeigt, daß sich eine weisheitliche Lehre durchaus auf eine persönliche Offenbarung zurückführen ließ. In der nachexilischen Periode übernehmen die Weisen nach und nach die Funktion der Propheten, und das entspricht auch dem Selbstverständnis unseres Psalmsängers.[478]

Der Psalm dient der Ermutigung der (durch die Reichen) Unterdrückten, die ihre Hoffnung auf göttliche Hilfe schon aufgeben wollen oder angesichts

---

[477] Vgl. auch Irsigler, Quest for Justice (1999), 271.
[478] Vgl. ebd., 271f.

des unausweichlichen Todes gar aufgegeben haben.[479] Die Frage der Angefochtenen, die der Psalm beantworten will, lautet: Welchen Wert hat mein Leben, wenn ich an die Reichen denke, und im Angesicht des unausweichlichen Todes? Der Psalm gibt eine dreigestufte Antwort:
1.) Vv. 8-10: auch der Reiche kann sich nicht selbst vor dem Tod erretten,
2.) Vv. 11-13: der Tod macht alle gleich, Weise und Toren wie auch Reiche und Arme,
3.) Vv. 14-16 bringen den positiven Schritt einer Lösung des Problems: Es gibt sicher eine Trennung nach dem Tod, Gott macht den großen Unterschied, er errettet aus der Scheol den, der an ihn und nicht an Reichtum sich hält.[480]
»Thus the oppressing injustice in the social situation of the addressees which becomes a question to God finds an answer of fundamental validity.«[481]

Zentrales Thema des Psalms ist der Tod und die Frage, ob man ihm entkommen kann.

Denn gleich nach der groß angelegten Einleitung klingt das Thema Tod an. Das ist zunächst nicht sehr offensichtlich. Doch die Frage des Psalmsängers nach der Furcht vor »bösen Tagen« in V. 6a eröffnet genau diesen Sinnhorizont. In Koh 12,1 bezeichnen die bösen Tage die Tage altersbedingter Krankheiten, die zum Tode führen. Auch Koh 7,14 (vgl. 8,8) scheint auf den Todestag anzuspielen. So bezeichnen die bösen Tage in 6a nicht einfach solche, an denen es einem (zeitweise) nicht gut geht, sondern solche, die auf den Tod zulaufen. Vom weiteren Textverlauf her wird genau dieses Bedeutungsfeld abgerufen.[482] V. 6b geht offensichtlich davon aus, daß an diesen Tagen die im Leben angesammelte Schuld ins Bewußtsein kommt. Im Bild »wenn mich die Schuld meiner Fußspuren umgibt« wird die Auswegslosigkeit dieser Situation zum Ausdruck gebracht: Das Leben des Menschen schließt sich am Ende wie ein Kreis, der Mensch hat auf seinem Lebensweg seine Spuren hinterlassen; was aber, wenn diese Fußspuren Spuren der Sünde sind? Jetzt

---

[479] Irsigler sieht in der Frage des V. 6 ihre Anklagen formuliert; wie oben dargelegt verstehe ich den Vers aber als vorwegnehmendes Zitat der Reichen aus V. 7. (Irsigler, Quest for Justice (1999), 272).
[480] Freie Übersetzung nach Irsigler, Quest for Justice (1999), 272, der sich seinerseits auf Armin Schmitt und Georg Fohrer stützt.
[481] Ebd.
[482] »Der Grundpsalm ... konzentriert seine literarischen Bezüge und Parallelen vor allem auf das Buch Kohelet, wohingegen die Bearbeitung die Beziehungen breiter streut.« (Hossfeld, NEB 29 (1993), 300.) Bei der Datierungsfrage hatte Hossfeld den Grundpsalm aber *vor* Kohelet eingeordnet; damit könnte er sich gar nicht auf den Weisheitslehrer beziehen! Die o.g. Verbindungen zu Kohelet verdanke ich dem Vorlesungsskript zu Ps 49 von Ludger Schwienhorst-Schönberger (WS 1998/99).

am Lebensende wird er mit diesen Spuren konfrontiert, ist von ihnen umzingelt und kommt nicht mehr heraus. Durch die rhetorische Frage derer, die sich selbst angesichts des Todes auf ihren Besitz verlassen, wird Spannung aufgebaut. Damit ist unter der Hand zugleich das geläufige Motiv eingespielt, das den Frommen charakterisiert: Vertrauen auf Gott und nicht auf irgend etwas Innerweltliches.[483] Der Psalm verbleibt noch eine Weile beim Thema des Todes und entlarvt mit drastischen Bildern jedes vermeintliche Gefeit-Sein gegen seine alles erfassende Wirklichkeit. Damit wird das Vertrauen auf Reichtum gründlich als völlig falsch bloßgestellt.

Aber nicht nur das Vertrauen auf Gott anstelle auf Irdisches (Geld), sondern auch die Weisheit der Lebensführung nimmt in der altorientalischen Literatur einen hohen Stellenwert ein: Die Weisheit ist ein Lebensquell, um den Schlingen des Todes zu entgehen (Spr 13,14) – und genau das wird hier ebenfalls provokativ in Frage gestellt. Denn ab V. 11 tritt neben den Gegensatz von reich und arm der von weise und töricht. Den Stein des Anstoßes bietet – und damit steht der Psalm in gut weisheitlicher Tradition – nicht die Tatsache der Sterblichkeit als solcher, sondern der Tod des Weisen.[484]

Der Satz enthält neben der Erfahrungstatsache auch und besonders einen ganz massiven Angriff auf die Weisheit: Die Weisheit führt – allen gegenteiligen Beteuerungen zum Trotz – letztlich nicht zum Leben, aufs Ganze gesehen bewährt sie sich nicht, und so mag man mit Fug und Recht an ihrer Wahrheit und an ihrem Wert zweifeln.

> »Schon die erste Beobachtung [man sieht: Weise sterben] ist keineswegs eine triviale Selbstverständlichkeit, sondern schlägt der Dogmatik der Vergeltung, d.h. den Gesetzen des Tun-Ergehen-Zusammenhangs ins Gesicht. Der Tod als absolute Grenze, als unausweichliche Bedrohung und als vernichtendes Ende wird erst in der Krise der Weisheit wahrgenommen. Ps 49 und Koh 2,14f; 9,3 wagen es auszusprechen: Weisheit ist kein Lebensbaum und Lebensquell; auch die Weisheit ändert nichts am Tod.«[485]

---

[483] Das Verb בטח, das hier mit dem Objekt Reichtum verbunden wird, steht (insbes. bei Jes, in den Pss und Prov) für das Vertrauen auf Gott. »Denselben gegengöttlichen Klang hat auch das Sich-Rühmen des Reichtums durch die Reichen. Sonst rühmt man sich JHWHs ...« (Hossfeld, NEB (1993), 304).

[484] V. 11 hat Parallelen aus der Umwelt. »Der Tod, ›komm‹ ist sein Name, der ruft jeden zu sich. Sie kommen zu ihm sogleich, obwohl ihre Herzen aus Furcht vor ihm schaudern ... Die Grossen sind in seiner Hand wie die Geringen.« (Stele BM 157, zit. nach Casetti, Leben vor dem Tod (1982), 56).

[485] Hossfeld, NEB 29 (1993), 305. Indem Hossfeld wie EÜ das »man« (V. 11) vorzieht, beraubt er den Psalm einer ganz subtilen Spitzenaussage: »er« sieht Weise zusammen mit Tor und Dummkopf sterben, doch ist das die Perspektive derer, die sich auf ihr Vermögen verlassen. »Man« kann nämlich auch zur Einsicht des V. 16 gelan-

Die Unwiderruflickeit des Sterbens wird im Bild der Erbschaftsverteilung dargestellt, genau diesen Aspekt wird V. 12 aufnehmen. Das לְאַחֵרִים aus 11c bedeutet nicht »ihrer eigenen Nachkommenschaft«, im Sinne von Kindern und Enkeln, das hätte wenigstens durch das Suffix verdeutlicht werden müssen, sondern um den beliebigen (aber durchaus rechtmäßigen) Nachfolger des Besitzes. Der Konkordanzbefund zeigt, daß es bei dieser Aussage gerade um das Überlassen des Erbes an *Fremde* geht. Das Erbe Fremden überlassen zu müssen, ist ein typisch weisheitlicher Topos.

> »Plötzlich zu sterben und seinen Besitz einem (gerechten!) Fremden überlassen zu müssen ist in der älteren Weisheit *die* ›Strafe‹ des Gottlosen ... Auch in unserem Vers klingt der Gedanke an, insofern sich v.11c primär und unmittelbar auf die Toren bezieht – doch gleichzeitig ist dieser traditionelle Vergeltungsgedanke auf schreckliche Weise untergraben, insofern die Strafe auch die Weisen trifft ...«[486]

Toren und Weise müssen im Tod anderen ihr Vermögen lassen. So reißt der Tod im Tun-Ergehen-Zusammenhang eine unüberbrückbare Lücke auf – er sprengt ihn.

Der Grund, weshalb der Tod hier, im Unterschied zu den älteren Weisheitstexten, überhaupt zum unlösbaren Problem werden kann, liegt darin:

> »jeder Mensch ist grundlegend als Individuum erfahren, schon seine Nachkommen sind ›andere‹, Fremde, die nicht mehr eigentlich zu ihm gehören und ›in‹ denen er wohl auch nicht mehr mit seinem Namen und seinem Erbgut irgendwie überleben kann. Nur weil die einst grundlegende und für den Einzelnen konstitutive diachrone Solidarität zwischen Generationen ausgeblendet ist, kann der Tod dem Autor unseres Grundpsalmes so schrecklich erscheinen. Eine für die atl. Weisheit neue Erfahrung des Todes folgt also aus einer neuen Erfahrung der zwischenmenschlichen Bezüge.«[487]

V. 12a hebt die Endgültigkeit des Todes hervor; die Bilder knüpfen an uralte Bestattungsformen des Alten Orient an. Mit einer anthropologischen Grundsatzaussage schließt V. 13 den ersten Hauptteil des Psalms ab, womit die vorhergehende Strophe zusammengefaßt und verallgemeinert wird: »Doch der Mensch in seinem Ansehen bleibt nicht, er gleicht dem Vieh, das verstummt.«

Auch wenn es sich erst im Nachhinein erweist: Der Mensch hat die Beständigkeit des Traumes (יָלִין) oder des Tieres. Die Gleichsetzung mit dem

---

gen. Die Reichen, insofern sie nur die allgemeine Todesverfallenheit wahrzunehmen imstande sind, sind Toren (V. 14). Der endgültige Tod der Reichen (V. 20) ist zugleich der Trost der Aufrechten.

[486] Casetti, Leben vor dem Tod (1982), 61.
[487] Ebd., 62.

Tier ist die einzige explizite im Text; damit ist dem Ausleger zugleich ein Schlüssel zum Verständnis des Psalms gegeben: Der Psalm – zumindest in seiner Grundschicht – wirft die Frage nach der Gottebenbildlichkeit des Menschen auf; der Psalm ist eine prinzipielle »philosophische« Reflexion über den Menschen in seiner Sterblichkeit. Ps 49 stellt »alle Elemente der ›biblischen‹ Imago-Lehre aus der Priesterschrift, Ps 8, Sir 17 und Weish 2 auf engstem Raum zusammen – er systematisiert sie, um sie einzeln durch die Erfahrung zu widerlegen und die Lehre als ganze zu zertrümmern«[488]. Damit ist die »Ehrenstellung des Menschen, Herr der Tiere zu sein, ... aufgehoben, in ihr Gegenteil verkehrt. Analog argumentiert Kohelet (vgl. Koh 3,18-22)«[489].

Überraschend wird die allgemeine Aussage des V. 13 dann aber durch V. 14 eingeschränkt: Die derart beschriebene Todesverfallenheit gilt nur den Uneinsichtigen.

Die Spitzenaussage des V. 16 wird somit ab V. 14 vorbereitet. Von daher trägt unser Psalm nicht den Ton, den ein Kohelet seinen Aussagen verleiht, der ja ähnlich formuliert: »Einen Vorteil des Menschen vor dem Vieh gibt es nicht« (Koh 3,19f.). Denn die grundsätzliche Aussage der Todesverfallenheit wird eingeschränkt. V. 15 unterscheidet ganz stark zwischen den Toren, die zugrunde gehen, deren Gestalt zerfällt und die in der Scheol ihre Wohnstatt nehmen müssen, und den Gerechten, die über sie herrschen.

Für V. 15 ergibt sich ein großer Bedeutungsunterschied zwischen dem Ketib und dem Qere. Das Qere liest nämlich וצורם »und ihr Fels« (oben ist das Ketib – als die lectio difficilior – übersetzt: »und ihre Gestalt«). »Fels gilt als Gottesbezeichnung für den Gott der Rechtschaffenen. Dann kann man den Schlußsatz als erweiterten Nominalsatz verstehen: ›Und ihr Fels (ist da), die Scheol zu verderben von seiner Wohnung bzw. seinem Palast her.‹ So verstanden machen die Masoreten in 15 eine Aussage über den ›Sieg‹ der Gerechten und die Vernichtung der Unterwelt durch Gott.«[490] Am eschatologischen Gerichtstag werden die Gerechten die Frevler zertreten, so findet ausgleichende Vergeltung statt. Damit wird zugleich das Motiv der Hilfe Gottes am Morgen auf die Gerechten übertragen. Gott, der Fels der Gerechten, wird die Scheol vernichten, wie er den Tod für immer vernichtet.[491]

V. 15 spielt mit dem im Alten Orient weit verbreiteten Hirtenmotiv; es wird hier auf den Tod übertragen. Ursprünglich eine Königsmetapher, konnte es

---

[488] Ebd., 100; vgl. auch ebd., 94f.
[489] Hossfeld, NEB 29 (1993), 306. Zwischen dem Menschen und dem Vieh offenbart sich im Tode eine tatsächliche Gleichheit, die Menschen *sind* Vieh (Koh 3,18f.).
[490] Ebd., 303.
[491] Vgl. ebd., 306.

aber auch von Gott (vgl. Ps 23) ausgesagt werden. Der Hirte ist derjenige, der das Leben seiner Schafe ermöglicht und beschützt.

> Damit wird der »Sarkasmus, welchen schon v.12 antönte und v.15a weiterführte, auf die Spitze [getrieben]: der *Tod*, der in unserem Satz betont an erster Stelle steht, er ist der Hirt und König der Menschen, d.h. nach dem üblichen Gebrauch des Bildes: ihr *Lebens*spender und *Leben*serhalter ... Der göttliche, d.h. einzige und allmächtige Beschützer und Erlöser der Menschen wäre dann – der Tod selbst, und nicht JHWH«[492].

Der Parallelvers 15c vereindeutigt diese Aussage. Die zweite Strophe insgesamt redet vom »Je-schon-im-Tode-stehen«, und weil dem so ist, ist der Tod selbst, nicht Gott, immer schon ihr Hirte. »Der Tod weidet sie« ist also als Lebensbedingung der Lebenden, nicht erst der Toten zu verstehen.[493] In der traditionellen Weisheit sind die, die auf dem Weg des Todes gehen, die Frevler und Gottlosen. Hier wird gesagt, daß diese »Strafe« jeden Menschen, nur indem er lebt, trifft. »Dass der Tod ›rückwirkend‹ das ganze Leben jedes Einzelnen und jedes Leben ganz entwertet und vernichtet, das ist die folgenschwere neue Erfahrung, die dem Grundpsalm zugrunde liegt ...«[494]. Für V. 15 ergeben sich zwei Alternativen: Entweder wird das Hirtenmotiv durch den Todeskontext ironisch verzerrt und verfremdet oder wird im Gegenteil der Tod durch das Hirtenmotiv doch verklärt und verharmlost. Daß der Satz sarkastisch gemeint ist, ergibt sich Casetti zufolge aus dem zweiten Teil des Halbverses: וירדו בם. Er will, entgegen allen anderslautenden Versuchen, die Grundbedeutung des Verbs beibehalten und übersetzt daher: »und man unterdrückt sie«.[495] Parallelstellen zeigen, daß mit dem Verb des Niedertretens die verheerende Tätigkeit des schlechten Hirten bezeichnet werden kann (Ez 34,4).

Die nächste Schwierigkeit des V. 15 wirft die Zeitangabe »am Morgen« auf.

> »Keine Probleme bietet לבקר nur für die Exegeten, welche in unserem Vers den Endsieg der Gerechten über die Frevler beibehalten. Wenn sie diesen Endsieg erst im Jenseits annehmen, bedeutet לבקר ›das Ende aller Geschichte‹ und den ›Auferstehungsmorgen‹ (DELITZSCH 339).«[496]

Für die anderen ist der Morgen nicht der des neuen Lebens, sondern der Morgen der Befreiung nach der Nacht des Unglücks; der Untergang der Gottlosen findet in der Nacht statt. Möglich ist auch, daß לבקר nicht zur Bildhälfte der

---

[492] Casetti, Leben vor dem Tod (1982), 129 (Hervorhebungen im Original).
[493] Vgl. ebd., 130.
[494] Ebd., 130f.
[495] Vgl. ebd., 134.
[496] Ebd., 138; Delitzsch, Die Psalmen (⁵1894), 361.

Metapher gehört, sondern die Vollendung der Unterdrückung aussagt: Am Morgen sterben die Menschen. Wiederum könnte hier ein sarkastischer Gebrauch vorliegen, ist doch der Morgen sonst der Zeitpunkt der Hilfe Gottes.

Diese allgemeine Aussage über die Todesverfallenheit des Menschen bezieht der Psalmsänger nun (V. 16) auf sich selbst und leugnet sie letztlich: »Gott wird *meine* Seele loskaufen.« Damit kontrastiert er sein eigenes Geschick mit dem der Toren aus den beiden vorangehenden Versen, aber auch mit dem der Reichen, von dem in den Vv. 6-8 die Rede war. Auch der Beter selbst ist dem Tod zunächst ganz grundsätzlich ausgesetzt, von daher erfährt die allgemeine Aussage des V. 13 zunächst keine Einschränkung, jedoch: wenn auch kein Mensch einen Bruder aus dem Tode loskaufen kann, Gott selbst vermag dies sehr wohl. Mit dem Verb לקח »(auf)nehmen, holen« werden zwar die Entrückungsgeschichten von Henoch und Elija eingespielt, doch sind diese beiden ja gerade nicht gestorben. Unser Beter gerät in die Scheol, was nichts anderes heißt, als daß er tatsächlich stirbt, doch hebt der Tod seine Gemeinschaft mit Gott nicht auf; er verbleibt dort nicht.

Der Tote wird (in den älteren Teilen des AT) definiert als einer, der vom Lobe Gottes abgeschnitten ist,[497] und der Lebende als der, der JHWHs Werk und Wort rühmen kann. »›Leben‹ heißt also im Alten Testament: *ein Verhältnis haben.*«[498] »Tod ... bedeutet Verhältnislosigkeit.«[499]

Nicht in einer ausgestalteten Jenseitshoffnung manifestiert sich die Überwindung der Todesnot, sondern in der ruhigen Gewißheit, daß die Gemeinschaft mit JHWH seiner Treue wegen nicht durch den Tod beendet werden kann.[500]

Vor JHWH gibt es demnach nicht nur die Alternative zwischen diesem Leben und dem Schattendasein in der Totenwelt, sondern eine andauernde Lebensverbundenheit mit ihm als eine dritte Möglichkeit. Der Beter des 73. Psalms spricht davon am klarsten: »Ich aber bleibe immer bei dir, du hältst mich an meiner Rechten. Du leitest mich nach deinem Ratschluß und nimmst mich am Ende auf in Herrlichkeit.« (23f.). Wem Gott selbst Lebensunterhalt geworden ist, dessen Leben kann nicht im Tod enden (vgl. Ps 73, 27f.; eine ähnliche Vorstellung enthält auch Ps 16). Damit unterscheidet sich unser Psalm auch von der Vorstellung einer eigentlichen Totenauferstehung oder -erweckung; es bleibt bei diesem nicht näher bestimmten »Herausholen aus der Unterwelt«.

In V. 17 wechselt die Sprechrichtung, der Sänger des Psalms wendet sich

---

[497] Vgl. den ganzen Ps 88 und weitere Stellen wie etwa Ps 115,17: Tote können den Herrn nicht mehr loben, keiner, der ins Schweigen hinabfuhr.
[498] Jüngel, Tod (1971), 99.
[499] Ebd., 138; vgl. auch Wolff, Anthropologie des AT (1973), 161.
[500] Vgl. Wolff, Anthropologie des AT (1973), 164.

direkt an ein Gegenüber, ein Du, wird damit zum Lehrer. Er zieht aus den »Einsichten seines Herzens« nun die Schlußfolgerung: Es besteht kein Anlaß zu irgendwelchem Neid angesichts des Wohlstandes anderer Menschen, denn dies ist – vom Ende her gesehen – nichts, denn in den Tod nimmt keiner etwas mit.

Die Armut, die der Psalm anspricht, dürfte grundsätzlich zunächst die eigentliche materielle Armut, nicht deren spiritualisierte Form meinen.

> »Im Lehrgedicht Ps 49 erscheint der אביון V. 3 als Gegensatz zum עשיר; da die Nichtigkeit des Reichtums angesichts des Todes weder ethisch noch religiös begründet wird und der עשיר auch nicht mit dem Gottlosen identifiziert wird, muß auch der אביון im ökonomischen Sinne ›arm, bedürftig‹ verstanden werden.«[501]

Dennoch ist durch die Erwähnung des Sich-Verlassens auf den Reichtum sofort auch das Thema des mangelnden Gottvertrauens angeschnitten, so daß es sich m.E. doch nicht nur um eine rein materielle Charakterisierung handelt, sondern durchaus auch eine bestimmte Geistes- bzw. religiöse Haltung impliziert wird.

Ps 49 ist – wie auch Ps 37 (und 73) – nicht primär für die private Meditation geschrieben, sondern für eine gemeinschaftliche Versammlung, die neben dem Gebet auch der Unterweisung und Ermutigung Raum gab.[502] Der Einzelne in seiner Anfechtung wird ernst genommen.

> »The loss or the darkening of faith in God's justice within the social reality and in one's own life is the essential misery that is taken up by those who are responsible for the community in Psalms 37, 73 and 49. As documents of overcoming the crisis these Psalms aim at soothing the aggressions, at wakening new confidence in YHWH and at a new capability of communal life for the oppressed and the tempted. A violent change of social conditions is totally alien to the psalmists' view. The hope for a social overthrow from the part of God in Psalm 37 is intended to strengthen confidence and steadiness in the present time and to control anger and latent readiness for violence. [Anm: This is also valid for the eschatological hope of the ישרים of the secondary MT Ps 49:15 in accordance with Mal 3:21.] The extraordinary misery calls for an extraordinary answer. ... The reconciliation of the distressed and tempted is accomplished in the certainty of the indestructible communion with God.«[503]

---

[501] Botterweck, Art. ʾebjōn (1973), 37.
[502] Vgl. Irsigler, Quest for Justice (1999), 272.
[503] Ebd., 273.

Mit dieser Zusammenfassung sind alle Aspekte des Psalms erfaßt. Adressaten sind wiederum Arme bzw. solche, die sich am rücksichts- und gottlosen Verhalten der Reichen stoßen.

Der Psalm paßt in ganz eigener, besonderer Weise zu den Psalmen unserer These, da er einige der Fragestellungen pointiert auf die Spitze treibt; er ergänzt aber auch um einen entscheidenden Aspekt: Denn Ps 49 kennt (im Unterschied etwa zu Ps 37) keinen Trost einer ferneren zum Guten gewendeten irdischen Zukunft, der sich dann wenigstens die Nachkommenschaft erfreuen kann. Der Angefochtene versteht sich nicht länger als Glied einer Kette von Generationen, sondern als Individuum, das auf den Tod zugeht und deshalb die Hoffnung verliert. Die endgültige Entscheidung des Geschicks eines Menschen wird hier ganz ins Jenseits verlegt. Und damit wird die Spitzenaussage des Psalms umso mehr zur reinen *Hoffnungs*gewißheit, die sich – wieder anders als Ps 37 – auf keinerlei menschliche Erfahrung stützen kann; es gibt kein »du wirst sehen« (Ps 37,34) mehr.

Sehr früh (schon in einer sekundären Lesart des MT selbst) ist der Psalm eschatologisch verstanden worden; in dieser eschatologischen Lesart aber kommt Gott eine aktive Rolle zu, insofern er die Scheol vernichtet.

Bezeichnungen für die Guten

Die meisten Bezeichnungen im Psalm werden zunächst wertneutral bzw. wertfrei eingeführt, von daher ist nicht klar, ob

V. 11	חֲכָמִים (Weise)	positiv konnotiert verstanden werden soll; die Gegenüberstellung zum Toren legt dies aber nahe.
V. 15	יְשָׁרִים (Aufrechte)	dagegen ist ganz sicher eine im Duktus des Psalms eindeutige Bezeichnung für die Guten.

Bezeichnungen für die Schlechten

V. 7	הַבֹּטְחִים עַל־חֵילָם	sich auf ihr Vermögen Verlassende[504]
V. 11[505]	כְּסִיל	Tor
V. 11	בַּעַר	Dummkopf
V. 14	כֶּסֶל לָמוֹ	die, denen Torheit zu eigen

---

[504] In diesem Sinne auch V. 7: בְּרֹב עָשְׁרָם יִתְהַלָּלוּ (sie rühmen sich der Größe ihres Reichtums), das als finites Verb nicht in die Tabelle aufgenommen ist.

[505] Die beiden Ausdrücke des V. 11, Tor und Dummkopf, sind nicht wertend gebraucht, allein die Gegenüberstellung zum Weisen rechtfertigt die Aufnahme in die Tabelle.

AUSSAGEN ÜBER DAS ENDE DER SCHLECHTEN

Im Hinblick auf diejenigen Aussagen, die das Zugrundegehen beschreiben, gibt es in diesem Psalm zunächst gerade keinen Unterschied zwischen Guten und Schlechten. Ganz im Gegenteil ist es ja das Anliegen des Psalms, die Gleichheit aller Menschen angesichts bzw. im Tode zunächst sehr drastisch auszumalen. Den Unterschied macht *danach* Gott: Er läßt die Getreuen nicht in der Scheol, sondern *holt* sie. Der Übersicht halber seien unter diesem Vorbehalt aber dennoch die entsprechenden Verse geboten:

V. 11	יֹאבֵדוּ, parallel zum יָמוּתוּ der Weisen	sie gehen zugrunde
	וְעָזְבוּ לַאֲחֵרִים חֵילָם	sie hinterlassen den anderen ihr Vermögen
V. 12	קִרְבָּם בָּתֵּימוֹ לְעוֹלָם	ihre Gräber [sind] ihre Häuser auf ewig
	מִשְׁכְּנֹתָם לְדֹר וָדֹר	ihre Wohnung von Geschlecht zu Geschlecht
V. 13	אָדָם בִּיקָר בַּל־יָלִין	der Mensch in seinem Ansehen bleibt nicht,
	נִמְשַׁל כַּבְּהֵמוֹת נִדְמוּ	er gleicht dem Vieh, das verstummt[506]
V. 15	כַּצֹּאן לִשְׁאוֹל שַׁתּוּ	wie Schafe sind sie für die Scheol bestimmt
	מָוֶת יִרְעֵם	der Tod weidet sie
	צִירָם לְבַלּוֹת	ihre Gestalt zerfällt
	שְׁאוֹל מִזְּבֻל לוֹ	die Scheol [wird/ist] ihre Wohnstatt
V. 20	תָּבוֹא עַד־דּוֹר אֲבוֹתָיו	sie (= seine Seele) geht ein zum Geschlecht seiner Väter
V. 20	עַד־נֵצַח לֹא יִרְאוּ־אוֹר	auf ewig sehen sie kein Licht
V. 21	אָדָם בִּיקָר וְלֹא יָבִין	der Mensch in seinem Ansehen sieht es nicht ein,
	נִמְשַׁל כַּבְּהֵמוֹת נִדְמוּ	er gleicht dem Vieh, das verstummt

Einige Ausleger, besonders der jüdischen Tradition, weisen auf den Unterschied zwischen dem »Sterben« der Weisen und dem »Zugrundegehen« der Toren und Narren hin. Wie bei der Übersetzung diskutiert wurde, ist die Trennung der beiden Vershälften aber nicht unbedingt ursprünglich bzw.

---

[506] »Mit דמה verbindet sich ... weniger die Vorstellung der gewaltsamen und damit vorzeitigen Vernichtung von eigentlich beständigen Grössen, als vielmehr die des jähen und raschen Unterganges einer in sich schon kurzlebigen ... Wirklichkeit.« (Casetti, Leben vor dem Tod (1982), 93.) Die so ausgedrückte Vernichtung geschieht »in der Nacht« oder »beim Morgengrauen«, wodurch deutlich wird, daß נדמו und בל־ילין streng parallel sind. בל־ילין versteht man daher besser als »nicht einmal die Nacht überstehen« (ebd.).

eindeutig – und das ist die für die Interpretation entscheidende Frage. Im Gegensatz zu Casetti, der die beiden Ausdrücke für synonym hält, möchte ich zunächst festhalten, daß speziell das Wort אבד im Zusammenhang mit den Frevlern aus Ps 1 und auch 112 gebraucht wird. Weiterhin verweist Casetti in diesem Zusammenhang auf Ps 37,20.[507] Doch genau mit diesem »vernichtet werden, plötzlich umkommen« sind auch dort nicht einfach alle Menschen gemeint, also eben nicht Weise und Toren zusammen, sondern dort bezieht sich der Ausdruck ganz deutlich nur auf die negativ konnotierte Menschengruppe, die Frevler bzw. »Schlechten« (רְשָׁעִים bzw. אֹיְבֵי יְהוָה vgl. Ps 37,20). Das Wort אבד hat die Grundbedeutung »umherirren, verlorengehen«, was sich auf Tiere bezieht: Ein einzelnes Schaf, das in der Wüste verlorengeht, geht dort mit großer Wahrscheinlichkeit auch wirklich zugrunde. Casetti verweist darauf, daß die tierhaften Züge der Toren dann auch an ihrem Zugrundegehen sichtbar würden. Damit, so stellt er fest (verwirft die Beobachtung aber sofort wieder, da er ja von der Synonymität der Verben ausgeht, obwohl er m.E. genau den entscheidenden Punkt trifft),

»bestünde sehr wohl ein Bedeutungsunterschied zwischen אבד und מות, dieser stellte sogar zwischen beiden Versteilen einen *antithetischen* Parallelismus ... her, der jedoch die *Gleichstellung* von Weisen und Toren vor dem Tod nur mit umso bitterer Ironie statuierte ...: tot sind sie im Endeffekt doch alle«[508].

Hossfeld betont die Gleichmacherei aller durch den Tod: »Weder stirbt der Weise den guten noch der Tor den bösen Tod, sondern beide sind im Tod vereint, wie Koh 2,16 es darstellt.«[509]

M.E. sind die Verben hier bewußt *parallel* gesetzt, aber sie sind deshalb *keineswegs synonym*, der Psalm gefällt sich im Anspielen bestimmter Wortfelder, um dann die Leseerwartung ganz bewußt zu enttäuschen – und so etwas geschieht hier durch das אבד. Hinzu kommt nämlich die oben diskutierte Frage des trennenden Akzents: Gute Gründe sprechen dafür, יחד im Sinne von »zusammen« auch auf die Weisen zu beziehen; das trifft auch die Gesamtaussage des Psalms (besser). Zunächst wählt der Psalm für das Sterben der Weisen ein weniger scharfes Wort, um sie dann sofort unter das Zugrundegehen der Toren zu subsumieren, womit der Unterschied sogleich wieder aufgehoben ist.

---

[507] Vgl. Casetti, Leben vor dem Tod (1982), 59.
[508] Ebd. (Hervorhebungen im Original).
[509] Hossfeld, NEB 29 (1993), 305.

12 Psalm 57: »Sie gruben vor mir eine Grube, sie fielen mitten in sie hinein«

1 לַמְנַצֵּחַ אַל־תַּשְׁחֵת לְדָוִד מִכְתָּם בְּבָרְחוֹ מִפְּנֵי־שָׁאוּל בַּמְּעָרָה׃

2 חָנֵּנִי אֱלֹהִים חָנֵּנִי כִּי בְךָ חָסָיָה נַפְשִׁי
וּבְצֵל־כְּנָפֶיךָ אֶחְסֶה עַד יַעֲבֹר הַוּוֹת׃

3 אֶקְרָא לֵאלֹהִים עֶלְיוֹן לָאֵל גֹּמֵר עָלָי׃

4 יִשְׁלַח מִשָּׁמַיִם וְיוֹשִׁיעֵנִי חֵרֵף שֹׁאֲפִי סֶלָה

יִשְׁלַח אֱלֹהִים חַסְדּוֹ וַאֲמִתּוֹ׃ 5 נַפְשִׁי
בְּתוֹךְ לְבָאִם אֶשְׁכְּבָה לֹהֲטִים בְּנֵי־אָדָם
שִׁנֵּיהֶם חֲנִית וְחִצִּים וּלְשׁוֹנָם חֶרֶב חַדָּה׃

6 רוּמָה עַל־הַשָּׁמַיִם אֱלֹהִים עַל כָּל־הָאָרֶץ כְּבוֹדֶךָ׃

7 רֶשֶׁת הֵכִינוּ לִפְעָמַי כָּפַף נַפְשִׁי
כָּרוּ לְפָנַי שִׁיחָה נָפְלוּ בְתוֹכָהּ סֶלָה׃

8 נָכוֹן לִבִּי אֱלֹהִים נָכוֹן לִבִּי
אָשִׁירָה וַאֲזַמֵּרָה׃ 9 עוּרָה כְבוֹדִי
עוּרָה הַנֵּבֶל וְכִנּוֹר אָעִירָה שָּׁחַר׃

10 אוֹדְךָ בָעַמִּים אֲדֹנָי אֲזַמֶּרְךָ בַּל־אֻמִּים׃

11 כִּי־גָדֹל עַד־שָׁמַיִם חַסְדֶּךָ וְעַד־שְׁחָקִים אֲמִתֶּךָ׃

12 רוּמָה עַל־שָׁמַיִם אֱלֹהִים עַל כָּל־הָאָרֶץ כְּבוֹדֶךָ׃

12.1 Übersetzung

1 Dem Chormeister. »Verdirb nicht / zerstöre nicht«.[510] Von / für David ein Miktam, bei seiner Flucht vor Saul in die Höhle.

2 Sei mir gnädig, o Gott, sei mir gnädig,
denn bei dir sucht meine Seele Zuflucht,
und im Schatten deiner Flügel suche ich Zuflucht,
bis die Verderben vorübergehen.

3 Ich rufe zu Gott, dem Höchsten (עֶלְיוֹן),
zum Gott, der (meine Sache) für mich führt.

4 Er sende(t) vom Himmel und rette(t) mich,

---

[510] Das אל תשחת bedeutet »lösche nicht aus«, wenn es sich bei der Bezeichnung Miktab wirklich um den Namen für eine Steleninschrift handelt (vgl. Keel, Feinde (1969), 84; vgl. neuerdings auch Hossfeld/Zenger, HThKAT (2000), 106f.).

es schmäht[511] mein Verfolger. Sela.
Gott sende(t)
seine Huld und seine Treue.
5 Meine Seele – inmitten von Löwen liege ich,
bei solchen, die gierig sind auf Menschen(söhne).
Ihre Zähne sind Speer und Pfeile,
und ihre Zunge ein scharfes Schwert.
6 Erhebe dich über den Himmel, Gott,
über der ganzen Erde deine Herrlichkeit!

7 Ein Netz legten sie meinen Schritten,
man hat gebeugt[512] / gebeugt ist meine Seele.
Sie gruben vor mir eine Grube,
sie fielen mitten in sie hinein.[513]
8 Fest ist mein Herz, Gott,
fest ist mein Herz,
ich will singen und spielen.
9 Wach auf, meine Ehre,
wach auf, Harfe und Leier,
ich will die Morgenröte wecken.
10 Ich will dich preisen unter den Völkern (mein) Herr / Allherrscher,
dich besingen unter / vor Nationen.
11 Denn groß bis zum Himmel ist deine Huld
und bis zu den Wolken (reicht) deine Treue.
12 Erhebe dich über den Himmel, Gott,
über der ganzen Erde deine Herrlichkeit.

---

[511] Oder: »er schmähe/t den, der mir nachstellt«. Fraglich ist, wer das Subjekt von חרף ist: JHWH (so LXX und Hier) oder der Frevler. HAL: חרף III (pi.): enttäuschen (zu Ps 57,4: c. שאפי cjg. נפשי, also »die mir nach dem Leben trachten«). Da das Verb sonst nie für ein Tun JHWHs verwendet wird, hingegen häufig ein Tun der Feinde bezeichnet, ist die Annahme JHWHs als des Subjekts unwahrscheinlich (vgl. Riede, Netz (2000), 128). Michel hingegen kommt zu folgender Übersetzung: »Rufe ich zu Gott, dem Höchsten, zu Gott, der mein Vollführer ist, so sendet er vom Himmel und hilft mir, indem er den verhöhnt, der nach mir schnappt« (Tempora (1960), 97.141f.).

[512] כפף ist sg., hier aber wohl kollektiv zu verstehen; d.h. es handelt sich um einen distributiven Singular oder aber es wird ein unbestimmtes Subjekt sg. angenommen.

[513] Prophetisches Perfekt.

12.2 Gliederung

1	Überschrift[514]
2-5.6	Bitte mit integrierter Notschilderung
6	Kehrvers
7-11.12	Vertrauensbekenntnis mit Lobgelübde[515]
12	Kehrvers

12.3 Strukturbeobachtungen

Bei der Gliederung des Psalms müssen mehrere Faktoren berücksichtigt werden. Unstrittig ist, daß zunächst die Überschrift »abzutrennen« ist vom eigentlichen Textkorpus. Direkte Anrede Gottes bringen die Vv. 2.6.12. Das heißt, daß sich zwischen V. 2 und 3 ein Richtungswechsel bezüglich der Sprecherhaltung vollzieht (was hier aber nicht zwingend den Beginn eines neuen Teils markiert). Ab V. 3 wendet sich der Beter an ein (fiktives) Auditorium, bevor er in V. 6 wieder in die direkte Anrede wechselt.

Augenfällig ist weiterhin insbesondere die wörtliche Wiederholung von V. 6 in V. 12. Daher werden die Grenzen der Teile gerne mit Hilfe dieses »Kehrverses« gezogen.[516]

Dieses Modell bietet folgende Vorteile: Es kann die Abschlußfunktion des Kehrverses erklären, zudem sind beide Teile gleich lang. Ungeklärt bleibt das Problem des V. 7. In V. 7 wird das Thema der Feinde neu aufgegriffen, was nach dem abschließenden V. 6 verwundert. Das Feindbild unterscheidet sich zudem stark von dem vorhergehenden, werden die Feinde doch hier als heimtückisch Handelnde dargestellt, nicht mehr als die mit (Waffen-)Gewalt Vorgehenden. Als Anfang eines Teiles ist der Vers schwer vorstellbar, außerdem – wichtiger noch – ist Ps 57,8-12 identisch mit Ps 108,2-6; die Vv. 8-12 sind daher in jedem Fall als Einheit anzusehen.[517] Die Gliederung muß die Sonderstellung des V. 7 berücksichtigen.

Ein alternatives Modell könnte die Vv. 5-7 zusammennehmen und hätte damit die Feindaussagen zusammengebunden:

---

[514] Die Überschrift bezieht sich auf 1 Sam 22,1 oder 24,4, durch die direkten Bezüge ist letztere Möglichkeit wahrscheinlicher.
[515] Vgl. Hossfeld/Zenger, HThKAT (2000), 121.
[516] »Ps 57 is divided in two strophes of seven verses by the refrain.« (Alonso Schökel, A Manual of Hebrew Poetics, (1988) 41).
[517] Ps 108 gehört nicht zu den Psalmen der hier untersuchten These, da Gott dort aktiv gegen die Feinde handelt: V. 14: בֵּאלֹהִים נַעֲשֶׂה־חָיִל וְהוּא יָבוּס צָרֵינוּ׃ »Mit Gott werden wir Großes vollbringen; er selbst wird unsere Feinde zertreten.«

1   Überschrift
2-4   (erhörungsgewisser) Hilferuf
5-7   5   Feindschilderung
        6   Bitte um Theophanie
        7   Feindschilderung
8-12   Lobgelübde mit Bitte um Theophanie

Anhaltspunkte auf der Wortebene sind: Der Teil beginnt mit בְּתוֹךְ in V. 5 und endet mit בְּתוֹכָה in V. 7, was eine Inklusion darstellen würde.[518] Sowohl in V. 2 als auch in V. 8 wird das entscheidende Verb jeweils doppelt genannt, diese Verse, die den jeweiligen Teil beginnen, sind also strukturell gleich gebaut. Beide Teile enden mit »Huld und Treue« (חסד, אמת), worauf dann jeweils der Kehrvers folgt.

12.4 Einheitlichkeit

Eine dritte Möglichkeit ergibt sich unter Zuhilfenahme literarkritischer Überlegungen: V. 7 »stört« den Ablauf des Psalms. Die Aussage dieses Verses findet sich sinngemäß auch in Spr 26,27. Daher drängt sich die Vermutung auf, daß ein Redaktor den Vers in der Weisheit vorgefunden und von dorther übernommen hat. V. 7 könnte dann als sekundär angesehen werden, was die »Störung« des Ablaufs erklären würde; er ist aus einem bestimmten theologischen Interesse eingefügt.

Für eine redaktionelle Bearbeitung spricht auch folgende Kontextbeobachtung: Die Kleingruppe der Pss 56-58 ist inhaltlich und auf der Wortebene stark miteinander verbunden. Die beiden Psalmen 56 und 58 sprechen nun aber ausdrücklich davon, daß Gott die Feinde zugrunde richten möge (56,7; 58,7.12). Diesem, in Ps 58 sogar ausgesprochen gewalttätigen, Gottesbild wirkt die redaktionelle Einfügung entgegen: Sie trägt eine Aussage ein, die von der Selbstverfehlung des frevlerischen Tuns spricht.

Zu überprüfen wäre weiterhin, ob auch V. 5 sekundär ist, ob das Bild des Löwen als Feindschilderung eventuell überall später nachgetragen wurde. Das Bild des Löwen kommt im Psalter noch an folgenden Stellen vor: 7,3; 10,9; 17,12; 22,14.22; 35,17; 58,7; 91,13; 104,21, wobei in den letzten beiden Belegen auf tatsächliche Löwen angespielt wird, also kein auf die Feinde übertragener Sinn vorliegt. Die Tatsache, daß in Ps 57 bewußt zwischen Tier- und Kriegsmetapher geschwenkt wird, spricht aber eher dafür, das Bild der Löwen als ursprünglich zum Psalm gehörig anzusehen.

---

518 Man beachte den etwas ungewöhnlichen Aspekt bei der Feindbeschreibung: Der Beter muß *inmitten* (בְּתוֹךְ) der Feinde lagern, an anderen Stellen sind diese rings um ihn herum (סָבִיב).

Es ist außerdem denkbar, in den Vv. 10-11 eine redaktionelle Fortschreibung von späterer Hand zu sehen, die damit erst die Universalperspektive einträgt.[519]

Literarkritische Überlegungen sollen hier immer nur soweit getrieben werden, wie sie zum Verständnis des vorliegenden Psalms vonnöten sind. Da allein V. 7 – welcher die für die These wichtige Feststellung vom Gefallensein der Feinde enthält – sich im vorliegenden Text als ein gewisser »Fremdkörper« erweist, der sich durchaus als spätere Eintragung verständlich machen läßt, kann hier auf eine gründliche Diskussion anderer Verse verzichtet werden.

12.5 Gattung

Ps 57 ist das Bittgebet eines einzelnen mit stark betontem Vertrauensbekenntnis, er kann genauer bestimmt werden als »zur Gruppe der Feind- und Verfolgten-Psalmen in 52-59«[520] gehörig. Der Psalm ist »gerade von seiner vieldimensionalen Metaphorik her als Vertrauensgebet der sog. persönlichen Frömmigkeit zu deuten«[521].

12.6 Datierung

Um Ps 57 zu datieren, muß zunächst die Frage der Doppelüberlieferung geklärt werden: Ps 57,8-12 = Ps 108,2-6. Je nachdem, welchem der Psalmen man den Vorrang einräumt, ergeben sich Konsequenzen für die Datierung. Wir schließen uns hier den jüngsten Untersuchungen an, die die Priorität von Ps 57 plausibel machen, indem sie den veränderten zeitgeschichtlichen und theologischen Kontext erheben, der die Modifikationen bzw. die Aktualisierung in Ps 108 einsichtig werden läßt.[522]

Ps 56 und 57 können aufgrund ihrer zahlreichen Stichwortbezüge und ihrer Verwandtschaft hinsichtlich des Inhalts als »Zwillingspsalmen« bezeichnet werden.[523] Im Vergleich zu Ps 56 stellt Ps 57 eine Steigerung dar, was seine Posi-

---

[519] Argumente nach Hossfeld/Zenger, HThKAT (2000), 122: V. 12 schließt konsequenter an Vv. 8-9 als 10-11; verschiedene Lokalisierung von »Huld und Treue« im Vergleich zu V. 4; Individual- und Völkerperspektive stehen hier so unvermittelt nebeneinander, daß die Völkerperspektive als Nachinterpretation plausibel erscheint.
[520] Seybold, HAT I/15 (1996), 229.
[521] Hossfeld/Zenger, HThKAT (2000), 121.
[522] Knauf, Psalm LX und Psalm CVIII (2000), 55-65; Hossfeld/Zenger, HThKAT (2000), 130.
[523] Zum Forschungsüberblick vgl. Hossfeld/Zenger, HThKAT (2000), 116.129. Obwohl beide Psalmen sehr ähnlich sind, wird in Ps 56,8 Gott eindeutig gegen die Völker aktiv, wenngleich ansonsten auch dort unpersönliche Wendungen für deren Zugrundegehen vorherrschen.

tionierung hinter diesen als beabsichtigt erscheinen läßt.[524] Da jedoch auch Ps 56 keine Hinweise für seine zeitliche Ansetzung liefert, wohl aber ebenfalls der sog. »persönlichen Frömmigkeit« zuzurechnen ist, bleibt die Datierungsfrage offen.

Hossfeld geht davon aus, daß Ps 57 innerhalb der in exilische Zeit reichenden Sammlung zu den ältesten Teilen gehört. Diese Sammlung sei insgesamt stark von Kriegsmetaphorik bestimmt. Bestimmte Einzelheiten sprechen ihm zufolge für exilische Entstehung: so die Situierung des Beters außerhalb des Landes (Ps 57,10); immer wieder klingt Zions- bzw. Tempeltheologie an; JHWH ist die »Schutzburg«, die dem Bedrängten Zuflucht bietet; die vom Beter gesuchte Intimität mit seinem Gott hat Züge eines Kultersatzes, ist gerade nicht kultisch vermittelt.[525] Der Vergleich mit der für Ägypten herausgearbeiteten persönlichen Frömmigkeit drängt sich auf, da auch sie in Absetzung von der offiziellen Tempelliturgie entstanden ist.

Aufgrund dieser Fakten kommt Hossfeld zur Annahme einer exilischen Entstehung dieser Psalmen, die – gerade weil in tempelloser Zeit entstanden – ihre erstrebte Gottesunmittelbarkeit mit Tempelmetaphern ausdrücken.[526] M.E. ist dabei aber die Möglichkeit in Betracht zu ziehen, daß diese Art der Frömmigkeit zwar im Exil entstand, später aber durchaus noch weiterverwendet wurde, sei es von Gläubigen, die nach wie vor außer Landes lebten, sei es aus Gründen, die mit bestimmten Mißständen am Tempel zusammenhingen (man denke an die Qumrangemeinschaft). Gerade die Texte der sog. persönlichen Frömmigkeit reichen bis in viel spätere Zeit.[527]

12.7 Zur These

Mit den Nachbarpsalmen ist Ps 57 sehr eng verbunden. Dies zeigt sich sowohl auf inhaltlicher als auch auf sprachlicher Ebene. Ps 58 stimmt in der Überschrift wörtlich mit der seines Vorgängers Ps 57 überein. Alle drei Psalmen werden David zugeschrieben, die Psalmen 56 und 57 darüber hinaus mit einer bestimmten Situation aus seinem Leben in Verbindung gebracht.[528]

Wie seine Nachbarpsalmen, so zielt auch dieser Psalm auf verbale Anfeindungen der Gegner ab: Sie schmähen den Beter (4), ihre Zunge ist ein scharfes Schwert (5).[529] Gerade so »konstituiert der Psalm einen eindrucksvollen Kon-

---

524 Vgl. Hossfeld/Zenger, HThKAT (2000), 129.
525 Vgl. ebd., 29.
526 Vgl. ebd.
527 Vgl. zu Ps 37.
528 Zusammenstellung aller Lexemverbindungen bei Hossfeld/Zenger, HThKAT (2000), 129.
529 »Die Zunge ist in Ps 57,7 nicht als Werkzeug der Verleumdung im Blick« (Riede, Netz (2000), 131), sondern als etwas, das wie ein Schwert durch die Seele geht.

trast: Den auf Tod zielenden Worten der Bösen setzt der Beter seine den Gott des Lebens preisenden und erfreuenden Worte bzw. Lieder entgegen«[530].

Für den Schutz des Beters werden Bilder aus der Welt des »Heiligtumsasyls« gewählt (Schatten deiner Flügel, Inkubation des Angeklagten zusammen mit den Anklägern im Tempel, Erwartung des Gottesurteils am Morgen). Doch zeigt Hossfeld, daß eigentlich alle diese Punkte nicht auf die Institution des Heiligtumsasyls bezogen werden dürfen. So habe zwar die Nacht-Morgen-Motivik auch rechtliche Konnotationen, doch sei sie das Indiz der »viel umfassenderen Chaos-Kosmos-Symbolik, die den Psalm insgesamt prägt«[531]. Dies spiegele sich auch in der regelrechten Collage von Metaphern für die Feinde als Gestalten des Chaos. Die Offenheit des Psalms fordere geradezu dazu auf, ihn »als ein für viele konkrete Situationen offenes *Bitt- und Vertrauensgebet* angesichts feindlicher Bedrohung zu verstehen«[532]. Vor allem aber das bisher starke Argument, das Bild der schützenden Flügel Gottes auf den Kerubenthron des Jerusalemer Tempels zu deuten, womit meist überhaupt erst eine Heiligtumsasyl-Theorie begründet wird, sei – so Hossfeld im Gefolge O. Keels und P. Riedes – nicht mehr haltbar.[533]

Auch die beiden (alten) Gottesbezeichnungen Eljon und El, die sofort an den Tempel denken lassen, werden »vor allem (aber nicht ausschließlich) mit dem vom Jerusalemer Tempel aus das Chaos bekämpfenden Schöpfergott verbunden«[534].

Die innere Haltung des Beters zu seinem Gott offenbart sogleich die erste Bitte: Wie ein Untergebener seinen Herrn (König), so bittet er Gott um Gnade. Dies drückt nichts anderes aus als die Hoffnung, der so Gebetene werde seine Macht zugunsten des Bittstellers einsetzen, um ihm zu seinem Recht zu verhelfen oder allgemeiner Hilfe zuteil werden zu lassen. »Aus der Bitte spricht die Gewißheit, daß der Adressat nicht nur für diese Situation zuständig ist, sondern wirklich helfen *kann* und zwar gerade bzw. eben nur er.«[535]

Die Bedrohung durch die Feinde trägt von Anfang an Züge einer Chaosbeschreibung. Damit ist zugleich mehr als deutlich, daß der Beter selbst sich nicht (mehr) schützen kann (vgl. 2d).

---

[530] Hossfeld/Zenger, HThKAT (2000), 122.
[531] Ebd., 121.
[532] Ebd., 122.
[533] Genaue Darstellung der Argumente s. ebd., 124. Ansatzpunkt der Metapher sei vielmehr der Vogel, der seine Jungen beschützt; dies werde auf Götter übertragen, die so einen beweglichen Schutzraum für ihre Schützlinge bieten. Dabei »treten die Aspekte Abwehr von Gefahr, bergende Nähe und Allgegenwart der beweglichen Gottheit hervor« (ebd., 125).
[534] Ebd., 127.
[535] Ebd., 123.

Das Verb »niederlegen« שכב bringt die Nacht als die Zeit des Unheils ins Spiel (man denke an Ps 91,5), in Ps 104 werden wir außerdem die direkte Verbindung der Nacht mit den Löwen sehen: Sie gehen in der Nacht umher, um Beute zu machen.[536] In Ps 57,5 treten die Feindschilderungen im Gewand von Tiermetaphern auf, die aber von Kriegsmetaphern überlagert werden. Beide Bildwelten dienen dazu, die Ernsthaftigkeit der Bedrohung anzuzeigen – für den Beter geht es wirklich auf Leben und Tod.

Dabei ist noch einmal daran zu erinnern, daß hier das Phänomen des »Beschämtwerdens« im Hintergrund steht, das öffentliche Entwürdigung und damit sozialen Tod meint.[537] Es bedeutet im Rahmen einer »Schamkultur« wesentlich mehr, als wir es auf den ersten Blick vermuten.

Den ersten Teil schließt die Aufforderung, Gott möge sich erheben, ab. Im Kontext der im Psalm verwendeten Metaphorik ist dieser Imperativ mehrdeutig:

> »Er fordert JHWH dazu auf, endlich den Kampf gegen die Feinde des Beters aufzunehmen ... Er kann aber auch als Aufforderung dazu verstanden werden, JHWH solle sich von seinem Thron erheben, um das Gerichtsurteil gegen die Feinde zu verkünden und zu vollstrecken ... Von der Semantik des Verbums רום ›sich erheben, erhaben sein‹ her und unter Berücksichtigung der in V 6b angedeuteten Vorstellungen von der die ganze Erde erfüllenden Herrlichkeit ... muß V 6 schließlich auch als Aufforderung an JHWH verstanden werden, sein ›von Anfang an‹ gegebenes Weltkönigtum ... endlich durchzusetzen, gerade zur Rettung der Bedrängten. Es ist unseres Erachtens durchaus möglich, daß in dem Imperativ sogar die Vorstellung von der aufgehenden ›Sonne der Gerechtigkeit‹ mitschwingt (vgl. dazu V 9).«[538]

Mit dieser Bedeutungsbreite ist für unsere These folgendes gesagt: Eine denkbare Interpretation ist die Vorstellung, es handele sich um eine Bitte, JHWH möge sich zum Kampf erheben. Dann würde er als ein strafender Gott vorgestellt. Gleiches gilt, wenn er sich erhebt, um das Gerichtsurteil zu *vollstrecken*. Anders sieht es mit dem letzten Aspekt aus, wenn das Durchsetzen seines Weltkönigtums gerade in der Rettung der Bedrängten besteht. Denn dann ist wiederum der Fokus des Interesses ganz auf sein Rettungshandeln gerichtet, während die eigentliche Vernichtung der Feinde nur insoweit relevant ist, als sie die Bedrohung der Bedrängten beendet. Dem entspricht auch der Fortgang des Gebetes, denn in V. 7d wird im sog. prophetischen Perfekt die Ausschaltung der Feinde berichtet. Keine Spur einer Andeutung, warum oder durch

---

[536] Dort כְּפִירִים, nicht לְבָאִם; in Ps 91,13 wird wiederum der כְּפִיר genannt, aber nicht in direktem Zusammenhang mit der Nacht.
[537] Vgl. die entsprechenden Ausführungen zu Ps 6 und 91.
[538] Hossfeld/Zenger, HThKAT (2000), 128.

wen sie zu Fall kamen, es wird allein das Faktum konstatiert. Die Feinde werden Opfer ihrer eigenen heimtückischen Gesinnung. »Damit wird die im Hintergrund des Psalms stehende Vorstellung vom Tun-Ergehen-Zusammenhang bzw. von der durch Gott gestifteten und durchgesetzten gerechten Weltordnung ausdrücklich bestätigt.«[539] Im Psalm sind beide Vorstellung verquickt: Die Feinde müssen an ihren eigenen Verbrechen zugrunde gehen, weil und insofern Gott die in Unordnung geratene Gerechtigkeitsordnung wiederherstellt. Es ist also kein rein innerweltlich – von selbst – funktionierender Mechanismus, es ist aber auch keine von außen aufdiktierte Strafe, sondern schon die eigene Schuld, die das Ende der Feinde einläutet. Gott setzt – und das ist ja die These – die Gerechtigkeitsordnung wieder instand *zugunsten der Bedrängten*, nicht, um ausführliche Sanktionen und Strafaktionen gegen die Feinde durchzuführen. Diese werden dementsprechend in den erwähnten Psalmen auch gar nicht beschrieben.

Eschatologische Perspektive – Messianische Hoffnung

Ob Ps 57 eschatologische Anklänge enthält, ist fraglich und wird dementsprechend kontrovers diskutiert. Den möglichen Ansatzpunkt bietet V. 7: Die Übeltäter sind in ihre eigenen Gruben gefallen und endgültig erledigt. Bei dieser allgemeinen Feststellung läßt der Psalm es bewenden. Welches *Ende* damit angedeutet wird, bleibt offen. Daneben gibt es ein zweites Element im Psalm, das eschatologische bzw. messianische Konnotationen trägt, nämlich das Motiv von der Morgenröte (V. 9). Aus deren Mutterschoß wird in Ps 110,3 der messianische König geboren.[540]

Das den Psalm abschließende Lobgelübde in 10-11 universalisiert die Epiphanie des Rettergottes ausdrücklich. Damit hält der Psalmist bzw. die hinter den beiden Versen stehende Redaktion fest: »an der Rettung des einzelnen wird Grundsätzliches über JHWH als guten und treuen Weltkönig offenbar«[541]. Diese Universalisierung verweist ihrerseits auf endzeitliche Konstellationen, man denke etwa an die Völkerwallfahrt zum Zion »in den letzten Tagen«. Ob hier mit diesem Ausblick aber zugleich das Ende der Geschichte angedacht werden soll, das bleibt offen, dazu sind die Anspielungen zu vage. Wenn Gott aber derart in die Geschichte eingreift, daß er die durch das »Chaos« aus den Fugen geratene Weltordnung wieder ins Lot bringt, dann geht damit auch ein qualitativer Wandel der weltlichen Situation einher, der durchaus endzeitliche Implikationen trägt.

---

[539] Ebd., 128.
[540] Vgl. ebd., 129. Das Motiv der Morgenröte ist ein »poetisches Element mythischer Provenienz«.
[541] Ebd.

BEZEICHNUNGEN FÜR DIE GUTEN

Im Psalm werden keine Bezeichnungen für die Guten verwendet, einzig der Beter tritt in seinem »Ich« hervor.

BEZEICHNUNGEN FÜR DIE SCHLECHTEN

V. 4	שֹׁאֲפִי	mein Verfolger
V. 5	לְבָאִם	Löwen
V. 5	לֹהֲטִים בְּנֵי־אָדָם	»Gierige auf Menschensöhne«

AUSSAGEN ÜBER DAS ENDE DER SCHLECHTEN

| V. 7 | נָפְלוּ | sie sind gefallen |

13 Psalm 63: »Deine Rechte hält mich fest«

1 מִזְמוֹר לְדָוִד בִּהְיוֹתוֹ בְּמִדְבַּר יְהוּדָה׃

2 אֱלֹהִים אֵלִי אַתָּה אֲשַׁחֲרֶךָּ צָמְאָה לְךָ נַפְשִׁי
כָּמַהּ לְךָ בְשָׂרִי בְּאֶרֶץ־צִיָּה וְעָיֵף בְּלִי־מָיִם׃

3 כֵּן בַּקֹּדֶשׁ חֲזִיתִיךָ לִרְאוֹת עֻזְּךָ וּכְבוֹדֶךָ׃

4 כִּי־טוֹב חַסְדְּךָ מֵחַיִּים שְׂפָתַי יְשַׁבְּחוּנְךָ׃

5 כֵּן אֲבָרֶכְךָ בְחַיָּי בְּשִׁמְךָ אֶשָּׂא כַפָּי׃

6 כְּמוֹ חֵלֶב וָדֶשֶׁן תִּשְׂבַּע נַפְשִׁי וְשִׂפְתֵי רְנָנוֹת יְהַלֶּל־פִּי׃

7 אִם־זְכַרְתִּיךָ עַל־יְצוּעָי בְּאַשְׁמֻרוֹת אֶהְגֶּה־בָּךְ׃

8 כִּי־הָיִיתָ עֶזְרָתָה לִּי וּבְצֵל כְּנָפֶיךָ אֲרַנֵּן׃

9 דָּבְקָה נַפְשִׁי אַחֲרֶיךָ בִּי תָּמְכָה יְמִינֶךָ׃

10 וְהֵמָּה לְשׁוֹאָה יְבַקְשׁוּ נַפְשִׁי יָבֹאוּ בְּתַחְתִּיּוֹת הָאָרֶץ׃

11 יַגִּירֻהוּ עַל־יְדֵי־חָרֶב מְנָת שֻׁעָלִים יִהְיוּ׃

12 וְהַמֶּלֶךְ יִשְׂמַח בֵּאלֹהִים יִתְהַלֵּל כָּל־הַנִּשְׁבָּע בּוֹ
כִּי יִסָּכֵר פִּי דוֹבְרֵי־שָׁקֶר׃

13.1 Übersetzung

1 Psalm Davids, als er in der Wüste Juda war.

2 Gott, du mein Gott,[542] dich suche ich,
es dürstet nach dir meine Seele,
es schmachtet nach dir mein Fleisch,
im[543] dürren Land, erschöpft und ohne Wasser.

---

[542] Hier wird die Wortstellung des hebr. Textes (Gott, mein Gott, Du) geändert, da sich die Frage stellt, ob drei Vokative zu lesen sind oder ein NS (»mein Gott bist du«; אלי אתה als NS kommt im Psalter immerhin 4x vor: 22,11; 89,27; 118,28; 140,7); andere Möglichkeiten wären: Verstärkung des Suffixes »dich suche ich«; Einleitung eines Relativsatzes »Du bist es, den ich suche«. Die hier gewählte Übersetzung (s. auch EÜ) läßt die beiden ersten Möglichkeiten (drei Vokative oder Nominalsatz) mitschwingen und fängt von daher den Bedeutungsreichtum des Hebräischen am besten ein. Ich danke an dieser Stelle Bernhard Klinger, der mir Einblick in seine unveröffentlichte Diplomarbeit zu Ps 63 gewährt hat; er diskutiert dort die angedeuteten Übersetzungsmöglichkeiten.

3 So schaute ich nach dir aus im Heiligtum,
um deine Stärke und deine Herrlichkeit zu sehen.
4 Denn deine Huld [ist] besser als [das] Leben,
meine Lippen werden dich preisen.
5 So will ich dich loben mein Leben [lang],
in deinem Namen meine Hände erheben.
6 Wie von Mark[544] und Fett meine Seele satt wird,
so rühmt mein Mund mit Lippen des Jubels.
7 Wenn ich an dich denke auf meinem Lager,
in den Nachtwachen über dich nachsinne[545].

8 Denn[546] du wurdest mir zur Hilfe,
und im Schatten deiner Flügel kann ich jubeln.
9 Es hängt meine Seele an dir,
mich hält deine Rechte fest.[547]

10 Doch jene, die zum Verderben[548] nach meinem Leben[549] trachten,
sie werden in die Tiefen der Erde hinabfahren.
11 Sie werden[550] der Gewalt des Schwertes preisgegeben,
Beute[551] der Schakale werden sie sein.

---

[543] Einige Handschriften lesen als Vergleich: »wie dürres Land«; das »im dürren Land« paßt allerdings genau zur Überschrift; möglich ist außerdem komparativisch: »mehr als dürre Erde« (so Tate, WBC (1990), 95ff.). Häufig ist in diesem Kolon weiterhin die Änderung zu וַעֲיֵפָה, womit sich beide Adjektive auf אֶרֶץ beziehen würden; diese Konjektur schlägt u.a. auch HAL vor. Will man aber die Maskulin-Form belassen, so bezieht sich das »erschöpft« auf den Leib, nicht das Land.

[544] Wörtl. auch »Fett«, hier etwas freier: Mark und Fett.

[545] הגה vgl. Ps 1, »murmeln«, kein intellektuelles »Nachdenken«.

[546] Oder emphatisch: ja.

[547] Kraus übersetzt V. 9 komplett vergangenheitlich, m.E. geht es aber um eine überzeitliche Aussage; sonst markiert der Psalm dies durch den Wechsel von PK und AK.

[548] »Zum Verderben« ist sowohl auf den Beter als auch auf die Feinde beziehbar. Nach HAL 1325 ist aber »vergeblich«, לַשָּׁוְא, vorzuziehen.

[549] Im Deutschen ist eine durchgehend konkordante Übersetzung schwierig. נפשׁי habe ich sonst mit »meine Seele« wiedergegeben, hier geht es jedoch um das »nach dem Leben Trachten«, »nach der Seele« bekäme einen ganz anderen Klang. Der alttestamentliche Mensch *hat* nicht eine Seele, er *ist* diese Seele. Ebenfalls nicht konkordant übersetzt ist das Wort אֶרֶץ: in V. 2 meint es »Land«, in V. 10 »Erde«.

[550] Problematisch an der MT-Lesart ist das Singularsuffix: »man gibt ihn preis«, doch kann es im distributiven Sinne verstanden werden oder als »persona moralis« (Delitzsch, (⁵1894), 426). Tate dagegen bezieht es auf den König aus V. 12 (Tate, WBC (1990), 124). Viele Kommentatoren lesen mit LXX/S יִנָּגְרוּ »sie werden preisgegeben«, was allerdings die lectio facilior darstellt.

12 Aber der König freut sich in Gott,
   es darf sich rühmen jeder, der bei ihm schwört,
   denn verstopft wird der Mund der Lügenredner.

13.2 Gliederung

1   Überschrift[552]
2-7   Gottsuche und Lobgelübde (konzentrisch)
8-9   Vertrauensaussagen kraft der Erinnerung erfahrener Gottesnähe
10-12   Schicksal der Feinde
        (12a mit Blick auf den König)

13.3 Strukturbeobachtungen

Der Psalm entzieht sich einer alle Faktoren (Orts- und Personenwechsel; Sprechrichtung; Zentralaussagen; Wortwiederholungen) berücksichtigenden Gliederung. Daher soll die hier vorgeschlagene in ihren Grenzen diskutiert werden. Auch der Blick in die Kommentare zeigt die Sperrigkeit der einzelnen Teile. Einigkeit bezüglich der Gliederung herrscht in den Kommentaren nämlich allenfalls bei der Abgrenzung der Überschrift (V. 1) und des Einschnittes vor V. 10.

Mit V. 10 wird eine neue Personengruppe erstmals eingeführt, die Feinde des Beters, deren Schicksal von da ab im Blick ist. Mit V. 12 wechselt die Sprechrichtung: Es wird über Gott, nicht mehr zu ihm gesprochen. Doch enthalten auch die Vv. 10-11 keine direkte Anrede mehr, daher kann der Abschnitt Vv. 10-12 auch zusammengenommen werden, obwohl V. 12 mit dem König nochmals eine neue Person (emphatische Abgrenzung durch Waw wie in V. 10) einführt – oder ist es gar keine »neue« Person, da den ganzen Psalm ja David, der König, betet? In den Vv. 1 und 12 wird die »Davidisierung« dieses Psalms greifbar.

Auffällig sind die häufigen direkten Anreden Gottes (in allen Versen bis auf 1; 2d; 6; 10; 11; 12). Damit ist die Abgrenzung der Überschrift und des letzten Teils Vv. 10-12 schon auf dieser formalen Ebene als berechtigt bestätigt.

Wie die Personenwechsel, so können auch die Ortswechsel gewisse Anhaltspunkte bezüglich der Gliederung geben: Die Überschrift nennt die judäische Wüste, V. 2 das dürre Land, V. 3 das Heiligtum, V. 7 wechselt in

---

[551] Wörtl. Anteil.
[552] Gehört zu den 14 Psalmen, die in der Überschrift auf eine bestimmte Situation im Leben Davids Bezug nehmen. Auffälligerweise sind es keineswegs die Höhepunkte seines Lebens, auf die hier angespielt wird: »Es ist der bedrängte David, der hier das Bild prägt.« (Ballhorn, David (1995), 23).

den privaten Bereich, das Nachtlager, während V. 8 wiederum auf das Heiligtum anspielt. Das Schicksal der »Feinde« (die Bezeichnung wird so nicht gebraucht) ereignet sich dann wiederum in der Wüste; man kann also eine gegenläufige Bewegung beobachten: Der Beter beginnt in der Wüste, die Feinde enden dort in der Ortlosigkeit als Fraß für die Schakale.

Will man allerdings die Teile nicht sehr klein (einzelne Verse) wählen, so bieten die Ortswechsel keine große Hilfe für die Gliederung.

Fraglich scheint vor allem die Abgrenzung um V. 4: Beschließt der einzige Nominalsatz (4a) des ganzen Psalms den ersten Teil oder leitet er bereits den zweiten ein? Ist das כי von V. 4 oder erst das כן in V. 5 als betonter Neueinsatz zu sehen? Die Herausgeber der BHS jedenfalls ziehen hier die Grenze;[553] andere maßgebliche Kommentare dagegen wählen den Einschnitt nach V. 3.[554]

Wie aber erklärt sich dann die Rahmung des V. 4 durch das כן in V. 3 und V. 5; sollte V. 5 doch auch noch zum ersten Teil gezählt werden? Verfolgt man diese konzentrische Spur weiter (die, wie ich denke, dem ersten Teil des Psalms am besten gerecht wird; in der Literatur zu Ps 63 ist sie – soweit ich sehe – aber nicht vertreten), so sieht man, daß auch V. 2b und V. 6 lautlich zwar nicht identisch, aber doch sehr ähnlich beginnen: כָּמָהּ und כְּמוֹ. Und weiter: V. 2 und V. 7 beginnen beide auf א. Die Vermutung, daß der einzige Nominalsatz des Psalms, V. 4 (Gottes חסד steht jenseits der zeitlichen Kategorien von Vergangenheit, Gegenwart und Zukunft), an strukturell herausgehobener Stelle steht, wird durch diese Beobachtung einer konzentrischen Anordnung jedenfalls bestätigt. Auch inhaltlich ist diese Struktur durchaus plausibel:

2   spricht von der Gottsuche, 7 vom Nachsinnen auf dem Lager
2b nennt das Schmachten des Fleisches, 6 die Sättigung der Seele
3   Ausschau im Heiligtum (Vergangenheit), 5 lebenslanges Lobgelübde (Zukunft)

Rein numerisch bilden die Vv. 6 und 7 die Mitte des Psalms, der – wird die Überschrift mitgezählt – aus 14 Zeilen, ohne Überschrift dementsprechend aus 13 besteht, ohne Überschrift ist V. 7 das Zentrum des Psalms. Das Nachsinnen (הגה) ist vom Beginn des Psalters (Ps 1,2) schon als nachahmenswerte Haltung vertraut.

Diese beiden mittleren Verse sind im Hinblick auf wiederholte Wörter auffällig. V. 6 ist durch insgesamt 5 Wörter mit den anderen Versen verbunden. Er ist zugleich der einzige, der Lexeme sowohl mit den vorhergehenden als auch den nachfolgenden Versen teilt; fungiert er deshalb als Scharniervers?

---

[553] So auch Delitzsch und Tate.
[554] Gunkel und in seiner Folge Kraus, Ravasi u.a.

V. 7 hingegen hat kein einziges Wort mit einem der anderen Verse gemeinsam (wie auch Vv. 1 und 11 durch kein Wort mit irgendeinem der anderen Verse verbunden sind; Vv. 3 und 5 lediglich durch die Konjunktion כן).

Weitere Beobachtungen hinsichtlich der Stichwortbezüge: Auch V. 12 hat wie V. 6 auffallend viele Stichwortbezüge, אלהים zu V. 2, הלל zu V. 6, כי zu V. 8 und פ noch einmal zu V. 6. Falls der Vers später angefügt wurde (s.u. EINHEITLICHKEIT), so wurde er jedenfalls bewußt dem »Lexikon des Psalms« angepaßt.

Häufigstes Wort ist נפשי (4x: 2.6.9.10; es findet sich weder in der Überschrift noch in den Vv. 11-12), ansonsten kommen (außer der Partikel כי, die dreimal vorkommt) einige Wörter zweimal vor.

Der Text wird zum Teil durch ein akrostichisches Lautmuster strukturiert; ganz auffällig ist die א-Alliteration der zweiten Zeile (evtl. ein Hinweis, daß es sich um die ursprünglich erste Zeile handelte), dann folgen fünf Zeilen mit כ-Spitzenstellung.[555]

Unter Berücksichtigung dieser Phänomene, vor allem auch der der lautlichen Ebene, umfängt die Annahme einer konzentrischen Struktur der Vv. 2-7 die meisten Beobachtungen; zugleich wird sie aber durch die Zentralstellung der Vv. 6 und 7, die den ersten Teil zugleich mit den folgenden Versen verbinden, unterlaufen.

13.4 Einheitlichkeit

Hinsichtlich der Frage der Einheitlichkeit bietet die Königsbitte den Stolperstein: Ist V. 12 als sekundäre Erweiterung anzusehen? Drückt sich darin eine Davidisierung aus, die dem Psalm auch erst die Überschrift zugeordnet hat? Unmöglich ist es allerdings nicht, daß der Sprecher in einem der literarischen Teile in der ersten und in einem anderen in der dritten Person wiedergegeben wird.[556]

Bestimmte Beobachtungen (Beginn des V. 2 mit א-Alliteration, wie sie eher in einer ersten Zeile zu erwarten ist; überraschender Wechsel der Sprechrichtung in V. 12 in einem sonst ganz einheitlich an Gott gerichteten Gebet) lassen an eine spätere Hand denken. Fraglich ist, ob der ganze letzte Teil, in dem die Feinde auftauchen, später zugefügt wurde. Das Phänomen, daß erst

---

[555] Vgl. auch Seybold, HAT I/15 (1996), 248.
[556] Vgl. auch den vorhergehenden Ps 61, der einen ähnlichen Perspektivenwechsel bringt. Die Pss 61-64 werden gerne als Gruppe (von Asylpsalmen) gesehen. Bei kanonischer Lektüre stellt sich wiederum die Frage, inwieweit der Kontext eines Einzelpsalms die Auslegung mitbestimmt, in Ps 62,13, dem Vers also, der als Schlußvers Ps 63 direkt vorangeht, heißt es nämlich: וּלְךָ־אֲדֹנָי חָסֶד כִּי־אַתָּה תְשַׁלֵּם לְאִישׁ כְּמַעֲשֵׂהוּ »... du [Herr] vergiltst jedem nach seinem Tun«.

ganz am Ende des Psalms die Widersacher in den Blick kommen, ist allerdings bereits bei verschiedenen Psalmen begegnet. Von daher gäbe es analog gebaute Psalmen und der Schluß, an eine sekundäre Erweiterung zu denken, ist nicht zwingend. Die Königsbitte jedoch steht sehr unvermittelt da, weshalb sie sekundär sein könnte. Die Frage hängt eng damit zusammen, in welche Zeit und an welchen Ort der Psalm situiert wird. So kommt beispielsweise Kraus, der den Psalm klar der vorexilischen Heiligtumstradition zuweist, zu folgendem Urteil: »Die Fürbitte für den König sollte man nicht einfach ausscheiden bzw. als sekundär beurteilen; sie kann ein fester Bestandteil der Gebetsformulare im Heiligtum von Jerusalem gewesen sein.«[557]

13.5 Gattung

Ps 63 hat deutliche Elemente eines Klageliedes eines einzelnen, wobei das Ich nicht zwingend als Ausdruck eines Einzelschicksals gelesen werden sollte, sondern – die Überschrift legt es nahe – als »Typus des Leidenden in Israel«[558] verstanden werden kann. Betont man eher die Vertrauensaussagen, so kann man ihn statt als Klage- auch als individuellen Vertrauenspsalm[559] charakterisieren.

13.6 Datierung

Ps 63 (und 71) fehlt das sonst im zweiten Psalmenbuch übliche למנצח in der Überschrift, weshalb Gunkel meint, er sei später ins zweite Psalmenbuch eingefügt worden;[560] Ps 71 gilt ohnehin als Fortsetzung von Ps 70.

Das Motiv der Sehnsucht nach Gott steht sowohl am Anfang des zweiten Psalmenbuchs (Ps 42,1f.) wie auch am Beginn von Ps 63.[561] Könnte der Psalm also gezielt erst dann geschaffen worden sein, als die Sammlung des zweiten Psalmenbuchs (zumindest in ihrem Grundbestand) schon existierte?[562] V. 2

---

[557] Kraus, BK XV/1 (⁶1989), 601.
[558] Gerstenberger, Mensch (1980), 139; zu Ps 63, 113-146.
[559] So Zenger, HThKAT (2000), 194.
[560] Gunkel, Einleitung (1933), 449.
[561] In V. 7 wird durch die Wurzel זכר auf Ps 42,5.7 angespielt; einzige Vorkommen innerhalb des zweiten Psalmenbuchs im Qal (hif. Ps 45,18 und 71,16, der Psalm enthält u.a. in V. 8 die Aussage »Mein Mund sei voll deines Lobes, den ganzen Tag mögest du verherrlicht werden«, vgl. הלל פי in 63,4).
[562] Zenger denkt an eine spätvorexilische Datierung des Primärpsalms (ohne Überschrift und V. 12); die Einbindung in die Sammlung 52-68* spreche insgesamt für exilische Datierung (HThKAT (2000), 194). Indiz für exilische Entstehung: Situierung des Beters außerhalb des Landes (Ps 63,2); Intimität der Gottesbegegnung als Ersatz für den Tempelkult (vgl. ebd., 29).

ist der Nukleus, von dem aus sich der weitere theologische und symbolische Fortgang des Psalms entfaltet.[563]

Das »Nachsinnen« הגה läßt an Ps 1 denken. Das Verb ist speziell im Psalter häufig;[564] daß das Gedenken *bei Nacht* geschieht, hat ebenfalls Parallelen.[565] Einen interessanten Aufschluß bietet nochmals der Vergleich mit Ps 71, wo in V. 24 das Reden (הגה) von Gottes Gerechtigkeit im direkten Zusammenhang mit der Beschämung der Feinde gelobt wird.

Die Spitzenaussage des V. 4 (deine Huld ist besser als Leben) hat ihren Ort vermutlich ebenfalls in späterer Zeit. »Dieses Auseinanderhalten von Gnade und Leben war etwas völlig Neues in Israel; es bedeutete die Entdeckung des Geistlichen als einer Wirklichkeit jenseits der Hinfälligkeit des Körperlichen.«[566]

Auch das Vereinzeltsein angesichts vieler Feinde (das in dieser Arbeit bereits öfter angesprochen wurde) ist eher ein Muster der späteren Psalmen.

Die Verbindungen mit Ps 71, Ps 27,4 und 36,8 könnten Aufschlüsse über eine mögliche Datierung geben, doch werden eben diese Psalmen ähnlich kontrovers in Bezug auf Entstehungsort und -zeit diskutiert. Immerhin geben die zahlreichen Verweise auf andere Psalmen (Ps 91,1 »Schatten deiner Flügel«; Ps 104,33 »Versprechen lebenslangen Lobens«; Ps 141,2 »Händeerheben als Gebetsgestus« u.v.m.) Hinweise darauf, daß der Psalm bereits aus einer gewissen Tradition von Gebetsliteratur mit geprägten Bildern schöpft.

O. Keel zählt Ps 63 zu den von ihm so bezeichneten reinen רשע-Psalmen, also zur jüngsten Gruppe der Feind-Psalmen.[567]

Das Argument von Kraus, er müsse wegen der Königsfürbitte der Heiligtumstradition Jerusalems (als Formular) zugehören,[568] ist angesichts der Tatsache, daß es auch am zweiten Jerusalemer Tempel Pflicht war, für den judäischen oder persischen Oberherrn zu beten,[569] m.E. nicht zwingend.

13.7 Zur These

Beim Beter des Psalms handelt es sich um einen Menschen (»David«), der sich mit jeder Faser seiner Existenz (נפש und בשר: der Mensch in seiner Bedürftigkeit und seiner stofflichen Gestalt, »Leib und Seele«) nach Gott sehnt.

---

[563] Vgl. Ravasi, Salmi (1983), 274.
[564] Pss 1,2; 2,1; 35,38; 37,30; 38,13; 63,7; 71,24; 77,13; 90,9; 115,7; 143,5.
[565] Pss 4,5; 16,7; 119,55.
[566] Von Rad, Theol. AT I (1957), 416, s. auch ders., Gerechtigkeit und Leben (1958), 240.
[567] Vgl. Keel, Feinde (1969), 120 u.ö.
[568] Vgl. Kraus, BK XV/1 (⁶1989), 601.
[569] Vgl. Seybold, HAT I/15 (1996), 249. M.W. galt diese Pflicht sogar bis zur Tempelzerstörung 70 n. Chr.

Das treibt ihn zu der Spitzenaussage des V. 4: »deine חסד ist besser als Leben«. Dieses Gebet und sein Nachsinnen vollziehen sich angesichts einer Verfolgung durch »Jene«, die im Text überraschend und beziehungslos auftreten; sie trachten dem Beter nach dem Leben (10a). Die Feinde werden bei ihrem Auftreten nicht gleich näher charakterisiert; einzig die Verbindung mit V. 12 gibt leise inhaltliche Hinweise, wonach in den Feinden Verleumder (»Lügenredner«) zu sehen sind. Der Beter wünscht ihnen Hinrichtung – wenn die Lesart des Suffixes in Plural geändert wird, s.o.[570] – und Tod (10b.11). »Falsche Ankläger, ›Lügenzeugen‹ (12b) hatten solche Verurteilung zu fürchten. Daß sie mit dem Schwert vollzogen wird, bezeugt 11a. Verbrecher erhalten keine Grabstätte; ihre Leichen werden Beute der Schakale (11b).«[571] Es seien hier aber keine Rachephantasien zu sehen, sondern vielmehr Bilder vom Gerichtsverfahren, von dem der Beter endgültige Hilfe erhofft.

Wenn die Feinde zur Beute für die Schakale werden, heißt das, daß sie keine ordentliche Bestattung bekommen.[572] Gerade die fehlende Bestattung, nicht der Tod selbst, macht das Ende der Feinde schrecklich. Denn dadurch waren die Toten dem Vergessen anheimgegeben. Somit übertrifft die Aussage von 11b die von 10b an Intensität. Auch das Bild des »gestopften Mundes« zeigt das völlige Ende der »Lügenredner« an: Da die Scheol als Ort des Schweigens gilt, spielt V. 12 noch einmal auf 10 an. Gleichzeitig steht der gestopfte Mund den Lippen des Jubels (6) und der Freude des Königs (12) gegenüber.

Das Bild des »Nach-dem-Leben-Trachtens« kann einerseits eine tatsächliche Ernsthaftigkeit der Gefahr anzeigen, andererseits aber regelrecht als Topos gebraucht werden, der zum »Feind-pattern« gehört: »Am frappierendsten ist ..., daß die Widersacher in den Pss ... nie etwas anderes als den Tod des Beters wollen. ... [Das Bestreben, eine Seele zu suchen,] scheint den Willen einzuschließen, ihr ein Ende zu machen ...«[573].

Im Beter wird (da die Bedrohung meist buchstäblich verstanden wird) ein Asylant gesehen, der im Heiligtum Zuflucht gesucht hat und dort auf die endgültige Entscheidung seines Falles wartet; er läßt sich als Verfolgter charakterisieren.[574]

Der letzte Vers bricht die bis dahin durchgängige Perspektive auf, indem

---

570 Beläßt man das Suffix im Singular (bezieht es also auf den Beter), ergibt sich eine abweichende Aussage: Die Feinde werden den Beter mit dem Schwert töten, doch einer ausgleichenden Gerechtigkeit selbst dann nicht entgehen. JHWH erweist so seine Treue, daß er den vom Tode Bedrohten nicht im Stich läßt, den er in seiner Rechten hält.
571 Seybold, HAT I/15 (1996), 249.
572 Ravasi, Salmi (1983), 283.
573 Keel, Feinde (1969), 198f.
574 Kraus, BK XV/1 (⁶1989), 601, u.a.; Seybold nennt sogar die »Geschworenen« als die am Verfahren Beteiligten (HAT I/15 (1996), 249).

nicht mehr direkt auf das individuelle Schicksal des Beters und das Ergehen seiner Feinde Bezug genommen wird. »Der Schlußwunsch gilt dem Vertreter der Rechtsinstanz: entweder dem ›König‹, als dem judäischen oder persischen Oberherrn, für den zu beten auch am zweiten Jerusalemer Tempel Pflicht war ... oder dem ›Priester‹ als einem, der einen Eid geleistet hat ...«[575].

Wieder steht der einzelne Beter einer Gruppe von Feinden gegenüber;[576] seine Vereinzelung wird in keinster Weise aufgebrochen – er richtet sich ganz auf Gott aus, denn Menschen, die ihm helfen können, sind nicht präsent. Einzig der Schlußvers »jeder, der bei ihm schwört« zeigt, daß im Hintergrund durchaus eine Gruppe von Menschen gedacht wird, der der Beter zugezählt werden kann. Doch seine Hoffnung richtet sich nicht direkt an Menschen, vielmehr speist sich die Erwartung seiner Rettung aus der Erinnerung an Gottes Rettungshandeln als »Angeld«. Er dürstet nach dem Gott, dessen Huld er bereits erfahren durfte (V. 8). Weil und wenn Gottes Rechte ihn festhält (V. 9), wird daran »seine Seele satt« und kann sein Mund ein Leben lang loben (Vv. 5-6).

Eschatologische Perspektive – Messianische Hoffnung

Durch die Überschrift wird der Psalm davidisiert; damit ist allerdings kein eindeutiger Fixpunkt für die Interpretation des Psalms gewonnen, denn: »Eine Davidisierung des Psalters in einem einzigen Schub hat es nicht gegeben, weil das ›System‹ der auf David bezogenen Überschriften allein schon zu kompliziert ist.«[577] Hinsichtlich der biographischen Notiz der Überschrift geht Kleer der Frage nach, auf welche Flucht Davids sich der Psalm beziehe, die vor Saul oder die vor Abschalom, und kommt nach Abwägung der Argumente zur Annahme, es werde auf die Flucht vor Abschalom Bezug genommen.[578] Dennoch wird man von der tatsächlichen historischen Anspielung aus tiefer gehen und eher auf die im Hintergrund stehende allgemeine Absicht sehen, die Tate als »scribal exegetical imagination which relates the psalm to the spiritual life of David«[579] beschreibt. Deissler und Ravasi vermuten für Ps 63 eine messianisch-königliche Relecture.

> »Die nicht ursprüngliche Aussage über den König ist nach der Überschrift literarisch auf David zu beziehen ..., meint aber mit David und seinen Anhängern ... die von Jahwe Gerechtfertigten überhaupt und damit zugleich ihr

---

[575] Seybold, HAT I/15 (1996), 249.
[576] So auch in Pss 1; 6; 27; 57; 71; 91; 92; 141.
[577] Hossfeld/Zenger, Alte und neue Wege (1996), 337f.
[578] Vgl. Kleer, Sänger (1996), 107.
[579] Tate, Word Biblical Commentary (1990), 127.

kommendes Haupt, den messianischen Heilskönig.«[580]

Ähnlich Ravasi: »Nella tradizione giudaica questa invocazione permetteva la rilettura del salmo in chiave messianica anche perché la composizione era inserita nella collezione dei salmi a titolo davidico e l'antifona del v.12 assomigliava alla benedizione che chiude il Sal 72 (v.19), un testo messianico-regale.«[581]

Nicht nur die Überschrift, sondern auch einige der verwendeten Wörter und Bilder bieten eine Weichenstellung in Richtung einer möglichen eschatologischen Lesung. Da ist zunächst das Bild vom Satt-Werden. Gott wird in den Psalmen oft als »großherziger Gastgeber [geschildert], der den Tempelbesucher in seine Gemeinschaft aufnimmt«[582]. Dieser Vorstellung liegt offensichtlich die Erfahrung gemeinsamen Mahlhaltens im Tempel zugrunde; das gemeinschaftliche Mahl und die Gastfreundschaft spielen im Vergleich zu unserer Zeit und Kultur eine ungleich bedeutendere Rolle. Im Rahmen der prophetischen Verkündigung ist das Satt-Werden dann identisch mit dem eschatologischen Mahl,[583] während der Hunger das Strafgericht symbolisiert. Das Bild ist bereits in Ps 37 begegnet: Die Gerechten werden satt (37,19), die Schlechten werden (in den Tagen des Hungers) zugrundegehen (37,20).[584] Mit der im Psalter einigermaßen häufigen Wurzel שבע[585] wird das Motiv der eschatologischen Sättigung eingespielt, geht es doch in den meisten Stellen nicht nur um den leiblichen Hunger, sondern das Satt-Werden der Seele; sie wird mit langem Leben bzw. »Heil« gesättigt.[586]

Es gibt weitere Lexeme, anhand derer der Psalm eschatologisch ausgelegt werden kann. Eine relative Außenseiterposition nimmt dabei Dahood ein, der im Rahmen seiner himmlisch-jenseitigen Interpretation des ganzen Psalms in V. 6 von חָלָב (Milch) statt חֵלֶב (Fett) ausgeht; er sieht eine Verbindung zu Joel 4,18; Jes 55,1, wo in Anlehnung an Ex 3,17 mit dem Topos Milch und Honig gearbeitet wird und die Milch als eschatologischer Überfluß zu deuten

---

[580] Deissler, Psalmen (1964), 78.
[581] Ravasi, Salmi (1983), 283.
[582] Keel, Bildsymbolik (⁴1984), 174; so auch Ps 36,9.
[583] Jes 44,16; 66,11; Joel 2,19.26; Wurzel שבע.
[584] Im Qumran-Pescher zu Ps 37 werden »Schwert, Hunger, Pest« genannt, das sind die klassischen biblischen Strafandrohungen bei Tora-Ungehorsam (Jer 14,12; Ez 5,12.17; 14,21).
[585] Im Hifil allein 8x im Psalter mit Gott als Subjekt; Ps 90,14 im Piel mit Gott als Subjekt.
[586] Vgl. etwa Pss 16,11; 17,15 (speziell diese Stelle wird gerne als Anknüpfungspunkt für einen Auferstehungsglauben, der sich schon im AT zeigt, angeführt); 22,27 (ebenfalls verknüpft mit der Verheißung »ewigen« Lebens); 37,19; 65,5; 91,16 u.ö. Im wörtlichen Sinne wird שבע beispielsweise für das Satt-Werden während des Wüstenzuges verwendet, vgl. Ex 16,3.8.12.

ist.[587] In V. 3 sieht er ein »heavenly sanctuary« und zu חזה bemerkt er, es sei »a technical term for gazing on the face of God in the future life«[588]. Der Inhalt der visionären Erfahrung – wenn man von einer solchen ausgehen will – wird allerdings nicht konkretisiert. Auch wenn man sich der (extremen) Position Dahoods nicht anschließt, zeigt sie immerhin, daß bestimmte Begriffe bereits offen sind im Hinblick auf eine zukünftige – auch jenseitige? – Interpretation.

Ob das Bild vom »Schatten deiner Flügel« (V. 8, vgl. etwa auch Ps 1,1.4) eine allgemeine Aussage über die vom Beter so empfundene Nähe zu Gott oder als Anspielung auf den Kerubenthron zu verstehen ist, wird man im Zusammenhang des Psalms (בַּקֹּדֶשׁ חֲזִיתִיךָ, V. 3) wohl mit letzterer Alternative beantworten, was aber eine allgemeine Aussage über Gottes Schutz auch außerhalb des heiligen Bezirks nicht ausschließt – auch wenn der Beter zuhause nachsinnt, fühlt er sich Gott so nahe wie im Tempel. Dahood wiederum deutet die Flügel als Ausblick auf ein himmlisches Leben bei Gott nach dem Tod.[589]

»Im Schatten deiner Flügel« ist trotzdem noch nicht die letzte konkrete Ortsangabe im Psalm: Wüste, trockenes Land, Heiligtum, mein Lager, Schatten deiner Flügel – dann folgt noch: die Tiefen der Erde.

Der Psalm spielt also mit dem Gegensatz von »Wüste« als dem Ort permanenter Lebensbedrohung (– aber auch der Gotteserfahrung) und dem Heiligtum als dem Ort, der in seiner Qualität alles Leben übertrifft. Die Tiefen der Erde liegen völlig außerhalb des Bereichs einer möglichen Gottesbeziehung.

Aufgrund charakteristischer Bilder und Wörter des Psalms, die auf eine eschatologische Lesung hin offen sind, und der Davidisierung, die den Psalm ganz allgemein auf Zukünftiges hin öffnet, wird man zu dem Schluß kommen können, daß der Psalm messianisch-eschatologisch gelesen werden kann.

BEZEICHNUNGEN FÜR DIE GUTEN

Außer dem »Ich« des Sprechers wird an Bezeichnungen für die Guten einzig der König, הַמֶּלֶךְ (V. 12) genannt.

---

[587] Vgl. Dahood, Anchor Bible (1968 ³1983), 99: »»milk« is figurative for the abundance of the eschatological age«.
[588] Ebd., 96f.; er charakterisiert den ganzen Psalm als: »A king's prayer for the beatific vision in the heavenly sanctuary«. Kritische Auseinandersetzung bei Dorn, Beatific vision (1980).
[589] Vgl. Dahood, Anchor Bible (1968 ³1983), 100: »a description of the security of the afterlife in heaven, for which the psalmist prays«.

BEZEICHNUNGEN FÜR DIE SCHLECHTEN

V. 10	הֵמָּה לְשׁוֹאָה יְבַקְשׁוּ נַפְשִׁי	jene, die zum Verderben nach meinem Leben trachten
V. 12	דּוֹבְרֵי־שֶׁקֶר	Lügenredner

AUSSAGEN ÜBER DAS ENDE DER SCHLECHTEN

V. 10	יָבֹאוּ בְּתַחְתִּיּוֹת הָאָרֶץ	sie werden in die Tiefen der Erde hinabfahren
V. 11	יַגִּירֻהוּ עַל־יְדֵי־חָרֶב	sie werden der Gewalt des Schwertes preisgegeben
V. 12	מְנָת שֻׁעָלִים יִהְיוּ	Beute der Schakale werden sie sein

14 Psalm 71: »Jubeln soll mein Leben, das du erlöst hast – denn zuschanden sind, die mein Unglück suchen«

1 בְּךָ־יְהוָה חָסִיתִי אַל־אֵבוֹשָׁה לְעוֹלָם׃
2 בְּצִדְקָתְךָ תַּצִּילֵנִי וּתְפַלְּטֵנִי הַטֵּה־אֵלַי אָזְנְךָ וְהוֹשִׁיעֵנִי׃
3 הֱיֵה לִי לְצוּר מָעוֹן לָבוֹא תָּמִיד צִוִּיתָ לְהוֹשִׁיעֵנִי כִּי־סַלְעִי וּמְצוּדָתִי אָתָּה׃

4 אֱלֹהַי פַּלְּטֵנִי מִיַּד רָשָׁע מִכַּף מְעַוֵּל וְחוֹמֵץ׃
5 כִּי־אַתָּה תִקְוָתִי אֲדֹנָי יְהוִה מִבְטַחִי מִנְּעוּרָי׃
6 עָלֶיךָ נִסְמַכְתִּי מִבֶּטֶן מִמְּעֵי אִמִּי אַתָּה גוֹזִי בְּךָ תְהִלָּתִי תָמִיד׃
7 כְּמוֹפֵת הָיִיתִי לְרַבִּים וְאַתָּה מַחֲסִי־עֹז׃
8 יִמָּלֵא פִי תְּהִלָּתֶךָ כָּל־הַיּוֹם תִּפְאַרְתֶּךָ׃

9 אַל־תַּשְׁלִיכֵנִי לְעֵת זִקְנָה כִּכְלוֹת כֹּחִי אַל־תַּעַזְבֵנִי׃
10 כִּי־אָמְרוּ אוֹיְבַי לִי וְשֹׁמְרֵי נַפְשִׁי נוֹעֲצוּ יַחְדָּו׃
11 לֵאמֹר אֱלֹהִים עֲזָבוֹ רִדְפוּ וְתִפְשׂוּהוּ כִּי־אֵין מַצִּיל׃
12 אֱלֹהִים אַל־תִּרְחַק מִמֶּנִּי אֱלֹהַי לְעֶזְרָתִי חִישָׁה׃
13 יֵבֹשׁוּ יִכְלוּ שֹׂטְנֵי נַפְשִׁי
יַעֲטוּ חֶרְפָּה וּכְלִמָּה מְבַקְשֵׁי רָעָתִי׃

14 וַאֲנִי תָּמִיד אֲיַחֵל וְהוֹסַפְתִּי עַל־כָּל־תְּהִלָּתֶךָ׃
15 פִּי יְסַפֵּר צִדְקָתֶךָ כָּל־הַיּוֹם תְּשׁוּעָתֶךָ כִּי לֹא יָדַעְתִּי סְפֹרוֹת׃
16 אָבוֹא בִּגְבֻרוֹת אֲדֹנָי יְהוִה אַזְכִּיר צִדְקָתְךָ לְבַדֶּךָ׃

17 אֱלֹהִים לִמַּדְתַּנִי מִנְּעוּרָי וְעַד־הֵנָּה אַגִּיד נִפְלְאוֹתֶיךָ׃
18 וְגַם עַד־זִקְנָה וְשֵׂיבָה אֱלֹהִים אַל־תַּעַזְבֵנִי
עַד־אַגִּיד זְרוֹעֲךָ לְדוֹר לְכָל־יָבוֹא גְּבוּרָתֶךָ׃
19 וְצִדְקָתְךָ אֱלֹהִים עַד־מָרוֹם אֲשֶׁר־עָשִׂיתָ גְדֹלוֹת אֱלֹהִים מִי כָמוֹךָ׃
20 אֲשֶׁר הִרְאִיתַנוּ צָרוֹת רַבּוֹת וְרָעוֹת תָּשׁוּב תְּחַיֵּינִי
וּמִתְּהֹמוֹת הָאָרֶץ תָּשׁוּב תַּעֲלֵנִי׃
21 תֶּרֶב גְּדֻלָּתִי וְתִסֹּב תְּנַחֲמֵנִי׃

22 גַּם־אֲנִי אוֹדְךָ בִכְלִי־נֶבֶל אֲמִתְּךָ אֱלֹהָי
אֲזַמְּרָה לְךָ בְכִנּוֹר קְדוֹשׁ יִשְׂרָאֵל׃
23 תְּרַנֵּנָּה שְׂפָתַי כִּי אֲזַמְּרָה־לָּךְ וְנַפְשִׁי אֲשֶׁר פָּדִיתָ׃
24 גַּם־לְשׁוֹנִי כָּל־הַיּוֹם תֶּהְגֶּה צִדְקָתֶךָ
כִּי־בֹשׁוּ כִי־חָפְרוּ מְבַקְשֵׁי רָעָתִי׃

14.1 Übersetzung

1 Bei dir, JHWH, habe ich Zuflucht gesucht,
 daß ich nicht zuschanden werde auf ewig.
2 In deiner Gerechtigkeit entreiße mich und rette mich;
 neige zu mir dein Ohr und rette mich!
3 Sei mir Fels [und] Feste,[590]
 dorthin stets zu kommen hast du geboten, mich zu retten,
 ja, mein Fels und meine Zuflucht bist du.

4 Mein Gott, rette mich aus der Hand des Frevlers,
 aus der Hand (Faust) des Ungerechten und des Gewalttätigen.
5 Denn du [bist] meine Hoffnung, Allherr,
 JHWH, mein Vertrauen von Jugend an.
6 Auf dich habe ich mich gestützt vom Mutterschoß,
 vom Mutterleib an [bist] du mein Entbinder, (Hebamme?)
 auf dich [sei] stets mein Lobgesang.
7 Wie ein Zeichen[591] bin ich geworden für viele,
 doch du [bist] meine mächtige Zuflucht.
8 Mein Mund sei voll deines Lobes,
 den ganzen Tag (voll) deines Ruhmes.

9 Verwirf mich nicht in der Zeit des Alters;
 wenn / nun da meine Kraft schwindet, verlaß mich nicht!
10 Denn meine Feinde sprachen zu mir
 und die mein Leben belauern, beratschlagten zusammen:
11 »Gott hat ihn verlassen;
 verfolgt und ergreift ihn,
 denn es gibt keinen Retter.«
12 Gott, sei nicht ferne von mir,
 mein Gott, eile mir zu Hilfe!

---

590 מעון – I Hilfe; II Lager, Versteck; andere Lesart מעוז – Feste, Zuflucht (so in der Parallelstelle Ps 31,1); der tatsächliche inhaltliche Unterschied im Deutschen ist allerdings gering. Gegen die Lesart מעוז spricht die von MT wohl intendierte Tempelanspielung. Laut Barthélemy kann es sich um eine regelrechte »Falle« zur Prüfung der Schreibersorgfalt handeln; es entsteht zwar kein wirklich abweichender Sinn, zeigt aber deutlich, ob rein mechanisch (mehr oder weniger aus dem Gedächtnis) wie Ps 31 geschrieben oder mit großer Sorgfalt auf den vorliegenden Text geachtet wurde.
591 Von einer Person, die von Gottes Zorn getroffen ist.

13 Sie mögen beschämt werden und sie mögen verschwinden,
   die mein Leben befeinden;
   sie sollen Schmach anziehen und Schande,
   die mein Böses suchen.

14 Aber ich, ich werde stets (aus)harren,
   und ich will all dein Lob vermehren.
15 Mein Mund (er)zählt deine Gerechtigkeit,
   den ganzen Tag dein Heil,
   denn ich weiß sie nicht zu zählen (= sie ist unmessbar).[592]
16 Ich will kommen mit den Machttaten des Allherrn (= ich will sie preisen), JHWH,
   ich will bekennen deine Gerechtigkeit, dich allein.

17 Gott, du lehrtest mich von meiner Jugend an,
   und bis hierher verkünde ich deine Wunder.
18 Und auch bis ins Alter und graue Haar
   Gott, verlaß mich nicht!
   Bis ich verkünde deinen Arm der Nachwelt[593],
   jedem, der kommt deine Großtaten.
19 Und deine Gerechtigkeit, Gott, [reicht] bis in die Höhe,
   der du Großes getan hast,
   Gott, wer ist wie du?
20 Der du mich / uns sehen ließest Not und viel Böses,
   belebe mich / uns[594] neu,
   führe mich herauf aus den Tiefen der Erde!
21 Mehre meine Größe,
   umgib mich, tröste mich.[595]

22 Auch ich will dich preisen mit Harfenspiel,
   deine Treue, mein Gott,
   ich will für dich singen mit der Leier,
   Heiliger Israels!
23 Jubeln soll meine Lippe,

---

[592] Alternativübersetzung laut Seybold (HAT I/15 (1996), 273): »denn ich verstehe die Schreibkunst nicht«, der damit allerdings isoliert steht (wie oben u.a. Delitzsch, Hossfeld).
[593] In Anlehnung an Delitzsch, 474; wörtl.: »Geschlecht, Generation«.
[594] Hossfeld votiert für den Plural als die lectio difficilior (vgl. Hossfeld, HThKAT (2000), 291); dem Qere »mich« statt »uns« folgen allerdings viele der alten Versionen.
[595] Oder: tröste mich wieder.

denn ich will dir singen,
und meine Seele / mein Leben, die / das du erlöst hast.
24 Auch meine Zunge – den ganzen Tag
soll sie [über] deine Gerechtigkeit reden,
denn zuschanden und errötet sind,
die mein Böses / Unglück suchen.

14.2 Gliederung

1-3	Bitte um Zuflucht und Rettung
4-8	Bitte um Rettung vor Feinden aufgrund des Vertrauens von Mutterleib an
9-13	Bitte um Beistand im Alter, gerade angesichts der und gegen die Feinde
14-16	Lobversprechen
17-21	Bitte, verkündigen zu dürfen, und Bitte um Tröstung
22-24	Versprechen des (musikalischen) Lobpreises

14.3 Strukturbeobachtungen

Dadurch daß der Psalm insgesamt von einer überwiegend einheitlichen Sprechrichtung geprägt ist (ein Ich wendet sich an seinen Gott; allerdings: in V. 11 reden die Feinde, eingeführt durch die Zitateinleitung des Beters (10) und in V. 13, den Beschämungsbitten gegen die Feinde, fehlt auffälligerweise die Gottesanrede), lassen sich nicht ohne weiteres verschiedene Abschnitte voneinander abgrenzen. Außer den wechselnden Themen liefert der Text aber doch noch einige Anhaltspunkte: V. 4 setzt deutlich mit einer neuen Gottesanrede ein;[596] gleiches gilt von V. 17. Der mit V. 4 beginnende Teil nennt erstmals Feinde bzw. eine konkrete Bedrohung. Mit dem Lobgelübde des V. 8 endet dieser Teil, V. 9 wird mit dem Thema des Alters neu einsetzen, das aber ganz mit dem der Feindbedrohung vermischt erscheint; dem Beter gerade als Altem (und damit Schwachem) gilt der Angriff der Feinde. In V. 14 (adversatives Waw) setzt der Beter dezidiert sein Verhalten in Kontrast zu dem Ergehen seiner Feinde. In V. 17 beginnt dann ein eher allgemein gehaltener, berichtender Teil, der mit der Bitte um Tröstung endet. Die letzten drei Verse bringen eine Beschreibung des (versprochenen) zukünftigen Lobens.

---

[596] Die Editoren der BHS (im konkreten Fall H. Bardtke, der bei Ps 71 allerdings seinen Vorgänger F. Buhl einfach kopiert hat) teilen anders ein, da sie V. 5 eingerückt haben, den ersten Teil also bis einschließlich 4 gehen lassen, den Neueinsatz erst in 5 sehen. Für diese Variante spricht, daß beide Vorkommen des Verbums פלט dann gemeinsam in einem Unterteil stehen. Auch thematisch könnte man den Neueinsatz erst in 5 begründen: Hier geht es um das Vertrauen vom Mutterleib an, während in 1-4 die Bitte um Rettung dominiert.

Einige Einzelbeobachtungen: Nur in den Vv. 3-7 kommt das Wort אַתָּה (4x) vor. Gegen die oben gewählte Abgrenzung zwischen V. 8 und 9 spricht die Rahmung von V. 1 und 7 durch die Verwendung des Wortes חסה.

Die »Schlechten« werden in V. 4 noch neutral (ohne Suffixe) bezeichnet; ab V. 10 bis zum Schluß ist dagegen immer die Beziehung zum Beter im Blick, alle Bezeichnungen enden auf ein Suffix der 1. Person Singular (siehe Tabelle). Der erste Teil (bis V. 9) bleibt eher noch in einer sehr allgemein gehaltenen Situationsbeschreibung, danach ist ein gewisses Crescendo festzustellen, eine deutliche Steigerung der Feind- bzw. Situationsschilderung.

Eine weitere Wortparallele, der in der oben gewählten Abgrenzung keine strukturierende Rolle zukommt, sei erwähnt: Die Wörter פִּי »mein Mund« und כָּל־הַיּוֹם »den ganzen Tag« kommen in den beiden Vv. 8 und 15 – und zwar פִּי überhaupt und beide zusammen nur dort – vor.[597] Von der Edition der BHS her ist offensichtlich ein Schnitt nach V. 9 intendiert, da V. 10 mit eingerücktem כִּי beginnt.

Der Psalm ist geprägt von zahlreichen Wortwiederholungen, von denen die wichtigsten genannt seien: 3x kommt JHWH (1.5.16) vor, Elohim 9x (11.12. 17.18.19 [2x] davon 3x אֱלֹהַי: 4.12.22), hinzu kommen 2x אֲדֹנָי (5.16) und in 22 das (jesajanische) קְדוֹשׁ יִשְׂרָאֵל. Ein wichtiges Wort ist »deine Gerechtigkeit« (immer mit Suffix 2. sg.) צִדְקָתְךָ, es kommt 5x (2.15. 16.19.24) vor.

Insgesamt wird es – gerade unter den poetischen Texten – immer wieder solche geben, in denen sich verschiedene Strukturen überlagern, deren Gliederung sich gerade entzieht und nicht alle relevanten Beobachtungen einfangen kann.

14.4 Einheitlichkeit

Es ist immer wieder aufgefallen, wie stark speziell dieser Psalm von formelhaften Wendungen geprägt ist; dies trifft besonders für seine Eingangsverse zu. Von daher wird man mit Beeinflussung (durch frühere Texte, da die Ähnlichkeiten rein formelhafte Wendungen, derer man sich bediente auch unabhängig von der Kenntnis gemeinsamer Texte, übersteigen) rechnen müssen. Die Vv. 1-3 lehnen sich stark an Ps 31,2-4a an bzw. nehmen diese mehr oder weniger direkt auf; für die Vv. 5-6.17 ergeben sich Parallelen zu Ps 22,10-11; 12a vgl. Ps 22,2.12.20; 12b vgl. Pss 38,23; 40,14; V. 13 vgl. Ps 35,4.26; für V. 18 kommt noch einmal Ps 22 ins Spiel (Ps 22,30-31) und für V. 19 schließlich Ps 36,6.

So kann man für diesen anthologischen Psalm Brauliks Urteil sicher zu-

---

[597] כָּל־הַיּוֹם steht zudem im allerletzten Vers des Psalms (24); schließt neben dem (in unserer Gliederung) zweiten (4-8) also auch den letzten Teil (22-24) ab; im vierten Teil (14-16) steht es dann in der Mitte.

stimmen: Psalm 71 wirkt wie eine Zitatensammlung.[598] Tate hält es für möglich, daß Vv. 19-20 nicht zum ursprünglichen Psalm gehörten.[599]

Hinsichtlich der Kolometrie wird man die sehr unregelmäßig langen Verse betrachten müssen. Auf inhaltlicher Ebene ergibt sich ein gewisser durchgehender Zusammenhang durch das Thema der Bitte um Bewahrung (vor den Feinden) gerade angesichts des Alters. Durch verschiedene Elemente (s.u.) wird es aber immer wieder durchbrochen.

Da jedoch die hier interessierende Perspektive (Bitte um eigene Rettung durch JHWH bei gleichzeitig unpersönlich ausgesagtem Untergang – Beschämung – der Feinde) sich durch den ganzen Psalm zieht, kann auf weitere Diskussion der Literarkritik verzichtet werden.

14.5 Gattung

Da der Psalm ein »formenkritisches Mischgebilde«[600] darstellt, das Bitten, Klagen, Lobgelübde und hymnische Elemente enthält, kann keine »eindeutige« Gattungsbestimmung erfolgen; unter einem gewissen Vorbehalt wird man sagen können, daß dieser Psalm eines einzelnen am ehesten als (bereits vom Vertrauen durchzogener) Klagepsalm beschrieben werden kann. »It is a kind of confident, even jubilant, psalm of lament.«[601]

14.6 Datierung

Dem Urteil Seybolds »Über die Zeit der Entstehung des Texts ist nichts Konkretes auszumachen«[602] wollen wir uns nicht anschließen, da sich doch – gerade im Vergleich mit den aufgenommenen und abgewandelten Parallelen – einige vorsichtige Schlüsse ziehen lassen.

»The historical setting for the present form of such psalms was, however, not that of pre-exilic Israel, but rather the communities of faithful Israelites in the earlier post-exilic period.«[603]

Die zeitliche Abfolge von Ps 71 und seinem direkten Vorgänger Ps 70 (und damit auch Ps 40) wird kontrovers diskutiert: Während Braulik davon ausgeht, daß Ps 71 relativ zu Ps 40 und 70 der ältere, der bereits vorgegebene

---

[598] Vgl. Braulik, Gottesknecht (1975), 211.
[599] Vgl. Tate, WBC 20 (1990), 211.
[600] Hossfeld, HThKAT (2000), 292.
[601] So Tate, WBC 20 (1990), 211, der unterstreicht, daß der Psalm mehr Charakteristika einer individuellen Klage habe als von allen anderen Gattungen. Ähnlich auch Seybold, HAT I/15 (1996), 273.
[602] Seybold, HAT I/15 (1996), 273.
[603] Tate, WBC 20 (1990), 212.

Text sei,⁶⁰⁴ nimmt Hossfeld offensichtlich die umgekehrte Reihenfolge als gegeben an, wenn er die Feindbezeichnungen in V. 10 als Variation derer aus Ps 70,3 beschreibt.⁶⁰⁵ Auch nach Untersuchung der entsprechenden Parallelen in Ps 31 kommt er zum Urteil, daß in Ps 71 der wiederum jüngere Text zu sehen sei; ebenso seien andere sprachliche Verbindungen bzw. genauer: bewußte Abwandlungen Indiz für nachexilischen Sprachgebrauch. Insgesamt votiert er für eine Ansetzung in frühe nachexilische Zeit.⁶⁰⁶

14.7 Zur These

In Ps 71, der »Lebenssumme« eines alten Menschen (David), kommen mehrere der bereits an verschiedenen Psalmen beobachteten Aspekte zum Tragen: Armentheologie und die »Beschämung« der Feinde.

»Die sog. Armenperspektive, die für den ersten Davidpsalter durchgehend konstitutiv ist, setzt sich im zweiten Davidpsalter in der Komposition der Bittgebete 69-71; 72 durch.«⁶⁰⁷ Während Ps 70 den Beter expressis verbis als Armen identifiziert, wird er in Ps 71 als alter Mensch charakterisiert; jedoch treiben beide Psalmen Armentheologie.⁶⁰⁸ Ps 72, der letzte der kleinen Vierergruppe (69-72), die den zweiten Davidpsalter abschließt, erwähnt die Armen dann wieder explizit. Die »nachexilische Armenredaktion [hat] nicht nur den ersten Davidpsalter bearbeitet ..., sondern auch im Stil der bearbeiteten Vorlagen eigene Gebete geprägt und sie an das Ende des zweiten Davidpsalters gesetzt«⁶⁰⁹. Die Überschriften präsentieren den Beter dieser Psalmen als David.

> »Ps 71 bringt das Abschlußgebet dieses Armen, der im Bittgebet eines alten Menschen an das zeitliche Ende seiner gläubigen Existenz kommt. Nach dem Aufriß des Psalters zählt also Ps 71 zu den letzten Worten des ›armen‹ Beters David, da der nachfolgende Ps 72 für Salomo, den Sohn gebetet wird.«⁶¹⁰

---

⁶⁰⁴ Vgl. Braulik, Gottesknecht (1975), 217.
⁶⁰⁵ Vgl. Hossfeld, HThKAT (2000), 296.
⁶⁰⁶ Vgl. ebd., 292-295.
⁶⁰⁷ Hossfeld, Profile (1998), 63; Zenger, HThKAT (2000), 285: »Ps 71 ist ein von der nachexilischen Redaktion der zweiten Davidsammlung Ps 51-72 ... geschaffener ›Davidpsalm‹, der eine Lebenssumme des alten David präsentiert, der darin auf ein angefochtenes, aber zugleich immer wieder von seinem Gott gerettetes und von diesem gehaltenes Leben zurückblickt.«
⁶⁰⁸ Vgl. Hossfeld, HThKAT (2000), 300. Daß der Psalm in einem armentheologischen Horizont gelesen wurde, zeigt sich u.a. auch daran, daß Ps 71,19 eines der Vorbilder für den entsprechenden Magnifikatvers Lk 1,49 ist.
⁶⁰⁹ Ebd., 301.
⁶¹⁰ Ebd.

Ein Charakteristikum des Psalms 71 ist, daß er in einer Ausführlichkeit auf das Alter Bezug nimmt, die im ganzen Psalter einmalig ist; Erwähnung findet das Alter noch in Ps 6,8; 37,25; 90,10; 91,14-16 und 92,13-16.[611] *Alle* Psalmen, in denen das Alter thematisiert wird, gehören zur These.

Die Figur des Beters bleibt – von der Überschrift zunächst abgesehen – unbestimmt, es finden sich im Psalmkorpus selbst keine ausdrücklichen Bezeichnungen für ihn. Dennoch formt sich ein Bild: Es handelt sich um einen alten Menschen, der sein Leben lang auf Gott vertraut hat und es als seine – letzte? – Aufgabe ansieht, sein Gotteswissen der kommenden Generation weiterzugeben. Er scheint völlig allein dazustehen, Freunde oder Familie kommen nicht vor, er steht isoliert denen gegenüber, die ihm Böses wollen bis hin zum »Nach dem Leben trachten«. Dabei handelt es sich um eine durch und durch typisierte Feindschilderung, die keinen konkreten Bezug zur Lebenssituation des alten Menschen erkennen läßt. In seinem Gebet unterstreicht dieser Mensch die Kontinuität seiner Lebensführung, zu der von Jugend an das Gotteslob gehört. Und um eine dementsprechende Kontinuität bittet er auf seiten Gottes: Bis ins Alter hinein möchte er bewahrt werden.

Die Schädigungsaussagen über die Feinde haben typischerweise keine Gottesanrede bei sich, was anzeigen kann, daß »diese Schädigungsaussagen eine Eigenexistenz beanspruchen und eben in dieser Selbständigkeit in das Gebet aufgenommen worden sind«[612]. Hossfeld rechnet die Beschämungsbitten gegen die Feinde zur Armentheologie des Psalters (Ps 35,26; 40,15; 70,3). Den Beschämungsbitten setzt der Beter adversativ seine eigene Leistung in der Form eines ausführlichen Lobgelübdes entgegen. Das Hapaxlegomenon ספרות wird hier im Sinne einer Zahlenangabe interpretiert (eine sachliche Parallele findet sich im bereits erwähnten Ps 40, vgl. V. 6).

In Ps 71,11 sagen die Feinde in ihrem fiktiven Zitat, daß Gott den Beter verlassen habe. Das dient einerseits der Schwächung des Beters, insofern sein Vertrauen auf JHWH erschüttert wird, andererseits als Selbstermutigung seiner Feinde, »indem sich diese vergewissern, daß nicht etwa Jahwe dem von ihnen Verfolgten im entscheidenden Moment zur Seite trete«[613]. Schwäche des Beters und Isolierung dieses alten Menschen gehen dabei Hand in Hand.

> »Dort, wo das Reden im Zitat konkret wird, geht es stets um die Zerstörung der Beziehungen zwischen dem Beter und seinem Gott. Man versucht diese vom Beter her aufzulösen, indem man sein Vertrauen als ungerechtfertigt, seinen Fall als hoffnungslos hinstellt. Dabei wird vor allem aus Ps 71,10f.

---

[611] Vgl. auch Hossfeld, Profile (1998), 67.
[612] Hossfeld, HThKAT (2000), 297.
[613] Keel, Feinde (1969), 169.

deutlich, daß dieses Unterfangen die erste Bedingung für eine vollständige Erledigung des Gegners darstellt.«[614]

Unter der Hand – durch die überraschende Wir-Rede in V. 20 – wird der einzelne zum Sprecher der Gemeinde.[615] Diese Perspektive wird jedoch sogleich wieder verlassen (20b). Der Beter will »aus den Tiefen der Erde« herausgeführt werde, was nichts anderes heißt, als daß er sein Leben schon im Machtbereich der Scheol sieht. Dennoch schwingt auch die kollektive Sichtweise noch mit: »Die exilische bzw. nachexilischer Hoffnung auf Restauration des Volkes wird hier auf den einzelnen Beter angewandt.«[616] Die Psalmen sind – bewußt – nicht alle in das Schema »Lieder des einzelnen« und »Lieder des Volkes« zu pressen. Der einzelne (allen voran David) kann als Paradigma für das Volk als ganzes stehen. Im Einzelleben bricht sich exemplarisch zugleich das Schicksal des Volkes. Wenn der folgende Vers um Tröstung bittet, wird sofort der Eingangsvers von Deuterojesaja wachgerufen – und diese Tröstung gilt dem Volke, was heißt: auch jedem einzelnen Verzagten.

Den Abschluß des Psalms bildet ein auffallend breit ausgebautes Lobgelübde, das mit der Gottesbezeichnung »Heiliger Israels« seine Verbindung zum Jesajabuch zu erkennen gibt.

Den Grund des Jubelns nennt der Beter selbst: Gott hat sein Leben nun erlöst, die Feinde sind tatsächlich gescheitert; es findet ein völliger Stimmungsumschwung statt.[617] Das Loben des Beters entspricht dabei dem Idealbild, welches das Eingangstor des Psalter (Ps 1) vom glücklichzupreisenden Menschen zeichnet – er lobt den ganzen Tag.[618]

Für den Psalmisten ist es zu keinem Zeitpunkt seines Gebetes fraglich, daß er selbst seine Rettung Gott verdankt. Der soll ihn entreißen und retten, sein Ohr zuneigen und ihn erretten (2), zu Fels und Feste werden, er ist des Beters Zuflucht (3; mächtige Zuflucht: 7). Von ihm erwartet er die Rettung aus der Hand des Frevlers bzw. Ungerechten und Gewalttätigen (4), denn er ist sein Vertrauen von Jugend an (5). Er soll ihm zu Hilfe eilen (12). Die Bilder werden drastischer: Gott soll aus den Tiefen der Erde heraufführen, d.h.

---

[614] Ebd.
[615] Vgl. Hossfeld, HThKAT (2000), 298f. »Es ist gut möglich, daß die gesamte Gemeinde hier an die schlimmen Erfahrungen des Exils erinnert und deswegen um erneute Belebung bittet.« (299).
[616] Ebd., 299.
[617] Die LXX übersetzt die PK-Formen des V. 20 als Aoriste, womit die Rettung bzw. Tröstung als schon erfolgte, nicht mehr als Wunsch, berichtet wird. Damit wird der Stimmungsumschwung vorverlagert.
[618] In Entsprechung zum וּבְתוֹרָתוֹ יֶהְגֶּה יוֹמָם וָלָיְלָה. Das charakteristische Verb הגה wird aufgegriffen; es findet sich im Psalter: 1,2; 2,1; 35,28; 37,30; 38,13; 63,7; 71,24; 77,13; 90,9; 115,7; 143,5.

den Beter der Macht der Scheol entreißen (20), ihn schließlich trösten (21). Der Psalm endet mit der Feststellung, daß Gott sein Leben erlöst habe (23).

Dem wird das Schicksal der Feinde als Kontrastfolie gegenübergestellt. Doch bleibt ein entscheidender Unterschied: Im Hinblick auf das Ende der Feinde – hier vor allem mit dem Wortfeld der Beschämung ausgesagt – gibt es keinen Verursacher, zumindest wird keiner genannt. Es ist nicht Gott, der diese beschämt, obwohl rein sprachlich besehen die Konstruktion בוש (hif.) mit Gott als Subjekt möglich wäre. Aber es bleibt gerade offen, wodurch ihr Ende ausgelöst wird. Der Kreis schließt sich gewissermaßen: Sie erleiden in spiegelbildlicher Entsprechung zur Bitte des Beters in V. 1 – durch sich, durch innerweltliche (konnektive) Gerechtigkeit, durch ein Eingreifen Gottes, über das man sich aber zu reden scheut? – das Schicksal, das dem Beter zugedacht war und vor dem er bewahrt zu werden betete (1b): ein endgültiges Beschämt- und Zuschanden-Werden.

BEZEICHNUNGEN FÜR DIE GUTEN

Außer dem »Ich« des Beters finden sich auch in diesem Psalm keine weiteren Bezeichnungen für die Guten.

BEZEICHNUNGEN FÜR DIE SCHLECHTEN

V. 4	רָשָׁע	der Frevler
V. 4	מְעַוֵּל	der Ungerechte
V. 4	חוֹמֵץ	der Gewalttäter
V. 10	אוֹיְבַי	meine Feinde
V. 10	שֹׁמְרֵי נַפְשִׁי	die mein Leben belauern
V. 13	שֹׂטְנֵי נַפְשִׁי	die mein Leben befeinden
V. 13	מְבַקְשֵׁי רָעָתִי	die mein Böses suchen
V. 24	מְבַקְשֵׁי רָעָתִי	die mein Böses suchen

Während die Singularformen recht allgemeine Übeltäterbezeichnungen wählen, tragen die Pluralausdrücke ab V. 10 alle ein Suffix der ersten Person Singular. Die Übermacht der Feinde wird gerade in Bezug auf den Beter hin charakterisiert, weil sie so erlebt wird.

Aussagen über das Ende der Schlechten

V. 13	יֵבֹשׁוּ	sie mögen beschämt werden
V. 13	יִכְלוּ	sie mögen verschwinden
V. 13	יַעֲטוּ חֶרְפָּה וּכְלִמָּה	sie sollen Schmach anziehen und Schande
V. 24	בֹשׁוּ	sie sind zuschanden
V. 24	חָפְרוּ	sie sind errötet

בוש kann ein Hifil mit Gott als Subjekt bilden (s. Ps 6).

כלה I ist bei Ps 37 bereits begegnet, die Wurzel kann ein Piel mit Gott als Subjekt bilden; angeführt sind nur Stellen im Sinne von »vertilgen«, nicht etwa »aufhören zu reden« u.ä.: 21x; im Psalter: Ps 59,14; 74,11; 78,33.

חפר kann ein Hifil bilden, ist aber nirgends mit Gott als Subjekt belegt.

15 Psalm 91: »Fallen zehntausend an deiner Rechten, dir wird es sich nicht nähern« – Die göttliche Bewahrung des Verfolgten

1 יֹשֵׁב בְּסֵתֶר עֶלְיוֹן בְּצֵל שַׁדַּי יִתְלוֹנָן׃
2 אֹמַר לַיהוָה מַחְסִי וּמְצוּדָתִי אֱלֹהַי אֶבְטַח־בּוֹ׃
3 כִּי הוּא יַצִּילְךָ מִפַּח יָקוּשׁ מִדֶּבֶר הַוּוֹת׃
4 בְּאֶבְרָתוֹ יָסֶךְ לָךְ וְתַחַת־כְּנָפָיו תֶּחְסֶה צִנָּה וְסֹחֵרָה אֲמִתּוֹ׃
5 לֹא־תִירָא מִפַּחַד לָיְלָה מֵחֵץ יָעוּף יוֹמָם׃
6 מִדֶּבֶר בָּאֹפֶל יַהֲלֹךְ מִקֶּטֶב יָשׁוּד צָהֳרָיִם׃
7 יִפֹּל מִצִּדְּךָ אֶלֶף וּרְבָבָה מִימִינֶךָ אֵלֶיךָ לֹא יִגָּשׁ׃
8 רַק בְּעֵינֶיךָ תַבִּיט וְשִׁלֻּמַת רְשָׁעִים תִּרְאֶה׃
9 כִּי־אַתָּה יְהוָה מַחְסִי עֶלְיוֹן שַׂמְתָּ מְעוֹנֶךָ׃
10 לֹא־תְאֻנֶּה אֵלֶיךָ רָעָה וְנֶגַע לֹא־יִקְרַב בְּאָהֳלֶךָ׃
11 כִּי מַלְאָכָיו יְצַוֶּה־לָּךְ לִשְׁמָרְךָ בְּכָל־דְּרָכֶיךָ׃
12 עַל־כַּפַּיִם יִשָּׂאוּנְךָ פֶּן־תִּגֹּף בָּאֶבֶן רַגְלֶךָ׃
13 עַל־שַׁחַל וָפֶתֶן תִּדְרֹךְ תִּרְמֹס כְּפִיר וְתַנִּין׃
14 כִּי בִי חָשַׁק וַאֲפַלְּטֵהוּ אֲשַׂגְּבֵהוּ כִּי־יָדַע שְׁמִי׃
15 יִקְרָאֵנִי וְאֶעֱנֵהוּ עִמּוֹ־אָנֹכִי בְצָרָה אֲחַלְּצֵהוּ וַאֲכַבְּדֵהוּ׃
16 אֹרֶךְ יָמִים אַשְׂבִּיעֵהוּ וְאַרְאֵהוּ בִּישׁוּעָתִי׃

15.1 Übersetzung[619]

1 Als einer, der[620] unter dem Schutz des Höchsten (Eljons) wohnt,
im Schatten des Allmächtigen (Schaddais) nächtigt,

---

[619] Ich danke Reinhard G. Lehmann, der mir freundlicherweise Materialien zu Ps 91 aus dem Seminar an der Universität Mainz »Ps 91, Exegese und Wirkungsgeschichte« (WS 1984/85 unter Leitung von H.-J. Becker, D. Michel) zur Verfügung gestellt hat; die Übersetzung hat hieraus einige Anregungen aufgenommen. Zu teilweise wortwörtlich identischer Übersetzung kommt neuerdings auch Zenger, HThKAT (2000), 615f.

[620] Das Partizip kann einerseits eine allgemeingültige Sentenz einleiten (dann würde V. 1 isoliert für sich verstanden: »Wer unter dem Schutz des Höchsten wohnt, wird nächtigen im Schatten des Allmächtigen.«, was auch möglich ist) oder aber sich schon auf den Sprecher des nächsten Verses beziehen.

Psalm 91

2 sage ich[621] zu JHWH: »Meine Zuflucht und meine (Felsen-)Burg,
   mein Gott, auf den ich vertraue.«

3 »Ja, *er* wird dich erretten aus / vor dem Netz des Vogelstellers,
   vor dem Stachel (der Pest)[622] des Verderbens.[623]
4 Mit seiner Schwinge wird er dich schirmen,
   unter seinen Flügeln kannst du dich bergen,
   Schirm und Schild ist seine Treue.

5 Nicht brauchst du dich zu fürchten vor dem Schrecken der Nacht (Nachtschreck),
   vor dem Pfeil, der am Tage fliegt,
6 vor der Pest, die im Finstern einhergeht,
   vor der Seuche, die verwüstet am Mittag.

7 Fallen an deiner Seite tausend,
   und zehntausend an deiner Rechten –
   dir wird es sich nicht nähern / (dich wird es nicht erreichen).
8 Nur[624] mit deinen Augen wirst du (es) schauen,
   und die Vergeltung an den Frevlern wirst du sehen.

9 Ja: du JHWH [bist] meine Zuflucht,
   du hast gemacht Eljon / den Höchsten zu deiner Wohnung.
10 Kein Unheil wird dir begegnen
   und keine Plage deinem Zelte sich nahen;

11 denn seine Engeln hat er für dich befohlen,
   daß sie dich behüten auf allen deinen Wegen;
12 auf Händen werden sie dich tragen,
   daß dein Fuß nicht an einen Stein stoße;

---

621 Nach MT, dem hier der Vorzug gegeben werden soll. Die Textkritik kennt die Alternativen: »sagt er« (LXX, V); »sage« (cj), wobei ἐρεῖ (LXX) als nichtmodale Übersetzung von יֹאמַר begreiflich wäre, die Konjektur also nicht ganz frei ist, sondern formalen Anhalt in LXX hat.
622 Andere Vokalisation: dem Wort.
623 Vgl. Hos 9,8: Efraim, das Volk meines Gottes, lauert dem Propheten auf: Fangnetze bedrohen ihn auf all seinen Wegen; auf Feindschaft stößt er sogar im Haus seines Gottes.
624 רַק: Grundbedeutung »nur«, HAL zur Stelle: Ja, mit deinen Augen ...

13 über Löwe und Otter[625] kannst du treten
und niedertreten Junglöwe und Drache.«

14 »Weil er sich an mich hält, errette ich ihn,[626]
ich schütze ihn, weil er meinen Namen kennt.
15 Ruft er mich an, erhöre ich ihn;
ich bin bei ihm in der Not.
Ich befreie ihn und bringe ihn zu Ehren.
16 Ich sättige ihn mit langem Leben
und lasse ihn meine Rettung sehen.«

15.2/3 Gliederung und Strukturbeobachtungen

Durch die Sprecherwechsel als eindeutige Anhaltspunkte im Text selbst läßt sich der Psalm wie folgt gliedern:

1-2   Bekenntnis eines »Ichs«
3-13 Zuspruch an ein »Du«
14-16 Gottesspruch in 1. Person über ein »Er«

Der Mittelteil, in dem ein nicht näher bezeichneter Sprecher sich (autoritativ?) an ein Du, welches das Ich des ersten Teils sein muß, wendet, kann noch einmal feiner unterteilt werden. Entweder geht man von relativ regelmäßigen Strophen bzw. »Zusprüchen« aus, die sich an den unterschiedlichen Themen der Bewahrung orientieren, dann kommt man zu folgenden fünf Unterteilungen:[627] 3-4 (Vogelmetapher), 5-6 (Bewahrung zu jeder Tages- und Nachtzeit), 7-8 (Bildwelt des Krieges), 9-10 (Zentrum der Vv. 3-16, allgemeine Beteuerung), 11-13 (göttliche Boten).

Oder aber man orientiert sich an der Beobachtung, daß in 3-13 bestimm-

---

625 Löwen und Schlangen stehen wie auf den ägyptischen Horusstelen für alles Gefährliche und Lebensfeindliche schlechthin (vgl. Keel, Feinde (1969), 204), deshalb kann auf die genauere Diskussion der »eigentlich« gemeinten Tiere verzichtet werden: »Mit den genannten wilden Tieren sind die Bewohner unserer Alpträume, nicht die der zoologischen Gärten gemeint.« (Vgl. Lange, Nattern (1983), 116.) Zenger sieht in den Tieren die mythische Figuration der vernichteten Feinde des Beters, die dieser unverletzt als Sieger niedertritt (vgl. Zenger, HThKAT (2000), 619).
626 Hier werden die Verben überzeitlich gültig übersetzt; wörtl.: gehängt hat / werde ich ihn retten; analog 14b. Das Sich-Gehängt-Haben an Gott des Beters reicht bis in die Gegenwart, ebenso hat er den Namen Gottes ein für allemal erkannt. Die Überzeitlichkeit dieser Aussagen wird m.E. vor allem durch den zentralen NS unterstrichen. Anders Zenger, HThKAT (2000), 616.
627 So Seybold, HAT I/15 (1996), 360ff.

te Strukturen zweimal durchlaufen werden und kommt zu den analog gestalteten Abschnitten 3-8.9-13.[628]

Die Sprecher- bzw. Personenwechsel, durch die der Psalm gegliedert ist, scheinen die Übersetzungen als problematisch empfunden zu haben, daher lesen LXX und Vg in V. 2 »sagt er«, also 3. Person anstelle der 1. aus MT. Dem schließt sich u.a. auch die EÜ an. In V. 3 liest LXX weiterhin 1. Person (»der mich retten wird«), wechselt also noch nicht in die Du-Anrede.

Auch in V. 9 ändert sich die Sprechrichtung noch einmal, wobei sich hier »JHWH *meine* Zuflucht« auch als Anrede Gottes verstehen läßt, womit die 1. Person bereits erklärt wäre,[629] also nicht zwingend von einem wirklichen Stimmenwechsel auszugehen ist.

Die Auslegung möchte zeigen, daß kein Grund für die Änderungen, die LXX vornimmt, besteht, der Psalm vielmehr gerade in den Sprecherwechseln seine eigene Dynamik entfaltet.

Somit scheidet auch die Möglichkeit, daß es sich hier um verschiedene Texte gehandelt haben könnte, die dann zusammengefügt wurden, als relativ unwahrscheinlich aus – zu kunstvoll ist die Komposition des Psalms, als daß er nicht ursprünglich sein sollte.

Eine Alternative dazu wäre, an eine Art von »Liturgie« zu denken, bei der sich unterschiedliche Personen abgewechselt hätten. Inwieweit eine solche aber tatsächlich vollzogen wurde oder nur die literarische Form geliefert hat, kann hier offenbleiben, wenn auch die Datierung (s.u.) für letztere Möglichkeit spricht.

15.4 Einheitlichkeit

Auf kolometrischer Ebene fallen die Vv. 4.7.15 als drei Trikola auf, wobei ihnen aber m.E. kein offensichtlich gliedernder Charakter zukommt. Für Seybold hat der Text aber insbesondere an eben diesen Stellen Umstellungen erfahren.[630]

Plausibler erscheinen die Vermutungen Tates, der die »guardian angels« in V. 11 und »an eschatological thrust« in V. 16 als spätere Zufügungen klassifiziert[631] (s.u. ZUR THESE).

---

[628] So Zenger, HThKAT (2000), 618.
[629] Anders jedoch Delitzsch, Die Psalmen (⁵1894), 593f., der wie folgt aufteilt: 1 Erste Stimme, 2 Zweite Stimme, 3-8 Erste Stimme, 9a Zweite Stimme, 9b-13 Erste Stimme, 14-16 Dritte (göttliche) Stimme.
[630] Vgl. Seybold, HAT I/15 (1996), 362. V. 4b gehöre zu 7b, was mir nicht recht ersichtlich ist, V. 13 sei isoliert, zudem seien Vv. 9.13.16 durch Mißverständnisse entstanden.
[631] Vgl. Tate, WBC 20 (1990), 452f.

Der Text, wie er jetzt vorliegt, ist eine durch und durch strukturierte bzw. komponierte Einheit. Alle Versuche, Versteile oder Ausdrücke als sekundär auszuscheiden bzw. mit Umstellungen zu arbeiten, sind nicht zwingend. Die Dynamik des Textes erschließt sich genau in seiner jetzigen Gestalt.

Für unsere Zwecke kann daher auf die weitere Diskussion der Einheitlichkeit des – wohlstrukturierten und in sich bruchlos verständlichen – Ps 91 verzichtet werden.

15.5 Gattung

Bei Ps 91 handelt es sich um den Vertrauenspsalm eines einzelnen, der angesichts verschiedenster Bedrohungen dennoch am immerwährenden Schutz und der Rettung durch seinen Gott JHWH festhält.

Abzulehnen ist die Deutung als Rollengedicht oder festes Formular, das einem Beter vorgelegt wurde. Dagegen spricht die Vorliebe für Variationen in der Ausdrucksweise. Bei einem Formular wären eher Wortwiederholungen zu erwarten, die das Behalten erleichtern würden.

Im Hintergrund mag ein liturgisches Ritual gestanden haben, das die Form beeinflußt hat, wahrscheinlicher ist allerdings, daß wir es mit der »Literarisierung eines Rituals« bzw. der »literarischen Inszenierung eines ursprünglich kultischen Rituals«[632] zu tun haben. Es handelt sich um ein literarisches Schema, das bis zu einem gewissen Grad einem Lehrgedicht angeglichen wurde. Der (einzelne) bedrohte Beter konstituiert im Rezitieren die im Psalm entworfene Gegenwelt.

15.6 Datierung

Obwohl der Psalm selbst – wie ja die meisten poetischen Texte – zumindest auf inhaltlicher Ebene keine Anhaltspunkte für eine Datierung bietet und verschiedene Kommentatoren (u.a. Kraus) von daher auch recht zurückhaltend sind, sich bezüglich der Entstehungszeit festzulegen, ergibt sich m.E. bei genauerem Hinsehen doch eine eindeutige Tendenz.

Sie liegt auf der Linie der Beobachtungen, die bereits Gunkel angestellt hatte, der zwar keine expliziten Angaben zum Alter macht. Doch nennt er als »Kreise, aus denen diese Gedichte hervorgegangen sind ... die Armen, Gedrückten, die ›Stillen im Lande‹, die sich hier aussprechen«[633]. Damit kommen wir wiederum in die eher späte Epoche, die Zeit, als sich so etwas wie »Armentheologie« gebildet hatte. Anhaltspunkt für Gunkel ist die »eigen-

---

[632] Zenger, HThKAT (2000), 620.
[633] Gunkel, Die Psalmen (⁶1986), 403.

tümlich leidsame Haltung«[634], die göttlichen Schutz im Leiden, aber fast niemals göttliche Kraft zum Handeln erfleht.

Die Gottesnamen Eljon und Schaddai – die, sollten sie noch als Namen von Gottheiten vor und/oder neben JHWH in Gebrauch gewesen sein und nicht (schon) als Titel JHWHs – könnten auf hohes Altertum des Textes hinweisen. Sie sind aber, auch hier schließen wir uns Gunkels Diktion an, »wegen ihres großartigen und weihevollen Klanges gebraucht«[635], sind also keineswegs ein Hinweis auf tatsächlich alte Zeit.

Seybold geht (ohne Auflistung von Gründen) davon aus, daß der Text wohl erst nachexilisch nach älteren Stoffen und Mustern konzipiert worden ist.[636] Eine Zusammenfassung der wichtigsten Beobachtungen findet sich bei Tate, der referiert, daß der Psalm an einen König adressiert sei, dann wird er bezüglich einer Datierung noch konkreter:

> »... the psalm seems to resemble Deut 32 in several references. A relatively early date for most of the content may be correct ... possibly modified in the post-exilic period by the addition of the guardian angels in v 11 and an eschatologigal thrust in v 16 ... The similarity of Ps 91 to wisdom poetry ... is not decisive for the date of its content ... but it does fit well with the theological milieu of the post exilic period«.[637]

Mit dem Verbum חשק (hängen an) treffen wir auf einen im deuteronomischen Sprachkreis beheimateten Ausdruck.[638] In eben diesem Milieu anzusiedeln ist auch – falls gegeben – der Anklang an eine »Namenstheologie«, der sich an der Aussage von 14b »denn er kennt meinen Namen« festmachen läßt.[639]

Die letzten Verse, der Gottesspruch, zitieren die große Gottesrede von Ps 50,15;[640] von daher ist Ps 91 relativ zu Ps 50 der jüngere Text. Zu Ps 50 be-

---

[634] Ebd.
[635] Ebd.
[636] Seybold, HAT I/15 (1996), 362.
[637] Tate, WBC 20 (1990), 452f.
[638] Vgl. u.a. Kraus, BK XV/1 (⁶1989), 807.
[639] Keller, Untersuchungen zur deuteronomisch-deuteronomistischen Namenstheologie, (1996). Er nennt als Belege, bei denen eine Hypostasierung des *schem* JHWHs angenommen wird u.a. folgende Stellen aus dem Psalter: 8,2.10; 20,2.6.8; 44,6; 54,3.8f; 75,2 (unsicherer Text); 76,2; 89,25; 111,9; 118,10-12; 124,8; 135,3.13; 148,13 (132). Zunächst unterscheidet er zwischen (Semi-)hypostase und Wechselbegriff (ebd., 132-146), um dann schließlich die Kategorie des »Aspektivischen« zu bevorzugen (ebd., 147-152). Durch den *schem* als Extension und Stellvertreter JHWHs wird die Präsenz JHWHs am Tempel in Jerusalem verbürgt und vermittelt (ebd., 152).
[640] Vgl. Zenger, HThKAT (2000), 624, der die Zitation von 50,15.25 in Ps 91 nennt. (Soweit ich sehe, hat Ps 50 allerdings nur 23 Verse, es muß ein Druckfehler vorliegen.)

merkt Hossfeld: »Formenkritische und sprachgeschichtliche Gründe machen wahrscheinlich, daß Ps 50 den beiden anderen [Ps 81 und 95, C.S.] chronologisch nachzuordnen und in die nachexilische Zeit einzustufen ist.«[641]

Durch die Summe dieser ganzen Einzelbeobachtungen kommt man nicht umhin, den Schluß zu ziehen, daß der Psalm zumindest nicht früh datiert werden kann (wenngleich natürlich ältere Motive enthalten sein können), sondern erst nachexilisch anzusetzen ist.

15.7 Zur These

»Der Psalm singt in schwungvollen Worten von dem wunderherrlichen Schutze, den der Gottvertrauende genießt.«[642] In den Vv. 3.4.11.14.15 und 16 wird dieser Schutz ausdrücklich mit einem Handeln Gottes in Verbindung gebracht. Im göttlichen Orakel (Vv. 14-16) finden sich in jedem Vers derartige Aussagen, sie werden zum Teil noch durch Begründungen motiviert. Den Frevlern hingegen ist nur ein einziger Vers – V. 8 – gewidmet. Es handelt sich um die Mitte des ganzen Psalms, das verleiht ihm besonderes Gewicht – im Zentrum steht eine zentrale Aussage. Ansonsten wird eher unpersönlich von Bedrohungen und Gefahren gesprochen, die überall in der Welt auf die Menschen lauern (Vv. 3.5.6.10.12.13), ja sogar dazu geeignet sein können, Zehntausende fallen zu lassen (V. 7).[643] Eine Bezeichnung für die dadurch Betroffenen findet sich allerdings nicht.[644]

Im Hintergrund kann natürlich die Vorstellung stehen, daß es sich dabei stets um die Frevler des V. 8 handelt, unter die die Zehntausende zu fassen sind, die von den dämonisch gezeichneten Gefahren dahingerafft werden. So sieht es Gunkel: Die große Menge, die in der Katastrophe zugrundegeht, werde vom Psalmisten ohne weiteres als Sünder bezeichnet; darin zeige sich sein Vergeltungsglaube.[645] Zumindest findet im Psalm eine deutliche Gegen-

---

[641] Hossfeld, NEB 29 (1993), 309.

[642] Gunkel, Die Psalmen (⁶1986), 403.

[643] Da der Psalm sich an den *Verfolgten* richtet, ist keine außergewöhnliche Bewahrung in der Schlacht im Blick. Die zahlreichen Amulette mit V. 7, die bei Soldaten und Kämpfern gefunden wurden, tragen eben diesem Umstand keine Rechnung und haben den Psalm in diesem – fast magischen Sinne – mißverstanden. »Selbst wenn um dich herum deine Kameraden fallen, so trifft es dich doch nicht.«

[644] Vgl. Ps 37: Auch dort ist von allgemeinen (Hungers-)Nöten die Rede, die die »Gerechten« (dort ausdrücklich so genannt) treffen können, doch in ihnen erweist sich das rettende Handeln Gottes. Insofern kann man auch in Ps 91 erst einmal davon ausgehen, daß die erwähnten Gefahren zunächst jeden Menschen bedrohen. Nur in diesem Kontext ist die Betonung des göttlichen Schutzes verständlich.

[645] Vgl. Gunkel, Die Psalmen (⁶1986), 404. Kraus verweist auf Ps 3,7f. als Parallele, die zur sachgemäßen Interpretation heranzuziehen sei: »Viele Tausende von Kriegern

überstellung des – vereinzelten (vgl. zu Ps 1) – Beters und der anderen Menschen (Plural), die als »Vogelsteller« auftreten können, statt. Rein auf der sprachlichen Ebene wird es m.E. nicht so ausdrücklich festgehalten, daß es sich bei allen, die in den Katastrophen umkommen, um Frevler handelt. Wiederum ist der Blickwinkel zu beachten: Der Psalm will von der Bewahrung dessen, der sich an Gott gehängt hat, reden, keine allgemeingültigen Aussagen über den Ablauf irgendwelcher Nöte geben. Somit genügt ihm der Hinweis darauf, daß es so etwas wie Vergeltung an den Frevlern gibt.

Zusammenfassend ist bereits hier zu sagen, daß der göttliche Schutz, das helfende Handeln Gottes explizit seinem Tun zugeschrieben wird, es aber im Hinblick auf die allgemeinen Gefahren und auch auf die Vergeltung, die die Frevler trifft, offen gehalten wird, woher diese kommen.[646] Eine Jahwekausalität muß in den Psalm hinein-, kann aber nicht aus ihm herausgelesen werden.

Diese These soll bei einem kursorischen Durchgang durch den Psalm verdeutlicht werden:

Die *beiden ersten Verse* des Psalms gipfeln in der Aussage »JHWH ist meine Zuflucht und meine Burg, mein Gott, dem ich vertraue«. Wer ein solches Bekenntnis zum persönlichen Gott spricht, der darf sich in dessen Schutz geborgen wissen. Mit dieser ersten grundlegenden Vertrauensaussage ist eine ganze Fülle von Bildern eingespielt, die auf JHWH selbst übertragen werden. Damit – das werden die weiteren Verse entfalten – ist der Schutz nicht mehr abhängig vom Aufenthalt des Menschen im tatsächlichen Tempel, sondern Gott bietet überall Zuflucht und Schutz, wo auch immer der Mensch sich befindet.

Zunächst könnte die Institution des Heiligtumsasyls anklingen bzw. als Assoziation intendiert sein,[647] noch verstärkt durch die Verankerung der beiden gewählten Gottesepitheta Eljon und Schaddai am Jerusalemer Heilig-

---

fürchte ich nicht, wenn sie mich ringsum belagern. Herr, erhebe dich, mein Gott, bring mir Hilfe! Denn all meinen Feinden hast du den Kiefer zerschmettert, hast den Frevlern die Zähne gebrochen.« (Vgl. Kraus, BK XV/1 (⁶1989), 807; ebenso Zenger, HThKAT (2000), 623.)

[646] Eine Parallele zu Ps 91 stellt Ps 34 dar. Dort finden sich beide Arten von Aussagen, unpersönlich gehaltene, in V. 17 dann aber auch: פְּנֵי יְהוָה בְּעֹשֵׂי רָע לְהַכְרִית מֵאֶרֶץ זִכְרָם Das Antlitz JHWHs (richtet sich) gegen die, die Böses tun, ihr Gedächtnis im Lande zu tilgen.

[647] So Seybold, HAT I/15 (1996), 363. Kritisch zu der Klassifizierung »Asylpsalm« Keel, der auf die sowohl terminologische als auch inhaltliche Verschiedenheit zu den Texten hinweist, die ausdrücklich vom Institut des Asyls reden (vgl. Keel, Feinde (1969), 28). In HThKAT (2000) gehen Hossfeld/Zenger davon aus, daß die Interpretation des Heiligtumsasyls insgesamt fragwürdiger sei, als bisher oft angenommen (vgl. genauer unter Ps 57).

tum.⁶⁴⁸ Der Begriff סתר meint eben gerade die Schutzsphäre des Heiligtums, צל den Geborgenheitsbereich unter den ausgeschwungenen Kerubenflügeln des Allerheiligsten.⁶⁴⁹ (Neben der Asylie ist mit dem Tempel auch die Friedenspflicht verbunden; zugleich ist es ein Ort gemeinsamer Feste; all dies zeigt, wie hoch aufgeladen das Bild des Tempels ist.) Im übertragenen Sinne allerdings wird durch unsere Eingangsverse die Geborgenheit im Schutze Gottes über jeden beliebigen Ort ausgesagt, was die Frage der Tatsächlichkeit eines Asyls schon in sich selbst relativiert.

Syntaktisch sind die Verse schwierig zu verstehen; der erste Vers kann als in sich abgeschlossen betrachtet werden, er kann in der Übersetzung aber auch als Nebensatz zu V. 2 wiedergegeben werden.⁶⁵⁰ Auf klanglicher Ebene fallen in V. 1 die alliterativen Elemente auf (בְּסֵתֶר; בְּצֵל). Durch das Partizip als erstes Wort erhält der Psalm eine überzeitliche Gültigkeit bzw. wird der überzeitlich gültige Charakter unterstrichen.

Der *Mittelteil (3-13)* entfaltet die Tragweite und Tiefe dessen, was in den Eingangsversen ausgesagt wird. Der lehrhafte Charakter dieses Teils (immerhin wird der Psalm gern als weisheitliches Lehrgedicht klassifiziert) wird dadurch unterstrichen, daß die Begründungen jeweils deiktisch (כִּי) eingeleitet sind (Vv. 3.9.11.14). Es wird jeweils ein Aspekt thematisiert. Den Beginn machen zwei Bildvorstellungen, beide der Vogelwelt entnommen (3-4); dann folgen Bedrohungen durch unsichtbare Krankheiten, wobei tiefe Dunkelheit und glühende Hitze⁶⁵¹ als besondere Gefahrenherde galten (5-6). Schließlich geht es um die Lebensgefahr im Krieg,⁶⁵² hier werden die Schutzwaffen zu Metaphern für Gottes Festigkeit und Treue.

Im V. 8 kommt noch ein besonderes Motiv der späten weisheitlichen Ethik hinzu: Der Beschützte darf *zusehen* bei der Vergeltung, die die Frevler trifft. Interessant ist, daß eben dieses Motiv im direkt folgenden Psalm (Ps 92,12) wiederum verwendet wird.⁶⁵³ Beide Psalmen vermeiden jede Nennung Got-

---

⁶⁴⁸ Eljon ist sicher in der Zionstheologie beheimatet, für Schaddaj lehnt Zenger diese Annahme als unwahrscheinlich ab (HThKAT (2000), 621).
⁶⁴⁹ Vgl. Kraus, BK XV/1 (⁶1989), 805.
⁶⁵⁰ Laut Seybold, HAT I/15 (1996), 362 durch 11QPsAp als Konditionalgefüge bestimmt.
⁶⁵¹ Der Pfeil, der am Tage dahinfliegt, wird z.T. als Sonnenstich identifiziert, so z.B. Kraus, BK XV/1 (⁶1989), 806.
⁶⁵² Entweder eines tatsächlichen Krieges oder die Bildwelt der vorhergehenden Verse wird derart weitergeführt, daß es sich um den tödlichen Kampf mit den dämonischen Mächten handelt.
⁶⁵³ Zur Verknüpfung der Kleingruppe der Pss 90-92 s. die Ausführungen zu Ps 92. Im Psalter kommt das Motiv an folgenden Stellen vor: Ps 37,34; (54,9 auf die Feinde, nicht deren Vergeltung sehen); 91,8; 92,12; 112,8. Damit findet sich diese Aussage nur in Psalmen, die hier interessieren, also zur These gehören. Ein Zusammenhang

tes in diesem Kontext. Diese Beobachtung wird in verschiedenen Kommentaren aber (vor?)schnell übergangen, um zu Schlußfolgerungen dieser Art zu gelangen: Der Beter wird das »Massensterben« lediglich mit eigenen Augen wahrnehmen »und soll es als gerechtes Gericht Gottes über ›die Frevler‹ begreifen (vgl. auch Ps 3,7)«[654].

Das Nomen שִׁלֻּמָה (fem. sg. cs.) kommt nur an dieser einen Stelle im ganzen biblischen Kanon vor. Es trägt keine Näherbestimmung bei sich, wer oder was Auslöser der Vergeltung ist, nur die Zielbestimmung: Vergeltung an den Frevlern bzw. die die Frevler trifft. Sinngemäß würde ich o.g. Satz daher weiterführen: Der Beter wird das Massensterben lediglich mit eigenen Augen wahrnehmen und gerade darin den besonderen Schutz seines Gottes erfahren.

In den Vv. 11-13 wird der Schutz auch auf die Wege ausgeweitet; Garanten dafür sind die Boten JHWHs, die den Glaubenden behüten. In seiner ursprünglichen Gottes- und Befreiungserfahrung, dem Exodus, erlebt das Volk seinen Gott JHWH ja gerade als einen, der es auf seinem Weg führt und beschützt, somit trifft die Übertragung des Schutzes vom lokalisierbaren festen Heiligtum auf jeden Weg des Vertrauenden in den Kern des Jahweglaubens.

Die Chaosmächte aus V. 13 werden nicht einfach zu »Nichtsen«, doch soll das »Schreiten über« bzw. »Treten auf« sieghafte Überlegenheit andeuten. Die Mächte des Bösen bleiben bestehen; sie sind besiegt und zugleich aktiv.[655]

Der *abschließende Gottesspruch* (14-16) ist glatt strukturiert, er besteht aus 7 Gliedern (2 + 3 + 2). Das Suffix »ihn« findet sich ebenfalls sieben Mal.

---

läßt sich aber nicht erkennen. Verstehbar wird dieses Phänomen unter dem Begriff der »Schamkultur«. Eine solche war Israel, und immer noch kennen auch einige moderne Gesellschaften (China, verschiedene afrikanische und asiatische Gesellschaften) das Phänomen, das dem Europäer fremd (geworden) ist. Indem der vorher Angefeindete die Beschämung seiner Gegner ansieht, wird zugleich seine eigene Ehre wieder hergestellt. »Bei den Auseinandersetzungen mit Widersachern vom Typ אוֹיֵב wünscht sich der Beter seine Lust an ihnen schauen zu dürfen, sie gedemütigt zu sehen. Damit begnügt sich der Beter, der mit dem רָשָׁע im Sinne des Gottlosen zu tun hat, nicht mehr. Er fordert viel konsequenter, daß seine Gegner ausgerottet, ... verderbt, getötet ... und so zum Verschwinden gebracht werden ... Bei diesen Wünschen mögen weishheitliche Überlieferungen mitbestimmend gewesen sein, denen zufolge das Böse daraufhin angelegt ist, vernichtet zu werden ...« (Keel, Feinde (1969), 159).

Das 1. Henochbuch beschreibt erstmals im Judentum ausführlich die Scheol; die Gerechten werden in das Endgerichtsszenario einbezogen, »einmal passiv *als Zuschauer* und das andere Mal aktiv als Richter oder Zeugen in der Aburteilung der Frevler« (vgl. van Oorschot, Der Gerechte (1998), 236; Hervorhebung C.S.).

[654] Zenger, HThKAT (2000), 623.
[655] Vgl. Lange, Nattern (1983), 113.

Das entscheidende Element steht genau in der Mitte: עִמּוֹ־אָנֹכִי בְצָרָה. Der Ausdruck (die Verbindung von עִם mit אָנֹכִי) ist singulär, hat im ganzen übrigen Alten Testament keine Parallele. »Ich bin bei ihm in der Not«, das Aussagezentrum von 14-16, ist die theologische wie strukturelle Mitte des Gottesspruchs und letztlich des ganzen Psalms.[656]

V. 14 formuliert kein allgemeines Gesetz (wer ..., den ...), sondern einen konkreten Umstand auf eine Person bezogen (er ..., so will ich *ihn* erretten). Warum aber heißt es dann nicht: weil *du* ...? Warum wird der Psalmbeter nicht angesprochen? Dies hat mit der Dynamik des Textes zu tun: Den ersten Teil (1-2) spricht der Beter, der zweite Teil (3-13) wird dem Beter zugesprochen, im dritten Teil spricht »Gott« über den Beter zu dem Dritten, der dem Beter die Zusicherungen des zweiten Teils zugesagt hat. Gott selbst schaltet sich in das Gespräch im Tempel ein, um definitive Antwort auf die angstvollen Fragen des Menschen zu geben.

Der Schlußteil des Psalms stellt klar, daß der Bannkreis des göttlichen Schutzes nicht automatisch oder magisch wirkt, sondern als Ausdruck eines gegenseitigen Vertrauensverhältnisses zu verstehen ist.[657] Die Sicherheit und Geborgenheit ist der einer Gastfreundschaft zu vergleichen (vgl. V. 1) und nicht der von Betonmauern und Stahltüren.

Der Psalm zeigt deutlich, »daß Vertrauenspsalmen ihren Sitz im Leben in der Angst haben und als Gebete gegen Angst und Verzweiflung Hoffnungstexte sind – und nicht Ausdruck von falscher Selbstsicherheit und ›Heilsgewißheit‹«.[658]

ESCHATOLOGISCHE PERSPEKTIVE

Wie oben bei den Begründungen zur Datierung bereits angeklungen, könnten sich im Psalm Hinweise auf eine gewisse Eschatologisierung finden lassen. Unsere Bemerkungen stützen sich dabei auf den letzten Vers. Daß sich in V. 16 ein Ansatzpunkt für so etwas wie alttestamentliche Eschatologie findet, wird durch die LXX-Übersetzung μακρότητα ἡμερῶν ἐμπλήσω αὐτὸν καὶ δείξω αὐτῷ τὸ σωτήριόν μου eher noch verstärkt,[659] da σωτήριόν μου in diesem Zusammenhang weitergehende Konnotationen trägt als das hebräische בִּישׁוּעָתִי.

Die einzelnen hebräischen Wörter seien auf ihre sonstigen Vorkommen hin befragt:

---

656 Die Verse sind beherrscht von Aleph-Alliteration und hw-Reimbildung. Die Wendung selbst ist einer von drei Nominalsätzen im Text (4c.9a.15b).
657 Vgl. Lange, Nattern (1983), 112f.
658 Zenger, HThKAT (2000), 626.
659 Bei Schaper, Eschatology in the Greek Psalter (1995), nicht besprochen.

1) In den Psalmen meint das masc. Sg. Nomen אֹרֶךְ (immer in der Verbindung mit יָמִים) langes Leben: Ps 21,5; 23,6; unsere Stelle 91,16; 93,5.

Wenn auch mit dem Nomen im ursprünglichen Sinne die Länge der Tage auf Erden gemeint ist, wie es beispielsweise in der deuteronomischen »Predigt« deutlich wird (Dtn 30,20

לְאַהֲבָה אֶת־יְהוָה אֱלֹהֶיךָ לִשְׁמֹעַ בְּקֹלוֹ וּלְדָבְקָה־בוֹ כִּי הוּא חַיֶּיךָ וְאֹרֶךְ יָמֶיךָ לָשֶׁבֶת עַל־הָאֲדָמָה אֲשֶׁר נִשְׁבַּע יְהוָה לַאֲבֹתֶיךָ לְאַבְרָהָם לְיִצְחָק וּלְיַעֲקֹב לָתֵת לָהֶם: פ

indem du JHWH, deinen Gott, liebst und seiner Stimme gehorchst und ihm anhängst! Denn er / das ist dein Leben und die Dauer deiner Tage, daß du in dem Land wohnst, das JHWH deinen Vätern, Abraham, Isaak und Jakob, geschworen hat, ihnen zu geben.),

so läßt sich doch speziell für die Psalmenstellen eine Offenheit hin auf eschatologische Lesung feststellen:

Ps 21,5 חַיִּים שָׁאַל מִמְּךָ נָתַתָּה לּוֹ אֹרֶךְ יָמִים עוֹלָם וָעֶד:

(Leben erbat er [= der König] von dir, du hast es ihm gegeben: Länge der Tage immer und ewig.)

Bei der Königsbitte um »ewiges Leben« gehe es »weder um ein Fortleben nach dem Tod noch nur um die Geschlechterfolge einer Dynastie …, sondern um Teilhabe an der gottköniglichen Lebensmächtigkeit … Er darf immerfort leben im Licht des göttlichen Angesichts V. 7b …, über dessen Zugewandtheit er Glück empfindet«[660].

Ps 21 endet in V. 14b mit einem Lobgelübde der königlichen (messianischen) Gemeinde.[661] Der Psalm wurde allerdings so bearbeitet, daß die ursprünglich vom König ausgesagten (gewalttätigen) Bilder durch den Zusatz »wenn dein Angesicht, JHWH, erscheint in seinem Zorn« jetzt an JHWH gerichtet sind. Damit wird das (messianische) Königtum der eschatologischen Gottesherrschaft untergeordnet.[662] Ps 21 kennt in seiner Endfassung Strafhandeln Gottes.

Auch der *Abschluß* des Ps 23 läßt an einen Blick über das irdische Leben hinaus denken. »Möglicherweise blickt die eigenartige Formulierung ›für die Länge der Tage‹ … in V. 6 sogar über den Tod hinaus.«[663] Angedeutet bereits mit der »Finsternis« (צַלְמָוֶת) des V. 4, die LXX als »Todesschatten« (צֵל־מָוֶת) liest, und die damit schon den Tod als die letzte Bedrohung des Lebens anklingen läßt, stärker aber noch im abschließenden V. 6 wird das Bild über das irdische Leben hinaus geöffnet:

---

[660] Zenger, NEB 29 (1993), 143.
[661] Vgl. ebd., 140.
[662] Vgl. ebd., 143.
[663] Ebd., 156.

Ps 23,6 אַךְ טוֹב וָחֶסֶד יִרְדְּפוּנִי כָּל־יְמֵי חַיָּי וְשַׁבְתִּי בְּבֵית־יְהוָה לְאֹרֶךְ יָמִים:
(Lauter Güte und Huld werden mir folgen mein Leben lang, und ich werde zurückkehren ins / und im Haus des Herrn darf ich wohnen für die Länge der Tage.)

Für den Menschen, der sich dem Geleit JHWHs überläßt, wird eine Gottesheimat sichtbar, »deren bergende und beglückende Dauer im Hirten- und Gastgeber-Gott selbst ihr (unendliches) Maß hat«[664].

Die letzte Stelle im Psalter, Ps 93, beschreibt mit der eigenartigen Formulierung »Länge der Tage« schließlich die Zeit JHWHs (konkretisiert an seinem Tempel), die die Zeit der Menschen umgreift. Auch hier handelt es sich um den Abschlußvers des ganzen Psalms, einen Vers also, der besonders prädestiniert war für sekundäre theologische Fortschreibungen.

Ps 93,5 עֵדֹתֶיךָ נֶאֶמְנוּ מְאֹד לְבֵיתְךָ נַאֲוָה־קֹדֶשׁ יְהוָה לְאֹרֶךְ יָמִים:
(Deine Zeugnisse sind sehr verläßlich; / deinem Haus gebührt Heiligkeit, JHWH, für die Länge der Tage.)

2) שבע 1. Pers. Sg. Hifil Imperf. mit Suffix der 3. Pers. masc. Sg.; genau in dieser grammatischen Form findet sich das Verb nur hier, in Ps 91,16.

Ansonsten (in anderen Stämmen oder als Nomen) findet sich das Bild des Satt-Werdens und der Sättigung im Psalter aber noch an mehreren Stellen, die es als die unüberbietbare, »ewige« Sättigung verstehen:

Ps 16,11 תּוֹדִיעֵנִי אֹרַח חַיִּים שֹׂבַע שְׂמָחוֹת אֶת־פָּנֶיךָ נְעִמוֹת בִּימִינְךָ נֶצַח:
(Du zeigst mir den Pfad zum Leben. / Fülle von Freuden [herrscht] vor deinem Angesicht, zu deiner Rechten Wonne für alle Zeit.)

In seinem Abschlußvers stößt der Psalm zu der Hoffnung vor, daß Gott seine Frommen selbst im Tode nicht verläßt; eine Deutung auf die Bewahrung vor einem (zu frühen Tode) greift vermutlich zu kurz.

Ps 17,15 אֲנִי בְּצֶדֶק אֶחֱזֶה פָנֶיךָ אֶשְׂבְּעָה בְהָקִיץ תְּמוּנָתֶךָ:
(Ich aber will in Gerechtigkeit dein Angesicht schauen, mich satt sehen an deiner Gestalt, wenn ich erwache.)

Auch bei Ps 17 handelt es sich um den Abschlußvers, der den Psalm auf eine eschatologische Lesung hin öffnet.

Ps 22,27 יֹאכְלוּ עֲנָוִים וְיִשְׂבָּעוּ יְהַלְלוּ יְהוָה דֹּרְשָׁיו יְחִי לְבַבְכֶם לָעַד:
(Die Armen sollen essen und sich sättigen; / preisen sollen JHWH, die ihn suchen. Leben soll euer Herz für immer.)

Wiederum wird die Sättigung mit einer Ewigkeitsaussage verbunden.

---

664 Ebd.

Ps 37,19 לֹא־יֵבֹשׁוּ בְּעֵת רָעָה וּבִימֵי רְעָבוֹן יִשְׂבָּעוּ׃
(Sie werden nicht beschämt sein in böser Stunde, sondern in den Tagen des Hungers werden sie satt werden.)

Ps 63,6 כְּמוֹ חֵלֶב וָדֶשֶׁן תִּשְׂבַּע נַפְשִׁי וְשִׂפְתֵי רְנָנוֹת יְהַלֶּל־פִּי׃
(Wie von Mark und Fett meine Seele satt wird, so rühmt mein Mund mit Lippen des Jubels.)

Vgl. die entsprechenden Anmerkungen bei der jeweiligen Auslegung.

Ps 65,5 אַשְׁרֵי תִּבְחַר וּתְקָרֵב יִשְׁכֹּן חֲצֵרֶיךָ נִשְׂבְּעָה בְּטוּב בֵּיתֶךָ קְדֹשׁ הֵיכָלֶךָ׃
(Wohl dem, den du erwählst und in deine Nähe holst, er wohnt in deinen Vorhöfen. Wir wollen uns am Gut(en) deines Hauses sättigen, dem Heiligen deines Tempels.)

Hier muß gar keine übertragene Bedeutung vorliegen; die Sättigung ist mit dem Heiligtum verbunden.

Mit diesen wenigen Stellen ist bereits deutlich geworden, daß im Bild der Sättigung mehr mitschwingt als das aktuelle und tatsächliche Stillen des (leiblichen) Hungers. Daher werden nicht alle Stellen des Psalters besprochen, sondern nur noch die aus dem Ps 91 benachbarten Ps 90:

Ps 90,14 שַׂבְּעֵנוּ בַבֹּקֶר חַסְדֶּךָ וּנְרַנְּנָה וְנִשְׂמְחָה בְּכָל־יָמֵינוּ׃
(Sättige uns am Morgen mit deiner Gnade, so werden wir jubeln und uns freuen all unsre Tage.)

Im Kontext des Gesamtpsalms ist auch hier eine über die Tage des einzelnen Menschen hinausgehende Deutung möglich.

So bestätigt auch diese zweite Spur, das Verbum שׂבע, die Vermutung einer eschatologischen Lesung.

3) Abschließend soll dies drittens für die Form יְשׁוּעָתִי (meine Rettung / mein Heil: Nomen fem. sg. cs. mit Suffix der 1. Sg.) untersucht werden; diese Form ist insgesamt 14x belegt, davon 8x im Psalter: Ps 22,2; 62,2.3.7; 88,2; 89,27; 91,16; 140,8.

Die Wurzel ישע kommt in fast der Hälfte aller Psalmen einmal oder öfters vor.

> »Das Subjekt ist immer Gott, ausgenommen, wenn er der Nichtigkeit menschlicher Hilfe ... oder der Unzulänglichkeit militärischer Macht ... gegenübergesetzt wird. Die Einzigartigkeit von Gottes rettender Macht ist an verschiedenen Stellen ausgedrückt ..., und die gleiche Exklusivität ist impliziert in den Ausdrücken ... ›Gott meines Heils‹ ... und in Metaphern wie ... ›Felsen meines Heils‹ ...«[665]

---

[665] Sawyer, Art. ישע, ThWAT III (1982), 1055.

Wir können festhalten: Auch bei diesem Wortfeld ist mehr als punktuelles Erretten aus einer konkreten und zeitlich befristeten Notlage gemeint.

Da die häufigen und von ihrer Bedeutung her sehr breiten Wörter יוֹם (Tag) und ראה (sehen), aus denen der letzte Vers des Ps 91 sonst noch besteht, sich für eine derartige Untersuchung nicht eignen, kann hier bereits das Ergebnis erhoben werden: Alle drei für diesen Vers charakteristischen Wörter kommen auch sonst im Kanon in Bedeutungszusammenhängen vor, die sich mit endzeitlich und/oder messianisch beschreiben lassen. Der Abschlußvers des Ps 91 läßt diesen hochpoetischen Text bewußt mit einem eschatologischen Ausblick enden.

BEZEICHNUNGEN FÜR DIE GUTEN

V. 1   יֹשֵׁב בְּסֵתֶר עֶלְיוֹן   der unterm Schutz Eljons Wohnende

BEZEICHNUNGEN FÜR DIE SCHLECHTEN

V. 8   רְשָׁעִים   die Frevler

AUSDRÜCKE FÜR DAS ENDE DER SCHLECHTEN

V. 8   שִׁלֻּמַת רְשָׁעִים   Vergeltung an den Frevlern

16 Psalm 92: »Wenn die Frevler sprossen, so nur, damit sie vertilgt werden für immer«

1 מִזְמוֹר שִׁיר לְיוֹם הַשַּׁבָּת׃

2 טוֹב לְהֹדוֹת לַיהוָה וּלְזַמֵּר לְשִׁמְךָ עֶלְיוֹן׃
3 לְהַגִּיד בַּבֹּקֶר חַסְדֶּךָ וֶאֱמוּנָתְךָ בַּלֵּילוֹת׃
4 עֲלֵי־עָשׂוֹר וַעֲלֵי־נָבֶל עֲלֵי הִגָּיוֹן בְּכִנּוֹר׃
5 כִּי שִׂמַּחְתַּנִי יְהוָה בְּפָעֳלֶךָ בְּמַעֲשֵׂי יָדֶיךָ אֲרַנֵּן׃

6 מַה־גָּדְלוּ מַעֲשֶׂיךָ יְהוָה מְאֹד עָמְקוּ מַחְשְׁבֹתֶיךָ׃
7 אִישׁ־בַּעַר לֹא יֵדָע וּכְסִיל לֹא־יָבִין אֶת־זֹאת׃
8 בִּפְרֹחַ רְשָׁעִים כְּמוֹ עֵשֶׂב וַיָּצִיצוּ כָּל־פֹּעֲלֵי אָוֶן
לְהִשָּׁמְדָם עֲדֵי־עַד׃ 9 וְאַתָּה מָרוֹם לְעֹלָם יְהוָה׃
10 כִּי הִנֵּה אֹיְבֶיךָ יְהוָה כִּי־הִנֵּה אֹיְבֶיךָ יֹאבֵדוּ יִתְפָּרְדוּ כָּל־פֹּעֲלֵי אָוֶן׃

11 וַתָּרֶם כִּרְאֵים קַרְנִי בַּלֹּתִי בְּשֶׁמֶן רַעֲנָן׃
12 וַתַּבֵּט עֵינִי בְּשׁוּרָי בַּקָּמִים עָלַי מְרֵעִים תִּשְׁמַעְנָה אָזְנָי׃
13 צַדִּיק כַּתָּמָר יִפְרָח כְּאֶרֶז בַּלְּבָנוֹן יִשְׂגֶּה׃
14 שְׁתוּלִים בְּבֵית יְהוָה בְּחַצְרוֹת אֱלֹהֵינוּ יַפְרִיחוּ׃
15 עוֹד יְנוּבוּן בְּשֵׂיבָה דְּשֵׁנִים וְרַעֲנַנִּים יִהְיוּ׃
16 לְהַגִּיד כִּי־יָשָׁר יְהוָה צוּרִי וְלֹא־עַוְלָתָה בּוֹ׃

16.1 Übersetzung

1 Ein Psalm, ein Lied für den Sabbat-Tag.

2 Gut / Schön [ist es] JHWH zu loben / danken
und deinem Namen, Eljon / Höchster, zu singen!
3 Am Morgen deine Gnade / Huld zu verkünden
und deine Treue in den Nächten.
4 Zur Zehnsaitigen und zur Harfe,
zu Saitenspiel auf der Leier.
5 Denn du hast mich fröhlich gemacht, JHWH, durch dein Tun / Walten,
über die Werke deiner Hände will ich jubeln.

6 Wie groß sind deine Werke / Taten, JHWH,
sehr tief sind deine Gedanken.

7 Ein viehischer Mensch weiß dies nicht
und ein Tor sieht dies nicht ein.
8 Wenn die Frevler sprossen wie Kraut
und alle Übeltäter blühen,
[nur,] damit sie vertilgt werden für immer.[666]
9 Doch du, Höchster [bist] in Ewigkeit, JHWH.[667]
10 Denn siehe deine Feinde, JHWH,
denn siehe deine Feinde gehen zugrunde,
es zerstreuen sich / werden zerstreut alle Übeltäter.[668]

11 Doch du erhöhst wie dem Büffel mein Horn,
ich bin übergossen [du hast mich übergossen][669] mit frischem Öl.
12 Und mein Auge sieht (mit Lust) auf meine Auflaurer,
daß Boshafte gegen mich aufstehen hört mein Ohr.[670]
13 Der Gerechte gedeiht wie die Palme,
wie eine Zeder auf dem Libanon wächst er.
14 Die gepflanzt sind im Haus JHWHs,
sprießen in den Vorhöfen unseres Gottes.
15 Sie gedeihen noch im Alter,
fett und grün werden sie sein.
16 Zu verkünden, daß aufrecht JHWH [ist],
mein Fels, und nicht [ist] Unrecht an ihm.

---

[666] Zenger, HThKAT (2000), 628 übersetzt die wayyiqtol-Form des V. 8 vergangenheitlich, da es sich um eine konstatierte Erfahrung handele, die weisheitstheologisch ausgewertet werde: »Wenn auch die Frevler emporsproßten wie Gras und wenn blühten alle Übeltäter, so war es immer nur, daß sie ausgetilgt würden auf immer.« (627). M.E. würde dann aber eine Situation dargestellt, in der längst keine Frevler mehr existieren, was nicht dem Duktus des Psalms entspricht.
[667] Oder: Doch du [bist] in der Höhe auf ewig, JHWH.
[668] Seltene Form; üblicherweise passiv, so auch LXX, Vg; Hausmann, ThWAT reflexiv.
[669] Entweder mit Ultimabetonung zu lesen »ich bin übergossen« mit intransitiver Bedeutung; da vom Verb בלל ansonsten aber nur transitive Bedeutungen belegt sind, kann auch die Lesart בַּלֹתַנִי in Frage kommen, so z.B. HAL (128); hier wird die Form belassen unter der Annahme, daß es sich eben um eine singuläre handelt. So auch das HOTTP zur Stelle.
[670] Textlich schwierig ist בקמים, die gegen mich Aufstehenden, HAL: קמים kann Gegner heißen; HOTTP zur Stelle (364) »on those who stand up against me«, im Verszusammenhang »and my eye looks on my adversaries; of those evildoers who stand up against me, my ears have heard. (i.e. they have heard of their plots and discovered them, or they have heard of their enmity and hatred)«.

16.2/3 Gliederung und Strukturbeobachtungen

1	Überschrift		
2-5	Aufforderung zum Lobpreis / Dank	(»ich«)	4 Verse
6-16	Ausführung des Lobpreises		
	in zwei Teilen: (6-10)	(Tor / Frevler)	5 Verse
	(11-16)	(»ich–wir« Beter / Gerechte)	6 Verse

Die Gliederung bezüglich der ersten Abgrenzung ist umstritten: Entweder man orientiert sich am Formelement eines hymnischen Aufgesangs und trennt nach V. 4[671] oder aber man wertet die im folgenden beschriebenen Signale als den Psalm gliedernd, wodurch die Abgrenzung nach V. 5 plausibel erscheint.[672]

Das כִּי in V. 5 kann als emphatisches aufgefaßt werden, dann beginnt der zweite Teil (der Lobpreis) mit V. 5 »Ja, Gewiß«. Oder es handelt sich um ein kausales כִּי, dann begründet V. 5 die (Selbst-)Aufforderung zum Lob und der zweite Teil beginnt erst mit V. 6. Analoges gilt für das כִּי in V. 10: Entweder endet der Mittelteil (6-10) mit einer kausalen Begründung oder eine emphatische Aussage würde den letzten Teil (10-16) einleiten. Aufgrund inhaltlicher Beobachtungen ist davon auszugehen, daß das כִּי beide Male den jeweils letzten Vers eines Teils einleitet und somit kausal aufzufassen ist. Bis einschließlich V. 5 geht es um den Bereich des musikalischen Gotteslobs, ein Ich (es kommt durch das Suffix (שִׂמַּחְתַּנִי) in V. 5 erstmals zum Vorschein) besingt das Schöpfungshandeln Gottes. Das beherrschende Thema der Vv. 6-10 sind die Frevler und ihr Zugrundegehen. Dies wird mit der Tiefe der Gedanken JHWHs in Zusammenhang gebracht. Das zeitweilige Aufblühen der Übeltäter gehört in den größeren Plan Gottes. Mit V. 9 erreicht der Psalm sein Zentrum (wird die Überschrift nicht mitgezählt, so stehen vorher wie nachher jeweils genau 7 Verse). Ab V. 11 tritt wieder das »Ich« in den Vordergrund: Es kontrastiert sein eigenes Schicksal mit dem gerade beschriebenen der Feinde JHWHs.

Der zweite und der dritte Teil sind durch das Thema der untergehenden Frevler zusammengehalten, das Stichwort פרח kommt in beiden Abschnitten (8.13.14) vor. Dieses Verb macht sehr schön den Unterschied deutlich: Frevler und Gerechte – beide sprießen; die Frevler schnell wie (Un-)kraut, das keinen Halt hat und so schnell welkt, wie es gewachsen ist, die Gerechten dagegen langsam und nachhaltig wie Palme und Zeder, beides Bilder für

---

[671] Kraus, Seybold und Zenger; Ravasi 2-4 Appello introduttorio: lo splendore della tôdah, 5-12 Il corpus dell'inno: giusto ed empio davanti a Jahwe, 13-16 Appello conclusivo: lo splendore del ṣaddîq.
[672] So u.a. Gunkel, der allerdings – regelmäßige – Strophen annimmt.

Größe und hohes Alter (werden Zedern doch einige hundert, evtl. bis zu 1000 Jahre alt[673]). Dieses Verb hält also einerseits die Teile zusammen und zeigt andererseits, daß hier ein Vergleich hinfällig wird – über welkes Kraut erübrigt sich jedes weitere Reden.[674]

Ähnliches gilt für die Verwendung von פעל: Es bezeichnet das »Tun« JHWHs, sein Schöpfungshandeln (V. 5), also einen zutiefst positiv gefüllten Begriff, andererseits wird damit das »Übel-Tun« benannt (V. 8).[675]

Es stellt sich die Frage, ob sich um V. 9 so etwas wie eine konzentrische Struktur finden läßt, da die Mitte des Psalms (vorher und nachher jeweils sieben Verse, die Überschrift nicht mitgezählt) wohl nicht zufällig mit einer grundlegenden Aussage zusammentrifft. Die Vv. 8 und 10 entsprechen einander denn auch tatsächlich sowohl inhaltlich als auch durch die verwendeten Wortgruppen (Frevler, Feinde, Übeltäter; vertilgt werden, zugrunde gehen, sich zerstreuen).

In Vv. 7 und 11 könnte man die Verbindung darin sehen, daß die Menschen jeweils mit Tieren verglichen werden: der viehische Mensch, der אִישׁ־בַּעַר, der zur Gotteserkenntnis nicht fähig ist und auf der anderen Seite der Beter, der mit einem Büffel verglichen wird.

Doch damit sind die Entsprechungen zu Ende, es läßt sich keine konzentrische Struktur festmachen, die wirklich den ganzen Psalm durchziehen würde. Entsprechen müßten sich aus inhaltlichen und Gründen der Wortwiederholung (לְהַגִּיד) die Vv. 3 und 16, doch fällt das aus der – im Mittelteil vermuteten – konzentrischen Struktur heraus.[676]

---

[673] Die 3000 Jahre, die Hossfeld/Zenger in HThKAT angeben, beruhen wohl nicht auf der botanischen, sondern der symbolischen Lebensdauer.

[674] Das Bild des Baumes für den Gerechten ist dem Psaltermeditierenden schon vertraut: Der Gerechte als am Wasser gepflanzter und daher tief verwurzelter Baum ist ja bereits in Ps 1,3 begegnet; in Ps 37,35 ist es überraschenderweise der Frevler, der einem grünenden Baum verglichen wird, bevor sein – plötzliches – Verschwinden bzw. Nicht-mehr-Sein konstatiert wird (V. 36). Auch das mehrfache »sie werden gefällt werden« (כרת: 9.22.28.34.38) des Ps 37 gehört in diesen Bildbereich des Frevlers als Baum. Doch gleich im zweiten Vers hatte der Psalm andere Töne angeschlagen: »wie Gras werden sie schnell verwelken und wie grünes Kraut verdorren« (Ps 37,2), womit die Aussage der von Ps 92,8 besonders nahe kommt (jedoch ohne eigentliche Stichwortbezüge).

[675] Fraglich ist aber, ob sich aus einem derartigen »Allerweltswort« überhaupt Schlußfolgerungen ableiten lassen. Vielleicht wurde im Hebräischen das פֹּעֲלֵי אָוֶן schon so sehr als feste Verbindung gehört, daß der Anklang an das Verbum praktisch nicht mehr gegeben oder relevant war.

[676] Anders Zenger, HThKAT (2000), 630, der den Psalm in drei Teile gliedert: 2-4 Aufgesang, 5-12 konzentrisch angelegter Hauptteil, 13-16 Schlußstück. Den Modus der liturgischen Aufführung gibt er wie folgt an: 2-4 Chor, 5-12 Sprechgesang eines einzelnen, 13-16 Chor.

Damit bleibt die Struktur der kontinuierlich länger werdenden Teile: 4 + 5 + 6 übrig. Wird diese zugrundegelegt, ergibt sich noch eine strukturelle Beobachtung: Das Tetragramm kommt genau 7 (!) Mal vor (2.5.6.9.10.14.16). Für die einzelnen Teile betrachtet ergibt das 2–3–2.

Als weitere Gottesbezeichnungen werden Eljon (2) und »Elohenu« (14) verwendet. Durch das Eljon ergibt sich ein Bezug zum vorausgehenden Ps 91.

An Wortwiederholungen sind פרח (8.13.14), לְהַגִּיד (3.16), פֹּעַל (5 und in der Wendung כָּל־פֹּעֲלֵי אָוֶן in 8.10), מַעֲשֶׂה (5.6), רַעֲנָן (11.15 [dort Pl.]) zu verzeichnen, außerdem wird in V. 10 die Wendung כִּי הִנֵּה אֹיְבֶיךָ wiederholt. Die Wurzel רום kommt einerseits in der Gottesprädikation des V. 9 vor, andererseits bezeichnet sie das Handeln JHWHs für den Beter (11): Er, der in der Höhe ist, erhöht den Beter.

16.4 Einheitlichkeit

Die Überschrift, die den Psalm dem Sabbattag zuschreibt, ihn »sabbatisiert«, ist sicherlich sekundär (s. u. ESCHATOLOGIE). Von der Kolometrie her betrachtet wirkt der Psalm insgesamt durchkomponiert, abgesehen allerdings von den signifikant längeren Versen 8 und 10. Andererseits sind diese beiden genau um die kurze Mittelaussage des V. 9 zentriert. Man wird also mit geringen Vorbehalten davon ausgehen können, daß der Psalm als einheitlich anzusehen ist. Denkbar ist allerdings, daß V. 9 erst von der Redaktion stammt, die Ps 92 in den Zusammenhang der nachfolgenden Gruppe der JHWH-Königpsalmen stellte, da hier die zentralen Stichwortverbindungen (neben Aufgesang und Schluß des Psalms) liegen.[677]

16.5 Gattung

In Ps 92 läßt sich wahrscheinlich die Form eines individuellen Dankliedes erkennen, das für den gottesdienstlichen Vortrag – mit Musikbegleitung – komponiert wurde, wie die ersten Verse (insbesondere 4) deutlich machen.

Der Bericht eines einzelnen Menschen über seine Rettung (Ich – Du) wird in Form einer weisheitlichen Lehre ins Allgemeine gehoben und schließlich ins Hymnische hineinverlegt. Im Psalm überlagern sich daher die Formen des individuellen Dankliedes, des weisheitlichen Lehrgedichts und auch des Hymnus.[678]

---

[677] Vgl. Zenger, HThKAT (2000), 639.
[678] Vgl. auch ebd., 630.

16.6 Datierung

Diese Überlagerung verschiedener Schichten spricht bereits für sich genommen für relativ späte Entstehung. In diesem Sinne argumentierte schon Gunkel:

> »Das Gedicht, wenn auch nicht besonders eigenartig, ist doch in dem einheitlichen Aufriß seiner Gedanken wohlgelungen und erfreut als ein glücklicher Ausdruck kindlich-fröhlichen Glaubens. Seine Stellung in der Geschichte der Gattungen zeigt, daß es aus verhältnismäßig später Zeit herrührt.«[679]

Inhaltlich lassen sich Vorstellungen der Weisheitsdichtung erkennen: Der Gerechte ist zugleich der Weise, der Gottes Gedanken kennt, weil er sein Wirken erfahren hat.[680] Speziell in V. 7 könnte sich »weisheitliches oder theologisches Elitebewußtsein«[681] äußern, was gewisse Rückschlüsse auf die Verfasserkreise zuläßt. Ins Zentrum der Reflexion wird der Gegensatz Frevler – Gerechter gestellt, eingeleitet durch die Gegenüberstellung von Tor (»viehischem Menschen«) und Einsichtigem.

Die Einzelerfahrung einer individuellen Rettung wird generalisiert und zum Anlaß für allgemeingültige Reflexionen genommen, die dann als »Lehre« dienen können.

Mit den typisch weisheitlichen Topoi ist der Psalm allerdings noch nicht erschöpfend beschrieben:

> »Zum anderen überraschen im Psalm die pointierte Aufnahme tempeltheologischer Motive in V 1-3.13-16 und die gezielte Anspielung auf geschichtstheologische Überlieferungen (vgl. die Aufnahme von Ri 5,21 in V 10 sowie von Dtn 32,4 in V 16). Beides spricht dafür, daß der Psalm aus einem weisheitlichen Milieu stammt, das zwar im Umfeld des Tempels angesiedelt ist, aber in gewisser Distanz zur Tempelliturgie selbst das Leben im Horizont der Gerechtigkeit Gottes als Partizipation an der rettenden Nähe Gottes betont. … Da der Psalm noch keine Tora-Weisheits-Theologie erkennen läßt, legt sich eine Datierung im 5./4. Jh. nahe.«[682]

Für die relative Chronologie ist bedeutsam, daß in V. 7 Ps 73,22a wörtlich aufgenommen ist; Ps 73 ist seinerseits wohl im 5. Jh. v. Chr. entstanden.[683]

---

[679] Gunkel, Psalmen (⁶1986), 409.
[680] Vgl. Kraus, BK XV/1 (⁶1989), 811f.
[681] So Seybold, HAT I/15 (1996), 366.
[682] Zenger, HThKAT (2000), 630f.
[683] Vgl. ebd., 338.

16.7 Zur These

Die Überschrift, die das Lied dem Sabbat-Tag zuweist, ist eine singuläre Angabe im ganzen hebräischen Psalter.[684] Inhaltlich wird die Verknüpfung mit dem Sabbat aus dem Text nicht deutlich. Zwar klingen die Themen Arbeitsruhe und Gotteslob an, die ja die Themen schlechthin des Sabbat sind, doch werden sie nicht wirklich aufgegriffen.

Im ersten Teil (2-5) geht es um einen Lobpreis des (musikalischen) Gotteslobes, mit dem sich der Errettete zur Gnade und Treue Gottes bekennt.

Da der Psalm die ungewöhnliche Wendung Morgen (Sg.) und Nächte (Pl. im Sinne von Nachtwachen) verwendet, dürfte es sich eher um eine tatsächliche Anweisung für die Zeit des Vortrags handeln als um einen Merismus für das Jederzeit des Gotteslobs.[685]

In den Vv. 6-10 beginnt der hymnische Lobpreis des Schöpfungshandelns Gottes, das der Verständige einsieht, dem »viehischen Menschen« (vgl. Ps 49,11)[686] aber nicht zugänglich ist. Der Lobpreis der gewaltigen Werke JHWHs findet sich so auch in Ps 104,24 (s.u.), die Anspielung auf die wunderbare Weisheit seiner Ratschlüsse in Ps 40,6 (s.o.). Diese Weisheit ist es, die den Frevlern die kurze Zeit des Aufblühens gewährt, woran die Gerechten leiden.[687] Das Leiden der Gerechten angesichts der »blühenden« Übeltäter ist das beherrschende Thema gerade auch in Ps 37 (s.o.). Im Unterschied zu anderen Psalmen wird hier keinerlei konkrete Bedrohung, werden keine konkreten Aktionen gegen den Beter berichtet, der Psalm ist bestimmt vom Ton des Gotteslobs. Daß die Beschreibung der Frevler oder allgemeiner der Gegner hier schematisch bzw. bewußt typisierend ausfällt, veranlaßte Duhm zu der Aussage: »trotz der obligaten Auflaurer« fühle sich der Dichter von Ps 92 offenbar ja ganz wohl.[688]

Der nächste Unterteil (8-10) wird einerseits bestimmt von der Feind- bzw. Frevlerthematik, andererseits findet sich hier das Bekenntnis zu dem Gott, der als Höchster ewig (oder: ewig in der Höhe) bleibt (V. 9). Auf dem Kontrast der weitreichenden und tiefen Pläne Gottes wird das Episodenhafte des Gedeihens der Frevler klargestellt. Die Ausweitung auf Gottes Handeln in der Weite der Welt erinnert an Ps 36. Die Bilder, die für das Blühen der

---

[684] Vgl. Seybold, HAT I/15 (1996), 366.
[685] Vgl. auch Zenger, HThKAT (2000), 632f.; vgl. Seybold, HAT I/15 (1996), 366.
[686] Das Adjektiv masc. Sg. בער kommt insgesamt nur fünfmal vor, und zwar nur im weisheitlichen Schrifttum: Ps 49,11; Ps 73,22 (der Vers ist in 92,7 aufgenommen bzw. klingt erkennbar an); Ps 92,7; Prov 12,1; Prov 30,2 (als Partizip Qal im entsprechenden Sinne noch in Ps 94,8).
[687] Vgl. Gunkel, Psalmen (⁶1986), 408.
[688] Duhm, Psalmen (1899), 228.

Frevler verwendet sind – sämtlich aus dem Pflanzenbereich – finden sich auch in Ps 37,35f. und Ps 49,19ff.

Da der Beter Gottes Wirken erfahren hat, ist er auch imstande, die widersprechenden Erfahrungen auszuhalten, mehr noch: sie zu deuten.

> Denn, »so betont V 8, ihr [der Frevler, C.S.] schneller, unübersehbarer Erfolg dient letztlich nur dazu, daß durch ihren ebenso schnellen, tiefen Sturz erkennbar wird, daß Gott doch ›gerecht / gerade‹ ist (V 16). ... Daß das frevlerische Tun und das Unrecht den Todeskeim des Untergangs in sich selbst haben, macht V 8 einerseits daran deutlich, daß JHWH gar nicht aktiv eingreifen muß. Andererseits freilich geschieht dies, weil JHWH als der im Himmel thronende königliche Richter über seine Gerechtigkeitsordnung wacht und sie durchsetzt, wie die im Zentrum von V 5-12 stehende *hymnische Gottesprädikation* V 9 herausstellt.«[689]

Auch in diesem Psalm, so die These, ist der Fokus des Interesses ganz auf die Rettung des (gerechten) Beters gerichtet, *nicht* auf eine irgendwie geartete Strafaktion JHWHs. Auch in diesem Psalm wird er beim Zugrundegehen der Frevler nicht aktiv, wie es das Zitat Zengers veranschaulichen soll. Doch fährt dieser dann weiter fort: Der nächste Vers beschwört den Untergang der Frevler »mit emphatischer Gewißheit (Wiederholung!)« und empfiehlt »in einem eindrucksvollen Bild JHWH die Zerschlagung ihrer bedrohlichen Macht«.[690] Das wiederum kann ich nicht sehen!

V. 8 habe eher die Feinde als Individuen im Blick, V. 10 »das Böse als ›System‹ und damit als prinzipielle Infragestellung der Gerechtigkeitsordnung (in dieser Perspektive sind sie ›*deine* Feinde‹: V 10«[691]. Noch einmal ein Satz, dem ich mich nicht anschließen kann: »Aber der Psalm läßt keinen Zweifel aufkommen, daß JHWH auch diese Macht des Bösen brechen muß und wird.«[692] Von einem Brechen der Macht seitens Gottes ist nicht die Rede, eher doch vom Nichtbestehen der Frevler.

Die Weisheit des Weltenlaufs, so die Summe, die der Psalm zieht, offenbart sich im Ende der Gerechten wie der Frevler, die Guten gedeihen, die Bösen trifft Vernichtung für immer. Daß es in der Welt nicht immer so offensichtlich zugeht, weiß der Beter, wissen die Weisen selbst. In den Aussagen der Vv. 8 und 10 finden gläubige Hoffnungsaussagen ihren Ausdruck. Ansatzpunkt in der Wirklichkeit ist für den Beter die bewundernswerte Schöpfung, durch die sein Glaube an ein sinnvolles Walten geknüpft wird. In diese Richtung weist auch Gunkels Fortführung: »mit dem schließlichen

---

[689] Zenger, HThKAT (2000), 635.
[690] Ebd.
[691] Ebd.
[692] Ebd., 635f.

Untergang der Frevler hat sich israelitische Frömmigkeit immer wieder getröstet (vgl. zu Ps 1 und besonders 37 ...)«[693]. Trost, nicht einfach Beschreibung des Faktischen; Trost ist dort nötig, wo es um etwas Nicht-Selbstverständliches geht – aber es besteht Hoffnung, es gibt Trost, auch das lehrt die Wirklichkeit den Frommen. Gunkel fährt dann fort:

> »Alsbald werden die Feinde JHWHs untergehen und alle Übeltäter sich zerstreuen. Sie haben im Heilsplan keine Zukunft. 8b.9 vertreten die These, daß die Blütezeit der Frevler ihre endgültige Vernichtung einleitet und anzeigt, mit der Begründung, daß die Erhabenheit ... Gottes solches bewirken wird...«.[694]

Allerdings halte ich es vom Text her nicht für gedeckt, von einem »Triumph« Gottes über seine Feinde zu sprechen,[695] da Gott in diesen Versen gerade nur als Nicht-Beteiligter, Nicht-Anwesender greifbar ist. Die Vernichtungsaussagen, die über die Frevler gemacht werden, sind nämlich sämtlich unpersönlich bzw. passiv formuliert:

V. 8: לְהִשָּׁמְדָם עֲדֵי־עַד damit sie vertilgt werden für immer; שמד nif.[696]
V. 10: אֹיְבֶיךָ יֹאבֵדוּ deine Feinde gehen zugrunde / kommen um; אבד qal
 יִתְפָּרְדוּ כָּל־פֹּעֲלֵי אָוֶן alle Übeltäter zerstreuen sich / werden zerstreut; פרד hitp.

Keine der drei Aussagen zwingt zu der Annahme, daß JHWH als Subjekt hinter den Ausdrücken stehen muß. Gerade die entgegengesetzte Formulierung in V. 12, wo es um das »Ich« geht, zeigt, daß es sich nicht um ein Stilmittel handelt, das um jeden Preis die Nennung Gottes als Subjekt des Handelns an den Menschen außen vor lassen will: וַתָּרֶם כִּרְאֵים קַרְנִי.

Hier ist als Subjekt ganz ausdrücklich Gott »Du« genannt; analoge Aussagen wären für die Ausdrücke der Vv. 8 und 10 denkbar (שמד hif. »damit du sie vertilgst«[697], אבד pi. oder hif. »du läßt sie zugrunde gehen«[698], »du zerstreust sie«[699]).

---

[693] Gunkel, Psalmen (⁶1986), 409. Dies sind zugleich auch zwei Psalmen, in denen Bilder aus der Pflanzenwelt aufgegriffen werden (s.o.).
[694] Seybold, HAT I/15 (1996), 367.
[695] So Gunkel, Psalmen (⁶1986), 408.
[696] Vgl. Ps 37,38, ebenfalls שמד nif. im Zusammenhang mit den Gottlosen.
[697] שמד im Hif. kommt mit Gott (meist JHWH, selten Elohim) als Subjekt mit folgenden Objekten vor: Israel, (Ps 106,23), anderen Völker, einzelnen Personen (Ps 145,20), verschiedenen Objekten (HAL, 1437, für Stellenangaben außerhalb des Psalters vgl. dort).
[698] אבד im Pi. hat die Bedeutung verloren geben, umkommen lassen; vernichten (Ps 5,7; 9,6; 21,11; 119,95). Im Hif. wird es mit ausrotten übersetzt (Ps 143,12) (HAL 27, dort auch Stellenangaben außerhalb des Psalters). Otzen stellt fest, daß an

בַּלֹּתִי בְּשֶׁמֶן רַעֲנָן hingegen ist textlich schwierig (s.o.) und trägt erst durch die Konjektur Gott als Subjekt des Übergießens ein.

In V. 5 allerdings ist die Aussage deutlich: du hast mich froh gemacht (שִׂמַּחְתַּנִי יְהוָה).

Anders als in anderen hier untersuchten Psalmen findet sich der Aspekt des Helfens oder Rettens Gottes für den Beter nicht weiter entfaltet. Vom Gesamtduktus des Textes aber ist es deutlich genug, daß zwischen dem Handeln für die Guten (dem immerwährenden Schöpfungshandeln, das den Beter erfreut (V. 5) und dem »Horn-Erheben«[700]) einerseits und dem konstatierten Untergang der Frevler andererseits, der mit Gott nichts zu tun hat, unterschieden wird.

Der abschließende Teil (Vv. 11-16) ist nur noch den Gerechten gewidmet, die dem Bilde nach grünende und gedeihende Bäume in den Vorhöfen Gottes sind (Vv. 13-16). Deren langes und gelingendes Leben wird besungen.[701] Ihr Lebensziel besteht in der Verkündigung JHWHs.

---

beinahe der Hälfte der Stellen der transitiven Formen Pi. und Hif. JHWH als Subjekt auftritt (Otzen, Art. אבד, ThWAT I (1973), 21).

[699] פרד hat im Hif. die Bedeutung zerstreuen; die einzige Stelle mit Gott als Subjekt findet sich im Moselied Dtn 32,8. Dort handelt es sich aber tatsächlich um eine räumliche Zerstreuung und nicht um die Trennung durch den Tod, für die das Verb ebenfalls verwendet werden kann (vgl. Hausmann, Art. פרד, ThWAT VI (1989), 736f., dort Stellenangaben). In der LXX finden sich unterschiedliche Übersetzungen des Verbs. Interessant ist, daß sich im Magnifikat, das ja im Danklied der Hanna ein alttestamentliches Vorbild hat, eine solche Aussage findet: ... er zerstreut (διεσκόρπισεν), die im Herzen voll Hochmut sind. Auf das Moselied wird in V. 16 angespielt s.o.

[700] Erst wenn ein Stier den Gegner wieder und wieder durchbohrt hat, erhebt er triumphierend sein hörnerbewehrtes Haupt (vgl. Keel, Feinde (1969), 73). »das Horn ist ursprünglich Sinnbild der Macht Gottes ..., dann des Königs ..., im AT des Volkes und schließlich des Einzelnen« (Gunkel, Einleitung in die Psalmen (⁴1985), § 5,9). Seybold (HAT I/15 (1996), 367) geht davon aus, daß dieses Motiv auf einen nicht mehr bekannten Ritus zurückgeht. Die »Wildstier-Hörnerkrone« ist in der altorientalischen Kultur Würdezeichen der Götter (vgl. Zenger, HThKAT (2000), 636). Meist wird die Wendung mit dem Verbum רום gebildet, zum Teil auch mit גדע. Einige weitere Belege sind: 1 Sam 2,1 besingt Hanna in ihrem Danklied, daß JHWH ihr Horn erhöht habe; auf das Danklied der Hanna wird im Psalm nochmals angespielt s.o.; 1 Sam 2,10 (mit רום); 2 Sam 22,3 קֶרֶן יִשְׁעִי; Jer 48,25; Klgl 2,3.17; im Psalter (alle Psalmenstellen) Ps 18,3 (JHWH als »Horn meines Heiles« וְקֶרֶן יִשְׁעִי); Ps 22,22; 75,5.6.11; Ps 89,18.25; Ps 112,9; Ps 132,17; 148,14. Das Gegenbild dieses Motivs vom Horn-Erheben findet sich in Ijob 16,15: »... ich habe mein Horn in den Staub gesenkt«.

[701] Durch das שתל in V. 14 klingt Ps 1,3 an. Hier in Ps 92 ist die Aussage gesteigert: Es sind nicht nur Wasserbäche, sondern die Vorhöfe des Tempels, aus denen lebendiges Wasser strömt, vgl. Ez 47. Insgesamt kommt die Wurzel nur 10x vor, außer den beiden Psalmstellen nur im Corpus Propheticum, in der bereits erwähnten Jeremia-

Zunächst wendet sich der Blick des einzelnen Beters jedoch ein letztes Mal auf die Frevler, die erst jetzt »seine« Feinde sind. Aber es interessiert schon nicht mehr deren Geschick, sondern die volle Rehabilitation des zuvor Angefochtenen.

> »Die sich vormals gegen ihn erhoben und ihn niedergetreten haben, liegen nun selbst am Boden, so daß er auf sie triumphierend herabschauen kann und mit Freude von ihrem Ende (oder ihre Klageschreie?) hört (V 12). Dieser letzte Aspekt der Rettungserzählung, der nicht psychologisiert oder historisiert werden darf, muß in das dem gesamten Teil V 5-12 zugrunde liegende Konzept des Tun-Ergehen-Zusammenhangs bzw. der konnektiven Gerechtigkeit eingeordnet werden, dessen universale Gültigkeit hier an dem Einzelparadigma erläutert wird. Dies … muß als poetische Dramaturgie gelesen werden, die zu der im Schlußstück des Psalms V 13-16 entfalteten ›Lehre‹ hinführen will, bei der diese ›negativen‹ Töne fehlen.«[702]

Der im »Ich« des Psalms greifbare (Vv. 5.11.12) einzelne Mensch ordnet sich in diesem abschließenden Teil in die Gruppe der Gerechten (Pl.) ein, die in V. 14 greifbar wird, indem sie JHWH »unseren« Gott nennen.

Der Schlußvers 16 faßt die Lehre des Psalms mit einem Zitat aus der Moserede Dtn 32,4 zusammen. Gott wird als Fels bezeichnet: »Gerade als der Gott, der das Chaos in allen seinen Formen bekämpft und der die Bedrängten rettet, ist er der dem Kosmos, aber auch dem einzelnen Gerechten Unerschütterlichkeit gebende ›Fels‹«[703].

Die hier betonte Beobachtung, daß nämlich Gott in den Versen, die dem Untergang der Frevler gewidmet werden, nicht vorkommt, wird in den Kommentaren im allgemeinen nivelliert. Als letzte Beispiele hierzu sollen die Kommentierung des BK und noch einmal der HThKAT dienen. Im BK faßt Kraus den Inhalt des Psalms derart zusammen, daß der Sänger des Psalms JHWHs huldvolles Eingreifen in seinem Leben erfahren habe (3): JHWH habe

---

parallele Jer 17,8, dann 6x im Propheten Ezechiel 17,8.10.22.23; 19,10.13, schließlich in Hos 9,13.

Ez 17,24 bringt – mit Ps 92,14 verbunden über die Wurzel פרח – ebenfalls ein Bild von grünenden und verdorrenden Bäumen:

וְיָדְעוּ כָּל־עֲצֵי הַשָּׂדֶה כִּי אֲנִי יְהוָה הִשְׁפַּלְתִּי עֵץ גָּבֹהַּ הִגְבַּהְתִּי עֵץ שָׁפָל הוֹבַשְׁתִּי עֵץ לָח וְהִפְרַחְתִּי עֵץ יָבֵשׁ אֲנִי יְהוָה דִּבַּרְתִּי וְעָשִׂיתִי׃ פ Dann werden alle Bäume auf den Feldern erkennen, daß ich der Herr bin. Ich mache den hohen Baum niedrig, den niedrigen mache ich hoch. Ich lasse den grünenden Baum verdorren, den verdorrten erblühen. Ich, der Herr, habe gesprochen, und ich führe es aus (EÜ).

[702] Zenger, HThKAT (2000), 636.
[703] Ebd.

die Feinde des Verfolgten *zerschlagen* (10.12).⁷⁰⁴ Das stimmt so nicht ganz: Die Feinde JHWHs sind vergangen, die Übeltäter sind zerstreut. Die sprachlich relevante Differenzierung wird auch im neuesten Psalmenkommentar von Hossfeld/Zenger eingeebnet: Der Lobpreis des Psalms 92 sei von seinem Inhalt her »gut«, da er zwei fundamentale Wirkweisen JHWHs bezeuge, »durch die er in verläßlicher Zuneigung die von ihm dem Kosmos eingestiftete Gerechtigkeitsordnung durchsetzt ..., das Gute bzw. die Guten (d.h. die Gerechten: V 13) fördert und das Böse bzw. die Bösen (V 8.10) *bekämpft*«⁷⁰⁵.

Natürlich geht der Glaube davon aus, daß Gott letztlich alles bewirkt. Trotzdem muß die Differenzierung in den Texten selbst ernst genommen werden. Sie darf nicht zu leichtfertig jede passive Aussage als – selbstverständliches – Aktiv Gottes deuten. Da die Komponisten einiger Psalmen offensichtlich viel Sorgfalt darauf verwendet haben, Gott in bestimmten Versen bewußt nicht ins Spiel zu bringen, darf die Auslegung diese Tatsache nicht wortlos übergehen.

Daß diese Art der unpersönlichen Aussage in Ps 92 ganz bewußt und gezielt gewählt wurde, läßt sich aufgrund einer – abgewandelten! – Parallele aus der Umwelt noch einmal besonders unterstreichen:

In Ps 92,10 ist ein aus Ugarit bekannter Vers umgeprägt worden. In Ugarit lautete er:

»Siehe, deine Feinde, Baal,
siehe, deine Feinde wirst du zerschmettern,
siehe, deine Widersacher wirst du vernichten.«

Ps 92,10 dagegen ist wie folgt zu übersetzen:

»Denn siehe, deine Feinde, JHWH,
denn siehe, deine Feinde gehen zugrunde,
alle Übeltäter werden zerstieben.«⁷⁰⁶

---

⁷⁰⁴ Kraus, BK XV/1 (⁶1989), 810; (Hervorhebung C.S.).
⁷⁰⁵ Zenger, HThKAT (2000), 631; (Hervorhebung C.S.).
⁷⁰⁶ Vgl. Keel, Feinde (1969), 120; der Ugarit-Text (hier nach Keel zitiert) ist entnommen aus Gordon, Textbook Nr. 68, Zeile 8f. Keel führt den Beleg als Beispiel dafür an, daß an die Stelle von צר das in der Weisheit und den Individualpsalmen geläufige פעלי און getreten ist (ebd.). Donner, Ugaritismen (1967), 344-346 gibt einen Forschungsüberblick über das Auffinden der Parallele CTA 2 IV 8-10 durch W. Baumgartner (1941) sowie die sachgemäße Übersetzung. Er allerdings sieht die Schlußfolgerungen einer engen Zusammenghörigkeit des Textes mit Ps 92 als »Manifestationen des Panugaritismus« (ebd., 345). Unter den Differenzen benennt er unter anderem auch die Verschiedenheit der göttlichen Aktion. Zusammenfassend kommt er zum Schluß: »Der Vergleich, wie er gewöhnlich vorgenommen wird, hat keinen Gegenstand.« (Ebd., 346). Ravasi hingegen (der sich ausdrücklich mit den Argumenten Donners auseinandersetzt) hält an der Parallele zum kosmologisch angelegten ugaritischen Text fest; dieser sei aber von Israel »entmythologisiert und da-

Aus einem aktiven (Straf-)Handeln des Gottes Baal, das die Textvorlage sehr deutlich, ja drastisch ausdrückt, wird eine unpersönliche Wendung und damit jede Jahwekausalität im Psalmtext getilgt.

Alle bisher angestellten Beobachtungen zusammengenommen lassen nur den Schluß zu, daß es sich um wohlüberlegte und beabsichtigte Formulierungen handelt, die ganz gezielt gewählt wurden.

ARMENPERSPEKTIVE

Im Psalm wird eine gewisse Umkehrung der Verhältnisse besungen, die sich am – zweimal eingespielten – Danklied der Hanna orientiert und damit einen Gott preist, der die Niedrigen erhöht. Von daher findet sich im Psalm so etwas wie Armentheologie, wenngleich keine Selbstbezeichnungen des Beters als »Armem« vorliegen.

ESCHATOLOGISCHE PERSPEKTIVE

Die Überschrift »Für den Sabbattag«, die zunächst und wörtlich den wöchentlichen Sabbat meint, erhält schon bald (um die Zeitenwende?) die eschatologisierende Nuance »Im Hinblick auf den [eschatologischen / ewigen] Weltensabbat«[707]. In diesem Sinne erfolgt auch die Kommentierung in mTamid VII,4: »Ein Psalm, ein Lied für die Zukunft, die da kommt, für den Tag, der ganz Sabbat der Ruhe ist für das ewige Leben«.[708]

Durch die »Sabbatisierung« erhält der Psalm Sinnuancen der nachexilischen Sabbat-Theologie und der Tempeltheologie. Die Schöpfungsperspektive rückt expliziter in den Vordergrund als im Psalmkorpus selbst. Durch die Rezitation des Psalms am Sabbat partizipiert er an der schöpfungskonstitutiven Kraft des Sabbats. Zugleich ist der Sabbat der Tag, an dem JHWHs Sieg als Sieg des Schöpfergottes über das Chaos gefeiert wird. Somit »erhält der in Ps 92,5-12 hymnisch gefeierte Sieg JHWHs über seine Feinde und dessen Konkretisierung in der Rettung des Beters universalgeschichtliche und eschatologische ... Relevanz.«[709] Diese bereits im MT erkennbare Tendenz wird durch die LXX deutlich verstärkt, indem zusätzliche futurische Aspekte eingetragen werden, V. 5: »ich werde jubeln« ἀγαλλιάσομαι, V. 11 »es wird erhöht werden« ὑψωθήσεται sowie die Wiedergabe des עדי־עד mit

---

für historisiert« (»smitizzandola, storicizzandola«) worden (Ravasi, Salmi (1983), 924f.). Die Parallele bestünde nicht nur auf thematischer, sondern auch stilistischer Ebene (ebd., 934).
[707] Vgl. Zenger, HThKAT (2000), 631.
[708] Zitiert nach ebd.
[709] Ebd., 641.

εἰς τὸν αἰῶνα τοῦ αἰῶνος »bis in die Ewigkeit der Ewigkeit«.[710] Im Psalmentargum findet eine ausdrückliche Eschatologisierung des Psalms statt, so wird u.a. V. 9 folgendermaßen erweitert: »Du bist erhaben und der Höchste in dieser Welt, und du bist erhaben und der Höchste in der kommenden Welt.« Zugleich wird der Psalm als Psalm Adams vorgestellt, der nach der Überlieferung eigentlich wegen seiner Übertretung hätte sterben müssen, aber durch den Sabbat gerettet wird.[711] Im NT wird der Psalm lediglich einmal und zwar im eschatologischen Hymnus Offb 15,3-4 aufgegriffen.

Die Fülle dieser Beispiele zeigt, daß der Psalm von Anfang an eschatologische Konnotationen trägt, die bereits in den frühesten Rezeptionsphasen aufgegriffen und verstärkt wurden.

BEZEICHNUNGEN FÜR DIE GUTEN

Wie bereits in anderen Psalmen beobachtet, wird hier der צדיק (im Singular) der Gruppe der רשעים gegenübergestellt. Erst wenn es im Bild um die geht, die in den Vorhöfen Gottes gepflanzt sind, ist die Isolierung aufgehoben (man denke an die analoge Vorstellungswelt des ersten Psalms).

V. 13	צַדִּיק	der Gerechte
V. 14	שְׁתוּלִים בְּבֵית יְהוָה	die gepflanzt sind im Haus JHWHs

BEZEICHNUNGEN FÜR DIE SCHLECHTEN

V. 7	אִישׁ־בַּעַר	»viehischer Mensch«
V. 7	כְּסִיל	der Tor
V. 8	רְשָׁעִים	die Frevler
V. 8	כָּל־פֹּעֲלֵי אָוֶן	alle Übeltäter
V. 10	אֹיְבֶיךָ (2x)	deine Feinde
V. 10	כָּל־פֹּעֲלֵי אָוֶן	alle Übeltäter
V. 12	שׁוּרָי	meine Aulaurer
V. 12	מְרֵעִים	die Boshaften

Nachdem die üblichen, »typischen« Feindbezeichnungen genannt sind, ist es eine Besonderheit des Psalms, die Feinde erst als JHWHs Feinde (denn auf ihn bezieht sich das Suffix 2. Sg.) zu charakterisieren, bevor sie dann auch als des Beters (»meine«) Gegner in Erscheinung treten.

---

710 Vgl. ebd.; vgl. auch Schaper, Eschatology in the Greek Psalter (1995) 110-115.131ff.
711 Vgl. Zenger, HThKAT (2000), 642.

Aussagen über das Ende der Schlechten

V. 8	לְהִשָּׁמְדָם עֲדֵי־עַד	damit sie vertilgt werden für immer
V. 10	אֹיְבֶיךָ יֹאבֵדוּ	deine Feinde gehen zugrunde[712]
V. 10	יִתְפָּרְדוּ כָּל־פֹּעֲלֵי אָוֶן	alle Übeltäter werden zerstreut

Verknüpfungen zwischen den Psalmen 91 und 92: Wie schon bei Ps 1 und 2 ergibt sich hier die Frage, ob eine kanonische Annäherung an die Psalmen die Relativierung der einzelnen Aussagen durch benachbarte Psalmen mitbedenken muß. Einerseits ist dies sicherlich notwendig. Andererseits bleibt festzuhalten, daß (zumindest der allergrößte Teil) der Psalmen als Einzeltexte geschaffen worden sind, die Einfügung in die Komposition des Psalters also sekundär ist. Von daher ist es legitim, diese Einzeltexte auszulegen, ohne sofort auf den Kontext der Nachbarpsalmen Bezug zu nehmen. Daraus ergibt sich, daß »unsere« Psalmen mit ihrer Aussagestruktur nicht deshalb ihre Bedeutung verlieren, weil sich in Nachbarpsalmen (hier Ps 90) die dem entgegengesetzten Aussagen finden. Diese gegenseitige Relativierung kommt erst auf der allerletzten Stufe, der der Psalterendredaktion, zum Tragen. Freilich behält sie ihre Gültigkeit bis heute. Dennoch ist es immer noch unabdingbar, sich den Psalmen *zumindest auch* als Einzeltexten anzunähern.

Die drei Psalmen 90-92 bilden eine miteinander verwobene Kleingruppe;[713] Ps 91 bildet die Mitte dieser Teilkomposition. In dieser Abfolge ist Ps 91 die Antwort auf die Klagen und Bitten seines Vorgängers, Ps 90. Für diese Heilszusage dankt dann unser Ps 92, der in hymnischer Form die individuelle Erfahrung des Ps 91 universalisiert und sie in den Horizont der vom Schöpfergott gegründeten und erhaltenen kosmischen Gerechtigkeitsordnung stellt.[714]

Ps 92 ist einerseits der Abschluß der kleinen Gruppe Pss 90-92 (»Die Rezitation von Ps 92 ist so gewissermaßen ein ›Wohnung nehmen‹ im Schutzbereich ›des Höchsten‹.«[715]), andererseits fällt auch von der nachfolgenden Gruppe der JHWH-Königspsalmen Pss 93-100 zusätzliches Licht auf ihn. Eben dieser Zusammenhang dürfte die sekundäre Sabbat-Überschrift bzw. die sabbattheologische Deutung insgesamt motiviert haben.

---

[712] Das Verbum אבד, mit dem hier in V. 10 das Zugrundegehen der Feinde ausgesagt wird, ist dem den Gesamtpsalter Meditierenden noch vom Eingangstor, den Pss 1 und 2 im Ohr.
[713] Zwischen der Psalmengruppe Pss 90-92 lassen sich einige Stichwortbezüge erkennen: Der Gottesname Eljon begegnet in 91,1.9 und in 92,2. Das Verb נבט findet sich in 91,8 und in 92,12, beide Male auch der gleiche Kontext: Die Augen (Ps 91 Plural, Ps 92 Singular) des Beters sehen auf die Gegner (herab).
[714] Vgl. auch Zenger, HThKAT (2000), 624.
[715] Ebd., 639.

17 Psalm 104: »Die Frevler möge es nicht mehr geben – lobe, meine Seele, JHWH«

1 בָּרֲכִי נַפְשִׁי אֶת־יְהוָה יְהוָה אֱלֹהַי גָּדַלְתָּ מְּאֹד הוֹד וְהָדָר לָבָשְׁתָּ:
2 עֹטֶה־אוֹר כַּשַּׂלְמָה נוֹטֶה שָׁמַיִם כַּיְרִיעָה:
3 הַמְקָרֶה בַמַּיִם עֲלִיּוֹתָיו הַשָּׂם־עָבִים רְכוּבוֹ הַמְהַלֵּךְ עַל־כַּנְפֵי־רוּחַ:
4 עֹשֶׂה מַלְאָכָיו רוּחוֹת מְשָׁרְתָיו אֵשׁ לֹהֵט:
5 יָסַד־אֶרֶץ עַל־מְכוֹנֶיהָ בַּל־תִּמּוֹט עוֹלָם וָעֶד:
6 תְּהוֹם כַּלְּבוּשׁ כִּסִּיתוֹ עַל־הָרִים יַעַמְדוּ־מָיִם:
7 מִן־גַּעֲרָתְךָ יְנוּסוּן מִן־קוֹל רַעַמְךָ יֵחָפֵזוּן:
8 יַעֲלוּ הָרִים יֵרְדוּ בְקָעוֹת אֶל־מְקוֹם זֶה יָסַדְתָּ לָהֶם:
9 גְּבוּל־שַׂמְתָּ בַּל־יַעֲבֹרוּן בַּל־יְשׁוּבוּן לְכַסּוֹת הָאָרֶץ:

10 הַמְשַׁלֵּחַ מַעְיָנִים בַּנְּחָלִים בֵּין הָרִים יְהַלֵּכוּן:
11 יַשְׁקוּ כָּל־חַיְתוֹ שָׂדָי יִשְׁבְּרוּ פְרָאִים צְמָאָם:
12 עֲלֵיהֶם עוֹף־הַשָּׁמַיִם יִשְׁכּוֹן מִבֵּין עֳפָאיִם יִתְּנוּ־קוֹל:
13 מַשְׁקֶה הָרִים מֵעֲלִיּוֹתָיו מִפְּרִי מַעֲשֶׂיךָ תִּשְׂבַּע הָאָרֶץ:
14 מַצְמִיחַ חָצִיר לַבְּהֵמָה וְעֵשֶׂב לַעֲבֹדַת הָאָדָם לְהוֹצִיא לֶחֶם מִן־הָאָרֶץ:
15 וְיַיִן יְשַׂמַּח לְבַב־אֱנוֹשׁ לְהַצְהִיל פָּנִים מִשָּׁמֶן וְלֶחֶם לְבַב־אֱנוֹשׁ יִסְעָד:
16 יִשְׂבְּעוּ עֲצֵי יְהוָה אַרְזֵי לְבָנוֹן אֲשֶׁר נָטָע:
17 אֲשֶׁר־שָׁם צִפֳּרִים יְקַנֵּנוּ חֲסִידָה בְּרוֹשִׁים בֵּיתָהּ:
18 הָרִים הַגְּבֹהִים לַיְּעֵלִים סְלָעִים מַחְסֶה לַשְׁפַנִּים:

19 עָשָׂה יָרֵחַ לְמוֹעֲדִים שֶׁמֶשׁ יָדַע מְבוֹאוֹ:
20 תָּשֶׁת־חֹשֶׁךְ וִיהִי לָיְלָה בּוֹ־תִרְמֹשׂ כָּל־חַיְתוֹ־יָעַר:
21 הַכְּפִירִים שֹׁאֲגִים לַטָּרֶף וּלְבַקֵּשׁ מֵאֵל אָכְלָם:
22 תִּזְרַח הַשֶּׁמֶשׁ יֵאָסֵפוּן וְאֶל־מְעוֹנֹתָם יִרְבָּצוּן:
23 יֵצֵא אָדָם לְפָעֳלוֹ וְלַעֲבֹדָתוֹ עֲדֵי־עָרֶב:

24 מָה־רַבּוּ מַעֲשֶׂיךָ יְהוָה כֻּלָּם בְּחָכְמָה עָשִׂיתָ מָלְאָה הָאָרֶץ קִנְיָנֶךָ:

25 זֶה הַיָּם גָּדוֹל וּרְחַב יָדָיִם שָׁם־רֶמֶשׂ וְאֵין מִסְפָּר חַיּוֹת קְטַנּוֹת עִם־גְּדֹלוֹת:
26 שָׁם אֳנִיּוֹת יְהַלֵּכוּן לִוְיָתָן זֶה־יָצַרְתָּ לְשַׂחֶק־בּוֹ:

27 כֻּלָּם אֵלֶיךָ יְשַׂבֵּרוּן לָתֵת אָכְלָם בְּעִתּוֹ:

28 תִּתֵּן לָהֶם יִלְקֹטוּן תִּפְתַּח יָדְךָ יִשְׂבְּעוּן טוֹב׃
29 תַּסְתִּיר פָּנֶיךָ יִבָּהֵלוּן תֹּסֵף רוּחָם יִגְוָעוּן וְאֶל־עֲפָרָם יְשׁוּבוּן׃
30 תְּשַׁלַּח רוּחֲךָ יִבָּרֵאוּן וּתְחַדֵּשׁ פְּנֵי אֲדָמָה׃

31 יְהִי כְבוֹד יְהוָה לְעוֹלָם יִשְׂמַח יְהוָה בְּמַעֲשָׂיו׃

32 הַמַּבִּיט לָאָרֶץ וַתִּרְעָד יִגַּע בֶּהָרִים וְיֶעֱשָׁנוּ׃

33 אָשִׁירָה לַיהוָה בְּחַיָּי אֲזַמְּרָה לֵאלֹהַי בְּעוֹדִי׃
34 יֶעֱרַב עָלָיו שִׂיחִי אָנֹכִי אֶשְׂמַח בַּיהוָה׃

35 יִתַּמּוּ חַטָּאִים מִן־הָאָרֶץ וּרְשָׁעִים עוֹד אֵינָם
בָּרֲכִי נַפְשִׁי אֶת־יְהוָה
הַלְלוּ־יָהּ׃

17.1 Übersetzung

1 Lobe, meine Seele, JHWH!

   JHWH, mein Gott, du bist sehr groß.
   Hoheit und Pracht hast du angezogen.

2 Der sich in Licht hüllt wie in das Kleid,
   der ausspannt (den) Himmel wie eine Zeltbahn.

3 Der baut / zimmert im Wasser sein Obergemach,
   der setzt Wolken (zu) seinem Wagen,
   der umhergeht auf den Flügeln des Windes.

4 Der macht (zu) seinen Boten Winde,
   (zu) seinen Dienern flammendes Feuer.

5 Er hat die Erde auf ihre Grundfesten gegründet,
   daß sie nicht wanken wird (auf) immer und ewig.

6 Flut bedeckte sie wie ein Kleid,
   über den Bergen stehen Wasser.

7 Vor deinem Drohen fliehen sie,
   vor der Stimme deines Donners flüchten sie ängstlich.

8 Berge steigen hinauf, Täler sinken hinab,
   an den Ort, den du ihnen bestimmt[716] hast.

9 Eine Grenze hast du gesetzt, daß sie sie nicht überschreiten,
   daß sie nicht umkehren, (wiederum) die Erde zu bedecken.

---

[716] Wörtlich: gegründet.

10 Der Quellen in die Täler sendet,
zwischen den Bergen gehen sie (hin).
11 Sie tränken alle Lebewesen des Feldes,
sie stillen (den) Wildeseln ihren Durst.
12 Über ihnen lagern sich die Vögel des Himmels,
zwischen Zweigen lassen sie ihre Stimme erschallen.
13 Der Berge tränkt aus seinem Obergeschoß,
von der Frucht deiner Werke wird die Erde satt.
14 Der Gras sprießen läßt für das Vieh
und Kraut zum Nutzen des Menschen,
daß Brot von der Erde hervorgeht.
15 Und Wein erfreut des Menschen Herz,
um glänzend zu machen das Gesicht von Öl,
und Brot erquickt des Menschen Herz.
16 Die JHWH-Bäume werden satt,
die Zedern des Libanon, die er gepflanzt hat,
17 in denen[717] Vögel nisten,
der Storch (hat) Zypressen (als) sein Haus.
18 Die hohen Berge (sind) für die Steinböcke,
die Felsen (sind) Zuflucht für die Klippdachse.
19 Er hat den Mond gemacht für (festbestimmte) Zeiten,
(die) Sonne kennt ihren Untergang.
20 Machst du Finsternis, so wird es Nacht,
in ihr regen sich alle Lebewesen des Waldes.
21 Die Junglöwen brüllen nach Raub,
um von Gott ihre Nahrung zu verlangen.
22 Läßt du die Sonne aufgehen, so ziehen sie sich zurück,
und in ihre Wohnung lagern sie sich.
23 Es geht der Mensch hinaus an sein Tun
und seine Arbeit bis zum Abend.

24 Wie zahlreich sind deine Werke, JHWH,
sie alle hast du in Weisheit gemacht,
die Erde ist voll deiner Geschöpfe.
25 Da, das Meer ist groß, weit nach beiden Seiten,[718]
dort ist Gewimmel ohne Zahl,
Lebewesen klein und groß.
26 Dort fahren Schiffe,[719]

---

[717] Wörtlich: dort.
[718] Oder: Da ist das Meer, groß und weit nach beiden Seiten.

der Leviatan, den du gebildet,
in ihm zu spielen / mit ihm zu scherzen.[720]

27 Sie alle harren auf dich,
ihre Speise zur rechten Zeit zu geben.
28 Du gibst ihnen, sie sammeln,
du öffnest deine Hand und sie sättigen sich gut.
29 Verbirgst du dein Gesicht, so werden sie erschreckt,
nimmst du ihren Lebensodem weg, so verscheiden sie,
und zu ihrem Staub kehren sie zurück.
30 Sendest du deinen Geist[721], werden sie erschaffen,
und du erneuerst das Antlitz der Erde.

31 Es werde JHWH Ehre in Ewigkeit.
Es freue sich JHWH an seinen Werken.

32 Der zur Erde blickt und sie zittert,
er rührt die Berge an und sie rauchen.

33 Ich will JHWH singen bei meinem Leben,
ich will meinem Gott spielen, solange ich bin.

---

[719] Die überraschende Nennung von Schiffen inmitten einer Aufzählung von Lebewesen erklärt sich Uehlinger zufolge dadurch, daß sie dem Menschen Lebensraum eröffnen (vgl. Uehlinger, Leviathan (1990), 510f.) bzw. stellvertretend für die großen Lebewesen des Meeres stehen (ebd., 522).

[720] Die Frage, ob JHWH den Leviatan geschaffen hat, *im* Meer zu spielen oder aber zu dem Zwecke, *mit ihm* zu spielen, läßt sich weder durch Vergleich mit anderen Stellen noch durch kontextuelle Analyse eindeutig beantworten, auch wenn die meisten Autoren das Problem schlicht übergehen. So nahe sich auch Ijob 40,29 und Ps 104,26 theologisch stehen, liegt hier dennoch keine sachliche Identität vor, »weil dem Leviatan in den gattungsmäßig unterschiedlichen Texten ein unterschiedlicher Stellenwert zukommt: Steht der Hinweis auf ihn in Ijob 40,25-31 als abschließendes und unwiderlegbares Argument für die grenzenlose Macht Gottes am Ende und Höhepunkt des Streitgespräches Ijob-Gott, so ist Leviatan in dem Hymnus von Ps 104 nur eines von den vielen Tieren, die Gott geschaffen hat, denen er ihren Platz auf der Erde gegeben hat und für die er sorgt und die zusammen die gute Schöpfung repräsentieren, für die der Psalmist Gott dankt. Von daher liegt es nahe, die Ambivalenz der Fügung i.S. des ... Prinzips der Unbestimmtheit ernst zu nehmen und beide Möglichkeiten als Lösung gelten zu lassen – nicht als fauler Kompromiß, sondern weil man so der dichterischen Freiheit und Größe des Psalmisten wohl am ehesten gerecht wird ...« (Bartelmus, Art. שׂחק/צחק ThWAT VII (1993), 730-745, 742).

[721] Wörtlich: Odem.

34 Es sei angenehm über ihm mein Sinnen,
   ja ich, ich freue mich an JHWH.

35 Die Sünder werden vertilgt von der Erde,
   und die Frevler möge es nicht mehr geben.

   Lobe, meine Seele, JHWH,
   Hallelu-ja.

17.2 Gliederung[722]

1a	Rahmen:	Selbstermunterung bzw. -aufforderung zum Lobpreis
1b-4	Himmel:	Investitur (1)
		Palastbau (2)
		(Thron-)Wagen (3)
		Hofstaat (4)
5-9	Erde	Handeln JHWHs (5)
		Wasser / Berge (6)
		Handeln JHWHs (7)
		Berge (8)
		Handeln JHWHs (9)
10-18	Wasser	Weg des gebändigten Wassers bzw. Lebensermöglichung durch Wasserversorgung (10-12; 13-18)
19-23	Zeitlicher Wechsel	
24	Rückblickende Zusammenfassung	
25-26	Meer	
27-30	JHWHs Zuwendung zu seiner Schöpfung (creatio continua)	
31	Summe	
32	Ambivalenzerfahrung	
33-34	Sonderstellung des Menschen I: er kann Gott antworten	
35a	Sonderstellung des Menschen II: er kann sich von Gott abwenden	
(33-34).35b	Rahmen:	Selbstaufforderung zum Lobpreis

---

[722] Da Einzelprobleme der Gliederung für die Untersuchung, die sich allein auf den letzten Teil konzentrieren wird, nicht von Bedeutung sind, kann auf eine Diskussion der betreffenden Stellen und der jeweiligen Autorenmeinungen verzichtet werden. Gleiches gilt bereits für Einzelfragen der Übersetzung – ob etwa Zebra oder Wildesel angemessener ist, hat für die These keinerlei Bedeutung und wurde deshalb zweckmäßigerweise ausgespart.

17.3 Strukturbeobachtungen[723]

Nachdem mit der Selbstaufforderung zum Lobpreis (1a) ein Imperativ und damit ein finites Verb den Psalm eröffnet, wird der folgende Teil der vier Bilder über die Größe JHWHs, der seine Königsherrschaft im Himmel antritt, von Partizipialkonstruktionen dominiert (2-4). Die visionäre Schauung JHWHs als Wolkenreiter ist zugleich ein Lobpreis des überweltlichen Gottes und schließt somit inhaltlich an V. 1a an.

Mit V. 5 wird der himmlische Bereich verlassen, der nun folgende Teil (5-9) wendet sich der Erde zu. Den Abschnitt markieren sowohl ein Wechsel in der Anrede als auch der weg von Partizipien hin zur Verwendung von finiten Verben. In konzentrisch gestalteter Struktur wird die Überwindung der Urflut und die Gründung der Erde besungen: Das Festland wird über dem Haltlosen stabilisiert, die Wasser der Erde verlieren durch die Eindämmung ihre schöpfungsfeindliche Macht. V. 8b kündigt im Themenbereich »Wasser« das Meer an, die Einlösung läßt allerdings auf sich warten. Denn auch die anschließenden Verse (10-18) verfolgen den Weg, den das von JHWH gebändigte Wasser nimmt. Das tödliche Wasserchaos wird zum Lebensquell. Es geht um den Wasserkreislauf und das Verteilersystem. Durch den zweimaligen (bzw. dreimaligen) Einsatz mit einer Aktion JHWHs (Partizipien: 10.13.(14)) läßt sich der Abschnitt deutlich untergliedern in 10-12 und 13-18. Das Thema »Lebensermöglichung durch Wasserversorgung« wird zunehmend differenzierter entfaltet. Die Grenze zwischen den kosmischen Regionen Himmel und Erde (Teil I und II) ist durchlässig, die Trennung also nur eine relative. Darüber hinaus nimmt dieser Teil verschiedene Lebensräume auf der Erde in den Blick: die Kultur-Welt des Menschen und die Natur-Welt der Tiere.

Nach der räumlichen Differenzierung wird in 19-23 der zeitliche Wechsel thematisiert. Die dem menschlichen Zugriff entzogene Natur-Welt hat ihre Zeit: die Nacht. Die Verse spiegeln den Ablauf genau eines Tages, vom Abend zum Abend. Es geht sozusagen um die »Nutzungsordnung«. Dabei wird unterstrichen, daß JHWH der Herr des Tages und der Nacht ist, Mond und Sonne haben keinerlei mythische Qualität, ihnen kommt allein Uhrenfunktion zu.

In V. 23 steht das einzige אל des Psalms; es wird hier wohl absichtlich gesetzt sein, um zu unterstreichen, daß die Tiere kein direktes Verhältnis zu JHWH haben.

Die Summe in V. 24 faßt rückblickend die Werke JHWHs auf der Erde zusammen und deklariert sie als sein Eigentum.

---

[723] Vgl. Gunkel, Die Psalmen ([6]1986), 447-456; Kraus, BK XV/1 ([6]1989) 879-887; Seybold, HAT I/15 (1996), 408-411.

In einem gewissen Neueinsatz beschreiben Vv. 25-26 das Meer »in lässiger Nachholung« (Gunkel) als dritten großen Bereich des Kosmos nach Himmel und Erde, ebenfalls wieder unter den Aspekten Natur (Gewimmel) und Kultur (Schiffe). Wie schon für Sonne und Mond festgehalten, so wird hier auch dem Leviatan die mythische Macht genommen, er ist »domestiziertes Chaos«. Das Meer wird als Reservoir beschrieben, als Lebenswelt für die Tiere und sogar für Menschen, die auf Schiffen reisen. Dadurch ergibt sich ein deutlicher Unterschied zu V. 6ff., dort ist von t^{e}hom die Rede, hier von Schöpfung.

Mit dem Abschnitt 27-30 wendet sich das Thema von der Schöpfung zur Erhaltung (creatio continua). JHWH ist der Herr des Lebens, alles befindet sich in Abhängigkeit von ihm. JHWHs Zuwendung zu seiner Schöpfung ermöglicht und erhält das Leben in der Welt.[724] Dabei wird der Aspekt der Ernährung (10-18) mit dem Aspekt des zeitlichen Rhythmus (19-23) verbunden. In V. 29 kommt erstmals eine Ambivalenzerfahrung zur Sprache: JHWH gibt nicht nur das Leben, sondern er gibt *und er nimmt es*. Der Tod wird vom folgenden als die Kehrseite des stets neues Leben schaffenden Handelns Gottes gesehen. Er gehört zur ständigen Erneuerung des Angesichts der Erde.

V. 31 unterbricht in gewissem Sinne, indem wiederum eine Summe gezogen wird; zugleich wechselt der Text nun bis zum Ende des Psalms von der Du-Anrede zur Rede über JHWH in dritter Person (»Er«).

Mit V. 32 wird eine weitere Ambivalenzerfahrung benannt: Die Erde zittert schon vor dem Anblick JHWHs. Damit ist ein Rückverweis auf V. 5 gegeben (hier wie dort Partizipialkonstruktion). Der Vers kann zwei Funktionen haben, entweder eine Relativierung oder aber eine Einordnung der lebensbedrohlichen Erfahrung in das Handeln Gottes.

Die noch folgenden Verse thematisieren die unterschiedlichen Facetten der Sonderstellung des Menschen: Er kann Gott antworten (33-34; Wechsel in die 1. Pers. Sg.) oder er kann sich von Gott abwenden (35a).

Die Erfahrungswirklichkeit ist jedenfalls nicht ohne Spannungen und Brüche, insofern Sünder und Frevler als störende Gegenkraft in den Blick kommen (Wechsel in die 3. Pers. Pl.).

Wie bereits die Vv. 33-34, so macht auch der hymnische Rahmen (35b) die individuelle Verwendung des Psalms deutlich. Die Selbstaufforderung zum Lobpreis bildet den Rahmen und beschließt den Psalm. Gut vorstellbar ist, daß es sich bei diesem Teil ursprünglich um die letzten Verse ohne 35a gehandelt haben könnte, da hier noch einmal ein Person- und Themenwechsel vorliegt (s.u.).

---

[724] Eine gewisse Pointe findet sich in V. 27, wenn er im Kontext des direkt Vorhergehenden gelesen wird: Selbst Leviatan wird von JHWH ernährt.

17.4 Einheitlichkeit

Nachdem O. H. Steck die »perspektivische Ordnung« des Psalms bereits vor fast einem Vierteljahrhundert eindrücklich präsentiert hatte,[725] »musste ein weitergehender Gebrauch des literarkritischen Bestecks ... als Akt der Barbarei erscheinen ... [so] wagte man deshalb lediglich am Schlussteil, das Messer zu wetzen ...«[726]. (Die Frage einer eventuellen späteren Einfügung von V. 35 wird unter ZUR THESE diskutiert.)

M. Köckert hegt (in Folge Spieckermanns) Bedenken gegen die ursprüngliche Zugehörigkeit der Vv. 5-9, eine redaktionsgeschichtliche Erklärung des Psalms sei unumgänglich.[727] Da uns hier aber nur die Schlußverse interessieren werden, seien die Überlegungen nicht im einzelnen genannt.

17.5 Gattung

Ps 104 ist eine Beschreibung der Schöpfung JHWHs; genauer vielleicht noch: der guten Schöpfung JHWHs. So geht auch der Beter vor: Es ist die menschliche Grundhaltung des Staunens, die ihn zur Komposition dieses Psalms veranlaßt. Er nimmt die Schöpfung in den Einzeldingen staunend wahr und kommt trotz einiger Ambivalenzerfahrung dazu, daß die menschliche Antwort auf dieses Wunder das Gotteslob sein muß. In großartigen Bildern preist er die Schöpfung JHWHs. Von seiner Form her ist Ps 104 daher ein »Hymnus eines einzelnen« (bzw. ein Loblied oder ein beschreibender Lobpsalm).[728] Das »Hallelu-ja« erscheint hier – nach immerhin über zwei Dritteln der Psalmen – zum ersten Mal im Psalter, und zwar als Unterschrift; »Hallelu-ja« gilt Gunkel als »Urzelle des Hymnus«. Konstitutive Elemente des Hymnus sind: der eigentliche Aufruf zum Lob Gottes, zum anderen aber auch Aussagen über Gott, die diesen Aufruf begründen. Diese nehmen in Ps 104 einen sehr breiten Raum ein. »Der Hymnus hat also ›einen dramaturgisch-liturgischen Zweck‹, und ist zugleich an ›objektiver Darstellung von theologischen Zusammenhängen‹ interessiert.«[729] Seybold bezeichnet den Psalm als einen »in liturgischen Rahmen gebrachten Hymnus«, der die Erschaffung der Welt besingt.[730]

---

[725] Steck, Wein (1978), 173-191.
[726] Köckert, Beobachtungen zu Ps 104 (2000), 260.
[727] Vgl. ebd., 260f.; vgl. auch Uehlinger, Leviathan (1990), der die Abhängigkeit von ägypt. Parallelen (dem Großen Aton-Hymnus) zurückweist und den Psalm aus kanaanäisch-phönizischen Vorbildern verstanden wissen will, ohne jedoch literarkritische Schlußfolgerungen zu ziehen.
[728] Vgl. Krüger, »Kosmo-theologie« zwischen Mythos und Erfahrung (1993), 50. Dort auch Zusammenstellung der Autorenmeinungen zur Gattung.
[729] Ebd.
[730] Seybold, HAT I/15 (1996), 408.

17.6 Datierung

Die Datierungen dieses Hymnus weichen sehr stark voneinander ab. Alle Ausleger sind sich wenigstens darin einig, daß die Entstehungszeit wohl kaum genau fixiert werden könne. Gunkel bemerkt hierzu, daß die »Ansetzung des Psalms in nachexilischer Zeit ... nicht so selbstverständlich (ist), wie man gewöhnlich behauptet«[731], Kraus hält ebenfalls ein vorexilisches Datum für nicht ausgeschlossen,[732] Seybold hingegen denkt wegen der kritischen Beziehungen zu Gen 1 und den weisheitlich-theologischen Denkformen eher an die nachexilische Zeit.[733] Zenger, der den Psalm ebenfalls nachexilisch ansetzt, ordnet ihn der nachexilischen Weisheitsschule als Entstehungsort zu.[734]

Die zahlreichen detaillierten Aufzählungen haben die altorientalischen enzyklopädischen Listenwissenschaften der ägyptischen Naturkunde zum Vorbild;[735] »sapientia est ordinare«. Auch weitere Abhängigkeiten werden diskutiert: das Verhältnis zu Gen 1 und zum Sonnenhymnus Amenophis IV., das Aufgreifen von Motiven aus dem syrisch-kanaanäischen Urflutmythos. Zenger nennt den Psalm geradezu ein

> »religionsgeschichtliches Florilegium von phönizisch-kanaanäischen, ägyptischen und assyrisch-babylonischen, aber auch genuin altisraelitischen Überlieferungen über die Themen ›Bändigung und Verwandlung des Wasser-(Chaos) zu Kosmos durch eine (königliche) Gottheit‹ und ›Der (Gott-)König als Lebensmittler (Ernährer) seines Volkes / Reiches‹«[736].

---

[731] Gunkel, Die Psalmen (⁶1986), 454.
[732] Kraus, BK XV/1 (⁶1989), 881.
[733] Seybold, HAT I/15 (1996), 409. Die Beziehungen zu Gen 1 könnten jedoch auch auf gemeinsamer (mündlicher) Überlieferung beruhen; von daher liefert die Verschriftlichung von Gen 1 nicht unbedingt einen Anhaltspunkt. Inhaltlich steht der Psalm Gen 1 aber tatsächlich nahe, u.a. auch darin, daß es nur um vegetarische Nahrung geht.
[734] Vgl. Zenger, Morgenröte (1991), 35.
[735] So lautet etwa die Überschrift des »Onomastikons für Amenemope« (um 1100 v. Chr.): »Lehrbuch für die Kenntnis, für die Unterweisung des Unwissenden, für das Lernen aller Dinge, die es gibt, die Ptah geschaffen hat, die Thot aufgeschrieben hat: den Himmel mit seinen Gestirnen, die Erde mit dem, was in ihr ist, was die Berge ausbrechen, was vom Wasser befeuchtet wird, alles worauf die Sonne scheint, alles was auf der Erde wächst – das sich ausgedacht hat der Schreiber des Gottesbuches im Lehrhause des Amenope« (H. Grapow / W. Westendorf, HdO I,2, 220f; zit. nach Krüger, »Kosmo-theologie« zwischen Mythos und Erfahrung (1993), 51.)
[736] Zenger, Morgenröte (1991), 35.

17.7 Zur These

Es bestehen einige Verbindungen zu Ps 103: Anfang und Schluß sind gleich wie auch die Vorliebe für Partizipien, mit denen Gottes Taten ausgesagt werden. Inhaltlich bilden beide Psalmen Gegenstücke; Ps 103 thematisiert Gottes Walten an Israel und am Psalmisten, Ps 104 dagegen seine Herrlichkeit in der Natur.[737] Die Welt ist Israel mehr ein Geschehen als ein Sein, dem entspricht Ps 104 – er schildert nirgends Ruhe, überall ist Bewegung.

Hier soll es wiederum nicht um eine Einzelauslegung dieses Psalms gehen, sondern um ein Begreifen im Hinblick auf das angezielte Thema. Dieses findet sich in V. 35: יִתַּמּוּ חַטָּאִים מִן־הָאָרֶץ וּרְשָׁעִים עוֹד אֵינָם.

Nachdem die ganze Schöpfung besungen ist, richtet der Dichter sein Augenmerk noch auf die »Störung« des Ganzen: diejenigen Menschen, die nicht auf Gott hin ausgerichtet leben und vom Gotteslob als ihrer eigentlichen Bestimmung weit entfernt sind. Sie sollen aufhören, ein Ende nehmen, verschwinden (תמם qal Imperf.). Dieser Wunsch des Beters wählt eine unpersönliche Formulierung, spricht in diesem Vers nicht Gott als sein Gegenüber, als Du an.[738] Die Aussagen haben etwas Allgemeingültiges, zugleich fehlt jede gewalttätige Konnotation. Bewußt verzichtet der Dichter darauf, diesen Wunsch direkt an JHWH zu adressieren, im Sinne von: »Laß verschwinden, vertilge du«. Der Wunsch vom Verschwinden der Frevler ist prinzipiell im Prozeß der fortwährenden Erneuerung des Antlitzes der Erde erfüllbar. Schuld hat in der zu Gott hin offenen Welt keinen Platz; das Böse stört – als Unbegreifliches – die Ordnung der Schöpfung.

Insgesamt stellt sich die Frage, ob der ganze Versteil nicht sekundär ist. Es ist gut vorstellbar, daß der Psalm ursprünglich ohne 35a gleich mit 35b geendet hat. Dann wäre der ganze Psalm ein Lobhymnus, der die »Negativseite« nicht in den Blick nimmt. Hinsichtlich der Einbindung von 35b in den Psalm sind zwei Wörter zu nennen: הָאָרֶץ (wie in 5.9.13.14.24.32) und עוֹד (wie in 33). Der Vers steht also, was seine Lexeme betrifft, nicht völlig isoliert da. Allerdings ist auffällig, daß die Sünder und Frevler erst ganz am Ende auftauchen. Dies kann ein Stilmittel sein: Um ihre Rolle für die Schöpfung nicht überzubewerten, erhalten sie auch im Psalm nur eine marginale Position. Andererseits ergeht sich der Psalm bei allen anderen Themen in ausführlichen und ausfernden Beschreibungen, so daß die Kürze und Prägnanz

---

[737] Weitere Beobachtungen, insbes. das Einspielen der Tora in Ps 104 s. Köckert, Beobachtungen zu Ps 104 (2000), 277ff.
[738] Anders z.B. Keel: Das Böse »ist nicht Teil der Ordnung, sondern zerstört sie. So wird Gott mit Macht dagegen zu Hilfe gerufen« (Keel, Feinde (1969), 154).

der Aussage über die Sünder auffällt. Nicht einmal ein kompletter Vers ist ihnen gewidmet, nur dieser eine Halbvers.[739]

Sollte der Vers nicht zum Grundbestand des Psalms gehört haben, sondern erst später eingefügt worden sein, wäre dies ein Beleg dafür, daß die hier untersuchte Art der unpersönlichen oder passivischen Formulierungen einer relativ späten Schicht zuzurechnen sind. Den Autoren war sie wichtig genug, um sie auch in ansonsten thematisch relativ geschlossene Texte einzutragen.

Fraglich ist allerdings, ob der Psalm überhaupt zur Bekräftigung der These herangezogen werden kann. Zwar ist V. 35 unter unserer Rücksicht eindeutig, doch fehlen Aussagen über ein helfendes oder rettendes Handeln Gottes im Hinblick auf den einzelnen (gerechten) Menschen. Vielmehr wird sein Schöpfungshandeln besungen, das ja gerade *allen* gilt.

Zu berücksichtigen sind weiterhin die (aber auch auf alle Menschen und die ganze Schöpfung hin getroffenen) Aussagen der Vv. 29-30. Dort ist Gott der Verursacher allen Im-Leben-Bleibens und allen Aus-dem-Leben-Fallens. Ein ganz anderes Bild spielt V. 32 ein mit dem Gott, unter dessen Blick die Erde zittert und bei dessen Berührung die Berge rauchen. Wenn damit die Epiphanie Gottes – zum Gericht! –, wie sie in prophetischen Schriften beschrieben ist, anklingen soll, dann steht doch auch das Bild eines Strafhandelns Gottes im Hintergrund. Die nächste Parallele für diese Deutung bietet Ps 144,5f., wo Gott eindeutig derjenige ist, der Blitze gegen die Feinde sendet. Ps 144,5 (יְהוָה הַט־שָׁמֶיךָ וְתֵרֵד גַּע בֶּהָרִים וְיֶעֱשָׁנוּ) ist mit Ps 104,32 durch die identische Verbform (qal Imperf. 3. Pers. Pl. m.), die sonst nirgends vorkommt, und das Subjekt »Berge« verbunden.

Unter diesen zwei inhaltlichen Vorbehalten wollen die vorangehenden Überlegungen gelesen sein.

---

[739] Als spätere Einfügung sieht auch Köckert V. 35; die letzten Bearbeitungsspuren stammten von jenen Händen, die den Psalm an seinen Ort im Psalter gestellt haben. »An der Wiege von V. 35 dürfte Ps 1 Pate gestanden haben; denn nur dort begegnet jener Parallelismus von Sündern und Frevlern noch einmal im Psalter (wenn auch in umgekehrter Reihenfolge). Dann aber will jener Ergänzer mit V. 35 wohl nicht nur die bedrängende Frage beantworten, wie sich jene unerfreuliche Spezies des Lebendigen der durch göttliche Fürsorge täglich erhaltenen Welt einfügen lasse, sondern Ps 104 im Lichte von Ps 1 gelesen wissen. Damit erhält Ps 104 eine anthropologische Zuspitzung, die ihm von Hause aus eher fremd ist. Mit den Sündern und Frevlern bringt V. 35 *via negationis* die Gerechten, vor allem aber über Ps 1 die Tora auch in Ps 104 ins Spiel, ohne sie zu nennen. Wie in Ps 1 allein der in der Tora verwurzelte Mensch grünt und also Leben und Bleibe hat ... so gewährt V. 35 nur denen Heimatrecht und Leben auf Erden, die sich jener vom Schöpfer weise geordneten Welt einfügen.« (Köckert, Beobachtungen zu Ps 104 (2000), 277).

Bezeichnungen für die Guten

Der Psalm kennt zwei verschiedene Bezeichnungen für die Menschen allgemein, es sind hier keine ausdrücklichen Bezeichnungen für die Guten:

V. 14	אָדָם	ganz allgemein	der Mensch
V. 15	אֱנוֹשׁ	ganz allgemein	der Mensch (poet.)
V. 15	אֱנוֹשׁ	ganz allgemein	der Mensch (poet.)
V. 23	אָדָם	ganz allgemein	der Mensch

Bezeichnungen für die Schlechten

| V. 35 | חַטָּאִים | die Sünder |
| V. 35 | רְשָׁעִים | die Frevler |

Aussagen über das Ende der Schlechten

| V. 35 | יִתַּמּוּ | sie werden vertilgt |
| V. 35 | עוֹד אֵינָם | es möge sie nicht mehr geben |

תמם kommt (nur) im Hifil mit Gott als Subjekt vor: Ez 22,15.

18 Psalm 112: »Das Begehren der Frevler geht zugrunde«

1 הַלְלוּ יָהּ
אַשְׁרֵי־אִישׁ יָרֵא אֶת־יְהוָה
בְּמִצְוֺתָיו חָפֵץ מְאֹד׃
2 גִּבּוֹר בָּאָרֶץ יִהְיֶה זַרְעוֹ
דּוֹר יְשָׁרִים יְבֹרָךְ׃
3 הוֹן־וָעֹשֶׁר בְּבֵיתוֹ
וְצִדְקָתוֹ עֹמֶדֶת לָעַד׃
4 זָרַח בַּחֹשֶׁךְ אוֹר לַיְשָׁרִים
חַנּוּן וְרַחוּם וְצַדִּיק׃
5 טוֹב־אִישׁ חוֹנֵן וּמַלְוֶה
יְכַלְכֵּל דְּבָרָיו בְּמִשְׁפָּט׃
6 כִּי־לְעוֹלָם לֹא־יִמּוֹט
לְזֵכֶר עוֹלָם יִהְיֶה צַדִּיק׃
7 מִשְּׁמוּעָה רָעָה לֹא יִירָא
נָכוֹן לִבּוֹ בָּטֻחַ בַּיהוָה׃
8 סָמוּךְ לִבּוֹ לֹא יִירָא
עַד אֲשֶׁר־יִרְאֶה בְצָרָיו׃
9 פִּזַּר נָתַן לָאֶבְיוֹנִים
צִדְקָתוֹ עֹמֶדֶת לָעַד
קַרְנוֹ תָּרוּם בְּכָבוֹד׃
10 רָשָׁע יִרְאֶה וְכָעָס
שִׁנָּיו יַחֲרֹק וְנָמָס
תַּאֲוַת רְשָׁעִים תֹּאבֵד׃

18.1 Übersetzung

1 Lobt JH!
א Wohl [dem] Menschen[740], der JHWH fürchtet,
ב an seinen Geboten sich herzlich freut.
ג 2 Angesehen[741] auf der Erde wird sein Same sein,

---

[740] Zur Diskussion um »Mann« oder »Mensch« vgl. die Ausführungen zu Ps 1,1. Inkonsequent erscheint mir die Übersetzung bei Seybold, der in V. 1 »Mann«, in V. 5 dann allerdings »Mensch« wählt (HAT I/15 (1996), 443). Wenn überhaupt ein Unterschied sinnvoll ist, so doch eher anders herum: Die allgemeine Aussage des Anfangsverses redet vom Menschen allgemein, ohne besonderes Augenmerk auf das Geschlecht zu legen, in V. 5 geht es um die Abwicklung von »Geschäften«, die eher dem Manne oblagen.

ד		das Geschlecht der Aufrechten wird gesegnet.
ה	3	Vermögen und Reichtum [sind] in seinem Haus,
ו		und seine Gerechtigkeit besteht für alle Zeit.
ז	4	Aufstrahlt im Dunkel ein Licht den Aufrechten,
ח		gnädig, barmherzig und gerecht.[742]
ט	5	Ein guter Mensch, der barmherzig [ist] und leiht,
י		er besorgt seine Angelegenheiten nach dem Recht.
כ	6	Ja, in Ewigkeit wird er nicht wanken,
ל		zu ewigem Gedenken wird der Gerechte.
מ	7	Vor Schreckenskunde wird er sich nicht fürchten,
נ		fest [ist] sein Herz, es[743] vertraut auf JHWH.
ס	8	Unerschütterlich [ist] sein Herz, er wird sich nicht fürchten,
ע		bis er auf seine Feinde (herab)sehen wird.
פ	9	Freigiebig[744] ist er, gibt den Armen,
צ		seine Gerechtigkeit besteht für alle Zeit,
ק		sein Horn erhebt sich in Ehren.[745]
ר	10	Der Frevler wird [es] sehen und sich ärgern,
ש		mit seinen Zähnen wird er knirschen und schwach werden,
ת		das Begehren[746] der Frevler geht zugrunde.

18.2 Gliederung

Der Psalm besteht aus 22 Zeilen, die jeweils mit einem Buchstaben des Alphabets beginnen, es handelt sich also um ein regelmäßig gefügtes alphabetisches Akrostichon. Außerhalb dieser Struktur steht einzig die Überschrift »Hallelu-Jah«.

Seybold bietet eine Gliederung anhand der vier Themenkomplexe Wohlstand, Wohltätigkeit, Wohlbefinden, Wohlergehen und Mißerfolg:

1aα   Überschrift
1aβ.b Makarismus
2-3   Wohlstand

---

[741] Wörtlich »Held«, hier liegt metaphorischer Gebrauch vor »angesehen, einflußreich, tüchtig« (HAL I, 165); alternativ könnte גְּבִיר »mächtig« gelesen werden (wobei der Bedeutungsunterschied im Dt. nicht allzu groß ist); hier wird MT beibehalten.
[742] Oder: »der Gnädige, Barmherzige und Gerechte«. Ps 111,4b bezeichnet JHWH als den Gnädigen und Barmherzigen. Da beide Psalmen eng verbunden sind (»Zwillingspsalmen«), könnte auch hier in 112,4b JHWH gemeint sein. Der Artikel kann in Poesie ohne weiteres fehlen.
[743] Oder: Er vertraut.
[744] Wörtl.: »ausstreuen«, im Sinne von »(reichlich) geben«.
[745] Etwas freier: Er ist mächtig und hoch geehrt.
[746] Manche lesen unter Hinweis auf Hi 8,13; Prov 10,28 תִּקְוַת »Hoffnung«.

4-6   Wohltätigkeit
7-9b   Wohlbefinden
9c-10 Wohlergehen und Mißerfolg[747]

18.3 Strukturbeobachtungen

Die Verse des Psalms sind durch Stichwortaufnahmen auf vielfältige Weise verklammert: die א-Zeile mit 5a einerseits und 7a und 8a andererseits (ירא); 2b mit 4a; 4b mit 6b; 7b mit 8a; 8b mit 10a (ראה); zwischen ירא und ראה liegt zudem wahrscheinlich ein Wortspiel vor: Weil der Mensch des V. 1 JHWH fürchtet, braucht er sich vor Schreckenskunde nicht zu fürchten (7), sein Herz wird sich nicht fürchten (8) und er wird auf seine Feinde herabsehen (8b); die Feinde werden dagegen sehen müssen und sich ärgern (10). Schließlich rahmt רשע die äußeren Ränder des V. 10.

Die rein numerische Mitte des Psalms wird auch inhaltlich markiert; es finden sich in der כ- und in der ל-Strophe »Ewigkeitsaussagen«: »niemals« wankt der Gerechte, das Andenken an ihn wird »ewig« sein; weitere Aussagen, die Dauer bzw. »Ewigkeit« zum Ausdruck bringen: V. 4b und 9b. Diese beiden Kola (ו-Zeile und צ-Zeile) sind fast identisch, wobei der einzige Unterschied, das vorangestellte ו, durch den Formzwang des Akrostichons erklärt ist. Die Aussage (»seine Gerechtigkeit besteht für alle Zeit«) kommt in Ps 111,3b wortgleich vor, bezieht sich dort jedoch auf JHWH.

Die Verbindung von Freigebigkeit gegenüber den Armen mit der allgemeinen Feststellung, daß seine Gerechtigkeit bleiben wird, zeigt dieses Bleiben als Folge des guten (toratreuen) Verhaltens, stellt also die Verbindung her zwischen Wohlstand, Wohltätigkeit und (dauerndem) Wohlergehen. Das Thema der Wohltätigkeit kommt zweimal vor (5a.9a; ט-Zeile und פ-Zeile), dabei wird es beide Male mit den bleibenden, »ewigen« Folgen für den Gerechten verbunden.

Eine weitere Beobachtung auf rein struktureller Ebene: So wie sich die כ-Zeile und die ל-Zeile entsprechen, so auch die beiden Zeilen der Vv. 3b und 9b, so daß die Aussage der ה-Zeile (3a »Vermögen und Reichtum sind in seinem Haus«) auf doppelte Weise mit der daraus folgenden (»seine Gerechtigkeit besteht für alle Zeit«) verbunden ist, mit der direkt folgenden ו-Zeile (3b) und der ihr spiegelbildlich entsprechenden צ-Zeile (9a). Die ו-Zeile (3b

---

[747] Vgl. Seybold, HAT I/15 (1996), 444, der allerdings den dritten Teil bis »9a« gehen läßt, er scheint aber – wie aus der Auslegung hervorgeht – doch auch 9b zu meinen. Dennoch scheinen damit bestimmte Aspekte nur ungenügend eingefangen, denn ob z.B. V. 4 mit dem Stichwort Wohltätigkeit treffend bestimmt ist, und wieso der letzte Teil nicht erst ab V. 10 abgetrennt wird, bleibt fraglich. Der tob-Spruch in V. 5 könnte analog zum Makarismus in V. 1 einen neuen Teil einleiten.

»seine Gerechtigkeit besteht für alle Zeit«) entspricht – am Zentrum des V. 6 gespiegelt – der פ-Zeile (9a »freigiebig ist er, gibt den Armen«).

Da die Aussagen über den Bestand des JHWH-fürchtigen Menschen strukturell so stark mit den Aussagen über sein Wohlverhalten verknüpft sind, darf man das analog wohl auch für die inhaltliche Seite folgern – diese Verse bieten die zentrale Aussage des Psalms.

(JHWH-)Furcht (ירא, 1a, 7a, 8a), Gerechtigkeit (3b, 9b) und Ewigkeit sind die Themen des Psalms. Gute (א-Zeile: אשרי־איש) und Schlechte (ר-Zeile: רשעים) stehen einander an den äußersten Enden entgegen.

18.4 Einheitlichkeit

MT gliedert den Text in acht Bikola (1-8) und zwei Trikola (9-10). Die strenge Form des Akrostichons macht es sehr unwahrscheinlich, den Psalm als nicht einheitlich sehen zu wollen, zumal die Kola recht gleichmäßig lang sind (sie bestehen alle aus jeweils drei oder vier Wörtern[748]). Beachtenswert ist zudem die Gesamtzahl der Wörter: Der Psalm besteht aus 77 Wörtern, das (wohl sekundäre liturgisch bedingte) Halleluja ausgenommen.[749]

Da eventuell später eingefügte einzelne Wörter den Gesamtduktus des Psalms aber nicht grundlegend verändert haben, kann im folgenden von der Einheitlichkeit des Psalms ausgegangen werden.

18.5 Gattung

Bei Ps 112 handelt es sich um ein weisheitliches Lehrgedicht. Auf inhaltlicher Ebene gibt es hinreichend Gründe für diese Klassifizierung (s.u. DATIERUNG und ZUR THESE); auf formaler Ebene deutet die Form des alphabetischen Akrostichons darauf hin.

18.6 Datierung

Die Kunstform des alphabetischen Akrostichons ist erst in exilisch-nachexilischer Zeit aufgekommen; auch der Makarismus des ersten Verses verweist uns in eher spätere Zeit. Inhaltlich wird diese Ansetzung dadurch bestätigt, daß der Psalm sich mit typisch weisheitlichen Themen beschäftigt,

---

[748] Die Kola mit drei bzw. vier Wörtern verteilen sich in keiner Weise regelmäßig über den Psalm, daher trägt dieser Unterschied wohl zur Gliederung nichts bei; allerdings ist die zweite Hälfte deutlich gleichmäßiger: 6a-8b (sechsmal) je vier Wörter, 9a-10c (ebenfalls sechsmal) je drei Wörter. Seybold, HAT I/15 (1996), 444 geht dagegen bei den Zeilen, die aus vier Wörtern bestehen, von »Überfüllung« aus.
[749] So auch Ravasi, Salmi (1986), 323.

vornehmlich mit der Torafrömmigkeit und dem Ergehen des »Gerechten«. Ps 112 redet vom »anthropologische[n] Spiegelbild zur Treue Gottes«[750], von der der vorangehende Psalm preisend gesungen hat. Kennzeichnend für den Gottesfürchtigen ist sein Verhältnis zu den Geboten JHWHs. Aus dieser Haltung folgt Wohlstand und Wohlergehen, womit das (spät-)weisheitliche Lebensideal (vgl. Hi 1,1ff.) gezeichnet ist. Man kann in Ps 112 »einen Querschnitt durch die Grundfragen der jüdischen Frömmigkeit und Sittlichkeit in nachexilischer Zeit«[751] erkennen.

Wenn auch die Übereinstimmung des ersten Verses mit dem Beginn von Ps 1 ins Auge fällt und sich beide Psalmen mit den selben Themen beschäftigen (Torafrömmigkeit, Schicksal des Gerechten, der zunächst im Singular beschrieben wird), ist doch nicht an eine direkte literarische Abhängigkeit zu denken, sondern es handelt sich um eine formale Stilanalogie – die allerdings durchaus auf vergleichbare Entstehungsbedingungen verweisen könnte. Das zeigt sich auch an den nahen Berührungen zum (späten) Ps 37.

Parallelen zu Ps 37

1.) Beide sind alphabetische Akrosticha.
2.) Beide handeln »weisheitliche Themen« ab, insbesondere zeichnen sie ein Idealbild der Lebensweise des Gerechten in der Bindung an die Tora (37,23.31; 112,1).
3.) Der Gerechte zeichnet sich durch Freigebigkeit gegenüber den Armen aus (112,5a.9a; 37,21.26); dieses Thema wird jeweils einmal durch das seltene Verb לוה II im Hifil (Ps 112,5a vgl. Ps 37,26) angesprochen (noch einmal im Qal Ps 37,21 hinsichtlich des Frevlers, der borgen muß); hier wie dort ist damit eine inhaltlich wichtige Haltung des Gerechten bezeichnet.
4.) Das Bild vom Zähneknirschen der Feinde (Ps 37,12; 112,10b); die weiteren Parallelen des seltenen Bildes: Ijob 16,9; Ps 35,16; Klgl 2,16.
5.) Die Weitung des Blicks auf die folgenden Generationen: 112,2; 37,18. 27.37.
6.) Das »Herabsehendürfen« auf die Feinde bzw. das *Sehen* ihres Gefälltseins: 112,8b; 37,34c.

---

[750] Seybold, HAT I/15 (1996), 444.
[751] Kraus, BK XV/2 (⁶1989), 949.

PARALLELEN ZU PS 1

1.) Beide beginnen mit einer Seligpreisung (hinzu kommt in Ps 112 noch ein tob-Spruch in V. 5a) und enden mit einer Aussage darüber, was dem Trachten der Frevler widerfährt. In Ps 1 vergeht ihr Weg (וְדֶרֶךְ רְשָׁעִים תֹּאבֵד), hier ihre Lust bzw. ihr Begehren (תַּאֲוַת רְשָׁעִים תֹּאבֵד).
2.) Beide Psalmen sind am Alphabet orientiert: Ps 1 beginnt mit א und sein letztes Wort endet auf ת, Ps 112 ist ein komplettes alphabetisches Akrostichon.
3.) Inhaltlich geht es beiden um eine Beschreibung des Verhaltens, das den Gerechten kennzeichnen soll. Zentral ist dabei die Gottesfurcht bzw. das Ausgerichtetsein auf die Tora JHWHs.

18.7 Zur These

Thema des Psalms ist das Idealbild des Gerechten. Kennzeichnend ist dabei das Gefallen, das er an den Geboten Gottes hat. Aus dem toragetreuen Leben folgt für ihn Wohlstand für sich selbst und seine Nachkommenschaft. Beides zusammen – Bindung an die Gebote und ein gewisser Wohlstand – ermöglichen ihm wohltätiges Handeln gegenüber den Armen, wobei die Bereitschaft zum barmherzigen Leihen als exemplarisches Halten der Gebote ins Zentrum gerückt wird, also nicht etwa nur Folge, sondern auch Bedingung seines Wohlergehens ist.

Aber nicht nur nach außen hin zeigt sich sein an den Geboten orientiertes Leben, sondern auch nach innen; es äußert sich in innerer Unerschütterlichkeit, die sich aus dem Wissen speist, daß ihm im Vertrauen auf JHWH nichts geschehen wird (V. 7f.). Aus der Gottesfurcht folgt Furchtlosigkeit.

Sein Handeln wird dabei zugleich mit dem der Frevler kontrastiert. Diese kommen in V. 8 zunächst als »seine Feinde« vor, bevor sie im Schlußvers allgemein (ohne Suffix der dritten Person) als Frevler charakterisiert werden. Der Gottesfürchtige wird dabei (ähnlich Ps 1) als der Einzelne beschrieben, der der Gruppe von Feinden (8b) bzw. Frevlern gegenübersteht. Doch ist dieser Aspekt (Vereinzelung auf seiten des Gerechten, Zusammenrottung mehrerer Feinde) hier nicht konsequent durchgehalten: Das im Dunkel aufstrahlende Licht scheint *den* Aufrechten (Pl., V. 4), während *der* Frevler (Sg., V. 10) es sehen und mit den Zähnen knirschen wird.

Aus dem bisher Gesagten wird deutlich, daß im Zentrum des Interesses der Gerechte, nicht etwa das Zugrundegehen der Frevler steht. Es ist ein Psalm der Ermutigung und des Zuspruchs an alle, die gegen den äußeren Anschein an der Gebotsbeachtung festhalten. Ihnen wird dafür reicher Segen versprochen. Es ist bzw. war eine Selbstvergewisserung der toratreuen Kreise in Zeiten der Anfechtung.[752]

Der Psalm teilt also mit einigen hier bereits besprochenen Psalmen grundlegende Themen und die Perspektive. Dennoch drängt sich die Frage auf, ob es berechtigt ist, ihn zur These hinzuzuzählen, da der Aspekt der Rettung JHWHs für die Gerechten nicht ausdrücklich entfaltet wird.

Die Auslegung entscheidet sich an der Interpretation des V. 4: Dem leidenden Gerechten wird verheißen, daß ihm ein Licht aufstrahlt. »Licht« ist zunächst ein allgemeines und umfassendes Symbol glücklichen Lebens. »Letztlich ist aber Jahwe selbst das Licht (Jes 9,1; 10,17; Mi 7,8; Ps 27,1; 36,10; Hi 29,3).«[753] Die enge Verwandtschaft mit Ps 111,[754] in dem JHWH mit genau diesen drei Attributen (gnädig, barmherzig, gerecht) belegt wird, macht diese Deutung sehr plausibel, wenn man nicht sogar (wie u.a. Kraus) davon ausgehen will, daß im ursprünglichen Text JHWH gestanden habe. Der Vers changiert zwischen den beiden Bedeutungsmöglichkeiten: a) »JHWH erstrahlt dem Aufrechten als Licht« bzw. b) »gnädig und barmherzig [ist] der Gerechte«. Doch auch Möglichkeit b) schließt JHWH als das Licht, das im Dunkel aufstrahlt, nicht einfach aus; der Gerechte spiegelt das von Gott ausgehende Licht in seinem eigenen Verhalten wider.

Im Kontext des »Zwillingspsalms« (Zimmerli) 111 wird man die Frage, ob mit dem Licht JHWH gemeint sei, aufgrund der direkten Parallele bejahen können. Dann hat man in V. 4 die deutliche Aussage, daß JHWH selbst den Aufrechten beisteht.

Der umgekehrte Aspekt, das Zugrundegehen der Frevler, ist zwar stets ganz deutlich passivisch bzw. unpersönlich formuliert (10b), doch finden sich keine »eindeutigen« Untergangsverben. Ein Sich-Ärgern oder ein Schwach-Werden bedeutet allerdings im Kontext des semitischen Denkens wesentlich mehr als die entsprechenden deutschen Wörter. Wenn im allerletzten Kolon konstatiert wird, daß das Begehren der Frevler zugrunde geht, so ist damit zudem

---

752 In diesem Sinne u.a. Albertz: »Den Frommen, der sein Verhalten am Gesetz ausrichtet und seinen Reichtum freigebig an die Armen austeilt (Ps 112,4.5.9), so versicherten sie sich, werde Jahwe unermeßlich segnen (V.2f.7.9).« (Albertz, Religionsgeschichte Israels (1992), 548). Schon Kraus übte deutliche Kritik am Verfehlen der Perspektive durch die gängigen Auslegungen: »Die Herrschaft des Vergeltungsdogmas wird [in den üblichen Auslegungen des Psalms] besonders unterstrichen. Dabei wird übersehen, daß Ps 112 die Tendenz eines Zuspruchs und einer Verheißung hat. ... Es wird im Psalm einem Menschen, dessen Leben vom Leiden gezeichnet ist, die Heilsfülle Gottes zugesprochen. *Der Gerechte hat eine große Zukunft* – das ist das Hauptthema des 112. Psalms.« (Kraus, BK XV/2 (⁶1989), 949).

753 Kraus, BK XV/2 (⁶1989), 948.

754 Aussagen, die dort für JHWH gemacht werden, sind in Ps 112 auf den Gerechten übertragen; z.T. wörtlich wie die jeweiligen Verse 3b oder durch Wortaufnahmen.

deutlich das Ende des ersten Psalms – die Aussage verstärkend – eingespielt. Im Zusammenklang der drei Verben des V. 10 ergibt sich durchaus so etwas wie eine Rede vom »Zugrundegehen«.

Bezeichnungen für die Guten

V. 1	אִישׁ יָרֵא אֶת־יְהוָה	der Mann / Mensch, der JHWH fürchtet
V. 2	דּוֹר יְשָׁרִים	das Geschlecht der Aufrechten
V. 4	יְשָׁרִים	die Aufrechten
V. 5	טוֹב־אִישׁ	ein guter Mann / Mensch
V. 6	צַדִּיק	der Gerechte
(V. 9	אֶבְיוֹנִים	die Armen[755])

Bezeichnungen für die Schlechten

V. 8	צָרָיו	seine Feinde
V. 10	רָשָׁע	der Frevler
V. 10	רְשָׁעִים	die Frevler

Aussagen über das Ende der Schlechten

V. 10	כָּעַס	er ärgert sich
V. 10	נָמָס	er wird schwach
(V. 10	תַּאֲוַת רְשָׁעִים תֹּאבֵד	das Begehren der Frevler geht zugrunde[756])

כעס bildet ein Hifil mit Gott als Subjekt: Dtn 32,21; Ez 32,9.
מסס hingegen ist in keinem Stamm mit Gott als Subjekt belegt.

---

[755] Die Armen sind hier aber nicht Subjekt, nur Objekt der Fürsorge; sie werden inhaltlich nicht qualifiziert.
[756] Nicht die Frevler selbst.

II Textanalysen

19 Psalm 118: »Sie umringten mich wie Bienen – sie wurden gelöscht wie Dochtenden«

1 הוֹדוּ לַיהוָה כִּי־טוֹב כִּי לְעוֹלָם חַסְדּוֹ
2 יֹאמַר־נָא יִשְׂרָאֵל כִּי לְעוֹלָם חַסְדּוֹ:
3 יֹאמְרוּ־נָא בֵית־אַהֲרֹן כִּי לְעוֹלָם חַסְדּוֹ:
4 יֹאמְרוּ־נָא יִרְאֵי יְהוָה כִּי לְעוֹלָם חַסְדּוֹ:

5 מִן־הַמֵּצַר קָרָאתִי יָּהּ עָנָנִי בַמֶּרְחָב יָהּ:
6 יְהוָה לִי לֹא אִירָא מַה־יַּעֲשֶׂה לִי אָדָם:
7 יְהוָה לִי בְּעֹזְרָי וַאֲנִי אֶרְאֶה בְשֹׂנְאָי:
8 טוֹב לַחֲסוֹת בַּיהוָה מִבְּטֹחַ בָּאָדָם:
9 טוֹב לַחֲסוֹת בַּיהוָה מִבְּטֹחַ בִּנְדִיבִים:
10 כָּל־גּוֹיִם סְבָבוּנִי בְּשֵׁם יְהוָה כִּי אֲמִילַם:
11 סַבּוּנִי גַם־סְבָבוּנִי בְּשֵׁם יְהוָה כִּי אֲמִילַם:
12 סַבּוּנִי כִדְבוֹרִים דֹּעֲכוּ כְּאֵשׁ קוֹצִים בְּשֵׁם יְהוָה כִּי אֲמִילַם:
13 דַּחֹה דְחִיתַנִי לִנְפֹּל וַיהוָה עֲזָרָנִי:
14 עָזִּי וְזִמְרָת יָהּ וַיְהִי־לִי לִישׁוּעָה:
15 קוֹל רִנָּה וִישׁוּעָה בְּאָהֳלֵי צַדִּיקִים
יְמִין יְהוָה עֹשָׂה חָיִל: 16 יְמִין יְהוָה רוֹמֵמָה יְמִין יְהוָה עֹשָׂה חָיִל:
17 לֹא אָמוּת כִּי־אֶחְיֶה וַאֲסַפֵּר מַעֲשֵׂי יָהּ:
18 יַסֹּר יִסְּרַנִּי יָּהּ וְלַמָּוֶת לֹא נְתָנָנִי:

19 פִּתְחוּ־לִי שַׁעֲרֵי־צֶדֶק אָבֹא־בָם אוֹדֶה יָהּ:
20 זֶה־הַשַּׁעַר לַיהוָה צַדִּיקִים יָבֹאוּ בוֹ:
21 אוֹדְךָ כִּי עֲנִיתָנִי וַתְּהִי־לִי לִישׁוּעָה:
22 אֶבֶן מָאֲסוּ הַבּוֹנִים הָיְתָה לְרֹאשׁ פִּנָּה:
23 מֵאֵת יְהוָה הָיְתָה זֹּאת הִיא נִפְלָאת בְּעֵינֵינוּ:
24 זֶה־הַיּוֹם עָשָׂה יְהוָה נָגִילָה וְנִשְׂמְחָה בוֹ:
25 אָנָּא יְהוָה הוֹשִׁיעָה נָּא אָנָּא יְהוָה הַצְלִיחָה נָּא:
26 בָּרוּךְ הַבָּא בְּשֵׁם יְהוָה בֵּרַכְנוּכֶם מִבֵּית יְהוָה:
27 אֵל יְהוָה וַיָּאֶר לָנוּ
אִסְרוּ־חַג בַּעֲבֹתִים עַד־קַרְנוֹת הַמִּזְבֵּחַ:
28 אֵלִי אַתָּה וְאוֹדֶךָּ אֱלֹהַי אֲרוֹמְמֶךָּ:

29 הוֹדוּ לַיהוָה כִּי־טוֹב כִּי לְעוֹלָם חַסְדּוֹ:

19.1 Übersetzung

1 Lobt[757] JHWH, denn er ist gut;
  ja, seine Huld [währt] allezeit[758].
2 Es sage doch Israel:
  Ja, seine Huld [währt] allezeit.
3 Es sage doch das Haus Aaron:
  Ja, seine Huld [währt] allezeit.
4 Es sollen doch sagen, die JHWH fürchten:
  Ja, seine Huld [währt] allezeit.

5 Aus der Bedrängnis rief ich Jah,
  es antwortete mir Jah in der / mit Weite.
6 JHWH ist für mich,[759] ich fürchte mich nicht,
  was könnte ein Mensch mir antun?
7 JHWH ist für mich, unter meinen Helfern,
  ich sehe[760] auf meine Hasser herab.
8 Besser[761] sich zu bergen bei JHWH

---

[757] ידה wird mit »danken« (so u.a. Gunkel, Kraus, Seybold, EÜ und Luther) oder »loben« übersetzt. Die Wurzel kann ausschließlich eine göttliche Person als Objekt regieren. Nach Westermann gibt es im Hebräischen kein Wort nur für »danken«, »loben« sei immer mitgemeint (vgl. Westermann, Das Loben Gottes in den Psalmen (1977 [1954]), bes. 11.20-28). Crüsemann setzt sich mit dieser Argumentation auseinander (Studien zu Hymnus und Danklied (1969), 281f.) und gesteht die Vielschichtigkeit der Wurzel ein, obwohl er bei der Übersetzung mit »danken« bleibt; im Zusammenhang des hymnischen Lobpreises, der einem Danklied vorangestellt ist, sei »loben« zu wählen. Mayer (Art. ידה, ThWAT III (1982), 455-458.460-474) geht ausschließlich von der Bedeutung »loben, preisen« aus, nicht von »danken«. Mark, der die genannten Positionen differenziert referiert, kommt zur Übersetzung »danken« (vgl. Mark, Meine Stärke (1999), 124-126).

[758] Um die philosophischen bzw. theologischen Konnotationen zu vermeiden, die das Wort »ewig« evoziert, wird לעולם, das nicht »ewig« im Sinne von »außerhalb der Zeit«, sondern eher »immer, für alle Zeit« meint, hier entgegen der gängigen Übersetzung »ewig« mit »allezeit« übersetzt (vgl. Jenni, Das Wort ʿōlām im Alten Testament (1952), 234 und Preuß, Art. ʿōlām, ThWAT V (1986), 1144-1159).

[759] Seybold versteht Vv. 6.7.10.12 als Bedingungssätze: »Ist JHWH für mich, so ...; haben mich umringt, so ...« (HAT I/15 (1996), 457). Für die Vv. 6 und 7 vgl. so schon Gunkel (Psalmen (⁶1986), 976).

[760] Hier wie schon im vorhergehenden Vers präsentisch übersetzt, obwohl auch futurisch möglich wäre: »werde mich nicht fürchten; werde herabsehen«. So z.B. Ravasi (Salmi (1984), 407), der allerdings nur V. 7 futurisch übersetzt.

[761] Schröten bevorzugt »gut – und nicht« (so übrigens auch die Lutherbibel) um zu unterstreichen, daß es sich nicht um einen Vergleich handelt, sondern mit absoluter Gültigkeit ausgesagt werden soll, was »gut« ist. »Gemäß der Aussageabsicht ist zu

als auf Menschen zu vertrauen.
9 Besser sich zu bergen bei JHWH
  als auf Fürsten zu vertrauen.
10 Alle Völker umringten mich,
   im Namen JHWHs, ja, wehrte ich sie ab.
11 Sie umgaben, ja, sie umringten mich,
   im Namen JHWHs, ja, wehrte ich sie ab.
12 Sie umringten mich wie Bienen,
   sie wurden gelöscht wie Dochtenden,[762]
   im Namen JHWHs, ja, wehrte ich sie ab.
13 Hart stieß man[763] mich, um mich zu Fall zu bringen,
   doch JHWH hat mir geholfen.
14 Meine Kraft / Stärke und mein Lied ist Jah,
   er wurde für mich zur Rettung.
15 [Der] Klang von Jubel und Rettung
   [ist] in den Zelten der Gerechten;
   die Rechte JHWHs wirkt mit Macht / tut Gewaltiges.
16 Die Rechte JHWHs ist erhoben,
   die Rechte JHWHs wirkt mit Macht / tut Gewaltiges.
17 Ich werde nicht sterben, sondern leben
   und die Taten Jahs erzählen.[764]

---

unterscheiden zwischen komparativisch (besser – als) und adversativ (gut ist – und nicht) gebildeten Formen. Die adversative Form wird gewählt, wenn die Aussage den Gegensatz von ›Gehorsam und Ungehorsam‹ impliziert und einen absolut gültigen Wert herausstellen will, der Wegweiser zum wahren Glück des Menschen sein will, das wiederum im Gottvertrauen als dem höchsten Gut sich findet.« (Ebd., 129 in Anlehnung an Höver-Johag, Art. טוב, ThWAT II (1977), 334.) Hier wird dennoch die Übersetzung mit »besser – als« bevorzugt, da die alttestamentlichen Texte ja keineswegs verbieten, auf Menschen zu vertrauen, was m.E. die »gut – und nicht« Variante aber implizit aussagen würde.

762 Textlich schwierig; andere Übersetzungsmöglichkeit: »sie erloschen wie Dornenfeuer«, so MT. Zur Frage der Übersetzung von קוץ »Dorn(gestrüpp)« mit »Dochtabfälle« vgl. Becker, Ps 118,12 (1958), 174, der zeigt, daß die Bedeutung »Docht« nach dem hebräischen Text näherliegt.

763 Übersetzung gemäß der LXX. MT hat: »Hart hast *du* mich gestoßen«, was sich nur auf JHWH beziehen kann, dann aber in eine gewisse Spannung zur zweiten Vershälfte gerät, wo über JHWH in 3. Pers. gesprochen wird und er es ist, der geholfen hat. Seybold scheint von einer anderen Person »du« auszugehen, er liest »Hast du mich gestoßen, daß ich fiel, war es JHWH, der mir geholfen.« (HAT I/15 (1996), 457.) Er steht damit in der Tradition der frühen historisch-kritischen Forschung, die in der 2. Person eine Anrede des kollektiven Israel an feindliche Völker sieht. Vgl. auch Schröten, Ps 118 (1995), 54, die die entsprechenden Autoren auflistet.

18 Hart hat mich Jah gezüchtigt,
doch dem Tode hat er mich nicht übergeben.

19 Öffnet mir die Tore der Gerechtigkeit!
Ich will durch sie eintreten, Jah will ich loben / danken.
20 Dies ist das Tor JHWHs,
(nur) Gerechte treten durch es ein.
21 Ich danke dir / lobe dich, denn du hast mich erhört,
und du bist mir zur Rettung geworden.
22 Der Stein, den die Bauleute verwarfen,
[er] ist zum Eckstein geworden.
23 Von JHWH ist dies geschehen,
es ist ein Wunder in unseren Augen.
24 Dies ist der Tag, den JHWH gemacht hat,
wir wollen jauchzen und uns an / in ihm freuen.
25 Ach, JHWH, rette doch!
Ach, JHWH, gib doch Gelingen![765]
26 Gesegnet [sei], der kommt im Namen JHWHs.
Wir segnen euch vom Haus JHWHs her.
27 Gott [ist] JHWH und er erleuchte[766] uns;
bindet den Festreigen mit Zweigen[767]
bis zu den Hörnern des Altars.
28 Mein Gott [bist] du, (und) ich will dich loben!
Mein Gott, dich will ich erheben.

29 Lobt JHWH, denn er ist gut;
ja, seine Huld [währt] allezeit.

---

[764] Schröten und Zenger (Morgenröte (1991), 115) präsentisch: Nicht sterbe ich – ja, ich lebe und erzähle die Werke Jahs.
[765] Zenger (Morgenröte (1991), 116) übersetzt »vollende doch«. צלח hif. hat die Bedeutung: »eine Sache durchführen, zum Ziel bringen, etwas gelingen lassen«.
[766] MT hat Waw-Imperfekt: »er gab uns Licht«.
[767] עבת: Seil; Zweig. Von der Bedeutung Seil oder Strick ist nach LXX und Qumran nicht auszugehen; eher »Dichtbelaubtes«, daher: »Mit Zweigen verbindet euch zum Reigen«. Tänze mit Zweigen in den Händen sind auch sonst bekannt, etwa am Laubhüttenfest. Die Übersetzungsalternative wäre: »Bindet das Festopfer mit Strikken«. Eine mittlere Position nimmt Seybold ein, der bei der Bedeutung »Seil« bleiben will: »Knüpft den Reigen mit Bändern«.

19.2 Gliederung

1-4	Rahmen(doxologie) (Selbstaufforderung der Gemeinde)	
5-18	Danklied eines einzelnen / Danksagungserzählung	Ich – Er
19-28	liturgisches Wechselgespräch / Dankliturgie im engeren Sinn	Ich – Du
29	Rahmen(doxologie) (Selbstaufforderung der Gemeinde)	

Diese drei Hauptteile (Rahmen 1-4.29 und erster und zweiter Hauptteil) unterscheiden sich bereits hinsichtlich der verwendeten Verbformen: Ist der Rahmen durch Imperative und Jussive bestimmt, so dominieren den ersten Hauptteil erzählende Formen, im zweiten Hauptteil schließlich mischen sich Aufforderung und Erzählung.[768]

In den Vv. 2-4 werden die Adressaten genannt, denen der Aufruf zum Gotteslob gilt; diese erweiterte hymnische Einführung ist in Form eines Treppenparallelismus gestaltet.

Das *Danklied eines einzelnen* in 5-18 läßt sich unterteilen in 5-9 (Not, Anrufung, Rettung) und 10-18, wo ein betonter Neueinsatz mit vorangestelltem Subjekt den Einschnitt markiert und das Schema Not-Anrufung-Errettung noch ein zweites Mal vollständig durchlaufen wird. Die Rede eines »Ichs« über JHWH in 3. Pers. überwiegt, Ausnahmen von der Sprechrichtung sind 8-9.12b.15.16.

Mit einem Wechsel der Personen und einer Ortsangabe wird der Neueinsatz des nächsten Teiles, des *liturgischen Wechselgesprächs in 19-28* markiert und die Stilform der Apostrophe (Abwendung von den Zuhörern) gewählt. Innerhalb dieses Teiles heben sich die letzten Verse (25-28) noch einmal ab. Bei 25 handelt es sich um eine eschatologisch ausgerichtete Bitte, bei 26 um einen Segen.

19.3 Strukturbeobachtungen

Ps 118 ist ein kunstvoll komponierter und vielschichtiger Text. Die einzelnen Teile sind in sich konzentrisch gestaltet.[769] V. 1 und V. 29 bilden eine Inklusion um den Psalm; evtl. gibt diese Wiederholung einen Hinweis auf die liturgische Verwendung des Textes, handelt es sich bei diesen Versen ja um die hymnische Selbstaufforderung der Gemeinde zum Gotteslob.

Das Tetragramm kommt 22! mal vor, hinzu kommt noch 6 mal die Kurzform יה sowie jeweils einmal אל (V. 27), אלי (V. 28) und אלהי (V. 28). Im

---

[768] Vgl. auch Mark, Meine Stärke (1999), 122.
[769] Für Einzelheiten und Feinheiten des Aufbaus sei auf Schröten, Ps 118 (1995), 59-68 verwiesen sowie auf Mark, Meine Stärke (1999), der für jeden der einzelnen Teile einen konzentrischen Aufbau nachweist (ebd., 23f.; ausführlich Kap. 4-8).

übrigen ist der Psalm auch sonst von zahlreichen Wiederholungen geprägt, zum Teil werden ganze Kola litaneiartig wiederholt, so z.B. כִּי לְעוֹלָם חַסְדּוֹ fünf Mal.

Weitere Einzelbeobachtungen: V. 14 ist das Zentrum des Textstücks 10-18, es stehen jeweils 9 Halbverse davor und dahinter. Die »Zentralaussage«, daß JHWH zur Rettung wurde, wird damit auch strukturell betont. Analoges gilt für V. 21, der prägnante Stichworte des Psalms in Form eines Summariums wieder aufnimmt und eine Inklusion mit V. 5 bildet.

19.4 Einheitlichkeit

Ps 118 ist auf der Endtextebene eine kunstvoll gestaltete Komposition. Dennoch fallen insbesondere im zweiten Hauptteil (19-29), der in sich ein etwas uneinheitliches Bild ergibt, kleinere geschlossene Einheiten auf. So liegt die Vermutung nahe, daß der Endtext von Ps 118 eine beabsichtigte Komposition ist, die aus Textstücken verschiedener Herkunft zusammengefügt wurde.[770] Schröten, die verschiedene Möglichkeiten anderer Exegeten diskutiert, kommt zu folgendem Ergebnis:

> »Ein nachexilischer Psalm, der Formelemente eines Dankliedes eines Einzelnen aufweist, ist durch eine Erweiterung, die liturgischen Charakter hat, zu einem Psalm der Gemeinde geworden, der den Ablauf einer bestimmten Liturgie an einem Fest oder Teile daraus schildert. Die Gemeinde Israel ist somit auch der Beter des Dankliedes, auch wenn diese weiterhin in der singularen Form spricht. In einem zweiten Stadium der Überlieferung wurde auf die literarische Überlieferung größeren Wert gelegt. Es finden sich einmal Ergänzungen, die den überlieferten Text stärker als einen poetischen Text ausweisen wollen. Gleichzeitig ist auch deutlich, daß Ps 118 bewußt an das Ende der Psalmengruppe Ps 113-117 gesetzt wurde. Spuren der Überarbeitung, die auf die vorausgegangenen Psalmen gezielt anspielen oder sogar antworten wollen, lassen sich im Text nachweisen.«[771]

Schematisch ergeben sich daraus folgende Teile: *Grundpsalm* 5-7.10-12a.c. 13f.16-18; *Erweiterungen* 1.29.2-4.19f.22-24.26.27bc.

Dagegen spricht sich Mark, der zu einem konträren Ergebnis kommt, sehr kritisch aus: »Ps 118 ist ein metrisch streng gefügter Text. Mit literarkritisch auszusondernden Textteilen ist deshalb nicht zu rechnen, weil jeder wie auch

---

[770] Vgl. Schröten, Ps 118 (1995), 80; dort auch Forschungsüberblick über die verschiedenen Möglichkeiten.
[771] Ebd., 87.

immer geartete Eingriff sein metrisches Gefüge beschädigen würde.«[772] Das ist zwar ein wichtiger Hinweis, aber lange kein Gegenbeweis, wie die kunstvolle Komposition von Psalmen und auch anderen alttestamentlichen Texten zeigt, bei denen die Hand der Redaktoren die Endfassung bestimmt.[773]

19.5 Gattung

Ps 118 ist der Schlußpsalm des sog. »Ägyptischen Hallel«, der Psalmengruppe 113-118. Die durch zahlreiche Stichwortbeziehungen miteinander verwobenen Pss 113-118 sind ein Lobpreis auf JHWH als den Gott des Exodus, der sein Volk aus Todesnot rettet und ins Land der Lebendigen führt.[774]

Die gattungsmäßige Bestimmung des Einzelpsalms 118 fällt demgegenüber etwas schwerer, was mit der »Doppelgesichtigkeit«[775] des Psalms zu tun hat: In den Vv. 1-4 und 19-29 tritt sein liturgischer Charakter ganz offensichtlich zutage, andererseits sind die Vv. 5-18 eindeutig als Dankgebet eines »Ich« gestaltet. Die Frage, wer mit diesem »Ich« gemeint ist, ist daher von Bedeutung für die Gattungsbestimmung.

Durch den direkten Kontext des Hallel wie auch durch die jüdische Tradition legt sich die Auffassung nahe:

»Das ›Ich‹ des Psalms ist Israel bzw. die feiernde Gemeinde. Der (wahrscheinlich) in frühnachexilischer Zeit entstandene Ps 118 ist der Lobpreis, mit dem das befreite Gottesvolk seinen Gott feiert und sehnsuchtsvoll um die Vollendung seiner Geschichte mit Gott bittet, dessen ›Güte ewig währet‹.«[776]

Gegen eine – durchgehend – kollektive Deutung spricht sich Mark aus, der für den Ausdruck אֶבֶן in V. 22 konstatiert, אֶבֶן stehe für ein »exemplarisches Ich«, nicht für eine kollektive Größe Israel.[777]

Für die hier gewählte kollektive Deutung des »Ichs« sprechen folgende Gründe: Erstens die mehrfache Anspielung auf das »Siegeslied am Schilfmeer« Ex 15, wo Israel ebenfalls als »Ich« spricht. Zweitens übersteigen die Einzelzüge der Not- und Rettungsbilder individuelle Erfahrung (etwa die Bedrohung durch »alle Völker«) und drittens machen sowohl die Einleitung in

---

[772] Mark, Meine Stärke (1999), 117. Er setzt sich mit den einzelnen Argumenten auseinander und weist einige Unklarheiten (so z.B. Textänderungen metri causa, die sie vorher selbst als zu unsicher verworfen hatte) in der Argumentation Schrötens nach (ebd., 183-189).
[773] Vgl. beispielsweise die entsprechenden Ausführungen zu Ps 49.
[774] Vgl. Zenger, Morgenröte (1991), 117.
[775] Ebd., 118.
[776] Ebd.
[777] Vgl. Mark, Meine Stärke (1999), 251.

den Vv. 1-4, wo ganz Israel zum Lobpreis aufgefordert wird, wie auch die Stellung des Psalms im Hallel die kollektive Deutung sehr wahrscheinlich.[778] Der Psalm selbst gibt uns in V. 15 einen Hinweis: »Der lobende Jubel ist zu hören aus den אהל צדיקים. Zum ersten Mal wird im Danklied der Plural verwendet und weist explizit darauf hin, daß das Lied auch von einer Gemeinschaft gesungen wird und das Ich kollektiv zu verstehen ist.«[779]

Beim »Ich« des Psalms wird es sich um Israel handeln, was durch die Nennung der Personengruppen in 2-4, die Art der Notschilderung, die Anklänge an das Siegeslied am Schilfmeer (Ex 15) und den Liturgie- und Festcharakter deutlich wird.

Zu einer interessanten Mittelposition bezüglich des Problems singulärer Sprecher oder Kollektiv kommt Berder, der sie selbst als »solution intermédiaire« bezeichnet: Der Sprecher sei nicht irgendein beliebiges Mitglied des Volkes, sondern der autorisierte Wortführer einer Gemeinschaft, die das rettende Eingreifen Gottes erfahren habe.[780]

Im folgenden wird von der kollektiven Deutung ausgegangen. Das Danklied in 5-18 will ein Lied der Gemeinde sein und bedient sich dabei der Gattungselemente eines Dankliedes eines einzelnen (Einführung, Bekenntnis, Ankündigung des Dankopfers, Erzählung: Bericht von der Not, Anrufung, Errettung), wie es auch weisheitliche Sprüche, Teile eines Siegesliedes sowie hymnische und liturgische Elemente integriert.[781]

Der liturgische Charakter des Psalms fällt sofort ins Auge. Dementsprechend gibt es zahlreiche Versuche, eine solche zu rekonstruieren. Crüsemann etwa teilt die Verse auf die unterschiedlichen Stationen einer Liturgie auf.[782] Kraus spricht von einer »beziehungsintensive[n] Dankagende, in der die Kulttraditionen mit den entsprechenden Darbringungsweisen« zu erkennen seien.[783]

Anstelle einer realen Dankliturgie, die die entsprechenden Ausleger in der Folge Gunkel/Begrichs annahmen, ist der Text angemessener doch wohl idealliturgisch zu lesen: Im Gewand einer fiktiven Liturgie gelingt es dem Psalmisten, einen kurzen poetisch-theologischen Bekenntnistext zu schaffen, der einen nachhaltigen Eindruck auf die neutestamentlichen Schriftsteller ausübte und bis heute Bestandteil zentraler Texte jüdischer und christlicher

---

[778] Vgl. auch Zenger, Morgenröte (1991), 120f.
[779] Schröten, Ps 118 (1995), 123.
[780] Berder, La Pierre (1996) 33-41.
[781] Vgl. Schröten, Ps 118 (1995), 75.113; ähnlich auch Levin, Gebetbuch der Gerechten (1993), 367.
[782] Vgl. Crüsemann, Studien zur Formgeschichte von Hymnus und Danklied in Israel (1969), bes. 210-229.
[783] Kraus, BK XV/1 ([6]1989), 978.

Liturgie geblieben ist.[784] »Die fiktive Kulisse einer superlativierten Liturgie verleiht dem Bekenntnis, ›daß JHWHs Loyalität in Ewigkeit besteht‹, eine nicht mehr überbietbare Feierlichkeit.«[785]

19.6 Datierung[786]

Der Psalm verwendet eine bilderreiche, nicht historisierende Sprache, wodurch es unmöglich wird, ihn mit bestimmten konkreten Ereignissen in Verbindung zu bringen. Dennoch gibt es Hinweise, die den Forschungskonsens hinsichtlich einer wenigstens nachexilischen Datierung[787] plausibel machen.

Die Psalmen des Ägyptischen Hallel sind alle wenigstens nachexilisch entstanden; die Heimkehr aus dem Babylonischen Exil wurde von der nachexilischen Theologie ebenfalls als Exodus interpretiert, ist hier also genau wie der Auszug aus Ägypten Thema.[788] Ein weiteres Indiz für nachexilische Entstehung ist die Trennung des Volkes in »Israel« und »Haus Aaron«, womit die Priesterschaft gemeint ist; hinzu kommen die »JHWH-Fürchtenden« – ebenfalls ein später weisheitlicher Terminus in den Psalmen für die JHWH-Treuen und die Frommen.[789] חסה »Zuflucht nehmen« ist nochmals ein Begriff, der sicherlich in die Spätzeit gehört.[790] Er kommt relativ häufig in den Psalmen unserer These vor: 2,12; 25,20; 36,8; 37,40; 57,2; 91,2.9; 118,8; 141,8.

In den Vv. 10-12 wird dreimal betont, daß die Abwehr der Feinde nicht

---

[784] Vgl. Mark, Meine Stärke (1999), 23.
[785] Ebd., 162.
[786] Zu den unterschiedlichen Einordnungen vgl. den Forschungsüberblick bei Schröten, Ps 118 (1995) und die Übersicht verschiedener Meinungen, die Ravasi (Salmi (1984), 417) gibt.
[787] So u.a. Gunkel (Psalmen (⁶1986), 509); Ravasi (Salmi (1984), 417); Zenger, Morgenröte (1991), 118.
[788] Vgl. Schröten, Ps 118 (1995), 108.
[789] Vgl. ebd., 132. Durch den universalistischen Horizont sieht Schröten die Perspektive hier sogar auf alle Menschen ausgeweitet. Seybold, HAT I/15 (1996), 459: Israel (Kerngemeinde), Haus Aaron (die Priesterschaft) und die JHWH-Gläubigen (die Randgemeinde der Nichtisraeliten). Zenger, der zur Datierung ebenfalls »die in nachexilischer Zeit aufkommende Unterscheidung von ›Israel‹ = Laien und ›Haus Aaron‹ = Priesterschaft« heranzieht, hält es für fraglich, ob mit den an dritter Stelle genannten »JHWH-Fürchtigen« die aus den Völkern kommenden Verehrer JHWHs (die Gottesfürchtigen = Proselyten ...) oder die vorher genannten beiden Gruppen Laien und Klerus zusammen unter dem Gesichtspunkt des Tora-Gehorsams (»›JHWH-Furcht‹ als Inbegriff von Ausschließlichkeit der JHWH-Verehrung und von Praxis sozialer Gerechtigkeit«) gemeint sind, wobei er die zweite Möglichkeit als Steigerung der Vv. 1-4 für wahrscheinlicher hält (Zenger, Morgenröte (1991), 119f.).
[790] Vgl. Schröten, Ps 118 (1995), 116.

in der Kraft des Beters oder Israels selbst begründet liegt, sondern allein im
שם יהוה. Diese Wendung ist typisch für nachexilische, besonders prophetische Literatur und die Psalmen; der Name hat dabei eine dynamische Bedeutung im Sinne von Kraft und Wirkmacht.

Die Wurzel ידה wird im Imperativ Plural »nur in Psalmen verwendet, die die Geschichte Israels loben wollen, die einen Universalitätsanspruch formulieren (›alle Völker‹), die hymnischen Charakter haben und die nachexilisch, teilweise sogar sehr spät entstanden sind«[791]. Auch wenn hier die Gefahr eines Zirkelschlusses nicht ganz von der Hand zu weisen ist, soll das Argument als eines unter mehreren genannt werden. Denn es kommen weitere Beobachtungen ähnlicher Art hinzu: »Die Verwendung [von עולם] in doxologischer Sprache ist nachexilisch und verbindet besonders im Psalter Aussagen über JHWHs Güte und Bundestreue mit einer eschatologischen Hoffnung, die sich auf die zukünftige Zeit richtet – gerade im Rückblick auf die Geschichte.«[792]

Ps 118 greift zudem auf zahlreiche Motive aus der universal adressierten »Großen Jesaja-Apokalypse« zurück, setzt also ihre Endgestalt voraus, womit sich als Terminus post quem die Zeit nach 300 v. Chr. nahelegt, die auch andere Beobachtungen plausibel erscheinen lassen.[793]

Alle diese Beobachtungen zusammengenommen, lassen eine sicher nachexilische, wahrscheinlich sogar spätnachexilische Zeit für die Entstehung des Psalms als gut begründet erscheinen.

19.7 Zur These

»So bejubeln die Gerechten den Sieg Jahwes über die Frevler, der zugleich ihre eigene Rettung ist.«[794] Mit diesem prägnanten Zitat faßt Levin den Psalm zusammen, wobei er meines Erachtens etwas über das Ziel hinausschießt: Von einem Sieg JHWHs über die Frevler ist im Psalm nämlich gar keine Rede. Nicht nur, daß das Wort Frevler nicht auftaucht, er verfehlt damit auch die Perspektive des Psalms, der ganz eindeutig die *Rettung der Bedrohten*, nicht das Ende der Frevler besingen will.

Ähnlich äußert sich Zenger hinsichtlich der Vv. 15 und 16: Die Rechte JHWHs »schlägt die Feinde nieder bzw. packt die Bedrohten, um sie vor dem Fallen zu bewahren bzw. der Macht der Feinde zu entreißen«[795]. Soweit ich sehe, wird hier vom Schlagen der Feinde nicht gesprochen, obwohl na-

---

[791] Ebd., 128.
[792] Ebd., 130.
[793] Vgl. Mark, Meine Stärke (1999), 239. V. 22 greife zudem auf 1/2 Chronik, Esra und Nehemia zurück, weshalb sich ein Zeitpunkt nach 300 ergebe (vgl. ebd., 250).
[794] Levin, Gebetbuch der Gerechten (1993), 367.
[795] Zenger, Morgenröte (1991), 121.

türlich das Bild gerade durch die Anspielung auf den Exodus wachgerufen wird. M.E. steht aber auch hier ganz ausdrücklich das Bewahren der Bedrohten im Vordergrund. In diesem Sinne führt Zenger seine Überlegungen dann ja auch weiter: Die Beter des Psalms wissen, daß JHWH gut ist,

> »d.h. ein Gott des Lebens ist, der sich als solcher gerade an und in denen erweist, deren Leben bedroht ist. Die Leiden und die Todeserfahrungen, so bezeugt der Psalm, sind ein schmerzlicher Lernprozeß (›Züchtigung‹), in dem Israel der Geschenkcharakter seiner Gottesgemeinschaft aufgeht. Auch für Israel gibt es keinen Weg am Leid vorbei, aber für Israel gibt es einen Weg durch das Leid hindurch – im Festhalten am Namen JHWH.«[796]

Bereits in den Vv. 6 und 7 findet sich ein Bekenntnis zu JHWH als dem Beistand in Konflikten mit Mitmenschen: »Die Hilfe wird als Parteinahme erwartet.«[797] Diese Perspektive bleibt im Psalm die vorrangige, so auch in den Vv. 8.9.10-12.13.14.18.21.25.27(?).

Auch die zusammenfassende Aussage des V. 13 muß aus dieser Perspektive betrachtet werden:

> »Die Abwehr, die der Beter den Feinden im Namen JHWHs entgegengebracht hat, wird in V. 13 noch einmal explizit als ein Geschehen dargestellt, daß [sic] JHWH ganz allein bewirkt und vollbracht hat. Das Gestoßenwerden [Anm. C.S.: das seltene Verb begegnet ebenso u.a. in Ps 35,5; 36,13] wird zwar nicht verhindert, aber vor dem Fall ins Unglück greift JHWH *helfend und rettend* ein. ... Das Bild meint also nicht, daß der Fall verhindert, sondern lediglich aufgehalten wird, ein plastisches Bild für absolutes Vertrauen und unbegrenzte Hoffnung noch im letzten Moment.«[798]

Spätestens in der Aussage von V. 18 wird deutlich, daß das Erlittene Strafe Jahs war, aber keine Todesstrafe.[799] יסר im Sinne von »erziehen« meint weniger eine quälende Behandlung, als vielmehr eine tadelnde und mahnende Belehrung, die um eines Zieles willen geschieht; darauf verweist auch der resultative Charakter des Piel. Das erinnert stark an die Thematik von Ps 6 (s.o.), dessen Psalmist das Ablassen Gottes vom Zorn genau in dem Moment erfährt, als die Menschenbedrängnis überhand nimmt.

Ps 118 faßt den Abschnitt Vv. 5-18 mit der Aussage zusammen, »daß alles Leiden, auch das Leiden an Gott, Israel nicht von JHWH weg, sondern zu

---

[796] Ebd., 121f.
[797] Seybold, HAT I/15 (1996), 460.
[798] Schröten, Ps 118 (1995), 120 (Hervorhebung C.S.).
[799] Seybold, HAT I/15 (1996), 460.

der tiefen Überzeugung hingeführt hat: ›Nicht sterbe ich, sondern ich lebe, um die Taten JHWHs zu bezeugen!‹«[800].

Für die These unserer Arbeit ist direkt einzig V. 12 von Belang, da sich nur dort eine Erwähnung über das Ergehen einer wie auch immer gearteten Gegengruppe, die im Vers selbst zwar unbezeichnet bleibt, sich aber wohl auf die Völker aus V. 10 zurückbezieht, findet. Der textlich schwierige Vers (vgl. die Anm. zur Übersetzung) bleibt in beiden Übersetzungsvarianten für unsere These relevant, da beide Bilder, »sie erloschen wie Feuer im Dorngestrüpp« bzw. »sie wurden gelöscht wie Dochtenden« ein baldiges Verlöschen der Feinde beschreiben. Die hier bevorzugte Übersetzung mit »Dochtenden« ist dem Bilde nach die noch weitaus drastischere Aussage.

> »Erschienen die Feinde vorher als eine drohende Gefahr gleich einem Bienenschwarm, der einen umgibt, so stellt sich am Ende heraus, daß sie nicht gefährlicher waren als noch glimmende abgeschnittene Dochtenden, deren Brandgefahr mit Leichtigkeit durch einen energischen Druck (Pu. v. דעך!) gelöscht wird. So wäre also V. 12a die bildliche Entsprechung zu dem, was V. 10 ausdrückt: die drohende Gefahr der Feinde ist so unbedeutend, daß der Beter sich ihrer erwehren kann. Diese Erkenntnis verdankt er seiner Erhörung durch Jahwe, und deshalb geschieht die Abwehr in seinem Namen. Man beachte dabei noch das Tempus von V. 10b – der Beter erscheint als der Handelnde אֲמִילַם – gegenüber V. 12aβ, wo man sicher Jahwe als Handelnden zu sehen hat!«[801]

Die letzte Beobachtung ist m.E. nicht schlüssig: Da alle Aussagen unpersönlich gehalten sind, leuchtet es nicht ein, in 12aβ nun zwingend JHWH als den Handelnden zu setzen.

Formal auffällig ist, daß V. 12 ein Trikolon ist, also aus der ganz überwiegend bikolaren Struktur »herausfällt«.

> »Im Gegensatz zu den übrigen Teilen dieses Psalmstücks [5-18] ist hier kein Akteur genannt (pu.), kein Adressat der Rettung (im übrigen Textstück ist es das ›Ich‹). Grammatisch fällt also V. 12b aus dem Text heraus und könnte eine spätere Ergänzung sein. Seine traditionsgeschichtlich offenkundige Abhängigkeit von Jes 43,17 bestätigt dies.«[802]

Die Einfügung 12b (wenn es sich denn um eine spätere Einfügung handelt) schließt sich nämlich an Jes 43,17 an, wo die Feinde wie Dochtenden gelöscht werden. Dieses Schicksal des Ausgelöschtwerdens ereilte beim Exodus die Ägypter.

---

[800] Zenger, Morgenröte (1991), 120.
[801] Becker, Ps 118,12 (1958), 174.
[802] Schröten, Ps 118 (1995), 82.

> »Der Dichter hat also die bislang allgemein geschilderte Erfahrung von Not und Rettung mit einer ganz konkreten Erfahrung belegt und sie in den Text eingefügt. Die semantische Offenheit der allgemeinen Bilder ist damit eingeschränkt worden. ... Die Dochtenden werden mit Leichtigkeit gelöscht und die Gefahr durch die Feinde ist unbedeutend im Hinblick auf JHWH, der den Exodus ermöglicht und Israel aus Ägypten herausgeführt hat. Darauf will der eingefügte Vers mit Blick auf Jes 43,17 verweisen.«[803]

Schröten vernachlässigt bei der Untersuchung dieses Versteils 12b aber sämtliche Parallelen (zum Verb דעך) aus der Weisheit: »Für den hier zu untersuchenden Zusammenhang fallen diese Stellen nicht ins Gewicht.«[804] Dem kann ich nicht zustimmen.

Da es nur um V. 12 gehen soll, genauer um die drei Wörter דֹּעֲכוּ כְּאֵשׁ קוֹצִים, ist zumindest auffällig, daß es unter den Parallelen eine gibt, die neben dem Verb noch ein zweites Wort ebenfalls verwendet, wenn auch erst im Nachbarkolon: Ijob 18,5 גַּם אוֹר רְשָׁעִים יִדְעָךְ וְלֹא־יִגַּהּ שְׁבִיב אִשּׁוֹ (Doch das Licht der Gottlosen wird erlöschen, und die Flamme seines Feuers wird nicht leuchten.)

Die weitere Überprüfung wird zeigen, daß der Psalmvers mehrere Parallelen in der Weisheit hat – und zwar genau solche, die das Bild der erlöschenden Lampe gebrauchen.

Um Schrötens Argumentation, daß – einzig – die Jesajaparallele und damit die Exodustradition sinnstiftend sei, zu überprüfen, legt sich eine Untersuchung der Vorkommen des dritten Wortes, קוֹץ, nahe. Es kommt (inklusive Ps 118) 6x im Plural vor (davon 2x im Status Constructus) und 5x im Singular.

Vom Sinnzusammenhang her ist keine der Stellen hilfreich, nur in Jes 33,12 kommt es in Verbindung mit Feuer (אֵשׁ) vor, aber auch diese Stelle führt hinsichtlich der Interpretation nicht weiter. Lassen wir noch einmal Schrötens Auslegung des Verses zu Wort kommen:

> »V. 12b, der ... den Textzusammenhang grammatisch und stilistisch unterbricht, paßt zwar inhaltlich in den Zusammenhang, aber die Konstruktion im Pu., ohne Subjekt und Objekt, bedarf besonderer Aufmerksamkeit. Das Verb דעך im Pu. gibt es nach der Konkordanz nur noch Jes 43,17 im Qal. Dort werden nach der Verheißung des Auszugs aus Babylon ... die Einzigartigkeit JHWHs und sein Wirken in der Geschichte mit einem kurzen Rückblick auf den Durchzug durch das Rote Meer (Ex 14) begründet. JHWH ist derjenige, der den Durchzug ermöglicht hat. Die Ägypter mit ihrem mächtigen Heer

---

[803] Ebd., 120.
[804] Ebd., 85, Anm. 298.

sind erloschen wie ein Dochtende, wie V. 17 sagt. In Ps 118,12b ist nun die aktive Form aus Jes 43,17 in eine passive Form des Pu. abgeändert worden. V. 12b trägt in die Schilderung von Bedrohung und Rettung des Psalms 118 ein Kolon ein, das ganz bewußt auf den Exodus anspielt. Das Danklied in Ps 118 ist durch V. 12b zu einem neuen Danklied Israels für den Exodus geworden.«[805]

Zum Konkordanzbefund: Das Verb kommt 9x im AT vor: Jes 43,17 (Qal); Ijob 6,17 (Nif.); 18,5 (Qal); 18,6 (Qal); 21,17 (Qal); Spr 13,9; 20,20; 24,20 (jeweils Qal) und Ps 118,12 (Pu.).

Nirgends ist Gott (auslösendes) Subjekt. Bis auf die Jesaja-Stelle, die auf den Exodus anspielt, handeln alle Belege vom Ende, das einen schlechten Menschen ereilt, meist ausgedrückt durch das Bild »seine Lampe erlischt« (entweder אור Ijob 18,5.6; Spr 13,9 oder נר Ijob 21,17; Spr 20,20; 24,20). Mit dem gewählten Verb wird also eindeutig ein Bild assoziiert, das ganz klar aus dem Kontext Frevler (bzw. allgemeiner schlechte Menschen) und deren »Verlöschen« bekannt ist. Da es sich zudem um ein relativ seltenes Verb handelt, dürften die intertextuellen Relationen umso stärker zu gewichten sein. Alle anderen acht Stellen reden von negativ gekennzeichneten Menschen, die sieben Stellen aus Ijob und Proverbia mit typisch weisheitlichen Termini, die Jesaja-Stelle von den Ägyptern.

Da die Stellen aus der Weisheit quantitativ klar überwiegen und es sich zudem um die – vom Kanon her betrachtet – näheren Parallelen handelt, kann ich Schrötens Argumentation, *nur* die Jesaja-Stelle sei sinnstiftend, nicht zustimmen, sondern halte die weisheitlichen Parallelen für mindestens ebenfalls sinn-konstituierend, wenn nicht sogar für die offensichtlicheren Intertextualitäten.

ESCHATOLOGISCHE PERSPEKTIVE – MESSIANISCHE HOFFNUNG

Wie in mehreren der bereits behandelten Psalmen läßt sich in Ps 118 eine gewisse eschatologische Perspektive festmachen.

Eingangs- und Schlußvers (1.29) unseres Psalms haben ihre nächste Parallele in Jer 33,11a, wo es um die Wiederherstellung Jerusalems und Judas geht; zwar wird der Ruf meist schlicht als »liturgische Formel« bezeichnet, doch ist sein Inhalt als »eschatologischer Bekenntnisruf« besser gekennzeichnet.[806]

---

[805] Ebd., 85. Ps 118 sei (im Kontext des Ägyptischen Hallels) Antwort auf die Erzählung des Exodus in Ps 114 (ebd., 107). Ps 118 habe so große Bedeutung als neues Loblied auf den Exodus gehabt, daß sein 14. Vers in Ex 15 zitiert wurde (so ebd., 90). Da die Diskussion über das Alter der Exodusüberlieferung hier nicht weiter von Bedeutung ist, soll diese Erwähnung der These genügen.
[806] Vgl. Mark, Meine Stärke (1999), 150ff.; hier 152 . »Außerhalb des Psalters erscheint diese, meist etwas variierte Formel nie in unspezifischen, irgendwie ›liturgischen‹,

Diese eschatologische Perspektive läßt sich an mehreren weiteren Versen des Psalms festmachen: In V. 17 spitzt der Beter die Problematik von Not und Errettung auf das absolute Wortpaar »Tod – Leben« zu; beide Wörter werden in keiner Weise relativiert, das Leben also nicht nur als *Überleben* in der Not qualifiziert. Vielleicht schwingt hier der eschatologische Unterton weiter, der sich in den Textpartien zuvor schon zeigt.[807] »In Ps 118,24b ermuntern sich die Gerechten nachdrücklich zu einem eschatologischen Fest.«[808] Diese Sicht des eschatologischen Festes durchzieht den ganzen letzten Teil, denn die Vv. 19-28 blicken auf eine eschatologische Dankfeier aus, welche die Begrenzungen von Raum und Zeit hinter sich läßt.

Da Ps 118 durch den Rückgriff auf Jes 24-27 apokalyptische Stoffe verwendet, verwundert nicht, daß der Psalm selbst eschatologisch-apokalyptisch verstanden werden will. »Mit zahlreichen Versatzstücken aus der vorliegenden theologischen Literatur und der singulären Bildung שַׁעֲרֵי־צֶדֶק zeichnet der Verfasser des Ps 118 ein eschatologisches Freudenfest in gedrängter, lebhafter Sprache.«[809]

Da der Psalm erst im 3. Jh. verfaßt wurde und die geschilderte Situation des Ich mit eschatologisch-apokalyptischen sprachlichen Mitteln (Jes 25,9; 26,2) gezeichnet wird, scheint sich mit Ps 118,22 die Hoffnung greifen zu lassen, daß durch eine theologisch exzeptionell qualifizierte Person (Messias) eine Wende herbeigeführt wird: »Damit nimmt V. 22 am Spiel zwischen semantischem Vordergrund (Einzug in den Tempel) und semantischem Hintergrund (eschatologische Feier) teil, welches die Vv. 19-28 insgesamt zeichnet.«[810]

Die Aufnahmen des Psalms im Neuen Testament (Mt 16,18; Mt 21,42; Offb 19,1.5.7) zeigen, daß die Verfasser um das eschatologische Verständnis wissen; so fügt die Offenbarung Teile daraus in das Jubellied einer großen

---

sondern immer signifikanten theologischen Kontexten: Jer 33,11; Esra 3,11; 1 Chr 16,34; 2 Chr 5,13; 7,3; 20,21 ... . Allen damit verbundenen literarischen Kontexten ist eine deutliche Tendenz der Universalisierung und Eschatologisierung gemeinsam.« (Ebd., 160). Indem die David/Salomo-Zeit sowie deren Restaurierung unter Esra/Nehemia angespielt wird, erfährt der Psalm eine Davidisierung, die in der Fortschreibung des Targum und den Qumranschriften noch deutlich verstärkt wird (vgl. ebd., 161).

[807] Vgl. ebd., 207.
[808] Ebd., 238.
[809] Ebd., 239. Als Quellen, aus denen Ps 118 schöpfte, nennt Mark: Gen 28,17; Ri 4,14; 1 Kön 14,14; Jes 24-27; Hos 9,1; Am 5,18ff.; Klgl 2,16.
[810] Ebd., 251f. Mark will deshalb hier kein geprägtes Sprichwort sehen, sondern ein »raffiniertes, bildhaft verschlüsseltes Rätselwort«, das der Verfasser eigens geschaffen habe. Zum Sprichwort avanciere es erst im NT, wo es das Schicksal Jesu in prägnanter Kürze ausdrückt.

Menge im Himmel ein. Auch das Eckstein-Wort des V. 22 trägt diese Konnotation:

> »Aufgrund der gleichen syntaktischen Struktur und der genannten Anspielungen der VV. 20.22 sowie jener Referenzstellen, welche zwischen V. 22 und dem MT bestehen (Jes 54,11f.; Sach 14,10; Ps 102,15.17), muß V. 22 zweifellos in eschatologischem Kontext interpretiert werden: JHWH erbaut das eschatologische Jerusalem mit dem von den Bauleuten verworfenen Eckstein. Die eschatologische Interpretation des V. 22 ist also bereits im Kontext des Ps 118 selbst angelegt.«[811]

Unter diesem eschatologischen Gesichtspunkt besagt das »Eckstein-Wort« auf das gerettete Israel übertragen ein Zweifaches:

> »Das von den als ›Bauleute‹ der Geschichte Auftretenden mißachtete und mißhandelte Israel ist von JHWH zum ›Eckstein‹ jenes Hauses gemacht worden, das *er* selbst baut. Wenn, was wahrscheinlich ist, mit diesem Sprichwort auf Israels wunderbare Rettung aus der Katastrophe des Exils ... angespielt wird, wird die Bitte, in der das Dankgebet in V. 25 kulminiert, in ihrer ganzen Dringlichkeit verständlich: ›Hoschiannah!‹ = ›Rette doch! Vollende doch!‹ Es ist der Bittruf, JHWH möge endgültig kommen, um die in Israel begonnene Geschichte der Rettung der vom Tod Bedrohten, ja der Welt insgesamt zu vollenden.«[812]

Im Kontext des Hallel (vor allem mit Blick auf den Nachbarpsalm 117) dürften in V. 4 schon die Völker anvisiert sein.[813] Die Komposition der Pss 113-118 ist ein Lobpreis auf die Geschichte JHWHs mit seinem Volk Israel, die sich im zweimaligen Exodus verdichtet. Dabei gehören alle Menschen zur Gemeinde JHWHs, sowohl in der Rückschau auf die Geschichte als auch in der messianischen Hoffnung.[814] Die eschatologische Ausrichtung des V. 25 steht im Psalm etwas unverbunden da; durch diesen Vers wird die Verknüpfung mit den vorhergehenden Hallel-Psalmen verstärkt, weshalb es nahe liegt, an eine Überarbeitung des Psalms zwecks der Einfügung ins Hallel zu denken. In V. 25 verschafft sich die flehentliche Bitte um Heil und Gelingen, das immerwährende Gültigkeit haben wird, Gehör. Die Feier der Geschichte JHWHs mündet in eine Bitte um künftiges Heil und Gelingen; auf dieser Ebene des Hallels wollen die Texte eine messianische Hoffnung zum Ausdruck bringen.[815]

---

[811] Mark, Meine Stärke (1999), 251.
[812] Zenger, Morgenröte (1991), 124f.
[813] Vgl. ebd., 125.
[814] Vgl. Schröten, Ps 118 (1995), 112.
[815] Vgl. ebd., 86.111f.

Daß die eschatologische Ausrichtung einer späten (der letzten?) Überarbeitung angehört, paßt auch gut ins Bild der in dieser Arbeit untersuchten Psalmen und der Theologie ihrer Redaktoren, wenn es sich denn um eine solche handeln sollte und falls sie einheitlich zu beschreiben ist.

Ps 118 steht in der Qumranrolle 11QPs^a zwischen Ps 136 und Ps 145.[816] Diese Stellung könnte sein »Verständnis als Lied der eschatologischen Hoffnung und messianischen Erwartung in der Vergegenwärtigung der Geschichte Israels in Qumran deutlich machen«[817].

Im Pessach-Zusammenhang (die Psalmen 113-118 werden am Sederabend gebetet) hat der Schluß von Ps 118

> »eine deutlich messianische Perspektive angenommen, was dadurch unterstrichen wird, daß die Bitte: ›Ach, JHWH, rette doch (Hosianna)! Ach, JHWH, vollende doch!‹ (V. 25) zweimal gesprochen wird. Der darauf folgende Spruch: ›Gesegnet, der da kommt im Namen JHWHs‹ (V. 26), ist dann Ausdruck der Sehnsucht nach dem Kommen des Messias.«[818]

In eben diesem Sinne wird V. 26 ja auch in Mk 11,9f. (par.) auf das messianische Kommen Jesu zum Pessach-Fest nach Jerusalem übertragen.[819]

Psalm 118 ist also ein von zahlreichen eschatologischen Anspielungen durchwobener Text.

BEZEICHNUNGEN FÜR DIE GUTEN

V. 4	יִרְאֵי יְהוָה	die JHWH Fürchtenden
V. 15	צַדִּיקִים	die Gerechten
V. 20	צַדִּיקִים	die Gerechten
V. 26	הַבָּא בְּשֵׁם יְהוָה	der Kommende im Namen JHWHs

BEZEICHNUNGEN FÜR DIE SCHLECHTEN

V. 6	אָדָם	der Mensch
V. 7	שֹׂנְאָי	meine Hasser
V. 10	כָל־גּוֹיִם	alle Völker

AUSSAGEN ÜBER DAS ENDE DER SCHLECHTEN

V. 12	דֹּעֲכוּ כְּאֵשׁ קוֹצִים	sie wurden gelöscht wie Dochtenden

---

816 Der Psalm ist weiterhin bezeugt auf 4QPs^b und 11QPs^b.
817 Schröten, Ps 118 (1995), 142.
818 Zenger, Morgenröte (1991), 117.
819 Vgl. ebd.

20 Psalm 141: »Die Frevler sollen in ihre eigenen Gruben fallen – während ich stets entkomme«

1 מִזְמוֹר לְדָוִד
יְהוָה קְרָאתִיךָ חוּשָׁה לִּי הַאֲזִינָה קוֹלִי בְּקָרְאִי־לָךְ׃
2 תִּכּוֹן תְּפִלָּתִי קְטֹרֶת לְפָנֶיךָ מַשְׂאַת כַּפַּי מִנְחַת־עָרֶב׃
3 שִׁיתָה יְהוָה שָׁמְרָה לְפִי נִצְּרָה עַל־דַּל שְׂפָתָי׃
4 אַל־תַּט־לִבִּי לְדָבָר רָע לְהִתְעוֹלֵל עֲלִלוֹת בְּרֶשַׁע
אֶת־אִישִׁים פֹּעֲלֵי־אָוֶן וּבַל־אֶלְחַם בְּמַנְעַמֵּיהֶם׃
5 יֶהֶלְמֵנִי־צַדִּיק חֶסֶד וְיוֹכִיחֵנִי שֶׁמֶן רֹאשׁ אַל־יָנִי רֹאשִׁי
כִּי־עוֹד וּתְפִלָּתִי בְּרָעוֹתֵיהֶם׃
6 נִשְׁמְטוּ בִידֵי־סֶלַע שֹׁפְטֵיהֶם וְשָׁמְעוּ אֲמָרַי כִּי נָעֵמוּ׃
7 כְּמוֹ פֹלֵחַ וּבֹקֵעַ בָּאָרֶץ נִפְזְרוּ עֲצָמֵינוּ לְפִי שְׁאוֹל׃
8 כִּי אֵלֶיךָ יְהוִה אֲדֹנָי עֵינָי בְּכָה חָסִיתִי אַל־תְּעַר נַפְשִׁי׃
9 שָׁמְרֵנִי מִידֵי פַח יָקְשׁוּ לִי וּמֹקְשׁוֹת פֹּעֲלֵי אָוֶן׃
10 יִפְּלוּ בְמַכְמֹרָיו רְשָׁעִים יַחַד אָנֹכִי עַד־אֶעֱבוֹר׃

20.1 Übersetzung

1 Ein Davidspsalm.
JHWH, ich rufe zu dir, eile zu mir,
vernimm meine Stimme, wenn ich zu dir rufe.
2 Dargebracht[820] sei mein Gebet wie ein Rauchopfer vor deinem Angesicht,
meiner Hände Erhebung als Abendopfer.
3 Stelle, JHWH, eine Wache vor meinen Mund,
wache über das Tor meiner Lippen.
4 Neige mein Herz nicht zum bösen Wort[821],
mutwillig gottlos zu handeln[822],
zusammen mit Menschen, die Übeltäter sind;
ich will nicht kosten von ihren Leckerbissen.
5 Es schlage mich der Gerechte – es ist Gnade;

---

[820] כון fest, gesichert sein.
[821] דבר schillert zwischen »Wort« und »Sache«; aufgrund der vorhergehenden Bitte, den Mund bzw. die Lippen zu bewachen, ist Wort angemessener, im Kontext der Bitte um Bewahrung vor gottlosem Handeln im folgenden Vers aber »Sache«.
[822] Inf. abs. Hitp.; wörtl. in Gottlosigkeit. Seybold, Ps 141 (1993), 212; Anm. 61: »sich selbst zur Last legen«; im Zusammenhang mit seiner Foltertheorie (s.u.).

er strafe mich⁸²³ – es ist Salböl auf dem Haupt;
nicht wird sich sträuben mein Haupt,
denn noch [währt] mein Gebet trotz ihrer Bosheiten.⁸²⁴

6 Sie sollen hinabgestürzt werden (nif.) in die Gewalt des Felsens ihrer Richter,⁸²⁵
sie sollen hören, daß meine Worte freundlich sind.

7 Wie wenn man die Erde aufreißt und zerpflügt,
so sind unsere⁸²⁶ Gebeine hingestreut an die Pforte der Scheol.

8 Doch auf dich, JHWH, Allherr [sind] meine Augen [gerichtet]
auf dich vertraue ich, gib mein Leben nicht preis.⁸²⁷

9 Bewahre mich vor der Schlinge, die sie mir legten,
und [vor] den Fallen der Übeltäter.

10 Die Frevler sollen in ihre eigenen Gruben⁸²⁸ fallen,
miteinander⁸²⁹ – während ich stets entkomme.⁸³⁰

---

823 יכה außer hier und Jer 2,19 sonst nur mit Gott als Subjekt; vgl. Ps 6,2.
824 Denn noch gilt: Auch mein Gebet steht gegen ihre Bosheiten. Junker trennt die Versglieder anders ab und kommt zur Übersetzung: »Schlägt mich der Gerechte – ein Liebesdienst ist es; weist er mich zurecht, Salböl ist es für mein Haupt. Nicht soll mein Haupt sich sträuben, dass noch mehr (komme), und mein Gebet (wird jetzt laut) bei ihrem Unglück« (Junker, Einige Rätsel (1949), 204). Mit Gunkel und nach HAL liest Seybold וְתִפְלָתִי, »Fades, Abgeschmacktes, Ekelhaftes« und kommt zu folgender Übersetzung: »Kopfsalbe schmücke mein Haupt nicht! Ja noch gilts: (Und) ich habe Abscheu vor ihren Übeltaten.« (Seybold, Ps 141 (1993), 205).
825 Hinabgestürzt (Felsen) sind sie durch die Hand ihrer Richter. Einen Sinn sieht Junker, Einige Rätsel (1949), 204f.: Die Anführer der Gerechten, ihre »Richter«, haben vor den Verfolgern das Feld räumen müssen und sich in Felshöhlen versteckt. Das Nif. sei hier reflexiv gebraucht: sie haben sich herabgestürzt. Der ganze Vers lautet dann: »Haben sich ihre Richter auch in die Felsen hineingestürzt [נשׁט im Sinne von flüchten], sie sollen hören, dass meine Worte freundlich (für sie) sind«; d.h. sie sollen hören, daß er für ihr Heil und ihre Rettung freundliche Worte, Wünsche und Gebete hat. Seybold hingegen vermutet im Vers die drastische Schilderung einer Hinrichtung (Ps 141 (1993), 206). Lisowski gibt als Subjekt zum Verb נשׁמטו »Richter« an.
826 G und S lesen »ihre Gebeine«. Junker sieht folgenden Sinn ohne jede Änderung des MT: Da der Psalmist ganz und gar auf der Seite der verfolgten Gerechten steht, faßt er sich in V. 7 mit ihnen zusammen in der Aussage über die Not und das Elend, das die Verfolgung über sie gebracht hat. »Wie wenn einer die Erde aufgewühlt und gespalten hätte, so wurden unsere Gebeine zerstreut bis zur Unterwelt hin.« Entweder sei damit ausgedrückt, wie viele der Gerechten bereits ermordet wurden und also in den Gräbern sind, oder das Zerstreuen der Gebeine sei als Hyperbel gebraucht, die die Bedrängnis und Hilflosigkeit der Verfolgten bezeichnen soll. Da sie sich in die Felsen hinein geflüchtet haben, sind sie dort »lebendig begraben« (Junker, Einige Rätsel (1949), 206).
827 Wörtl.: Gieße meine Seele nicht aus.
828 Stellnetz und Fischernetz.
829 Kraus liest das יחד als »miteinander«.

Die Übersetzung der Vv. 5-7, insbesondere des V. 6, ist aufgrund des Textzustandes mit großen Unsicherheiten und daraus folgend Unklarheiten behaftet.

20.2 Gliederung

1*		Überschrift
1*-2		Anrufung
3-7	3-4	Bitte um Bewahrung
	5	Bitte um Zurechtweisung
	6-7	Bitten gegen »sie« und Beschreibung der eigenen Wirklichkeit
8-10	8-9	Vertrauensaussage und Bitte um eigene Rettung
	10	in Abgrenzung zu den Frevlern

20.3 Strukturbeobachtungen

Die Gebetsanrede JHWH in 1.3.8 signalisiert jeweils einen gewissen Neueinsatz, daher sind die Unterteilungen dort sicher unstritig. Ob man die angedeuteten feineren Untergliederungen (in mehr oder weniger gleich lange Strophen) dann noch vornehmen soll, wird hier nicht weiter diskutiert, sondern nur als Möglichkeit vorgestellt.

Der letzte Teil (8-10) wird von einer Aleph-Ajin-Alliteration gerahmt:

(8) כִּי אֵלֶיךָ יְהוִה אֲדֹנָי עֵינָי[831]

(10) אָנֹכִי עַד־אֶעֱבוֹר

und somit zusammengehalten.

Der Psalm enthält einige Wortwiederholungen: dreimaliges JHWH (1.3.8), שמר in 3.9, Übeltäter (פֹעֲלֵי־אָוֶן) in 4.9, dreimaliges כִּי (5.6.8), die Wurzel רשע in 4.10 usw.

Von den direkten Wortwiederholungen lohnt es sich bei diesem Psalm, noch einen Schritt weiterzugehen hin zu verwandten Wörtern: Mund, פה, ist das Leitwort des Psalms: Mund, Lippen V. 3; Speichel V. 9, hinzu kommen verschiedene Verben des Sagens, dann נעם (4.6). In diesem Kontext bekommt dann auch der Ausdruck לְפִי שְׁאוֹל einen besonderen Klang.[832]

Die beiden Nifalformen (6a und 7b) könnten so verstanden werden, daß sie auf schon Geschehenes zurückblicken. Entweder sind es prognostische Aussagen (perfecta prophetica) oder sie bildeten ursprünglich den Abschluß

---

[830] Bis daß ich vorüber bin. Seybold: עַד אֶעֱבוֹר ist als Finalsatz zu erklären und am besten mit »solange, bis daß ich vorüberziehe« wiederzugeben (Seybold, Ps 141 (1993), 209; HAL, 743), wobei der Sturz der Frevler Thema des Haupt- und Wunschsatzes in V. 10 ist.

[831] Lies: Adonai bzw. Elohim, beides Aleph-Anlaut.

[832] Vgl. auch Seybold, Ps 141 (1993), 206, Anm. 33.

des Psalms, der resümierend das Schicksal der Frevler festhält, oder sie beziehen sich auf unbekannte Vorgänge außerhalb der Situation des Psalmisten, d.h. sie sind als Zitat zu verstehen.[833]

20.4 Einheitlichkeit

Auf kolometrischer Ebene auffällig ist V. 5, der ein Trikolon ist; alle anderen Verse sind Bikola, V. 4 hat allerdings sogar vier Kola, V. 1 hat drei, falls die Überschrift als eigenes Kolon gezählt wird. Seybold rechnet mit Zusätzen, etwa in V. 8.[834]

Thematisch fällt eine gewisse Akzentverschiebung im letzten Teil (8-10) des Psalms auf, weshalb Seybold bezweifelt, daß die Übeltäter (»Herren«) aus V. 4 mit denen aus V. 9 identisch sind. Die »Herren« sind die Herren der Feste und Veranstaltungen, an denen der Psalmist nicht teilnehmen will. »Die Frevler aber sind jene, die ihm solche desavouierende Beteiligung fälschlicherweise vorgeworfen haben, um ihm daraus einen Strick zu drehen oder: in eine Falle zu locken (V. 9f.).«[835]

Der Psalm in seiner Endgestalt ist vor allem aufgrund des textlichen Zustandes (der Vv. 5-7), nicht nur aufgrund literarischer Uneinheitlichkeiten schwierig; auf die Diskussion möglicher Erweiterungen wird daher hier verzichtet, da es hinsichtlich des genauen Sinnes des Mittelteils wohl zu keinem definitiven Ergebnis kommen wird. Anhand dessen wären inhaltliche Akzentverschiebungen aber erst sicher zu erheben.

20.5 Gattung

Es handelt sich um ein Gebets- bzw. Klagelied des einzelnen mit Elementen weisheitlicher Lehrdichtung und kontextuell zu erschließender eschatologischer Färbung.

Seybold klassifiziert den Psalm als »Gebet eines Angeklagten, der offenbar der Teilnahme an bestimmten Kult- oder Festmählern beschuldigt wurde (4f.), aber von seiner Unschuld überzeugt ist«[836]. Der Prozeßcharakter werde

---

[833] Vgl. Seybold, der die dritte Lösung bevorzugt (ebd., 208f.).
[834] Vgl. Seybold, HAT I/15 (1996), 522.
[835] Seybold, Ps 141 (1993), 211.
[836] Seybold, HAT I/15 (1996), 522. Der Psalmist in 141 stehe vor einem Gerichtsverfahren; die Erfolgsaussichten werden dabei in der Perspektive »sie oder ich« dargestellt (6f.10a / 8b.10b), wie es im Bild vom Fallen in die eigenen Netze zum Ausdruck kommt (ders., Ps 141 (1993), 212). »Ps 141 ist ein Zeugnis des Glaubens, der darauf vertraut, daß Gott zum Erweis der Unschuld vor Gericht und zum Schutz des Lebens helfend eingreifen wird.« (Ebd., 213).

durch die Angabe der Kontrahenten (4b), die Erwähnung des offenen Ausgangs des Verfahrens (9f.) und durch die Nennung der »Richter« und des Strafvollzugs »am Felsen« sichergestellt. Die beiden Verbformen mit Suffixen des V. 5 seien auf unmittelbar bevorstehende Ereignisse zu beziehen, also nicht als zeitlos gültige Lehrsätze zu verstehen, wie es der Vergleich mit den Achikar-Sprüchen suggeriert. Dem Beter stehe das Geschlagenwerden durch den Gerechten unmittelbar bevor; Seybold interpretiert es als ein »hochnotpeinliches Verhör«, zu dem auch Folterungen gehörten.[837] Das halte ich für eine gewisse Überinterpretation, gerade auch, wenn er fortfährt und in V. 5 eine Wiederholung früher geäußerter Vorsätze sehen will, um dadurch »andere, durch Folter verfälschte Aussagen im voraus zu entkräften«[838].

Der Deutung bzw. genauer der Engführung auf eine forensische Situation schließe ich mich nicht an. Denn die Anspielungen auf weisheitliche Themen sind zu stark, als daß man hier von einem generalisierten Gebet, das zudem eindeutig weisheitliche Züge trägt, absehen könnte. Ähnlich wie in anderen Psalmen (man denke an 37, 49 etc.) geht die Versuchung des Beters vom offensichtlichen Reichtum der Frevler aus; es liegt nahe, von ihren »Leckerbissen« zu kosten, sich mit ihnen gemein zu machen. Der Psalm spielt mit dem Bild des Banketts: Vor dem Menschen sind zwei Festmähler bereitet, das der Torheit und das der Weisheit (vgl. Prov 9,17-18: מַיִם־גְּנוּבִים יִמְתָּקוּ וְלֶחֶם סְתָרִים יִנְעָם וְלֹא־יָדַע כִּי־רְפָאִים שָׁם בְּעִמְקֵי שְׁאוֹל קְרֻאֶיהָ: »Gestohlenes Wasser ist süß, und heimliches Brot schmeckt fein.« Er weiß aber nicht, daß dort (nur) die Schatten [wohnen], daß ihre Gäste in den Tiefen der Unterwelt [hausen].)

Die Bitte um Annahme des Gebets als Abendopfer (V. 2) zeigt, daß das Gebet sich in rituellem Zusammenhang versteht; es findet wahrscheinlich zur gleichen Zeit wie die Opfer im Tempel statt.

Der größere Kontext des Psalms ist die letzte David-Sammlung des Psalters, der engere der der Psalmen 141-143, welche alle drei Bittgebete Davids sind, »stets durchsichtig auf das in der Welt zerstreute Israel hin, stets auf Feindbedrängis konzentriert«[839]. Die Beobachtung des Psalmenkontextes läßt – vorsichtig – so etwas wie eine eschatologische Färbung des in sich selbst weisheitlich gehaltenen Psalms erkennen. »In der Form von Liederabfolgen wird wohl insgeheim eine Futurologie entworfen. Sie deutet den kommenden Umbruch, hinter der Zeit der Bitten und Klagen an.«[840]

---

[837] Vgl. Seybold, Ps 141 (1993), 209.
[838] Ebd., 210.
[839] Lohfink, Lobgesänge (1990), 105.
[840] Ebd.

20.6 Datierung

Aufgrund des etwas außergewöhnlichen Lexikons des Psalms (u.a. drei hapax legomena, die phönizische Parallelen haben) spalten sich die Ausleger in zwei Gruppen: Solche, die von wirklich hohem Alter ausgehen, und diejenigen, die eine bewußte Archaisierung annehmen.[841]

Ps 141 ist der nachexilischen Tora-Frömmigkeit zuzuweisen, die auch weisheitliche Traditionen aufgenommen hat und auf eine eschatologische Lesung hin offen ist. Die Stellung des Psalms im Zusammenhang des Psalters bietet zudem einen weiteren klaren Hinweis auf späte Entstehung. Im Kontext der ganzen Serie der Davidspsalmen spiegelt sich die nachexilische Ausgrenzungssituation Israels bzw. der Rechtgläubigen in Israel.[842]

20.7 Zur These

Wichtiges Thema des Psalms ist das Hüten vor unbedachter, frevlerischer Rede, ein großes Thema der Weisheitsliteratur. Der Beter gehört wohl zu den Zadikim, die sich vor Verfehlungen und vor der Gemeinschaft mit den Frevlern hüten (Vv. 4-5). Die entsprechende Situation findet sich auch in Ps 1 und 119. In der unübertroffenen Diktion Gunkels: Psalm 141 bietet »ein bemerkenswertes Bild, wie die Frommen eng zusammenleben, es an der Erziehung der jungen Leute nicht fehlen lassen und sich vor dem Verkehr mit Frevlern streng hüten.«[843]

Die Bedrohung wird vor allem in der Verführung gesehen, nicht mehr (wie in älteren Texten) in verleumderischer Anklage und Verfolgung.[844] Die Frevler sind aber nicht nur Verführer, sondern auch Verfolger, was der letzte Teil deutlich macht; sie legen dem Beter Schlingen, sodaß er sich flüchten muß. Angesichts der Bedrohungen flieht der Psalmist ins Gebet. Kennzeichen seiner Gerechtigkeit sind: »ständiges Gebet, vorsichtiges Sprechen, behutsamer Wandel, Umgehung aller lockenden Genüsse und Ehren, gewinnendes Sprechen im Gerichtsakt«[845]. Er ist gewiß, daß sein Wandel nicht vergeblich ist. Er wird bestehen, die Frevler werden vergehen.

---

[841] Für die konkreten Argumente der verschiedenen Positionen sei auf Ravasi verwiesen (Salmi (1986), 849).
[842] Vgl. Lohfink, Lobgesänge (1990), 107.
[843] Gunkel, Einleitung (⁴1985), 597. (Wobei der Aspekt der Erziehung nur in V. 5 zu erahnen ist, m.E. jedenfalls keine sehr zentrale Rolle für das Verständnis des Psalms spielt.)
[844] Die רשעים erscheinen in Ps 141 eindeutig als Versucher und Verführer; sie bedrohen nicht Leib und Leben des Beters, sondern einzig seine Beziehung zu JHWH (so Keel, Feinde (1969), 127.) Ganz so eindeutig ist die Situation m.E. allerdings nicht.
[845] Kraus, BK XV/1 (⁶1989), 1110.

Während der Psalmist in Vv. 3-4 betont, daß er keinerlei Gemeinschaft mit den Übeltätern haben will, schließen die Vv. 5-7 mit der gegenteiligen Beteuerung der Gemeinschaft mit den Frommen an.[846] Ganz klar kommt die schon erfolgte Polarisierung der nachexilischen Gesellschaft zur Sprache.

Der Psalm wird umrahmt von zwei Armenpsalmen, enthält selbst allerdings keine entsprechenden Ausdrücke.

Durch die vier Imperative (1.1.3.9; davon 1.1.3 adhortativ) und die zwei negierten Jussive (4.8) erhält der Psalm seinen appellativen Grundzug und zeigt den Beter ausgerichtet auf die unmittelbare Zukunft; Eile tut offenbar not. Auch die Imperative der Vv. 8f. sind auf die unmittelbare Zukunft zu beziehen, sie werden in ihrer Dringlichkeit nur ernstgenommen, wenn sie auf aktuelle Bedrohung und Entscheidung auf Leben und Tod bezogen werden.[847]

Denn das andere große Thema des Psalms ist das Ergehen von Gerechten und Frevlern. Der Beter bittet darum, stets unbeschadet zu entkommen (10), während die Frevler in ihre eigenen Gruben fallen sollen. »Mit einem Gerichtswunsch über die רשעים schließt der Psalm ab ... . 10 entspricht der Gegenüberstellung in Ps 1,6, hat freilich den Akzent unmittelbar leidenschaftlicher Aussage des Klagenden und Bittenden.«[848] Soweit entspricht der Befund wohl der Aussage des Psalms. Dann jedoch trägt Kraus, der hier exemplarisch auch für andere genannt sein soll, die Idee des Gottesurteils ein: »Der צדיק ist jedenfalls gewiß: Durch ein Gottesurteil werden die רשעים gerichtet und in die שאול herabgerissen.«[849] An ein plötzliches Gericht könnte in V. 7 zwar schon gedacht sein, doch bleibt Gott gerade außen vor. Er tritt nicht als Handelnder in Erscheinung, wird gerade nicht als Verursacher des Endes der Frevler beschrieben: Sie fallen durch eigene Schuld. Das Bild des Sich-Verfangens in den eigenen Fallen (vgl. Ps 7,16; 9,16; 35,7f.; 57,7) könnte bewußt auf die Konstellation im Rechtsprozeß anspielen, »in dem bekanntlich der falsche Ankläger die zur Debatte stehende Strafe auf sich nehmen muß«[850], jedoch wird keine Instanz benannt, die ein solches Urteil aussprechen würde.

Der Psalmist steht in der ständigen Versuchung, mit Worten und Taten mutwillig gottlos zu handeln. Dem nicht zu erliegen, ist Gegenstand seines Gebetes. Die Bösen sind eine bedrohliche Realität, die auch »in« ihm selbst einen gewissen Anknüpfungspunkt finden können, sonst bräuchte es diese dringliche Bitte um Bewahrung nicht. Zugleich geht es aber auch um massive Be-

---

[846] Vgl. Junker, Einige Rätsel (1949), 204. Von ausdrücklicher Gemeinschaft mit den Frommen ist aber, soweit ich sehe, nicht direkt die Rede.
[847] Vgl. Seybold, Ps 141 (1993), 208.
[848] Kraus, BK XV/1 ([6]1989), 1110.
[849] Ebd.
[850] Seybold, HAT I/15 (1996), 523.

drohung seines Lebens durch die Fallen, die ihm gelegt werden. Der Beter erfährt sich als Individuum; er ordnet sich selbst auch nicht eindeutig der Gruppe der Gerechten zu, von denen er aber gern Belehrung anzunehmen bereit ist. Das »Ich« des Psalms bleibt ganz unbestimmt. Der Psalm ist trotz aller – offensichtlichen – Angst getragen von der Gewißheit, daß JHWH das Gebet erhören und den Beter retten wird, während die Übeltäter sich selbst ihr Ende bereiten.

Auch hier steht wieder der einzelne Gerechte der Übermacht von Übeltätern gegenüber:

BEZEICHNUNGEN FÜR DIE GUTEN

V. 5   צַדִּיק   der Gerechte

BEZEICHNUNGEN FÜR DIE SCHLECHTEN

V. 4   אִישִׁים פֹּעֲלֵי־אָוֶן   Menschen, die Übeltäter sind
V. 9   פֹּעֲלֵי אָוֶן   die Übeltäter
V. 10 רְשָׁעִים   die Frevler

AUSSAGEN ÜBER DAS ENDE DER SCHLECHTEN

V. 6   נִשְׁמְטוּ   sie sollen hinabgestürzt werden
V. 10 יִפְּלוּ   sie sollen fallen

שמט ist nirgends mit Gott als Subjekt belegt, das Vorkommen in Ps 141 ist zudem singulär;
נפל bildet ein Hifil mit Gott als Subjekt.

21 Belegstellen außerhalb des Psalters: Das Buch der Sprichwörter

Da sich in den Proverbia die einzigen Belege für unsere These außerhalb des Psalters finden, verdienen diese Stellen besondere Beachtung. Dabei soll und kann hier keinesfalls das Buch der Sprichwörter in seiner Gesamtheit gewürdigt werden, sondern es werden ganz bewußt nur einige wenige Stellen herausgegriffen, die in unserem Zusammenhang Beachtung verdienen. Zugleich ist bereits hier zu bemerken, daß das Buch der Sprichwörter sehr viel verhaltener vom Handeln Gottes spricht als die Psalmen; in weisheitlicher Manier wird Gott eher als der im Hintergrund Stehende gedacht.

21.1 Zusammenschau der Stellen

Selbstverständlich findet sich im Buch der Sprichwörter die Auffassung vom strafenden Handeln Gottes, das dann ausdrücklich auch so bezeichnet wird. Die letzte Spalte der folgenden Tabelle stellt derartige Aussagen zusammen.

Und trotzdem lassen sich hier wiederum Stellen finden, an denen einerseits vom helfenden Handeln Gottes für die Guten, andererseits in unpersönlicher Weise vom Los der Schlechten gehandelt wird. Um einen Überblick über die in Frage kommenden Stellen zu geben, habe ich sie wiederum in einer Tabelle zusammengestellt.

Während im Psalter die zu untersuchenden Einheiten (die einzelnen Psalmen) vorgegeben waren, muß hier zunächst eine Zusammenstellung von Versen des Inhalts
  a) Rettung/Hilfe für die Guten von Gott
  b) Passivisch oder unpersönlich beschriebenes Ergehen der Schlechten und
  c) Ergehen der Schlechten, das durch Gott verursacht beschrieben wird
erfolgen. Aus dieser Übersicht läßt sich dann ersehen, welche Bereiche des Buches als Belege in Frage kommen.

Es werden keine Sätze erwähnt, die unpersönlich vom Ergehen der Guten reden. Ferner sind die Sätze, in denen die personifizierte Weisheit spricht, unter Vorbehalt aufgenommen; sie werden mit ° gekennzeichnet. Verse, die mit * versehen sind, beziehen sich auf Aussagen im Zusammenhang mit der »fremden Frau«.

II Textanalysen

	Rettung/Hilfe für die Guten von Gott	Ergehen der Schlechten (passiv/ unpersönlich)	Ergehen der Schlechten (durch Gott)
Spr 1		18. 19. 26-27°. 32°	
Spr 2	6.7.8	(15). 18*. 19*. 22[851]	
Spr 3	5-6. 11-12. 26. 32. 33. 34	25. 34[852]. 35	33? (s.u.)
Spr 4		19	
Spr 5		5*. 6*. 11. 22. 23	
Spr 6		15. 26*. 29*. 32*. 33*	
Spr 7		22-23*. 26-27*	
Spr 8	(35)	36	
Spr 9		18	
Spr 10	3. (22). 29	(7). (8). (10). 14. (17). 21. 24. 25. 27. 28. 30. 31	3. 29
Spr 11	20	3. 4. 5. (6). (7). 8. 10. 19. (21). (23). (27). 28. (31)	
Spr 12	2	3. 7. 21. (26). 28[853]	2
Spr 13		3. 6. 9. (15). 21	
Spr 14		11. (12). (22). 32	
Spr 15	25. (29)	10. (27)	25
Spr 16	7. (9)	(4?). 5. 18. (25)	(4?)
Spr 17		5. 13. 20	
Spr 18	(22)	(7)	
Spr 19	(14). 17	(5). 9. 16. (29)	
Spr 20	22	20	
Spr 21		6. 7. 16. (18). 25[854]. 28	12[855]
Spr 22	(12)	(3). (5). 8	12. 14
Spr 22,17	23	24-25	23
Spr 23	11		11

---

851 Im vorangehenden Vers wird aber ebenso unpersönlich auch vom Ergehen der Aufrichtigen gesprochen.
852 Das Verspotten erfolgt, weil eine irgendwie geartete Strafe oder ein Unglück sich abzeichnet; siehe EXKURS »Lachen und Spotten mit Gott als Subjekt«.
853 Textkritisch schwierig; verschiedene Übersetzungen möglich.
854 Daß es hier wirklich um Lebensverlust geht, zeigt Hausmann, Menschenbild (1995), 71.
855 Unter der Voraussetzung, daß »der Gerechte« JHWH ist.

Spr 24	(12)	16. 20	(12). 17-18. (21-22)
Spr 25	22		
Spr 26		27. (28)	
Spr 27		(12)	
Spr 28		10. 14. 17. 18. (20). 28	
Spr 29		1. (6). 16. (25)	
Spr 30	5	17	
Spr 31			

Wie oben angegeben, beziehen sich die mit * versehenen Verse auf Aussagen im Zusammenhang mit der »fremden Frau«. Sie bilden innerhalb der Aussagen, die davon sprechen, daß Menschen in ihr eigenes Verderben laufen, eine eigene Gruppe. Es reicht, wenn wir hier festhalten, daß sie in Bezug auf die Folgen solchen Verhaltens eindeutig sind: Wer sich mit ihr einläßt, der kehrt nie zurück (Spr 2,19); in den Texten zur fremden Frau begegnet häufig Todesmetaphorik.[856]

In die Tabelle sind bewußt auch Zweifelsfälle aufgenommen worden. Die Unklarheit besteht meist darin, ob ein bestimmtes Verb oder Substantiv einfach nur ein kleineres Übel bezeichnet oder durchaus als Ausdruck für endgültiges Zugrundegehen verwendet werden kann (etwa: der wird fallen, der bleibt nicht ungestraft). Diese Zweifel lassen sich zum Teil durch genaue Wortfelduntersuchungen sowie durch Interpretation des jeweiligen Kontextes ausräumen (die aber im Rahmen dieser Arbeit nicht geleistet werden können), zum Teil allerdings wird es wohl bei dieser Offenheit der Texte bleiben. Zu bedenken ist auf jeden Fall, daß für das biblische Denken jede Art von Lebensminderung als »Tod« beschrieben werden kann.

Zu beachten ist weiterhin, daß gerade die unpersönlichen Aussagen auch für die Deutung offen sind, daß es sich um eine innerweltliche – sei es juristische oder soziale – Sanktion handelt.

Trotz dieser Vorbehalte erscheint es sinnvoll, die Liste einschließlich der Zweifelsfälle zu bieten, vor allem auch deshalb, weil die Übergänge fließend sind.

Einer besonderen Erwähnung bedarf Spr 3,33: Hier ist von einem Fluch Gottes die Rede (Wurzel ארר). Wiederum stellt sich (wie bei Ps 37[857]) die Frage, ob damit das

---

[856] Für Einzelanalysen vgl. Maier, Fremde Frau (1995); zur Todesmetaphorik in Spr 2 bezüglich der »fremden Frau« insbes. 103-110.
[857] Das Buch der Sprichwörter weist zahlreiche Parallelen zu Ps 37 auf: Spr 10,24 vgl. Ps 37,4; Spr 10,30 »die Frevler bleiben nicht im Land wohnen«; Spr 10,31 erinnert

Verderben bzw. Ende der Schlechten doch mit einem vernichtenden Eingreifen Gottes in Verbindung gebracht wird, insofern der von Gott ausgehende Fluch das Unheil in Gang setzt.[858]

> »Das Nomen m⁽ʾ⁾ērāh in Deut 28,20; Mal 2,2; 3,9 und Spr 3,33; 28,27 ist der ›Fluch‹ im Sinn des bereits hereingebrochenen Unheils, nicht im Sinn einer Fluchformel oder des Fluchwortes. Ihn ›schickt JHWH‹, und er ›ist im Haus des Frevlers‹ als bereits eingetretenes Unglück spürbar.«[859]

Da sich das Augenmerk der Aussage in Spr 3,33 auf das bereits eingebrochene Unheil richtet, geht es also nicht primär um einen Bericht darüber, wie Gott mit seinem Fluch Unheil in Gang setzt.[860] Bezeichnet מְאֵרָה nicht das Verfluchen, sondern die eingetretene Fluchfolge, dann muß JHWH nicht einmal Subjekt des Verfluchens sein. מְאֵרַת יְהוָה kann dann auch heißen: »Die Folge eines *bei* JHWH (von einem anderen Menschen) herabgerufenen Fluches«.

Unterstützt wird diese Interpretation durch das Faktum, daß im zweiten Halbvers der Segen durch eine Verbform und nicht – parallel – durch ein Nomen ausgedrückt wird.

Dennoch kann natürlich nicht völlig ausgeschlossen werden, daß hier explizit wird, was bei anderen Aussagen stillschweigend vorausgesetzt wird, nämlich ein vernichtendes Eingreifen Gottes gegen die »Schlechten«. Der Vers markiert sicherlich die Grenze der noch zu berücksichtigenden Aussagen.

Da die Kapitel 1-9 (zu 3,33 s.o.) keine Belege für ein strafendes bzw. vernichtendes Eingreifen Gottes gegen die »Frevler« beinhalten, dagegen aber

---

an Ps 37,30; Spr 13,22 vgl. mit der Grundaussage von Ps 37; auch V. 25 »der Gerechte hat zu essen, der Frevler darbt« erinnert an Ps 37; Spr 16,3 vgl. Ps 37,5; Spr 20,22 vgl. Ps 37; Spr 24,19-20 vgl. Ps 37,1-2.

[858] Meinhold sieht im Schluß der Lehrrede (Vv. 32-35) den Inhalt entfaltet, daß JHWH mit äußerster Entschiedenheit gegen die Menschen der verkehrten Lebensart einschreitet. Ihnen wird schärfste Distanz zuteil. Die Begrifflichkeit von Fluch und Segen drücke förderliche oder schädigende Kräfte aus (Meinhold, Sprüche (1991), 87).

[859] Scharbert, Art. ארר, ThWAT I (1973), 445f.

[860] In diesem Zusammenhang seien auch andere Wendungen erwähnt, die ich bewußt ausgeklammert habe, nämlich die Stelle, wo es um »Greuel« geht: 3,32; 6,16; 11,20; 12,22; 15,8.9.26; 16,5; 17,15; 20,10.23; 21,27. Auch für sie ist nicht auszuschließen, daß der Ausdruck »x ist JHWH ein Greuel« bedeuten kann, daß damit die Vernichtung (durch Gott) besiegelt ist. Doch scheint es mir hier noch weniger zwingend als bei den Aussagen über den »Fluch Gottes«. »tôʿēbāh bezeichnet folglich innerhalb des AT etwas zwischen und durch Menschen ethisch als Denken und Handeln zu Verabscheuendes, vor allem aber etwas, was zu JHWH nicht paßt, was seinem Charakter und seinem daraus abzuleitenden Willen widerspricht, was ethisch wie kultisch ihm gegenüber ein negatives Tabu ist ..., was innerhalb des kosmischen Ordnungsgefüges als etwas Abzutrennendes, Ungeordnetes und daher Bedrohendes gekennzeichnet wird ...« (Preuß, Art. תועבה, ThWAT VIII (1995), 590).

sehr wohl solche, die ein helfendes oder rettendes Eingreifen Gottes zugunsten der »Guten« beschreiben, bieten sie ein gutes Beispiel.

21.2 Sprichwörter 1-9

Die Kapitel 1-9 können aufgrund ihrer durchkomponierten Struktur als Einheit aufgefaßt werden; dies ist zugleich die communis opinio der Forschung. Ich gehe also nicht davon aus, daß diese neun Kapitel ein »unsystematisch kompiliertes Stück Schulliteratur ohne planvollen Aufbau, ohne gedankliche Einheit und ohne inhaltlichen Fortschritt«[861] darstellen, sondern vielmehr eine wohldurchdachte und durch und durch strukturierte Einheit. Von der Gattung her ist das Buch der Sprichwörter eine Anthologie, doch auch diese Bestimmung schließt eine durchaus gewollte Ordnung keinesfalls aus.

Die neun Kapitel lassen sich klar als erster Teil des Buches Proverbia abgrenzen. Sie sind durch zwei Aussagen über das Verhältnis von Weisheit und JHWH-Furcht chiastisch gerahmt (1,7; 9,10). Die nächste Überschrift wird dann in Spr 10,1 geboten.

1,1-7	Prolog (Überschrift)
1,8-19	1. Lehrrede
1,20-33	Rede der personifizierten Weisheit
2,1-22	2. Lehrrede
3,1-12	3. Lehrrede
3,13-20	Makarismus: Gedicht über die Weisheit
3,21-35	4. Lehrrede
4,1-9	5. Lehrrede
4,10-19	6. Lehrrede
4,20-27	7. Lehrrede
5,1-23	8. Lehrrede
6,1-19	Zwischenstücke
6,20-35	9. Lehrrede
7,1-27	10. Lehrrede
8,1-36	Rede der personifizierten Weisheit
9,1-6	Rede der personifizierten Weisheit
9,7-12	Zwischenstück (Epilog)
9,13-18	Rede der personifizierten Torheit

Wie am Gliederungsschema ersichtlich ist, lassen sich die hier interessierenden ersten neun Kapitel in sinnvolle Unterabschnitte zerlegen: Die Gliede-

---

[861] Lang, Lehrrede (1972), 28.

rung durch das Element »mein Sohn« (בני) vorausgesetzt, gliedert sich der Text in 10 Lehrreden: 1) 1,8-19, 2) 2,1-22, 3) 3,1-12, 4) 3,21-35, 5) 4,1-9, 6) 4,10-19, 7) 4,20-27, 8) 5,1-23, 9) 6,20-35, 10) 7,1-27.

Alle diese Lehrreden beginnen mit einem Höraufruf, verbunden mit der Anrede »mein Sohn«. Dem Aufruf kann noch eine Motivation beigefügt sein, in der die Lehre etwa als kostbar und nützlich bezeichnet wird. Danach folgt der Hauptteil der Lehre (im Imperativ oder Vetitiv; einzig in 1,10-15 ist kasuistisch formuliert). Abgeschlossen wird die Lehrrede mit Hinweisen auf die Folgen weisen oder unweisen Verhaltens; dabei wird von der zweiten zur dritten Person gewechselt. Vom Appell geht es zur Demonstration, von der Feststellung zur Anrede. (Die Einheiten 3,1-12; 4,1-9 und 4,20-27 haben diesen Teil nicht.)

Die Abschnitte 1,20-33; Spr 8 und 9,1-6 heben sich noch einmal ab; es sind keine Lehrreden, sondern sie geben sich als Reden der (personifizierten) Weisheit. In formaler und sachlicher Opposition zur Rede der Weisheit 9,1-6 stehen die nach einem »Zwischenstück« folgenden Verse: 9,13-18 handelt über die Frau Torheit. Weitere Teile, die nicht unter die Gattung »Rede« fallen, sind in Spr 3,13-20 ein Makarismus; ein solcher begegnet auch in 8,32.34. Hier wird über die Weisheit gesprochen. Des weiteren findet sich in 6,16-19 ein Zahlenspruch. Die drei Einheiten direkt davor, 6,1-5; 6,6-11 und 6,12-15 lassen sich formal nur schwer in den Rahmen der Kapitel 1-9 einordnen. Sie machen einen etwas fragmentarischen Eindruck, und man könnte sie sich eher in der Sammlung der Einzelsprüche vorstellen. Immerhin stehen sie in einer gewissen Beziehung zur Lehrrede 3,21-35, in die (in Vv. 27-31) auch Einzelweisungen eingeordnet sind.

Ferner fehlen hinsichtlich der Gliederung des gesamten Komplexes noch Spr 1,2-7 als Prolog und Spr 9,7-12 als Epilog des gesamten Teils.

Der Prolog 1,2-7 weist terminologische Berührungspunkte zum Epilog 9,7-12 auf. Spr 1,8-19 (Lehrrede) und 1,20-33 (Rede der Weisheit) sind formale Ankündigung dessen, was in den folgenden Kapiteln noch geboten werden wird; vorwiegend nämlich Lehrreden (2-7) und Reden der Weisheit (8-9). Kapitel zwei spielt mit dem hebräischen Alphabet und ist in seinem ersten, also dem א-Teil, sowohl nach vorne (auf den Prolog und die Lehrrede 1,20ff.) als auch nach hinten (auf das folgende Kapitel 3, aber auch auf 8,13) bezogen. Der zweite, der ל-Teil, schlägt die Brücke vor allem zu Kap 4-7. Spr 2 gibt also insgesamt so etwas wie die Disposition inhaltlicher Art für die folgenden Texte an. Der Makarismus 3,13-20 kündigt inhaltlich die große Rede der Weisheit in Spr 8 an.[862]

Aus allen diesen Gründen, die zeigen, daß 1-9 als Einheit zu sehen ist,

---

[862] Vgl. u.a. Meinhold, Sprüche (1991), ganz ähnlich auch Baumann (1996), 258 (Tabelle), 251-260.

kommen für unsere Untersuchung auch nicht direkt benachbarte Verse in Betracht, da man von einer einigermaßen einheitlichen theologischen Konzeption der Endredaktion ausgehen kann.

Da sich nur in den Kapiteln 1-3 Aussagen über das helfende bzw. rettende Handeln Gottes und solche über das Ergehen der »Schlechten« finden und darüber hinaus die Verse aus den Kapiteln 4-9 keine abweichenden oder weitergehenden Ergebnisse bringen, kann die genauere Untersuchung weiter eingeschränkt werden.

21.3 Sprichwörter 1-3

Auf eine vollständige Übersetzung der kompletten Kapitel wird verzichtet, es sind jeweils nur die betreffenden Verse geboten.

Das erste Kapitel stellt das Programm des ganzen Buches vor: Nach dem Prolog (1,1-7) der betont hatte, daß derjenige, der Weisheit verachtet, damit letztlich bald den Menschen verachtet, wird der Sohn[863] gleich in der ersten Lehrrede (1,8-19) vor frevlerischen Männern, Menschenverächtern, die um ihres Vorteiles willen bereit sind, über Leichen zu gehen, gewarnt. Die Gefahr, daß die Verbrecher ihn zum Komplizen machen wollen, wird dem Sohn eindringlich geschildert und er wird davor gewarnt, auf verbrecherische Weise reich werden zu wollen. Wenn er hier zum »Hören« aufgefordert wird, ist sicher »Gehorchen« im Blick. Uns interessiert hier vor allem die motivierende Begründung, die ganz klassisch den dritten Teil der Rede ausmacht (16-19).

Der Abschluß der ersten Lehrrede (1,8-19) bringt in den Vv. 18.19 Aussagen über das Lebensende der Sünder. Es handelt sich dabei um die letzten Verse des abschließenden Abschnitts »motivierende Begründung für die empfohlene Haltung« der Lehrrede. Allerdings findet sich hier keine Aussage über eine helfende Tat Gottes zugunsten derer, die sich dem Treiben der Sünder fernhalten. V. 18 konstatiert, daß das, was sie aushecken, auf sie selbst zurückfällt. Sie selbst, die sich nicht scheuen, für ihre Ziele über Leichen zu gehen, verfallen dem Tod (V. 19 verallgemeinert über den behandelten Fall hinaus). In V. 19 liest EÜ »so enden alle« אחרית, nach MT aber »so sind die Pfade aller derer, die sich durch Raub bereichern כן ארחות. Der ungerechte Gewinn raubt ihnen das Leben. Diese beiden Verse formulieren den Tun-Ergehen-Zusammenhang, bzw. – wenn man so will – die Schicksalwirkende Tatsphäre. Hier bleibt, im Unterschied zu Spr 3,33-35 JHWH außer Betracht, wird nicht genannt. Die Tat trägt ihr Ergebnis bereits in sich; formuliert ist der rein innere

---

[863] Der Angeredete wird im folgenden immer als »Sohn« bezeichnet. Dadurch soll nicht ausgeschlossen werden, daß sich diese Bezeichnung auch auf den Schüler beziehen kann. Die Frage, ob das Buch der Sprichwörter nun die familiäre oder die schulische Situation voraussetzt, führt hier zu weit; vgl. u.a. Römheld, Wege der Weisheit (1989), 3f.

Zusammenhang von Tun und Ergehen. Doch verficht auch das Sprüchebuch diesen Zusammenhang nicht gänzlich unkritisch, was neben Stellen wie Spr 23,17f.; 24,1.19f. auch die ausführliche Motivation zeigt, die dem jungen Menschen gegeben wird. Wäre es so evident, daß der Weg der Sünder ein Weg des Todes ist, so erübrigte sich die ganze Warnung.[864]

> »Der Tun-Ergehen-Zusammenhang, der in einer sehr stark auf der Solidarität der Familie, der Sippe und des Stammes aufbauenden Gesellschaft seine innere Plausibilität hat, wird doch mehr und mehr zu einer Sache des Glaubens, d.h. der Herausforderung des Glaubens: Denn dass das Unrecht den Unrecht verübenden Menschen ›tötet‹, ist nur im Glauben eine Tatsache.«[865]

In der ersten Rede der Weisheit (1,20-33) spricht Frau Weisheit nicht nur wie eine Prophetin, sondern wie Gott durch die Propheten; sie nimmt selbst die Stelle JHWHs ein.[866] Daher ist fraglich, ob die im folgenden angeführten Verse für die These relevant sind.

In 1,26 begegnet das Motiv des »Spottens« über die Sünder. Dieses Bild kommt mehrfach auch im Zusammenhang mit Gott vor.

EXKURS: LACHEN UND SPOTTEN MIT GOTT ALS SUBJEKT

Die Stellen, in denen Gott lacht oder spottet, seien hier zunächst zusammengestellt:

1) Lachen (שׂחק) mit Gott als Subjekt

יוֹשֵׁב בַּשָּׁמַיִם יִשְׂחָק אֲדֹנָי יִלְעַג־לָמוֹ׃

(Ps 2,4 Doch er, der im Himmel thront, lacht, der Herr verspottet sie.)

אֲדֹנָי יִשְׂחַק־לוֹ כִּי־רָאָה כִּי־יָבֹא יוֹמוֹ׃

(Ps 37,13 Der Allherr wird über ihn lachen, denn er hat (längst) gesehn, daß sein Tag eintreten wird.)

וְאַתָּה יְהוָה תִּשְׂחַק־לָמוֹ תִּלְעַג לְכָל־גּוֹיִם׃

(Ps 59,9 Du aber, JHWH, wirst über sie lachen, spotten über alle Völker.)

שָׁם אֳנִיּוֹת יְהַלֵּכוּן לִוְיָתָן זֶה־יָצַרְתָּ לְשַׂחֶק־בּוֹ׃

(Ps 104,26 Dort ziehen Schiffe dahin; der Leviathan, den du gebildet, mit ihm zu spielen.)[867]

---

[864] Dieser Abschnitt orientiert sich an der Vorlesung »Sprichwörter 1-9« von Hans-Winfried Jüngling SJ im Sommersemster 1994 an der Hochschule Sankt Georgen, Frankfurt am Main.
[865] Jüngling, Vorlesungsskript zu Spr 1-9 (1994), 108.
[866] Vgl. Baumann, Weisheitsgestalt (1996), 198.
[867] Hier spielt der Leviathan vor Gott, wie im Buch der Sprichwörter die Weisheit. Zur Übersetzung dieses Verses vgl. aber unter PSALM 104.

גַּם־אֲנִי בְּאֵידְכֶם אֶשְׂחָק אֶלְעַג בְּבֹא פַחְדְּכֶם:

(Spr 1,26 [hier spricht jetzt die Weisheit, nicht Gott] So will auch ich bei eurem Unglück lachen, will spotten, wenn Schrecken über euch kommt.)

2) *Spotten* (לעג) *mit Gott als Subjekt*

יוֹשֵׁב בַּשָּׁמַיִם יִשְׂחָק אֲדֹנָי יִלְעַג־לָמוֹ:

(Ps 2,4 Doch er, der im Himmel thront, lacht, der Herr verspottet sie.)

וְאַתָּה יְהוָה תִּשְׂחַק־לָמוֹ תִּלְעַג לְכָל־גּוֹיִם:

(Ps 59,9 Du aber, JHWH, wirst über sie lachen, spotten über alle Völker.)

אִם־שׁוֹט יָמִית פִּתְאֹם לְמַסַּת נְקִיִּם יִלְעָג:

(Ijob 9,23 Wenn die Geißel plötzlich tötet, spottet er über der Schuldlosen Angst.)

גַּם־אֲנִי בְּאֵידְכֶם אֶשְׂחָק אֶלְעַג בְּבֹא פַחְדְּכֶם:

(Spr 1,26 [hier spricht jetzt die Weisheit, nicht Gott] So will auch ich bei eurem Unglück lachen, will spotten, wenn Schrecken über euch kommt.)

Lachen und Spotten erscheinen öfters – wie aus der Zusammenstellung ersichtlich wird – parallel, jedoch nicht synonym, sondern nur in einer partiellen Übereinstimmung; Lachen steht im Gegensatz zu Weinen, Spotten nie.

Drückt nun das Lachen und Spotten Gottes »stets den sichtbarsten Ausdruck der unantastbaren Herrschermacht Gottes«[868] aus? Genau zu dieser Frage Bartelmus:

> »Auch dort, wo vom śḥq Gottes die Rede ist (Ps 2,4; 37,13; 59,9), ergibt sich der Gedanke der Überlegenheit nicht aus dem Lexem śḥq, sondern aus seiner Fügung mit lᵉ und dem Kontext. Insofern darf man ... mit der Verwendung des ... Lexems nicht *automatisch* den Gedanken der Überlegenheit verbinden ..., denn in die JHWH-Religion sind ja im Rahmen der Einbeziehung des ursprünglich kanaan. Jerusalemer Heiligtums auch Züge des gütigen Hochgotts El integriert worden, und dieser lacht und scherzt durchaus nicht nur zum Ausdruck seiner göttlichen Überlegenheit ...«[869]

In Ps 59,9; 2,4 und 37,13 geht es also um den Spott des Überlegenen. Doch nicht um den Spott als solchen, sondern um auch dem bedrängten Beter eine Hoffnung aufzu-

---

[868] So Kuschel, Lachen (1998), 91: Es sei ein »Lachen der Überlegenheit und Souveränität, ein wissendes, spottendes Lachen durch einen Gott, der die Verhältnisse auf Erden durchschaut und deshalb die Vergeblichkeit menschlicher Herrschaftsgelüste nur spöttisch verlachen kann«. Der »schrille Anthropomorphismus« bezeuge JHWH als den »lebendig-reagierenden, am irdischen Treiben leidenschaftlich teilnehmenden Gott« (ebd., 92).

[869] Bartelmus, Art. צחק/שׂחק ThWAT VII (1993), 733f., bei der Erörterung von Ps 104,26.

zeigen: »In allen drei Fällen geht es darum, daß der Psalmist durch den Wechsel des Blickwinkels von der menschlichen zur göttlichen Perspektive deutlich machen will, daß der sich bedroht fühlende Mensch eigentlich ebenso Anlaß zu überlegenem Lachen hat wie Gott selbst.«[870] Ganz anders geartet hingegen ist der tyrannische Spott, den Ijob dem Gott der Freunde vorwirft (Hi 9,23). Ältestes Beispiel eines Spottens Gottes sei Ps 2,4. Gelächter und Spott sind dort Ausdruck fragloser Überlegenheit gegenüber dem Treiben der Erdenkönige.[871]

Der Schrecken, der über die Schlechten kommt, wird dem jungen Menschen als abschreckendes Beispiel und als Warnung vor Augen gestellt. Angesichts dieses Schreckens wird die Weisheit lachen und spotten.

Von Gott ist hier keine Rede, die Kausalität läuft immanent – und sie wird kommen! Das Fehlverhalten selbst personifiziert sich zu geradezu selbstmörderischen Größen.[872]

Beim gewiß einbrechenden Unglück wird die Weisheit sich passiv und schadenfroh verhalten, also nichts dazu und nichts dagegen tun: »Das spöttische Lachen der Weisheit ist Begleiterscheinung eines nicht durch sie vollzogenen Tun-Ergehen-Zusammenhangs.«[873]

26 גַּם־אֲנִי בְּאֵידְכֶם אֶשְׂחָק אֶלְעַג בְּבֹא פַחְדְּכֶם׃
27 בְּבֹא כְשׁוֹאָה פַּחְדְּכֶם וְאֵידְכֶם כְּסוּפָה יֶאֱתֶה בְּבֹא עֲלֵיכֶם צָרָה וְצוּקָה׃

26 Darum werde auch ich lachen, wenn euch Unglück trifft, werde spotten, wenn Schrecken über euch kommt, 27 wenn der Schrecken euch wie ein Unwetter naht und wie ein Sturm euer Unglück hereinbricht, wenn Not und Drangsal euch überfallen. (EÜ)

V. 26 steht im Zentrum der Rede der Weisheit; in den Vv. 29-31 findet sich der Grund für die Unheilsansage, es folgen in 32-33 Folgen allgemeinerer Art.[874]

Die Vv. 26-27 muten gespenstisch an; man kann diesen Passus kaum als weisheitliches Gut auffassen. Die engsten Parallelen finden sich in Ps 2,4 und Ps 59,9; vgl. auch Ez 23,32. An den drei Stellen steht ebenfalls die Kombination der beiden Verben שׂחק und לעג. Dasselbe Motiv des Lachens findet sich in Ps 37,13: Auch hier lacht Gott wie in Ps 2,4. Ebenso wird dieses Lachen von Menschen ausgesagt: Ps 52,8b.

---

[870] Ebd., 739.
[871] Vgl. Barth, Art. לעג ThWAT IV (1984), 585f.
[872] Vgl. Meinhold, Sprüche (1991), 61.
[873] Ebd., 60f.
[874] Gliederung nach Baumann, Weisheitsgestalt (1996), 177, sie grenzt aber schon nach V. 30 ab.

»Dieses eigenartige, auffallende Motiv des Lachens und Spottens begegnet also in vorexilischen Psalmen auf Jahwe und in unserem Zusammenhang auf die Weisheit bezogen. Das wird man kaum als Zufall betrachten können, sondern eher annehmen, daß hier ein Zug Jahwes in das Bild der Weisheit eingezeichnet wurde. Gegen diese Vermutung braucht die nicht zu übersehende Akzentverschiebung nicht zu sprechen: In Ps 2,4 lacht und spottet der weltüberlegene, im Himmel thronende Gott über das Ansinnen der Rebellen, denen er einst (אז) in seinem Zorn begegnen wird. In unserem Zusammenhang wird die Weisheit erst im Zeitpunkt des hereinbrechenden Unheils lachen und spotten. Ihr Lachen und Spotten ist hier weniger allgemeiner Ausdruck für ihre Überlegenheit und Souveränität, als speziell die persönliche Lossagung von den Unbotmäßigen, Entziehung ihrer Hilfe im Augenblick ihres Unheils.«[875]

Erst der letzte Vers zeigt einen Ausweg aus dem Verhängnis, nämlich den Gehorsam gegenüber der Weisheit.[876] So wird als Gegenbild zum unausweichlichen Unglück den Hörenden verheißen:

1,33 וְשֹׁמֵעַ לִי יִשְׁכָּן־בֶּטַח וְשַׁאֲנַן מִפַּחַד רָעָה׃

1,33 Wer aber auf mich hört, wohnt in Sicherheit, ihn stört kein böser Schrecken. (EÜ)

Eventuell sind hier auch allgemeine Nöte im Blick, die prinzipiell alle Menschen treffen können und vor denen die »Guten« speziell bewahrt werden. Dann wären es keine unheilvollen Folgen, die direkt aus einem schlechten Lebenswandel resultieren.

Nachdem die Vv. 30f. die dritte Sequenz von Anklage und Ankündigung bringen, zieht 32f. das Resümee. In diesen beiden Versen liegt ein auffälliger Wechsel vom Plural zum Singular vor. Von den Unerfahrenen und den Toren ist im Plural zu reden, von dem, der auf die Weisheit hört, im Singular. (Man denke an Ps 1 und die entsprechende Figur in verschiedenen Psalmen.) Dieses Ende des Gedichtes muß im Kontrast zu seinem Anfang gesehen werden: Am Anfang ruft die Weisheit ja im dicksten Gewühl der Menschen in den Gassen und dem Platz vor dem Tor. Eine Vielzahl von Menschen ist angesprochen. Aber hören wird nur einer je und dann. Der Eindruck verstärkt sich: Breit und bequem ist der Weg in den Untergang und viele gehen ihn. Die Bahn zum Leben in Sicherheit, die durch Jahwefurcht und Erkenntnis bestimmt ist, ist eng und deshalb gehen sie nur wenige.[877]

Zu beachten ist für unsere Belange aber, daß auch das Sicher-Wohnen derer, die auf die Weisheit hören, unpersönlich ausgedrückt wird; »der wird sicher wohnen und ruhig vor dem Schrecken des Unglücks sein«.

---

[875] Kayatz, Proverbien 1-9 (1966), 124f.
[876] Vgl. Meinhold, Sprüche (1991), 59.
[877] Vgl. Jüngling, Spr 1-9 (1994), 122.

Erst in der 2. Lehrrede (alphabetisches Akrostichon) wird dem Sohn dann verheißen, daß JHWH selbst ihm die Weisheit geben wird, Hilfe für die Redlichen bereithält und den Weg der Aufrichtigen bewahren wird (2,6-8).[878] Erstmals hier, in Spr 2,7.8, wird also über eine ausdrückliche Hilfe zugunsten der Guten gesprochen:

2,6 כִּי־יְהוָה יִתֵּן חָכְמָה מִפִּיו דַּעַת וּתְבוּנָה׃
2,7 וְצָפַן לַיְשָׁרִים תּוּשִׁיָּה מָגֵן לְהֹלְכֵי תֹם׃
2,8 לִנְצֹר אָרְחוֹת מִשְׁפָּט וְדֶרֶךְ חֲסִידָו יִשְׁמֹר׃

2,6 Denn der Herr gibt Weisheit, aus seinem Mund kommen Erkenntnis und Einsicht.
2,7 Für die Redlichen hält er Hilfe bereit, den Rechtschaffenen ist er ein Schild.
2,8 Er hütet die Pfade des Rechts und bewacht den Weg seiner Frommen. (EÜ)

Die Struktur des Kapitels sieht nach Chr. Maier wie folgt aus:[879]

    2,1-4 Voraussetzung der Unterweisung:
             Gebote des Lehrenden annehmen und Weisheit suchen
    2,5-19 Folgen aus diesem Verhalten:
        5-8 positives Gottesverhältnis: JHWH bewahrt den Weg der Aufrechten / Treuen
        9-19 positives Gemeinschaftsbild
            9-11 Recht und Gemeinschaftstreue
                  Weisheit rettet vor
            12-15 dem verkehrten Weg der Frevler
            16-19 dem abschüssigen Weg der »fremden Frau«
    2,20-22 Ziel der Unterweisung:
        20   für den Angeredeten: der Weg der Gerechten
        21f. das Ergehen von Aufrechten und Frevlern[880]

Die pädagogische Absicht der Rede ist sublim, sie beschreibt einladend die positiven Folgen rechten Verhaltens, malt ein drastisches Bild der Konsequenzen falschen Handelns und negiert eine Rettung (V. 19). Dies geschieht im Zusammenhang mit der Warnung vor der fremden Frau:

2,18 כִּי שָׁחָה אֶל־מָוֶת בֵּיתָהּ וְאֶל־רְפָאִים מַעְגְּלֹתֶיהָ׃
2,19 כָּל־בָּאֶיהָ לֹא יְשׁוּבוּן וְלֹא־יַשִּׂיגוּ אָרְחוֹת חַיִּים׃

---

[878] Hier funktioniert der Tun-Ergehen-Zusammenhang nicht mehr von selbst, sondern es ist mit einer besonderen Erfüllung durch Gott zu rechnen. Am augenblicklichen Ergehen können Richtigkeit oder Falschheit des Tuns nicht abgelesen werden (vgl. Meinhold, Sprüche (1991), 65).

[879] Vgl. Maier, Fremde Frau (1995), 92.

[880] In Vv. 21-22 sieht Michel unter literarkritischer Betrachtung des Stückes den Apokalyptiker am Werk (vgl. Michel, Proverbia 2 (1992), 233-243). Auch Maier sieht Vv. 21 f. als sekundär an (vgl. Fremde Frau (1995), 107-110).

2,18 Ihr Haus sinkt hinunter zur Totenwelt, ihre Straße führt zu den Totengeistern hinab.
2,19 Wer zu ihr geht, kehrt nie zurück, findet nie wieder die Pfade des Lebens. (EÜ)

Eine positive Erwartung gibt es für einen derart sich Verfehlenden nicht mehr. Die Todesmetaphorik zeigt die verheerenden Folgen des Ungehorsams gegenüber der Mahnung der Vv. 1-4 auf. »Sie unterstützt die didaktisch-persuasive Absicht der Rede.«[881]

Das Ende schließlich der 2. Lehrrede läßt aufhorchen:

2,21 כִּי־יְשָׁרִים יִשְׁכְּנוּ־אָרֶץ וּתְמִימִים יִוָּתְרוּ בָהּ׃
2,22 וּרְשָׁעִים מֵאֶרֶץ יִכָּרֵתוּ וּבוֹגְדִים יִסְּחוּ מִמֶּנָּה׃

2,21 Denn die Redlichen werden das Land bewohnen, wer rechtschaffen ist, wird darin bleiben.
2,22 Die Frevler aber werden aus dem Land verstoßen (כרת nif.), die Verräter aus ihm weggerissen.

Der generalisierende Abschluß stellt uns die Konzeption vor Augen, die auch Ps 37 beherrscht: Eines Tages werden die Redlichen endgültig in den Besitz des Landes kommen, weil die Frevler nicht mehr sein werden. Die Verbindung wird dadurch verstärkt, daß auch hier כרת (nif.) verwendet wird; das Bewohnen wird allerdings nicht mit ירש ארץ ausgedrückt, sondern mit יִשְׁכְּנוּ־אָרֶץ.[882]

Die 1. und die 2. Lehrrede stellen uns also genau die Konzeption vor, der wir ein wenig nachgehen wollten: Einerseits die »Schlechten«, die sich selbst das Leben rauben und an ihrem Lebenswandel zugrundegehen, und andererseits alle, die ihr Leben in Weisheit und Gottesfurcht gestalten – für sie wird JHWH selbst eintreten, um sie zu bewahren.

Auch die 3. Lehrrede offenbart frappierende Ähnlichkeiten zu Ps 37: Sie fordert zu unbedingtem Vertrauen auf das Handeln Gottes auf und warnt zugleich vor unabsehbaren Folgen beim Bauen auf die eigene Klugheit und die trügerische Annahme, der eigene Verstand biete Sicherheit:

---

[881] Maier, Fremde Frau (1995), 106.
[882] Auch hinsichtlich der zeitlichen Ansetzung wird man in die Gefilde von Ps 37 verwiesen: »Der Grundtext Prov 2,1-4.9-20 ist wegen der anthologischen Bezugnahmen auf Jer 3; 13; 50 und Dtn 4 als spätnachexilisch einzuordnen. Die Zusätze Prov 2,5-8 und 2,21f. gehen vermutlich auf eine noch spätere Redaktion zurück. ... Gesteigerte[s] Interesse an Land und Landbesitz einerseits (vgl. V. 21a) und die stark pädagogische Ausrichtung der Rede andererseits weisen für den Endtext auf Trägerkreise in spätnachexilischer Zeit hin, die deuteronomische Interessen weiterführen.« (Maier, Fremde Frau (1995), 109, vgl. 107-110).

3,5 בְּטַח אֶל־יְהוָה בְּכָל־לִבֶּךָ וְאֶל־בִּינָתְךָ אַל־תִּשָּׁעֵן׃
3,6 בְּכָל־דְּרָכֶיךָ דָעֵהוּ וְהוּא יְיַשֵּׁר אֹרְחֹתֶיךָ׃

3,5 Mit ganzem Herzen vertrau auf den Herrn, bau nicht auf eigene Klugheit;
6 such ihn zu erkennen auf all deinen Wegen, dann ebnet er selbst deine Pfade. (EÜ)

Die Ähnlichkeit zu Ps 37,3-5 ist einerseits durch den Inhalt gegeben, andererseits auf der Wortebene dadurch unterstützt, daß Ps 37,3 wie auch Spr 3,5 mit »Vertrau auf JHWH« beginnen: בְּטַח בַּיהוָה und בְּטַח אֶל־יְהוָה, d.h. mit identischer Verbform, allerdings bei abweichender Präposition.

Doch damit nicht genug, auch die letzten beiden Verse des Kapitels (3,33 und 34) erinnern unwillkürlich an den Psalm. In V. 34 wird gesagt, daß der Herr die Zuchtlosen verspottet, in Ps 37 hatte es ähnlich geklungen: »Wird der Allherr über ihn lachen ...« (Ps 37,13). Und V. 33 ist bereits diskutiert: Hier erhebt sich die Frage, wie der »Fluch des Herrn« im Hinblick auf ein vernichtendes Eingreifen gegen die »Schlechten« zu sehen sei, eben genau das Problem, das sich in Psalm 37,22 stellte.[883]

Die übrigen Aussagen aus Spr 3 über das Handeln Gottes zugunsten der »Guten«:

3,12 כִּי אֶת אֲשֶׁר יֶאֱהַב יְהוָה יוֹכִיחַ וּכְאָב אֶת־בֵּן יִרְצֶה׃

3,12 Wen der Herr liebt, den züchtigt er, wie ein Vater seinen Sohn, den er gern hat. (EÜ)

3,26 כִּי־יְהוָה יִהְיֶה בְכִסְלֶךָ וְשָׁמַר רַגְלְךָ מִלָּכֶד׃

3,26 Der Herr wird deine Zuversicht sein, er bewahrt deinen Fuß vor der Schlinge. (EÜ)

3,34 אִם־לַלֵּצִים הוּא־יָלִיץ וְלַעֲנָוִים יִתֶּן־חֵן׃

3,34 Die Zuchtlosen verspottet er, den Gebeugten erweist er seine Gunst. (EÜ)

V. 12 bringt den neuen Aspekt, daß das Handeln Gottes nicht auf den ersten Blick als Wohltat erfahren werden muß, sondern wie eine Züchtigung das langfristige Wohl anstreben kann. (Das Thema wurde auch bei Ps 6 behandelt.) Die Vv. 26 und 34b sind weitere Beispiele dafür, wie vom rettenden Handeln Gottes gesprochen wird (zum Thema des »Spottes Gottes« siehe den kleinen EXKURS).[884]

Analoges gilt für V. 25:

---

[883] Daß Ps 37 viele Bezüge zum Buch der Sprichwörter hat, ist mehrfach erwähnt worden. Vielleicht erklärt sich die Häufung in den ersten Kapiteln einfach nur dadurch, daß diese ihrerseits Themenankündigungen des ganzen Buches bieten.

[884] Für den nachfolgenden V. 35 stellt sich die Frage, ob das Partizip מרים in den Plural gesetzt werden sollte? Oder ist hier eine Parallele zu 32a.33a gegeben, in denen auch der negative Menschentyp jeweils im Singular genannt worden war? So jedenfalls Meinhold, wenn er spezifizierend und den Plural in כסילים individualisierend »jeder einzelne« übersetzt (vgl. Meinhold, Sprüche (1991), 83).

3,25 אַל־תִּירָא מִפַּחַד פִּתְאֹם וּמִשֹּׁאַת רְשָׁעִים כִּי תָבֹא:
3,25 Du brauchst dich vor jähem Erschrecken nicht zu fürchten noch vor dem Verderben, das über die Frevler kommt. (EÜ)

Dieser Vers bringt einen deutlichen Anklang an Ps 91,5. Der ganze Abschnitt Prov 3,21-26 kommt mit Ps 91 dahingehend überein, daß es sich um die Tendenz handelt, »JHWH durch seine (personifiziert gedachten) Wirkweisen zu ersetzen«[885], die dann der Targum fortführt.

Aus einer Darstellung der weiteren Verse aus den Kapiteln 4-9, die allesamt vom Ergehen der »Schlechten« handeln, ergeben sich keinerlei neuen Aspekte, weshalb auf die Einzeldarlegung verzichtet werden kann.

Für die Kapitel des Buches der Sprichwörter, die hier exemplarisch untersucht worden sind, ist festzuhalten: Ähnlich wie in den bereits dargestellten Psalmen finden sich keine Aussagen, die das Ende der »Schlechten« in eine Kausalität zu göttlichem Handeln bringen, dagegen wird durchaus deutlich vom helfenden bzw. rettenden Eingreifen Gottes zugunsten der Gerechten gesprochen. Eine gewisse Unsicherheit stellt – wie auch im Beispielpsalm 37 – die Rede vom »Fluch Gottes« dar. Beide Textkomplexe enthalten jeweils eine diesbezügliche Aussage. Bei genauerem Hinsehen stellt sich aber heraus, daß es – in Ps 37 aufgrund des Suffixes noch weniger als in Spr 3,33 – keinesfalls zwingend oder gar eindeutig ist, die Aussagen im Sinne eines Vernichtens, das Gott durch sein (Fluch-)Wort in Gang setzt, zu interpretieren.

Der erste Teil des Buches der Sprichwörter ist der einzige Beleg dafür, daß das an Ps 37 beschriebene Phänomen auch in anderen (Weisheits-)Schriften anzutreffen ist.

21.4 Datierung

Die Überschrift des Buches »Sprichwörter Salomos« insinuiert einen festen Anhaltspunkt für die Verfassung bzw. besser Sammlung des Materials. Mit der Konsolidierung des Königtums unter David und Salomo kommt es im geeinten Reich, vor allem in der Hauptstadt Jerusalem, zu Sammlungen weisheitlichen Gutes. Es ist gut vorstellbar, daß die Veranlassung zu diesen Sammlungen vom König ausging, so legt es ja auch Spr 25,1 nahe: König Hiskija läßt die Sprichwörter Salomos sammeln. Vielleicht wurden tatsächlich erst im 8. Jahrhundert die Bedingungen für Literatur günstig; dorthinein fallen ja u.a. die Redaktion der Prophetenbücher Amos und Hosea.

Damit ist allerdings noch kein Anhaltspunkt für die Datierung des gesamten Buches gegeben. Die Endredaktion ist nämlich wohl erst in das 4.-3. Jahr-

---

[885] Zenger, HThKAT (2000), 625.

hundert zu datieren.⁸⁸⁶ In diesem Zusammenhang wurde dem ganzen Werk wahrscheinlich auch erst der Teil Spr 1-9 als Deutehorizont vorangestellt.⁸⁸⁷

Für das Buch der Sprichwörter ist festzuhalten, daß das Alter eines einzelnen Spruches aller Voraussicht nach nicht bestimmt werden kann. Anders sieht es für die Zeit der Zusammenstellung der einzelnen Sammlungen aus, für die sich gewisse Anhaltspunkte ergeben. Daher sollen alle behandelten Verse hinsichtlich der Datierung als Bestandteil einer Sammlung verstanden und der jeweiligen Entstehungszeit der entsprechenden Sammlung zugeordnet werden. Daß einzelne Sprüche ein wesentlich höheres Alter haben können, ist sehr wahrscheinlich, kommt aber bei dieser Betrachtungsweise nicht in den Blick.

Die Abschnitte Spr 10,1-22,16 und Spr 25-29 werden meist höfischen Kreisen der späteren Königszeit zugeschrieben.⁸⁸⁸ Für die Sammlung Spr 22,17-24,22 konstatiert Römheld, daß sie keinen direkten Anhaltspunkt für eine Datierung liefern; bei aller Vorsicht hält er aber eine vorexilische Entstehungszeit für wahrscheinlich.⁸⁸⁹

Bei Spr 30 sind Meinhold zufolge hinsichtlich der Datierung die beiden Sammlungen getrennt zu beurteilen: Die Sammlung 30,15-33 entziehe sich einer zeitlichen Einordnung, wäre vielleicht aber die relativ älteste unter den jüngeren Sammlungen, könnte aber auch wirklich alt sein, 30,1-14 hingegen sei die jüngste der sogenannten jüngeren Sammlungen. Auch beide Teile des letzten Kapitels 31,1-9 und 31,10-31 seien eher spät zu datieren.⁸⁹⁰

Mit dem zweiten Abschnitt des letzten Teils (31,10-31) wird zudem ein Rahmen mit Spr 1-9 hergestellt.⁸⁹¹

Die Endredaktion des Buches wird, wie bereits erwähnt, am wahrscheinlichsten im 4., eher im 3. Jahrhundert v. Chr. stattgefunden haben;⁸⁹² terminus ante quem ist das Jahr 190 v. Chr., da sich Sirach sehr wahrscheinlich auf das Buch bezieht (Sir 47,17 – Spr 1,6). Spr 1-9 gehört, folgt man der

---

886 »Although the contents of the book of Proverbs developed gradually over a course over centuries, the final composition can be dated on the basis of linguistic, structural, and thematic features to the Persian period in Judah.« (Washington, Wealth (1994), 203).
887 Vgl. Schwienhorst-Schönberger, Das Buch der Sprichwörter (³1998), 333. Ebenfalls für die Perserzeit als Entstehungszeit wenn nicht des ganzen Buches, so doch der Kap 1-9 plädieren Maier, Fremde Frau (1995), 252 (zu Spr 1-9 insbes. 19-23; 262ff.) und Baumann, Weisheitsgestalt (1996), 272 (zu Spr 1-9 vgl. 268ff.).
888 Vgl. Meinhold, Sprüche (1991), 26.
889 Vgl. Römheld, Wege der Weisheit, 184.
890 Vgl. Meinhold, Sprüche (1991), 26.495f.
891 Vgl. Schwienhorst-Schönberger, Das Buch der Sprichwörter (³1998), 333.
892 Vgl. Meinhold, Sprüche (1991), 39.

gängigen Meinung, zu den spätesten Teilen des Buches,[893] so kommen wir zu einer Datierung in früh- oder eher sogar spätnachexilische Zeit.

Daraus ergibt sich für unseren Zusammenhang, daß die exemplarisch untersuchten Sprüche aus den ersten Kapiteln dieser relativ späten Zeit zuzuordnen sind. Und umgekehrt läßt sich sagen, daß diejenigen Verse der Tabelle, die als aktives Eingreifen Gottes gegen die Schlechten klassifiziert worden sind, sämtlich den älteren Schichten des Buches zuzuordnen sind.

Zu untersuchen ist noch, inwieweit Spr 25-29, die Zweite Salomonische Spruchsammlung, als ein sehr früher Beleg für unser Phänomen gelten muß. Auch diese Kapitel zeichnen sich anhand der (provisorischen) Übersicht durch die Abwesenheit von Aussagen über ein strafendes bzw. vernichtendes Eingreifen Gottes aus. Andererseits wird aber auch nur ein einziges Mal von einem göttlichen Eingreifen zugunsten eines »Guten« gesprochen (Spr 25,22):

25,21 אִם־רָעֵב שֹׂנַאֲךָ הַאֲכִלֵהוּ לָחֶם וְאִם־צָמֵא הַשְׁקֵהוּ מָיִם׃

25,22 כִּי גֶחָלִים אַתָּה חֹתֶה עַל־רֹאשׁוֹ וַיהוָה יְשַׁלֶּם־לָךְ׃

25,21 Hat dein Feind Hunger, gib ihm zu essen, hat er Durst, gib ihm zu trinken; 22 so sammelst du glühende Kohlen auf sein Haupt,[894] und der Herr wird es dir vergelten.

Wer also Feindschaft überwindet, indem er dem Gegner das Lebensnotwendige gibt, den belohnt JHWH. Die unerwartete Wohltat bringt schließlich den Gegner dazu, die Feindschaft aufzugeben. Meinhold und Plöger gehen beide davon

---

[893] Für abweichende Meinungen vgl. Maier, Fremde Frau, 21.

[894] Vgl. Morenz, Feurige Kohlen (1953), 187-192. In der demotischen Erzählung von Seton Chaemwese fand Morenz den entscheidenden Hinweis: Chaemwese stiehlt ein Zauberbuch, das ihm allerdings nur Unglück bringt. Der Besitzer hatte es kommen sehen, daß der unrechtmäßige Besitzer sich der Beute nicht werde erfreuen können. Er prophezeit darum, der Dieb werde das Buch mit einem gegabelten Stab in der Hand und einem Kohlenbecken von Feuer auf seinem Haupt wiederbringen. Das Tragen des gegabelten Stabes und des Kohlebeckens kann aus dieser Erzählung als Ritus der Sinnesänderung verstanden werden (ebd., 188f.). Zwar ist die Chaemwese-Erzählung in ihrer vorliegenden Form wohl erst in hellenistischer Zeit anzusetzen, d.h. jünger als Spr 25, doch wehrt Morenz selbst diesen möglichen Einwand ab, indem er zu bedenken gibt, daß solche Erzählungen in anderer Form schon sehr viel älter sein können bzw. der fragliche Sachverhalt längst vor der literarischen Fixierung in Gebrauch gewesen sein könnte und so in die alttestamentlichen Texte Eingang gefunden haben könnte.
In der ägyptischen Parallele findet sich aber nur der erste Halbvers von Spr 25,22 erklärt; eine Verbindung zu einer Gottheit scheint dort nicht vorzuliegen. Es wäre zu überprüfen, ob ähnliche ägyptische Texte eine solche Verbindung (zu einem »vergeltenden« Gott) beinhalten. Sollte dem so sein, dann dürfte man die Erwähnung von JHWH in V. 22 nicht überbewerten, sie wäre aus den Paralleltexten erklärt. Würde sich allerdings immer nur die Aussage des ersten Halbverses finden, dann käme der Einfügung von JHWH im Buch der Sprichwörter Gewicht zu.

aus, daß V. 22b *keine* spätere Zufügung sei.[895] Ist damit ein recht altes Beispiel für das Schema gefunden?

Geht man mit Meinhold und Plöger davon aus, daß V. 22b ursprünglich ist, so belegt der Vers, daß in einem der alten Teile des Buches der Sprichwörter die Vorstellung von Gottes lohnendem Handeln zu finden ist. Strafende Aktivitäten Gottes sind jedoch in den Kapiteln nirgends beschrieben. Dennoch ist Vorsicht geboten: Im direkten Umfeld zu 25,22 findet sich nämlich auch keine Aussage, die passivisch bzw. unpersönlich vom Los der »Schlechten« redet. Da die Kapitel 25-29 nicht in dem Maße wie 1-9 als Einheit aufgefaßt werden können, reicht es nicht aus, daß irgendwann in den folgenden Kapiteln solche Aussagen auftauchen. In Anbetracht vor allem dieses letzten Argumentes halte ich die Kapitel 25-29 nicht für ein sehr frühes Beispiel des gesuchten Phänomens. Sie falsifizieren daher auch nicht die Hypothese von der eher späten Entstehung solcher Texte.

---

[895] Vgl. Meinhold, Sprüche (1991), 431 und Plöger, BK XVII (1984), 267.304. Beide nennen in diesem Zusammenhang 1 Sam 24,17ff. als inhaltliche Parallele. Plöger verweist aber auf die Meinung von Gemser, der eben wegen der ägyptischen Parallele eine spätere Zufügung für möglich hält (ebd.); vgl. aber die von Morenz gelieferten Argumente in der vorigen Anmerkung.

III SCHLUSSÜBERLEGUNGEN – ZUM WELT- UND GOTTESBILD

Im Verlauf der Untersuchung zeigte sich, daß die Mehrzahl der ausgewählten Psalmen[896] durch Eschatologie bzw. eine allgemeine, unspezifische apokalyptische Grundstimmung geprägt ist.[897] Unterstützt wurde diese Beobachtung zum Teil durch den Vergleich mit den jeweiligen Septuaginta-Fassungen, in denen solche Aussagen oft noch verstärkt sind. In dieses Feld gehören weiterhin auch die deutlich messianischen Züge, die einige der Psalmen kennzeichnen, allen voran der Beispielpsalm 37, aber auch Ps 20 u.a. Diese drei Aspekte – Eschatologie, Apokalyptik und messianische Hoffnung – sind dabei nicht klar zu trennen, sondern überlagern sich.[898]

Weiterhin fiel auf, daß unter den besprochenen Psalmen auffallend viele »Armentheologie« spiegeln, wobei die Schwierigkeit genau darin besteht, daß »Armentheologie« kein klar zu umreißendes Phänomen ist.

Im Fortgang der Arbeit kristallisierte sich von daher die Beobachtung heraus, daß das in der gesamten Arbeit beschriebene Aussagemuster (aktives rettendes Eingreifen Gottes zugunsten der Guten bei gleichzeitig passiv be-

---

[896] Für die unter II.21 behandelten Stellen aus dem Buch der Sprichwörter sind aufgrund der schmalen Textbasis ähnliche Schlußfolgerungen nicht möglich. Es kann nur negativ festgehalten werden, daß weder Armentheologie noch Messianismus dort eine Rolle spielen. Ob in einzelnen Sprüchen eschatologisches bzw. apokalyptisches Gedankengut eingeflossen ist, kann von hier aus weder verifiziert noch ausgeschlossen werden.

[897] Dazu sind folgende Psalmen der These zu nennen: Ps 1; 14; 20; 27; 36; 37; 40; 49; 57; 63; 91; 92; 118; 141, also 14 der insgesamt 20 Psalmen. Mit diesen Beobachtungen steht vorliegende Arbeit nicht alleine, im Gegenteil wird gerade der Psalter in letzter Zeit verstärkt daraufhin untersucht, ob er eschatologisch zu verstehen sei, ich nenne hier exemplarisch nur die These David C. Mitchells »the Hebrew Psalter was designed by its redactors as a purposefully ordered arrangement of lyrics with an eschatological message« (Mitchell, Message (1997), 15). Und auch im Hinblick auf die messianischen Dimensionen des Psalters geht die Tendenz der gegenwärtigen Forschung wieder dahin, sie an zahlreichen Psalmen wahrzunehmen bzw. die Funktion der (messianisch zu verstehenden) Königspsalmen im Gesamt der Buchkomposition zu betonen, vgl. beispielsweise Rösel, Messianische Redaktion (1999). Auf beide Aspekte als letztliche Zielbestimmung des Psalters geht Zenger, Das Buch der Psalmen (³1998), 309-326, insbes. 317f. (Der messianische und theokratische Horizont des Psalmenbuchs) in komprimierter Form ein: Der Psalter will ein Lobpreis der universalen in Schöpfung und Tora grundgelegten Gottesherrschaft sein, die JHWH durch seinen auf dem Zion eingesetzten (messianischen) König und durch sein messianisches Volk inmitten der Völkerwelt in einem eschatologischen Gericht durchsetzen will (vgl. ebd.).

[898] »Die Messiashoffnung ist ein Sonderfall eschatologischer Erwartung, nicht ein anderer Name dafür.« (Werner, Eschatologische Texte (1982) 17; vgl. die Diskussion bei Struppe, Messiasbild (1989), 7-21).

schriebenem Untergang der Schlechten) ein Charakteristikum genau solcher Texte ist, die zugleich durch diese wie auch immer charakterisierten endzeitlichen und armentheologischen Aspekte bestimmt sind.

In diesen abschließenden Überlegungen soll versucht werden, einerseits eine mögliche theologiegeschichtliche Einordnung des Materials vorzunehmen, andererseits aber auch Anstöße für das Gespräch mit der systematischen Theologie zu geben, insofern das Welt- und Gottesbild der Texte genauer dargelegt wird.

1 Weltbild

1.1 Armentheologie

1.1.1 WAS BEDEUTET »ARMENTHEOLOGIE«?

Gott hat eine reiche Fülle geschaffen, das ist die Schöpfung, die er will. Armut ist demgegenüber niemals als etwas in sich Positives zu betrachten, sondern immer als Mangel. Unter diesem Vorzeichen müssen die biblischen Aussagen zum Thema Armut und deren theologischer Deutung gelesen werden.

In vielen der behandelten Psalmen finden Termini der sogenannten »Armenfrömmigkeit« Verwendung. Doch obwohl diese Klassifizierung in der einschlägigen Literatur fast durchweg gebraucht wird, ist sie nicht recht greifbar. Was meint im Zusammenhang des Alten Testaments der Begriff »Armenfrömmigkeit« oder »Armentheologie«?

Mit dem ganzen Alten Orient verbindet Israel ein hohes Ethos der Sorge für die Armen. Das Armenethos Israels ist paradigmatisch zusammengefaßt in der Passage Sir 4,1-10; für fast alle Formulierungen lassen sich außerisraelitische Parallelen finden:

> 1 Mein Sohn, entzieh dem Armen nicht den Lebensunterhalt, und laß die Augen des Betrübten nicht vergebens warten! 2 Enttäusche den Hungrigen nicht, und das Herz des Unglücklichen errege nicht! 3 Verweigere die Gabe dem Bedürftigen nicht, 4 und mißachte nicht die Bitten des Geringen! 5 Verbirg dich nicht vor dem Verzweifelten, und gib ihm keinen Anlaß, dich zu verfluchen. 6 Schreit der Betrübte im Schmerz seiner Seele, so wird Gott, sein Fels, auf sein Wehgeschrei hören. 7 Mach dich beliebt in der Gemeinde, beuge das Haupt vor dem, der sie führt. 8 Neige dem Armen dein Ohr zu, und erwidere ihm freundlich den Gruß! 9 Rette den Bedrängten vor seinen Bedrängern; ein gerechtes Gericht sei dir nicht widerwärtig. 10 Sei den Waisen

wie ein Vater und den Witwen wie ein Gatte! Dann wird Gott dich seinen Sohn nennen, er wird Erbarmen mit dir haben und dich vor dem Grab bewahren. (EÜ.)

Nicht nur der Gott Israels, sondern auch die Götter des Alten Orient hörten den Schrei des Armen, vor allem der Sonnengott.[899] Die Könige sorgten in ihrem jeweiligen Rechtsbereich dafür, daß der Starke den Schwachen nicht unterdrückt; besonders deutlich formuliert wird diese Sorge in Prolog und Epilog der entsprechenden Gesetze. Auffälligerweise aber fehlt das Wortfeld von Armut und Unterdrückung in den mesopotamischen Gesetzescorpora. So stehen sich die im Rahmen entworfene Welt und die des Innenteils dieser Sammlungen entgegen.[900]

Die Ursprungserfahrung Israels, der Exodus, ist eine Rettungserfahrung von Armen und Unterdrückten – und zwar durch ein fremdes Volk Unterdrückten. Aber auch für die Zukunft werden Bilder der geretteten Armen gezeichnet – diesmal für die Unterdrückten in Israel selbst.

Im Zefanja-Buch, das gern als Ausgangspunkt der Untersuchungen über die Armen genommen wird,[901] sind durchaus materiell Arme gemeint, es ist also wohl noch nicht an eine spiritualisierte Deutung zu denken. Zefanja ist der Erste, der trotz seiner Gerichtsbotschaft betont, daß JHWH auch angesichts aller Verfehlungen von Israel nicht lassen wird und mit einem »Rest« einen Neuanfang machen wird. Diesen Rest, der gerettet wird, bestimmt er konkret als die »Armen« (Zef 3,12f.). Ebenso wichtig ist eine andere prophetische Tradition, nämlich die Rede vom »Tag JHWHs«. Der Tag JHWHs ist das Ende, ist der Tag, an dem JHWH im Gericht über die Völker kommt. Da auch Israel abgefallen ist, muß es – entgegen der ursprünglichen Annahme, es werde am Tag JHWHs einzig strahlend dastehen – den Tag JHWHs bestehen. Im Gegensatz zu Zefanja spricht Deuterojesaja nicht von Armen *in* Israel, sondern von *ganz* Israel *als* den Armen JHWHs. Die Armen können also die Gesamtmenge oder eine Teilmenge Israels bezeichnen. (In unseren Psalmen ist wohl immer nur die Teilmenge gemeint.) Dem alten Exodus, der Rettung, entspricht ein neuer Exodus, diesmal aus dem babylonischen Exil.

Hinsichtlich des weiteren biblischen Befundes ergibt sich folgendes Bild: Das *Bundesbuch* enthält »Armengesetze«.[902] Teilweise gehörten sie wohl zum Gewohnheitsrecht Israels, doch stellt die bewußte Einfügung in ein Gesetz-

---

[899] Vgl. Lohfink, Armut (1993), 240.
[900] Ebd., 243.
[901] Etwa Lohfink, Zefania und das Israel der Armen (1984).
[902] Die Armengesetze gehören wohl nicht zu der ältesten Schicht; inwieweit sie zum – relativ – ursprünglichen Bestand oder den späteren Erweiterungen gehören, wird hier nicht diskutiert.

buch das Besondere dar. An einem Punkt wird das Proprium Israels besonders deutlich: am Thema des »Fremden«, das nicht von außen kommen kann.[903]

Das *Deuteronomium* reduziert die Zahl der Wörter, mit denen über die Armen gesprochen wird, auf zwei Gruppen:

> »Die Gruppe 1 umfaßt nur zwei Nomina: ʿaebjon und ʿani. Diese beiden Wörter werden weiterhin für die Armen gebraucht. Die Gruppe 2 umfaßt die Wörter für den Fremden, die Waise und die Witwe. Sie bilden jetzt eine feste Wortreihe. Die Reihe wird niemals in Verbindung mit der ersten Wortgruppe benutzt, also mit Wörtern, die auf Armut weisen.«[904]

Das Deuteronomium entwirft eine Welt, in der man zu diesen Gruppen (die es ja immer geben wird) gehören kann, ohne deshalb materiell arm zu sein. Diejenigen beiden Wörter, die auf materielle Armut hinweisen, werden im Prozeß der zunehmenden Verschuldung gebraucht. Dort wird es dem Nachbarn (also keiner übergeordneten Instanz) in die Hand gegeben, den verarmten Schuldner im siebten Jahr gehen zu lassen.

Mit den entsprechenden Gesetzen sind Sanktionen verbunden. Es wird das Motiv des »Schreis des Armen« zu Gott eingeführt. »Wer einen Armen dazu bringt, zu Gott zu schreien, gerät in den Stand von ḥeṭ. Nicht jede Sündenschuld ist ḥeṭ. ... ḥeṭ [ist] diejenige Sünde, die nur durch den Tod des Sünders gesühnt werden kann.«[905] Der Unterschied zu den anderen Gesellschaften liegt also nicht nur in der Gesetzgebung selbst, sondern auch in einer sehr harten und »göttlich sanktionierten Abwehr der allerersten Anzeichen entstehender Armut«[906].

Das Motiv des Schreis der Armen kommt speziell in den Psalmen häufig vor, durch ihren Schrei wollen die Beter Gott zum Einschreiten veranlassen, sie wissen sich als Arme dazu berechtigt. Die so Betenden stellen sich selbst unter die Bezeichnung des Armen. Das Wortfeld dafür ist: ʿebjon (arm), ʿanī/ʿānāw (unterdrückt, elend, demütig), **dal** (gering, arm).

> Der Begriff »Armen«frömmigkeit darf dennoch nicht zu einem falschen Bild verleiten: Es handelt sich keineswegs um ein reines »Unterschichts«phänomen in unserem heutigen Verständnis von Unterschicht, sondern es setzt ja zumindest (bei einigen) die Kenntnis von Lesen und Schreiben voraus, die wir bei völlig verarmten und enteigneten Kleinbauern nicht annehmen dürfen. Es handelt sich um gebildete, aber in Opposition zur Tempelaristokratie stehende

---

[903] Vgl. Lohfink, Armut (1993), 246.
[904] Ebd., 250.
[905] Koch, Art. ḥāṭā (1977), 864f.; vgl. auch Lohfink, Armut (1993), 253.
[906] Lohfink, Armut (1993), 253.

Kreise. Vielleicht wäre das Phänomen sogar teilweise besser mit »Theologie der Armut« als mit »Theologie der Armen« zu umschreiben.

1.1.2 Forschungsüberblick »Armentheologie im Psalter«

Einen kurzen Überblick über die Forschungslage hinsichtlich der Armentheologie des Psalters gibt Kraus in seinem Exkurs 3 »Die Armen«, den er seinem Kommentar vorangestellt hat.[907]

Den Beginn der Entwicklung wird man in den Psalmenkommentaren von Olshausen (1853), Hupfeld (1855) und Graetz (1882) sehen können.[908] Den spätestmöglichen Ausgangspunkt bildet die 1892 veröffentlichte Abhandlung von A. Rahlfs über »'Ani und 'Anaw in den Psalmen«; darin werden die Armen als eine Partei innerhalb des alttestamentlichen Gottesvolkes identifiziert. Aufgegriffen wurde diese Interpretation von Duhm, Kittel, Staerk und Gunkel; 1922 wurde sie aber durch Antonin Causses »Les ›pauvres‹ d'Israël« modifiziert. Dieser geht davon aus, daß der Psalter das Werk des Volkes sei, geschrieben von den Armen für die Armen.[909] Causse nähert sich Lohfink zufolge schon der Idee einer »Armenspiritualität«. Schließlich wurde die Deutung der Armen als einer Partei aufgegeben, die Armen sind die Leidenden: »in den Psalmen sind die ›Armen‹ keine Partei, sondern *die Opfer der ›Feinde‹*«[910]. Der Arme ist der Verfolgte und Rechtlose, der vor gewalttätigen Feinden Zuflucht bei JHWH sucht und seine Sache Gott vorträgt: Der »Arme« ist der auf Gottes Rechtshilfe Angewiesene. Die Armen sind Kraus zufolge die intensivsten Besucher des Zion, sie genießen dort unvergleichliche Privilegien, »die allein darin ihren Grund haben, daß Jahwe ein Gott der Hilflosen ist«[911]. Diese Privilegien seien für alle Hilfesuchenden gültig, von daher entstehe der Eindruck einer Gruppe von Menschen. Tatsächlich stellten sich aber die verschiedensten Beter unter die Privilegien der Armen.

> »In der Auslegung solcher Stellen wird man sich vor zwei Fehldeutungen hüten müssen: Die Gruppe der ›Armen‹ repräsentiert weder im massiven Sinn eine Partei, noch stellt sie im vergeistigten Sinn eine Menschenart dar, deren Frömmigkeitstyp zum Symbol erhoben worden wäre. Vielmehr erhalten alle,

---

[907] Vgl. Kraus, BK XV/1 (⁶1989), 108-111.
[908] So Lohfink, Von der »Anawim-Partei« zur »Kirche der Armen« (1986), 155ff.; Rahlfs stehe dann schon innerhalb dieser – nicht erst durch ihn angestoßenen – Forschungslinie. Für entsprechende Literaturangaben vgl. ebd. Kraus beginnt seine Reihe mit Rahlfs.
[909] Vgl. Lohfink, Von der »Anawim-Partei« zur »Kirche der Armen« (1986), 163.
[910] Kraus, BK XV/1 (⁶1989), 110 (Hervorhebung im Original).
[911] Ebd., 110.

die in die Gruppe der ›Armen‹ ... eintreten, einen Rechtsanspruch auf Jahwes Hilfe.«[912]

Daß die von Kraus als Fehldeutung bezeichnete Auslegung der »Armen« als einer Menschengruppe mit besonderem Frömmigkeitstyp keineswegs eine Fehl-, sondern eine zutreffende Deutung ist, läßt sich anhand verschiedener Beobachtungen und insbesondere durch Vergleich mit den Texten aus Qumran (s.u.) verdeutlichen.

Der soziale Stand des Armen ist der des Unterprivilegierten, der ohne Recht und Einfluß ist.

»Die Armen sind die im Existenzkampf Benachteiligten und Hilflosen. Ihnen steht niemand bei. Daß sie gerade darum bei Jahwe nicht nur Beachtung und Beistand, sondern eine Wende ihres Schicksals erfahren, – diese Gewißheit durchzieht die Psalmen.«[913]

Der so verstandene Begriff der Armen beinhaltete geradezu einen Rechtsanspruch an JHWH; und dies war es, was ihn später zu einer Selbstbezeichnung der Frommen vor JHWH gemacht hat.[914] Fromm kann hier nur »auf JHWH geworfen« bedeuten, auf ihn allein angewiesen. Zwischen sozialer und »geistlicher« Armut, so Kraus, könne im Alten Testament nicht geschieden werden. »Armut (in allen ihren Ausdrucksformen) ist Bedürftigkeit des Lebens, das nur als *Leben vor Jahwe* verstanden werden kann.«[915]

In diesem Sinne findet sich auch in den *Hodajot von Qumran* häufig die Selbstbezeichnung »Arme«. Dort gibt es aber keinerlei Hinweise, daß damit auf materielle Armut angespielt würde. Vielmehr ist die rechte religiöse Gesinnung im Blick. Eine von außen aufgezwungene Armut wird auch innerlich akzeptiert.[916]

Armentheologie meint also die Reflexion einer bestimmte Richtung der Frömmigkeit, die sich in später Zeit (frühestens ab dem Exil[917]) finden läßt.

---

[912] Ebd., 111.
[913] Ebd.
[914] Vgl. von Rad, Theologie des AT I⁸ (1982), 413.
[915] Kraus, BK XV/1 (⁶1989), 111 (Hervorhebung im Original).
[916] Vgl. Lohfink, Lobgesänge der Armen (1990), 9-43, insbes. 30f. Es bleibt auch die offene Frage, ob Qumran nicht eine Spiegelung einer viel umfassenderen Armenspiritualität in der Nachfolge des Deuterojesaja ist, die damals im palästinensischen Judentum verbreitet gewesen sein könnte.
[917] Diese Datierung ist nicht unumstritten, für Causse etwa beginnt die Armenfrömmigkeit viel früher, vgl. für genauere Angaben Lohfink, Von der »Anawim-Partei« zur »Kirche der Armen« (1986), 153-176.
Interessanterweise bildet sich auch in der ägyptischen Spätzeit so etwas wie »Armenfrömmigkeit« heraus, ohne daß sich dabei direkte Bezüge zwischen Israel und

Die Begriffe Armer, Elender, Gebeugter etc. werden als Selbstbezeichnungen gebraucht. Sie verlieren aber immer stärker ihre ursprünglichen inhaltlichen Bedeutungen von materieller Armut, obwohl natürlich genau solche als Anlaß im Hintergrund stand: Gerade die kleinen Bauern mußten um ihre Existenz kämpfen und waren tatsächlich auch materiell arm.

Einen Forschungsüberblick zum Thema liefert N. Lohfink. Er stellt alle Psalmen zusammen, in denen die charakteristischen Begriffe vorkommen.[918]

Hossfeld und Zenger gehen im ersten Band der Neuen Echter Bibel von drei Phasen der Armentheologie aus, die sie voneinander abgrenzen. Für den Wachstumsprozeß des Davidpsalters 3-41 ergeben sich demnach drei große Schübe:

1. In spätexilischer bzw. frühnachexilischer Zeit sind einzelne unabhängig voneinander entstandene Gebete von einer Redaktion erweitert und mit neu geschaffenen Gebeten zu den vier – noch unvollständigen – Teilsammlungen (3-14; 15-24; 26-32; 35-41) zusammengestellt worden. »In diesem spätexilischen/frühnachexilischen Kompendium von ›Laiengebeten‹ artikuliert sich das Gruppenbewußtsein von Armen und Verfolgten, die gleichwohl als ›Gerechte‹ leben wollen.«[919] Die Gottesgewißheit dieser Psalmen drücke sich in zwei Aussagen aus: »a) JHWH erweist sein Gott-Sein an und in den Armen und Leidenden; b) JHWH rettet sie als die ›Gerechten‹.«[920]

2. Im 5.-4. Jahrhundert ist eine nachexilische Redaktion im Geiste der »Armenfrömmigkeit« (die Armen nun als religiöse Kategorie, nicht mehr primär als soziale) anzusiedeln, die weitere Psalmen integriert und die schon vorhandenen weiterschreibt. »Ihr Anliegen ist es, in den Psalmenbetern die typischen Armen als Vertreter des angefeindeten und angefochtenen ›wahren Israel‹ zu sehen, die ... den Feinden im Gottesvolk Widerstand leisten können, weil sie wissen, daß JHWH und seine Weltordnung ... sich durchsetzen werden. In dieser ›Redaktion‹ spricht sich eine tiefe ›Gottesmystik‹ aus.«[921]

3. In hellenistischer Zeit erfährt der Begriff der Armen eine derartige Ausweitung, daß damit Israel als Ganzes in seiner Bedrohung von innen und außen bezeichnet wird. Als »armes Israel« könne es aber darauf setzen, daß JHWH sich ihm als Retter der Armen erweisen werde.

Ägypten herstellen ließen; es handelt sich um parallel laufende Entwicklungen, die zum Teil durch ähnliche Faktoren hervorgerufen werden.

[918] Lohfink, Von der »Anawim-Partei« zur »Kirche der Armen« (1986), 153-176. Damit ist jedoch noch nicht ausgeschlossen, daß die entsprechende Geisteshaltung auch in anderen Texten (hier: Psalmen) zur Sprache kommt. Bei der Auslegung zu den Einzelpsalmen wurde dies zum Teil thematisiert.

[919] Hossfeld/Zenger, NEB 29 (1993), 14.

[920] Ebd.

[921] Ebd., 14f.

Albertz untersucht in seiner Religionsgeschichte Israels die Armenfrömmigkeit der Unterschichtszirkel.[922] Er geht davon aus, daß sich die Armenfrömmigkeit als eine spezielle persönliche Frömmigkeit der verarmenden Unterschicht durch die soziale Aufspaltung des Gemeinwesens in der zweiten Hälfte des 5. Jahrhunderts ausgebildet habe.[923] Er benennt die wichtigsten Anfragen hinsichtlich des Redens von einer spezifischen Armenfrömmigkeit:
1. Ist »arm« wörtlich zu verstehen? Dies sei dort der Fall, wo die Armen als Gruppe Objekt einer speziellen Fürsorge sind (Pss 72; 112; 113), doch habe dies nichts mit einer besonderen Armenfrömmigkeit zu tun. Schwieriger verhalte es sich dort, wo sich ein einzelner Mensch als arm bezeichnet, um Gott so zum Eingreifen zu bewegen (Pss 40 = 70; 86; 109; 25; 69). Hier könne es sich um einen Ausdruck frommer Selbstdemütigung handeln. Dagegen spreche allerdings, daß die so Klagenden ihre Not durch Verfolgung oder Unrecht veranlaßt sehen. »Die religiöse Konnotation ist nicht zu leugnen, aber sie schließt die soziale mit ein.«[924]
2. Handelt es sich bei den »Armen« um eine Gruppenbezeichnung und wenn ja – für welche Gruppe? Die singularischen Selbstprädikationen des Beters bezeichnen Birkeland zufolge vornehmlich die akute Notlage und nicht eine Gruppenzugehörigkeit.[925] Doch an einigen Stellen schließe sich der Klagende mit einer Gruppe zusammen, die Elende, Gerechte u.ä. genannt werden; hier entstehe dann doch der Eindruck einer Gruppenbezeichnung. Mit diesen pluralischen Bezeichnungen könne Israel als Ganzes gemeint sein (Pss 74; 147; 149), an manchen Stellen sei dies unklar, an den Stellen, wo die Armen Opfer innenpolitischer Feinde sind, sei diese Deutung aber ausgeschlossen. »Hier ist eine Gruppe innerhalb Israels gemeint, die sich zugleich als soziales Opfer der Frevler und als Gemeinschaft von Frommen versteht ...«[926].
3. Gibt es Kriterien für die Ausgrenzung von »Armen-Psalmen«? Obwohl sich die Begriffe für Arme recht weit über den Psalter verstreut finden ließen, falle aber dennoch die Häufung derartiger Begriffe in den Gattungen Klage und Danklied des einzelnen, eschatologische Loblieder und kultprophetische Psalmen auf. In den spezifischen Großkultgattungen des Volkes, Hymnus und Zionslied, tauchten sie dagegen nur sporadisch auf.

---

[922] Albertz, Religionsgeschichte Israels (1992), 569-576.
[923] Vgl. ebd., 569.
[924] Ebd., 570.
[925] Birkeland, ʿani und ʿanaw in den Psalmen (1933); teilweise hat er einige Ergebnisse dieser ersten Veröffentlichung in ders., Die Feinde des Individuums in der israelitischen Psalmenliteratur (1933) zurückgenommen; er geht schließlich doch auch davon aus, daß eine Klassenbezeichnung nicht auszuschließen sei. (Vgl. Lohfink, Von der »Anawim-Partei« zur »Kirche der Armen« (1986), 171).
[926] Albertz, Religionsgeschichte Israels (1992), 570.

So faßt Albertz zusammen:

> »Dieser Befund könnte dafür sprechen, daß die Armenfrömmigkeit ursprünglich mehr in Kleinkultgattungen zu Hause war und später durch Adaption von der Gesamtgemeinde auch in andere Gattungen wandern und deren offizielle Theologie beeinflussen konnte. Die Annahme einer solchen nachträglichen Ausweitung könnte auch erklären, wie eine spezifische Gruppenfrömmigkeit Aufnahme in den Psalter hat finden können.«[927]

Er benennt für Texte, die zur Rekonstruktion der Frömmigkeit religiöser Unterschichtszirkel herangezogen werden sollen, vier Kriterien: 1. sie gehören zu den Kleinkultgattungen, 2. sie weisen singulare oder plurale Gruppenbezeichnungen (Arme, Gerechte etc.) auf, 3. sie enthalten Hinweise auf einen sozialen Konflikt und enthalten 4. Elemente eschatologischer Prophetie.[928]

1.1.3 Armentheologie als Deutungshintergrund der behandelten Psalmen?

Mit diesen Kriterien sind erstaunlich viele der in dieser Arbeit behandelten Psalmen erfaßt; tatsächlich erwähnt Albertz die Pss 25; 37; 40; 70; 112 im Text bzw. den Anmerkungen.

Hossfeld (und Zenger) zählen noch deutlich mehr Psalmen zur Armentheologie, da sie die Armenperspektive für den ganzen ersten Davidpsalter als durchgehend konstitutiv ansehen und deren Durchsetzung im zweiten Davidpsalter an den Bittgebeten 69-71 und 72 festmachen.[929]

Demnach ergibt sich für die in II. *Textanalysen* besprochenen Psalmen folgende Liste: Pss 6; 14; 20; 25; 27; 36; 37; 40; 70; 71; 92 (blieb fraglich); 112, d.h. von diesen zwanzig Psalmen werden immerhin elf sicher bzw. zwölf zu den Armenpsalmen gerechnet.

Um diese Aufzählung verifizierbar zu machen, sind hier in tabellarischer Form alle Bezeichnungen, die für die »Guten« in den untersuchten Psalmen[930] Verwendung finden, zusammengestellt; einzig das »Ich« des Beters ist nicht eigens aufgenommen.

---

[927] Ebd., 571.
[928] Vgl. ebd.
[929] Vgl. insbes. Hossfeld, Profile (1998), 63.
[930] Die Texte aus Proverbia können hinsichtlich der Fragestellung »Armentheologie« außer acht gelassen werden.

III Schlußüberlegungen

TABELLARISCHE ZUSAMMENSCHAU: BEZEICHNUNGEN FÜR DIE »GUTEN«

אֶבְיוֹן	der Elende[931]	Ps 37,14; 40,18; 70,6
אָדָם	der Mensch	Ps 104,14.23 (beide Male ganz allgemein, nicht nur für die Guten gebraucht)
אֹהֲבֵי תְּשׁוּעָתֶךָ	die deine Rettung Liebenden	Ps 40,17; 70,5
הָאִישׁ + Relativsatz	ganzer Vers Ps 1,1	Ps 1,1
אִישׁ שָׁלוֹם	der Mann des Friedens	Ps 37,37
אִישׁ יָרֵא אֶת־יְהוָה	der Mann, der JHWH fürchtet	Ps 112,1
הָאִישׁ יְרֵא יְהוָה	der Mann, der JHWH fürchtet	Ps 25,12
טוֹב־אִישׁ	der gute Mann	Ps 112,5
אֱנוֹשׁ	der Mensch	Ps 104,15 (2x) (beide Male ganz allgemein, nicht nur für die Guten gebraucht)
אֲנַחְנוּ	wir	Ps 20,8
הַבָּא בְּשֵׁם יְהוָה	der Kommende im Namen JHWHs	Ps 118,26
הַגֶּבֶר אֲשֶׁר־שָׂם יְהוָה מִבְטַחוֹ	der Mann, der JHWH als sein Vertrauen gesetzt hat	Ps 40,5
דֹּרֵשׁ אֶת־אֱלֹהִים	ein Gott Suchender	Ps 14,2
חֲכָמִים	Weise	Ps 49,11
חֲסִידָיו	die Ihm Treuen	Ps 37,28
יֹדְעֶיךָ	die Dich Kennenden	Ps 36,11
יָחִיד	einsam	Ps 25,16

---

931 Der Pluralbeleg אֶבְיוֹנִים aus Ps 112,9 ist nicht in die Tabelle aufgenommen, da die Armen dort nur Objekt der Fürsorge des guten Menschen sind, ohne dabei selbst inhaltlich irgendwie qualifiziert zu werden. Ps 112 gehört in den Bereich »Erziehung zur Sorge für die Armen«, einem Thema, das Israel mit seiner Umwelt teilt.

יִרְאֵי יְהוָה	die JHWH Fürchtenden	Ps 118,4
יְרֵאָיו	die Ihn Fürchtenden	Ps 25,14
יֹשֵׁב בְּסֵתֶר עֶלְיוֹן	der unterm Schutz des Höchsten Wohnende	Ps 91,1
יָשָׁר	der Gerade / Aufrechte	Ps 37,37
יְשָׁרִים	die Aufrechten	Ps 49,15; 112,4
דּוֹר יְשָׁרִים	das Geschlecht der Aufrechten	Ps 112,2
יִשְׁרֵי־דָרֶךְ	die des geraden Wegs	Ps 37,14
יִשְׁרֵי־לֵב	die aufrechten Herzens	Ps 36,11
כָּל־מְבַקְשֶׁיךָ	alle dich Suchenden	Ps 40,17; 70,5
מְבֹרָכָיו	die von Ihm Gesegneten	Ps 37,22
הַמֶּלֶךְ	der König	Ps 63,12; 20,10
מַשְׂכִּיל	ein Weiser	Ps 14,2
מְשִׁיחוֹ	sein Gesalbter	Ps 20,7
נֹצְרֵי בְרִיתוֹ וְעֵדֹתָיו	die seinen Bund und seine Zeugnisse Bewahrenden	Ps 25,10
צַדִּיק	der Gerechte	Ps 37,12.16.21.25.30.32; 92,13; 112,6; 141,5
דּוֹר צַדִּיק	das Geschlecht des Gerechten	Ps 14,5
צַדִּיקִים	die Gerechten	Ps 1,5.6; 37,17.29.39; 118,15.20
(עֶבֶד־יְהוָה)	Knecht JHWHs	Ps 36,1 (Psalmenüberschrift)
עַבְדְּךָ	dein Knecht	Ps 27,9
עָנִי	arm, elend; demütig	Ps 14,6; 25,16; 37,14; 40,18; 70,6
עֲנָוִים	die Armen, Elenden; Demütigen	Ps 25,9 (2x); 37,11
עֹשֵׂה־טוֹב	ein gut Handelnder	Ps 14,1.3

קֹוֵי יהוה	die auf JHWH Hoffenden	Ps 37,9
כָּל־קֹוֶיךָ	alle auf Dich Hoffenden	Ps 25,3
רַבִּים	viele	Ps 40,4
שְׁתוּלִים בְּבֵית יְהוָה	die gepflanzt sind im Hause JHWHs	Ps 92,14
תָּם	der Vollkommene	Ps 37,37
תְּמִימִם	die Vollkommenen	Ps 37,18

Singular- und Pluralformen stehen hier – anders als bei den »Schlechten« (s.u.) – in einem relativ ausgewogenen Verhältnis.

Unter diesen fast 40 verschiedenen Bezeichnungen sind die klassischen charakteristischen für die »Armen« enthalten,[932] allen voran עני (5x) und ענו (3x עֲנָוִים), sowie weitere aus diesem Wortfeld: אֶבְיוֹן (3x, stets im Singular), יָחִיד (1x). Aus dem Wortfeld nicht vertreten ist die (seltenere) Bezeichnung דַּל, Geringer.

Weiterhin läßt sich ablesen, daß viele der Benennungen die Gottesbeziehung thematisieren: 21 von ihnen nehmen direkt auf Gott Bezug, entweder durch ein ausdrückliches JHWH (Elohim nur in 14,2) oder ein Suffix der zweiten bzw. dritten Person, durch das ebenfalls jeweils JHWH gemeint ist.

Die Armenpsalmen sind bei den zum Beleg der These behandelten Psalmen überproportional vertreten. Das ist als Befund auffällig. Ist damit eine Spur gefunden, den Begriff der Armenfrömmigkeit in den Psalmen durch weitere Kriterien abzusichern? Leider nein. Denn die Gegenprobe ist negativ: Nicht in allen Texten, in denen ausdrücklich Armentermini vorkommen, herrscht auch das hier untersuchte Aussageschema vor. Es gibt solche, die von Armentermini geprägt sind bzw. solche Begriffe enthalten, aber von einem strafenden Handeln Gottes reden, etwa Pss 9[933]; 10[934]; 12; 18; 31[935]; 34[936]; 67; 69; 78; 79; 89; 90; 94; 109[937]; 119,118; 132; 140[938]; 143; 145; 146; 147.

---

[932] Eine grundlegende Zusammenstellung der Armentermini bietet van Leeuwen, Développement (1955), 146ff.

[933] Er enthält aber auch einige Verse, die vom Gerichtet-Werden durch die eigene Schuld reden. Vielleicht macht sich in diesen Versen doch eine bestimmte Redaktion bemerkbar.

[934] Es finden sich zwei Arten von Wünschen gegen die Frevler: solche, die bitten, er möge sich in seiner eigenen Ränke fangen (V. 2) und solche, die Gott auffordern, den Arm des Frevlers zu zerbrechen (V. 15).

[935] Hier mischen sich die unpersönlichen Aussagen (z.B. V. 18f.) mit denen über eine göttliche Vergeltung (V. 24).

Diese Reihe ist dann doch als Beweislast erdrückend. Es ist also nicht so, daß Psalmen, die vom Geist der Armenfrömmigkeit geprägt sind, Aussagen über Gottes direktes strafendes Handeln vermeiden. Warum so viele Psalmen dieser These in den Bereich der Armenfrömmigkeit gehören, ist von hier aus nicht zu beantworten.

1.2 Unheilssituation

Den hier untersuchten Psalmen liegt eine bestimmte Weltsicht zugrunde. Sie sind geprägt von einer durch und durch pessimistischen Einschätzung der Situation, wie sie sich den Betern darstellt: Das Unheil ist allgegenwärtig, sei es in Gestalt von Feinden (III.1.2.1) oder von unpersönlichen Nöten und bösen Mächten (III.1.2.2).

1.2.1 UNHEIL IN GESTALT VON FEINDEN

Gerade die Widersacher werden mit den unterschiedlichsten Namen belegt. Eine Zusammenschau aller in den untersuchten Psalmen verwendeten Bezeichnungen kann helfen, deren Bild etwas genauer zu zeichnen:

TABELLARISCHE ZUSAMMENSCHAU:
BEZEICHNUNGEN FÜR DIE »SCHLECHTEN«[939]

אָדָם	Mensch(en)	Ps 118,6
אֹיְבַי / אוֹיְבַי	*meine Feinde*	Ps 25,2.19; 27,6; 71,10
אֹיְבַי לִי	*meine Feinde / die mir feind sind*	Ps 27,2
כָּל־אֹיְבַי	*alle meine Feinde*	Ps 6,11

---

[936] In V. 17 richtet sich das Antlitz des Herrn gegen die Bösen, in V. 22 tötet ihn seine eigene Bosheit.
[937] Vv. 6-13.17-19.28-29: unpersönlich formulierte Wünsche gegen den Feind; 15-16.20: Vernichtungswünsche, die der Herr ausführen soll.
[938] Wieder ein Wechsel zwischen unpersönlichen Aussagen und durch Gott bewirktem Unheil gegen die Frevler.
[939] Zur Tabelle: *Kursiv: Formen mit Suffix 1. Sg.*; <u>unterstrichen: Formen mit Suffix 3. Sg.</u> Artikel werden nicht immer mit aufgenommen. Es wird nicht eigens vermerkt, wenn Plene-Schreibung vorliegt. Die alphabetische Aufzählung richtet sich nach dem eigentlichen Wort, nicht nach einem eventuellen Artikel; Partizipien stehen allerdings unter Mem.

אֹיְבֵי יְהוָה	die Feinde JHWHs	Ps 37,20
אֹיְבֶיךָ	deine (JHWHs) Feinde	Ps 92,10 (2x)
אִישׁ עֹשֶׂה מְזִמּוֹת	der Mann, der hinterhältig handelt	Ps 37,7
אֹכְלֵי עַמִּי	die *mein Volk* Essenden	Ps 14,4
אֵלֶּה	diese	Ps 20,8 (2x)
הָאֹמְרִים הֶאָח הֶאָח	die Sagenden »Haha«	Ps 70,4
הָאֹמְרִים לִי הֶאָח הֶאָח	*die zu mir Sagenden »Haha«*	Ps 40,16
הַבּוֹגְדִים רֵיקָם	die grundlos Abfallenden	Ps 25,3
הַבֹּטְחִים עַל־חֵילָם	die sich auf ihr Vermögen verlassen	Ps 49,7
בַּעַר	Dummkopf	Ps 49,11
אִישׁ־בַּעַר	»viehischer Mensch«	Ps 92,7
כָּל־גּוֹיִם	alle Völker	Ps 118,10
דֹּבְרֵי־שֶׁקֶר	die Lügenredner	Ps 63,12
הֵמָּה	jene	Ps 20,9
הֵמָּה לְשׁוֹאָה יְבַקְשׁוּ נַפְשִׁי	jene, die zum Verderben nach meinem Leben trachten	Ps 63,10
חוֹמֵץ	Gewalttäter	Ps 71,4
חַטָּאִים	die Sünder	Ps 1,1.5; 104,35
חֲפֵצֵי רָעָתִי	*die Gefallen Habenden an meinem Unglück*	Ps 40,15; 70,3
יְפֵחַ חָמָס	der Zeuge der Gewalt	Ps 27,12
כְּסִיל	Tor	Ps 49,11; 92,7
כֶּסֶל לָמוֹ	die, denen Torheit zu eigen ist	Ps 49,14
לָבִיא	Löwen	Ps 57,5
לֹהֲטִים בְּנֵי־אָדָם	Gierige auf Menschen	Ps 57,5
לֵצִים	die Spötter (Schwätzer)	Ps 1,1

מְבַקְשֵׁי נַפְשִׁי	die nach meinem Leben Trachtenden	Ps 40,15; 70,3
מְבַקְשֵׁי רָעָתִי	die mein Böses Suchenden	Ps 71,13.24
מְעַוֵּל	Ungerechter (Part. Piel von עול, ungerecht handeln)	Ps 71,4
מְקַלְלָיו	die von Ihm Verfluchten	Ps 37,22
מְרֵעִים	die Bösen / Boshaften / Übeltäter (Part. Hif.)	Ps 27,2; 37,1.9; 92,12
נָבָל	der Tor	Ps 14,1
פֹּעֲלֵי אָוֶן	die Übeltäter[940]	Ps 36,13; 141,9
כָּל־פֹּעֲלֵי אָוֶן	alle Übeltäter	Ps 6,9; 14,4; 92,8.10
אִישִׁים פֹּעֲלֵי־אָוֶן	Männer / Menschen, die Übeltäter sind	Ps 141,4
פֹּשְׁעִים	die Rebellen	Ps 37,38
צָרַי	mein Feind / Bedränger	Ps 27,2
צָרַי		Ps 27,12
צָרָיו	seine Bedränger	Ps 112,8
כָּל־צוֹרְרָי	alle meine Bedränger	Ps 6,8
רְהָבִים	Götzendiener (HAL: Dränger, Feinde)	Ps 40,5
רָשָׁע	der Frevler	Ps 36,2; 37,10.12.21.32.35; 71,4; 112,10

---

[940] Eine ethisch-forensische Bezeichnung, die immer als Partizip Plural auftritt, wodurch unterstrichen wird, daß es sich um ein »Gruppenphänomen« handelt, ein Strukturübel der Gesellschaft, wie sie sich zeigt. Mowinckel kommt zu der Überzeugung, daß der eigentliche Sinn von אָוֶן »Zauber« ist und übersetzt folgerichtig פֹּעֲלֵי אָוֶן stets mit »Zauberer«. (Mowinckel, Awän, 1f.5.29f. u.ö., vgl. Keel, Feinde (1969), 21.) Allerdings – daß אָוֶן an irgendeiner Stelle des AT Zauber im technischen Sinne bedeutet, ist nicht erwiesen (vgl. Keel, ebd., 23).

III Schlußüberlegungen

רְשָׁעִים	die Frevler[941]	Ps 1,1.4.5.6; 36,12; 37,14.16. 17.20.34.40; 91,8; 92,8; 104,35; 112,10; 141,10
אַחֲרִית רְשָׁעִים	die Nachkommenschaft der Frevler / Schlechten	Ps 37,38
זֶרַע רְשָׁעִים	der Same der Frevler / Schlechten	Ps 37,28
עֵדֵי־שֶׁקֶר	Lügenzeugen	Ps 27,12
עֹשֵׂי עַוְלָה	die niederträchtig Handelnden	Ps 37,1
שָׂטֵי כָזָב	Abtrünnige	Ps 40,5
שֹׂטְנֵי נַפְשִׁי	die mein Leben Befeindenden	Ps 71,13
שֹׂנְאַי	meine Hasser	Ps 118,7
שֹׁאֲפִי	die nach mir Schnappenden	Ps 57,4
שֹׁמְרֵי נַפְשִׁי	die mein Leben Belauernden	Ps 71,10
שׁוֹרְרָי	meine Gegner / Feinde	Ps 27,11
שׁוּרָי	meine Auflauerer / Gegner	Ps 92,12

Wenn man die Zusammenstellung von Keel zugrundelegt,[942] sind in dieser Tabelle etwa ein Drittel aller überhaupt vorkommenden Übeltäterbezeichnungen des Psalters erfaßt.

Insgesamt umfaßt unsere Tabelle 96 Belege, von ihnen sind immerhin 78 im Plural. Die Feinde werden als Übermacht erlebt, als bedrohliche Realität.

---

[941] Vor allem in den rabbinischen Quellen kann רשעים im Plural einfach die Nichtjuden bezeichnen, im Gegensatz zu Israel, den צדיקים (B.Sanh. 105a; Num.R 15,9; Midrash Tehillim 75,5; u.ö.; Stellenangaben nach Stern, Jewish Identity (1994), 8, Anm. 38 und 39). Die Frevelhaftigkeit bzw. Gottlosigkeit der Nichtjuden wird hier aber eher als kulturelles, theoretisches Konstrukt eingeführt, als Kehrseite der »Gerechtigkeit« Israels, nicht, um konkrete Verhaltensweisen anzuprangern (vgl. ebd., 22).

[942] Von den insgesamt 99 Ausdrücken, die Keel (Feinde und Gottesleugner) auflistet (die eigentlichen Listen enthalten 94 Bezeichnungen, in Anm. 5, S. 98 nennt er allerdings fünf weitere, die sich einzig in den Psalmen 1 und 37 finden, diese sollen hier mit berücksichtigt werden), finden sich 32 auch in obiger Tabelle.

Verschiedene weitere Beobachtungen bezüglich der Liste sind augenfällig: 1. Die Feinde sind ganz überwiegend persönliche Feinde, 2. manche der Bezeichnungen thematisieren den Glaubensabfall; 3. einige wenige Psalmen handeln von fremden Volksgruppen.

1) Die Feinde sind persönliche Feinde

Die Feinde, von denen gesprochen wird, sind nicht alle beliebigen Feinde irgendwo auf der Erde, sondern die Feinde im konkreten täglichen Zusammenleben, einzelne Menschen oder auch ganze Gruppen, die unterschiedliche Auffassungen von der konkret zu lebenden Zugehörigkeit zum JHWH-Glauben haben.[943]

Das soll für die Psalmen der These verifiziert werden. Zunächst ist anhand obiger Zusammenstellung ersichtlich, daß die Feindbezeichnungen sehr häufig (23 Belege) mit Suffix der ersten Person Singular versehen sind. Es sind also »meine Feinde«, die, »die *mir* nach dem Leben trachten«. Schon diese allgemeine Beobachtung auf sprachlicher Ebene zeigt, daß es den Betern dieser Psalmen um keine allgemein-gültigen, überzeitlich wahren Aussagen ging, sondern um das Aussprechen ihrer je eigenen persönlichen Situation, ihrer Bedrohung und Not.

Das trifft für folgende Psalmen zu: *Ps 6,8.11; Ps 25,2.19*[944]*; Ps 27,2.6. 11.12*[945]*; Ps 40,15 (2x).16; Ps 49,6* (die Sünde seiner Nachsteller umringt den Beter in *Tagen des Übels); Ps 57,4.(7)* (wobei auch hier das Wort Verderben הַוּוֹת [V. 2] im allgemeinen Sinne Verwendung findet); *Ps 63,10*[946]*; Ps 70,3 (2x).4; Ps 71,10 (2x).13 (2x).24; Ps 92,12* (dort werden die Feinde zugleich auch als Feinde JHWHs bezeichnet, V. 10); *Ps 118,7* (s.u.).

---

[943] Das entspricht auch dem sonstigen biblischen Befund: Der Feind im Deuteronomium ist zunächst ganz sicher ein Nachbar, jemand aus dem Dorf, einer, dessen Rind oder Esel sich so verlaufen kann, daß er in den Brunnen fällt und man dem Tier helfen muß. Dadurch wird klar, daß es sich um Feindschaften im engeren Zusammenleben handelt.

[944] Ps 25 kennt allerdings auch die Gruppen derer, die auf JHWH harren (V. 3) bzw. Ihn fürchten (V. 14), und schließt mit einer Israelbitte. Hier wird deutlich, daß ein »Ich« des Psalms kein Individuum sein muß, das sich völlig losgelöst von der Gruppe der Gerechten versteht bzw. daß ein solches »Ich« selbst kollektiv verstanden werden kann; somit sind auch »meine Feinde« nicht einfach nur die Feinde einer einzelnen Person

[945] Ps 27 verwendet aber zugleich das Bild vom »Tag des Unheils«, das die persönliche Notlage weit übersteigt, s.o.

[946] Die Feindbezeichnung selbst trägt kein Suffix, der Ausdruck insgesamt jedoch ist in dieser Weise aufzufassen.

Aber auch die Psalmen, in denen die Feindbezeichnungen nicht schon durch Suffixe ihre Beziehung zu den Bedrängten verdeutlichen, sind von dieser Konstellation (Bedrängter – persönliche Feinde) durchzogen.

Schon der erste Psalm bestätigt deutlich diese Vermutung: Es wird ein Mensch seliggepriesen, der nicht nach dem Rat der Frevler gegangen ist, sich nicht auf den Weg der Sünder gestellt hat, nicht auf der Bank der Spötter gesessen hat (*Ps 1,1*). Diese Gefährdung scheint für ihn stets präsent (gewesen) zu sein, d.h. sie muß ihm in seinem täglichen Lebensumfeld begegnen; er jedoch hat seine Freude an der Tora JHWHs (V. 2). Da die Frevler vor allem in ihrem völligen Gegensatz zu diesem Lebensideal dargestellt werden, kann gefolgert werden, daß sie sich keineswegs an der Tora orientieren – das aber eigentlich sollten, da sie die Tora kennen bzw. ihr ebenfalls verpflichtet sein sollten. Denn auch das Spotten (לֵצִים, V. 1) setzt gerade eine Vertrautheit mit dem Gegenstand voraus, der verunglimpft wird.

Ps 37,12 beschreibt, daß ein Schlechter dem Gerechten einen Hinterhalt ersinnt, worüber der Allherr lacht, »denn er hat (längst) gesehen, daß sein Tag eintreten wird« (V. 13, ähnlich 32). »Sein Tag« ist nun gerade kein allgemeiner Tag eines die ganze Erde betreffenden Unheils. Im Fortgang des Psalms ändert sich diese Bezeichnung allerdings: Es ist die Rede von einer bösen Stunde und Tagen des Hungers (V. 19), in denen die Gerechten aber dennoch satt werden. Die Schlechten werden daran zugrundegehen; sie werden hier als »Feinde JHWHs« (V. 20), nicht als Feinde des Beters charakterisiert. Dennoch fließen letztlich beide Bereiche ineinander über: Die Feinde des Beters sind zugleich JHWHs Feinde, gerade weil sie den Beter befehden, wie umgekehrt JHWHs Feinde auch die des Beters sind, der sein Leben nur in der Beziehung zu JHWH gelingen sieht, was die Gemeinschaft mit Gleichgesinnten einschließt.

Die Schlechten gehen so ganz und gar zugrunde, daß später »nichts mehr von ihnen zu finden ist« (V. 36); das zeigt aber, daß sie vor dem prophezeiten Ende in enger Nachbarschaft mit den Gerechten lebten, keine Feinde von außen sind.

Der Beter von *Ps 141* lebt in enger Nachbarschaft mit den Frevlern und Übeltätern, da er bittet, davor bewahrt zu werden, mit bösen Menschen zusammen mutwillig gottlos zu handeln und von ihren Leckerbissen zu kosten (V. 4); ihre Bosheiten kann er anscheinend ständig mitverfolgen (V. 5) und dennoch findet er noch freundliche Worte (V. 6), obwohl er auch die Schlinge, die sie ihm legten (V. 9), fürchten muß.

Daß sich so häufig Suffixe der ersten Person Singular finden, läßt sich zunächst gattungsspezifisch erklären. Da wir es überwiegend mit Klageliedern des einzelnen bzw. insgesamt eher mit Liedern bzw. Gebeten des einzelnen, nicht des Volkes, zu tun haben, stehen auch ganz selbstverständlich zunächst individuelle Nöte vor Augen. Ein »Ich« kümmert sich – zumal in persönlicher Anfechtung – nicht unbedingt um nationale Feinde oder, allgemeiner gesagt, um die Bedrohungen des Gemeinwesens.

Dennoch widerspricht dieses Augenmerk auf die individuelle Bedrängnis nicht einer universalgeschichtlichen oder kosmischen Deutung: Das Allgemeine zeigt sich im Konkreten. Es ist die überindividuelle Gültigkeit, die sich der jeweilige Beter aneignet, womit auch in der individuellen Aussage eine allgemeine eingeschlossen ist. Gerade in den Psalmen kann der einzelne (allen voran David) als Paradigma für das Volk als ganzes stehen. Im Einzelleben bricht sich exemplarisch zugleich das Schicksal des Volkes.

Zusammenfassend läßt sich resümieren: Das grundsätzliche Problem beim Thema Feinde stellt hier nicht das Fremde oder das Böse als solches dar, sondern der Teil Israels, der sich von der Tora verabschiedet hat. Die dazu gehören, haben sich selbst aus dem Heilszusammenhang des Gottesvolkes verabschiedet und sind in die Sphäre des Bösen eingetreten. Die Fremden als Fremde sind dabei nicht im Blick.

Der kurze Anriß dieses Themenkomplexes des Glaubensabfalls läßt sich beim Auswerten der besprochenen Psalmen etwas vertiefen, denn neben das (beherrschende) Thema der persönlichen Feinde tritt ein zweiter Komplex: Es wird der Abfall vom JHWH-Glauben beklagt bzw. angeprangert. Damit wird zugleich die oben angedeutete Gleichsetzung von »meine Feinde – JHWHs Feinde« bestätigt (eine Verfolgung des Beters kann in gewissem Sinne mit einem Abfall von JHWH gleichgesetzt werden).

2) Psalmen, die vom Glaubensabfall reden

Ps 14,3.4 Die Anklage des V. 4 »JHWH aber rufen sie nicht an« zeigt, daß dies die eigentlich geforderte Haltung wäre. Auch wenn V. 3 zunächst mit einer All-Aussage »sie alle sind abgefallen ... nicht einer, der gut handelt« beginnt, so erfährt sie doch eine Einschränkung durch die Gegenüberstellung »Übeltäter – mein Volk« in V. 4 wie auch in V. 5 »sie (im Verb) – das Geschlecht der Gerechten«. Der letzte Vers (7) spricht noch einmal davon, daß JHWH das Geschick seines Volkes wendet, dann jubelt Jakob, dann freut sich Israel. Fraglich ist, welche Gruppe hier mit »sein Volk«, Jakob bzw. Israel gemeint ist. Wird der Begriff einfach für die ganze Volksgruppe verwendet? Dann ginge es hier tatsächlich um *alle Menschen* bzw. alle anderen Völker, denen vorgeworfen wird, JHWH nicht anzurufen und sein eigenes Volk zu unterdrücken. Oder aber meint »sein Volk« das *wahre* Israel, das dann lange nicht mehr mit der Volksgruppe identisch sein muß? Dann wären die Übeltäter abgefallene Israeliten, wie es V. 3 ja nahelegt.

Ps 25,3 nennt »grundlos Abfallende«, sie sollen beschämt werden im Gegensatz zu denen, die auf JHWH harren. Ps 36,4 beschreibt den Verlust der Moral und des Gewissens bei jemandem, der früher durchaus klug und gut zu handeln wußte; jetzt hat er damit aufgehört und wird Unheil ersinnen, das Böse nicht (mehr) verabscheuen (V. 4f.). Ps 40,5 nennt den glücklich, der JHWH zum Grund seines Vertrauens gemacht hat »und sich nicht wandte zu Götzen(dienern) und Abtrünnigen«.

Den Ausdruck »mutwillig gottlos handeln« in Ps 141,4 kann man so deuten, daß der Mutwille dieses Tuns gerade darin besteht, es eigentlich besser wissen zu müssen; von daher kann der Vers wohl als Indiz für einen Abfall der so Beschuldigten gewertet werden.

Beide Textgruppen spiegeln innerisraelitische Konflikte wider, die über die persönlichen Feinde ebenso wie die Texte, die vom Glaubensabfall handeln. Ein derartiger Vorwurf des Glaubensabfalls ist nur gegenüber solchen Menschen sinnvoll und berechtigt, die eigentlich JHWH als den wahren Gott kennen sollten, nicht aber für völlig fremde Volksgruppen. Diese machen bei den Feindbezeichnungen dementsprechend auch nur einen kleineren Teil aus:

3) Psalmen, die von fremden Volksgruppen handeln

In *Ps 20* scheint es wirklich um eine *fremde* (ausländische) Gruppe zu gehen; ihr Erfolg stützt sich auf Wagen und Pferde (eine Anspielung auf Ägypten?), während die sich als »Wir« bezeichnende betende Gruppe ganz auf den Namen JHWHs vertraut und zugleich für den König betet.

Der Sänger von *Ps 49* adressiert seine Weisheiten an »alle Völker, alle Bewohner der Welt, zusammen reich und arm« (V. 2f); er kommt zu der Aussage, daß der Mensch ganz allgemein nicht bleibt, sondern dem Vieh gleicht, das verstummt (Vv. 13.21). Bei der Auslegung des Gesamtpsalms war deutlich geworden, daß sich mit großer Wahrscheinlichkeit zwei Schichten voneinander unterscheiden lassen. Die zweite Schicht kommt nicht zu einer ähnlich allgemeinen Aussage, sondern unterscheidet zwischen denen, die für die Scheol bestimmt sind und den Aufrechten (V. 15).

Ps 57,5 kennzeichnet die Verfolger als solche, die gierig sind auf Menschen(söhne), ohne daß dieses sehr umfassende Wort eine Einschränkung erfährt; das Lobgelübde in V. 10 verspricht »Ich will dich preisen unter den Völkern (mein) Herr, dich besingen vor Nationen«, womit ebenfalls der Rahmen einer Danksagung nach individueller Bedrohung gesprengt wird.

Ps 118,7 nennt »meine Hasser«, wenig später sieht sich der (kollektiv zu verstehende) Beter von »allen Völkern« (V. 10) umringt; es könnte dabei (Vv. 12.14.16) eine Anspielung auf den Exodus vorliegen – siehe die Auslegung. Ps 118 kennt also ganz klar überindividuelle Feinde, die als »Völker«, also von außen kommende Fremde, verstanden werden.

Nachdem mit diesen relativ ausführlichen Beleglisten das Thema der Feinde, das in der Weltsicht der besprochenen Texte breiten Raum einnimmt, abgehandelt worden ist, wenden wir uns – um das Bild zu vervollständigen – noch dem zweiten Komplex zu, dem der unpersönlichen Nöte.

1.2.2 Unheil in Gestalt von unpersönlichen Nöten und bösen Mächten

Neben den Psalmen, die das Unheil in Gestalt von Feinden konkretisieren, gibt es solche, die überindividuelle Gefahren benennen:

Ps 91 zählt ganz allgemeine Verderben und Gefahren auf: das Netz des Vogelstellers, der Stachel bzw. die Pest des Verderbens (V. 3), der Schrecken der Nacht, der Pfeil, der bei Tage dahinfliegt (V. 5), die Pest bzw. der Mittagsdämon (V. 6), Unheil und Plage (V. 10), Not (V. 15). Diese Gefahren sind geeignet, Zehntausende fallen zu lassen, sind also allgemeine Nöte (V. 7). Angesichts all dessen wird dem Angeredeten versichert, daß er derart behütet werde, daß nicht einmal sein Fuß an einen Stein stoße (V. 12), er vielmehr gegen alle Gefahren gefeit sei, sogar über die (bildlich verstandenen) wilden Tieren schreiten könne. Er werde mit eigenen Augen die Vergeltung an den Frevlern sehen (V. 8).

In einigen der Psalmen findet sich das Motiv des »*Tags des Unheils*«[947]. An diesem droht allen Menschen Gefahr und sie sind auf das Bewahrt-Werden durch Gott angewiesen. Den JHWH-Gläubigen wird dies zuteil, während die Feinde durch das Unheil untergehen.[948] Der auf JHWH vertrauende Beter ist nicht Herr der Situation, er selbst kann sie nicht (mehr) beeinflussen oder gar abwenden. Hier wird deutlich, daß die Beschreibung der negativen Sicht der Welt zum Teil endzeitlich anmutende Züge annimmt.

Im Hintergrund all dieser Aussagen über Feinde und allgemeine Nöte muß so etwas wie die Überzeugung von einem universalen Unheilszusammenhang stehen, durch den alle Menschen und auch die ganze nichtmenschliche Schöpfung betroffen sind. Diese Dynamik ist etwas »außerhalb« des bewah-

---

[947] Der »Tag des Unheils« ist nicht überall eine fertige Konzeption (bei den Propheten allerdings schon), es kann damit einfach ein konkretes Unheil gemeint sein. So ist etwa im Buch Ijob der Tag des Unheils der, an dem seine Kinder sterben; in der Weisheit ist das Motiv noch nicht inhaltlich festgelegt. Es gibt (so bei Ijob) die Vorstellung, daß das System der Frevler zusammenbricht, ohne daß Gott eingreift; diese Aussagen sind sozusagen im »vortheologischen Raum« angesiedelt. Von daher ist sicherlich Vorsicht geboten, dieses Motiv vom Tag des Unheils theologisch engzuführen.

[948] Verwiesen sei nur auf die besprochenen Psalmen: [יום]: 20,2; 27,5; (37,13?.19); 91,5.15; [עת]: 37,19.39.

renden Handelns Gottes, sie vollzieht sich auch gerade nicht als von Gott intendiertes Strafgericht, sondern als Eigenbewegung der Welt.[949]

Eingreifen kann Gott »nur«, indem er die rettet, die an ihm festhalten, die anderen sind seiner Hand entzogen,[950] weil und insoweit sie sich selbst aus jeder Gottesbeziehung ausgeschlossen haben.[951]

Zugleich drücken unsere Psalmen sehr drastisch aus, daß Gewalt eine fest etablierte Größe in der Welt, wie die Beter sie erleben, ist. Die Menge der Bedrohungen reicht von gewalttätigen Auseinandersetzungen verschiedenster Form über Rechtsbeugung bis hin zum Verlassen-Werden durch engste Freunde und Familie.

Diese Phänomenbeschreibung einer gewaltbestimmten, »sündigen« Welt weist deutliche Übereinstimmungen mit dem auf, was später christliche systematische Theologie unter dem Stichwort »Erbsünde« abhandeln wird.

1.2.3 WAS BEDEUTET BIBLISCH »ERBSÜNDENLEHRE«?

Ihren genuinen Ort hat die Rede von der Erbsünde im Kontext christlicher Tauftheologie. Die Frage nach einer biblischen Verortung kann deshalb nicht lauten: Findet sich bereits im Alten Testament (eine Vorform der) Erbsündenlehre, sondern bestenfalls: Woran knüpft sie an?

---

[949] Die Rede der »Eigenbewegung der Welt« trifft sich mit dem modernen, durch die Naturwissenschaften bestimmten Weltbild unserer Tage, demzufolge die Welt ihren eigenen Lauf nimmt.

[950] Biblisch: רָחוֹק יְהוָה מֵרְשָׁעִים וּתְפִלַּת צַדִּיקִים יִשְׁמָע (Spr 15,29). Will man bereits hier den Sprung in spätere systematische Überlegungen wagen, so könnte man an die Massa damnata Augustins denken: Die Menschheit ist durch die Sünde Adams zu einer massa damnata (z.T. massa peccati) geworden, einzig Gott kann sie retten in Christus (vgl. MySal, IV,2, 652). Die Prädestination („Haec est praedestinatio sanctorum, nihil aliud: praescientia scilicet, et praeparatio beneficiorum Dei, quibus certissime liberantur, quicumque liberantur." De dono perseverantiae XIV, 35), die zwar nicht als Oberbegriff die Verwerfung miteinbegreift, aber dem Akt des Verwerfens (im Sinne des Zurücklassens in der massa perditionis) unmittelbar gegenübergestellt wird (vgl. MySal, IV,2, 780), scheint der Idee nach unseren Texten nicht ganz fremd zu sein: Auch die Beter unserer Psalmen wissen, daß Gott sie verwerfen kann. Und umgekehrt trifft das Bild des »Zurücklassens in der massa perditionis« für die Frevler die hier untersuchten Bilder. Gott wird einzig auf der Seite der Gerechten aktiv. Die Frage ist dann, wer zu den Gerechten zu zählen ist. In den Psalmen wird das oft unter den Begriffen der Tora-Observanz bzw. allgemeiner dem Festhalten an JHWH gefaßt. Doch wie kann der Gerechte sicher sein, gesetzesgemäß zu leben – doch nur, wenn er immer schon unter der Gnade steht, nicht aus sich selbst heraus.

[951] Subjekt des Selbstausschlusses ist endliche Freiheit (der Mensch), dadurch wird sowohl andere Freiheit ge- bzw. zerstört, aber auch nichtmenschliche Schöpfung.

– Was bei diesen sehr vorläufigen Überlegungen immer im Hintergrund präsent bleiben sollte, ist die Gefahr einer ungerechtfertigten Vereinnahmung der Bibel Israels für spezifisch christliche Fragestellungen. Insofern deren Schriften als Altes Testament aber auch Ur-kunde unseres christlichen Glaubens sind, scheint mir eine solche – versuchsweise – Herangehensweise legitim. Deshalb sei der Versuch unternommen, die Weltbeschreibung dieser Psalmen in der systematischen Theologie zu situieren. –

Die behandelten Texte spiegeln ein Bewußtsein über die Gebrochenheit der menschlichen Existenz – und zwar sowohl anthropologisch wie theologisch.

Es findet sich noch keine ausdrückliche Trennung von Eschatologie und Geschichtstheologie; dieser Unterschied beruht auf dem Systematisierungsbedürfnis Späterer und ist den Texten selbst (noch) fremd. Zum Teil läßt sich eine leichte Verschiebung zugunsten einer Geschichtstheologie beobachten, wenn trotz allem diese Nomenklatur hier gebraucht werden soll. Es ist *diese* Welt, in der sich das Schicksal von Guten und Bösen entscheidet, keine Verlagerung ins Endgericht.[952]

Ganz allgemein läßt sich sagen, daß in den Psalmen beide Dimensionen der Sünde angesprochen sind, die sozusagen eine untrennbare Einheit bilden, die Zerstörung des Verhältnisses Gott – Mensch und die des Verhältnisses Mensch – Mensch. Das läßt sich schon an den Bezeichnungen für die verschiedenen Menschen ablesen: Sie sind Frevler, insofern ihr Gottesverhältnis durch die Sünde gestört ist, und Unterdrücker, wo es um ihren sozialen Bezug geht. Analog dazu sind die »Guten« Gerechte im Hinblick auf ihr rechtes Gottesverhältnis und Menschen, die »gut« handeln, im Hinblick auf ihr soziales Tun; Arme bzw. Unterdrückte sind sie, sobald ihr Verhältnis zu den Übeltätern in den Blick kommt.

Die »Theologie des Alten Testaments«, obzwar es eine solche im Singular nicht gibt, ist postlapsale Theologie. Nicht in dem Sinne, daß sie harmatiozentrisch wäre, aber doch stets geprägt vom Bewußtsein der Gebrochenheit und Unvollkommenheit menschlicher Existenz – unabhängig davon, inwieweit diese als »Sünde« thematisiert wird.

So stehen die biblische Wahrnehmung der Sündenverfallenheit des Menschen und die Botschaft vom Heil als Gabe Gottes, auf die der Mensch grundlegend angewiesen ist, in unaufgebbarem Spannungsverhältnis zueinander. Die Sündenverfallenheit ist geradezu ein Signal für die Bedürftigkeit

---

[952] Anders aber Ps 1, zumindest kann er in beide Richtungen gelesen werden; anders auch Ps 49, der die Entscheidung hinter das allgemeine Todesgeschick der Menschen verlagert: Gott rettet aus der Scheol.

des Menschen nach Gottes Heil.⁹⁵³ Unter diesem grundlegenden »Leseschlüssel« wollen alle folgenden Bemerkungen verstanden werden.

Die sehr kontrovers geführte Debatte über das Alter der »Sündenfallerzählungen« gehört hierher.⁹⁵⁴ Möglicherweise sind diese Texte erst spät entstanden und entfalten narrativ die bisher unreflektiert vorhandenen Anknüpfungspunkte. Mit einer späten Entstehung würde sich auch erklären, warum diese Texte in der (hebräischen) Bibel so wenig Nachhall finden.

In den Urgeschichten geht es nicht um die Erzählungen von etwas, was *zu Beginn* der Menschheitsgeschichte passiert ist, sondern diese Geschichten erzählen »was immer war und niemals ist«, um die berühmte Definition des Mythos von Sallust zu bemühen. In der Kultur des Alten Orient werden die Grundbefindlichkeiten menschlichen Daseins in narrativer Form erzählt – und eben nicht theoretisch-abstrakt erklärt. Anfang in diesem Sinne meint nicht zeitlichen Beginn, sondern exemplarisches und normatives Ur-Geschehen.

Für unsere Fragestellung ist außerdem wichtig, daß beiden Ur-Erzählungen in Gen 3 und 4, die zusammen gelesen werden wollen, ein spannungsreiches Gottesbild zu eigen ist. Auf der einen Seite gibt es dort einen Gott, der mit Fluchsprüchen die Übertretungen sanktioniert, auf der anderen Seite zeigt sich der gleiche Gott als einer, der das Leben der Sünder schützt.⁹⁵⁵ Während mit diesen beiden Erzählungen die Befindlichkeit des einzelnen Menschen thematisiert wird, geht es in der Sintfluterzählung um die Menschheit als ganze. Die vorpriesterliche Sintfluterzählung ist »einerseits die vielleicht radikalste biblische Reflexion über die Universalität der Sünde ..., aber an-

---

⁹⁵³ Vgl. Zenger, Biblischer Hintergrund (1999), 18.

⁹⁵⁴ Vgl. Otto, Paradieserzählung (1996). Otto macht anhand zahlreicher Einzelbeobachtungen eine späte Entstehung dieser im allgemeinen für sehr alt gehaltenen Erzählung plausibel. Seine bedenkenswerte These wird zur Zeit noch sehr kontrovers diskutiert. Da im Text von Gen 2 Gott aber ganz eindeutig als ein strafender dargestellt wird, werde ich die Diskussion nicht weiter darlegen, sondern verstehe diese Anmerkung als Randbemerkung, in welchem größeren Bereich die Frage der Anknüpfungspunkte einer biblischen »Erbsündenlehre« anzusiedeln ist, wobei Gen 2 ausdrücklich *nicht* zu den Texten der hier besprochenen These gehört. Das Muster Gebot-Übertretung-Vertreibung ist ein derart allgemeines, daß nicht zwangsläufig auf das Deuteronomium Bezug genommen sein muß. Gebot: צוה (pi.), Verfluchung von Schlange und Ackerboden: ארר (qal pass. Part.); Vertreibung: שלח (pi. Imperf.).

⁹⁵⁵ Gen 3 zeichnet die Innenseite und Gen 4 die Außenseite des schuldiggewordenen Mensch-Seins; der Brudermord wurzelt im Abfall von Gott und offenbart diesen. »Im Sinne der Urgeschichte sind der Hang zur Gewalt und die Bereitschaft zum Brudermord die eigentliche ›Erbsünde‹. Der gewalttätige Brudermörder-Mensch ist das ›natur-notwendige‹ Kind des Gottesrebellen Adam.« (Zenger, Biblischer Hintergrund (1999), 28).

dererseits bietet sie eine theozentrisch gestaltete Reflexion über das Verhalten Gottes angesichts *dieser* Sünde und ist insofern eine grandiose Theo-Dizee.«[956]

Die Sintfluterzählung benennt die Dialektik der Universalität der Sünde einerseits und die Radikalität der Liebe des Schöpfergottes andererseits. Sie ist damit zugleich eine Explikation der Polarität des Gotteshandelns: Er ist strafender Richter und zugleich gnädiger Retter, »jedoch so, daß die Rettung das Gericht nicht nur konterkariert, sondern sogar transformiert«[957]. Der gleiche Befund (das Herz des Menschen ist böse von Jugend an), der im Prolog Gottes Strafgericht begründet, läßt im Epilog Gottes Gnade und Nachsicht offenbar werden. Es wirkt fast wie ein Nachgeben, ein Sich-Einstellen Gottes auf die Sündhaftigkeit des Menschen. Die »Fluchexistenz« des Menschen allerdings nimmt Gott nicht zurück: Der Mensch muß in den »Daseinsminderungen« leben, die er selbst bewirkt (hat).[958]

»Wer die Dramatik der Sündenverfallenheit des Menschen und den durch diese bewirkten Unheilszusammenhang denkerisch erfassen will, wird vom ersten Teil unserer Bibel auf das Gottgeheimnis verwiesen, wonach sich Gott als Gott des Lebens gerade angesichts der Sünde des sündigen Menschen erweist. ... Die Radikalität und die Universalität der liebenden Zuwendung Gottes gerade zum sündigen Menschen sind die Realität, die der Radikalität und Universalität der Sünde entgegenwirkt. Die tiefste Bedeutung aller Erbsündentheologie, wie immer sie buchstabiert wird, liegt in *dieser* ihrer Botschaft vom barmherzigen und lebendigmachenden Gott.«[959]

Die in dieser Arbeit besprochenen Psalmen können bei der Spurensuche nach den Anfängen bzw. Vorformen einer »biblischen Erbsündenlehre« vielleicht wichtige Anhaltspunkte bieten.[960] Der Terminus »Erbsünde« (gar im Sinne einer entfalteten Erbsünden»lehre«) ist im Hinblick auf die biblischen Texte anachronistisch; er leistet aber bei der Beschreibung des Phänomens gute Dienste und wird deshalb hier mit aller Vorsicht gebraucht – das Alte Testament bzw. das biblische Israel treibt narrative, keine systematische Theologie.

---

[956] Ebd., 29.
[957] Ebd., 31.
[958] Vgl. ebd., 32f.
[959] Ebd., 33.
[960] Eine biblische Theologie der Sünde ist nach wie vor ein Desiderat der Forschung, vgl. zusammenfassend Theobald: »Die z. Abstraktion neigende klass. E.-Lehre kann durch eine bibl. Theol. der Sünde an Wirklichkeitsnähe nur gewinnen.« (Art. Erbsünde, LThK III (³1995), 744).

III Schlußüberlegungen

Der auch in der heutigen Behandlung der Fragestellung im Vordergrund stehende Aspekt, nämlich der der strukturellen Sünde, wird im Sinne des allgemeinen Unheils- oder auch Schuldzusammenhangs in den Texten allerdings durchaus zur Sprache gebracht. Der andere Aspekt der klassischen Lehre, die Frage des Woher (»Vererbung«), kommt in den entsprechenden Psalmen nicht zur Sprache.[961] Die Psalmen fragen nicht, wann und durch wen das Böse in die Welt kam, es wird die faktische Welt beschrieben und keine Ursachenforschung getrieben. Und in dieser Welt ist die Versuchung zum Bösen allgegenwärtig und verlockend, liegt die Sünde immer – scheinbar? – ein klein wenig näher als die gute Tat.

Meiner Meinung nach sind daher zur Diskussion über die Entstehung der »biblischen Erbsündenlehre« weit mehr Texte heranzuziehen als die Urgeschichte und vielleicht gerade noch Ps 51, wie das sonst üblicherweise geschieht.[962] Die untersuchten Psalmen zeigen, daß der »Sündenfall« der Genesis doch eine Nachwirkung in der Bibel hat und nicht so ungehört verhallt, wie es vielleicht auf den ersten Blick den Anschein hat.

Wenn man die Fragestellung »Was ist Erbsünde?« erweitert und sie unter dem Aspekt der narrativen Theologie[963] betrachtet sowie weiterer Kategorien,

---

[961] Zudem kann »Vererbung« sich im AT nur auf materiellen Sachbesitz beziehen, s.u.

[962] So auch in neuester Zeit Zenger, Biblischer Hintergrund (1999). »Auch wenn sich manche Ausprägungen der kirchlichen Erbsündenlehre aus alttestamentlicher Sicht, aber auch aus der Sicht des nachbiblischen Judentums kaum biblisch legitimieren lassen, hat diese christliche ›Lehre‹ gleichwohl einen biblischen Hintergrund, der hilfreich sein kann, um das mit ›Erbsündentheologie‹ Gemeinte differenzierter zu erfassen und es vor allem in jenen biblischen Zusammenhang einzuordnen, der einerseits falsche Assoziationen ausschließt und der andererseits die unaufgebbaren Implikationen dieses Theologumenons deutlich werden läßt.« (Ebd., 9). Lohfink äußert dagegen die Vermutung: »Vielleicht sind die ›klassischen‹ Belege für eine bestimmte Lehrtradition gar nicht die wichtigsten. Vielleicht werden sich andere in den Vordergrund drängen, sobald man nur die Frage neu und besser stellt.« Lohfink, Vorpersonales Böses (1987), 173. Für unseren Zusammenhang ist bemerkenswert, daß sich selbst bei Ps 51, einem der »klassischen Belegtexte«, feststellen läßt, daß von Erbsünde im traditionellen Sinne nicht die Rede ist. Denn der Beter redet »nicht von der Sünde der anderen Menschen, weder um sich selbst damit zu entlasten, aber auch nicht um sich selbst damit fatalistisch zu belasten. Der Beter meditiert vielmehr seine ureigenen Erfahrungen des individuellen Schuldigwerdens und der ihm dadurch bewußt werdenden Ohnmacht« (Zenger, Biblischer Hintergrund (1999), 21).

[963] In der Urgeschichte werden zwar einzelne persönliche Sünden erzählt, doch wird durch deren »Aufreihung in der mit Gen 3 einsetzenden Urgeschichtsdarstellung ... narrativ eine Lehre von der ›Sünde der Welt‹ entwickelt ... Das heißt: In dieser narrativen Lehre von der ›Sünde der Welt‹ steckt letztlich auch die Erbsündenlehre.« (Lohfink, Vorpersonales Böses (1987), 186).

etwa der der Entfremdung[964], so beginnen die Texte neu zu sprechen. Dem Ausleger »zeigt sich die Möglichkeit, daß eigentlich ungefähr alle seine Texte direkt oder indirekt mit diesem Thema zusammenhängen«[965].

Das Alte Testament kennt die Phänomene von sozialer und struktureller Sünde. Immer hat es betont, daß die Sünde »Gottes-Verweigerung, Selbst-Verfehlung und Zerstörung der gottgegebenen Lebensordnungen ist«[966], die Gott nicht hinnehmen will. Und dennoch will Gott nicht den Tod des Sünders, sondern daß er umkehrt und lebt (vgl. etwa Ez 18,23).

> »Vor allem die nachexilische Theologie Israels hat dieses realistisch-pessimistische Menschenbild entwickelt, es aber zugleich so mit einem weitherzigen Gottesbild korreliert, daß eine insgesamt optimistische Anthropologie das Ergebnis war.«[967]

In den alttestamentlichen Texten, die die Erfahrung der Sünde thematisieren, kommt die ganze Ambivalenz menschlichen Lebens zur Sprache. Sie besteht darin, daß der Mensch einerseits durchaus die eigene Verantwortung für seine Schuld wahrnimmt, und daß er sich andererseits gegenüber der Macht der Sünde ohnmächtig erfährt.[968]

Die klassischen Untersuchungen zur »biblischen Erbsündenlehre« stammen von Herbert Haag und Josef Scharbert.[969] Während Haag dezidiert erklärt, das Alte Testament kenne keine Erbsündenlehre, nimmt Scharbert (in Auseinandersetzung mit Haag) die klare Gegenposition ein und leitet die Auffassung der Sündenverfallenheit des Menschen sogar aus der altorientalischen Umwelt Israels ab.[970] Er betont, daß Wörter wie »Vererbung« etc. im Alten Testament nicht auftauchen könnten, da sie sich dort stets auf materiellen Sachbesitz beziehen. Der Sache nach aber sei es kei-

---

[964] So Weiland, Aliénation et péché (1975), 161-175.
[965] Lohfink, Vorpersonales Böses (1987), 178.
[966] Zenger, Biblischer Hintergrund (1999), 12.
[967] Ebd.
[968] Der Beter des 36. Psalms erkennt verwundert geängstigt, daß das Raunen der Sünde mitten in seinem eigenen Herzen wahrzunehmen ist. Das Thema der Sünde(nvergebung) ist weiterhin ganz zentral in Ps 25; in Ps 40,13 stellt der Beter fest, daß ihn seine Sünden eingeholt haben; auch der Beter des 141. Psalms bittet darum, daß sein Herz nicht zum bösen Wort geneigt werde, denn auch er erkennt, wie nah diese Versuchung liegt. Ähnliches gilt für den »klassischen« Ps 51: »zugleich nimmt er [der Beter] wahr, daß seine Sünde aus einer ihm rätselhaften Tiefe seiner menschlichen Existenz herkommt und in seinem Mensch-Sein wurzelt – vielleicht oder sogar wirklich vom Anfang seiner Existenz her« (Zenger, Biblischer Hintergrund (1999), 16).
[969] Haag, Biblische Schöpfungslehre und kirchliche Erbsündenlehre (1966); Scharbert, Prolegomena eines Alttestamentlers zur Erbsündenlehre (1968).
[970] Vgl. Scharbert, Prolegomena eines Alttestamentlers zur Erbsündenlehre (1968), 22-30.

neswegs eine Verfälschung des biblischen Befundes, wenn im Sinne einer Neukonzeptualisierung die Kategorie des Erbens herangezogen würde.[971] Scharbert hat vor allem gezeigt, daß wichtige Schichten des Alten Testament und die kirchliche Erbsündenlehre sich der gleichen »Denkform« bedienen. Dennoch – und das steht bei Scharbert noch aus – bedarf diese Denkform (in Bezug auf das Stammvaterdenken) der Übersetzung.[972] Scharberts Verdienst ist es weiterhin, aufgewiesen zu haben, daß »Erbsünde« nicht nur die Dimension der vorpersonalen Sündenverhaftetheit, sondern auch »die universal verbreitete Sünde im Sinn aktueller, persönlicher Sünden«[973] meint.

Dieses vorpersonale Element der gesamtmenschlichen Sündenverflochtenheit (auf dem auch die kirchliche Erbsündenlehre insistiert) scheint in den biblischen Texten zumindest nicht zu fehlen, wenngleich in ihnen zweifellos das personale Tun bei der Beschreibung der Sünde der Welt im Mittelpunkt steht.[974]

Bei der Auslegung der einschlägigen Psalmen konnte ein im Hintergrund wirksamer allgemeiner Unheilszusammenhang ausgemacht und beschrieben werden, der jede menschliche Tat insofern mitbeeinflußt, als sie nicht ungehindert und ohne jede Vorgabe geschieht, sondern in einer Verflochtenheit steht, die durch Gewalt und Verfehlungen so geprägt ist, daß jedes bedingungslose gute Handeln einer eigenen Entscheidung und Anstrengung bedarf.

Anthropologisch vermitteln lassen sich unsere Überlegungen mit denen der (neueren) Wissenssoziologie,[975] die gezeigt hat, daß ein Mensch – zunächst – nur durch Aneignung einer ihm vorgegebenen »objektiven« Wirklichkeit handlungsfähig wird. Die sog. objektive Wirklichkeit erweist sich bei genauerem Zusehen als eine gesellschaftlich konstruierte,[976] das heißt aber theologisch gesprochen: als eine auch durch sündhaftes menschliches Verhalten konstruierte Wirklichkeit. Insofern kann de facto kein Mensch handlungs- und damit lebensfähig werden, wenn er sich nicht auch die »Sünden seiner Vorfahren« zu eigen macht.

Zur menschlichen Erfahrung der Schuld gehört ja hinzu, daß sich Verfehlung nicht in individueller Schuld erschöpft, sondern auch eine kollektive Dimension hat. »Sündersein ist immer auch – manchmal offenkundig, manchmal

---

[971] Vgl. ebd., 76.108-117.
[972] Vgl. Lohfink, Vorpersonales Böses (1987), 172.
[973] Ebd., 172.
[974] Vgl. ebd., 176.
[975] Mead, Berger, Luckmann u.a.
[976] Vgl. Berger/Luckmann, Die gesellschaftliche Konstruktion der Wirklichkeit (1969). Da die gesellschaftliche Wirklichkeit aber genau ihre »Konstruktion« mit allen Mitteln zu verschleiern sucht, können wir nicht erwarten, daß die »Sündenstruktur« einer Gesellschaft einfach offen zutage liegt.

verborgen – ein Mithandeln, Zusammenwirken, ein Hineinziehen und Hineingezogenwerden. Keiner fängt mit seinem Leben beim Nullpunkt an, und keiner handelt allein.«[977] Sünde überschreitet das subjektive Selbstverständnis in die Abgründe der Person hinein. Deshalb bemißt sich das Sündersein nicht allein am subjektiven Schuldbewußtsein, obwohl Sünde natürlich etwas mit subjektiver Zurechnung zu tun hat. Als ein dritter Aspekt kommt hinzu, daß es sich bei einer Verfehlung nicht nur um die freie Tat eines oder mehrerer Menschen handelt, sondern »daß sie auch eine dämonische Macht ist, die ... verführt, vergewaltigt und gefangenhält. Sünde hat daher auch mit tragischer Verstrickung zu tun.«[978]

Offenbar kann es immer nur eine Vielzahl von Erbsündentheologien, keine einheitliche Form geben.[979] Denn die Erbsünde ist weder ein biologisch, noch juristisch, psychologisch, soziologisch oder gar historisch erhebbares Faktum, »sondern eine *theologische Ursprungsinterpretation der Menschheit als ganzer und damit zugleich eine moralisch relevante anthropologische Grundaussage*«[980].

Die recht verstandene Lehre von der Erbsünde öffnet uns wieder den Blick für die Einheit des Menschengeschlechtes, die sich auch in der Erfahrung artikuliert,

> »daß es über alle kategoriale Schulderfahrung hinaus die vorgängige Erfahrung einer Gefährdung oder Zerstörung der Beziehung zwischen den Menschen, zwischen Gott und den Menschen sowie im Selbstverhältnis des Menschen gibt, die wir manches Mal vielleicht nur apologetisch oder fatalistisch oder auch resignativ als Schuldverstrickung bezeichnen, deren Sinn wir aber wohl erst in der christlichen Rede von der Erbsünde wahrnehmen«[981].

Insofern klärt sie uns auch »über die Einseitigkeit des sich absolut setzenden Subjektivismus«[982] auf. Die christliche Lehre von der Erbsünde deutet eine anthropologische Grunderfahrung im Lichte des Glaubens.

---

[977] Wiedenhofer, Lehre der Kirche von der Erbsünde (1999), 51f.
[978] Ebd., 52.
[979] Fonk nennt fünf Typen von Erbsündenlehre, die sich auf dem gegenwärtigen Stand des theologischen Diskurses etabliert hätten: 1. Erbsünde in der Perspektive eines evolutiven Schöpfungsverständnisses, 2. Erbsünde als sündiges Situiertsein des Menschen, 3. Erbsünde als strukturelle Sünde, 4. Erbsünde als Verhängnis der Angst und als Verzweiflung, 5. Erbsünde als transzendentaler Ursprung der Sünde (vgl. Fonk, Väter (1999), 82f., dort auch Angabe von Vertretern der jeweiligen Theorien nebst Literatur). Für eine anders akzentuierte Einteilung vgl. etwa Baumann, Erbsünde? (1970), 181ff.
[980] Fonk, Väter (1999), 78 (Hervorhebung im Original).
[981] Ebd., 74.
[982] Ebd.

III Schlußüberlegungen

»Es ist die Erfahrung, daß unser Leben von den Bedingungen eines Anfangs bestimmt ist, dessen Wirklichkeit wir fatalerweise darin wahrnehmen, daß dieser Anfang als der uns entzogene nicht nur unsere gegenwärtigen, sondern auch unsere zukünftigen Existenzmöglichkeiten entscheidend bestimmt.«[983]

Unsere Psalmen explizieren in der ihnen eigenen Bildsprache das Bewußtsein eines allgemeinen Unheilszusammenhangs, einer Dynamik des und der Bösen, in die jemand auch gegen seinen Willen hineingezogen und verstrickt werden kann. Zugleich ist diese Darstellung der Wirklichkeit in einigen Texten getragen von der Hoffnung auf göttliche Vergebung, die allein diesen Zusammenhang zu durchbrechen vermag.

Die sich als die »Guten« verstehen, wissen, daß sie nicht einfach von diesen Abläufen und Versuchungen verschont bleiben, sie sind nicht in der Lage, sich außerhalb der (Schuld-)Mechanismen zu bewegen. Und dennoch hoffen und bitten sie, in ihnen bewahrt und aus ihnen errettet zu werden. Diese Aspekte, so scheint mir, sind in der christlichen Lehre von der Erbsünde zentral. Daß sie sich in Texten des Alten Testaments festmachen lassen, zeigt, daß die Frage »Was meint biblisch ›Erbsündenlehre‹?« nicht nur heuristisch sinnvoll gestellt ist, sondern dazu beiträgt, den biblischen Hintergrund der christlichen Lehre sowie deren zentrale Inhalte angemessener zu verstehen.

---

[983] Ebd., 80.

2 Gottesbild

Um der Weltsicht und dem Gottesbild der behandelten Texte näher zu kommen, waren neben den Bezeichnungen für Gute und Schlechte bei den Einzelauslegungen der Psalmen stets auch die betreffenden (Untergangs-)Verben untersucht worden. Bereits dort wurde die Annahme einer bewußten nichtkausalen Aussage im Hinblick auf die »Schlechten« jeweils dadurch überprüft, ob die verwendeten Verben einen Kausativ mit Gott als Subjekt bilden können. Hier seien diese Ergebnisse nun gebündelt dargeboten:

2.1 Tabellarische Zusammenschau der behandelten Verben

Die erste Spalte bietet (in alphabetischer Reihenfolge) alle Verben, mit denen in den besprochenen Texten das nicht durch Gott herbeigeführte Ende der Schlechten ausgesagt wird. Die zweite Spalte gibt die Übersetzung der Wurzel in den jeweiligen Stämmen wieder; zugleich läßt sich daran ablesen, in welchen das betreffende Verb überhaupt belegt ist. In der dritten Spalte finden sich diejenigen Belegstellen der Verben, an denen sie in den Psalmen der These vorkommen, beigefügt ist jeweils eine Bestimmung des Stammes. Die Gegenprobe der vierten Spalte schließlich rundet das Bild ab, insofern sie danach fragt, ob sich Belege der Wurzel im Kausativ und mit Gott als Subjekt finden oder ob rein grammatisch bedingt gar keine andere Formulierungsmöglichkeit zur Verfügung stand.

Verbwurzel	Übersetzung	Stellenangaben	Gegenprobe: Belege im Kausativ (Angegeben sind alle Stellen im Psalter, außerhalb des Psalters sonst jeweils nur ein Belegbeispiel)
אבד	Qal: umherirren, sich verlaufen, verloren gehen, umkommen, zugrunde gehen, weggerafft werden Piel: in die Irre gehen lassen, verloren geben, umkommen lassen, vernichten, austilgen Hifil: verschwinden lassen, vernichten, ausrotten	Ps 1,6 (»Weg der Frevler«); Ps 37,20; Ps 92,10; (Ps 112,10, »Begehren der Frevler«) (alle Qal)	Piel mit Gott als Subjekt: insges. 11x; Psalter: Ps 5,7; 9,6 Hifil mit Gott als Subjekt: insges. 13x; Psalter: Ps 143,12
אין	Nichtsein, Nichtexistenz, nichts; allg. Negation	Ps 37,10.36	

בהל	Nifal: erschreckt sein / werden, entsetzt, von Sinnen sein; eilen, hasten; dahineilen, vernichtet werden Piel: (jem.) erschrecken, in Bestürzung versetzen; eilen, sich übereilen Pual: beschleunigt werden, sich beeilen Hifil: (jem.) erschrecken, in Schrecken / Bestürzung versetzen; eilig fortschaffen; sich beeilen	Ps 6,11 (Nifal)	Piel mit Gott als Subjekt: 2x: Ps 2,5; 83,16 Hifil mit Gott als Subjekt: 1x: Ijob 23,16
בוש	Qal: beschämt, zuschanden werden, sich schämen müssen; sich schämen Piel: fraglich Hifil I: m. Akk. jem. Schande machen, zuschanden werden lassen, beschämen; schandbar handeln Hifil II: zuschanden, beschämt werden; m. Akk. d. Prs. jem. einen Schimpf antun; schandbar handeln, sich schändlich aufführen; mißraten Hitpol: sich voreinander schämen	Ps 6,11 (2x); 40,15; 70,3; 71,13.24 (alle Qal)	Hifil mit Gott als Subjekt: 4x: Ps 44,8; 53,6; 119,31.116
דחה	Qal: (nieder)stoßen Nifal: gestürzt werden Pual (oder Pass. Qal): gestürzt werden	Ps 36,13 (Pual bzw. pass. Qal)	Keine Belege mit Gott als Subjekt (Ps 35,5: der Engel JHWHs, Qal)
דעך	Qal: erlöschen Nifal: verschwinden Pual: ausgelöscht werden	Ps 118,12 (Pual)	Kein Hifil, nie Gott Subjekt
חפר II	Qal: sich schämen, beschämt oder enttäuscht werden (meist parallel zu בוש) Hifil: beschämt sein od. werden; schändlich handeln, Schande verbreiten	Ps 40,15; 70,3; 71,24 (alle Qal)	Keine Belege mit Gott als Subjekt Hifil belegt

כלה I	Qal: aufhören, enden; fertig werden; vergehen; zugrunde gehen; entschieden, beschlossen sein; schwach werden; sich verzehren Piel: vollenden; fertig werden, aufhören mit; aufbrauchen; erschöpfen; austilgen Pual: vollendet werden	Ps 37,20(2x); 71,13 (alle Qal)	Piel mit Gott als Subjekt [nur Stellen im Sinne von »vertilgen«, nicht etwa »aufhören zu reden« u.ä.]: 21x; Psalter: Ps 59,14; 74,11; 78,33
כלם	Nifal: gekränkt, beschimpft sein; sich beschimpft fühlen, sich schämen; zuschanden werden Hifil: jem. etw. zuleide tun, schädigen; schmähen; in Schande und Schaden bringen Hofal: Schaden erleiden; beschämt sein	Ps 40,15; 70,3 (beide Nifal)	Hifil mit Gott als Subjekt: 1x: Ps 44,10
כעס	Qal: unmutig sein Piel: zum Unmut reizen Hifil: kränken, zum Zorn reizen	Ps 112,10 (Qal)	Qal mit Gott als Subjekt: Ez 16,42 Hifil mit Gott als Subjekt: Dtn 32,21; Ez 32,9
כרע	Qal: Knie beugen, niederknien; in die Knie brechen, zusammenbrechen Hifil: in die Knie zwingen; ins Unglück stürzen	Ps 20,9 (Qal)	Hifil mit Gott als Subjekt: insges. 4x; im Psalter: Ps 17,13; 18,40; 78,31
כרת	Qal: abschneiden; abhauen; fällen; herausschneiden, ausrotten; (Bund schließen) Nifal: gefällt werden; abgerissen werden, verschwinden; ausgerottet werden; getilgt, beseitigt werden; ausgeschlossen werden; zugrunde gehen Pual: umgehauen werden; abgeschnitten werden Hifil: ausrotten Hofal: ausgerottet sein, ausfallen	Ps 37,9.22.28. 34.38 (alle Nifal)	Qal mit Gott als Subjekt: häufig, jeweils aber im Sinne von כרת ברית (nur Jes 18,5 »abschneiden«) Nifal mit Gott als Subjekt: nein Hifil mit Gott als Subjekt: insges. 44x; im Psalter: Ps 12,4; 34,17; 109,15

כשל	Qal: straucheln, stolpern Nifal: (zum Straucheln gebracht werden), straucheln, stolpern Hifil: zum Straucheln, Stolpern bringen Hofal: zu Fall gebracht	Ps 27,2 (Qal)	Hifil mit Gott als Subjekt: 2 Chr 25,8
מלל I	Qal (od. Nifal): welken, verdorren Po.: welken Hitpo: verdorren	Ps 37,2 Qal (od. Nifal)	nie Gott Subjekt
מסס	Qal: verzagen; dahinsiechen Nifal: zerfließen, zergehen, verzagen; schwach werden Hifil: zerfließen machen	Ps 112,10 (Nifal)	nie Gott Subjekt
נבל I	Qal: welken und abfallen; zerfallen	Ps 37,2 (Qal)	nie Gott Subjekt
נגר	Nifal: rinnen, sich ergießen; ausgestreckt sein Hifil: hingießen; herabstürzen; metaph.: (Menschen) überliefern Hofal: hingegossen	Ps 63,11 (Hifil)	Hifil mit Gott als Subjekt: 3x, davon im Psalter: Ps 75,9
נפל	Qal: unabsichtlich fallen, im Kampf fallen, stürzen, zu Fall kommen; abfallen; einstürzen; geboren werden; zu liegen kommen; sich (absichtlich) fallen lassen, hinwerfen; milit. einfallen, herfallen über Hifil: fallen lassen; zu Fall bringen; hinfallen lassen, hinlegen; hinlegen lassen; hinabwerfen; zum Einsturz bringen, ungnädig blicken; unterlassen, aufgeben; fallen lassen = gebären Hitpael: herfallen über; sich niederwerfen	Ps 20,9; 27,2; 36,13; 57,7; 141,10 alle Qal	Hifil mit Gott als Subjekt: insges. 16x; davon nur 9x im Sinne von »fällen«; im Psalter: Ps 73,18; 78,28; 140,11; hinzu kommen die beiden Inf. Hifil Ps 106,26.27

סוג I	Qal: abweichen, abtrünnig sein Nifal: weichen, zurückweichen, sich davon machen; abtrünnig werden Hifil: (Grenze) verrücken; in Sicherheit bringen / beiseite schaffen Hofal: zurückgedrängt / fortgetrieben werden	Ps 40,15; 70,3 beide Nifal	keine Belege mit Gott als Subjekt
פחד	Qal: zittern, beben; erschrekken Piel: beben, in Furcht sein, Scheu hegen Hifil: in Beben versetzen	Ps 14,5 (Qal)	keine Belege mit Gott als Subjekt; allerdings einige Male mit dem Substantiv פחד und verschiedenen Verben, z.B. נתן (Dtn 11,25; 1 Chr 14,17).
פרד	Qal: nur Part. pass. fem. Pl: ausgespannt Nifal: sich teilen; sich trennen; zerstreut, getrennt sein; Piel: sich absondern, abseits gehen; Pual: abgesondert Hifil: trennen; aussondern; auseinander bringen; Hitpael: sich von einander trennen; von einander getrennt, zerstreut werden	Ps 92,10	keine Belege mit Gott als Subjekt
שוב	Qal: zurückkehren; theol.: zu Gott zurückkehren, sich bekehren; sich abwenden, ablassen von; mit zweitem Verbum: wieder tun Pil.: zurückbringen, zurückführen; herumlenken; abwenden, verleiten; heimzahlen, vergelten Polel: wieder hergestellt werden Hifil: zurückbringen, zurückführen; (mit Gewalt) zurücktreiben; (eine Bewegung, Empfindung) umkehren; zurückkehren lassen	Ps 70,4 (Qal)	Qal mit Gott als Subjekt: insges. 42x; im Psalter: Ps 6,5; 7,8; 71,20 (2x); 80,15; 85,2.5.7; 90,13; 126,4; 132,11 Hifil mit Gott als Subjekt: insges. 100x; davon 21x im Psalter: Ps 18,21.25; 28,4; 35,17; 44,11; 51,14; 68,23 (2x); 74,11; 78,38; 79,12; 80,4; 80,8.20;

	= zurückgeben; vergelten, heimzahlen; antworten; wiederherstellen Hofal: zurückgebracht, -geführt, -gegeben werden		81,15; 85,4; 89,44; 90,3; 94,2.23; 132,10 Pil. mit Gott als Subjekt: insges. 5x, davon 2x im Psalter: Ps 23,3; 60,3 Pol. und Hof. nie mit Gott als Subjekt
שמד	Nifal: vertilgt, ausgerottet werden; unbrauchbar gemacht werden Hif: ausrotten	Ps 37,[28].38 (Nifal); Ps 92,8 (Nifal)	Nifal nie mit Gott als Subjekt Hifil mit Gott als Subjekt: insg. 28x; davon im Psalter: Ps 106,23 (Inf., JHWH ist log. Subjekt); 145,20
שמט	Qal: freigeben, sich selber überlassen; erlassen Nifal: herabgestürzt werden Hifil: freigeben lassen	Ps 141,6 (Nifal)	nie Gott Subjekt Vorkommen in Ps 141 ist zudem singulär
שמם	Qal: öde, vom Leben abgeschnitten, menschenleer sein; dem Umgang mit Menschen entzogen sein; schaudern, sich entsetzen; verwüsten Nifal: menschenleer gemacht werden, veröden; zum Schaudern gebracht werden Polel: in Schanden versetzt, (innerlich) zerschlagen, betäubt Hifil: menschenleer, verödet machen; Menschen verstören, aus der Fassung bringen (Hofal: Verödung) Hitpolel: sich befallen zeigen; sich zugrunde richten	Ps 40,16 (Qal)	Qal und Nifal nie mit Gott als Subjekt Hifil mit Gott als Subjekt: insges. 9x; nie im Psalter Hitp. mit Gott als Subjekt: 2x; nie im Psalter

תמם	Qal: vollendet, fertig sein oder werden, ablaufen, enden; ein Ende nehmen, aufhören; verzehrt, aufgezehrt werden; aufgerieben werden, umkommen; unsträflich, vollkommen sein Hifil: fertig machen; vollmachen, vollenden; unsträflich machen Hitpael: sich als תָּמִים erweisen	Ps 104,35 (Qal)	nur Hifil mit Gott als Subjekt: Ez 22,15.

In den 20 untersuchten Psalmen (*II. Textanalysen*) wurde der Untergang der negativ bezeichneten Menschen mit diesen insgesamt 25 verschiedenen Verben sowie der Negation אין beschrieben. Häufig vertreten sind dabei die Verben בוש (6x),[984] נפל und כרת (je 5x) und אבד (4x). Die Verben entstammen sehr unterschiedlichen Bild- bzw. semantischen Bereichen. Es läßt sich keine Dominanz eines ganz bestimmten, klar umrissenen Wortfeldes ausmachen, einzig das der Beschämung (בוש, חפר, כלם, שמם)[985] verzeichnet eine gewisse Häufung.

Die meisten dieser 25 Verben können ein Hifil bilden, bei 16 (also etwa zwei Dritteln) ist ein solches auch mit Gott als Subjekt belegt.

In der Zusammenschau der immerhin 51 Belege aus den Texten der These bestätigt sich, daß die dortigen passiven bzw. unpersönlichen Formulierungen nicht auf eine rein grammatikalische Besonderheit zurückzuführen sind: Obwohl sprachlich möglich, wird der Untergang der Frevler nicht in einen kausalen Zusammenhang mit Gottes Handeln gebracht – Gott ist zuallererst der Retter.

ALTORIENTALISCHES KÖNIGSKONZEPT

Diese Vorstellung von Gott als Retter dürfte sich zumindest auch aus einer anderen Bildwelt speisen, nämlich der eines altorientalischen Königs. Die altorientalischen Konzeptionen des Königtums, erst recht hellenistische, betrachten den König eigentlich immer als einen »Retter«. Somit ist also auch für das königliche Handeln stets schon vorauszusetzen, daß die Welt, die dem König anvertraut ist, aus sich heraus dem Abgrund zustrebt. Dies spiegelt sich etwa

---

[984] Grundbefindlichkeit des Menschen »von Anfang an«: sobald sündig, schämt er sich.
[985] Die Beschämungsbitten gegen die Feinde werden gerne zur Armentheologie des Psalters gerechnet.

im hellenistischen Königstitel »Soter«. Auch in Ägypten war die »Inganghaltung der Welt«[986] die eigentliche und vornehmste Aufgabe des Pharaos.

Wie in der altorientalischen Umwelt der König den Armen zu ihrem Recht verhilft,[987] so motiviert in Israel der Schrei des Armen das göttliche Eingreifen. Die Konzeption eines Königs als Retter wird (in Israel) auf Gott übertragen – aber eben in unseren Texten unter dem ganz bestimmten Aspekt der beständigen Wiederholung des Rettungshandelns Gottes ohne jede Erwähnung eines göttlichen Strafhandelns.

2.2 Soziolekt einer Trägergruppe?

Läßt sich durch diese sprachliche Besonderheit eine theologische Schule oder Strömung ausmachen? Handelt es sich um einen regelrechten »Soziolekt« einer bestimmten Trägergruppe? Trotz aller Beobachtungen an den entsprechenden Psalmen bleiben die Autoren und Redaktoren, auf deren schriftstellerische Tätigkeit die Texte zurückgehen, nicht recht greifbar. Wenn man überhaupt eine Einordnung wagen will, so am ehesten im Umfeld derjenigen Kreise, die dem Psalter seine Endgestalt verliehen haben.

Die Literatursoziologie lehrt, daß ein bestimmtes Repertoire, ein Sprachspiel, ab einem gewissen Grad der Verbreitung jedem zur Verfügung steht und an keinen fest umrissenen Trägerkreis gebunden sein muß. In einer gewissen Situation kann es plausibel sein, sich bestimmter sprachlicher Formen zu bedienen, auch ohne dezidierte Zugehörigkeit zu den Gruppen, in denen die Ausdrucksweise »eigentlich« beheimatet ist bzw. war.

Als Grund der Verwendung könnte man eventuell unterstellen, daß apologetisches Interesse vorliegt, um Gott keine Verantwortung für das Böse zuschreiben zu müssen. Doch ist dies wahrscheinlich nicht der Fall, weil keine grundsätzlichen metaphysischen Fragen aufgeworfen werden sollen, sondern in einer konkreten Situation sich die Beter gläubig ihres Gottes versichern. Zwar sind uns auch zahlreiche Gebete überliefert, die Gott wider die Feinde aufrufen, doch wird hier gerade aus einer anderen Perspektive gesprochen.[988]

Noch einmal ist daran zu erinnern, daß die Texte keine theoretischen Aussagen über die Schlechten bieten wollen, sondern Hoffnungsaussagen für die Guten; von daher ist eine ungekürzte Ableitung auf das Schicksal der

---

[986] Vgl. Assmann, Politische Theologie (²1995), 52; vgl. auch ders., Ma'at (1990).
[987] Vgl. die Zusicherungen in den Prologen und Epilogen der Gesetzescorpora, s. unter *III.1.1 Armentheologie*.
[988] Damit unterscheiden sich die Texte auch signifikant von beispielsweise mesopotamischen Beschwörungstexten, in denen Gott für die eigenen Wünsche gebraucht wird, und in denen man sich mittels Magie der Hilfe Gottes versichert.

Schlechten unzulässig. Es handelt sich nicht um das Erfassen einer wie auch immer gearteten objektiven Wirklichkeit, die die Frevler betrifft.

Zur Beschreibung unserer Texte habe ich den Begriff der »salvifikativen Gerechtigkeit« vorgeschlagen. Diesen Aspekt stärker zu betonen, kann gerade angesichts der Tatsache, daß die Rede vom »strafenden Gott des Alten Testaments« in christlicher Predigt oft zu einer Abwertung der alttestamentlichen Texte geführt hat, wichtig sein.[989]

2.3 Salvifikative Gerechtigkeit

Mehrfach ist deutlich geworden, daß hinter den dargestellten Texten ein bestimmtes Gottesbild steht: Gott zeigt sich als der, der zugunsten der Armen, der Unterdrückten oder allgemein: der Guten helfend und rettend in die Welt eingreift. Dabei, auch das ist verschiedentlich angeklungen, handelt es sich um die Hoffnungsperspektive[990] der jeweils Unterdrückten, nicht etwa um triumphalistische Aussagen aus einer falschen Heilsgewißheit heraus. Es ist eine *Hoffnungsgewißheit*, die artikuliert wird; teilweise indem auf Erfahrung zurückgegriffen wird, teilweise ohne einen solchen Erfahrungshintergrund. Und diese Hoffnungs*gewißheit* betont in unterschiedlichen Aussagen, Bildern und Vergleichen, daß JHWH der Gott ist, der die ihm Treuen rettet, sie nicht dem Untergang preisgibt.

Vermieden wird hingegen jede Aussage eines gewalttätigen Strafhandelns Gottes, das andere Texte der Schrift deutlich durchzieht. Eine erste Erklärung mag in der Gattung der Gebetsliteratur (vor allem des individuellen Klageliedes) liegen: Das Bitten um die eigene Rettung angesichts verschiedener Bedrohungen ist der eigentliche Inhalt des Gebetes. Was mit den Feinden geschieht, interessiert bestenfalls nachrangig. Dennoch kennen aber gerade auch die Psalmdichter und -beter sehr gewalttätige Wünsche gegen die Feinde, die an Gott als den Ausführenden adressiert werden. Ein Gott, der strafend den Feinden vergilt, gehört also durchaus zum Repertoire der biblischen Beter. Feindschädigungsbitten können an Gott als den mächtig Handelnden gerichtet werden.

---

[989] Für die Rede vom »strafenden Gott« ist sogar eine fatale Konsequenz möglich, kann es doch sein, »dass biblische Gottesmetaphern einem derart [durch die neuzeitliche Aufklärung, C.S.] geprägten Bewusstsein den Zugang zum Geheimnis Gottes verbauen« (Schwienhorst-Schönberger, Gottesbilder (2000), 367).

[990] Unter einen treffenden Ausdruck faßt Ottmar Fuchs dies, wenn er – ähnlich unseren Überlegungen – betont, daß im eschatologischen Bereich ausdrücklich im Sprechakt der Hoffnung nachgedacht werde: Wir tasten uns immer nur ganz indirekt in diese Zukunft hinein vor, »sozusagen in einem eschatologischen ›Hochrechnungsverfahren‹, sprich Hochhoffnungsverfahren, das seine Maßstäbe von dem her nimmt, was Gott bereits ... in dieser Welt ... bewirkt hat.« (Fuchs, Eschatologie der Klage (1999), 12).

In unseren Texten jedoch wird seine Nicht-Anwesenheit, sein Unbeteiligtsein am Untergang der Frevler – im Modus der Nicht-Aussage – hervorgehoben und betont. Deren Tun trägt den Untergangskeim in sich, ist letzten Endes autodestruktiv.[991]

Die Gottes*beziehung* scheint hier der Schlüssel zum Verständnis des Gottesbildes zu sein: Theologie ist relational zu entwerfen, absolute Aussagen über Gott sind dem Menschen ohnehin nicht möglich. Und außerhalb dieser Relation werden dann auch keine Aussagen über Gott vorgenommen; so ist er in den Feind-Aussagen – bewußt – nicht greifbar.

Letztlich machen die Texte gerade keine Aussagen über Gott »an sich«, sondern sie beschreiben und deuten innerweltliche Ereignisse, die sie auf Gott zurückführen. Wenn man überhaupt über Gott reden kann, dann nur positiv, dort, wo er geschichtlich erfahren wird. Denn die Erlebniswirklichkeit von (menschlicher) Geschichte ist der zugängliche Ausgangspunkt eines Redens von Rettungserfahrungen, die als einer nicht innerweltlichen Wirklichkeit verdankt interpretiert werden. *Diese* Erkenntnis explizieren unsere Texte. Das Reden über Gott gar im Sinne von Grundsatzaussagen über sein Wesen wäre ein metaphysisches Reden, das sich der Wirklichkeit Gottes auf dem Wege der Analogie anzunähern sucht. Hier jedoch ist der Ausgangspunkt ein anderer, keine bildlich gefaßte numinose Wirklichkeit, sondern die Erfahrungswirklichkeit von Geschichte bildet den Haftpunkt. Unsere Texte beschreiben und deuten die Welt, wie sie sich den Autoren, den Betern zeigt. Für diese Gruppe von Einzeltexten besteht offensichtlich nicht der Wunsch, sich zur Welterklärung der Rede eines strafenden Gottes zu bedienen. Sie stehen in sich und erklären in ihrer charakteristischen Weise den (weiteren) Lauf der Welt. Andere Kontexte können ein davon grundsätzlich unterschiedenes Interpretationsmuster erfordern und ausbilden.

Gott trägt in der Sicht der besprochenen Psalmen nichts zum Untergang der Schlechten bei. Dabei müssen wir uns ins Gedächtnis rufen, daß jedes Reden von und über Gott metaphorischen, bildlichen Charakter hat.[992] Gerade im religiösen Bereich gilt: Die Grenzen meiner Sprache sind nicht die Grenzen meiner Welt. Wenn dennoch versucht wird, solche numinosen Erfahrungen in Worte zu kleiden, so müssen zwangsläufig die Bilder hinter dem Gemeinten zurückbleiben, ein einziges Bild kann die

---

[991] Hier ergeben sich überraschende Berührungspunkte mit den Erkenntnissen der modernen Psychologie, die ebenfalls die Autodestruktivität, das Selbstzerstörerische bösen Handelns konstatiert.
[992] Das Wort »Gott« selbst ist eine unbewußte (habituelle) Metapher, deren ursprüngliche Bedeutung verblasst ist. Genauer vgl. Schwienhorst-Schönberger, Gottesbilder (2000), 364f., dort weitere Literatur zur Metapherntheorie.

Wirklichkeit Gottes nicht umgreifen.[993] In jedem Gottesbild kondensiert sich *eine* bestimmte Form religiöser Erfahrung. Die Art der numinosen Erfahrung (hier: das Bewahrt- und Gerettetwerden in vielen Nöten) prägt die Form der symbolischen Ausgestaltung (ein rettender Gott). Anderseits formen – in unaufgebbarer wechselseitiger Abhängigkeit – die ausgeprägten religiösen Symbole die numinose Erfahrung.[994] Die vielfältigen Bilder sollen nebeneinander stehen und nicht in einen einzigen Strang enggeführt werden. »Die Vielfalt biblischer Gottesbilder ist nicht als Schwäche, sondern als Stärke zu verstehen. Sie verweist darauf, dass die Wirklichkeit Gottes weder bildlich noch begrifflich eindeutig und abschließend gebannt werden kann.«[995] Es kann deshalb keinesfalls darum gehen, eine Konzeption gegen die andere – hier: den Gott der salvifikativen Gerechtigkeit gegen den strafenden Gott – auszuspielen. Der *eine* Gott wird in der Schrift in vielen Bildern bezeugt. Ein einziges Bild kann Gott nicht adäquat erfassen. »Deshalb existieren in jeder Religion von Gott unterschiedliche, oft in Spannung zueinander stehende und miteinander rivalisierende Bilder.«[996] Diese Spannungen allerdings – und das ist für das Verständnis einzelner Sinnlinien entscheidend – entstehen immer erst als sekundäres Phänomen, wenn nämlich verschiedene Texte miteinander in Beziehung gesetzt, verglichen oder systematisiert werden. Erst das Zusammenspiel der vielen Texte im Sinnzusammenhang des Kanons deckt diese Vielfältigkeit, zum Teil sogar Widersprüchlichkeit auf. Jeder einzelne Text für sich allein genommen erschließt in einer bestimmten sprachlichen Ausformung die Welt- und Gotteserfahrung seines Autors und will und soll nicht systematisiert werden. Die Schriften Israels treiben narrative Theologie, entfalten in erzählender Form ihre Gotteserfahrungen und -bilder. Von daher sind Unterscheidungen systematischer Art nur mit großer Vorsicht an die Texte heranzutragen.

Da im monotheistischen Kontext alle Wirklichkeitserfahrungen auf den einen Gott zurückgeführt werden, muß das monotheistische Gottesbild auf der sekundären Ebene der Zusammenschau der verschiedensten Stimmen eine ungeheure Spannung aushalten. Der Kanon der Schriften selbst schreibt diese Vielfältigkeit und Dialogizität der einzelnen Stränge fest.

Und in diesem »kontrastiven Sinnzusammenhang« (Zenger) der biblischen Gott-Rede, der Theo-logie, die die heiligen Schriften treiben, hat auch die Rede von einer salvifikativen Gerechtigkeit ihren Ort.

---

[993] Schwankl spricht in diesem Zusammenhang davon, daß »die Metapher und allgemein die Metaphorik ein hilfreiches ›Schmerzmittel‹ ist, eine Art sprachliches Therapeutikum, das die Selbstheilungskräfte der Sprache stimuliert, ... indem es die Enge des Sprachraums, die den Schmerz verursacht, sprengt und den Raum erweitert« (Schwankl, Licht und Finsternis (1995), 11).
[994] Vgl. Schwienhorst-Schönberger, Gottesbilder (2000), 363.
[995] Ebd., 368.
[996] Ebd., 358.

III Schlußüberlegungen

Sie greift die bis in heutige (Volks-)Frömmigkeit hinein wichtige und die Weltwahrnehmung beherrschende Überzeugung von einem allgemeinen Unheilszusammenhang, dem sich kein Mensch entziehen kann, auf und stellt damit in gewisser Weise einen Vorläufer der späteren christlichen Lehre von der Erbsünde dar. Neben die Weltwahrnehmung tritt, wichtiger noch, da diese in grundlegendster Weise durch die Deutung relativierend, die Wahrnehmung des Handelns Gottes: Es wird als Rettung und Bewahrung erfahren und bezeugt. Außerhalb einer gläubigen Beziehung aber kann von diesem Handeln Gottes nichts ausgesagt werden.

In immer neuen Bildern und einer angesichts der Weltbeschreibungen teilweise geradezu kontrafaktischen Rede entfalten die Texte ihre ureigene Wahrheit: *Die Lampe der Frevler erlischt.*

Literaturverzeichnis

Biblia Hebraica Stuttgartensia (ed. K. Elliger et W. Rudolph), Stuttgart: Biblia-Druck, ⁴1990.
Die Bibel: Die Heilige Schrift des Alten und Neuen Bundes (Deutsche Ausgabe mit den Erläuterungen der Jerusalemer Bibel), Hgg. Diego Arenhoevel, Alfons Deissler und Anton Vögtle, Freiburg i. Br.: Herder, ¹⁵1968.
Die Heilige Schrift: Einheitsübersetzung, Stuttgart: Kath. Bibelwerk, 1991.
Neue Jerusalemer Bibel: Einheitsübersetzung mit dem Kommentar der Jerusalemer Bibel, Hgg. Alfons Deissler und Anton Vögtle, Freiburg i. Br.: Herder, 1985.
Die Schriftwerke, verdeutscht von Martin Buber, Darmstadt: WBG, 1992 (= ⁶1962).
Preliminary and Interim Report on the Hebrew Old Testament Text Project (Compte rendu préliminaire et provisoire sur le travail d'analyse textuelle de l'Ancien Testament hébreu) Vol. 3 Poetical Books (Livres Poétiques), United Bible Societies (Alliance Biblique Universelle), Stuttgart 1977.
Hebräisches und Aramäisches Lexikon zum Alten Testament (6 Bände) von Ludwig Köhler und Walter Baumgartner, 3. neu bearb. Auflage von Walter Baumgartner, Leiden: E. J. Brill, ³1967; ³1974; ³1983; ³1990; ³1995; ³1996 (= HAL).

Albertz, Rainer, *Persönliche Frömmigkeit und offizielle Religion: Religionsinterner Pluralismus in Israel und Babylon*, Stuttgart: Calwer-Verl., 1978 (= CTM 9).
Albertz, Rainer, »Der sozialgeschichtliche Hintergrund des Hiobbuches und der ›Babylonischen Theodizee‹«, in: **Jeremias, Jörg / Perlitt, Lothar (Hgg.),** *Die Botschaft und die Boten: FS H. W. Wolff*, Neukirchen-Vluyn: Neukirchener, 1981, 349-372.
Albertz, Rainer, *Religionsgeschichte Israels in alttestamentlicher Zeit*, Göttingen: Vandenhoeck & Ruprecht, 1992 (= Grundrisse zum Alten Testament Bd. 8).
Aletti, Jean-Noël / Trublet, Jaques, *Approche poétique et théologique des psaumes: analyses et méthodes*, Paris: du Cerf, 1983.
Allen, Leslie C., *Psalms 101-150*, Waco (Texas): Word Books, Publisher, 1983 (= Word Biblical Commentary Vol. 21).
Alonso-Schökel, Luis, *Sprache Gottes und der Menschen: Literarische und sprachpsychologische Beobachtungen zur Heiligen Schrift*, Düsseldorf: Patmos, 1968.
Alonso Schökel, Luis, *A Manual of Hebrew Poetics*, Roma: Editrice Pontificio Istituto Biblico, 1988 (= Subsidia biblica 11).
Alonso Schökel, Luis / Carniti, Cecilia, *I Salmi* (edizione italiana a cura die Antonio Nepi) Commenti Biblici (collana diretta da Gianfranco Ravasi e Rinaldo Fabris) Roma: Borla, 1992.
Amitai, Janet (Hg.), *Biblical Archaeology Today: Procedings of the International Congress on Biblical Archaeology, Jerusalem, April 1984*, Jerusalem: Israel Exploration Society, 1985.
Ammassari, Antonio, »La Ricerca di Dio nella Bibbia«, *BibO* 62/4 (1981), 11-17.

Ammon, Ulrich / Dittmar, Norbert / Mattheier, Klaus J. (Hgg.), *Socioliguistics/Soziolinguistik: Ein internationales Handbuch zur Wissenschaft von Sprache und Gesellschaft*, Berlin/New York: de Gruyter, 1987, 268-273. (= Handbücher zur Sprach- und Kommunikationswissenschaft, hg. v. Hugo Steger u. Herbert Ernst Wiegand, Band 3.1).

Anderson, George W. (Hg.), *Tradition and Interpretation*, Oxford: Clarendon Press, 1979.

André, G., Art. פקד, in: ThWAT VI (1989), 708-723.

Angenendt, Arnold / Vorgrimler, Herbert (Hgg.), *Sie wandern von Kraft zu Kraft: Aufbrüche, Wege, Begegnungen*; FS Reinhard Lettmann, Kevelaer: Butzon und Bercker, 1993.

Arambarri, Jesús, »Zu einem gelungenen Leben: Psalm 1,2«, in: **Diesel, Anja u.a. (Hgg.)**, »*Jedes Ding hat seine Zeit ...«: Studien zur israelitischen und altorientalischen Weisheit (FS D. Michel)*, Berlin: de Gruyter, 1996, 1-17 (= BZAW 241).

Arens, Anton, »Hat der Psalter seinen ›Sitz im Leben‹ in der Synagogalen Leseordnung des Pentateuch?«, in: **Langhe, Robert de (Hg.)**, *Le Psautier*, Louvain 1962, 107-131.

Arens, Anton, *Die Psalmen im Gottesdienst des Alten Bundes: Eine Untersuchung zur Vorgeschichte des christlichen Psalmengesanges*, Trier: Paulinus, ²1968 (= TThST 11).

Assmann, Aleida (Hg.), *Weisheit*, München: Fink, 1991.

Assmann, Jan, *Politische Theologie zwischen Ägypten und Israel: Mit einem einführenden Essay von Heinrich Meier: Was ist Politische Theologie*, München: Carl Friedrich von Siemens Stiftung, ²1995 (Reihe »Themen«, Bd. 52).

Assmann, Jan, *Ma'at: Gerechtigkeit und Unsterblichkeit im Alten Ägypten*, München: Beck, 1990.

Assmann, Jan, »Guilt and Remembrance: On the Theologization of History in the Ancient Near East«, in: *History and Memory* 2.1 (1990), 5-33.

Assmann, Jan, »Der ›leidende Gerechte‹ im alten Ägypten: Zum Konfliktpotential der altägyptischen Religion«, in: **Elsas, Christoph / Kippenberg, Hans G. (Hgg.)**, *Loyalitätskonflikte in der Religionsgeschichte (FS C. Colpe)*, Würzburg: Königshausen und Neumann, 1990, 203-224.

Assmann, Jan (Hg.), *Gerechtigkeit: Richten und Retten in der abendländischen Tradition und ihren altorientalischen Ursprüngen*, München: Fink, 1998.

Assmann, Jan / Janowski, Bernd / Welker, Michael, »Richten und Retten: Zur Aktualität der altorientalischen und biblischen Gerechtigkeitskonzeption«, in: **Janowski, Bernd (Hg.)**, *Beiträge zur Theologie des Alten Testaments: 2. Die rettende Gerechtigkeit*, Neukirchen-Vluyn: Neukirchener, 1999, 220-246.

Assmann, Jan, *Fünf Stufen auf dem Weg zum Kanon: Tradition und Schriftkultur im frühen Judentum und seiner Umwelt*; Vortrag anläßlich der Promotion zum Dr. theol. ehrenhalber vor der Ev.-Theol. Fakultät der Westfälischen Wilhelms-Univ. Münster; mit einer Laudatio von H.-P. Müller, Münster: Lit Verl., 1999.

Auffret, Pierre, »Note sur la structure littéraire du Psaume LVII«, *Sem XXVII* (1977), 59-73.

Auffret, Pierre, »Essai sur la structure du Psaume I«, *BZNF* 22 (1978), 26-45.

Auffret, Pierre, »Essai sur la structure littéraire des Psaumes CXI et CXII«, *VT* 30 (1980), 257-279.

Auffret, Pierre, *La Sagesse a bati sa maison*, Göttingen/Freiburg (Schw.): Universitätsverl., 1982 (= OBO 49).

Auffret, Pierre, »›Qui donnera depuis Sion le Salut d'Israel?‹: Etude structurelle des Psaumes 14 et 53«, BZ 35 (1991), 217-230.
Auld, A. Graeme (Hg.), *Understanding poets and prophets: essays in honour of George Wishart Anderson*, Sheffield: JSOT Press, 1993.
Bach, Robert, »..., der Bogen zerbricht, Spieße zerschlägt und Wagen mit Feuer verbrennt«, in: Wolff, Hans Walter (Hg.), *Probleme biblischer Theologie: Gerhard v. Rad zum 70. Geburtstag*, München: Chr. Kaiser, 1971, 13-26.
Bachl, Gottfried, Art. Gottesbilder I. Systematisch-theologisch, LThK 4 (³1995), 886f.
Bail, Ulrike / Jost, Renate (Hgg.), *Gott an den Rändern: sozialgeschichtliche Perspektiven auf die Bibel*, Gütersloh: Kaiser/Gütersloher Verlagshaus, 1996.
Baldermann, Ingo / Lohfink, Norbert, *Der Eine Gott der beiden Testamente*, Neukirchen-Vluyn: Neukirchener, 1987 (= JBTh 2).
Baldermann, Ingo, »Der leidenschaftliche Gott und die Leidenschaftslosigkeit der Exegese«, in: Ders. / Lohfink, Norbert, *Der Eine Gott der beiden Testamente*, 137-150.
Baldermann, Ingo u.a. (Hgg.), *Zum Problem des biblischen Kanons*, Neukirchen-Vluyn: Neukirchener, 1988 (= JBTh 3).
Ballhorn, Egbert, »›Um deines Knechtes David willen‹ (Ps 132,10): Die Gestalt Davids im Psalter«, BN 76 (1995), 16-31.
Barbiero, Gianni, *Das erste Psalmenbuch als Einheit: Eine synchrone Analyse von Psalm 1-41*, Frankfurt/M.: Lang, 1999 (= Österreichische Biblische Studien, Bd. 16).
Bartelmus, Rüdiger, Art. צחק/שׂחק, in: *ThWAT VII* (1993), 730-745.
Bartelmus, Rüdiger, »Tempus als Strukturprinzip. Anmerkungen zur stilistischen und theologischen Relevanz des Tempusgebrauchs im ›Lied der Hanna‹ (1 Sam 2,1-10)«, BZ 31 (1987), 15-35.
Barth, Christoph, Art. לעג, in: *ThWAT IV* (1984), 582-586.
Barth, Christoph, *Die Errettung vom Tode: Leben und Tod in den Klage- und Dankliedern des Alten Testaments* (neu hg. v. Bernd Janowski), Stuttgart: Kohlhammer, [¹1947] 1997.
Barton, John, *Oracles of God*, London: Darton, Longman & Todd, 1986.
Baumann, Gerlinde, *Die Weisheitsgestalt in Proverbien 1-9: traditionsgeschichtliche und theologische Studien*, Tübingen: Mohr, 1996 (= FAT 16).
Baumann, Urs, *Erbsünde? Ihr traditionelles Verständnis in der Krise heutiger Theologie*, Freiburg i. Br.: Herder, 1970 (= ÖF.S 2).
Baumgart, Norbert C., *Die Umkehr des Schöpfergottes: Zu Komposition und religionsgeschichtlichem Hintergrund von Gen 5-9*, Freiburg i. Br.: Herder, 1999 (= HBS 22).
Baumgartner, Walter, *Hebräisches und Aramäisches Lexikon zum Alten Testament*, Leiden: Brill, 1967.
Becker, Joachim, *Israel deutet seine Psalmen: Urform und Neuinterpretation in den Psalmen*, Stuttgart: Verl. Kath. Bibelwerk, 1966 (= SBS 18).
Becker, Joachim, *Wege der Psalmenexegese*, Stuttgart: Verl. Kath. Bibelwerk, 1975 (= SBS 78).
Becker, Joachim, *Messiaserwartung im Alten Testament*, Stuttgart: Verl. Kath. Bibelwerk, 1977 (= SBS 83).
Becker, Oswald, »Ps 118,12«, ZAW 70 (1958), 174.
Begrich, Joachim: siehe Gunkel.

Beinert, Wolfgang (Hg.), *Lexikon der katholischen Dogmatik*, Freiburg i. Br.: Herder, ³1991.

Beinert, Wolfgang (Hg.), *Gott – Vor dem Bösen ratlos?*, Freiburg i. Br.: Herder, 1999 (= QD 177).

Bennett, Robert A., »Wisdom Motifs in Psalm 14 = 53 – nābāl und ʿēṣāh«, *BASOR 220* (1975), 15-21.

Berder, Michel, »*La Pierre rejetée par le Bâtisseurs*«: *Psaume 118,22-23 et son Emploi dans les Traditions Juives et dans le Nouveau Testament*, Paris: Lecoffre, 1996 (= EtB 31).

Berger, Peter L. / **Luckmann, Thomas**, *Die gesellschaftliche Konstruktion der Wirklichkeit: eine Theorie der Wissenssoziologie*, Frankfurt/Main: Fischer, 1969.

Berges, Ulrich, *De Armen van het boek Jesaja: Een bijdrage tot de literatuurgeschiedenis van het Oude Testament*, Antrittsvorlesung, gehalten am 5. März 1999 an der Katholieke Universiteit Nijmegen.

Bernini, G., »Identificazione, condizione e sorte degli ʿanawim nel salmo 37«, in: *Associazione Biblica Italiana, Evangelizare pauperibus* (Atti della XXIV settimana biblica Roma 1976), Brescia 1978, 277-292.

Berry, Donald K., *Introduction to wisdom and poetry of the Old Testament*, Nashville, Tennessee: Broadman & Holman Publishers, 1995.

Bertholet, Alfred, *Die israelitischen Vorstellungen vom Zustand nach dem Tode*, Tübingen: Mohr, ²1914.

Bertholet, Alfred, *Die Psalmen*, Tübingen: Mohr, ⁴1923 (= HSAT (K)).

Beyerlin, Walter, *Die Rettung der Bedrängten in den Feindpsalmen der Einzelnen auf institutionelle Zusammenhänge untersucht*, Göttingen: Vandenhoeck & Ruprecht, 1970 (= FRLANT 99).

Beyerlin, Walter, *Werden und Wesen des 107. Psalms*, Berlin u.a.: de Gruyter, 1979 (= BZAW 153).

Beyerlin, Walter, *Der 52. Psalm: Studien zu seiner Einordnung*, Stuttgart u.a.: Kohlhammer, 1980 (= BWANT 111).

Bickerman, Elias, *Studies in Jewish and Christian History*, Leiden: Brill, 1976 (= Arbeiten zur Geschichte des antiken Judentums und des Urchristentums, Bd. IX, 1-3).

Bickerman, Elias, »The Septuagint as a Translation«, in: **Ders.**, *Studies in Jewish and Christian History vol. I*, 167-200.

Bickerman, Elias J., *The Jews in the Greek Age*, Cambridge, Massachusetts/London, England: Harvard University Press, 1988.

Birkeland, Harris, ʿānî and ʿānāw in den Psalmen, Oslo: Dybwad, 1933 (= Norske Videnkaps-Akademi / Historisk-Filosofisk Klasse: Skrifter; 1932, Nr. 4).

Birkeland, Harris, *Die Feinde des Individuums in der israelitischen Psalmenliteratur: Ein Beitrag zur Kenntnis der semitischen Literatur- und Religionsgeschichte*, Oslo: Grøndahl & Søns Forlag, 1933.

Birkeland, Harris, *The Evildoers in the Book of Psalms*, Oslo: Dybwad, 1955.

Bitter, Gottfried / **Mette, Norbert** (Hgg.), *Leben mit Psalmen: Entdeckungen und Vermittlungen*, München: Kösel, 1983.

Boccaccini, Gabriele, *Middle Judaism: Jewish Thought, 300 B.C.E. to 200 C.E.*, Minneapolis, Minn.: Fortress Press, 1991.

Bomberg, Bernhard, »Die Vergeltungslehre in den Psalmen«, *Neue Kirchliche Zeitschrift* 41 (1930), 539-566.

Bornkamm, Günther, »Lobpreis, Bekenntnis und Opfer«, in: *Apophoreta (FS E. Haenchen)*, Berlin: Alfred Töpelmann, 1964.

Boström, Gustav, *Proverbiastudien: Die Weisheit und das fremde Weib in Spr. 1-9*, Lund: Gleerup, 1935.

Boström, Lennart, *The God of the Sages: The Portrayal of God in the Book of Proverbs*, Stockholm: Almqvist & Wiksell International, 1990 (= CB.OT 29).

Botterweck, G. Johannes / Ringgren, Helmer (Hgg.), *Theologisches Wörterbuch zum Alten Testament*, Stuttgart u.a.: Kohlhammer, 1973ff. (= ThWAT).

Botterweck, G. Johannes, Art. ʾebjōn, in: *ThWAT I* (1973), 28-43.

Bousset, Wilhelm, *Die Religion des Judentums im späthellenistischen Zeitalter*, ed. H. Greßmann, Tübingen: Mohr, ³1926 (= HNT 21).

Bovati, Pietro, *Ristabilire la giustizia: Procedure, vocabolario, orientamenti*, Rom: Biblical Institute Press, 1986 (= AnBib 110).

Bratcher, Robert G. / Reyburn, William D., *A Handbook on Psalms*, New York: United Bible Societies, 1991 (= UBS Handbook Series).

Braulik, Georg, *Psalm 40 und der Gottesknecht*, Würzburg: Echter, 1975 (= FzB 18).

Braulik, Georg, *Psalmen beten in Freude und Leid*, Wien u.a.: Herder, 1982.

Braulik, Georg u.a. (Hgg.), *Biblische Theologie und gesellschaftlicher Wandel: für Norbert Lohfink SJ*, Freiburg i. Br.: Herder, 1993.

Braulik, Georg, »Christologisches Verständnis der Psalmen – schon im Alten Testament?«, in: **Richter, Klemens / Kranemann, Benedikt (Hgg.)**, Christologie der Liturgie: Der Gottesdienst der Kirche – Christusbekenntnis und Sinaibund, Herder: Freiburg i. Br. u.a., 1995, 57-86 (= QD 159).

Brennan, Joseph P., »Some Hidden Harmonies in the Fifth Book of Psalms«, in: **MacNamara, Robert F. (Hg.)**, *Essays in Honor of Joseph P. Brennan*, Rochester, NY: St. Bernhard's Seminary, 1976.

Brennan, Joseph P., »Psalms 1-8: Some Hidden Harmonies«, *BThB* 10 (1980), 25-29.

Brenner, Athalya / Fontaine, Carole R. (Hgg.), *Wisdom and Psalms: A Feminist Companion to the Bible (Second Series)*, Sheffield: Sheffield Academic Press, 1998.

Brooke, George J., »Qumran Pesher: Towards the Redefinition of a Genre«, *RQ* 10 (1981), 483-503.

Broyles, Craig C., *Psalms*, Peabody Mass: Hendrickson, 1999 (= New International biblical commentary. Old Testament series 11).

Brueggemann, Walter, *The message of the Psalms: a theolog. commentary*, Minneapolis, Minn.: Augsburg Publ. House, 1984.

Brueggemann, Walter, *Israel's Praise*, Philadelphia: Fortress Press, 1988.

Brueggemann, Walter, »Bounded by Obedience and Praise: The Psalms as Canon«, *JSOT* 50 (1991), 63-93.

Brueggemann, Walter, »Psalm 37: Conflict of Interpretation«, in: **McKay, Heather / Clines, David (Hgg.)**, *Of Prophets' Visions and the Wisdom of Sages: Essays in Honour of R. Norman Whybray on his Seventieth Birthday*, Sheffield: JSOT, 1993.

Brueggemann, Walter, »Response to James L. Mays, ›The Question of Context‹«, in: **McCann, J. Clinton (Hg.),** *The Shape and Shaping of the Psalter,* Sheffield: Sheffield Academic Press, 1993, 29-41.

Brugger, Walter, *Summe einer philosophischen Gotteslehre,* München: Johannes Berchmans, 1979.

Brunert, Gunild, *Psalm 102 im Kontext des Vierten Psalmenbuches,* Stuttgart: Verl. Kath. Bibelwerk, 1996 (= SBB 102).

Brunner, Hellmut, »Zentralbegriffe ägyptischer und israelitischer Weisheitslehre«, in: **Ders.,** *Das hörende Herz,* 402-416 (= Saeculum 35 (1984), 185-199).

Brunner, Hellmut, *Altägyptische Weisheit: Lehren für das Leben (eingeleitet, übersetzt und erläutert von Hellmut Brunner),* München/Zürich: Artemis-Verlag, 1988 (= Die Bibliothek der Alten Welt, Hg. Erik Hornung, Reihe der Alte Orient).

Brunner, Hellmut, *Das hörende Herz: Kleine Schriften zur Religions- und Geistesgeschichte Ägyptens,* Hg. Wolfgang Röllig, Göttingen: Vandenhoeck & Ruprecht, 1988 (= OBO 80).

Bühlmann, Walter / Scherer, Karl, *Stilfiguren der Bibel: ein kleines Nachschlagewerk,* Verl. Schweizer Kath. Bibelwerk, 1973.

Bühlmann, Walter / Scherer, Karl, *Sprachliche Stilfiguren der Bibel: von Assonanz bis Zahlenspruch; ein Nachschlagewerk,* Gießen: Brunnen-Verl., ²1994.

Calès, Jean, *Le livre des psaumes, traduit et commenté I: Introduction. Psaumes I-LXXII. II. Psaumes XXXIII-CL,* Paris: Beauchesne, 1936.

Camp, Claudia V., *Wisdom and the Feminine in the Book of Proverbs,* Sheffield: Almond Press, 1985.

Camp, Claudia V., »Woman Wisdom as Root Metaphor: A Theological Consideration«, in: **Hoglund, Kenneth G. (Hg.),** *The Listening Heart, FS Roland E. Murphy,* Sheffield: JSOT Press, 1987, 45-76 (= JSOT.S 58).

Carmignac, Jean, »Les dangers de l'eschatologie«, NTS 17 (1970-1971), 365-390.

Carniti, Cecilia: siehe Alonso Schökel.

Casetti, Pierre, *Gibt es ein Leben vor dem Tod?: Eine Auslegung von Psalm 49,* Freiburg (Schweiz): Universitätsverl.; Göttingen: Vandenhoeck & Ruprecht, 1982 (= OBO 44).

Causse, Antonin, *Les »pauvres« d'Israël,* Strasbourg: Istra, 1922.

Ceresko, Anthony, »A Note on Psalm 63: A Psalm of Vigil«, ZAW 92(1980), 435f.

Ceresko, Anthony R., »The Sage in the Psalms«, in: **Gammie, John G., / Perdue, Leo G. (Hgg.),** *The Sage in Israel and the Ancient Near East,* Winona Lake IN: Eisenbrauns, 1990, 217-230.

Childs, Brevard S., *Introduction to the Old Testament as Scirpture,* Philadelphia: Fortress Press, 1979.

Childs, Brevard S., »Biblische Theologie und christlicher Kanon«, JBTh 3 (1988), 13-27.

Clifford, Richard J., »Woman Wisdom in the Book of Proverbs«, in: **Braulik, Georg u.a. (Hgg.),** *Biblische Theologie und gesellschaftlicher Wandel, FS N. Lohfink,* Freiburg i. Br.: Herder 1993, 61-72.

Clines, David: siehe McKay.

Clines, David J. A., *The Dictionary of Classical Hebrew: Volume 1-4,* Sheffield: Sheffield Academic Press, 1993.1995.1996.1998.

Collins, John J., »Wisdom, Apocalypticism and the Dead Sea Scrolls«, in: **Diesel, Anja u.a. (Hgg.)**, »*Jedes Ding hat seine Zeit ...*«: *Studien zur israelitischen und altorientalischen Weisheit (FS D. Michel)*, Berlin: de Gruyter, 1996, 19-32 (= BZAW 241).

Cortese, Enzo, »Sulle redazioni finali del Salterio«, RB. 106/1 (1999), 66-100.

Couard, L., »Die Behandlung und Lösung der Theodicee in den Psalmen 37, 49 und 73«, ThStKr 74 (1901), 110-124.

Craigie, Peter C., *Psalms 1-50*, Waco (Texas): Word Books, Publisher, 1983 (= Word Biblical Commentary Vol. 19).

Creach, Jerome F. D., *Yahwe as Refuge and the Editing of the Psalter*, Sheffield: Sheffield Academic Press, 1996 (= JSOT.S 217).

Creach, Jerome F. D., »Like a Tree Planted by the Temple Stream: The Portrait of the Righteous in Psalm 1:3«, CBQ 61 (1999), 34-46.

Crenshaw, James L., »Method in Determining Wisdom Influence Upon Historical Literature«, JBL 88 (1969), 129-142.

Crenshaw, James L., »Popular Questioning of the Justice of God in Ancient Israel«, ZAW 82 (1970), 380-395.

Crenshaw, James L., »Wisdom«, in: **Hayes, John H. (Hg.)**, *Old Testament Form Criticism*, San Antonio: Trinity Univ. Press, 1974, 225-264.

Crenshaw, James L., »The Human Dilemma and Literature of Dissent«, in: **Knight, Douglas A. (Hg.)**, *Tradition and Theology in the Old Testament*, Philadelphia: Fortress, 1977, 235-258.

Crenshaw, James L. (Hg.), *Studies in Ancient Israelite Wisdom*, New York: Ktav Publ. House, 1976.

Crenshaw, James L., *Old Testament Wisdom: An Introduction*, Atlanta: John Knox, 1981 (rev. and enlarged ed. 1998).

Crenshaw, James L., »Education in Ancient Israel«, JBL 104 (1985), 601-615.

Crenshaw, James L., *Urgent Advice and Probing Questions: Collected Writings on Old Testament Wisdom*, Macon/Ga.: Mercer Univ. Press, 1995.

Crüsemann, Frank, *Studien zur Formgeschichte von Hymnus und Danklied in Israel*, Neukirchen-Vluyn: Neukirchener, 1969 (= WMANT 32).

Crüsemann, Frank, *Die Tora: Theologie und Sozialgeschichte des alttestamentlichen Gesetzes*, München: Kaiser, 1992.

Crüsemann, Frank, »Gottes Ort: Israel- und Armentheologie in Ps 14«, in: **Bail, Ulrike / Jost, Renate (Hgg.)**, *Gott an den Rändern: sozialgeschichtliche Perspektiven auf die Bibel*, Gütersloh: Kaiser/Gütersloher Verlagshaus, 1996, 32-41.

Culley, R. C., »Oral Formulaic Language in the Biblical Psalms«, NMES 4, Toronto, 1967.

Dahood, Mitchell, *Psalms I (1-50); Psalms II (51-100); Psalms III (101-150)*, Garden City, New York: Doubleday & Company, Inc., 1966.1968.1970 (= AncB).

Daniels, Dwight R. / Gleßmer, Uwe / Rösel, Martin (Hgg.), *Ernten, was man sät: FS für Klaus Koch zu seinem 65. Geburtstag*, Neukirchen-Vluyn: Neukirchener, 1991.

Day, Peggy L. (Hg.), *Gender and Difference in Ancient Israel*, Minneapolis: Fortress, 1989.

DeClaissé-Walford, Nancy L., *Reading from the Beginning: the shaping of the Hebrew Psalter*, Macon: Mercer Univ. Press, 1997.

Deissler, Alfons, *Die Psalmen: I. Teil (Ps 1-41); II. Teil (Ps 42-89); III. Teil (Ps 90-150) erläutert von Alfons Deissler*, Düsseldorf: Patmos, 1963.1964.1965 (= WB.KK 1/1.2.3).

Delekat, Lienhard, »Probleme der Psalmenüberschriften«, ZAW 76 (1964), 280-297.

Delekat, Lienhard, *Asylie und Schutzorakel am Zionheiligtum: Eine Untersuchung zu den privaten Feindpsalmen*, Leiden: Brill, 1967.

Delitzsch, Franz, *Biblischer Commentar über Die Psalmen* (Hg. Friedrich Delitzsch), Leipzig: Dörffling & Franke, ⁵1894.

Delkurt, Holger, »Grundprobleme alttestamentlicher Weisheit«, VuF 36 (1991), 38-71.

Dell, Katharine J., *The Book of Job as Sceptical Literature*, Berlin/New York: de Gruyter, 1991 (= BZAW 197).

Demsky, Aaron, »On the extent of Literacy in Ancient Israel«, in: Amitai, Janet (Hg.), *Biblical Archaeology Today: Procedings of the International Congress on Biblical Archaeology, Jerusalem, April 1984*, Jerusalem: Israel Exploration Society, 1985, 349-353.

Diesel, Anja u.a. (Hgg.), *»Jedes Ding hat seine Zeit ...«: Studien zur israelitischen und altorientalischen Weisheit (FS D. Michel)*, Berlin: de Gruyter, 1996 (= BZAW 241).

Dietrich, Walter / Link, Christian, *Die dunklen Seiten Gottes (Band 1: Willkür und Gewalt)*, Neukirchen-Vluyn: Neukirchener, [1995] ³2000.

Dohmen, Christoph / Söding, Thomas (Hgg.), *Eine Bibel – zwei Testamente: Positionen biblischer Theologie*, Paderborn: Schöningh, 1995 (= UTB 1893).

Donner, Herbert, »Ugaritismen in der Psalmenforschung«, ZAW 79 (1967), 322-350.

Donner, Herbert (Hg.), *Beiträge zur Alttestamentlichen Theologie; FS W. Zimmerli*, Göttingen: Vandenhoeck & Ruprecht, 1977.

Dorn, Luis, *The beatific vision in certain psalms: An investigation of Mitchell Dahood's hypothesis*, Diss. Chicago, 1980.

Duhm, Bernhard, *Die Psalmen*, Freiburg i. Br. u.a.: Mohr (Siebeck), 1899 (= KHC XIV).

Eddy, Samuel K., *The King is Dead: Studies in the Near Eastern Resistance to Hellenism 334-31 B.C.*, Lincoln: Univ. of Nebraska Press, 1961.

Ebach, Jürgen, *Das Erbe der Gewalt: Eine biblische Realität und ihre Wirkungsgeschichte*, Gütersloh: G. Mohn, 1980 (= Siebenstern 378).

Ebach, Jürgen, »Der Gott des Alten Testaments – ein Gott der Rache?«, in: Ders., *Biblische Erinnerungen. Theologische Reden zur Zeit*, Bochum: SWI-Verlag, 1993.

Ebach, Jürgen, »Beobachtungen an Ps 1: Freude an der Tora«, BiKi 55 (1/2000), 2-5.

Ego, Beate, »›In meinem Herzen berge ich dein Wort‹. Zur Rezeption von Jer 31,33 in der Torafrömmigkeit der Psalmen«, in: JBTh 12 (1997), 277-289.

Eichhorn, Dieter, *Gott als Fels, Burg und Zuflucht: Eine Untersuchung zum Gebet des Mittlers in den Psalmen*, Frankfurt: Lang, 1972 (= EHS.T [XXII] 4).

Elsas, Christoph / Kippenberg, Hans G. (Hgg.), *Loyalitätskonflikte in der Religionsgeschichte (FS C. Colpe)*, Würzburg: Königshausen & Neumann, 1990.

Emerton, John A., »Wisdom«, in: Anderson, George W. (Hg.), *Tradition and Interpretation*, Oxford: Clarendon Press, 1979, 214-237.

Erbele-Küster, Dorothea, *Lesen als Akt des Betens: Eine Rezeptionsästhetik der Psalmen*, Neukirchen-Vluyn: Neukirchener, 2001 (= WMANT 87).

Ewald, Heinrich, *Die Psalmen und die Klagelieder: Die Dichter des Alten Bundes I, 2*, Göttingen ³1866.

Fabris, Rinaldo, »Segen, Fluch und Exorzismus in der biblischen Tradition«, *Concilium 21* (1985), 88-95.

Fabry, Heinz-Josef / Sawyer, John F., Art. ישע, *ThWAT III* (1982), 1035-1059.

Fabry, Heinz-Josef, Der Psalter in Qumran, in: **Zenger, Erich (Hg.),** *Der Psalter in Judentum und Christentum,* Freiburg i. Br.: Herder, 1998, 137-163 (= HBS 18).

Fahlgren, Karl Hj., צדקה, *nahestehende und entgegengesetzte Begriffe im Alten Testament,* Uppsala: Univ. Diss, 1932.

Feiner, Johannes (Hg.), *Mysterium Salutis: Gottes Gnadenhandeln (Bd. IV,2),* Einsiedeln u.a.: Benzinger, 1973.

Fischer, Balthasar, *Die Psalmen als Stimme der Kirche: Gesammelte Studien zur christlichen Psalmenfrömmigkeit,* Trier: Paulinus, 1982.

Fohrer, Georg, »Form und Funktion in der Hiobdichtung«, *ZDMG 109* (1959), 31-49.

Fohrer, Georg, *Studien zur alttestamentlichen Theologie und Geschichte,* Berlin: de Gruyter, 1969 (= BZAW 115).

Fohrer, Georg, »Die Weisheit im Alten Testament«, in: **Ders.,** *Studien zur alttestamentlichen Theologie und Geschichte,* 242-274.

Fohrer, Georg, *Studien zu alttestamentlichen Texten und Themen (1966-1972),* Berlin / New York: de Gruyter, 1981 (= BZAW 155).

Fohrer, Georg, »Krankheit im Lichte des Alten Testaments«, in: **Ders.,** *Studien zu alttestamentlichen Texten und Themen,* 172-187.

Fohrer, Georg, »Das Geschick des Menschen nach dem Tode im Alten Testament«, in: **Ders.,** *Studien zu alttestamentlichen Texten und Themen,* 188-202.

Fohrer, Georg, »Zweifache Aspekte hebräischer Wörter«, in: **Ders.,** *Studien zu alttestamentlichen Texten und Themen,* 203-209.

Fonk, Peter, »Gegen-Finalitäten – die Ethik des gelingenden Lebens vor der Frage nach dem Leiden«, in: **Höver, Gerhard (Hg.),** *Leiden (27. Internat. Fachkongress für Moraltheologie und Sozialethik, Sept. 1995, Köln/Bonn),* Münster: Lit Verl., 1997, 73-93.

Fonk, Peter, »›Die Väter haben saure Trauben gegessen, und den Söhnen werden die Zähne stumpf‹ (Ez 18,2): Moraltheologische Überlegungen zur Auseinandersetzung mit dem Phänomen Erbsünde«, in: **Wiedenhofer, Siegfried (Hg.),** *Erbsünde – was ist das?,* Regensburg: Pustet, 1999, 66-86.

Fuchs, Gotthard (Hg.), *Angesichts des Leids an Gott glauben?: Zur Theologie der Klage,* Frankfurt am Main: Knecht, 1996.

Fuchs, Ottmar, »Dass Gott zur Rechenschaft gezogen werde – weil er sich weder gerecht noch barmherzig zeigt?: Überlegungen zu einer Eschatologie der Klage«, in: **Scoralick, Ruth (Hg.),** *Das Drama der Barmherzigkeit Gottes: Studien zur biblischen Gottesrede und ihrer Wirkungsgeschichte in Judentum und Christentum,* Stuttgart: Verl. Kath. Bibelwerk, 1999, 11-32 (= SBS 183).

Füglister, Notker, »Die Verwendung und das Verständnis der Psalmen und des Psalters um die Zeitenwende«, in: **Schreiner, Josef (Hg.),** *Beiträge zur Psalmenforschung: Psalm 2 und 22,* Würzburg: Echter, 1988, 319-384 (= FzB 60).

Füglister, Notker, »Die Verwendung des Psalters zur Zeit Jesu: Der Psalter als Lehr- und Lebensbuch«, *BiKi 47* (1992), 201-207.

Füglister, Notker, »›Die Hoffnung der Armen ist nicht für immer verloren‹: Psalm 9/10 und die sozio-religiöse Situation der nachexilischen Gemeinde«, in: **Braulik, Georg u.a. (Hgg.),** *Biblische Theologie und gesellschaftlicher Wandel: für Norbert Lohfink SJ*, Freiburg i. Br.: Herder, 1993, 101-124.

Gammie, John G. / Perdue, Leo G. (Hgg.), *The Sage in Israel and the Ancient Near East*, Winona Lake, IN: Eisenbrauns, 1990.

Gamper, Arnold, *Gott als Richter in Mesopotamien und im Alten Testament*, Innsbruck: Wagner, 1966.

Ganoczy, Alexandre, Art. »Zulassung« in: **Beinert, Wolfgang (Hg.),** *Lexikon der katholischen Dogmatik*, Freiburg i. Br.: Herder, ³1991, 569f.

Gelin, Albert, *Les pauvres de Yahvé*, Paris: du cerf, 1953 (= Temoins de Dieu 14).

Gemser, Berend, »The Rîb- or Controversy-Pattern in Hebrew Mentality«, VTS 3 (1955), 120-137.

Gerstenberger, Erhard S., »Psalms«, in: **Hayes, John H.,** *Old Testament Form Criticism*, San Antonio: Trinity Univ. Press, 1974, 179-223.

Gerstenberger, Erhard S., *Leiden*, Stuttgart: Kohlhammer, 1977.

Gerstenberger, Erhard S., *Psalms (Part I.)*, Grand Rapids, Mich.: Eerdmans, 1987.

Gerstenberger, Erhard S., *Der bittende Mensch: Bittritual und Klagelied des Einzelnen im Alten Testament*, Neukirchen-Vluyn: Neukirchener, 1980 (= WMANT 51).

Gerstenberger, Erhard S., »Psalm 12: Gott hilft den Unterdrückten«, in: **Jendorff, Bernhard u.a. (Hgg.),** *Anwalt des Menschen; FS Friedrich Hahn*, Gießen: Selbstverl. des Fachbereichs, 1983, 83-104.

Gerstenberger, Erhard S., »Der Schrei des Psalmisten: Wo ist Gott?«, Conc 28 (1992), 288-295.

Gese, Hartmut, *Lehre und Wirklichkeit in der alten Weisheit: Studien zu den Sprüchen Salomos und zu dem Buche Hiob*, Tübingen: Mohr, 1958.

Gesenius, Wilhelm, *Hebräische Grammatik (völlig umgearbeitet von E. Kautzsch)*, dritte Nachdruckauflage der 28. Auflage Leipzig 1909, Hildesheim/New York, 1977 (= GeK).

Gesenius, Wilhelm / Buhl, Frants, *Hebräisches und Aramäisches Handwörterbuch über das Alte Testament*, Berlin/Göttingen/Heidelberg: Springer, 1962 (unveränderter Neudruck der 17. Auflage, Leipzig, 1915).

Gesenius, Wilhelm, *Hebräisches und Aramäisches Handwörterbuch über das Alte Testament* (Hgg. Rudolf Mayer / Herbert Donner) 1. Lfg.: א-ג, Berlin/Heidelberg u.a.: Springer-Verlag, ¹⁸1987.

Gesenius, Wilhelm, *Hebräisches und Aramäisches Handwörterbuch über das Alte Testament* (Hg. Herbert Donner) 2. Lfg.: ד-י, Berlin/Heidelberg u.a.: Springer-Verlag, ¹⁸1995.

Geyer, Carl-Friedrich, *Die Theodizee: Diskurs, Dokumentation, Transformation*, Stuttgart: Steiner, 1992.

Gilbert, Maurice (Hg.), *La Sagesse de l'Ancien Testament*, Gembloux/Leuven: Duculot u.a., 1979 [²1990] (=BEThL LI).

Girard, Marc, *Les Psaumes redecouverts: de la structure au sens*, Montreal: Bellarmin, 1994.96.

Girard, René, *La violence et le sacré*, Paris: Grasset, 1972.

Girard, René, *Der Sündenbock*, Zürich: Benzinger, 1988.
Glasson, Thomas Francis, »The Temporary Messianic Kingdom and the Kingdom of God«, *JTS NS 41* (1990), 517-525.
Görg, Manfred, »›Persönliche Frömmigkeit‹ in Israel und Ägypten«, in: *Fontes atque pontes (FS H. Brunner: Ägypten und Altes Testament 5)*, Wiesbaden: Harrassowitz, 1983.
Goldstein, Jonathan A., »Jewish Acceptance and Rejection of Hellenism«, in: **Sanders, E. P. u.a. (Hgg.)**, *Jewish and Christian Self-Definition*, vol. II: *Aspects of Judaism in the Graeco-Roman Period*, 1981, 64-87; 318-326.
Goldstein, Jonathan A., »The Social Setting of Early Jewish Apocalypticism«, *JSPE 4* (1989), 27-47.
Golka, Friedemann W., »Die israelitische Weisheit oder ›Des Kaisers neue Kleider‹«, *VT 33* (1983), 257-270.
Gordis, Robert, »The Social Background of Wisdom Literature«, *HUCA 18* (1944), 160-197.
Gordis, Robert, *Poets, Prophets and Sages: essays in biblical interpretation*, Bloomington: Indiana Univ. Pr., 1971.
Gordis, Robert, *Koheleth – the man and his world*, New York: Schocken Books, ³1988.
Goulder, Michael, *Studies in the Psalter (Vol. I-IV)*, Sheffield: JSOT Pr., 1982.1990.1996.1998.
Gowan, Donald E., *Eschatology in the Old Testament*, Philadelphia: Fortress Press, 1986.
Graetz, Heinrich, *Kritischer Commentar zu den Psalmen nebst Text und Uebersetzung*, Breslau: Schottlaender, 1882.1883.
Grätz, Sebastian, *Der strafende Wettergott: Erwägungen zur Traditionsgeschichte des Adad-Fluches im Alten Orient und im Alten Testament*, Bodenheim: Philo, 1998.
Graupner, A. / Fabry, Heinz-Josef, Art. שׁוב, in: *ThWAT VII* (1993), 1118-1176.
Grether, Oskar, *Name und Wort Gottes im AT*, Gießen: Alfred Töpelmann, 1934 (= BZAW 64).
Greshake, Gisbert / Kremer, Jacob, *Resurrectio Mortuorum: Zum theologischen Verständnis der leiblichen Auferstehung*, Darmstadt: WBG, 1986.
Greshake, Gisbert, *Geschenkte Freiheit: Einführung in die Gnadenlehre*, Freiburg i. Br.: Herder, 1992.
Groß, Heinrich (Hg.), *Lex Tua Veritas; FS H. Junker*, Trier: Paulinus, 1961.
Groß, Heinrich, / Reinelt, Heinz, *Das Buch der Psalmen Teil I (Ps 1-72)*, Düsseldorf: Patmos, 1978 (= *Geistliche Schriftlesung 9/I*).
Groß, Heinrich, / Reinelt, Heinz, *Das Buch der Psalmen II (Ps 73-150)*, Düsseldorf: Patmos, 1980 (= *Geistliche Schriftlesung 9/II*).
Gross, Walter, *Verbform und Funktion. wayyiqtol für die Gegenwart?: Ein Beitrag zur Syntax poetischer althebräischer Texte*, St. Ottilien 1976 (= ATS 1).
Groß, Walter, »Von YHWH belagert. Zu Ps 139,1-12«, in: **Paul, Eugen (Hg.)**, *Glauben ermöglichen (FS G. Stachel)*, Mainz: Matthias-Grünewald, 1987, 149-157.
Gross, Walter (Hg.), *Text, Methode und Grammatik (FS W. Richter)*, St. Ottilien: EOS, 1991.
Gross, Walter / Kuschel, Karl-Josef, *»Ich schaffe Finsternis und Unheil!«: Ist Gott verantwortlich für das Übel?*, Mainz: Matthias-Grünewald, 1992.

Groß, Walter, »Zorn Gottes – ein biblisches Theologumenon«, in: **Beinert, Wolfgang (Hg.)**, *Gott – Vor dem Bösen ratlos?*, Freiburg i. Br.: Herder, 1999, 47-85 (= QD 177).

Gruenthaner, Michael J., »The Future Life in the Psalms«, CBQ 2 (1940), 57-63.

Güterbock, Hans Gustav, *Studies in Honor of B. Landsberger on his Seventy-Fifth Birthday*, Chicago: Univ. of Chicago Press, 1965.

Gunkel, Hermann, *Ausgewählte Psalmen*, Göttingen: Vandenhoeck & Ruprecht, ⁴1917.

Gunkel, Hermann / Begrich, Joachim, *Einleitung in die Psalmen: Die Gattungen der religiösen Lyrik Israels*, Göttingen: Vandenhoeck & Ruprecht, [1933] ⁴1985.

Gunkel, Hermann, *Die Psalmen*, Göttingen: Vandenhoeck & Ruprecht, ⁴1926 (= Handkommentar zum Alten Testament II.2).

Gunkel, Hermann, »Vergeltung im Alten Testament«, RGG V ²1931, Sp. 1529-1533 (auch in: **Koch, Klaus (Hg.)**, *Um das Prinzip der Vergeltung in Religion und Recht des Alten Testaments*, Darmstadt: WBG, 1972, 1-7).

Gunkel, Hermann / Begrich, Joachim, *Einleitung in die Psalmen: Die Gattungen der religiösen Lyrik Israels*, Göttingen: Vandenhoeck & Ruprecht, 1933.

Haag, Ernst, »Psalm 1: Lebensgestaltung nach dem alttestamentlichen Menschenbild«, in: **Mosis, Rudolf / Ruppert, Lothar**, *Der Weg zum Menschen: Zur philosophischen und theologischen Anthropologie; FS Alfons Deissler*, Freiburg i. Br.: Herder, 1989, 153-172.

Haag, Ernst, »Psalm 40: Das Vertrauensbekenntnis eines leidenden Gerechten«, TThZ 104 (1995), 56-75.

Haag, Herbert, *Biblische Schöpfungslehre und kirchliche Erbsündenlehre*, Stuttgart: Verl. Kath. Bibelwerk, 1966 (= SBS 10).

Hahn, Ferdinand u.a. (Hgg.), *Zion – Ort der Begegnung: FS Lauretius Klein*, Bodenheim: Athenäum, 1993 (= BBB 90).

Hanson, Paul D., *The Dawn of Apocalyptic: The Historical and Sociological Roots of Jewish Apocalyptic Eschatology*, Philadelphia: Fortress, ²1979.

Hanson, Paul D., »Israelite Religion in Early Postexilic Period«, in: **Miller, Patrick, D. (Hg.)**, *Ancient Israelite religion (FS F.M. Cross)*, Philadelphia: Fortress, 1987, 485-508.

Haran, Menahem, »On the diffusion of literacy and schools in ancient Israel«, VTS 40 (Congress Vol. Jerusalem 1986), 1988, 189-203.

Hasel, Gerhard F., Art. כרת, in: ThWAT IV (1984), 355-367.

Hasenfratz, Hans-Peter, »Zum sozialen Tod in archaischen Gesellschaften«, Saec. 34 (1983), 126-137.

Hauge, Martin Ravndal, *Between Sheol and Temple: Motif Structure and Function in the I-Psalms*, Sheffield: Sheffield Academic Press, 1995 (= JSOT.S 178).

Hausmann, Jutta, *Studien zum Menschenbild der älteren Weisheit: (Spr 10ff.)*, Tübingen: Mohr, 1995 (= FAT 7).

Hausmann, Jutta, »›Weisheit‹ im Kontext alttestamentlicher Theologie: Stand und Perspektiven gegenwärtiger Forschung«, in: **Janowski, Bernd (Hg.)**, *Weisheit außerhalb der kanonischen Weisheitsschriften*, Gütersloh: Gütersloher Verlagshaus, 1996, 9-19.

Hausmann, Jutta / Zobel, Hans-Jürgen (Hgg.), *Alttestamentlicher Glaube und Biblische Theologie (FS H. D. Preuß)*, Stuttgart/Berlin/Köln: Kohlhammer, 1992.

Hayes, John H. (Hg.), *Old Testament Form Criticism*, San Antonio: Trinity Univ. Press, 1974.

Helewa, Giovanni, »Il desiderio di ›vedere il volto di Dio‹ nella pieta dei Salmi«, *Ephemerides Carmeliticae 27* (1976), 80-143.

Hellholm, David (Hg.), *Apocalypticism in the Mediterranian World and the Near East*, Tübingen: Mohr, 1983 [²1989].

Hengel, Martin, *Judentum und Hellenismus: Studien zu ihrer Begegnung unter besonderer Berücksichtigung Palästinas bis zur Mitte des 2. Jh.s v. Chr.*, 3rd edn., Tübingen: Mohr, 1988, 357-369 (= WUNT 10).

Hengel, Martin, *Eigentum und Reichtum in der frühen Kirche*, Stuttgart: Calwer, 1973.

Hengel, Martin / Schwemer, Anna Maria (Hgg.), *Die Septuaginta zwischen Judentum und Christentum*, Tübingen: Mohr, 1994, 38-61 (= WUNT 72).

Hermisson, Hans-Jürgen, *Sprache und Ritus im altisraelitischen Kult: Zur ›Spiritualisierung‹ der Kultbegriffe im Alten Testament*, Neukirchen-Vluyn: Neukirchener, 1965 (= WMANT 19).

Höver-Johag, I., Art. טוב, in: *ThWAT II* (1977), 315-339.

Hoglund, Kenneth G. (Hg.), *The Listening Heart: essays in wisdom and the Psalms in honor of Roland E. Murphy, O.Carm.*, Sheffield: JSOT Press, 1987 (= JSOT.S 58).

Horgan, Maurya P., *Pesharim: Qumran Interpretations of Biblical Books*, Washington, D.C.: Catholic Bibl. Asoc. of America, 1979 (= CBQ.S 8).

Horst, Friedrich, »Recht und Religion im Bereich des AT«, *EvTh 16* (1956), 49-75.

Horst, Friedrich, Art. »Vergeltung« in: ³*RGG VI* (1962), 1343-1346.

Hossfeld, Frank-Lothar, »Wie sprechen die Heiligen Schriften, insbesondere das Alte Testament, von der Vorsehung Gottes?«, in: **Schneider, Theodor / Ulrich, Lothar (Hgg.)**, *Vorsehung und Handeln Gottes*, Freiburg i. Br. u.a.: Herder, 1988, 72-93.

Hossfeld, Frank-Lothar, Art. Gerechtigkeit II. AT, in: *LThK 4* (³1995), 500f.

Hossfeld, Frank-Lothar / Zenger, Erich, »›Selig, wer auf die Armen achtet‹ (Ps 41,2): Beobachtungen zur Gottesvolk-Theologie des ersten Davidpsalters«, *JBTh 7* (1992), 21-50.

Hossfeld, Frank-Lothar / Zenger, Erich, *Die Psalmen I: Psalm 1-50* (NEB), Würzburg: Echter, 1993.

Hossfeld, Frank-Lothar / Zenger, Erich, »›Wer darf hinaufziehn zum Berg JHWHs?‹: Zur Redaktionsgeschichte und Theologie der Psalmengruppe 15-24«, in: **Braulik, Georg u.a. (Hgg.)**, *Biblische Theologie und gesellschaftlicher Wandel: für Norbert Lohfink SJ*, Freiburg i. Br.: Herder, 1993, 166-182.

Hossfeld, Frank-Lothar / Zenger, Erich, »›Von seinem Thronsitz schaut er nieder auf alle Bewohner der Erde‹ (Ps 33,14): Redaktionsgeschichte und Kompositionskritik der Psalmengruppe 25-34«, in: **Kottsieper, Ingo (Hg.)**, »*Wer ist wie du, Herr, unter den Göttern«: Studien zu Theologie und Religionsgeschichte Israels; FS Kaiser*, Göttingen: Vandenhoeck & Ruprecht, 1994, 375-388.

Hossfeld, Frank-Lothar / Zenger, Erich, »Neue und alte Wege der Psalmenexegese. Antworten auf die Fragen von M. Millard und R. Rendtorff«, *BI 4* (1996), 332-343.

Hossfeld, Frank-Lothar, »Die unterschiedlichen Profile der beiden Davidsammlungen Ps 3-41 und Ps 51-72«, in: **Zenger, Erich (Hg.)**, *Der Psalter in Judentum und Christentum*, Freiburg i. Br.: Herder, 1998, 59-73 (= HBS 18).

Hossfeld, Frank-Lothar / Zenger, Erich, *Psalmen 51-100*, Freiburg i. Br. u.a.: Herder, 2000 (= HThKAT).

Hossfeld, Frank-Lothar / Zenger, Erich, »Psalmenauslegung im Psalter«, in: **Kratz, Reinhard G. u.a. (Hgg.)**, *Schriftauslegung in der Schrift: Festschrift für Odil Hannes Steck zu seinem 65. Geburtstag*, Berlin: de Gruyter, 2000, 237-257 (= BZAW 300).

Howard Jr., David M., *The Structure of Psalms 93-100*, Winona Lake: Eisenbrauns, 1997 (= Biblical and Judaic Studies 5).

Howard Jr., David M., »Editorial Activity in the Psalter: A State-of-the-Field Survey«, *Word & World* 9 (1989), 274-285 (updated repr. in: **McCann, J. Clinton (Hg.)**, *The Shape and Shaping of the Psalter*, Sheffield: Sheffield Academic Press, 1993, 52-71).

Howard Jr., David M., »A Contextual Reading of Psalms 90-94«, in: **McCann, J. Clinton (Hg.)**, *The Shape and Shaping of the Psalter*, Sheffield: Sheffield Academic Press, 1993, 108-123.

Hübner, Hans u.a. (Hgg.), *Die Weisheit Salomos im Horizont biblischer Theologie*, Neukirchen-Vluyn: Neukirchener, 1993 (= BThSt 22).

Hugger, Pirmin, *Jahwe meine Zuflucht: Gestalt und Theologie des 91. Psalms*, Münsterschwarzach: Vier-Türme-Verl., 1971 (= Münsterschwarzacher Studien; 13).

Illman, Karl-Johan, Art. שלם, in: *ThWAT VIII* (1995), 93-101.

Irsigler, Hubert, *Psalm 73 – Monolog eines Weisen: Text, Programm, Struktur*, Sankt Ottilien: EOS Verl., 1984 (= Arbeiten zu Text und Sprache im Alten Testament; 20).

Irsigler, Hubert, *Vom Adamssohn zum Immanuel: Gastvorträge Pretoria 1996*, St. Ottilien: EOS-Verl., 1997 (= Arbeiten zu Text und Sprache im Alten Testament; Bd. 58).

Irsigler, Hubert, »Die Suche nach Gerechtigkeit in den Psalmen 37, 49 und 73«, in: **Ders.**, *Vom Adamssohn zum Immanuel*, 71-100.

Irsigler, Hubert, »Quest for Justice as Reconciliation of the Poor and the Righteous in Psalms 37, 49 and 73«, *Zeitschrift für Altorientalische und Biblische Rechtsgeschichte* (5/1999), 258-276.

Imhof, Paul, *Gottes Nähe: religiöse Erfahrung in Mystik und Offenbarung* (= FS J. Sudbrack), Würzburg: Echter, 1990.

Jacquet, Louis, *Les Psaumes et le cœur de l'Homme: Etude textuelle, littéraire et doctrinale (I-III)*, Gembloux (Belg.): Duculot, 1975.1977.1979.

Jamieson-Drake, David W., *Scribes and Schools in Monarchic Judah: A Socio-Archeological Approach*, Sheffield: Almond Press, 1991 (= JSOT.S 109).

Janowski, Bernd, »Das Königtum Gottes in den Psalmen: Bemerkungen zu einem neuen Gesamtentwurf«, *ZThK* 86 (1989), 389-454.

Janowski, Bernd, *Rettungsgewißheit und Epiphanie des Heils: Das Motiv der Hilfe Gottes »am Morgen« im Alten Orient und im Alten Testament*, Neukirchen-Vluyn: Neukirchener, 1989 (= WMANT 59).

Janowski, Bernd / Neumann-Gorsolke, Ute / Gleßmer, Uwe (Hgg.), *Gefährten und Feinde des Menschen: Das Tier in der Lebenswelt des alten Israel*, Neukirchen-Vluyn: Neukirchener, 1993.

Janowski, Bernd, »Die Tat kehrt zum Täter zurück: Offene Fragen im Umkreis des ›Tun-Ergehen-Zusammenhangs‹«, *ZThK 91* (1994), 247-271.
Janowski, Bernd, »JHWH der Richter – ein rettender Gott: Psalm 7 und das Motiv des Gottesgerichts«, *JBTh 9* (1994), 53-85.
Janowski, Bernd, »Dem Löwen gleich, gierig nach Raub: Zum Feindbild in den Psalmen«, *Evang. Theol. Beiträge zum Alten Testament*, 55. Jg. (1995/2), 155-173.
Janowski, Bernd (Hg.), *Weisheit außerhalb der kanonischen Weisheitsschriften*, Gütersloh: Gütersloher Verlagshaus, 1996.
Janowski, Bernd, *Beiträge zur Theologie des Alten Testaments: 2. Die rettende Gerechtigkeit*, Neukirchen-Vluyn: Neukirchener, 1999.
Janowski, Bernd, »Der barmherzige Richter: Zur Einheit von Gerechtigkeit und Barmherzigkeit im Gottesbild des Alten Orients und des Alten Testaments«, in: Scoralick, Ruth (Hg.), *Das Drama der Barmherzigkeit Gottes: Studien zur biblischen Gottesrede und ihrer Wirkungsgeschichte in Judentum und Christentum*, Stuttgart: Verl. Kath. Bibelwerk, 1999, 33-91 (= SBS 183).
Jendorff, Bernhard (Hg.), *Anwalt des Menschen; FS Friedrich Hahn*, Gießen: Selbstverl. des Fachbereichs, 1983.
Jenkins, Allan K., *Three Wisdom Psalms?: A Consideration of the Classification »Wisdom Psalms« with Particular Reference to Ps 37; 73 and 49*, Diss. External, London, 1969.
Jenni, Ernst / Westermann, Claus, *Theologisches Handwörterbuch zum Alten Testament (THAT I und II)*, München: Chr. Kaiser, 1971.1976.
Jenni, Ernst, »Das Wort ʿōlām im Alten Testament«, *ZAW 64* (1952), 197-248.
Jenni, Ernst, »Faktitiv und Kausativ von אבד ›zugrunde gehen‹«, in: *Hebräische Wortforschung (FS Walter Baumgartner)*, Leiden: Brill, 1967, 143-157.
Jenni, Ernst, Art. אבד, in: *THAT I* (1971), 17-20.
Jenni, Ernst (Hg.), *Beiträge zur hebräischen und altorientalischen Namenkunde; FS Johann Jakob Stamm*, Freiburg (Schw.), Univ.-Verl., 1980 (= OBO 30).
Jeremias, Jörg, *Kultprophetie und Verkündigung in der späten Königszeit*, Neukirchen-Vluyn: Neukirchener, 1970.
Jeremias, Jörg, *Das Königtum Gottes in den Psalmen: Israels Begegnung mit dem kanaanäischen Mythos in den Jahwe-König-Psalmen*, Göttingen: Vandenhoeck & Ruprecht 1987 (= FRLANT 141).
Jeremias, Jörg, *Der Prophet Amos: übersetzt und erklärt von Jörg Jeremias*, Göttingen: Vandenhock & Ruprecht, 1995 (= ATD 24,29).
Johnson, B., Art. צדק, in: *ThWAT VI* (1989), 898-924.
Johnson, E., Art. אנף, in: *ThWAT I* (1973), 376-389.
Joüon, Paul / Muraoka, Takamitsu, *A grammar of biblical Hebrew*, Roma: Ed. Pont. Ist. Biblico, 1991 (= Subsidia biblica 14,1.2).
Jüngel, Eberhard, *Tod*, Stuttgart: Kreuz-Verl., 1971.
Jüngling, Hans-Winfried, *Der Tod der Götter: Eine Untersuchung zu Psalm 82*, Stuttgart: Verl. Kath. Bibelwerk, 1969 (= SBS 38).
Jüngling, Hans-Winfried, *Das Buch der Sprichwörter 1-9* (unveröffentlichtes Vorlesungsskript zur Vorlesung im SS 1994 an der Hochschule Sankt Georgen, Frankfurt am Main).

Junker, Hubert, »Einige Rätsel im Urtext der Psalmen«, *Biblica* 30 (1949), 197-212.

Kaiser, Otto, *Gottes und der Menschen Weisheit: Gesammelte Aufsätze*, Berlin u.a.: de Gruyter, 1998 (= BZAW 261).

Kaiser, Otto / Lohse, Eduard, *Tod und Leben*, Stuttgart: Kohlhammer, 1977 (= Kohlhammer TB; Biblische Konfrontationen 1001).

Kayatz, Christa, *Studien zu Proverbien 1-9: eine form- und motivgeschichtliche Untersuchung unter Einbeziehung ägyptischen Vergleichsmaterials*, Neukirchen-Vluyn: Neukirchener Verl. des Erziehungsvereins, 1966 (= WMANT 22).

Keel, Othmar, *Feinde und Gottesleugner: Studien zum Image der Widersacher in den Individualpsalmen*, Stuttgart: Kath. Bibelwerk, 1969 (= SBM 7).

Keel, Othmar, »Der bedrängte Beter. Wer sind die Feinde in den Psalmen?«, *BiKi* 26 (1971), 103-107.

Keel, Othmar, *Die Welt der altorientalischen Bildsymbolik und das Alte Testament: Am Beispiel der Psalmen*, Zürich u.a.: Neukirchener, 1972.

Kehl, Medard, *Und was kommt nach dem Ende?: Von Weltuntergang und Vollendung, Wiedergeburt und Auferstehung*, Freiburg i. Br.: Herder, 1999.

Keller, Carl A., »Zum Vergeltungsglauben im Proverbienbuch«, in: **Donner, Herbert u.a. (Hgg.)**, *Beiträge zur Alttestamentlichen Theologie; FS W. Zimmerli*, Göttingen: Vandenhoeck & Ruprecht, 1977, 223-238.

Keller, Martin, *Untersuchungen zur deuteronomisch-deuteronomistischen Namenstheologie*, Weinheim: Beltz Athenäum, 1996.

Kellermann, Ulrich, *Messias und Gesetz: Grundlinien einer alttestamentlichen Heilserwartung*, Neukirchen-Vluyn: Neukirchener, 1971 (= BSt 61).

Kellermann, Ulrich, »Überwindung des Todesgeschicks in der alttestamentlichen Frömmigkeit vor und neben dem Auferstehungsglauben«, *ZThK* 73 (1976), 259-282.

Kelsen, Hans, *Vergeltung und Kausalität*, Den Haag, 1947.

Kippenberg, Hans G., *Religion und Klassenbildung im antiken Judäa: eine religionssoziologische Studie zum Verhältnis von Tradition und gesellschaftlicher Entwicklung*, Göttingen: Vandenhoeck & Ruprecht, 1978 (= StUNT 14).

Klausner, Joseph, *The Messianic Idea in Israel: From Its Beginning to the Completion of the Mishnah* (transl. from the 3rd Hebr. edn. by W. F. Stinespring), London: Allen and Unwin, 1956.

Kleer, Martin, *»Der liebliche Sänger der Psalmen Israels.« Untersuchungen zu David als Dichter und Beter der Psalmen*, Bodenheim: Philo, 1996 (= BBB 108).

Klein, Christian, *Kohelet und die Weisheit Israels: eine formgeschichtliche Studie*, Stuttgart u.a.: Kohlhammer, 1994 (= BWANT 132).

Klimkeit, H. J., »Der leidende Gerechte in der Religionsgeschichte: Ein Beitrag zur problemorientierten ›Religionsphänomenologie‹«, in: **Zinser, Hartmut (Hg.)**, *Religionswissenschaft: Eine Einführung*, Berlin: Reimer, 1988, 164-184.

Klingbeil, Martin, *Yahweh Fighting from Heaven. God as Warrior and as God of Heaven in the Hebrew Psalter and Ancient Near Eastern Iconography*, Freiburg (Schw.): Univ.-Verl./Göttingen: Vandenhoeck & Ruprecht, 1999 (= OBO 169).

Klopfenstein, Martin A., *Die Lüge nach dem Alten Testament: ihr Begriff, ihre Bedeutung, ihre Beurteilung*, Zürich: Gotthelf, 1964.

Klopfenstein, Martin A., *Scham und Schande nach dem Alten Testament: Eine begriffsgeschichtliche Untersuchung zu den hebräischen Wurzeln bôš, klm und ḥpr*, Zürich: Theol. Verl., 1972.
Knauf, Ernst A., »Psalm LX und Psalm CVIII«, *VT* 50 (2000), 55-65.
Knight, Douglas A. (Hg.), *Tradition and Theology in the Old Testament*, Philadelphia, 1977 (repr. Sheffield: JSOT, 1990).
Koch, Klaus, צדק *im Alten Testament*, Diss. Heidelberg, 1953.
Koch, Klaus, »Gibt es ein Vergeltungsdogma im Alten Testament?«, *ZThK* 52 (1955), 1-42 (auch in: **Ders.** (Hg.), *Um das Prinzip der Vergeltung in Religion und Recht des Alten Testaments*, 130-180).
Koch, Klaus, »Tempeleinlaßliturgien und Dekaloge«, in: **Rendtorff, Rolf** (Hg.), *Studien zur Theologie der alttestamentlichen Überlieferungen; FS G. von Rad*, Neukirchen: Neukirchener, 1961, 45-60.
Koch, Klaus, »Sühne und Sündenvergebung um die Wende von der exilischen zur nachexilischen Zeit«, *EvTh* 26 (1966), 217-238.
Koch, Klaus (Hg.), *Um das Prinzip der Vergeltung in Religion und Recht des Alten Testaments*, Darmstadt: WBG, 1972 (= Wege der Forschung CXXV).
Koch, Klaus, »Vom profetischen zum apokalyptischen Visionsbericht«, in: **Hellholm, David** (Hg.), *Apocalypticism in the Mediterranian World and the Near East*, Tübingen: Mohr, 1983, 413-446.
Koch, Klaus, Art. דרך, in: *ThWAT* II (1977), 287-312.
Koch, Klaus, Art. חטא, in: *ThWAT* II (1977), 857-870.
Koch, Klaus / Roloff, Jürgen, Art. Tat-Ergehen-Zusammenhang, in: **Dies.** (Hgg.), *Reclams Bibellexikon*, Frankfurt: Stuttgart: Reclam, [4]1987, 493-495.
Koch, Klaus, »Ṣädaq und Ma'at: Konnektive Gerechtigkeit in Israel und Ägypten«, in: **Assmann, Jan** (Hg.), *Gerechtigkeit: Richten und Retten in der abendländischen Tradition und ihren altorientalischen Ursprüngen*, München: Fink, 1998, 37-64.
Koch, Robert, *Die Sünde im Alten Testament*, Frankfurt am Main: Peter Lang, 1992.
Kocis, Elemer, »Apokalyptik und politisches Interesse im Spätjudentum«, *Judaica* 27 (1971), 71-89.
Köckert, Matthias, »Literargeschichtliche und religionsgeschichtliche Beobachtungen zu Ps 104«, in: **Kratz, Reinhard G. u.a.** (Hgg.), *Schriftauslegung in der Schrift: FS für Odil Hannes Steck zu seinem 65. Geburtstag*, Berlin: de Gruyter, 2000, 259-279 (= BZAW 300).
Koehler, Ludwig: siehe Baumgartner.
Koenen, Klaus, *Jahwe wird kommen, zu herrschen über die Erde: Ps 90-110 als Komposition*, Weinheim: Beltz Athenäum, 1995 (= BBB 101).
Koenen, Klaus, *Ethik und Eschatologie im Tritojesajabuch: eine literarkritische und redaktionsgeschichtliche Studie*, Neukirchen-Vluyn: Neukirchener, 1990 (= WMANT 62).
Köhler, Ludwig, *Der hebräische Mensch: Eine Skizze*, Tübingen: Mohr, 1953 (unveränd. Nachdruck Darmstadt: WBG, 1980).
Kottsieper, Ingo, »Anmerkungen zu Pap. Amherst 63: I: 12,11-19 – eine aramäische Version von Ps 20«, *ZAW* 100 (1988), 217-244.
Kottsieper, Ingo (Hg.), »*Wer ist wie du, Herr, unter den Göttern*«: *Studien zu Theologie und Religionsgeschichte Israels; FS Kaiser*, Göttingen: Vandenhoeck & Ruprecht, 1994.

Kranemann, Benedikt: siehe Richter.

Krašovec, Jože, *La justice (sdq) de dieu dans la bible hébraique et l'interpretation juive et chrétienne*, Freiburg (Schw.): Univ.-Verl., 1988 (= OBO 76).

Kratz, Reinhard Gregor, »Die Gnade des täglichen Brotes: Späte Psalmen auf dem Weg zum Vaterunser«, *ZThK* 89 (1992), 1-40.

Kratz, Reinhard Gregor, »Die Tora Davids: Psalm 1 und die doxologische Fünfteilung des Psalters«, *ZThK* 93 (1996/1), 1-34.

Kratz, Reinhard Gregor u.a. (Hgg.), *Schriftauslegung in der Schrift: Festschrift für Odil Hannes Steck zu seinem 65. Geburtstag*, Berlin: de Gruyter, 2000 (= BZAW 300).

Kraus, Hans-Joachim, »Freude am Gesetz: Ein Beitrag zu den Psalmen 1; 19B und 119«, *EvTh* 10 (1950/51), 337-351.

Kraus, Hans-Joachim, *Biblisch-theologische Aufsätze*, Neukirchen-Vluyn: Neukirchener, 1972.

Kraus, Hans-Joachim, »Zum Gesetzesverständnis der nachprophetischen Zeit«, in: **Ders.**, *Biblisch-theologische Aufsätze*, 179-194.

Kraus, Hans-Joachim, *Psalmen 1-59* (1. Teilband), Neukirchen-Vluyn: Neukirchener, ^{5}1978 (= BK AT [begründet von Martin Noth; Hgg. Siegfried Herrmann und Hans Walter Wolff] Bd XV/1).

Kraus, Hans-Joachim, *Psalmen 60-150* (2.Teilband), Neukirchen-Vluyn: Neukirchener, ^{5}1978 (= BK XV/2).

Kraus, Hans-Joachim, *Theologie der Psalmen*, Neukirchen-Vluyn: Neukirchener, 1979 (= BK XV/3).

Kreißig, Heinz, *Die sozialökonomische Situation in Juda zur Achämenidenzeit*, Berlin: Akademie-Verl., 1973 (= Schriften zur Geschichte und Kultur des Alten Orients 7).

Krispenz, Jutta, *Spruchkompositionen im Buch Proverbia*, Frankfurt am Main u.a.: Lang, 1989 (= Europ. Hochschulschriften 349).

Krüger, Thomas, *Geschichtskonzepte im Ezechielbuch*, Berlin: de Gruyter, 1989 (= BZAW 180).

Krüger, Thomas, »›Kosmo-theologie‹ zwischen Mythos und Erfahrung: Psalm 104 im Horizont altorientalischer und alttestamentlicher ›Schöpfungs‹-Konzepte«, *BN* 68 (1993), 49-74.

Krüger, Thomas, *Kohelet (Prediger)*, Neukirchen-Vluyn: Neukirchener, 2000 (= BK.AT 19).

Kselmah, John A., »Two Notes on Psalm 37«, *Biblica* 78 (1997), 252-254.

Kubczak, Hartmut, Art. »Soziolekt«, in: **Ammon, Ulrich / Dittmar, Norbert / Mattheier, Klaus J.** (Hgg.), *Sociolinguistics/Soziolinguistik: Ein internationales Handbuch zur Wissenschaft von Sprache und Gesellschaft*, Berlin/New York: de Gruyter, 1987, 268-273.

Kuntz, J. Kenneth, »The Canonical Wisdom Psalms of ancient Israel: Their Rhetorical, Thematic, and Formal Elements«, in: *Rhetorical Criticism: Essays in Honor of James Muilenberg*, Pittsburgh 1974, 186-222.

Kuschel, Karl-Josef: siehe Groß.

Kuschel, Karl-Josef, *Lachen: Gottes und der Menschen Kunst*, Tübingen: Attempto, 1998.

Kuschke, Arnulf, »Arm und reich im Alten Testament mit besonderer Berücksichtigung der nachexilischen Zeit«, *ZAW* 57 (1939), 31-57.
Kushner, Harold S., *When bad things happen to good people,* 1981 (dt.: *Wenn guten Menschen Böses widerfährt,* Gütersloh: Gütersloher Verlagshaus Mohn, ³1990).
Kvanvig, Helge S., *Roots of Apocalyptic: The Mesopotamian Background of The Enoch Figure and the Son of Man,* Neukirchen-Vluyn: Neukirchener, 1988 (= WMANT 61).
Lampe, Peter, »Die Apokalyptiker – Ihre Situation und ihr Handeln«, in: **Luz, Ulrich (Hg.),** *Eschatologie und Friedenshandeln,* Stuttgart: Verl. Kath. Bibelwerk, 1981, 59-114 (= SBS 101).
Lang, Bernhard, *Die weisheitliche Lehrrede,* Stuttgart: Kath. Bibelwerk, 1972 (= SBS 54).
Lang, Bernhard, *Frau Weisheit: Deutung einer biblischen Gestalt,* Düsseldorf: Patmos, 1975.
Lang, Bernhard, *Wisdom and the Book of Proverbs: A Hebrew Goddess Redefined,* New York: Pilgrim, 1986 (= Neufassung von »Frau Weisheit«).
Lang, Bernhard, »Das Loben Gottes und die Verwünschung der Feinde: Kleine Einführung in die Psalmen«, *rhs* 36 (1993), 141-148.
Lang, Bernhard, »Schule und Unterricht im alten Israel«, in: **Gilbert, Maurice (Hg.),** *La Sagesse de l'Ancien Testament,* (BEThL LI) Gembloux/Leuven: Duculot, 1979, 186-201 (= **Ders.,** *Wie wird man Prophet in Israel?: Aufsätze zum Alten Testament,* Düsseldorf: Patmos, 1980, 104-119).
Lange, Armin, »Die Endgestalt des protomasoretischen Psalters und die Toraweisheit: Zur Bedeutung der nichtessenischen Weisheitstexte aus Qumran für die Auslegung des protomasoretischen Psalters«, in: **Zenger, Erich (Hg.),** *Der Psalter in Judentum und Christentum,* Freiburg i. Br.: Herder, 1998, 101-136 (= HBS 18).
Lange, Günter, »Über Nattern und Ottern wirst du schreiten, treten auf Löwen und Drachen« (Psalm 91,13). Ein Psalmvers als Schutzschild, in: **Bitter, Gottfried / Mette, Norbert (Hgg.),** *Leben mit Psalmen: Entdeckungen und Vermittlungen,* München: Kösel, 1983, 111-117.
Langhe, Robert de, *Le Psautier,* Louvain: Publications Universitaires, 1962.
Lebram, J. C. H., »The Piety of Jewish Apocalyptics«, in: **Hellholm, David (Hg.),** *Apocalypticism in the Mediterranian World and the Near East,* Tübingen: Mohr, 1983, 171-210.
Leeuwen, C. van, *Le développement du sens social en Israël avant l'ère chrétienne,* Assen: van Gorcum & Comp., 1955 (Listen zur Armentheologie: 146-148) (= SSN 1).
Lemaire, André, *Les écoles et la formation de la Bible dans l'ancien Israël,* Freiburg (Schw.): Universitätsverl./Göttingen: Vandenhoeck & Ruprecht, 1981 (= OBO 39).
Lemaire, André, »Sagesse et Ecoles«, *VT* 34 (1984), 270-281.
Levin, Christoph, »Das Gebetbuch der Gerechten: Literargeschichtliche Beobachtungen am Psalter«, *ZThK* 90 (1993), 355-381.
Lindström, F., *Suffering and Sin: Interpretations of Illness in the Individual Complaint Psalms,* Stockholm: Almqvist & Wiksell, 1994 (= CB.OT 37).
Lisowsky, Gerhard, *Konkordanz zum Hebräischen Alten Testament,* Stuttgart: Privileg. Württ. Bibelanstalt, 1958.
Loader, James Alfred, »Die Hoffnung Israels – Israel als Hoffnung«, *Old Testament Essays* 13/1 (2000), 27-45.

Lohfink, Norbert, *Unsere großen Wörter: Das Alte Testament zu Themen dieser Jahre*, Freiburg i. Br.: Herder, 1977.
Lohfink, Norbert, *Kohelet*, Würzburg: Echter, [1980] ⁴1993 (= NEB 1).
Lohfink, Norbert, »Wie sollte man das Alte Testament auf die Erbsünde hin befragen«, in: **Ders. u. a.**, *Zum Problem der Erbsünde: Theologische und philosophische Versuche*, Essen: Ludgerus, 1981, 9-52.
Lohfink, Norbert (Hg.), *Gewalt und Gewaltlosigkeit im Alten Testament*, Freiburg i. Br.: Herder, 1983 (= QD 96).
Lohfink, Norbert, »Zefania und das Israel der Armen«, *BiKi* 39 (1984), 100-108.
Lohfink, Norbert, »Von der ›Anawim-Partei‹ zur ›Kirche der Armen‹: Die bibelwissenschaftliche Ahnentafel eines Hauptbegriffs der ›Theologie der Befreiung‹«, *Bibl* (1986), 153-176.
Lohfink, Norbert: siehe Baldermann.
Lohfink, Norbert, *Option for the Poor: The Basic Principle of Liberation Theology in the Light of the Bible*, Berkeley, CA: Bibal Press, 1987.
Lohfink, Norbert, *Das Jüdische am Christentum: Die verlorene Dimension*, Freiburg i. Br.: Herder, 1987.
Lohfink, Norbert, »Das vorpersonale Böse: Das Alte Testament und der Begriff der Erbsünde«, in: **Ders.**: *Das Jüdische am Christentum*, 167-199.
Lohfink, Norbert, »Der Gott der Bibel und der Friede auf Erden. Oder: Von wann ab ist eine Friedensbewegung christlich?«, in: **Ders.**: *Das Jüdische am Christentum*, 200-216.
Lohfink, Norbert, »Psalm 6 – Beobachtungen beim Versuch, ihn ›kanonisch‹ auszulegen«, *ThQ* 167 (1987), 277-288.
Lohfink, Norbert, »Was wird anders bei kanonischer Schriftauslegung: Beobachtungen am Beispiel von Ps 6«, in: **Baldermann, Ingo u.a. (Hgg.)**, *Zum Problem des biblischen Kanons*, Neukirchen-Vluyn: Neukirchener, 1988, 29-53 (= JBTh 3).
Lohfink, Norbert, »Die Ursünde in der priesterlichen Geschichtserzählung«, in: **Ders.**, *Studien zum Pentateuch*, Stuttgart: Verl. Kath. Bibelwerk, 1988, 255-315.
Lohfink, Norbert, *Lobgesänge der Armen: Studien zum Magnifikat, den Hodajot von Qumran und einigen späten Psalmen*, Stuttgart: Verl. Kath. Bibelwerk, 1990 (= SBS 143).
Lohfink, Norbert, »Das Böse im Herzen und Gottes Gerechtigkeit in der weiten Welt: Gedanken zu Psalm 36«, in: **Imhof, Paul (Hg.)**, *Gottes Nähe: religiöse Erfahrung in Mystik und Offenbarung*, Würzburg: Echter, 1990 (= FS Josef Sudbrack). [= **Lohfink, Norbert**, »Innenschau und Kosmosmystik: Zu Psalm 36«, in: **Ders.**, *Im Schatten deiner Flügel*, 172-187.]
Lohfink, Norbert, »Lexeme und Lexemgruppen in Ps 25: Ein Beitrag zur Technik der Gattungsbestimmung und der Feststellung literarischer Abhängigkeit«, in: **Groß, Walter (Hg.)**, *Text, Methode und Grammatik (FS W. Richter)*, St. Ottilien: EOS, 1991.
Lohfink, Norbert, »Psalmengebet und Psalterredaktion«, *ALw* 34 (1992), 1-22.
Lohfink, Norbert, »Der Psalter und die christliche Meditation: Die Bedeutung der Endredaktion für das Verständnis des Psalters«, *BiKi* 47 (1992), 195-200.
Lohfink, Norbert, *Studien zur biblischen Theologie*, Stuttgart: Verl. Kath. Bibelwerk, 1993 (= SBAB 16).

Lohfink, Norbert, »Armut in den Gesetzen des Alten Orients und der Bibel«, (unveröffentlichte deutsche Fassung von: Poverty in the Laws of the Ancient Near East and of the Bible, Theological Studies 52 (1991), 34-50), in: **Ders.**, *Studien zur biblischen Theologie*, 239-259).

Lohfink, Norbert / Zenger, Erich, *Der Gott Israels und die Völker: Untersuchungen zum Jesajabuch und zu den Psalmen*, Stuttgart: Verl. Kath. Bibelwerk, 1994 (= SBS 154).

Lohfink, Norbert, *Die Armen in den Psalmen: Teil I* (unveröffentlichtes Vorlesungsskript zur Vorlesung WS 1992/93 an der Hochschule Sankt Georgen, Frankfurt am Main).

Lohfink, Norbert, *Die Armen in den Psalmen: Teil II* (unveröffentlichtes Vorlesungsskript zur Vorlesung SS 1994 an der Hochschule Sankt Georgen, Frankfurt am Main).

Lohfink, Norbert, *Psalm 37* (unveröffentlichtes Vorlesungsskript zu den Vorlesungen WS 1994/95 und SS 1995 an der Hochschule Sankt Georgen, Frankfurt am Main).

Lohfink, Norbert, »Eine Bibel – zwei Testamente«, in: **Dohmen, Christoph / Söding, Thomas (Hgg.)**, *Eine Bibel – zwei Testamente: Positionen biblischer Theologie*, Paderborn: Schöningh, 1995, 71-81 (= UTB 1893).

Lohfink, Norbert, »Moses Tod, die Tora und die alttestamentliche Sonntagslesung«, *ThPh* 71 (1996), 481-494.

Lohfink, Norbert, »Die Besänftigung des Messias: Gedanken zu Psalm 37«, in: **Hainz, Josef / Jüngling, Hans-Winfried / Sebott, Reinhold (Hgg.)**, *»Den Armen eine frohe Botschaft«: Festschrift für Bischof Franz Kamphaus zum 65. Geburtstag*, Frankfurt am Main: Josef Knecht, 1997, 75-87.

Lohfink, Norbert, »La Solitude du juste dans le Psaume 1«, *Christus* 180 (Octobre 1998), 433-441.

Lohfink, Norbert, *Im Schatten deiner Flügel: Große Bibeltexte neu erschlossen*, Freiburg i. Br.: Herder, 1999.

Lohfink, Norbert, »Der Tod am Grenzfluß: Moses unvollendeter Auftrag und die Konturen der Bibel«, in: **Ders.**, *Im Schatten deiner Flügel*, 11-28.

Lohfink, Norbert, »Der Psalter und die Meditation: Zur Gattung des Psalmenbuchs«, in: **Ders.**, *Im Schatten deiner Flügel*, 143-162.

Lohfink, Norbert, »Die Einsamkeit des Gerechten: Zu Psalm 1«, in: **Ders.**, *Im Schatten deiner Flügel*, 163-171.

Lohfink, Norbert, »Friedenslyrik in Israel: Zu Psalm 46«, in: **Ders.**, *Im Schatten deiner Flügel*, 188-197. [Erstveröffentlichung: »›Der den Kriegen einen Sabbat bereitet‹: Ps 46 – ein Beispiel alttestamentlicher Friedenslyrik«, *BiKi* 44 (1989), 148-153.]

Lohfink, Norbert, »Drei Arten, von Armut zu sprechen: Zu Psalm 109«, in: **Ders.**, *Im Schatten deiner Flügel*, 198-217. [Erstveröffentlichung: *Theologie und Philosophie* 72 (1997), 321-336.]

Loretz, Oswald, *Die Psalmen II. Beitrag der Ugarit-Texte zum Verständnis von Kolometrie und Textologie der Psalmen, Psalm 90-150*, Kevelaer: Butzon und Bercker, 1979 (= AOAT 207/2).

Loretz, Oswald, *Die Königspsalmen: Die altorientalisch-kanaanäische Königstradition in jüdischer Sicht. Teil 1*, Münster: Ugarit-Verl., 1988 (= UBL 6).

Loretz, Oswald, »Adaption ugaritisch-kanaanäischer Literatur in Psalm 6: Zu H. Gunkels funktionalistischer Sicht der Psalmengattungen und zur Ideologie der ›kanonischen‹ Auslegung bei N. Lohfink«, *UF 22* (1990), 195-220.

Luckmann, Thomas, *Das Problem der Religion in der modernen Gesellschaft: Institution, Person und Weltanschauung,* Freiburg: Rombach, 1963.

Luckmann, Thomas, *The Invisible Religion: The Problem of Religion in Modern Society,* New York: McMillan, 1967.

Luckmann, Thomas: siehe Berger.

Luz, Ulrich (Hg.), *Eschatologie und Friedenshandeln,* Stuttgart: Verl. Kath. Bibelwerk, 1981 (= SBS 101).

Maag, Victor, »Unsühnbare Schuld«, *Kairos 8* (1966), 90-106.

Macholz, Christian, »Das ›Passivum divinum‹, seine Anfänge im Alten Testament und der ›Hofstil‹«, *ZNW 81* (1990), 247-253.

MacNamara, Robert F. (Hg.), *Essays in Honor of Joseph P. Brennan,* Rochester, NY: St. Bernhard's Seminary, 1976.

Maiberger, Paul, »Das Verständnis von Psalm 2 in der Septuaginta, im Targum, in Qumran, im frühen Judentum und im Neuen Testament«, in: **Schreiner, Josef (Hg.),** *Beiträge zur Psalmenforschung: Psalm 2 und 22,* Würzburg, 1988, 113-118 (= FzB 60).

Maiberger, Paul, »Zur Problematik der sogenannten Fluchpsalmen«, *TTZ 97* (1988), 183-216.

Maier, Christl, *Die »fremde Frau« in Proverbien 1-9: Eine exegetische und sozialgeschichtliche Studie,* Göttingen: Vandenhoeck & Ruprecht, 1995 (= OBO 144).

Maier, Johann, »Psalm 1 im Licht antiker jüdischer Zeugnisse«, in: **Oeming, Manfred / Graupner, Axel (Hgg.),** *Altes Testament und christliche Verkündigung; FS Antonius H. J. Gunneweg,* Stuttgart: Kohlhammer, 1987, 353-365.

Maier, Johann, *Die Texte vom Toten Meer (Bd. I: Übersetzung),* München/Basel: Ernst Reinhardt, 1960.

Maier, Johann / Schreiner, Josef (Hgg.), *Literatur und Religion des Frühjudentums,* Würzburg: Echter, 1973.

Maier, Johann, »Auslegungsgeschichtliche Beobachtungen zu Ps 37.1.7.8«, *RdQ 13* (1988), 465-479.

Malchow, Bruce V., »Social Justice in Wisdom Literature«, *Biblical Theology Bulletin 12* (1982), 120-124.

Malchow, Bruce V., *Social Justice in the Hebrew Bible: what is new and what is old,* Collegeville, Minn.: Liturgical Press, 1996.

Marböck, Johannes, »Dimensionen des Menschseins in den Psalmen«, *ThPQ 127* (1979), 7-14.

Marcus, Marcel u.a. (Hgg.), *Israel und Kirche heute: Beiträge zum christlich-jüdischen Dialog; FS Ernst Ludwig Ehrlich,* Freiburg i. Br.: Herder, 1991.

Mark, Martin, *Meine Stärke und mein Schutz ist der Herr: poetologisch-theologische Studie zu Psalm 118,* Würzburg: Echter, 1999 (= FzB 92).

Marquardt, Odo, »Entlastungen: Theodizeemotive in der neuzeitlichen Philosophie«, in: **Ders.,** *Apologie des Zufälligen: Philosophische Studien,* Stuttgart, 1986, 11-32.

Marschies, Chr., »›Ich aber vertraue auf dich, Herr!‹ – Vertrauensäußerungen als Grundmotiv in den Klageliedern des Einzelnen«, ZAW 103 (1991), 386-398.

Martínez, Florentino García / Noort, Ed (Hgg.), *Perspectives in the Study of the Old Testament and Early Judaism*, Leiden: Brill, 1998 (= VT.S 73).

Mayer, G., Art. ידה, in: *ThWAT III* (1982), 455-458.460-474.

Mays, James Luther, »The Place of the Tora-Psalms in the Psalter«, *JBL* 106 (1987), 3-12.

Mays, James Luther, »The Question of Context in Psalm Interpretation«, in: **McCann, J. Clinton (Hg.)**, *The Shape and Shaping of the Psalter*, Sheffield: Sheffield Academic Press, 1993, 14-20.

Mays, James Luther, *Psalms*, Louisville: John Knox, 1994 (= Interpretation: A Bible Commentary for Teaching and Preaching).

McCann, J. Clinton, »The Psalms as Instruction«, *Interpretation* 2 (1992), 117-128.

McCann, J. Clinton (Hg.), *The Shape and Shaping of the Psalter*, Sheffield: Sheffield Academic Press, 1993 (= JSOT.S 159).

McCann, J. Clinton, »Books I-III and the Editorial Purpose of the Hebrew Psalter«, in: **Ders. (Hg.)**, *The Shape and Shaping of the Psalter*, 93-107.

McKane, William, *Proverbs: A New Approach*, London: SCM, 1970.

McKay, J. W., »Psalm of Vigil«, ZAW 91 (1979), 229-247.

McKay, Heather / Clines, David (Hgg.), *Of Prophets' Visions and the Wisdom of Sages: Essays in Honour of R. Norman Whybray on his Seventieth Birthday*, Sheffield: JSOT, 1993.

Meinhold, Arndt, *Die Sprüche: Teil 1: Sprüche Kapitel 1-15*, Zürich: Theol. Verl., 1991 (= Zürcher Bibelkommentare, Hg. Hans Heinrich Schmid Bd. 16.1).

Meinhold, Arndt, *Die Sprüche: Teil 2: Sprüche Kapitel 16-31*, Zürich: Theol. Verl., 1991 (= ZBK.AT 16.2).

Merino, Louis Diéz, »Il vocabolario relativo alla ›Ricerca di Dio‹ nell' Antico Testamento – La radice šhr«, *BibO* 25 (1983), 35-38.

Meyer, Rudolf, *Hebräische Grammatik*, unveränderter photomechanischer Nachdruck der vierbändigen Ausgabe, Berlin/New York 1992.

Meyer, Ivo, »Feindbilder. Einige biblische Anmerkungen«, *BiKi* 46 (1991), 55-59.

Michel, Diethelm, *Tempora und Satzstellung in den Psalmen*, Bonn 1960 (= AET 1).

Michel, Diethelm, Armut II. AT, in: *TRE IV* (1979), 72-76.

Michel, Diethelm, *Untersuchungen zur Eigenart des Buches Kohelet*, Berlin: de Gruyter, 1989 (= BZAW 183).

Michel, Diethelm, »Proverbia 2 – ein Dokument der Geschichte der Weisheit«, in: **Hausmann, Jutta / Zobel, Hans-Jürgen (Hgg.)**, *Alttestamentlicher Glaube und Biblische Theologie (FS H. D. Preuß)*, Stuttgart: Kohlhammer, 1992, 233-243.

Millard, Matthias, *Die Komposition des Psalters. Ein formgeschichtlicher Ansatz*, Tübingen: Mohr, 1994 (= FAT 9).

Millard, Matthias, »Von der Psalmenexegese zur Psalterexegese. Anmerkungen zum Neuansatz von Frank-Lothar Hossfeld und Erich Zenger«, *BI* 4 (1996), 310-328.

Millard, Matthias, »Zum Problem des elohistischen Psalters: Überlegungen zum Gebrauch von יהוה und אלהים im Psalter«, in: **Zenger, Erich (Hg.)**, *Der Psalter in Judentum und Christentum*, Freiburg i. Br.: Herder, 1998, 75-100 (= HBS 18).

Miller, Patrick D., *Interpreting the Psalms*, Philadelphia: Fortress Press, 1986.
Miller, Patrick D., »The Psalms as Praise and Poetry«, *Hymn* 40 (1989), 12-16.
Miller, Patrick D., »The Beginning of the Psalter«, in: **McCann, J. Clinton (Hg.)**, *The Shape and Shaping of the Psalter*, Sheffield: Sheffield Academic Press, 1993, 83-92.
Mitchell, David C., *The Message of the Psalter: An Eschatological Programme in the Book of Psalms*, Sheffield: Sheffield Academic Press, 1997 (= JSOT.S 252).
Möller, Hans, »Strophenbau der Psalmen«, *ZAW* 50 (1932), 240-256.
Mol, Hans, *Identity and the Sacred: A Sketch for a New Social-Scientific Theory of Religion*, Oxford: Blackwell, 1976.
Morenz, Siegfried, »Feurige Kohlen auf dem Haupt«, *ThLZ* 78 (1953), 187-192.
Mosis, Rudolf / Ruppert, Lothar, *Der Weg zum Menschen: Zur philosophischen und theologischen Anthropologie; FS Alfons Deissler*, Freiburg i. Br.: Herder, 1989.
Mosis, Rudolf, »Die Mauern Jerusalems: Beobachtungen zu Psalm 51,20f.«, in: **Hausmann, Jutta / Zobel, Hans-Jürgen (Hgg.)**, *Alttestamentlicher Glaube und Biblische Theologie (FS H. D. Preuß)*, Stuttgart: Kohlhammer, 1992, 201-215.
Mowinckel, Sigmund, *Das Thronbesteigungsfest Jahwes und der Ursprung der Eschatologie*, Kristiana: Dybwad, 1920.
Mowinckel, Sigmund, *Psalmenstudien*, Amsterdam: Schippers, 1921.1924.1961.
Mowinckel, Sigmund, *Psalms and Wisdom*, VT.S 3, 1955, 204-224; dt. in: **Neumann, Peter H. A. (Hg.)**, *Zur neueren Psalmenforschung*, Darmstadt: WBG, 1976, 341-366 (= WdF CXCII).
Mowinckel, Sigmund, *The Psalms in Israel's Worship*, Oxford: 1962 (I + II). Repr. Sheffield: JSOT Press, 1992.
Müller, Achim, *Proverbien 1-9: Der Weisheit neue Kleider*, Berlin: de Gruyter, 2000.
Müller, Hans-Peter, Art. פחד, in: *ThWAT* VI (1989), 552-562.
Müller, K., »Die Ansätze der Apokalyptik; Geschichte, Heilsgeschichte und Gesetz«, in: **Maier, Johann / Schreiner, Josef (Hgg.)**, *Literatur und Religion des frühen Judentums*, Würzburg: Echter, 1973, 31-42 und 73-105.
Mulder, Martin Jan (Hg.), *Mikra: Text, Translation, Reading and Interpretation of the Hebrew Bible in Ancient Judaism and Early Christianity*, Assen/Maastricht/Philadelphia: van Gorcum u.a., 1988, 161-188 (= CRINT II/1).
Munch, Peter Andreas, »Einige Bemerkungen zu ʿănījīm und rěšaʿīm in den Psalmen«, *MO* 30 (1936), 12-36.
Munch, Peter Andreas, »Das Problem des Reichtums in den Psalmen 37. 49. 73«, *ZAW* 55 (1937), 36-46.
Murphy, Roland E., »A Consideration of the Classification, ›Wisdom Psalms‹«, *VT.S* 9 (1963), 156-167.
Murphy, Roland E., »Wisdom and Eros in Prov 1-9«, *CBQ* 50 (1988), 600-603.
Murphy, Roland E., »Reflections on Contextual Interpretation of Psalms«, in: **McCann, J. Clinton (Hg.)**, *The Shape and Shaping of the Psalter*, Sheffield: Sheffield Academic Press, 1993, 21-28.
Nasuti, Harry P., *Defining the Sacred Songs: Genre, Tradition and the Post-Critical Interpretation of the Psalms*, Sheffield: Sheffield Academic Press, 1999 (= JSOT.S 218).

Nel, Philip J., »The Genres of Biblical Wisdom Literature«, *JNSL* 9 (1981), 129-142.
Neumann, Peter H. A. (Hg.), *Zur neueren Psalmenforschung*, Darmstadt: WBG, 1976 (= WdF CXCII).
Newsom, Carol A., »Woman and the Discourse of Patriarchal Wisdom: A Study of Proverbs 1-9«, in: **Day, Peggy (Hg.)**, *Gender and Difference in Ancient Israel*, Minneapolis: Fortress, 1989, 142-160.
Nickelsburg, George W. E., *Resurrection, Immortality, and Eternal Life in Intertestamental Judaism*, Cambridge, Mass., 1972 (= HTS 26).
Nickelsburg, George W. E., »Social Aspects of Palestinian Jewish Apocalypticism«, in: **Hellholm, David (Hg.)**, *Apocalypticism in the Mediterranian World and the Near East*, Tübingen: Mohr, 1983, 641-654.
Niehl, Franz Wendel, Art. Gottesbilder II. Praktisch-theologisch, in: *LThK* 4 (^{3}1995), 887f.
Niehr, Herbert, *Herrschen und Richten: Die Wurzel špṭ im Alten Orient und im Alten Testament*, Würzburg: Echter, 1986.
Nötscher, Friedrich, *Altorientalischer und alttestamentlicher Auferstehungsglaube*, 1926 (Neudruck durchges. und mit einem Nachtrag hg. von J. Scharbert, Darmstadt: WBG, 1970).
Oeming, Manfred / Graupner, Axel (Hgg.), *Altes Testament und christliche Verkündigung; FS Antonius H. J. Gunneweg*, Stuttgart: Kohlhammer, 1987.
Oeming, Manfred, »Kanonische Schriftauslegung: Vorzüge und Grenzen eines neuen Zugangs zur Bibel«, *BiLi* 69 (1996), 199-208.
Van Oorschot, Jürgen, »Der Gerechte und die Frevler im Buch der Sprüche«, *BZ* 42/2 (1998), 225- 238.
Osten-Sacken, Peter von der, *Die Apokalyptik in ihrem Verhältnis zu Prophetie und Weisheit*, München: Kaiser, 1969 (= TEH N.S. 157).
Otto, Eckart, »Die Paradieserzählung Genesis 2-3: Eine nachpriesterschriftliche Lehrerzählung in ihrem religionshistorischen Kontext«, in: **Diesel, Anja u.a. (Hgg.)**, *»Jedes Ding hat seine Zeit ...«: Studien zur israelitischen und altorientalischen Weisheit (FS D. Michel)*, Berlin: de Gruyter, 1996, 167-192 (= BZAW 241).
Otto, Eckart, *Das Deuteronomium: Politische Theologie und Rechtsreform in Juda und Assyrien*, Berlin: de Gruyter, 1999 (= BZAW 284).
Otzen, Benedict, Art. אבד, in: *ThWAT* I (1973), 20-24.
Otzen, Benedict, Art. בהל, in: *ThWAT* I (1973), 520-523.
Panikkar, Raimundo / Strolz, Walter (Hgg.), *Die Verantwortung des Menschen für eine bewohnbare Welt im Christentum, Hinduismus und Buddhismus*, Freiburg i. Br. u.a.: Herder, 1985.
Paschen, Wilfried, *Rein und unrein: Untersuchung zur biblischen Wortgeschichte*, München: Kösel, 1970 (= StANT 24).
Paul, Shalom M., »Psalm XXVII 10 and the Babylonian Theodicy«, *VT* 32/4 (1982), 489-490.
Pax, Elpidius, »Studien zum Vergeltungsproblem der Psalmen«, in: *Stud. Bibl. Franc. Lib. Annuus XI*, Jerusalem, 1961, 56-112.

Pauritsch, Karl, *Die neue Gemeinde: Gott sammelt Ausgestoßene und Arme (Jes 56-66),* Rom: Biblical Institute Press, 1971 (=AnBib 47).
Pedersen, Johannes, *Israel: Its Life and Culture,* London: Cumberlege, 1920.
Peels, Hendrick G. L., *The Vengeance of God: The Meaning of the Root NQM and the Function of the NQM-Texts in the Context of Divine Revelation in the Old Testament,* Leiden: Brill, 1995 (= Oudtestamentische Studien, Bd. 31).
Perdue, Leo G., »The Riddles of Psalm 49«, *JBL* 93 (1974), 533-542.
Perdue, Leo G., *Wisdom and Cult: A Critical Analysis of the Views of Cult in the Wisdom Literature of Israel and the Ancient Near East,* Missoula, Mont.: Scholars Press, 1977 (= SBL Dissertation Series 30).
Perdue, Leo G., *Wisdom in Revolt: Metaphorical Theology in the Book of Job,* Sheffield: Almond Press, 1991 (= JSOT.S 112).
Perdue, Leo G., *Wisdom and Creation: The Theology of Wisdom Literature,* Nashville: Abingdon Press, 1994.
Pleins, J. D., »Poverty in the Social World of the Wise«, *JSOT* 37 (1987), 61-78.
Ploeg, Jean van der, »Les pauvres d'Israël et leur piété«, *OTS* 7 (1950), 236-270.
Plöger, Otto, *Theokratie und Eschatologie,* Neukirchen: Neukirchener, 1959 (= WMANT 2).
Plöger, Otto, *Sprüche Salomos (Proverbia),* Neukirchen-Vluyn: Neukirchener, 1984 (= BK 17).
Podella, Thomas, *Das Lichtkleid JHWHs. Untersuchungen zur Gestalthaftigkeit Gottes im Alten Testament und seiner altorientalischen Umwelt,* Tübingen: Mohr, 1996 (= FAT 15).
Pöhlmann, W., »Apokalyptische Geschichtsdeutung und geistiger Widerstand«, *KuD* 34 (1988), 60-75.
Preuß, Horst Dietrich, Art. ʿōlām, in: *ThWAT* V (1986), 1144-1159.
Preuß, Horst Dietrich, Art. תועבה, in: *ThWAT* VIII (1995), 580-592.
Preuß, Horst Dietrich, »Erwägungen zum theologischen Ort alttestamentlicher Weisheitsliteratur«, *EvTh* 30 (1970), 393-417.
Preuß, Horst Dietrich, *Einführung in die alttestamentliche Weisheitsliteratur,* Stuttgart: Kohlhammer, 1987 (= UT 383).
Puech, E., »Les écoles dans l'Israel préexilique: données épigraphiques«, *VTS* 40 (Congress Vol. Jerusalem 1986), (1988), 189-203.
Quell, Gottfried, *Das kultische Problem der Psalmen: Versuch einer Deutung des religioesen Erlebens in der Psalmendichtung Israels,* Stuttgart: Kohlhammer, 1926.
Rad, Gerhard von, *Gerechtigkeit und Leben in der Kultsprache der Psalmen,* FS A. Bertholet, 1950, 418-437 (= ThB 8, 1958, 225-247).
Rad, Gerhard von, *Theologie des Alten Testaments,* München: Kaiser, ^{8}1982 [1957] und ^{3}1962 (= Einführung in die evangelische Theologie Bd 1,1-2).
Rad, Gerhard von, *Weisheit in Israel,* Gütersloh: Gütersloher Verlagshaus Gerd Mohn, [1970] 1992.
Rahlfs, Alfred, *ʿani und ʿanaw in den Psalmen,* Göttingen: Dieterich, 1892.
Ravasi, Gianfranco, *Il libro dei Salmi: Commento e Attualizzazione,* Bologna: Edizioni Dehoniane, [1981.1983.1984] ^{3}1986.1983.^{3}1986.
Reindl, Joseph, »Psalm 1 und der ›Sitz im Leben‹ des Psalters«, *Theologisches Jahrbuch 1979,* Leipzig: St. Benno-Verl., 1979, 39-50.

Reindl, Joseph, »Weisheitliche Bearbeitung von Psalmen«, in: **Emerton, John A.** (Hg.), *Congress Volume Vienna 1980 [VT.S 32]*, Leiden: Brill, 1981, 333-356.

Reiser, Marius, *Die Gerichtspredigt Jesu: Eine Untersuchung zur eschatologischen Verkündigung Jesu und ihrem frühjüdischen Hintergrund*, Münster: Aschendorff, 1990.

Reiterer, Friedrich V. (Hg.), *Ein Gott, eine Offenbarung*, FS N. Füglister, Würzburg: Echter, 1991.

Rendtorff, Rolf (Hg.), *Studien zur Theologie der alttestamentlichen Überlieferungen; FS G. von Rad*, Neukirchen: Neukirchener, 1961.

Rendtorff, Rutz, »Anfragen an Frank-Lothar Hossfeld und Erich Zenger aufgrund der Lektüre des Beitrages von Matthias Millard«, BI 4 (1996), 329-331.

Richter, Klemens / Kranemann, Benedikt (Hgg.), *Christologie der Liturgie: Der Gottesdienst der Kirche – Christusbekenntnis und Sinaibund*, Herder: Freiburg i. Br. u.a., 1995 (= QD 159).

Ridderbos, Nicolaus Herman, »The Structure of Psalm XL«, OTS 14 (1965), 296-304.

Riede, Peter, *Im Netz des Jägers: Studien zur Feindmetaphorik der Individualpsalmen*, Neukirchen-Vluyn: Neukirchener, 2000 (= WMANT 85).

Ringgren, Helmer (Hg.): siehe Botterweck.

Ringgren, Helmer, *Psalmen*, Stuttgart: Kohlhammer, 1971.

Römheld, Diethard, *Wege der Weisheit: Die Lehren Amenemopes und Proverbien 22,17-24,22*, Berlin: de Gruyter, 1989 (= BZAW 184).

Rösel, Christoph, *Die messianische Redaktion des Psalters: Studien zu Entstehung und Theologie der Sammlung Ps 2-89**, Stuttgart: Calwer Verlag, 1999 (= CThM 19).

Rowntree, P., *Wisdom in the Psalms: An Examination and Assessment of the Evidences of Wisdom Material in the Psalter*, Diss. Univ. of Wales, Cardiff, 1970.

Ruppert, Lothar, »Psalm 25 und die Grenze kultorientierter Psalmenexegese«, ZAW 84 (1972), 576-582.

Ruppert, Lothar, *Der leidende Gerechte: Eine motivgeschichtliche Untersuchung zum Alten Testament und zwischentestamentlichen Judentum*, Würzburg: Echter, 1972 (= FzB 5).

Ruppert, Lothar, *Der leidende Gerechte und seine Feinde: Eine Wortfelduntersuchung*, Würzburg: Echter, 1973.

Ruppert, Lothar, »Gerechte und Frevler (Gottlose) in Sap. 1,1-6,21«, in: **Hübner, Hans** (Hg.), *Die Weisheit Salomos im Horizont biblischer Theologie*, Neukirchen-Vluyn: Neukirchener, 1993, 1-54 (= BThSt 22).

Sanders, E. P. u.a. (Hgg.), *Jewish and Christian Self-Definition*, vol. II: *Aspects of Judaism in the Graeco-Roman Period*, London: SCM, 1981.

Sawyer, F. A., *A historical description of the Hebrew root* ישע, Den Haag, 1975, 74-85.

Sawyer, John F.: siehe Fabry.

Schäfer, Rolf, *Die Poesie der Weisen: Dichotomie als Grundstruktur der Lehr- und Weisheitsgedichte in Proverbien 1-9*, Neukirchen-Vluyn: Neukirchener, 1999 (= WMANT 77).

Schaper, Joachim, *Eschatology in the Greek Psalter*, Tübingen: Mohr, 1995 (= WUNT 76).

Schaper, Joachim, »Der Septuaginta-Psalter als Dokument jüdischer Eschatologie«, in: **Hengel, Martin / Schwemer, Anna Maria** (Hgg.), *Die Septuaginta zwischen Judentum und Christentum*, Tübingen: Mohr, 1994, 38-61 (= WUNT 72).

Schaper, Joachim, »Der Septuaginta-Psalter: Interpretation, Aktualisierung und liturgische Verwendung der biblischen Psalmen im hellenistischen Judentum«, in: **Zenger, Erich (Hg.)**, *Der Psalter in Judentum und Christentum*, Freiburg i. Br.: Herder, 1998, 165-183 (= HBS 18).

Scharbert, Josef, »›Fluchen‹ und ›Segnen‹ im Alten Testament«, *Biblica 39* (1958), 1-26.

Scharbert, Josef, *Solidarität in Segen und Fluch im Alten Testament und in seiner Umwelt*, Bonn: Hanstein, 1958 (= BBB 14).

Scharbert, Josef, »Das Verbum PQD in der Theologie des AT«, *BZ NF 4* (1960), 209-226.

Scharbert, Josef, »ŠLM im AT«, in: **Groß, Heinrich (Hg.)**, *Lex Tua Veritas; FS H. Junker*, Trier: Paulinus, 1961, 209-229.

Scharbert, Josef, *Prolegomena eines Alttestamentlers zur Erbsündenlehre*, Freiburg i. Br.: Herder, 1968 (= QD 37).

Scharbert, Josef, Art. אלה, in: *ThWAT I* (1973), 279-285.
- Art. ארר, in: *ThWAT I* (1973), 437-451.
- Art. ברך, in: *ThWAT I* (1973), 808-841.
- Art. קלל, in: *ThWAT VII* (1993), 40-49.

Scharbert, Josef, *Der Messias im Alten Testament*, als Ms gedruckt, München: Inst. für Bibl. Exegese der Univ. München, 1984.

Schmidt, Hans, *Das Gebet des Angeklagten im Alten Testament*, Gießen: Töpelmann, 1928 (= BZAW 49).

Schmithals, W., »Eschatologie und Apokalyptik«, *VF 33* (1988), 64-82.

Schneider, Theodor / Ulrich, Lothar (Hgg.), *Vorsehung und Handeln Gottes*, Freiburg i. Br. u.a.: Herder, 1988 (= QD 115).

Scholem, Gershom, *Über einige Grundbegriffe des Judentums*, Frankfurt: Suhrkamp, 1970.

Schottroff, Willy, »*Gedenken*« im Alten Orient und im Alten Testament, Neukirchen-Vluyn: Neukirchener, [1964] ²1967.

Schottroff, Willy, *Der altisraelitische Fluchspruch*, Neukirchen: Neukirchener, 1969 (= WMANT 30).

Schottroff, Willy, »Zur Sozialgeschichte Israels in der Perserzeit«, *VuF 27* (1982), 46-68.

Schottroff, Luise / Schottroff, Willy (Hgg.), *Mitarbeiter der Schöpfung*, München: Kaiser, 1983.

Schottroff, Willy, *Arbeit und sozialer Konflikt im nachexilischen Juda*, in: **Schottroff, Luise / Ders. (Hgg.)**, *Mitarbeiter der Schöpfung*, 1983, 104-118.

Schreiner, Josef, »Die apokalyptische Bewegung«, in: **Maier, Johann / Ders. (Hgg.)**, *Literatur und Religion des frühen Judentums*, Würzburg: Echter, 1973, 214-253.

Schreiner, Josef (Hg.), *Beiträge zur Psalmenforschung: Psalm 2 und 22*, Würzburg: Echter, 1988 (= FzB 60).

Schroer, Silvia, »›Under the Shadow of your Wings‹: The Metaphor of God's Wings in the Psalms, Exodus 19.4, Deuteronomy 32.11 and Malachi 3.2, as Seen through the Perspectives of Feminism and the History of Religion«, in: **Brenner, Athalya / Fontaine, Carole R. (Hgg.)**, *Wisdom and Psalms: A Feminist Companion to the Bible (Second Series)*, Sheffield: Sheffield Academic Press, 1998, 264-282.

Schröten, Jutta, *Entstehung, Komposition und Wirkungsgeschichte des 118. Psalms*, Weinheim: Beltz Athenäum, 1995 (= BBB 95).

Schuman, Nicolaas Abraham, *Gelijk om gelijk: Verslag en balans van een discussie over Goddelijke vergelding in het Oude Testament*, Amsterdam: VU Uitgeverij, 1993.

Schwager, Raymund, *Brauchen wir einen Sündenbock: Gewalt und Erlösung in den biblischen Schriften*, München: Kösel, 1978.

Schwankl, Otto, *Licht und Finsternis: Ein metaphorisches Paradigma in den johanneischen Schriften*, Freiburg i. Br.: Herder, 1995 (= HBS 5).

Schwantes, Milton, *Das Recht der Armen*, Frankfurt (Main): Lang, 1977 (= BET 4).

Schwartz, Joshua, »Treading the Grapes of Wrath: The Wine Press in Ancient Jewish and Christian Tradition«, *TZ* 49 (1993), 215-228; 311-324.

Schwarzwäller, Klaus, *Die Feinde des Individuums in den Psalmen*, 2 Bde., Diss.theol. (Masch.) Hamburg 1963.

Schwienhorst-Schönberger, Ludger, »Zion – Ort der Tora: Überlegungen zu Mi 4,1-3«, in: **Hahn, Ferdinand u.a. (Hgg.)**, *Zion – Ort der Begegnung: FS Laurentius Klein*, Bodenheim: Athenäum, 1993, 107-125 (= BBB 90).

Schwienhorst-Schönberger, Ludger, *»Nicht im Menschen gründet das Glück« (Koh 2,24): Kohelet im Spannungsfeld jüdischer Weisheit und hellenistischer Philosophie*, Freiburg i. Br.: Herder, 1994 (= HBS 2).

Schwienhorst-Schönberger, Ludger, »Rezension zu: Preuß, H. D., Einführung in die alttestamentliche Weisheitsliteratur«, Stuttgart: Kohlhammer, 1987, *Theologische Revue* 5/90 (1994), 378-380.

Schwienhorst-Schönberger, Ludger, Art. Beschwörung II. Biblisch, in: *LThK* 2 (^{3}1994), 310f.

Schwienhorst-Schönberger, Ludger, Art. Ethik C. Theologisch. I. Biblisch 1. AT, in: *LThK* 3 (^{3}1995), 908f.

Schwienhorst-Schönberger, Ludger, Art. Ius talionis, in: *LThK* 5 (^{3}1996), 700f.

Schwienhorst-Schönberger, Ludger, Art. Name, Namengebung II. Biblisch-theologisch: AT, in: *LThK* 7 (^{3}1998), 624-626.

Schwienhorst-Schönberger, Ludger, »Das Buch der Sprichwörter«, in: **Zenger, Erich u. a. (Hgg.)**, *Einleitung in das Alte Testament*, Stuttgart: Kohlhammer, ^{3}1998 [^{1}1995, 255-263], 326-336.

Schwienhorst-Schönberger, Ludger, »Gottesbilder des Alten Testaments«, *ThPQ* 148 (2000), 358-368.

Schwienhorst-Schönberger, Ludger, Art. Strafe. III. Biblisch-theologisch, in: *LThK* 9 (^{3}2000), 1024f.

Schwienhorst-Schönberger, Ludger, Art. Vergeltung. II. Biblisch-theologisch, in: *LThK* 10 (^{3}2001), 654-656.

Scoralick, Ruth (Hg.), *Das Drama der Barmherzigkeit Gottes: Studien zur biblischen Gottesrede und ihrer Wirkungsgeschichte in Judentum und Christentum*, Stuttgart: Verl. Kath. Bibelwerk, 1999 (= SBS 183).

Scott, Robert Balgarnie Young, »Wise and foolish, rigtheous and wicked«, *VT.S* 23 (1972), 146-165.

Segella, Giuseppe, »›Quaerere Deum‹ nei Salmi«, in: *Quaerere Deum. Scritti Antonio Bonora u.a.*, Brescia, 1980, 191-212 (= Atti della Settimana Biblica 25).

Seybold, Klaus, *Das Gebet des Kranken im Alten Testament*, Stuttgart: Kohlhammer, 1973 (= BWANT 99).

Seybold, Klaus, »Psalm 104 im Spiegel seiner Unterschrift«, *ThZ* 40 (1984), 1-11.

Seybold, Klaus, *Die Psalmen: Eine Einführung*, Stuttgart: Kohlhammer, 1986.

Seybold, Klaus, »Psalm 141. Ein neuer Anlauf«, in: **Zwickel, Wolfgang (Hg.)**, *Biblische Welten: FS Martin Metzger*, Fribourg u.a.: Universitätsverlag, 1993, 199-214.

Seybold, Klaus / Zenger, Erich (Hgg.), *Neue Wege der Psalmenforschung (FS Walter Beyerlin)*, Freiburg i. Br. u.a.: Herder, [1994] ²1995 (= HBS 1).

Seybold, Klaus, *Die Psalmen*, Tübingen: Mohr, 1996 (= HAT I/15).

Sheppard, Gerald T., »Canonization. Hearing the Voice of the Same God through Historically Dissimilar Traditions«, *Int* 34 (1982), 21-33.

Sheppard, Gerald T., *Wisdom as a Hermeneutical Construct: A Study in the Sapientializing of the Old Testament*, Berlin: de Gruyter, 1990 (= BZAW 151).

Sheppard, Gerald T., »Theology and the Book of Psalms«, *Int* 46 (1992), 143-155.

Shupak, Nili, *Where can Wisdom be found?: The Sage's Language in the bible and in Ancient Egyptian Literature*, Freiburg/Schw./Göttingen: Univ.-Verl., 1993, 55-57; 297-311 (= OBO 130).

Smend, Rudolf, *Die Entstehung des Alten Testamentes*, Stuttgart: Kohlhammer, ⁴1989.

Smith, Mark S., »Seeing God in the Psalms: the background to the beatific vision in the Hebrew Bible«, *Catholic Bible Quarterly* 50 (1988), 171-183.

Smith, Mark S., »The invocation of deceased ancestors in Psalm 49:12c«, *JBL* 112 (1993), 105-107.

Spaller, Christina, »Wenn zwei das Gleiche lesen, ist es doch nicht dasselbe!: Überlegungen zur gegenwärtigen hermeneutischen Diskusion.«, *BN* 98 (1999), 72-85.

Spieckermann, Hermann, *Heilsgegenwart: Eine Theologie der Psalmen*, Göttingen: Vandenhoeck & Ruprecht, 1989 (= FRLANT 148).

Spieckermann, Hermann, »Psalmen und Psalter. Suchbewegungen des Forschens und Betens«, in: **Martínez, Florentino García / Noort, Ed (Hgg.)**, *Perspectives in the Study of the Old Testament and Early Judaism*, Leiden: Brill, 1998, 137-153 (= VT.S 73).

Stade, Bernhard, *Biblische Theologie des Alten Testaments: Band I Die Religion Israels und die Entstehung des Judentums*, Tübingen: Mohr, 1905.

Stamm, Johann Jakob, *Erlösen und Vergeben im Alten Testament*, Bern: Francke, 1940.

Stamm, Johann Jakob, »Hebräische Ersatznamen«, in: **Güterbock, Hans Gustav**, *Studies in Honor of B. Landsberger on his Seventy-Fifth Birthday*, Chicago: Univ. of Chicago Press, 1965, 413-424.

Steck, Odil Hannes, »Das Problem theologischer Strömungen in nachexilischer Zeit«, *EvTh* 28 (1969), 182-200.

Steck, Odil Hannes, »Der Wein unter den Schöpfungsgaben: Überlegungen zu Psalm 104«, *TrThZ* 87 (1978), 173-191.

Steck, Odil Hannes, *Wahrnehmungen Gottes im Alten Testament: Gesammelte Studien*, München: Kaiser, 1982, 291-317 (= TB 70).

Steck, Odil Hannes, *Der Abschluß der Prophetie im Alten Testament: Ein Versuch zur Frage der Vorgeschichte des Kanons*, Neukirchen: Neukirchener, 1991 (= BThSt 17).

Stegemann, Hartmut, »Die Bedeutung der Qumranfunde für die Erforschung der Apokalyptik«, in: Hellholm, David (Hg.), *Apocalypticism in the Mediterranian World and the Near East*, Tübingen: Mohr 1983, 495-530.

Steiert, Franz-Josef, *Die Weisheit Israels – ein Fremdkörper im Alten Testament?: Eine Untersuchung zum Buch der Sprüche auf dem Hintergrund der ägyptischen Weisheitslehren*, Freiburg i. Br. u.a.: Herder, 1990 (= FThSt 143).

Steins, Georg, *Die »Bindung Isaaks« im Kanon (Gen 22): Grundlagen und Programm einer kanonisch-intertextuellen Lektüre; mit einer Spezialbiographie zu Gen 22*, Freiburg i. Br. u.a.: Herder, 1999 (= HBS 20).

Steins, Georg (Hg.), *Schweigen wäre gotteslästerlich: Die heilende Kraft der Klage*, Würzburg: Echter, 2000.

Steins, Georg, »Amos und Mose rücken zusammen. Oder: was heißt intertextuelles Lesen der Bibel?«, rhs 44 (2001), 20-28.

Stern, Sacha, *Jewish identity in early rabbinic writings*, Leiden/New York/Köln: Brill, 1994.

Stolz, Fritz, *Psalmen im nachkultischen Raum*, Zürich: Theol. Verl., 1983 (= ThSt 129).

Stone, Michael E. (Hg.), *Jewish Writings of the Second Temple Period: The Literature of the Jewish People in the Period of the Second Temple and the Talmud*, Assen: van Gorcum, 1984.

Stone, Michael E., »Eschatology, Remythologization and Cosmic Aporia«, in: Eisenstadt, S. N. (Hg.), *The Origins and Diversity of Axial Age Civilizations*, Albany, NY, 1987, 241-251 (= SNES).

Stone, Michael E., »Three Transformations in Judaism: Scripture, History and Redemption«, in: *Selected Studies in Pseudepigrapha and Apocrypha: With Special Reference to the Armenian Tradition*, Leiden/New York/Kopenhagen/Köln, 1991, 439-456 (= SVTP 9).

Streminger, Gerhard, *Gottes Güte und die Übel der Welt: Das Theodizeeproblem*, Tübingen: Mohr, 1992.

Struppe, Ursula (Hg.), *Studien zum Messiasbild im Alten Testament*, Stuttgart: Verl. Kath. Bibelwerk, 1989 (= SBAB 6).

Tagliacarne, Pierfelice, »Grammatik und Poetik: Überlegungen zur Indetermination in Psalm 1«, in: Groß, Walter / Irsigler, Hubert / Seidl, Theodor (Hgg.), *Text, Methode und Grammatik; FS Wolfgang Richter*, St. Ottilien: EOS-Verlag, 1991, 549-559.

Talmon, Shemaryahu, *Eschatology and History in Biblical Judaism* (Ecumenical Institute Occasional Papers 2), Jerusalem, 1986.

Tate, Marvin E., *Psalms 51-100*, Dallas (Texas): Word Books, Publisher, 1990 (= Word Biblical Commentary Vol. 20).

Theobald, Michael / Hoping, Helmut / Werbick, Jürgen, Art. Erbsünde, in: *LThK 3* (^{3}1995), 743-749.

Toorn, Karel van der, *Sin and Sanction in Israel and Mesopotamia: A Comparative Study*, Assen/Maastricht: van Gorcum, 1985 (= SSN 22).

Tournay, Raymond, »L'eschatologie individuelle dans les Psaumes«, RB 56 (1949), 481-506.

Tournay, Raymond, »Relectures bibliques concernant la vie future et l'angélologie«, RB 69 (1962), 481-505.

Tov, Emanuel, »The Septuagint«, in: Mulder, Martin Jan (Hg.), Mikra: Text, Translation, Reading and Interpretation of the Hebrew Bible in Ancient Judaism and Early Christianity, Assen/Maastricht/Philadelphia: van Gorcum, 1988, 161-188 (= CRINT II/1).

Tov, Emanuel, Der Text der Hebräischen Bibel: Handbuch der Textkritik, Stuttgart: Kohlhammer, 1997.

Uehlinger, Christoph, »Leviathan und die Schiffe in Ps 104,25-26«, Biblica 71 (1990), 499-526.

Velden, Frank van der, Psalm 109 und die Aussagen zur Feindschädigung in den Psalmen, Stuttgart: Kath. Bibelwerk, 1997 (= SBB 10).

Volz, Paul, Die Eschatologie der jüdischen Gemeinde im neutestamentlichen Zeitalter nach den Quellen der rabbinischen, apokalyptischen und apokryphen Literatur, Tübingen: Mohr, 1934 (repr. Hildesheim, 1966).

Vorländer, Hermann, Mein Gott: Die Vorstellung vom Persönlichen Gott im Alten Orient und im Alten Testament, Kevelaer: Butzon & Bercker, 1975.

Wahl, H.-M., »Psalm 67. Erwägungen zu Aufbau, Gattung und Datierung«, Bib 73 (1992), 240-247.

Walter, Nicolaus, »›Hellenistische Eschatologie‹ im Frühjudentum – ein Beitrag zur ›Biblischen Theologie‹?«, TLZ 110 (1985), 331-348.

Walter, Nicolaus, »Wie halten wir es mit der Eschatologie?«, ZdZ 40 (1986), 158-162.

Walton, John H., »Psalms: A Cantata about the Davidic Covenant«, JETS 24 (1991), 21-31.

Washington, Harold C., Wealth and Poverty in the Instruction of Amenemope and the Hebrew Proverbs, Atlanta: Scholars Press: 1994 (= SBL DS 142).

Watson, Wilfred G. E., Classical Hebrew Poetry: A Guide to its Techniques, Sheffield: JSOT-Press, 1984 (= JSOT.S 26).

Weber, Beat, Psalm 77 und sein Umfeld. Eine poetische Studie, Weinheim: Beltz Athenäum, 1995 (= BBB 103).

Weeks, Stuart, Early Israelite Wisdom, Oxford: Clarendon Press, 1994.

Weiden, A. H. van der, Die Gerechtigkeit in den Psalmen, Nijmwegen, 1952.

Weiland, Jan S. Sperna, »Aliénation et péché«, in: Temporalité et aliénation (Paris 1975), 161-175.

Weinberg, Joel, The Citizen-Temple Community, Sheffield: JSOT, 1992 (= JSOT.S 151).

Weinfeld, Moshe, »Sabbath, Temple and the Enthronement of the Lord«, in: Mélanges bibliques et orientaux, FS H. Cazelles, AOAT 212 (1981), 501-512.

Weiser, Artur, Die Psalmen. I: Psalm 1-60, II: Ps 61-150, 7. durchges. Auflage, Göttingen: Vandenhoeck & Ruprecht, 1966 (= ATD 14 und 15).

Welker, Michael: siehe Assmann.

Werner, Wolfgang, Eschatologische Texte in Jes 1-29: Messias, Heiliger Rest, Völker, Würzburg: Echter, 1982 (= FzB 46).

Westermann, Claus, Das Loben Gottes in den Psalmen, Göttingen: Vandenhoeck & Ruprecht, 1954.

Westermann, Claus, »Struktur und Geschichte der Klage im Alten Testament«, ZAW 66 (1954), 44-80 (= ThB 24, 266-305).
Westermann, Claus, »Zur Sammlung des Psalters«, in: *Forschung am Alten Testament. Gesammelte Studien: TB 24*, München, 1964, 336-343.
Westermann, Claus: siehe Jenni.
Westermann, Claus, *Das Loben Gottes in den Psalmen*, Göttingen: Vandenhoeck & Ruprecht, 1974.
Westermann, Claus, *Lob und Klage in den Psalmen*, Göttingen: Vandenhoeck & Ruprecht, 1977.
Westermann, Claus, »Boten des Zorns: Der Begriff des Zornes Gottes in der Prophetie«, in: **Jeremias, Joachim,** *Die Boten und die Botschaft: FS H. W. Wolff*, Neukirchen: Neukirchener, 1981, 147-156.
Westermann, Claus, *Forschungsgeschichte zur Weisheitsliteratur 1950-1990*, Stuttgart, 1991 (= AzTh 71).
Westermann, Claus, *Das mündliche Wort: Erkundungen im Alten Testament*, hg. v. Rudolf Landau, Stuttgart: Calwer Verlag, 1996 (= AzTh 82).
Westermann, Claus, »Aufbau und Absicht von Psalm 37«, in: **Ders.,** *Das mündliche Wort: Erkundungen im Alten Testament*, 176-179.
Whybray, Roger Norman, *The Composition of the Book of Proverbs*, Sheffield: JSOT, 1994 (= JSOT.S 168).
Whybray, Roger Norman, *Reading the Psalms as a Book*, Sheffield: Sheffield Academic Press, 1996 (= JSOT.S 222).
Whybray, Roger Norman, *The Book of Proverbs: A Survey of Modern Study*, Leiden: Brill, 1995 (= History of Biblical Interpretation Series 1).
Wiedenhofer, Siegfried (Hg.), *Erbsünde – was ist das?*, Regensburg: Pustet, 1999.
Wiedenhofer, Siegfried, »Die Lehre der Kirche von der Erbsünde: Geschichtliche Entwicklung und heutiges Verständnis«, in: **Ders. (Hg.),** *Erbsünde – was ist das?*, 35-65.
Willis, J. T., »Psalm 1 - An Entity«, ZAW 91 (1979), 381-401.
Willmes, Bernd, *Alttestamentliche Weisheit und Jahweglaube: Zur Vielfalt theologischer Denkstrukturen im Alten Testament*, Frankfurt am Main: Knecht, 1992.
Wilson, Gerald Henry, *The Editing of the Hebrew Psalter*, Chico, California: Scholars Press, 1985 (= Dissertation Series, Society of Biblical Literature; 76).
Wilson, Gerald H., »The Shape of the Book of Psalms«, Int 46 (1992), 129-142.
Wilson, Gerald H., »Shaping the Psalter: A Consideration of Editorial Linkage in the Book of Psalms«, in: **McCann, J. Clinton (Hg.),** *The Shape and Shaping of the Psalter*, Sheffield: Sheffield Academic Press, 1993, 72-82.
Wilson, Gerald H., »Understanding the Purposeful Arrangement of Psalms in the Psalter: Pitfalls and Promise«, in: **McCann, J. Clinton (Hg.),** *The Shape and Shaping of the Psalter*, Sheffield: Sheffield Academic Press, 1993, 42-51.
Wilson, Robert R., »From Prophecy to Apocalyptic: Reflections on the Shape of Israelite Religion«, *Semeia* 21 (1982), 79-95.
Witte, Markus, *Vom Leiden zur Lehre: Der dritte Redegang (Hiob 21-27) und die Redaktionsgeschichte des Hiobbuches*, Berlin: de Gruyter, 1994 (= BZAW 230).

Wittenberg, G. H., »The Situational Context of Statements Concerning Poverty and Wealth in the Book of Proverbs«, *Scriptura 21* (1987), 1-23.

Wittstruck, Thorne, *The Book of Psalms: An Annotated Bibliography Volume I-II*, New York/London: Garland Publishing, Inc., 1994.

Wolff, Hans Walter, »Psalm 1«, *EvTh 9* (1949/50), 385-394.

Wolff, Hans Walter, *Anthropologie des Alten Testamentes*, München: Kaiser, 1973.

Wolff, Hans Walter (Hg.), *Probleme biblischer Theologie: Gerhard v. Rad zum 70. Geburtstag*, München: Chr. Kaiser, 1971.

Zehnder, Markus Philipp, *Wegmetaphorik im Alten Testament: Eine semantische Untersuchung der alttestamentlichen und altorientalischen Weg-Lexeme mit besonderer Berücksichtigung ihrer metaphorischen Verwendung*, Berlin u.a.: de Gruyter, 1999 (= BZAW 268).

Zenger, Erich, »Jesus von Nazaret und die messianischen Hoffnungen des alttestamentlichen Israel«, in: **Struppe, Ursula** (Hg.), *Studien zum Messiasbild im Alten Testament*, Stuttgart: Verl. Kath. Bibelwerk, 1989, 23-66 (= SBAB 6) [Erstveröffentlichung: **Kasper, W.**, *Christologische Schwerpunkte*, Düsseldorf: Patmos, 1980, 37-78].

Zenger, Erich, »Israels Suche nach einem neuen Selbstverständnis zu Beginn der Perserzeit«, *BiKi 39* (1984), 123-135.

Zenger, Erich, »›Dem vergänglichen Werk unserer Hände gib du Bestand!‹: Ein theologisches Gespräch mit dem 90. Psalm«, in: **Panikkar, Raimundo / Strolz, Walter** (Hgg.), *Die Verantwortung des Menschen für eine bewohnbare Welt im Christentum, Hinduismus und Buddhismus*, Freiburg i. Br.: Herder, 1985, 11-36.

Zenger, Erich, *Mit meinem Gott überspringe ich Mauern: Einführung in das Psalmenbuch*, Freiburg i. Br.: Herder, 1987.

Zenger, Erich, *Ich will die Morgenröte wecken: Psalmenauslegungen*, Freiburg i. Br.: Herder, 1991.

Zenger, Erich, »Israel und Kirche im gemeinsamen Gottesbund: Beobachtungen zum theologischen Programm des 4. Psalmenbuchs (Ps 90-106)«, in: **Marcus, Marcel u.a.** (Hgg.), *Israel und Kirche heute: Beiträge zum christlich-jüdischen Dialog; FS Ernst Ludwig Ehrlich*, Freiburg i. Br.: Herder, 1991, 236-254.

Zenger, Erich, »Was wird anders bei kanonischer Psalmenauslegung?« in: **Reiterer, Friedrich V.** (Hg.), *Ein Gott, eine Offenbarung, FS N. Füglister*, Würzburg: Echter, 1991, 397-413.

Zenger, Erich: siehe Hossfeld.

Zenger, Erich, »Der Psalter als Wegweiser und Wegbegleiter: Ps 1-2 als Proömium des Psalmenbuchs«, in: **Angenendt, Arnold / Vorgrimler, Herbert** (Hgg.), *Sie wandern von Kraft zu Kraft: Aufbrüche, Wege, Begegnungen; FS Reinhard Lettmann*, Kevelaer: Butzon und Bercker, 1993, 29-47.

Zenger, Erich, *Ein Gott der Rache? Feindpsalmen verstehen*, Freiburg i. Br.: Herder, 1994.

Zenger, Erich: siehe Lohfink.

Zenger, Erich: siehe Seybold.

Zenger, Erich u. a. (Hgg.), *Einleitung in das Alte Testament*, Stuttgart: Kohlhammer, [¹1995] ³1998.

Zenger, Erich, »Das Buch der Psalmen«, in: **Ders. u.a.** (Hgg.), *Einleitung in das Alte Testament*, 309-326.

Zenger, Erich, »Komposition und Theologie des fünften Psalmenbuchs 107-145«, *BN 82* (1996), 97-116.

Zenger, Erich (Hg.), *Der Psalter in Judentum und Christentum,* Freiburg i. Br.: Herder, 1998 (= HBS 18).

Zenger, Erich, »Der Psalter als Buch: Beobachtungen zu seiner Entstehung, Komposition und Funktion«, in: **Ders. (Hg.),** *Der Psalter in Judentum und Christentum,* 1-57.

Zenger, Erich, »Zum biblischen Hintergrund der christlichen Erbsündentheologie«, in: **Wiedenhofer, Siegfried (Hg.),** *Erbsünde – was ist das?,* Regensburg: Pustet, 1999, 9-34.

Zenger, Erich, »Die Psalmen im Psalter: Neue Perspektiven der Forschung«, *Theologische Revue* (6/1999; 95. Jahrgang), 443-456.

Zimmerli, Walther, »Das ›Gnadenjahr des Herrn‹«, in: *Archäologie und Altes Testament, FS K. Galling,* 1970, 321-332.

Zinser, Hartmut (Hg.), *Religionswissenschaft: Eine Einführung,* Berlin: Reimer, 1988.

Zwickel, Wolfgang (Hg.), *Biblische Welten: FS Martin Metzger,* Fribourg u.a.: Universitätsverl., 1993 (= OBO 123).

Bonner Biblische Beiträge

Herausgegeben von Frank – Lothar Hossfeld und Helmut Merklein †
seit Beginn des Jahres 2002 von Frank – Lothar Hossfeld und Rudolf Hoppe
Professoren der Katholisch-Theologischen Fakultät der Universität Bonn

im PHILO – Verlag, Littenstraße 106/107, 10179 Berlin
Tel: 030 – 440131 – 0, Fax: 030 – 440131 – 11

- Band 134
  Holger GZELLA
  Lebenszeit und Ewigkeit
  Studien zur Eschatologie und Anthropologie des Septuaginta-Psalters
  Berlin, 2002, ISBN 3-8257-0286-3, 434 Seiten, geb.

- Band 133
  Jürgen VORNDRAN
  „Alle Völker werden kommen"
  Studien zu Psalm 86
  Berlin, 2002, ISBN 3-8257-0263-4, 292 Seiten, geb.

- Band 132
  Peter KRAWCZACK
  „Es gibt einen Gott, der Richter ist auf Erden!" (Ps 58, 12b)
  Ein exegetischer Beitrag zum Verständnis von Psalm 58
  Berlin, 2001, ISBN 3-8257-0259-6, 495 Seiten, geb.

- Band 131
  Peter BRANDT
  Endgestalten des Kanons
  Das Arrangement der Schriften Israels in der jüdischen und christlichen Bibel
  Berlin, 2001, ISBN 3-8257-0258-8, 493 Seiten, geb.

- Band 130
  Hermann Joseph MEURER
  Die Simson-Erzählung
  Studien zu Komposition und Entstehung. Erzähltechnik und Theologie von Ri 13-16
  Berlin, 2001, ISBN 3-8257-0238-3, 406 Seiten, geb.

- Band 129
  Michael KONKEL
  Architektonik des Heiligen
  Studien zur zweiten Tempelvision Ezechiels (Ez 40-48)
  Berlin, 2001, ISBN 3-8257-0237-5, 398 Seiten, geb.

- Band 128
  Regina BÖRSCHEL
  Die Konstruktion einer christlichen Identität
  Paulus und die Gemeinde von Thessalonich in ihrer hellenistisch römischen Umwelt
  Berlin, 2001, ISBN 3-82570236-7, 501 Seiten, geb.

- Band 127
  Michael REITEMEIER
  Weisheitslehre als Gotteslob
  Psalmentheologie im Buch Jesus Sirach
  Berlin, 2000, ISBN 3-8257-0210-3, 435 Seiten, geb.